中国人口和就业统计年鉴

蒋正华题

2021
CHINA POPULATION AND EMPLOYMENT STATISTICAL YEARBOOK

国家统计局人口和就业统计司　编

COMPILED BY
Department of Population and Employment Statistics
National Bureau of Statistics

中国统计出版社
China Statistics Press

图书在版编目（CIP）数据

中国人口和就业统计年鉴. 2021 = China Population and Employment Statistical Yearbook 2021 : 汉英对照 / 国家统计局人口和就业统计司编. -- 北京 : 中国统计出版社, 2021.12
ISBN 978-7-5037- 9763-7

Ⅰ. ①中… Ⅱ. ①国… Ⅲ. ①人口调查－统计资料－中国－2021－年鉴－汉、英②就业－统计资料－中国－2021－年鉴－汉、英 Ⅳ. ①C924.25-54②D669.2-54

中国版本图书馆 CIP 数据核字（2021）第 254027 号

中国人口和就业统计年鉴—2021

作　　者 / 国家统计局人口和就业统计司
责任编辑 / 李　冲
执行编辑 / 张　怡
封面设计 / 李雪燕
出版发行 / 中国统计出版社有限公司
通信地址 / 北京市丰台区西三环南路甲 6 号　邮政编码/100073
发行电话/邮购（010）63376909　书店（010）68783171
网　　址 / http://www.zgtjcbs.com/
印　　刷 / 河北鑫兆源印刷有限公司
经　　销 / 新华书店
开　　本 / 890×1240mm　1/16
字　　数 / 960 千字
印　　张 / 30.75
版　　别 / 2021 年 12 月第 1 版
版　　次 / 2021 年 12 月第 1 次印刷
定　　价 / 280.00 元

《中国人口和就业统计年鉴—2021》编委会和编辑工作人员

CHINA POPULATION AND EMPLOYMENT STATISTICS YEARBOOK-2021

EDITORIAL BOARD AND STAFF

编辑说明

一、《中国人口和就业统计年鉴—2021》是一部以全面反映我国人口和就业状况为主的资料性年刊，收集了全国和各省、自治区、直辖市人口就业统计的主要数据，同时附录了世界部分国家和地区的相关数据。

二、本年鉴由国家统计局人口和就业统计司负责编辑整理，并得到公安部治安管理局等单位的大力支持和协助。

三、本年鉴内容分为七部分：（一）综合数据；（二）2020 年人口普查数据；（三）2020 年全国月度劳动力调查主要数据；（四）2020 年城镇单位就业人员统计数据；（五）2020 年全国户籍统计人口数据；（六）世界部分国家及地区人口和就业统计数据；（七）2020 年人口普查和 2020 年全国月度劳动力调查制度说明及主要指标解释。

四、本年鉴中 2020 年人口普查数据（第二部分）和 2020 年全国户籍统计人口数据（第五部分），统计方法和口径不同，请用户在使用时加以注意。

五、本年鉴涉及的全国性统计数据，均未包括香港、澳门特别行政区和台湾地区数据。

六、符号使用说明：

年鉴各表中的“空格”表示该项统计指标数据不足本表最小单位数、数据不详或无该项数据；“#”表示其中的主要项。

七、本年鉴在资料的整理和编排方面难免存在不足和疏误，敬请用户指正。

PREFACE

Ⅰ. *China Population and Employment Statistics Yearbook 2021* is an annual statistical publication, which contains data on basic condition of population and employment in 2020 as well as for the previous years for the whole nation and 31 provinces, autonomous regions and municipalities directly under the Central Government. It also includes the relevant data of some other countries and territories in the world.

Ⅱ. The yearbook is compiled by the Department of Population and Employment Statistics of the National Bureau of Statistics of China, and assisted by the Public Order Bureau of the Ministry of Public Security.

Ⅲ. The yearbook contains the following seven chapters: 1.General Survey; 2.Data from 2020 Population Census; 3.Main Data from 2020 Labor Force Survey; 4. Data from Statistics on Employment in Urban Units in 2020; 5.Data from Household Registration in 2020; 6.Population and Employment Data of Selected Countries and Territories of the World; 7.Explanatory Notes on Main Statistical Indicators.

Ⅳ. The population data of Chapter Two in the yearbook are from 2020 Population Census, and those of Chapter Five are from the household registration, which use different definitions and data collection methods. Users should notice that the data under the same or similar heading in these two chapters may be different.

Ⅴ. The national data in the yearbook do not include that of Hong Kong Special Administrative Region, Macao Special Administrative Region and Taiwan.

Ⅵ. Notations used in the yearbook:

(blank space) indicates that the figure is not large enough to be measured with the smallest unit in the table, or data are unknown or are not available; "#" indicates a major breakdown of the total.

Ⅶ. We welcome comments and suggestions from users with regard to deficiencies and mistakes in data editing and compilation.

目　　录

CONTENTS

第一部分　综合数据

Chapter One　General Survey

第二部分 2020 年人口普查数据

Chapter Two Data from 2020 Population Census of China

第三部分 2020 年全国月度劳动力调查主要数据

Chapter Three Main Data from 2020 Labor Force Survey

第四部分　2020 年城镇单位就业人员统计数据

Chapter Four　Data from Statistics on Employment in Urban Units in 2020

第五部分　2020 年全国户籍统计人口数据

Chapter Five　Data from Household Registration in 2020

第六部分　世界部分国家及地区人口和就业统计数据

Chapter Six　Population and Employment Data of Selected Countries and Territories of the World

一、世界部分国家人口和就业统计数据

I. Population and Employment Data of Selected Countries and Territories of the World

二、香港特别行政区人口和就业统计数据

II.Population and Employment Data of Hong Kong Special Administrative Region

三、澳门特别行政区人口和就业统计数据

III.Population and Employment Data of Macao Special Administrative Region

四、台湾地区人口和就业统计数据

IV.Population and Employment Data of Taiwan

第七部分　2020 年人口普查和劳动力调查制度说明及主要指标解释

Chapter Seven　Explanatory Notes on Main Statistical Indicators

第一部分

Chapter One

综合数据

General Survey

1-1 分地区年末人口数

单位：万人

地 区	Region	1990	1991	1992	1993	1994	1995	1996
全 国	**National Total**	**114333**	**115823**	**117171**	**118517**	**119850**	**121121**	**122389**
北 京	Beijing	1086	1094	1102	1112	1125	1251	1259
天 津	Tianjin	884	909	920	928	935	942	948
河 北	Hebei	6159	6220	6275	6334	6388	6437	6484
山 西	Shanxi	2899	2942	2979	3012	3045	3077	3109
内蒙古	Inner Mongolia	2163	2184	2207	2232	2260	2284	2307
辽 宁	Liaoning	3967	3990	4016	4042	4067	4092	4116
吉 林	Jilin	2483	2509	2532	2555	2574	2592	2610
黑龙江	Heilongjiang	3543	3575	3608	3640	3672	3701	3728
上 海	Shanghai	1337	1340	1345	1349	1356	1415	1419
江 苏	Jiangsu	6767	6844	6911	6967	7021	7066	7110
浙 江	Zhejiang	4168	4202	4236	4266	4294	4319	4343
安 徽	Anhui	5675	5761	5834	5897	5955	6013	6070
福 建	Fujian	3037	3079	3116	3150	3183	3237	3261
江 西	Jiangxi	3810	3865	3913	3966	4015	4063	4105
山 东	Shandong	8493	8570	8610	8642	8671	8705	8738
河 南	Henan	8649	8763	8862	8946	9027	9100	9172
湖 北	Hubei	5439	5512	5580	5653	5719	5772	5825
湖 南	Hunan	6128	6209	6267	6311	6355	6392	6428
广 东	Guangdong	6346	6439	6525	6607	6689	6868	6961
广 西	Guangxi	4261	4324	4380	4438	4493	4543	4589
海 南	Hainan	663	674	686	701	711	724	734
重 庆	Chongqing							
四 川	Sichuan	10804	10897	10998	11104	11214	11325	11430
贵 州	Guizhou	3268	3315	3361	3409	3458	3508	3555
云 南	Yunnan	3731	3782	3832	3885	3939	3990	4042
西 藏	Tibet	222	226	228	232	236	240	244
陕 西	Shaanxi	3316	3363	3405	3443	3481	3514	3543
甘 肃	Gansu	2255	2285	2314	2345	2378	2438	2467
青 海	Qinghai	448	454	461	467	474	481	488
宁 夏	Ningxia	470	480	487	495	504	513	521
新 疆	Xinjiang	1529	1555	1581	1605	1632	1661	1689

注：1990、2000、2010、2020年数据为当年人口普查数据推算数；其余年份数据为年度人口抽样调查推算数据。2005年起各地区数据为常住人口口径。2011-2019年数据根据2020年普查数据进行了修订。(以下相关表同)

Population at Year-end by Region

(10 000 persons)

1997	1998	1999	2000	2001	2002	2003	2004
123626	**124761**	**125786**	**126743**	**127627**	**128453**	**129227**	**129988**
1240	1246	1257	1364	1385	1423	1456	1493
953	957	959	1001	1004	1007	1011	1024
6525	6569	6614	6674	6699	6735	6769	6809
3141	3172	3204	3247	3272	3294	3314	3335
2326	2345	2362	2372	2381	2384	2386	2393
4138	4157	4171	4184	4194	4203	4210	4217
2628	2644	2658	2682	2691	2699	2704	2709
3751	3773	3792	3807	3811	3813	3815	3817
1457	1464	1474	1609	1668	1713	1766	1835
7148	7182	7213	7327	7359	7406	7458	7523
4435	4456	4475	4680	4729	4776	4857	4925
6127	6184	6237	6093	6128	6144	6163	6228
3282	3299	3316	3410	3445	3476	3502	3529
4150	4191	4231	4149	4186	4222	4254	4284
8785	8838	8883	8998	9041	9082	9125	9180
9243	9315	9387	9488	9555	9613	9667	9717
5873	5907	5938	5646	5658	5672	5685	5698
6465	6502	6532	6562	6596	6629	6663	6698
7051	7143	7270	8650	8733	8842	8963	9111
4633	4675	4713	4751	4788	4822	4857	4889
743	753	762	789	796	803	811	818
3042	3060	3075	2849	2829	2814	2803	2793
8430	8493	8550	8329	8143	8110	8176	8090
3606	3658	3710	3756	3799	3837	3870	3904
4094	4144	4192	4241	4287	4333	4376	4415
248	252	256	258	264	268	272	276
3570	3596	3618	3644	3653	3662	3672	3681
2494	2519	2543	2515	2523	2531	2537	2541
496	503	510	517	523	529	534	539
530	538	543	554	563	572	580	588
1718	1747	1774	1849	1876	1905	1934	1963

Note: Data of 1990, 2000 ,2010 and 2020 are the census year estimates; the rest are the estimates from the annual national sample survey of population. Since 2005, data by region are of usual residents. The 2011-2019 data were revised based on the 2020 Census data.The same applies to the following related tables.

1-1 续表

单位：万人

地 区	Region	2005	2006	2007	2008	2009	2010
全 国	**National Total**	**130756**	**131448**	**132129**	**132802**	**133450**	**134091**
北 京	Beijing	1538	1601	1676	1771	1860	1962
天 津	Tianjin	1043	1075	1115	1176	1228	1299
河 北	Hebei	6851	6898	6943	6989	7034	7194
山 西	Shanxi	3355	3375	3393	3411	3427	3574
内蒙古	Inner Mongolia	2403	2415	2429	2444	2458	2472
辽 宁	Liaoning	4221	4271	4298	4315	4341	4375
吉 林	Jilin	2716	2723	2730	2734	2740	2747
黑龙江	Heilongjiang	3820	3823	3824	3825	3826	3833
上 海	Shanghai	1890	1964	2064	2141	2210	2303
江 苏	Jiangsu	7588	7656	7723	7762	7810	7869
浙 江	Zhejiang	4991	5072	5155	5212	5276	5447
安 徽	Anhui	6120	6110	6118	6135	6131	5957
福 建	Fujian	3557	3585	3612	3639	3666	3693
江 西	Jiangxi	4311	4339	4368	4400	4432	4462
山 东	Shandong	9248	9309	9367	9417	9470	9588
河 南	Henan	9380	9392	9360	9429	9487	9405
湖 北	Hubei	5710	5693	5699	5711	5720	5728
湖 南	Hunan	6326	6342	6355	6380	6406	6570
广 东	Guangdong	9194	9442	9660	9893	10130	10441
广 西	Guangxi	4660	4719	4768	4816	4856	4610
海 南	Hainan	828	836	845	854	864	869
重 庆	Chongqing	2798	2808	2816	2839	2859	2885
四 川	Sichuan	8212	8169	8127	8138	8185	8045
贵 州	Guizhou	3730	3690	3632	3596	3537	3479
云 南	Yunnan	4450	4483	4514	4543	4571	4602
西 藏	Tibet	280	285	289	292	296	300
陕 西	Shaanxi	3690	3699	3708	3718	3727	3735
甘 肃	Gansu	2545	2547	2548	2551	2555	2560
青 海	Qinghai	543	548	552	554	557	563
宁 夏	Ningxia	596	604	610	618	625	633
新 疆	Xinjiang	2010	2050	2095	2131	2159	2185

continued

(10 000 persons)

2011	2012	2013	2014	2015	2016	2017	2018	2019	2020
134916	**135922**	**136726**	**137646**	**138326**	**139232**	**140011**	**140541**	**141008**	**141212**
2024	2078	2125	2171	2188	2195	2194	2192	2190	2189
1341	1378	1410	1429	1439	1443	1410	1383	1385	1387
7232	7262	7288	7323	7345	7375	7409	7426	7447	7464
3562	3548	3535	3528	3519	3514	3510	3502	3497	3490
2470	2464	2455	2449	2440	2436	2433	2422	2415	2403
4379	4375	4365	4358	4338	4327	4312	4291	4277	4255
2725	2698	2668	2642	2613	2567	2526	2484	2448	2399
3782	3724	3666	3608	3529	3463	3399	3327	3255	3171
2356	2399	2448	2467	2458	2467	2466	2475	2481	2488
8023	8120	8192	8281	8315	8381	8423	8446	8469	8477
5570	5685	5784	5890	5985	6072	6170	6273	6375	6468
5972	5978	5988	5997	6011	6033	6057	6076	6092	6105
3784	3841	3885	3945	3984	4016	4065	4104	4137	4161
4474	4475	4476	4480	4485	4496	4511	4513	4516	4519
9665	9708	9746	9808	9866	9973	10033	10077	10106	10165
9461	9532	9573	9645	9701	9778	9829	9864	9901	9941
5760	5781	5798	5816	5850	5885	5904	5917	5927	5745
6581	6590	6600	6611	6615	6625	6633	6635	6640	6645
10756	11041	11270	11489	11678	11908	12141	12348	12489	12624
4655	4694	4731	4770	4811	4857	4907	4947	4982	5019
890	910	920	936	945	957	972	982	995	1012
2944	2975	3011	3043	3070	3110	3144	3163	3188	3209
8064	8085	8109	8139	8196	8251	8289	8321	8351	8371
3530	3587	3632	3677	3708	3758	3803	3822	3848	3858
4620	4631	4641	4653	4663	4677	4693	4703	4714	4722
309	315	317	325	330	340	349	354	361	366
3765	3787	3804	3827	3846	3874	3904	3931	3944	3955
2552	2550	2537	2531	2523	2520	2522	2515	2509	2501
568	571	571	576	577	582	586	587	590	593
648	659	666	678	684	695	705	710	717	721
2225	2253	2285	2325	2385	2428	2480	2520	2559	2590

1-2 按性别分人口数
Population by Sex

单位：万人，%　　(10 000 persons,%)

年　份 Year	全国人口(年末) Total Population (year-end)	男 Male		女 Female	
		人口数 Population	比重 Proportion	人口数 Population	比重 Proportion
1949	54167	28145	51.96	26022	48.04
1950	55196	28669	51.94	26527	48.06
1951	56300	29231	51.92	27069	48.08
1955	61465	31809	51.75	29656	48.25
1960	66207	34283	51.78	31924	48.22
1965	72538	37128	51.18	35410	48.82
1970	82992	42686	51.43	40306	48.57
1971	85229	43819	51.41	41410	48.59
1972	87177	44813	51.40	42364	48.60
1973	89211	45876	51.42	43335	48.58
1974	90859	46727	51.43	44132	48.57
1975	92420	47564	51.47	44856	48.53
1976	93717	48257	51.49	45460	48.51
1977	94974	48908	51.50	46066	48.50
1978	96259	49567	51.49	46692	48.51
1979	97542	50192	51.46	47350	48.54
1980	98705	50785	51.45	47920	48.55
1981	100072	51519	51.48	48553	48.52
1982	101654	52352	51.50	49302	48.50
1983	103008	53152	51.60	49856	48.40
1984	104357	53848	51.60	50509	48.40
1985	105851	54725	51.70	51126	48.30
1986	107507	55581	51.70	51926	48.30
1987	109300	56290	51.50	53010	48.50
1988	111026	57201	51.52	53825	48.48

注：1. 本表各年人口数中包括中国人民解放军现役军人，但未包括香港、澳门特别行政区和台湾地区的人口。
2. 1981年及以前数据为户籍统计数;1982、1990、2000、2010、2020年数据为当年人口普查数据推算数；其余年份数据为年度人口抽样调查推算数据(下相关表同)。

Note: a) Data in this table include the military personnel of Chinese People's Liberation Army, but do not include the population of Hong Kong SAR, Macao SAR and Taiwan Province.

b) Figures 1981 (inclusive) are from household registrations; for the year 1982, 1990, 2000,2010and 2020 are the census year estimates; the rest of the data covered in those tables have been estimated on the basis of the annual national sample surveys of population. The same applies to the relevant tables following.

1-2 续表 continued

单位：万人，%　　(10 000 persons,%)

年 份 Year	全国人口(年末) Total Population (year-end)	男 Male		女 Female	
		人口数 Population	比重 Proportion	人口数 Population	比重 Proportion
1989	112704	58099	51.55	54605	48.45
1990	114333	58904	51.52	55429	48.48
1991	115823	59466	51.34	56357	48.66
1992	117171	59811	51.05	57360	48.95
1993	118517	60472	51.02	58045	48.98
1994	119850	61246	51.10	58604	48.90
1995	121121	61808	51.03	59313	48.97
1996	122389	62200	50.82	60189	49.18
1997	123626	63131	51.07	60495	48.93
1998	124761	63940	51.25	60821	48.75
1999	125786	64692	51.43	61094	48.57
2000	126743	65437	51.63	61306	48.37
2001	127627	65672	51.46	61955	48.54
2002	128453	66115	51.47	62338	48.53
2003	129227	66556	51.50	62671	48.50
2004	129988	66976	51.52	63012	48.48
2005	130756	67375	51.53	63381	48.47
2006	131448	67728	51.52	63720	48.48
2007	132129	68048	51.50	64081	48.50
2008	132802	68357	51.47	64445	48.53
2009	133450	68647	51.44	64803	48.56
2010	134091	68748	51.27	65343	48.73
2011	134916	69161	51.26	65755	48.74
2012	135922	69660	51.25	66262	48.75
2013	136726	70063	51.24	66663	48.76
2014	137646	70522	51.23	67124	48.77
2015	138326	70857	51.22	67469	48.78
2016	139232	71307	51.21	67925	48.79
2017	140011	71650	51.17	68361	48.83
2018	140541	71864	51.13	68677	48.87
2019	141008	72039	51.09	68969	48.91
2020	141212	72357	51.24	68855	48.76

1-3 人口年龄结构和抚养比
Age Composition and Dependency Ratio of Population

单位：万人，% (10 000 persons,%)

年 份 Year	全国人口(年末) Total Population (year-end)	各年龄组人口 0-14岁 Aged 0-14 人口数 Population	比重(%) Proportion	15-64岁 Aged 15-64 人口数 Population	比重(%) Proportion	65岁及以上 Aged 65 and Over 人口数 Population	比重(%) Proportion	总抚养比 Gross Dependency Ratio	少 儿 抚养比 Children Dependency Ratio	老 年 抚养比 Old Dependency Ratio
1953	58796	21331	36.3	34872	59.3	2593	4.4	68.6	61.2	7.4
1964	70499	28686	40.7	39303	55.8	2510	3.6	79.4	73.0	6.4
1982	101654	34146	33.6	62517	61.5	4991	4.9	62.6	54.6	8.0
1987	109300	31347	28.7	71985	65.9	5968	5.4	51.8	43.5	8.3
1990	114333	31659	27.7	76306	66.7	6368	5.6	49.8	41.5	8.3
1995	121121	32218	26.6	81393	67.2	7510	6.2	48.8	39.6	9.2
1996	122389	32311	26.4	82245	67.2	7833	6.4	48.8	39.3	9.5
1997	123626	32093	26.0	83448	67.5	8085	6.5	48.1	38.5	9.7
1998	124761	32064	25.7	84338	67.6	8359	6.7	47.9	38.0	9.9
1999	125786	31950	25.4	85157	67.7	8679	6.9	47.7	37.5	10.2
2000	126743	29011	22.9	88910	70.1	8821	7.0	42.6	32.6	9.9
2001	127627	28716	22.5	89849	70.4	9062	7.1	42.0	32.0	10.1
2002	128453	28774	22.4	90302	70.3	9377	7.3	42.2	31.9	10.4
2003	129227	28559	22.1	90976	70.4	9692	7.5	42.0	31.4	10.7
2004	129988	27947	21.5	92184	70.9	9857	7.6	41.0	30.3	10.7
2005	130756	26504	20.3	94197	72.0	10055	7.7	38.8	28.1	10.7
2006	131448	25961	19.8	95068	72.3	10419	7.9	38.3	27.3	11.0
2007	132129	25660	19.4	95833	72.5	10636	8.1	37.9	26.8	11.1
2008	132802	25166	19.0	96680	72.7	10956	8.3	37.4	26.0	11.3
2009	133450	24659	18.5	97484	73.0	11307	8.5	36.9	25.3	11.6
2010	134091	22259	16.6	99938	74.5	11894	8.9	34.2	22.3	11.9
2011	134916	22261	16.5	100378	74.4	12277	9.1	34.4	22.1	12.3
2012	135922	22427	16.5	100718	74.1	12777	9.4	34.9	22.2	12.7
2013	136726	22423	16.4	101041	73.9	13262	9.7	35.3	22.2	13.1
2014	137646	22712	16.5	101032	73.4	13902	10.1	36.2	22.5	13.7
2015	138326	22824	16.5	100978	73.0	14524	10.5	37.0	22.6	14.3
2016	139232	23252	16.7	100943	72.5	15037	10.8	37.9	22.9	15.0
2017	140011	23522	16.8	100528	71.8	15961	11.4	39.3	23.4	15.9
2018	140541	23751	16.9	100065	71.2	16724	11.9	40.4	23.7	16.8
2019	141008	23689	16.8	99552	70.6	17767	12.6	41.5	23.8	17.8
2020	141212	25277	17.9	96871	68.6	19064	13.5	45.9	26.2	19.7

1-4 按城乡分人口数

Population by Urban and Rural Residence

单位: 万人, % (10 000 persons,%)

年 份 Year	全国人口(年末) Total Population (year-end)	城 镇 Urban		乡 村 Rural	
		人口数 Population	比重 Proportion	人口数 Population	比重 Proportion
1949	54167	5765	10.64	48402	89.36
1950	55196	6169	11.18	49027	88.82
1951	56300	6632	11.78	49668	88.22
1955	61465	8285	13.48	53180	86.52
1960	66207	13073	19.75	53134	80.25
1965	72538	13045	17.98	59493	82.02
1970	82992	14424	17.38	68568	82.62
1971	85229	14711	17.26	70518	82.74
1972	87177	14935	17.13	72242	82.87
1973	89211	15345	17.20	73866	82.80
1974	90859	15595	17.16	75264	82.84
1975	92420	16030	17.34	76390	82.66
1976	93717	16341	17.44	77376	82.56
1977	94974	16669	17.55	78305	82.45
1978	96259	17245	17.92	79014	82.08
1979	97542	18495	18.96	79047	81.04
1980	98705	19140	19.39	79565	80.61
1981	100072	20171	20.16	79901	79.84
1982	101654	21480	21.13	80174	78.87
1983	103008	22274	21.62	80734	78.38
1984	104357	24017	23.01	80340	76.99
1985	105851	25094	23.71	80757	76.29
1986	107507	26366	24.52	81141	75.48
1987	109300	27674	25.32	81626	74.68
1988	111026	28661	25.81	82365	74.19
1989	112704	29540	26.21	83164	73.79
1990	114333	30195	26.41	84138	73.59
1991	115823	31203	26.94	84620	73.06

注：按城乡分人口数中现役军人全部计入城镇人口。
Note: The military personnel of Chinese People's Liberation Army are classified as urban population in the item of population by residence.

1-4 续表 continued

单位: 万人, % (10 000 persons,%)

年 份 Year	全国人口(年末) Total Population (year-end)	城 镇 Urban		乡 村 Rural	
		人口数 Population	比重 Proportion	人口数 Population	比重 Proportion
1992	117171	32175	27.46	84996	72.54
1993	118517	33173	27.99	85344	72.01
1994	119850	34169	28.51	85681	71.49
1995	121121	35174	29.04	85947	70.96
1996	122389	37304	30.48	85085	69.52
1997	123626	39449	31.91	84177	68.09
1998	124761	41608	33.35	83153	66.65
1999	125786	43748	34.78	82038	65.22
2000	126743	45906	36.22	80837	63.78
2001	127627	48064	37.66	79563	62.34
2002	128453	50212	39.09	78241	60.91
2003	129227	52376	40.53	76851	59.47
2004	129988	54283	41.76	75705	58.24
2005	130756	56212	42.99	74544	57.01
2006	131448	58288	44.34	73160	55.66
2007	132129	60633	45.89	71496	54.11
2008	132802	62403	46.99	70399	53.01
2009	133450	64512	48.34	68938	51.66
2010	134091	66978	49.95	67113	50.05
2011	134916	69927	51.83	64989	48.17
2012	135922	72175	53.10	63747	46.90
2013	136726	74502	54.49	62224	45.51
2014	137646	76738	55.75	60908	44.25
2015	138326	79302	57.33	59024	42.67
2016	139232	81924	58.84	57308	41.16
2017	140011	84343	60.24	55668	39.76
2018	140541	86433	61.50	54108	38.50
2019	141008	88426	62.71	52582	37.29
2020	141212	90220	63.89	50992	36.11

1-5 分地区年末城镇人口比重
Proportion of Urban Population at Year-end by Region

单位：% (%)

地区	Region	2005	2006	2007	2008	2009	2010	2011	2012
全国	**National Total**	**42.99**	**44.34**	**45.89**	**46.99**	**48.34**	**49.95**	**51.83**	**53.10**
北京	Beijing	83.62	84.33	84.50	84.90	85.00	85.96	86.20	86.29
天津	Tianjin	75.11	75.73	76.31	77.23	78.01	79.55	80.43	81.55
河北	Hebei	37.69	38.77	40.25	41.90	43.74	44.50	45.59	46.60
山西	Shanxi	42.11	43.01	44.03	45.11	45.99	48.05	49.79	51.32
内蒙古	Inner Mongolia	47.20	48.64	50.15	51.71	53.40	55.50	57.04	58.42
辽宁	Liaoning	58.70	58.99	59.20	60.05	60.35	62.10	64.05	65.65
吉林	Jilin	52.52	52.97	53.16	53.21	53.32	53.35	53.40	54.54
黑龙江	Heilongjiang	53.10	53.50	53.90	55.40	55.50	55.66	56.49	56.88
上海	Shanghai	89.09	88.70	88.70	88.60	88.60	89.30	89.30	89.30
江苏	Jiangsu	50.50	51.90	53.20	54.30	55.60	60.58	62.01	63.01
浙江	Zhejiang	56.02	56.50	57.20	57.60	57.90	61.62	62.29	62.91
安徽	Anhui	35.50	37.10	38.70	40.50	42.10	43.01	44.80	46.30
福建	Fujian	49.40	50.40	51.40	53.00	55.10	57.10	58.11	59.32
江西	Jiangxi	37.00	38.68	39.80	41.36	43.18	44.06	45.75	47.39
山东	Shandong	45.00	46.10	46.75	47.60	48.32	49.70	50.86	52.03
河南	Henan	30.65	32.47	34.34	36.03	37.70	38.50	40.47	41.99
湖北	Hubei	43.20	43.80	44.30	45.20	46.00	49.70	51.78	53.23
湖南	Hunan	37.00	38.71	40.45	42.15	43.20	43.30	44.97	46.22
广东	Guangdong	60.68	63.00	63.14	63.37	63.40	66.18	66.57	67.15
广西	Guangxi	33.62	34.64	36.24	38.16	39.20	40.00	41.90	43.48
海南	Hainan	45.20	46.10	47.20	48.00	49.13	49.80	50.34	51.02
重庆	Chongqing	45.20	46.70	48.30	49.99	51.59	53.02	54.98	56.64
四川	Sichuan	33.00	34.30	35.60	37.40	38.70	40.18	41.85	43.35
贵州	Guizhou	26.87	27.46	28.24	29.11	29.89	33.81	35.03	36.30
云南	Yunnan	29.50	30.50	31.60	33.00	34.00	34.70	36.57	38.47
西藏	Tibet	20.85	21.13	21.50	21.90	22.30	22.67	22.81	22.87
陕西	Shaanxi	37.23	39.12	40.62	42.10	43.50	45.76	47.35	49.71
甘肃	Gansu	30.02	31.09	32.25	33.56	34.89	36.12	37.25	38.78
青海	Qinghai	39.25	39.26	40.07	40.86	41.90	44.72	46.53	47.85
宁夏	Ningxia	42.28	43.00	44.02	44.98	46.10	47.90	50.20	51.15
新疆	Xinjiang	37.15	37.94	39.15	39.64	39.85	43.01	43.73	44.22

注：2010、2020年数据为当年人口普查数据推算数；其余年份数据为年度人口抽样调查推算数据，部分省份2005-2009年数据根据2010年普查数据进行了修订。

Note: Data of 2010 and 2020 are the census year estimates; the rest are the estimates from the annual national sample survey of population. Data of some provinces from 2005 to 2009 have been revised according to the Sixth National Population Census in 2010.

1-5 续表 continued

单位：%　　(%)

地 区	Region	2013	2014	2015	2016	2017	2018	2019	2020
全 国	**National Total**	**54.49**	**55.75**	**57.33**	**58.84**	**60.24**	**61.50**	**62.71**	**63.89**
北 京	Beijing	86.39	86.50	86.71	86.76	86.93	87.09	87.35	87.55
天 津	Tianjin	82.29	82.55	82.88	83.27	83.57	83.95	84.31	84.70
河 北	Hebei	48.02	49.36	51.67	53.87	55.74	57.33	58.77	60.07
山 西	Shanxi	52.88	54.30	55.87	57.27	58.59	59.85	61.29	62.53
内蒙古	Inner Mongolia	59.82	60.97	62.09	63.40	64.60	65.51	66.46	67.48
辽 宁	Liaoning	66.45	67.05	68.05	68.87	69.49	70.26	71.21	72.14
吉 林	Jilin	55.74	56.81	57.64	58.75	59.71	60.85	61.63	62.64
黑龙江	Heilongjiang	58.04	59.22	60.47	61.09	61.90	63.46	64.62	65.61
上 海	Shanghai	89.60	89.30	88.53	89.00	89.10	89.13	89.22	89.30
江 苏	Jiangsu	64.39	65.70	67.49	68.93	70.18	71.19	72.47	73.44
浙 江	Zhejiang	63.94	64.96	66.32	67.72	68.91	70.02	71.58	72.17
安 徽	Anhui	47.87	49.31	50.97	52.62	54.29	55.65	57.02	58.33
福 建	Fujian	60.80	61.99	63.22	64.39	65.78	66.98	67.87	68.75
江 西	Jiangxi	49.04	50.55	52.30	53.99	55.70	57.34	59.07	60.44
山 东	Shandong	53.46	54.77	56.97	59.13	60.79	61.46	61.86	63.05
河 南	Henan	43.60	45.05	47.02	48.78	50.56	52.24	54.01	55.43
湖 北	Hubei	54.51	55.73	57.18	58.57	59.88	61.00	61.83	62.89
湖 南	Hunan	47.63	48.98	50.79	52.70	54.62	56.09	57.45	58.76
广 东	Guangdong	68.09	68.62	69.51	70.15	70.74	71.81	72.65	74.15
广 西	Guangxi	45.11	46.54	47.99	49.24	50.59	51.82	52.98	54.20
海 南	Hainan	52.28	53.30	54.91	56.70	58.04	59.13	59.37	60.27
重 庆	Chongqing	58.29	59.74	61.47	63.33	65.00	66.61	68.24	69.46
四 川	Sichuan	44.96	46.51	48.27	50.00	51.78	53.50	55.36	56.73
贵 州	Guizhou	37.89	40.24	42.96	45.56	47.76	49.54	51.48	53.15
云 南	Yunnan	39.99	41.21	42.93	44.64	46.29	47.44	48.67	50.05
西 藏	Tibet	23.93	26.23	28.87	31.57	33.38	33.80	34.51	35.73
陕 西	Shaanxi	51.57	53.01	54.74	56.39	58.07	59.65	61.28	62.66
甘 肃	Gansu	40.50	42.28	44.24	46.07	48.12	49.69	50.70	52.23
青 海	Qinghai	49.29	50.84	51.67	53.55	55.45	57.27	58.78	60.08
宁 夏	Ningxia	52.84	54.82	56.98	58.74	60.95	62.15	63.63	64.96
新 疆	Xinjiang	44.94	46.79	48.78	50.42	51.90	54.01	55.51	56.53

1-6 人口出生率、死亡率和自然增长率
Birth Rate, Death Rate and Natural Growth Rate of Population

单位：‰ (‰)

年 份 Year	出生率 Birth Rate	死亡率 Death Rate	自然增长率 Natural Growth Rate
1978	18.25	6.25	12.00
1979	17.82	6.21	11.61
1980	18.21	6.34	11.87
1981	20.91	6.36	14.55
1982	22.28	6.60	15.68
1983	20.19	6.90	13.29
1984	19.90	6.82	13.08
1985	21.04	6.78	14.26
1986	22.43	6.86	15.57
1987	23.33	6.72	16.61
1988	22.37	6.64	15.73
1989	21.58	6.54	15.04
1990	21.06	6.67	14.39
1991	19.68	6.70	12.98
1992	18.24	6.64	11.60
1993	18.09	6.64	11.45
1994	17.70	6.49	11.21
1995	17.12	6.57	10.55
1996	16.98	6.56	10.42
1997	16.57	6.51	10.06
1998	15.64	6.50	9.14
1999	14.64	6.46	8.18
2000	14.03	6.45	7.58
2001	13.38	6.43	6.95
2002	12.86	6.41	6.45
2003	12.41	6.40	6.01
2004	12.29	6.42	5.87
2005	12.40	6.51	5.89
2006	12.09	6.81	5.28
2007	12.10	6.93	5.17
2008	12.14	7.06	5.08
2009	11.95	7.08	4.87
2010	11.90	7.11	4.79
2011	13.27	7.14	6.13
2012	14.57	7.13	7.43
2013	13.03	7.13	5.90
2014	13.83	7.12	6.71
2015	11.99	7.07	4.93
2016	13.57	7.04	6.53
2017	12.64	7.06	5.58
2018	10.86	7.08	3.78
2019	10.41	7.09	3.32
2020	8.52	7.07	1.45

1-7 各地区人口出生率、死亡率和自然增长率
Birth Rate, Death Rate and Natural Growth Rate of Population by Region

单位：‰ (‰)

地区 Region	1990			1991			1992		
	出生率 Birth Rate	死亡率 Death Rate	自然增长率 Natural Growth Rate	出生率 Birth Rate	死亡率 Death Rate	自然增长率 Natural Growth Rate	出生率 Birth Rate	死亡率 Death Rate	自然增长率 Natural Growth Rate
全 国 National Total	**21.06**	**6.67**	**14.39**	**19.68**	**6.70**	**12.98**	**18.24**	**6.64**	**11.60**
北 京 Beijing	13.01	5.81	7.20	8.03	5.82	2.21	9.22	6.11	3.11
天 津 Tianjin	15.61	5.78	9.83	11.94	5.78	6.16	12.50	6.00	6.50
河 北 Hebei	20.46	6.82	13.64	16.59	6.75	9.84	15.33	6.43	8.90
山 西 Shanxi	22.54	6.56	15.98	21.56	6.87	14.69	19.59	6.94	12.65
内蒙古 Inner Mongolia	21.19	7.21	13.98	16.77	6.97	9.80	17.07	6.73	10.34
辽 宁 Liaoning	16.30	6.59	9.71	12.10	6.64	5.46	12.57	6.11	6.46
吉 林 Jilin	19.49	6.56	12.93	17.09	6.84	10.25	15.74	6.57	9.17
黑龙江 Heilongjiang	18.11	6.35	11.76	15.89	5.70	10.19	16.25	6.12	10.13
上 海 Shanghai	10.31	6.64	3.67	7.68	7.01	0.67	7.28	6.74	0.54
江 苏 Jiangsu	20.54	6.53	14.01	17.05	6.50	10.55	15.71	6.76	8.95
浙 江 Zhejiang	15.33	6.31	9.02	14.48	6.39	8.09	14.72	6.57	8.15
安 徽 Anhui	24.47	6.25	18.22	21.19	6.06	15.13	18.76	6.14	12.62
福 建 Fujian	24.44	6.71	17.73	20.03	6.26	13.77	18.18	6.02	12.16
江 西 Jiangxi	24.59	7.54	17.05	21.20	7.13	14.07	19.53	7.07	12.46
山 东 Shandong	18.21	6.96	11.25	15.40	6.54	8.86	11.43	6.88	4.55
河 南 Henan	24.92	6.52	18.40	19.78	6.63	13.15	18.13	6.99	11.14
湖 北 Hubei	21.60	7.30	14.30	20.70	7.36	13.34	19.05	6.87	12.18
湖 南 Hunan	23.93	7.23	16.70	20.50	7.30	13.20	16.70	7.30	9.40
广 东 Guangdong	22.26	5.76	16.50	20.54	5.95	14.59	19.31	6.17	13.14
广 西 Guangxi	20.20	6.60	13.60	21.89	7.24	14.65	20.19	7.28	12.91
海 南 Hainan	24.86	6.26	18.60	22.97	5.97	17.00	21.31	6.07	15.24
重 庆 Chongqing									
四 川 Sichuan	19.11	7.66	11.45	15.82	7.29	8.53	16.27	7.03	9.24
贵 州 Guizhou	23.09	7.90	15.19	22.42	8.11	14.31	22.40	8.52	13.88
云 南 Yunnan	23.60	7.92	15.68	21.80	8.10	13.70	21.00	8.00	13.00
西 藏 Tibet	23.98	7.55	16.43	23.53	7.40	16.13	23.63	8.09	15.54
陕 西 Shaanxi	23.48	6.52	16.96	19.82	6.51	13.31	18.85	6.57	12.28
甘 肃 Gansu	20.68	6.20	14.48	19.38	6.05	13.33	19.37	6.64	12.73
青 海 Qinghai	24.34	7.47	16.87	23.37	8.35	15.02	22.54	8.14	14.40
宁 夏 Ningxia	24.34	5.52	18.82	21.96	5.13	16.83	20.11	5.36	14.75
新 疆 Xinjiang	26.44	7.82	18.62	24.45	7.86	16.59	22.80	7.84	14.96

1-7 续表 1 continued

单位：‰ (‰)

地区 Region	1993 出生率 Birth Rate	1993 死亡率 Death Rate	1993 自然增长率 Natural Growth Rate	1994 出生率 Birth Rate	1994 死亡率 Death Rate	1994 自然增长率 Natural Growth Rate	1995 出生率 Birth Rate	1995 死亡率 Death Rate	1995 自然增长率 Natural Growth Rate
全 国 National Total	**18.09**	**6.64**	**11.45**	**17.70**	**6.49**	**11.21**	**17.12**	**6.57**	**10.55**
北 京 Beijing	9.35	6.16	3.19	8.96	5.76	3.20	7.92	5.12	2.80
天 津 Tianjin	10.71	6.20	4.51	10.98	6.19	4.79	10.23	6.23	4.00
河 北 Hebei	15.43	6.11	9.32	14.93	6.50	8.43	13.93	6.32	7.61
山 西 Shanxi	17.48	6.36	11.12	17.46	6.70	10.76	16.60	6.12	10.48
内蒙古 Inner Mongolia	18.48	6.83	11.65	18.98	6.50	12.48	17.23	6.70	10.53
辽 宁 Liaoning	12.43	6.11	6.32	12.26	6.03	6.23	12.17	6.15	6.02
吉 林 Jilin	15.28	6.31	8.97	14.11	6.35	7.76	12.90	6.09	6.81
黑龙江 Heilongjiang	15.90	5.52	10.38	15.15	5.47	9.68	13.23	5.33	7.90
上 海 Shanghai	6.50	7.30	-0.80	5.80	7.00	-1.20	5.75	7.05	-1.30
江 苏 Jiangsu	13.97	6.61	7.36	13.78	6.86	6.92	12.32	6.56	5.76
浙 江 Zhejiang	13.61	6.58	7.03	13.24	6.60	6.64	12.66	6.75	5.91
安 徽 Anhui	17.18	6.51	10.67	16.70	6.86	9.84	16.07	6.41	9.66
福 建 Fujian	16.72	5.62	11.10	16.24	5.95	10.29	15.20	5.90	9.30
江 西 Jiangxi	20.33	6.89	13.44	19.38	7.00	12.38	18.94	7.28	11.66
山 东 Shandong	10.47	6.76	3.71	9.69	6.67	3.02	9.82	6.47	3.35
河 南 Henan	15.87	6.35	9.52	15.36	6.34	9.02	14.41	6.28	8.13
湖 北 Hubei	20.04	6.93	13.11	18.17	6.68	11.49	16.18	6.91	9.27
湖 南 Hunan	14.08	7.13	6.95	13.88	7.03	6.85	13.02	7.15	5.87
广 东 Guangdong	18.34	5.84	12.50	18.20	5.78	12.42	18.10	5.70	12.40
广 西 Guangxi	19.58	6.35	13.23	18.84	6.60	12.24	17.54	6.53	11.01
海 南 Hainan	20.81	5.26	15.55	20.77	6.29	14.48	20.12	5.61	14.51
重 庆 Chongqing									
四 川 Sichuan	16.77	7.21	9.56	16.93	6.99	9.94	17.08	7.21	9.87
贵 州 Guizhou	22.60	8.50	14.10	22.92	8.14	14.78	21.86	7.60	14.26
云 南 Yunnan	22.00	8.10	13.90	21.80	8.00	13.80	20.75	8.03	12.72
西 藏 Tibet	26.68	7.60	19.08	25.64	8.71	16.93	24.90	8.80	16.10
陕 西 Shaanxi	17.63	6.55	11.08	17.59	6.60	10.99	15.93	6.57	9.36
甘 肃 Gansu	20.16	6.84	13.32	20.82	6.84	13.98	20.65	6.49	14.16
青 海 Qinghai	20.50	8.26	12.24	22.06	6.82	15.24	22.01	6.89	15.12
宁 夏 Ningxia	19.43	5.36	14.07	19.67	6.02	13.65	19.28	5.49	13.79
新 疆 Xinjiang	21.53	7.68	13.85	20.82	7.43	13.39	18.90	6.45	12.45

1-7 续表 2 continued

单位：‰ (‰)

地区 Region	1996			1997			1998		
	出生率 Birth Rate	死亡率 Death Rate	自然增长率 Natural Growth Rate	出生率 Birth Rate	死亡率 Death Rate	自然增长率 Natural Growth Rate	出生率 Birth Rate	死亡率 Death Rate	自然增长率 Natural Growth Rate
全 国 National Total	**16.98**	**6.56**	**10.42**	**16.57**	**6.51**	**10.06**	**15.64**	**6.50**	**9.14**
北 京 Beijing	8.02	5.34	2.68	7.91	6.02	1.89	6.00	5.30	0.70
天 津 Tianjin	10.09	6.53	3.56	9.98	6.95	3.03	9.89	6.49	3.40
河 北 Hebei	13.85	6.55	7.30	13.11	6.82	6.29	13.01	6.18	6.83
山 西 Shanxi	16.59	6.25	10.34	16.18	6.06	10.12	16.09	6.17	9.92
内蒙古 Inner Mongolia	16.09	6.43	9.66	15.21	6.96	8.25	14.40	6.17	8.23
辽 宁 Liaoning	12.15	6.19	5.96	11.78	6.38	5.40	11.39	6.81	4.58
吉 林 Jilin	12.53	5.60	6.93	12.22	5.42	6.80	11.81	5.76	6.05
黑龙江 Heilongjiang	12.40	5.05	7.35	12.02	5.17	6.85	11.68	5.32	6.36
上 海 Shanghai	5.60	7.00	-1.40	5.50	6.80	-1.30	5.20	7.00	-1.80
江 苏 Jiangsu	12.11	6.58	5.53	11.43	6.84	4.59	10.97	6.84	4.13
浙 江 Zhejiang	12.09	6.58	5.51	11.41	6.48	4.93	11.15	6.33	4.82
安 徽 Anhui	16.00	6.50	9.50	15.80	6.50	9.30	15.74	6.54	9.20
福 建 Fujian	13.22	5.94	7.28	12.41	6.09	6.32	11.53	6.20	5.33
江 西 Jiangxi	17.53	7.02	10.51	17.43	6.56	10.87	16.85	7.05	9.80
山 东 Shandong	10.60	6.76	3.84	11.28	6.65	4.63	11.58	6.12	5.46
河 南 Henan	14.28	6.44	7.84	13.97	6.30	7.67	14.17	6.37	7.80
湖 北 Hubei	16.08	6.93	9.15	14.81	6.69	8.12	12.58	6.70	5.88
湖 南 Hunan	12.81	7.20	5.61	12.59	6.99	5.60	12.31	7.10	5.21
广 东 Guangdong	18.05	6.09	11.96	16.90	5.40	11.50	16.51	5.61	10.90
广 西 Guangxi	16.83	6.82	10.01	15.93	6.40	9.53	15.87	6.86	9.01
海 南 Hainan	20.08	5.88	14.20	19.18	5.62	13.56	18.48	5.56	12.92
重 庆 Chongqing				13.60	7.36	6.24	13.19	7.68	5.51
四 川 Sichuan	16.68	7.35	9.33	15.75	7.00	8.75	14.62	7.14	7.48
贵 州 Guizhou	22.05	7.69	14.36	22.15	7.67	14.48	22.02	7.76	14.26
云 南 Yunnan	20.87	7.94	12.93	20.82	7.91	12.91	20.01	7.91	12.10
西 藏 Tibet	24.70	8.50	16.20	23.90	7.90	16.00	23.70	7.80	15.90
陕 西 Shaanxi	14.99	6.51	8.48	13.91	6.29	7.62	13.56	6.43	7.13
甘 肃 Gansu	18.43	6.64	11.79	17.22	6.20	11.02	16.45	6.41	10.04
青 海 Qinghai	21.89	7.20	14.69	21.80	6.95	14.85	21.26	6.78	14.48
宁 夏 Ningxia	19.03	5.25	13.78	18.90	5.43	13.47	18.19	5.11	13.08
新 疆 Xinjiang	19.45	6.60	12.85	19.66	6.55	13.11	19.74	6.93	12.81

1-7 续表 3 continued

单位：‰ (‰)

地 区	Region	1999 出生率 Birth Rate	1999 死亡率 Death Rate	1999 自然增长率 Natural Growth Rate	2001 出生率 Birth Rate	2001 死亡率 Death Rate	2001 自然增长率 Natural Growth Rate	2002 出生率 Birth Rate	2002 死亡率 Death Rate	2002 自然增长率 Natural Growth Rate
全 国	**National Total**	**14.64**	**6.46**	**8.18**	**13.38**	**6.43**	**6.95**	**12.86**	**6.41**	**6.45**
北 京	Beijing	6.50	5.60	0.90	6.10	5.30	0.80	6.60	5.70	0.90
天 津	Tianjin	9.68	6.73	2.95	7.58	5.94	1.64	7.49	6.04	1.45
河 北	Hebei	12.99	6.26	6.73	11.16	6.18	4.98	11.53	6.25	5.28
山 西	Shanxi	15.93	6.07	9.86	13.06	5.90	7.16	12.86	6.14	6.72
内蒙古	Inner Mongolia	13.32	6.08	7.24	10.77	5.79	4.98	9.60	5.92	3.68
辽 宁	Liaoning	10.38	7.05	3.33	7.74	6.10	1.64	7.38	6.04	1.34
吉 林	Jilin	10.68	5.45	5.23	8.76	5.38	3.38	8.30	5.11	3.19
黑龙江	Heilongjiang	10.55	5.49	5.06	8.48	5.49	2.99	7.98	5.44	2.54
上 海	Shanghai	5.40	6.50	-1.10	5.02	5.97	-0.95	5.41	5.95	-0.54
江 苏	Jiangsu	10.50	6.94	3.56	9.03	6.62	2.41	9.17	6.99	2.18
浙 江	Zhejiang	10.64	6.35	4.29	10.02	6.25	3.77	9.98	6.19	3.79
安 徽	Anhui	15.10	6.50	8.60	12.46	5.85	6.61	11.20	5.17	6.03
福 建	Fujian	11.06	5.85	5.21	11.56	5.52	6.04	11.35	5.57	5.78
江 西	Jiangxi	16.51	7.02	9.49	15.44	6.06	9.38	14.74	6.02	8.72
山 东	Shandong	11.08	6.27	4.81	11.12	6.24	4.88	11.17	6.62	4.55
河 南	Henan	14.07	6.35	7.72	13.20	6.26	6.94	12.41	6.38	6.03
湖 北	Hubei	11.57	6.37	5.20	8.51	6.07	2.44	8.38	6.17	2.21
湖 南	Hunan	11.72	7.12	4.60	11.80	6.72	5.08	11.56	6.70	4.86
广 东	Guangdong	15.32	5.40	9.92	13.95	5.12	8.83	13.29	5.08	8.21
广 西	Guangxi	14.96	6.93	8.03	13.80	6.07	7.73	13.30	6.30	7.00
海 南	Hainan	17.26	5.23	12.03	15.23	5.76	9.47	15.20	5.72	9.48
重 庆	Chongqing	11.90	6.94	4.96	9.70	6.90	2.80	9.36	6.08	3.28
四 川	Sichuan	13.80	7.02	6.78	11.16	6.79	4.37	10.44	6.55	3.89
贵 州	Guizhou	21.92	7.68	14.24	18.56	7.23	11.33	17.96	7.21	10.75
云 南	Yunnan	19.48	7.82	11.66	18.51	7.57	10.94	17.90	7.30	10.60
西 藏	Tibet	23.20	7.40	15.80	18.60	6.50	12.10	18.83	6.07	12.76
陕 西	Shaanxi	12.51	6.38	6.13	10.50	6.34	4.16	10.48	6.36	4.12
甘 肃	Gansu	15.61	6.44	9.17	13.58	6.43	7.15	13.16	6.45	6.71
青 海	Qinghai	20.68	6.78	13.90	19.06	6.44	12.62	18.05	6.35	11.70
宁 夏	Ningxia	17.97	5.65	12.32	16.55	4.84	11.71	16.42	4.86	11.56
新 疆	Xinjiang	18.76	6.96	11.80	16.82	5.69	11.13	16.30	5.43	10.87

1-7 续表 4 continued

单位：‰ (‰)

地 区	Region	2003 出生率 Birth Rate	2003 死亡率 Death Rate	2003 自然增长率 Natural Growth Rate	2004 出生率 Birth Rate	2004 死亡率 Death Rate	2004 自然增长率 Natural Growth Rate	2005 出生率 Birth Rate	2005 死亡率 Death Rate	2005 自然增长率 Natural Growth Rate
全 国	**National Total**	**12.41**	**6.40**	**6.01**	**12.29**	**6.42**	**5.87**	**12.40**	**6.51**	**5.89**
北 京	Beijing	5.10	5.20	-0.10	6.10	5.40	0.70	6.29	5.20	1.09
天 津	Tianjin	7.14	6.04	1.10	7.31	5.97	1.34	7.44	6.01	1.43
河 北	Hebei	11.43	6.27	5.16	11.98	6.19	5.79	12.84	6.75	6.09
山 西	Shanxi	12.26	6.04	6.22	12.36	6.11	6.25	12.02	6.00	6.02
内蒙古	Inner Mongolia	9.24	6.17	3.07	9.53	5.98	3.55	10.08	5.46	4.62
辽 宁	Liaoning	6.90	5.83	1.07	6.51	5.60	0.91	7.01	6.04	0.97
吉 林	Jilin	7.25	5.64	1.61	7.39	5.63	1.76	7.89	5.32	2.57
黑龙江	Heilongjiang	7.48	5.45	2.03	7.27	5.45	1.82	7.87	5.20	2.67
上 海	Shanghai	4.85	6.20	-1.35	6.00	6.00	0.00	7.04	6.08	0.96
江 苏	Jiangsu	9.04	7.03	2.01	9.45	7.20	2.25	9.24	7.03	2.21
浙 江	Zhejiang	9.66	6.38	3.28	10.71	5.76	4.95	11.10	6.08	5.02
安 徽	Anhui	11.15	5.20	5.95	11.62	5.50	6.12	12.43	6.23	6.20
福 建	Fujian	11.43	5.58	5.85	11.58	5.62	5.96	11.60	5.62	5.98
江 西	Jiangxi	14.07	5.98	8.09	13.61	5.99	7.62	13.79	5.96	7.83
山 东	Shandong	11.42	6.64	4.78	12.50	6.49	6.01	12.14	6.31	5.83
河 南	Henan	12.10	6.46	5.64	11.67	6.47	5.20	11.55	6.30	5.25
湖 北	Hubei	8.26	5.94	2.32	8.43	6.03	2.40	8.74	5.69	3.05
湖 南	Hunan	11.82	6.87	4.95	11.89	6.80	5.09	11.90	6.75	5.15
广 东	Guangdong	13.66	5.31	8.35	13.13	5.12	8.01	11.70	4.68	7.02
广 西	Guangxi	13.86	6.57	7.29	13.32	6.12	7.20	14.26	6.09	8.16
海 南	Hainan	14.68	5.52	9.16	14.77	5.79	8.98	14.65	5.72	8.93
重 庆	Chongqing	9.89	7.20	2.69	9.45	6.60	2.85	9.40	6.40	3.00
四 川	Sichuan	9.18	6.06	3.12	9.05	6.27	2.78	9.70	6.80	2.90
贵 州	Guizhou	15.91	6.87	9.04	15.08	6.35	8.73	14.59	7.21	7.38
云 南	Yunnan	17.00	7.20	9.80	15.60	6.60	9.00	14.72	6.75	7.97
西 藏	Tibet	17.40	6.30	11.10	17.40	6.20	11.20	17.94	7.15	10.79
陕 西	Shaanxi	10.67	6.38	4.29	10.59	6.33	4.26	10.02	6.01	4.01
甘 肃	Gansu	12.58	6.46	6.12	12.43	6.52	5.91	12.59	6.57	6.02
青 海	Qinghai	16.94	6.09	10.85	16.32	6.45	9.87	15.70	6.21	9.49
宁 夏	Ningxia	15.68	4.73	10.95	15.97	4.79	11.18	15.93	4.95	10.98
新 疆	Xinjiang	16.01	5.23	10.78	16.00	5.09	10.91	16.42	5.04	11.38

1-7 续表 5 continued

单位：‰ (‰)

地 区	Region	2006 出生率 Birth Rate	2006 死亡率 Death Rate	2006 自然增长率 Natural Growth Rate	2007 出生率 Birth Rate	2007 死亡率 Death Rate	2007 自然增长率 Natural Growth Rate	2008 出生率 Birth Rate	2008 死亡率 Death Rate	2008 自然增长率 Natural Growth Rate
全 国	**National Total**	**12.09**	**6.81**	**5.28**	**12.10**	**6.93**	**5.17**	**12.14**	**7.06**	**5.08**
北 京	Beijing	6.26	4.97	1.29	8.32	4.92	3.40	8.17	4.75	3.42
天 津	Tianjin	7.67	6.07	1.60	7.91	5.86	2.05	8.13	5.94	2.19
河 北	Hebei	12.82	6.59	6.23	13.33	6.78	6.55	13.04	6.49	6.55
山 西	Shanxi	11.48	5.73	5.75	11.30	5.97	5.33	11.31	6.01	5.31
内蒙古	Inner Mongolia	9.87	5.91	3.96	10.21	5.73	4.48	9.81	5.54	4.27
辽 宁	Liaoning	6.40	5.30	1.10	6.89	5.36	1.53	6.32	5.22	1.10
吉 林	Jilin	7.67	5.00	2.67	7.55	5.05	2.50	6.65	5.04	1.61
黑龙江	Heilongjiang	7.57	5.18	2.39	7.88	5.39	2.49	7.91	5.68	2.23
上 海	Shanghai	7.47	5.89	1.58	9.07	6.03	3.04	8.89	6.17	2.72
江 苏	Jiangsu	9.36	7.08	2.28	9.37	7.07	2.30	9.34	7.04	2.30
浙 江	Zhejiang	10.29	5.42	4.87	10.38	5.57	4.81	10.20	5.62	4.58
安 徽	Anhui	12.60	6.30	6.30	12.75	6.40	6.35	13.05	6.60	6.45
福 建	Fujian	12.00	5.75	6.25	11.90	5.90	6.00	12.20	5.90	6.30
江 西	Jiangxi	13.80	6.01	7.79	13.86	5.99	7.87	13.92	6.01	7.91
山 东	Shandong	11.60	6.10	5.50	11.11	6.11	5.00	11.25	6.16	5.09
河 南	Henan	11.59	6.27	5.32	11.26	6.32	4.94	11.42	6.45	4.97
湖 北	Hubei	9.08	5.95	3.13	9.19	5.96	3.23	9.21	6.50	2.71
湖 南	Hunan	11.92	6.73	5.19	11.96	6.71	5.25	12.68	7.28	5.40
广 东	Guangdong	11.78	4.49	7.29	11.96	4.66	7.30	11.80	4.55	7.25
广 西	Guangxi	14.44	6.10	8.34	14.19	5.99	8.20	14.40	5.70	8.70
海 南	Hainan	14.59	5.73	8.86	14.62	5.71	8.91	14.71	5.72	8.99
重 庆	Chongqing	9.90	6.50	3.40	10.10	6.30	3.80	10.10	6.30	3.80
四 川	Sichuan	9.14	6.28	2.86	9.21	6.29	2.92	9.54	7.15	2.39
贵 州	Guizhou	13.97	6.71	7.26	13.28	6.60	6.68	13.49	6.77	6.72
云 南	Yunnan	13.20	6.30	6.90	13.08	6.22	6.86	12.63	6.31	6.32
西 藏	Tibet	17.40	5.70	11.70	16.40	5.10	11.30	15.50	5.20	10.30
陕 西	Shaanxi	10.19	6.15	4.04	10.21	6.16	4.05	10.29	6.21	4.08
甘 肃	Gansu	12.86	6.62	6.24	13.14	6.65	6.49	13.22	6.68	6.54
青 海	Qinghai	15.24	6.27	8.97	14.93	6.13	8.80	14.49	6.14	8.35
宁 夏	Ningxia	15.53	4.84	10.69	14.80	5.04	9.76	14.31	4.62	9.69
新 疆	Xinjiang	15.79	5.03	10.76	16.79	5.01	11.78	16.05	4.88	11.17

1-7 续表 6 continued

单位：‰ (‰)

地区 Region	2009 出生率 Birth Rate	2009 死亡率 Death Rate	2009 自然增长率 Natural Growth Rate	2010 出生率 Birth Rate	2010 死亡率 Death Rate	2010 自然增长率 Natural Growth Rate	2011 出生率 Birth Rate	2011 死亡率 Death Rate	2011 自然增长率 Natural Growth Rate
全 国 National Total	**11.95**	**7.08**	**4.87**	**11.90**	**7.11**	**4.79**	**13.27**	**7.14**	**6.13**
北 京 Beijing	8.06	4.56	3.50	7.48	4.41	3.07	8.29	4.27	4.02
天 津 Tianjin	8.30	5.70	2.60	8.18	5.58	2.60	8.58	6.08	2.50
河 北 Hebei	12.93	6.43	6.50	13.22	6.41	6.81	13.02	6.52	6.50
山 西 Shanxi	10.87	5.98	4.89	10.68	5.38	5.30	10.47	5.61	4.86
内蒙古 Inner Mongolia	9.57	5.61	3.96	9.30	5.54	3.76	8.94	5.43	3.51
辽 宁 Liaoning	6.06	5.09	0.97	6.68	6.26	0.42	5.71	6.05	-0.34
吉 林 Jilin	6.69	4.74	1.95	7.91	5.88	2.03	6.53	5.51	1.02
黑龙江 Heilongjiang	7.48	5.42	2.06	7.35	5.03	2.32	6.99	5.92	1.07
上 海 Shanghai	8.64	5.94	2.70	7.05	5.07	1.98	6.97	5.10	1.87
江 苏 Jiangsu	9.55	6.99	2.56	9.73	6.88	2.85	9.59	6.98	2.61
浙 江 Zhejiang	10.22	5.59	4.63	10.27	5.54	4.73	9.47	5.40	4.07
安 徽 Anhui	13.07	6.60	6.47	12.70	5.95	6.75	12.23	5.91	6.32
福 建 Fujian	12.20	6.00	6.20	11.27	5.16	6.11	11.41	5.20	6.21
江 西 Jiangxi	13.87	5.98	7.89	13.72	6.06	7.66	13.48	5.98	7.50
山 东 Shandong	11.70	6.08	5.62	11.65	6.26	5.39	11.50	6.40	5.10
河 南 Henan	11.45	6.46	4.99	11.52	6.57	4.95	11.56	6.62	4.94
湖 北 Hubei	9.48	6.00	3.48	10.36	6.02	4.34	10.39	6.01	4.38
湖 南 Hunan	13.05	6.94	6.11	13.10	6.70	6.40	13.35	6.80	6.55
广 东 Guangdong	11.78	4.52	7.26	11.18	4.21	6.97	10.45	4.35	6.10
广 西 Guangxi	14.17	5.64	8.53	14.13	5.48	8.65	13.71	6.04	7.67
海 南 Hainan	14.66	5.70	8.96	14.71	5.73	8.98	14.72	5.75	8.97
重 庆 Chongqing	9.90	6.20	3.70	9.17	6.40	2.77	9.88	6.71	3.17
四 川 Sichuan	9.15	6.43	2.72	8.93	6.62	2.31	9.79	6.81	2.98
贵 州 Guizhou	13.65	6.69	6.96	13.96	6.55	7.41	13.31	6.93	6.38
云 南 Yunnan	12.53	6.45	6.08	13.10	6.56	6.54	12.71	6.36	6.35
西 藏 Tibet	15.31	5.07	10.24	15.80	5.55	10.25	15.39	5.13	10.26
陕 西 Shaanxi	10.24	6.24	4.00	9.73	6.01	3.72	9.75	6.06	3.69
甘 肃 Gansu	13.32	6.71	6.61	12.05	6.02	6.03	12.08	6.03	6.05
青 海 Qinghai	14.51	6.19	8.32	14.94	6.31	8.63	14.43	6.12	8.31
宁 夏 Ningxia	14.38	4.70	9.68	14.14	5.10	9.04	13.65	4.68	8.97
新 疆 Xinjiang	15.99	5.43	10.56	14.85	4.14	10.71	14.99	4.42	10.57

1-7 续表 7 continued

单位：‰ (‰)

地区	Region	2012 出生率 Birth Rate	2012 死亡率 Death Rate	2012 自然增长率 Natural Growth Rate	2013 出生率 Birth Rate	2013 死亡率 Death Rate	2013 自然增长率 Natural Growth Rate	2014 出生率 Birth Rate	2014 死亡率 Death Rate	2014 自然增长率 Natural Growth Rate
全 国	**National Total**	**14.57**	**7.13**	**7.43**	**13.03**	**7.13**	**5.90**	**13.83**	**7.12**	**6.71**
北 京	Beijing	9.05	4.31	4.74	8.93	4.52	4.41	9.75	4.92	4.83
天 津	Tianjin	8.75	6.12	2.63	8.28	6.00	2.28	8.19	6.05	2.14
河 北	Hebei	12.88	6.41	6.47	13.04	6.87	6.17	13.18	6.23	6.95
山 西	Shanxi	10.70	5.83	4.87	10.81	5.57	5.24	10.92	5.93	4.99
内蒙古	Inner Mongolia	9.17	5.52	3.65	8.98	5.62	3.36	9.31	5.75	3.56
辽 宁	Liaoning	6.15	6.54	-0.39	6.09	6.12	-0.03	6.49	6.23	0.26
吉 林	Jilin	5.73	5.37	0.36	5.36	5.04	0.32	6.62	6.22	0.40
黑龙江	Heilongjiang	7.30	6.03	1.27	6.86	6.08	0.78	7.37	6.46	0.91
上 海	Shanghai	9.56	5.36	4.20	8.18	5.24	2.94	8.35	5.21	3.14
江 苏	Jiangsu	9.44	6.99	2.45	9.44	7.01	2.43	9.45	7.02	2.43
浙 江	Zhejiang	10.12	5.52	4.60	10.01	5.45	4.56	10.51	5.51	5.00
安 徽	Anhui	13.00	6.14	6.86	12.88	6.06	6.82	12.86	5.89	6.97
福 建	Fujian	12.74	5.73	7.01	12.20	6.01	6.19	13.70	6.20	7.50
江 西	Jiangxi	13.46	6.14	7.32	13.19	6.28	6.91	13.24	6.26	6.98
山 东	Shandong	11.90	6.95	4.95	11.41	6.40	5.01	14.23	6.84	7.39
河 南	Henan	11.87	6.71	5.16	12.27	6.76	5.51	12.80	7.02	5.78
湖 北	Hubei	11.00	6.12	4.88	11.08	6.15	4.93	11.86	6.96	4.90
湖 南	Hunan	13.58	7.01	6.57	13.50	6.96	6.54	13.52	6.89	6.63
广 东	Guangdong	11.60	4.65	6.95	10.71	4.69	6.02	10.80	4.70	6.10
广 西	Guangxi	14.20	6.31	7.89	14.28	6.35	7.93	14.07	6.21	7.86
海 南	Hainan	14.66	5.81	8.85	14.59	5.90	8.69	14.56	5.95	8.61
重 庆	Chongqing	10.86	6.86	4.00	10.37	6.77	3.60	10.67	7.05	3.62
四 川	Sichuan	9.89	6.92	2.97	9.90	6.90	3.00	10.22	7.02	3.20
贵 州	Guizhou	13.27	6.96	6.31	13.05	7.15	5.90	12.98	7.18	5.80
云 南	Yunnan	12.63	6.41	6.22	12.60	6.43	6.17	12.65	6.45	6.20
西 藏	Tibet	15.48	5.21	10.27	15.77	5.39	10.38	15.76	5.21	10.55
陕 西	Shaanxi	10.12	6.24	3.88	10.01	6.15	3.86	10.13	6.26	3.87
甘 肃	Gansu	12.11	6.05	6.06	12.16	6.08	6.08	12.21	6.11	6.10
青 海	Qinghai	14.30	6.06	8.24	14.16	6.13	8.03	14.67	6.18	8.49
宁 夏	Ningxia	13.26	4.33	8.93	13.12	4.50	8.62	13.10	4.53	8.57
新 疆	Xinjiang	15.32	4.48	10.84	15.84	4.92	10.92	16.44	4.97	11.47

1-7 续表 8 continued

单位：‰ (‰)

地 区	Region	2015 出生率 Birth Rate	2015 死亡率 Death Rate	2015 自然增长率 Natural Growth Rate	2016 出生率 Birth Rate	2016 死亡率 Death Rate	2016 自然增长率 Natural Growth Rate	2017 出生率 Birth Rate	2017 死亡率 Death Rate	2017 自然增长率 Natural Growth Rate
全 国	**National Total**	**11.99**	**7.07**	**4.93**	**13.57**	**7.04**	**6.53**	**12.64**	**7.06**	**5.58**
北 京	Beijing	7.96	4.95	3.01	9.32	5.20	4.12	9.06	5.30	3.76
天 津	Tianjin	5.84	5.61	0.23	7.37	5.54	1.83	7.65	5.05	2.60
河 北	Hebei	11.35	5.79	5.56	12.42	6.36	6.06	13.20	6.60	6.60
山 西	Shanxi	9.98	5.56	4.42	10.29	5.52	4.77	11.06	5.45	5.61
内蒙古	Inner Mongolia	7.72	5.32	2.40	9.03	5.69	3.34	9.47	5.74	3.73
辽 宁	Liaoning	6.17	6.59	-0.42	6.60	6.78	-0.18	6.49	6.93	-0.44
吉 林	Jilin	5.87	5.53	0.34	5.55	5.60	-0.05	6.76	6.50	0.26
黑龙江	Heilongjiang	6.00	6.60	-0.60	6.12	6.61	-0.49	6.22	6.63	-0.41
上 海	Shanghai	7.52	5.07	2.45	9.00	5.00	4.00	8.10	5.30	2.80
江 苏	Jiangsu	9.05	7.03	2.02	9.76	7.03	2.73	9.71	7.03	2.68
浙 江	Zhejiang	10.52	5.50	5.02	11.22	5.52	5.70	11.92	5.56	6.36
安 徽	Anhui	12.92	5.94	6.98	13.02	5.96	7.06	14.07	5.90	8.17
福 建	Fujian	13.90	6.10	7.80	14.50	6.20	8.30	15.00	6.20	8.80
江 西	Jiangxi	13.20	6.24	6.96	13.45	6.16	7.29	13.79	6.08	7.71
山 东	Shandong	12.55	6.67	5.88	17.89	7.05	10.84	17.54	7.40	10.14
河 南	Henan	12.70	7.05	5.65	13.26	7.11	6.15	12.95	6.97	5.98
湖 北	Hubei	10.74	5.83	4.91	12.04	6.97	5.07	12.60	7.01	5.59
湖 南	Hunan	13.58	6.86	6.72	13.57	7.01	6.56	13.27	7.08	6.19
广 东	Guangdong	11.12	4.32	6.80	11.85	4.41	7.44	13.68	4.52	9.16
广 西	Guangxi	14.05	6.15	7.90	13.82	5.95	7.87	15.14	6.22	8.92
海 南	Hainan	14.57	6.00	8.57	14.57	6.00	8.57	14.73	6.01	8.72
重 庆	Chongqing	11.05	7.19	3.86	11.77	7.24	4.53	11.18	7.27	3.91
四 川	Sichuan	10.30	6.94	3.36	10.48	6.99	3.49	11.26	7.03	4.23
贵 州	Guizhou	13.00	7.20	5.80	13.43	6.93	6.50	13.98	6.88	7.10
云 南	Yunnan	12.88	6.48	6.40	13.16	6.55	6.61	13.53	6.68	6.85
西 藏	Tibet	15.75	5.10	10.65	15.79	5.11	10.68	16.00	4.95	11.05
陕 西	Shaanxi	10.10	6.28	3.82	10.64	6.23	4.41	11.11	6.24	4.87
甘 肃	Gansu	12.36	6.15	6.21	12.18	6.18	6.00	12.54	6.52	6.02
青 海	Qinghai	14.72	6.17	8.55	14.70	6.18	8.52	14.42	6.17	8.25
宁 夏	Ningxia	12.62	4.58	8.04	13.69	4.72	8.97	13.44	4.75	8.69
新 疆	Xinjiang	15.59	4.51	11.08	15.34	4.26	11.08	15.88	4.48	11.40

1-7 续表 9 continued

单位：‰ (‰)

地 区	Region	2018 出生率 Birth Rate	2018 死亡率 Death Rate	2018 自然增长率 Natural Growth Rate	2019 出生率 Birth Rate	2019 死亡率 Death Rate	2019 自然增长率 Natural Growth Rate	2020 出生率 Birth Rate	2020 死亡率 Death Rate	2020 自然增长率 Natural Growth Rate
全 国	**National Total**	**10.86**	**7.08**	**3.78**	**10.41**	**7.09**	**3.32**	**8.52**	**7.07**	**1.45**
北 京	Beijing	8.24	5.58	2.66	8.12	5.49	2.63	6.99	5.19	1.80
天 津	Tianjin	6.67	5.42	1.25	6.73	5.30	1.43	5.99	5.92	0.07
河 北	Hebei	11.26	6.38	4.88	10.83	6.12	4.71	8.16	7.22	0.94
山 西	Shanxi	9.63	5.32	4.31	9.12	5.85	3.27	8.26	7.02	1.24
内蒙古	Inner Mongolia	8.35	5.95	2.40	8.23	5.66	2.57	7.20	7.30	-0.10
辽 宁	Liaoning	6.39	7.39	-1.00	6.45	7.25	-0.80	5.16	8.59	-3.43
吉 林	Jilin	6.62	6.26	0.36	6.05	6.90	-0.85	4.84	7.81	-2.97
黑龙江	Heilongjiang	5.98	6.67	-0.69	5.73	6.74	-1.01	3.75	8.23	-4.48
上 海	Shanghai	7.20	5.40	1.80	7.00	5.50	1.50	5.02	5.58	-0.56
江 苏	Jiangsu	9.32	7.03	2.29	9.12	7.04	2.08	6.65	6.49	0.16
浙 江	Zhejiang	11.02	5.58	5.44	10.51	5.52	4.99	7.13	6.56	0.57
安 徽	Anhui	12.41	5.96	6.45	12.03	6.04	5.99	9.45	7.96	1.49
福 建	Fujian	13.20	6.20	7.00	12.90	6.10	6.80	9.21	6.24	2.97
江 西	Jiangxi	13.43	6.06	7.37	12.59	6.03	6.56	9.48	6.61	2.87
山 东	Shandong	13.26	7.18	6.08	11.77	7.50	4.27	8.56	7.25	1.31
河 南	Henan	11.72	6.80	4.92	11.02	6.84	4.18	9.24	7.15	2.09
湖 北	Hubei	11.54	7.00	4.54	11.35	7.08	4.27	8.28	7.67	0.61
湖 南	Hunan	12.19	7.08	5.11	10.39	7.28	3.11	8.53	7.92	0.61
广 东	Guangdong	12.79	4.55	8.24	12.54	4.46	8.08	10.28	4.70	5.58
广 西	Guangxi	14.12	5.96	8.16	13.31	6.14	7.17	11.36	6.46	4.90
海 南	Hainan	14.48	6.01	8.47	12.87	6.11	6.76	10.36	5.85	4.51
重 庆	Chongqing	11.02	7.54	3.48	10.48	7.57	2.91	7.47	7.70	-0.23
四 川	Sichuan	11.05	7.01	4.04	10.70	7.09	3.61	7.60	8.48	-0.88
贵 州	Guizhou	13.90	6.85	7.05	13.65	6.95	6.70	13.70	7.17	6.53
云 南	Yunnan	13.19	6.32	6.87	12.63	6.20	6.43	10.96	7.92	3.04
西 藏	Tibet	15.22	4.58	10.64	14.60	4.46	10.14	13.96	5.37	8.59
陕 西	Shaanxi	10.67	6.24	4.43	10.55	6.28	4.27	8.95	7.11	1.84
甘 肃	Gansu	11.07	6.65	4.42	10.60	6.75	3.85	10.55	7.91	2.64
青 海	Qinghai	14.31	6.25	8.06	13.66	6.08	7.58	11.43	6.65	4.78
宁 夏	Ningxia	13.32	5.54	7.78	13.72	5.69	8.03	11.59	5.88	5.71
新 疆	Xinjiang	10.69	4.56	6.13	8.14	4.45	3.69	6.94	5.46	1.48

1-8 流动人口数
Floating Population

单位：亿人 (100 million persons)

年 份 Year	人户分离人口 Population of Residentce-Registration Inconsystency	流动人口 Floating Population
2000	1.44	1.21
2010	2.61	2.21
2020	4.93	3.76

注：2000年、2010年、2020年分别为当年人口普查时点数据。
Note: Data of 2000, 2010 and 2020 are based on the National Population Census.

1-9 平均预期寿命
Life Expectancy at Birth

单位：岁 (years)

年份 Year	合计 Total	男 Male	女 Female
1981	67.77	66.28	69.27
1990	68.55	66.84	70.47
1996	70.80		
2000	71.40	69.63	73.33
2005	72.95	70.83	75.25
2010	74.83	72.38	77.37
2015	76.34	73.64	79.43
2020	77.93	75.37	80.88

1-10 各地区人口平均预期寿命
Population Life Expectancy by Region

单位：岁 (years)

地 区	Region	1990年预期寿命 Life Expectancy in 1990	男 Male	女 Female	2000年预期寿命 Life Expectancy in 2000	男 Male	女 Female
全 国	**National Total**	**68.55**	**66.84**	**70.47**	**71.40**	**69.63**	**73.33**
北 京	Beijing	72.86	71.07	74.93	76.10	74.33	78.01
天 津	Tianjin	72.32	71.03	73.73	74.91	73.31	76.63
河 北	Hebei	70.35	68.47	72.53	72.54	70.68	74.57
山 西	Shanxi	68.97	67.33	70.93	71.65	69.96	73.57
内蒙古	Inner Mongolia	65.68	64.47	67.22	69.87	68.29	71.79
辽 宁	Liaoning	70.22	68.72	71.94	73.34	71.51	75.36
吉 林	Jilin	67.95	66.65	69.49	73.10	71.38	75.04
黑龙江	Heilongjiang	66.97	65.50	68.73	72.37	70.39	74.66
上 海	Shanghai	74.90	72.77	77.02	78.14	76.22	80.04
江 苏	Jiangsu	71.37	69.26	73.57	73.91	71.69	76.23
浙 江	Zhejiang	71.78	69.66	74.24	74.70	72.50	77.21
安 徽	Anhui	69.48	67.75	71.36	71.85	70.18	73.59
福 建	Fujian	68.57	66.49	70.93	72.55	70.30	75.07
江 西	Jiangxi	66.11	64.87	67.49	68.95	68.37	69.32
山 东	Shandong	70.57	68.64	72.67	73.92	71.70	76.26
河 南	Henan	70.15	67.96	72.55	71.54	69.67	73.41
湖 北	Hubei	67.25	65.51	69.23	71.08	69.31	73.02
湖 南	Hunan	66.93	65.41	68.70	70.66	69.05	72.47
广 东	Guangdong	72.52	69.71	75.43	73.27	70.79	75.93
广 西	Guangxi	68.72	67.17	70.34	71.29	69.07	73.75
海 南	Hainan	70.01	66.93	73.28	72.92	70.66	75.26
重 庆	Chongqing				71.73	69.84	73.89
四 川	Sichuan	66.33	65.06	67.70	71.20	69.25	73.39
贵 州	Guizhou	64.29	63.04	65.63	65.96	64.54	67.57
云 南	Yunnan	63.49	62.08	64.98	65.49	64.24	66.89
西 藏	Tibet	59.64	57.64	61.57	64.37	62.52	66.15
陕 西	Shaanxi	67.40	66.23	68.79	70.07	68.92	71.30
甘 肃	Gansu	67.24	66.35	68.25	67.47	66.77	68.26
青 海	Qinghai	60.57	59.29	61.96	66.03	64.55	67.70
宁 夏	Ningxia	66.94	65.95	68.05	70.17	68.71	71.84
新 疆	Xinjiang	62.59	61.95	63.26	67.41	65.98	69.14

注：根据人口普查数据计算。
Note: Data in this table are calculated according to the National Population Census.

1-10 续表 continued

单位：岁 (years)

地区	Region	2010年预期寿命 Life Expectancy in 2010	男 Male	女 Female	2020年预期寿命 Life Expectancy in 2020	男 Male	女 Female
全国	**National Total**	**74.83**	**72.38**	**77.37**	**77.93**	**75.37**	**80.88**
北京	Beijing	80.18	78.28	82.21	82.49	80.43	84.62
天津	Tianjin	78.89	77.42	80.48	81.30	79.32	83.40
河北	Hebei	74.97	72.70	77.47	77.75	75.20	80.52
山西	Shanxi	74.92	72.87	77.28	77.91	75.64	80.47
内蒙古	Inner Mongolia	74.44	72.04	77.27	77.56	74.98	80.45
辽宁	Liaoning	76.38	74.12	78.86	78.68	75.96	81.54
吉林	Jilin	76.18	74.12	78.44	78.41	75.62	81.40
黑龙江	Heilongjiang	75.98	73.52	78.81	78.25	75.33	81.42
上海	Shanghai	80.26	78.20	82.44	82.55	80.39	84.87
江苏	Jiangsu	76.63	74.60	78.81	79.32	77.02	81.83
浙江	Zhejiang	77.73	75.58	80.21	80.19	78.09	82.58
安徽	Anhui	75.08	72.65	77.84	77.96	75.52	80.72
福建	Fujian	75.76	73.27	78.64	78.49	75.81	81.55
江西	Jiangxi	74.33	71.94	77.06	77.64	78.08	80.52
山东	Shandong	76.46	74.05	79.06	79.18	76.46	82.11
河南	Henan	74.57	71.84	77.59	77.60	74.59	80.84
湖北	Hubei	74.87	72.68	77.35	78.00	75.73	80.53
湖南	Hunan	74.70	72.28	77.48	77.88	75.36	80.75
广东	Guangdong	76.49	74.00	79.37	79.31	76.75	82.22
广西	Guangxi	75.11	71.77	79.05	78.06	74.64	81.98
海南	Hainan	76.30	73.20	80.01	79.05	75.83	82.84
重庆	Chongqing	75.70	73.16	78.60	78.56	75.86	81.64
四川	Sichuan	74.75	72.25	77.59	77.79	75.01	80.93
贵州	Guizhou	71.10	68.43	74.11	75.20	72.09	78.71
云南	Yunnan	69.54	67.06	72.43	74.02	70.98	77.55
西藏	Tibet	68.17	66.33	70.07	72.19	70.27	74.75
陕西	Shaanxi	74.68	72.84	76.74	77.80	75.59	80.24
甘肃	Gansu	72.23	70.60	74.06	75.64	73.64	77.85
青海	Qinghai	69.96	68.11	72.07	73.96	71.72	76.43
宁夏	Ningxia	73.38	71.31	75.71	76.58	74.89	78.40
新疆	Xinjiang	72.35	70.30	74.86	75.65	73.66	77.89

1-11 七次全国人口普查人口基本情况
Basic Statistics on National Population Census in 1953, 1964, 1982, 1990, 2000,2010 and 2020

指　　标	Item	1953	1964	1982
全国人口（万人）	**Total Population (10 000 persons)**	**58260**	**69458**	**100818**
男	Male	30190	35652	51944
女	Female	28070	33806	48874
性别比（以女性为100）	Sex Ratio (female=100)	107.56	105.46	106.30
家庭户规模（人/户）	**Average Family Household Size (person/household)**	**4.33**	**4.43**	**4.41**
各年龄组人口比重（%）	**Percentage of Population by Age Group (%)**			
0-14岁	Aged 0-14	36.28	40.69	33.59
15-64岁	Aged 15-64	59.31	55.75	61.50
65岁及以上	Aged 65 and Over	4.41	3.56	4.91
民族人口	**Population by Ethnicity**			
汉族（万人）	Han (10 000 persons)	54728	65456	94088
占总人口比重（%）	Percentage to Total Population (%)	93.94	94.24	93.32
少数民族（万人）	Ethnic Minorities (10 000 persons)	3532	4002	6730
占总人口比重（%）	Percentage to Total Population (%)	6.06	5.76	6.68
每十万人拥有的各种受教育程度人口（人）	**Population with Various Education Attainments Per 100 000 Persons (person)**			
大专及以上	Junior College and Above		416	615
高中和中专	Senior Secondary School and Technical Secondary School		1319	6779
初中	Junior Secondary School		4680	17892
小学	Primary School		28330	35237
文盲人口及文盲率	**Illiterate Population and Illiterate Rate**			
文盲人口（万人）	Illiterate Population (10 000 persons)		23327	22996
文盲率（%）	Illiterate Rate (%)		33.58	22.81
城乡人口	**Population by Residence**			
城镇化率（%）	Urbanization Rate (%)	13.26	18.30	20.91
城镇人口（万人）	Urban Population (10 000 persons)	7726	12710	21082
乡村人口（万人）	Rural Population (10 000 persons)	50534	56748	79736
平均预期寿命（岁）	**Life Expectancy (years)**			**67.77***
男	Male			66.28*
女	Female			69.27*

1-11 续表 continued

指 标	Item	1990	2000	2010	2020
全国人口（万人）	**Total Population (10 000 persons)**	**113368**	**126583**	**133972**	**141178**
男	Male	58495	65355	68685	72334
女	Female	54873	61228	65287	68844
性别比（以女性为100）	Sex Ratio (female=100)	106.60	106.74	105.20	105.07
家庭户规模（人/户）	**Average Family Household Size (person/household)**	**3.96**	**3.44**	**3.10**	**2.62**
各年龄组人口比重（%）	**Percentage of Population by Age Group (%)**				
0-14岁	Aged 0-14	27.69	22.89	16.60	17.95
15-64岁	Aged 15-64	66.74	70.15	74.53	68.55
65岁及以上	Aged 65 and Over	5.57	6.96	8.87	13.50
民族人口	**Population by Ethnicity**				
汉族（万人）	Han (10 000 persons)	104248	115940	122593	128631
占总人口比重（%）	Percentage to Total Population (%)	91.96	91.59	91.51	91.11
少数民族（万人）	Ethnic Minorities (10 000 persons)	9120	10643	11379	12547
占全国人口比重（%）	Percentage to Total Population (%)	8.04	8.41	8.49	8.89
每十万人拥有的各种	**Population with Various Education Attainments**				
受教育程度人口（人）	**Per 100 000 Persons (person)**				
大专及以上	Junior College and Above	1422	3611	8930	15467
高中和中专	Senior Secondary School and Technical Secondary School	8039	11146	14032	15088
初中	Junior Secondary School	23344	33961	38788	34507
小学	Primary School	37057	35701	26779	24767
文盲人口及文盲率	**Illiterate Population and Illiterate Rate**				
文盲人口（万人）	Illiterate Population (10 000 persons)	18003	8507	5466	3775
文盲率（%）	Illiterate Rate (%)	15.88	6.72	4.08	2.67
城乡人口	**Population by Residence**				
城镇化率（%）	Urbanization Rate (%)	26.44	36.22	49.68	63.89
城镇人口（万人）	Urban Population (10 000 persons)	29971	45844	66557	90199
乡村人口（万人）	Rural Population (10 000 persons)	83397	80739	67415	50979
平均预期寿命（岁）	**Life Expectancy (years)**	**68.55**	**71.40**	**74.83**	**77.93**
男	Male	66.84	69.63	72.38	75.37
女	Female	70.47	73.33	77.37	80.88

注：1.1953年、1964年、1982年及1990年全国人口普查标准时点为当年7月1日零时，2000、2010和2020年全国人口普查标准时点为当年11月1日零时。

2.历次普查总人口数据包括中国人民解放军现役军人。在城乡人口中，中国人民解放军现役军人列为城镇人口统计。

3.1964年文盲人口为13岁及以上不识字人口，1982、1990、2000、2010、2020年文盲人口为15岁及以上不识字或识字很少的人。

4.表中"*"号表示为1981年数据。

Note:a) Standard reference time of national population census in 1953, 1964, 1982 and 1990 was zero hour of July 1st, and in 2000, 2010 and 2020 was zero hour of November 1st.

b) Total population from the five national population censuses includes the military personnel. Military personnel is listed as urban population in population by residence.

c) Illiterate population of 1964 National Population Census referred to the population aged 13 and over who are unable to read. Illiterate population of 1982, 1990, 2000, 2010 and 2020 National Population Censuses referred to the population aged 15 and over who are unable or have difficulty to read.

d) Data with "*" in this table are of 1981.

1-12 全国历年人口密度
Population Density

年 份 Year	全国人口 (万人) Population (10 000 persons)	人口密度 (人/平方公里) Population Density (person/sq.km)	年 份 Year	全国人口 (万人) Population (10 000 persons)	人口密度 (人/平方公里) Population Density (person/sq.km)
1949	54167	56	1985	105851	110
1950	55196	57	1986	107507	112
1951	56300	59	1987	109300	114
1952	57482	60	1988	111026	116
1953	58796	61	1989	112704	117
1954	60266	63	1990	114333	119
1955	61465	64	1991	115823	121
1956	62828	65	1992	117171	122
1957	64653	67	1993	118517	123
1958	65994	69	1994	119850	125
1959	67207	70	1995	121121	126
1960	66207	69	1996	122389	127
1961	65859	69	1997	123626	129
1962	67295	70	1998	124761	130
1963	69172	72	1999	125786	131
1964	70499	73	2000	126743	132
1965	72538	76	2001	127627	133
1966	74542	78	2002	128453	134
1967	76368	80	2003	129227	135
1968	78534	82	2004	129988	135
1969	80671	84	2005	130756	136
1970	82992	86	2006	131448	137
1971	85229	89	2007	132129	138
1972	87177	91	2008	132802	138
1973	89211	93	2009	133450	139
1974	90859	95	2010	134091	140
1975	92420	96	2011	134916	141
1976	93717	98	2012	135922	142
1977	94974	99	2013	136726	142
1978	96259	100	2014	137646	143
1979	97542	102	2015	138326	144
1980	98705	103	2016	139232	145
1981	100072	104	2017	140011	146
1982	101654	106	2018	140541	146
1983	103008	107	2019	141008	147
1984	104357	109	2020	141212	147

1-13 就业基本情况

项　目	Item	2011	2012
劳动力(万人)	**Labour Force (10 000 persons)**	**78349**	**78431**
就业人员合计(万人)	**Total Number of Employed Persons (10 000 persons)**	**76196**	**76254**
第一产业	Primary Industry	26472	25535
第二产业	Secondary Industry	22539	23226
第三产业	Tertiary Industry	27185	27493
就业人员构成(合计=100)	**Composition of Employed Persons (total=100)**		
第一产业	Primary Industry	34.7	33.5
第二产业	Secondary Industry	29.6	30.4
第三产业	Tertiary Industry	35.7	36.1
按城乡分就业人员(万人)	**Number of Employed Persons by Urban and Rural Areas (10 000 persons)**		
城镇就业人员	Urban Employed Persons	36003	37287
乡村就业人员	Rural Employed Persons	40193	38967
按登记注册类型分城镇非私营单位就业人员　(万人)	**Number of Employed Persons in Urban Non-private Units by Status of Registration　(10 000 persons)**		
#国有单位	State-owned Units	6704	6839
城镇集体单位	Urban Collective-owned Units	603	589
股份合作单位	Cooperative Units	149	149
联营单位	Joint Ownership Units	37	39
有限责任公司	Limited Liability Corporations	3269	3787
股份有限公司	Share-holding Corporations Ltd.	1183	1243
港澳台商投资单位	Units with Funds from Hong Kong, Macao & Taiwan	932	969
外商投资单位	Foreign Funded Units	1217	1246
城镇登记失业人数(万人)	**Number of Registered Unemployed Persons in Urban Areas (10 000 persons)**	**922**	**917**
城镇登记失业率(%)	**Registered Unemployment Rate in Urban Areas (%)**	**4.10**	**4.10**
城镇调查失业率(%)	**Surveyed Urban Unemployment Rate (%)**		

注：1.1990年及以后的劳动力、就业人员数据根据劳动力调查、全国人口普查推算；其中2011-2019年数据是根据第七次全国人口普查修订数(下表同)。
2. 2013年部分经济类型单位、部分行业就业人员、工资总额变动较大，系将原属于乡镇企业的规模以上法人单位纳入劳动工资统计范围所致(以下相关表同)。

Employment

2013	2014	2015	2016	2017	2018	2019	2020
78604	**78757**	**78921**	**79282**	**79042**	**78653**	**78985**	**78392**
76301	**76349**	**76320**	**76245**	**76058**	**75782**	**75447**	**75064**
23838	22372	21418	20908	20295	19515	18652	17715
23142	23057	22644	22295	21762	21356	21234	21543
29321	30920	32258	33042	34001	34911	35561	35806
31.3	29.3	28.0	27.4	26.7	25.7	24.7	23.6
30.3	30.2	29.7	29.3	28.6	28.2	28.2	28.7
38.4	40.5	42.3	43.3	44.7	46.1	47.1	47.7
38527	39703	40916	42051	43208	44292	45249	46271
37774	36646	35404	34194	32850	31490	30198	28793
6365	6312	6208	6170	6064	5740	5473	5563
566	537	481	453	406	347	296	271
108	103	92	86	77	66	60	69
25	22	20	18	13	12	12	25
6069	6315	6389	6381	6367	6555	6608	6542
1721	1751	1798	1824	1846	1875	1879	1837
1397	1393	1344	1305	1290	1153	1157	1159
1566	1562	1446	1361	1291	1212	1203	1216
926	**952**	**966**	**982**	**972**	**974**	**945**	**1160**
4.05	**4.09**	**4.05**	**4.02**	**3.90**	**3.80**	**3.62**	**4.24**
					4.9	**5.2**	**5.2**

Note: a) From 1990, the total number of labour force and employed persons were estimated according to Labour Force Survey and Population Census. The data from 2011 to 2019 were revised according to the Seventh National Population Census.The same applies to the following tables.

b) In 2013, some units by status of registration, some employment by industry, total wages bill changed greatly, because legal persons above designated size originally belonged to township enterprises were taken into statistics of labour wages. The same applies to the relevant tables following.

1-14 分城乡就业人员年末人数
Number of Employed Persons at Year-end in Urban and Rural Areas

单位：万人，%　　(10 000 persons,%)

年份 Year	就业人员 Total Number of Employed Persons	城镇 Urban		乡村 Rural	
		就业人员 Employed Persons	比重 Proportion	就业人员 Employed Persons	比重 Proportion
1949	18082	1533	8.5	16549	91.5
1952	20729	2486	12.0	18243	88.0
1953	21364	2754	12.9	18610	87.1
1954	21832	2744	12.6	19088	87.4
1955	22328	2802	12.5	19526	87.5
1956	23018	2993	13.0	20025	87.0
1957	23771	3205	13.5	20566	86.5
1958	26600	5300	19.9	21300	80.1
1959	26173	5389	20.6	20784	79.4
1960	25880	6119	23.6	19761	76.4
1961	25590	5336	20.9	20254	79.1
1962	25910	4537	17.5	21373	82.5
1963	26640	4603	17.3	22037	82.7
1964	27736	4828	17.4	22908	82.6
1965	28670	5136	17.9	23534	82.1
1966	29805	5354	18.0	24451	82.0
1967	30814	5446	17.7	25368	82.3
1968	31915	5630	17.6	26285	82.4
1969	33225	5825	17.5	27400	82.5
1970	34432	6312	18.3	28120	81.7
1971	35620	6868	19.3	28752	80.7
1972	35854	7200	20.1	28654	79.9
1973	36652	7388	20.2	29264	79.8
1974	37369	7687	20.6	29682	79.4
1975	38168	8222	21.5	29946	78.5
1976	38834	8692	22.4	30142	77.6
1977	39377	9127	23.2	30250	76.8
1978	40152	9514	23.7	30638	76.3
1979	41024	9999	24.4	31025	75.6
1980	42361	10525	24.8	31836	75.2
1981	43725	11053	25.3	32672	74.7
1982	45295	11428	25.2	33867	74.8
1983	46436	11746	25.3	34690	74.7
1984	48197	12229	25.4	35968	74.6
1985	49873	12808	25.7	37065	74.3

1-14 续表 continued

单位：万人，%　　(10 000 persons,%)

年 份 Year	就业人员 Total Number of Employed Persons	城镇 Urban 就业人员 Employed Persons	城镇 Urban 比重 Proportion	乡村 Rural 就业人员 Employed Persons	乡村 Rural 比重 Proportion
1986	51282	13292	25.9	37990	74.1
1987	52783	13783	26.1	39000	73.9
1988	54334	14267	26.3	40067	73.7
1989	55329	14390	26.0	40939	74.0
1990	64749	17041	26.3	47708	73.7
1991	65491	17465	26.7	48026	73.3
1992	66152	17861	27.0	48291	73.0
1993	66808	18262	27.3	48546	72.7
1994	67455	18653	27.7	48802	72.3
1995	68065	19040	28.0	49025	72.0
1996	68950	19922	28.9	49028	71.1
1997	69820	20781	29.8	49039	70.2
1998	70637	21616	30.6	49021	69.4
1999	71394	22412	31.4	48982	68.6
2000	72085	23151	32.1	48934	67.9
2001	72797	24123	33.1	48674	66.9
2002	73280	25159	34.3	48121	65.7
2003	73736	26230	35.6	47506	64.4
2004	74264	27293	36.8	46971	63.2
2005	74647	28389	38.0	46258	62.0
2006	74978	29630	39.5	45348	60.5
2007	75321	30953	41.1	44368	58.9
2008	75564	32103	42.5	43461	57.5
2009	75828	33322	43.9	42506	56.1
2010	76105	34687	45.6	41418	54.4
2011	76196	36003	47.3	40193	52.7
2012	76254	37287	48.9	38967	51.1
2013	76301	38527	50.5	37774	49.5
2014	76349	39703	52.0	36646	48.0
2015	76320	40916	53.6	35404	46.4
2016	76245	42051	55.2	34194	44.8
2017	76058	43208	56.8	32850	43.2
2018	75782	44292	58.4	31490	41.6
2019	75447	45249	60.0	30198	40.0
2020	75064	46271	61.6	28793	38.4

1-15 分产业就业人员年末人数
Number of Employed Persons at Year-end by Three Strata Industries

单位: 万人, %　　　　(10 000 persons,%)

年 份 Year	就业人员合　计 Total Number of Employed Persons	第一产业 Primary Industry		第二产业 Secondary Industry		第三产业 Tertiary Industry	
		就业人员 Employed Persons	比重 Proportion	就业人员 Employed Persons	比重 Proportion	就业人员 Employed Persons	比重 Proportion
1952	20729	17317	83.5	1531	7.4	1881	9.1
1953	21364	17747	83.1	1715	8.0	1902	8.9
1954	21832	18151	83.1	1882	8.6	1799	8.3
1955	22328	18592	83.3	1913	8.6	1823	8.1
1956	23018	18544	80.6	2468	10.7	2006	8.7
1957	23771	19309	81.2	2142	9.0	2320	9.8
1958	26600	15490	58.2	7076	26.6	4034	15.2
1959	26173	16271	62.2	5402	20.6	4500	17.2
1960	25880	17016	65.7	4112	15.9	4752	18.4
1961	25590	19747	77.2	2856	11.2	2987	11.6
1962	25910	21276	82.1	2059	8.0	2575	9.9
1963	26640	21966	82.5	2038	7.6	2636	9.9
1964	27736	22801	82.2	2183	7.9	2752	9.9
1965	28670	23396	81.6	2408	8.4	2866	10.0
1966	29805	24297	81.5	2600	8.7	2908	9.8
1967	30814	25165	81.7	2661	8.6	2988	9.7
1968	31915	26063	81.7	2743	8.6	3109	9.7
1969	33225	27117	81.6	3030	9.1	3078	9.3
1970	34432	27811	80.8	3518	10.2	3103	9.0
1971	35620	28397	79.7	3990	11.2	3233	9.1
1972	35854	28283	78.9	4276	11.9	3295	9.2
1973	36652	28857	78.7	4492	12.3	3303	9.0
1974	37369	29218	78.2	4712	12.6	3439	9.2
1975	38168	29456	77.2	5152	13.5	3560	9.3
1976	38834	29443	75.8	5611	14.5	3780	9.7
1977	39377	29340	74.5	5831	14.8	4206	10.7
1978	40152	28318	70.5	6945	17.3	4890	12.2
1979	41024	28634	69.8	7214	17.6	5177	12.6
1980	42361	29122	68.7	7707	18.2	5532	13.1
1981	43725	29777	68.1	8003	18.3	5945	13.6
1982	45295	30859	68.1	8346	18.4	6090	13.5
1983	46436	31151	67.1	8679	18.7	6606	14.2
1984	48197	30868	64.0	9590	19.9	7739	16.1
1985	49873	31130	62.4	10384	20.8	8359	16.8

1-15 续表 continued

单位：万人，% (10 000 persons,%)

年份 Year	就业人员合计 Total Number of Employed Persons	第一产业 Primary Industry		第二产业 Secondary Industry		第三产业 Tertiary Industry	
		就业人员 Employed Persons	比重 Proportion	就业人员 Employed Persons	比重 Proportion	就业人员 Employed Persons	比重 Proportion
1986	51282	31254	60.9	11216	21.9	8811	17.2
1987	52783	31663	60.0	11726	22.2	9395	17.8
1988	54334	32249	59.3	12152	22.4	9933	18.3
1989	55329	33225	60.1	11976	21.6	10129	18.3
1990	64749	38914	60.1	13856	21.4	11979	18.5
1991	65491	39098	59.7	14015	21.4	12378	18.9
1992	66152	38699	58.5	14355	21.7	13098	19.8
1993	66808	37680	56.4	14965	22.4	14163	21.2
1994	67455	36628	54.3	15312	22.7	15515	23.0
1995	68065	35530	52.2	15655	23.0	16880	24.8
1996	68950	34820	50.5	16203	23.5	17927	26.0
1997	69820	34840	49.9	16547	23.7	18432	26.4
1998	70637	35177	49.8	16600	23.5	18860	26.7
1999	71394	35768	50.1	16421	23.0	19205	26.9
2000	72085	36043	50.0	16219	22.5	19823	27.5
2001	72797	36399	50.0	16234	22.3	20165	27.7
2002	73280	36640	50.0	15682	21.4	20958	28.6
2003	73736	36204	49.1	15927	21.6	21605	29.3
2004	74264	34830	46.9	16709	22.5	22725	30.6
2005	74647	33442	44.8	17766	23.8	23439	31.4
2006	74978	31941	42.6	18894	25.2	24143	32.2
2007	75321	30731	40.8	20186	26.8	24404	32.4
2008	75564	29923	39.6	20553	27.2	25087	33.2
2009	75828	28890	38.1	21080	27.8	25857	34.1
2010	76105	27931	36.7	21842	28.7	26332	34.6
2011	76196	26472	34.7	22539	29.6	27185	35.7
2012	76254	25535	33.5	23226	30.4	27493	36.1
2013	76301	23838	31.3	23142	30.3	29321	38.4
2014	76349	22372	29.3	23057	30.2	30920	40.5
2015	76320	21418	28.0	22644	29.7	32258	42.3
2016	76245	20908	27.4	22295	29.3	33042	43.3
2017	76058	20295	26.7	21762	28.6	34001	44.7
2018	75782	19515	25.7	21356	28.2	34911	46.1
2019	75447	18652	24.7	21234	28.2	35561	47.1
2020	75064	17715	23.6	21543	28.7	35806	47.7

1-16 分地区就业人员数(2020年底数)
Number of Employed Persons by Region(End of 2020)

单位：万人 (10 000 persons)

地区	Region	就业人员 Employed Persons	按城乡分 By Urban and Rural Areas		按三次产业分 By Three Industries		
			城镇 Urban	乡村 Rural	第一产业 Primary Industry	第二产业 Secondary Industry	第三产业 Tertiary Industry
全国	National Total	**75064**	**46271**	**28793**	**17715**	**21543**	**35806**
北京	Beijing	1164	1018	146	28	194	942
天津	Tianjin	647	538	109	36	221	390
河北	Hebei	3671	2099	1572	815	1171	1685
山西	Shanxi	1738	1002	736	424	438	876
内蒙古	Inner Mongolia	1242	784	458	443	211	588
辽宁	Liaoning	2231	1481	750	631	496	1104
吉林	Jilin	1261	728	533	472	184	605
黑龙江	Heilongjiang	1473	923	550	538	240	695
上海	Shanghai	1374	1202	172	27	448	899
江苏	Jiangsu	4893	3481	1412	675	1944	2274
浙江	Zhejiang	3857	2755	1102	208	1692	1957
安徽	Anhui	3243	1791	1452	815	1020	1408
福建	Fujian	2206	1479	727	323	719	1164
江西	Jiangxi	2264	1296	968	455	767	1042
山东	Shandong	5510	3346	2164	1373	1838	2299
河南	Henan	4884	2591	2293	1223	1443	2218
湖北	Hubei	3261	1872	1389	897	857	1507
湖南	Hunan	3280	1871	1409	836	884	1560
广东	Guangdong	7039	5418	1621	767	2526	3746
广西	Guangxi	2558	1339	1219	866	655	1037
海南	Hainan	541	318	223	171	62	308
重庆	Chongqing	1676	1100	576	378	421	877
四川	Sichuan	4745	2489	2256	1542	1098	2105
贵州	Guizhou	1892	977	915	634	472	786
云南	Yunnan	2806	1292	1514	1226	497	1083
西藏	Tibet	193	73	120	69	30	94
陕西	Shaanxi	2105	1235	870	632	443	1030
甘肃	Gansu	1331	618	713	597	237	497
青海	Qinghai	279	170	109	71	62	146
宁夏	Ningxia	344	220	124	83	82	179
新疆	Xinjiang	1356	765	591	460	191	705

1-17 城镇登记失业人数及失业率(年末数)
Registered Unemployed Persons and Registered Unemployment Rate in Urban Areas (year-end)

单位：万人，% (10 000 persons,%)

年 份 Year	城镇登记失业人数 Registered Unemployed Persons in Urban Areas	比上年增长 Increase over Preceeding year	城镇登记失业率 Registered Unemployment Rate in Urban Areas
1978	530		5.3
1979	568	7.1	5.4
1980	542	-4.6	4.9
1981	440	-18.8	3.8
1982	379	-13.7	3.2
1983	271	-28.5	2.3
1984	236	-13.2	1.9
1985	239	1.2	1.8
1986	264	10.9	2.0
1987	277	4.6	2.0
1988	296	7.1	2.0
1989	378	27.6	2.6
1990	383	1.4	2.5
1991	352	-8.1	2.3
1992	364	3.3	2.3
1993	420	15.4	2.6
1994	476	13.4	2.8
1995	520	9.1	2.9
1996	553	6.3	3.0
1997	577	4.3	3.1
1998	571	-1.0	3.1
1999	575	0.7	3.1
2000	595	3.5	3.1
2001	681	14.4	3.6
2002	770	13.1	4.0
2003	800	3.9	4.3
2004	827	3.4	4.2
2005	839	1.5	4.2
2006	847	1.0	4.1
2007	830	-2.0	4.0
2008	886	6.7	4.2
2009	921	4.0	4.3
2010	908	-1.4	4.1
2011	922	1.5	4.1
2012	917	-0.5	4.1
2013	926	1.0	4.05
2014	952	2.8	4.09
2015	966	1.5	4.05
2016	982	1.7	4.02
2017	972	-1.0	3.90
2018	974	0.2	3.80
2019	945	-3.0	3.62
2020	1160	22.8	4.24

1-18 分地区城镇登记失业人员数(年末数)

单位：万人

地 区	Region	2000	2001	2002	2003	2004	2005	2006	2007	2008
北 京	Beijing	3.3	5.2	6.0	7.0	6.5	10.6	10.4	10.6	10.3
天 津	Tianjin	10.5	11.4	12.9	12.0	11.8	11.7	11.7	15.0	13.0
河 北	Hebei	17.4	19.5	22.2	25.7	28.0	27.8	28.7	29.3	32.2
山 西	Shanxi	9.7	12.2	14.5	13.1	13.7	14.3	15.6	16.1	17.5
内蒙古	Inner Mongolia	12.6	14.5	16.3	17.6	18.5	17.7	18.0	18.5	19.9
辽 宁	Liaoning	41.2	55.5	75.6	72.0	70.1	60.4	54.1	44.5	41.7
吉 林	Jilin	23.0	20.2	23.8	28.4	28.2	27.6	26.3	23.9	24.3
黑龙江	Heilongjiang	25.3	35.5	41.6	35.0	32.9	31.3	31.2	31.5	32.1
上 海	Shanghai	20.1	25.7	28.8	30.1	27.4	27.5	27.8	26.7	26.6
江 苏	Jiangsu	30.4	36.1	42.2	41.8	42.9	41.6	40.4	39.3	41.1
浙 江	Zhejiang	21.8	24.0	27.7	28.3	30.1	29.0	29.1	28.6	30.7
安 徽	Anhui	16.5	19.9	22.6	25.1	26.1	27.8	28.2	27.2	29.3
福 建	Fujian	9.1	13.2	15.0	14.6	14.5	14.9	15.1	14.9	15.0
江 西	Jiangxi	16.7	17.3	17.8	21.6	22.4	22.8	25.3	24.3	26.0
山 东	Shandong	37.5	35.4	39.7	41.3	42.3	42.9	43.7	43.5	60.7
河 南	Henan	21.4	23.1	25.4	26.3	31.2	33.0	35.4	33.1	36.5
湖 北	Hubei	36.6	42.2	44.7	49.3	49.4	52.6	52.6	54.1	55.1
湖 南	Hunan	27.6	30.3	30.4	37.1	43.0	41.9	43.3	44.4	47.0
广 东	Guangdong	30.2	34.5	36.5	35.5	35.9	34.5	36.2	36.2	38.1
广 西	Guangxi	11.3	14.2	14.7	14.9	17.8	18.5	20.0	18.5	18.8
海 南	Hainan	3.7	3.8	4.0	3.6	4.7	5.1	5.2	5.4	5.6
重 庆	Chongqing	10.1	13.7	16.2	16.2	16.8	16.9	15.4	14.1	13.0
四 川	Sichuan	30.8	31.9	33.8	33.1	33.3	34.3	36.1	34.5	37.9
贵 州	Guizhou	10.2	11.1	11.1	11.2	11.6	12.1	12.1	12.1	12.5
云 南	Yunnan	6.8	8.0	9.8	12.1	11.9	13.0	13.8	14.0	14.8
西 藏	Tibet	1.0		1.3		1.2				
陕 西	Shaanxi	11.4	14.0	13.5	13.9	18.5	21.5	21.5	21.0	20.8
甘 肃	Gansu	7.4	7.4	8.7	9.3	9.5	9.3	9.7	9.5	9.4
青 海	Qinghai	1.8	2.4	2.9	3.1	3.5	3.6	3.7	3.7	3.9
宁 夏	Ningxia	3.8	3.7	3.5	3.8	4.1	4.4	4.2	4.4	4.8
新 疆	Xinjiang	11.0	9.7	9.9	9.9	13.3	11.1	11.6	11.7	11.8

注：1. 新疆数据不包括新疆生产建设兵团(下表同)。
2. 2020年登记失业统计口径有所调整，与历史数据不可比(下表同)。

Registered Unemployed Persons in Urban Areas by Region (year-end)

(10 000 persons)

2009	2010	2011	2012	2013	2014	2015	2016	2017	2018	2019	2020
8.2	7.7	8.1	8.1	7.5	7.4	7.8	8.0	8.1	7.9	7.4	29.0
15.0	16.1	20.1	20.4	21.7	22.5	25.1	25.8	26.0	25.8	26.1	27.0
34.5	35.1	36.0	36.8	37.2	38.3	39.4	39.7	39.9	38.0	36.0	38.5
21.6	20.4	21.1	21.0	21.1	24.5	25.6	26.1	26.5	24.6	21.3	27.7
20.1	20.8	21.8	23.1	23.8	24.8	25.9	26.7	27.1	27.0	28.1	30.0
41.6	38.9	39.4	38.1	39.6	41.0	46.2	47.3	42.7	44.4	45.6	50.7
23.4	22.7	22.2	22.3	22.6	23.2	23.9	25.7	26.3	26.8	23.9	20.6
31.4	36.2	35.0	41.3	41.4	39.9	41.0	39.6	39.7	39.4	34.7	31.0
27.9	27.6	27.0	26.7	25.3	25.6	24.8	24.3	22.1	19.4	19.3	19.7
40.7	40.6	41.4	40.5	37.6	36.6	36.0	35.2	34.7	34.4	35.1	36.7
30.7	31.1	31.7	33.4	33.4	33.1	33.7	33.9	33.8	34.1	34.4	42.1
30.1	26.9	33.1	31.3	32.4	31.5	30.9	30.4	29.0	28.1	26.8	30.0
15.2	14.5	14.6	14.5	14.7	14.3	15.4	16.3	17.1	17.3	16.8	35.7
27.3	26.3	24.6	25.7	27.4	29.4	29.9	31.3	32.3	35.1	27.5	29.9
45.1	44.5	45.1	43.4	42.2	43.1	43.7	45.8	45.7	46.5	44.2	46.7
38.5	38.2	38.4	38.3	40.2	40.0	42.5	43.6	40.7	48.6	49.4	62.2
55.3	55.7	55.1	42.3	40.2	37.9	33.4	32.9	37.1	36.1	37.6	55.3
47.8	43.2	43.1	44.1	45.6	47.3	45.1	44.9	44.5	40.4	31.1	31.4
39.5	39.3	38.8	39.6	38.0	36.8	37.0	38.0	37.1	36.6	36.9	73.9
19.1	19.1	18.8	18.9	18.0	18.7	18.1	18.1	14.7	16.7	19.7	22.9
5.3	4.8	2.9	3.6	3.9	4.3	4.8	5.1	5.5	5.5	5.6	7.9
13.4	13.0	13.0	12.4	12.1	13.4	14.3	15.7	14.3	13.1	17.5	29.6
36.3	34.6	36.9	40.7	42.9	54.4	54.6	56.3	55.8	53.3	50.4	54.4
12.3	12.2	12.5	12.6	13.7	14.1	14.5	14.8	14.9	15.1	15.3	19.5
15.4	15.7	16.0	17.4	18.1	19.2	19.5	20.1	19.8	20.9	22.9	31.9
2.0	2.1	1.0	1.6	1.6	1.7	1.8	1.8	1.9	2.1	2.1	2.1
21.5	21.4	20.9	19.5	21.1	22.3	22.3	22.7	23.4	24.1	23.8	24.5
10.3	10.7	10.8	9.8	9.3	9.7	9.5	9.8	9.6	10.0	10.8	12.2
4.1	4.2	4.4	4.1	4.2	4.2	4.4	4.6	4.7	4.6	3.1	3.1
4.8	4.8	5.2	4.6	4.7	5.0	4.9	5.1	5.1	5.4	5.1	5.6
11.9	11.0	11.1	11.8	11.9	11.2	10.3	9.7	10.0	9.5	8.4	9.4

a) The data of Xinjiang does not indude Xinjiang Production and Construction Corps. The same applies to the following tables.

b) The Statistical Caliber of registenrd unemployment in 2020 has been adjusted, which is not comparable with his torical data. The same applies to the following tables.

1-19 分地区城镇登记失业率(年末数)

单位：%

地 区	Region	2000	2001	2002	2003	2004	2005	2006	2007	2008
北 京	Beijing	0.8	1.2	1.4	1.4	1.3	2.1	2.0	1.8	1.8
天 津	Tianjin	3.2	3.6	3.9	3.8	3.8	3.7	3.6	3.6	3.6
河 北	Hebei	2.8	3.2	3.6	3.9	4.0	3.9	3.8	3.8	4.0
山 西	Shanxi	2.2	2.6	3.4	3.0	3.1	3.0	3.2	3.2	3.3
内蒙古	Inner Mongolia	3.3	3.7	4.1	4.5	4.6	4.3	4.1	4.0	4.1
辽 宁	Liaoning	3.7	3.2	6.5	6.5	6.5	5.6	5.1	4.3	3.9
吉 林	Jilin	3.7	3.1	3.6	4.3	4.2	4.2	4.2	3.9	4.0
黑龙江	Heilongjiang	3.3	4.7	4.9	4.2	4.5	4.4	4.3	4.3	4.2
上 海	Shanghai	3.5		4.8	4.9	4.5		4.4	4.2	4.2
江 苏	Jiangsu	3.2	3.6	4.2	4.1	3.8	3.6	3.4	3.2	3.3
浙 江	Zhejiang	3.5	3.7	4.2	4.2	4.1	3.7	3.5	3.3	3.5
安 徽	Anhui	3.3	3.7	4.0	4.1	4.2	4.4	4.2	4.1	3.9
福 建	Fujian	2.6	3.8	4.2	4.1	4.0	4.0	3.9	3.9	3.9
江 西	Jiangxi	2.9	3.3	3.4	3.6	3.6	3.5	3.6	3.4	3.4
山 东	Shandong	3.2	3.3	3.6	3.6	3.4	3.3	3.3	3.2	3.7
河 南	Henan	2.6	2.8	2.9	3.1	3.4	3.5	3.5	3.4	3.4
湖 北	Hubei	3.5	4.0	4.3	4.3	4.2	4.3	4.2	4.2	4.2
湖 南	Hunan	3.7	4.0	4.0	4.5	4.4	4.3	4.3	4.3	4.2
广 东	Guangdong	2.5	2.9	3.1	2.9	2.7	2.6	2.6	2.5	2.6
广 西	Guangxi	3.2	3.5	3.7	3.6	4.1	4.2	4.1	3.8	3.8
海 南	Hainan	3.2	3.4	3.1	3.4	3.4	3.6	3.6	3.5	3.7
重 庆	Chongqing	3.5	3.9	4.1	4.1	4.1	4.1	4.0	4.0	4.0
四 川	Sichuan	4.0	4.3	4.5	4.4	4.4	4.6	4.5	4.2	4.6
贵 州	Guizhou	3.8	4.0	4.1	4.0	4.1	4.2	4.1	4.0	4.0
云 南	Yunnan	2.6	3.3	4.0	4.1	4.3	4.2	4.3	4.2	4.2
西 藏	Tibet	4.1		4.9		4.0				
陕 西	Shaanxi	2.7	3.2	3.3	3.5	3.8	4.2	4.0	4.0	3.9
甘 肃	Gansu	2.7	2.8	3.2	3.4	3.4	3.3	3.6	3.3	3.2
青 海	Qinghai	2.4	3.5	3.6	3.8	3.9	3.9	3.9	3.8	3.8
宁 夏	Ningxia	4.6	4.4	4.4	4.4	4.5	4.5	4.3	4.3	4.4
新 疆	Xinjiang	3.8	3.7	3.7	3.5	3.5	3.9	3.9	3.9	3.7

Registered Unemployment Rate in Urban Areas by Region (year-end)

(%)

2009	2010	2011	2012	2013	2014	2015	2016	2017	2018	2019	2020
1.4	1.4	1.4	1.3	1.2	1.3	1.4	1.4	1.4	1.4	1.3	2.6
3.6	3.6	3.6	3.6	3.6	3.5	3.5	3.5	3.5	3.5	3.5	3.6
3.9	3.9	3.8	3.7	3.7	3.6	3.6	3.7	3.7	3.3	3.1	3.5
3.9	3.6	3.5	3.3	3.1	3.4	3.5	3.5	3.4	3.3	2.7	3.1
4.0	3.9	3.8	3.7	3.7	3.6	3.7	3.7	3.6	3.6	3.7	3.8
3.9	3.6	3.7	3.6	3.4	3.4	3.4	3.8	3.8	3.9	4.2	4.6
4.0	3.8	3.7	3.7	3.7	3.4	3.5	3.5	3.5	3.5	3.1	3.4
4.3	4.3	4.1	4.2	4.4	4.5	4.5	4.2	4.2	4.0	3.5	3.4
4.3	4.4	3.5	3.1	4.0	4.1	4.0	4.1	3.9	3.5	3.6	3.7
3.2	3.2	3.2	3.1	3.0	3.0	3.0	3.0	3.0	3.0	3.0	3.2
3.3	3.2	3.1	3.0	3.0	3.0	2.9	2.9	2.7	2.6	2.5	2.8
3.9	3.7	3.7	3.7	3.4	3.2	3.1	3.2	2.9	2.8	2.6	2.8
3.9	3.8	3.7	3.6	3.6	3.5	3.7	3.9	3.9	3.7	3.5	3.8
3.4	3.3	3.0	3.0	3.2	3.3	3.4	3.4	3.3	3.4	2.9	3.2
3.4	3.4	3.4	3.3	3.2	3.3	3.4	3.5	3.4	3.4	3.3	3.1
3.5	3.4	3.4	3.1	3.1	3.0	3.0	3.0	2.8	3.0	3.2	3.2
4.2	4.2	4.1	3.8	3.5	3.1	2.6	2.4	2.6	2.6	2.4	3.4
4.1	4.2	4.2	4.2	4.2	4.1	4.1	4.2	4.0	3.6	2.7	2.7
2.6	2.5	2.5	2.5	2.4	2.4	2.5	2.5	2.5	2.4	2.3	2.5
3.7	3.7	3.5	3.4	3.3	3.2	2.9	2.9	2.2	2.3	2.6	2.8
3.5	3.0	1.7	2.0	2.2	2.3	2.3	2.4	2.3	2.3	2.3	2.8
4.0	3.9	3.5	3.3	3.4	3.5	3.6	3.7	3.4	3.0	2.6	4.5
4.3	4.1	4.2	4.0	4.1	4.2	4.1	4.2	4.0	3.5	3.3	3.6
3.8	3.6	3.6	3.3	3.3	3.3	3.3	3.2	3.2	3.2	3.1	3.8
4.3	4.2	4.1	4.0	4.0	4.0	4.0	3.6	3.2	3.4	3.3	3.9
3.8	4.0	3.2	2.6	2.5	2.5	2.5	2.6	2.7	2.8	2.9	2.9
3.9	3.9	3.6	3.2	3.3	3.3	3.4	3.3	3.3	3.2	3.2	3.6
3.3	3.2	3.1	2.7	2.3	2.2	2.1	2.2	2.7	2.8	3.0	3.3
3.8	3.8	3.8	3.4	3.3	3.2	3.2	3.1	3.1	3.0	2.2	2.1
4.4	4.4	4.4	4.2	4.1	4.0	4.0	3.9	3.9	3.9	3.7	3.9
3.8	3.2	3.2	3.4	3.4	3.2	2.9	2.5	2.6	2.4	2.1	2.4

1-20 分行业城镇非私营单位就业人员年末人数

单位：万人

行　业	Sector	2003	2004	2005	2006	2007
合　计	**Total**	**10969.7**	**11098.9**	**11404.0**	**11713.2**	**12024.4**
农、林、牧、渔业	Agriculture, Forestry, Animal Husbandry and Fishery	484.5	466.1	446.3	435.2	426.3
采 矿 业	Mining	488.3	500.7	509.2	529.7	535.0
制 造 业	Manufacturing	2980.5	3050.8	3210.9	3351.6	3465.4
电力、热力、燃气及水生产和供应业	Production and Supply of Electricity, Heat, Gas and Water	297.6	300.6	299.9	302.5	303.4
建 筑 业	Construction	833.7	841.0	926.6	988.7	1050.8
批发和零售业	Wholesale and Retail Trades	628.1	586.7	544.0	515.7	506.9
交通运输、仓储和邮政业	Transport, Storage and Post	636.5	631.8	613.9	612.7	623.1
住宿和餐饮业	Hotels and Catering Services	172.1	177.1	181.2	183.9	185.8
信息传输、软件和信息技术服务业	Information Transmission, Software and Information Technology	116.8	123.7	130.1	138.2	150.2
金融业	Financial Intermediation	353.3	356.0	359.3	367.4	389.7
房地产业	Real Estate	120.2	133.4	146.5	153.9	166.5
租赁和商务服务业	Leasing and Business Services	183.5	194.4	218.5	236.7	247.2
科学研究和技术服务业	Scientific Research and Technical Services	221.9	222.1	227.7	235.5	243.4
水利、环境和公共设施管理业	Management of Water Conservancy, Environment and Public Facilities	172.5	176.1	180.4	187.0	193.5
居民服务、修理和其他服务业	Services to Households, Repair and Other Services	52.8	54.2	53.9	56.6	57.4
教　育	Education	1442.8	1466.8	1483.2	1504.4	1520.9
卫生和社会工作	Health and Social Service	485.8	494.7	508.9	525.4	542.8
文化、体育和娱乐业	Culture, Sports and Entertainment	127.8	123.4	122.5	122.4	125.0
公共管理、社会保障和社会组织	Public Management, Social Security and Social Organization	1171.0	1199.0	1240.8	1265.6	1291.2

Employed Persons at Year-end in Urban Units Excluding Private Units by Sector

(10 000 persons)

2008	2009	2010	2011	2012	2013	2014	2015	2016	2017	2018	2019	2020
12192.5	**12573.0**	**13051.5**	**14413.3**	**15236.4**	**18108.4**	**18277.8**	**18062.5**	**17888.1**	**17643.8**	**17258.2**	**17161.8**	**17039.1**
410.1	373.7	375.7	359.5	338.9	294.8	284.6	270.0	263.2	255.4	192.6	134.1	85.7
540.4	553.7	562.0	611.6	631.0	636.5	596.5	545.8	490.9	455.4	414.4	367.7	352.1
3434.3	3491.9	3637.2	4088.3	4262.2	5257.9	5243.1	5068.7	4893.8	4635.5	4178.3	3832.0	3805.5
306.5	307.7	310.5	334.7	344.6	404.5	403.7	396.0	387.6	377.0	369.2	373.1	379.7
1072.6	1177.5	1267.5	1724.8	2010.3	2921.9	2921.2	2796.0	2724.7	2643.2	2710.9	2270.5	2153.3
514.4	520.8	535.1	647.5	711.8	890.8	888.6	883.3	875.0	842.8	823.3	830.0	786.9
627.3	634.4	631.1	662.8	667.5	846.2	861.4	854.4	849.5	843.9	819.0	815.5	812.2
193.2	202.1	209.2	242.7	265.1	304.4	289.3	276.1	269.7	265.9	269.8	265.2	256.6
159.5	173.8	185.8	212.8	222.8	327.3	336.3	349.9	364.1	395.4	424.3	455.3	487.1
417.6	449.0	470.1	505.3	527.8	537.9	566.3	606.8	665.2	688.8	699.3	826.1	859.0
172.7	190.9	211.6	248.6	273.7	373.7	402.2	417.3	431.7	444.8	466.0	510.3	525.4
274.7	290.5	310.1	286.6	292.3	421.9	449.4	474.0	488.4	522.6	529.5	660.4	643.6
257.0	272.6	292.3	298.5	330.7	387.8	408.0	410.6	419.6	420.4	411.5	434.3	431.2
197.3	205.7	218.9	230.3	243.8	259.2	269.1	273.3	269.6	268.5	260.6	244.5	245.6
56.5	58.8	60.2	59.9	62.1	72.3	75.4	75.2	75.4	78.2	77.4	86.3	82.8
1534.0	1550.4	1581.8	1617.8	1653.4	1687.2	1727.3	1736.5	1729.2	1730.4	1735.6	1909.3	1958.9
563.6	595.8	632.5	679.1	719.3	770.0	810.4	841.6	867.0	897.9	912.4	1006.2	1051.9
126.0	129.5	131.4	135.0	137.7	147.0	145.5	149.1	150.8	152.2	146.6	151.2	149.5
1335.0	1394.3	1428.5	1467.6	1541.5	1567.0	1599.3	1637.8	1672.6	1725.6	1817.5	1989.8	1972.2

1-21 分登记注册类型城镇非私营单位就业人员年末人数
Employed Persons at Year-end in Urban Units Excluding Private Units by Registration Status

单位：万人 (10 000 persons)

年 份 Year	合 计 Total	国有单位 State-owned Units	城镇集体单位 Urban Collective-owned Units	其他单位 Units of Other Types of Ownership
1994	15258.5	11213.9	3285.4	759.2
1995	15300.8	11260.5	3146.7	893.6
1996	15221.1	11243.6	3015.8	961.7
1997	15036.2	11044.2	2882.7	1109.4
1998	12695.7	9058.1	1963.2	1674.5
1999	12130.2	8572.1	1711.8	1846.3
2000	11612.5	8101.9	1499.3	2011.3
2001	11165.8	7639.9	1291.0	2234.9
2002	10985.2	7162.9	1122.0	2700.3
2003	10969.7	6875.6	999.9	3094.3
2004	11098.9	6709.9	897.2	3491.8
2005	11404.0	6488.2	809.9	4105.9

1-21 续表 continued

单位：万人 (10 000 persons)

年 份 Year	合 计 Total	国有单位 State-owned Units	城镇集体单位 Urban Collective-owned Units	其他单位 Units of Other Types of Ownership
2006	11713.2	6430.5	763.6	4519.1
2007	12024.4	6423.5	718.4	4882.4
2008	12192.5	6447.0	661.8	5083.7
2009	12573.0	6420.2	618.1	5534.7
2010	13051.5	6516.4	597.5	5937.6
2011	14413.3	6704.2	603.1	7106.0
2012	15236.4	6839.0	589.7	7807.7
2013	18108.4	6365.1	566.2	11177.2
2014	18277.8	6312.3	536.7	11428.8
2015	18062.5	6208.3	481.4	11372.8
2016	17888.1	6169.8	453.3	11264.9
2017	17643.8	6063.8	406.0	11174.0
2018	17258.2	5739.7	347.4	11171.1
2019	17161.8	5472.7	295.6	11393.5
2020	17039.1	5563.0	271.2	11204.9

1-22 分行业城镇非私营单位女性就业人员年末人数

单位：万人

行 业	Sector	2003	2004	2005	2006	2007
合 计	**Total**	**4156.1**	**4227.3**	**4324.6**	**4445.7**	**4540.3**
农、林、牧、渔业	Agriculture, Forestry, Animal Husbandry and Fishery	176.1	172.3	165.7	163.5	157.3
采矿业	Mining	119.7	117.1	113.0	115.0	109.7
制造业	Manufacturing	1292.7	1329.8	1397.5	1464.0	1495.0
电力、燃气及水的生产和供应业	Production and Distribution of Electricity, Gas and Water	92.7	93.1	91.3	91.3	90.7
建筑业	Construction	128.4	129.3	134.2	138.1	142.4
批发和零售业	Wholesale and Retail Trades	280.3	260.2	242.3	230.3	228.8
交通运输、仓储和邮政业	Transport, Storage and Post	182.5	177.6	171.0	164.7	169.3
住宿和餐饮业	Hotels and Catering Services	95.0	97.8	98.9	99.5	100.8
信息传输、计算机服务和软件业	Information Transmission, Computer Service and Software	42.1	45.2	48.7	52.4	58.5
金融业	Financial Intermediation	164.5	170.5	172.0	178.6	192.9
房地产业	Real Estate	40.4	44.9	48.3	50.8	56.0
租赁和商务服务业	Leasing and Business Services	62.7	65.6	74.0	78.0	82.1
科学研究、技术服务和地质勘查业	Scientific Research, Technical Services and Geological Prospecting	70.7	70.3	71.6	74.9	75.6
水利、环境和公共设施管理业	Management of Water Conservancy, Environment and Public Facilities	68.8	70.7	73.5	76.6	79.2
居民服务和其他服务业	Services to Households and Other Services	22.2	24.1	21.6	21.9	22.1
教 育	Education	672.8	696.7	713.2	733.8	747.7
卫生、社会保障和社会福利业	Health, Social Securities and Social Welfare	284.5	292.2	300.9	312.9	324.1
文化、体育和娱乐业	Culture, Sports and Entertainment	51.9	50.3	50.1	50.7	52.1
公共管理和社会组织	Public Management and Social Organization	308.1	319.6	336.9	348.6	356.0

Female Employed Persons at Year-end in Urban Units Excluding Private Units by Sector

(10 000 persons)

2008	2009	2010	2011	2012	2013	2014	2015	2016	2017	2018	2019	2020
4579.6	**4678.5**	**4861.5**	**5227.7**	**5458.9**	**6338.3**	**6546.2**	**6527.0**	**6517.6**	**6545.3**	**6427.6**	**6684.2**	**6779.4**
148.9	136.1	137.8	132.5	125.1	108.7	104.7	97.5	93.5	89.6	65.5	42.7	25.3
105.1	107.6	105.5	115.9	114.6	111.7	110.2	100.6	92.9	86.3	78.7	65.1	61.0
1444.3	1447.9	1501.3	1613.3	1661.0	2073.8	2119.3	2021.0	1925.3	1821.0	1612.1	1445.1	1423.3
90.1	89.8	91.6	95.7	97.7	109.8	112.4	109.7	105.9	102.9	100.0	100.1	101.7
149.3	157.4	165.9	206.5	233.8	295.4	316.3	309.5	298.0	300.7	311.2	283.8	276.1
237.2	239.6	249.7	308.7	339.4	446.3	450.2	447.0	441.4	429.1	426.5	429.9	410.9
171.5	171.2	168.8	178.6	175.7	219.0	224.6	223.1	221.8	222.2	216.7	211.4	210.6
105.2	109.2	113.2	131.5	140.6	168.8	162.2	152.3	148.3	149.9	153.3	151.3	147.3
61.9	66.0	71.3	84.9	90.6	128.9	132.6	137.1	142.2	156.3	166.2	177.3	189.3
209.1	225.8	237.7	256.8	268.8	272.3	287.8	313.7	347.4	370.5	380.1	461.1	500.3
58.5	64.2	72.4	86.0	95.6	134.1	149.3	155.3	161.1	170.1	184.1	203.3	214.5
93.8	97.5	104.1	91.6	92.4	138.5	147.7	155.5	159.9	176.0	179.2	228.6	225.1
80.0	85.6	92.1	90.0	101.4	117.1	124.4	125.1	132.0	133.5	130.6	142.0	143.5
80.9	84.1	89.5	94.3	98.2	104.6	108.5	111.0	110.3	110.2	105.1	98.8	99.9
24.7	24.0	26.4	25.6	23.1	29.3	30.5	31.3	32.9	36.1	36.2	41.7	41.1
759.4	775.0	795.0	820.8	847.5	876.6	911.9	931.7	952.0	977.7	1010.2	1181.0	1244.3
336.8	354.9	379.8	411.4	440.1	473.8	505.5	531.4	556.9	586.9	606.8	683.2	727.4
52.5	54.6	55.8	57.4	59.4	64.1	65.1	66.6	68.1	70.4	69.6	72.8	73.6
370.2	388.0	403.7	426.1	453.8	465.5	483.3	507.7	527.7	555.8	595.6	665.1	664.0

1-23 分登记注册类型城镇非私营单位女性就业人员年末人数
Female Employed Persons at Year-end in Urban Units Excluding Private Units by Registration Status

单位：万人 (10 000 persons)

年 份 Year	合 计 Total	国有单位 State-owned Units	城镇集体单位 Urban Collective-owned Units	其他单位 Units of Other Types of Ownership
1994	5799.1	3982.5	1451.1	364.5
1995	5889.0	4059.0	1399.0	431.0
1996	5883.3	4088.3	1337.8	457.3
1997	5824.8	4030.2	1271.0	523.6
1998	4677.8	3181.6	795.6	700.6
1999	4613.4	3128.0	702.8	782.7
2000	4411.3	2952.5	605.8	853.0
2001	4225.7	2788.2	509.9	927.5
2002	4156.2	2627.7	436.9	1091.5
2003	4156.1	2529.6	383.9	1242.6
2004	4227.3	2480.7	336.7	1410.0
2005	4324.6	2399.3	299.1	1626.2
2006	4445.7	2386.9	277.7	1781.1
2007	4540.3	2383.0	254.5	1902.8
2008	4579.6	2401.7	234.2	1943.7
2009	4678.5	2391.6	212.7	2074.2
2010	4861.5	2447.4	205.2	2208.9
2011	5227.7	2522.4	195.9	2509.4
2012	5458.9	2590.1	188.4	2680.4
2013	6338.3	2472.3	179.1	3686.9
2014	6546.2	2509.0	173.1	3864.1
2015	6527.0	2531.9	156.5	3838.7
2016	6517.6	2562.1	147.6	3807.8
2017	6545.3	2583.1	137.9	3824.3
2018	6427.6	2537.3	121.6	3768.7
2019	6684.2	2532.9	108.4	4043.0
2020	6779.4	2650.3	108.5	4020.6

1-24 分登记注册类型城镇非私营单位就业人员平均工资
Average Wage of Employed Persons in Urban Units Excluding Private Units by Status of Registration

单位：元 (yuan)

年 份 Year	合计 Total	#在岗职工 Staff and Workers	国有单位 State-owned Units	城镇集体单位 Urban Collective-owned Units	其他单位 Units of Other Types of Ownership
1995	5348	5500	5553	3934	7728
1996	5980	6210	6207	4312	8521
1997	6444	6470	6679	4516	9092
1998	7446	7479	7579	5314	9241
1999	8319	8346	8443	5758	10142
2000	9333	9371	9441	6241	11238
2001	10834	10870	11045	6851	12437
2002	12373	12422	12701	7636	13486
2003	13969	14040	14358	8627	14843
2004	15920	16024	16445	9723	16519
2005	18200	18364	18978	11176	18362
2006	20856	21001	21706	12866	21004
2007	24721	24932	26100	15444	24271
2008	28898	29229	30287	18103	28552
2009	32244	32736	34130	20607	31350
2010	36539	37147	38359	24010	35801
2011	41799	42452	43483	28791	41323
2012	46769	47593	48357	33784	46360
2013	51483	52388	52657	38905	51453
2014	56360	57361	57296	42742	56485
2015	62029	63241	65296	46607	60906
2016	67569	68993	72538	50527	65531
2017	74318	76121	81114	55243	71304
2018	82413	84744	89474	60664	79453
2019	90501	93383	98899	62612	87195
2020	97379	100512	108132	68590	92721

注：1995—2008年的城镇单位就业人员平均工资即为原来的城镇单位就业人员平均劳动报酬(以下相关表同)。
Note: Average wage of employed persons in urban units from 1995 to 2008 referred to average earning of employed persons in urban units. The Same applies to the related tables following.

1-25 分登记注册类型城镇非私营单位就业人员平均工资指数

年 份 Year	平均货币工资指数(上年=100) Indices of Average Wage (preceding year=100)				
	合计 Total	#在岗职工 Staff and Workers	国有单位 State-owned Units	城镇集体单 位 Urban Collective-owned Units	其他单位 Units of Other Types of Ownership
1996	111.8	112.9	111.8	109.6	110.3
1997	107.8	104.2	107.6	104.7	106.7
1998	115.5	106.6	113.5	117.7	101.6
1999	111.7	111.6	111.4	108.4	109.8
2000	112.2	112.3	111.8	108.4	110.8
2001	116.1	116.0	117.0	109.8	110.7
2002	114.2	114.3	115.0	111.5	108.4
2003	112.9	113.0	113.0	113.0	110.1
2004	114.0	114.1	114.5	112.7	111.3
2005	114.3	114.6	115.4	114.9	111.2
2006	114.6	114.4	114.4	115.1	114.4
2007	118.5	118.7	120.2	120.0	115.6
2008	116.9	117.2	116.0	117.2	117.6
2009	111.6	112.0	112.7	113.8	109.8
2010	113.3	113.5	112.4	116.5	114.2
2011	114.4	114.3	113.4	119.9	115.4
2012	111.9	112.1	111.2	117.3	112.2
2013	110.1	110.1	108.9	115.2	111.0
2014	109.5	109.5	108.8	109.9	109.8
2015	110.1	110.3	114.0	109.0	107.8
2016	108.9	109.1	111.1	108.4	107.6
2017	110.0	110.3	111.8	109.3	108.8
2018	110.9	111.3	110.3	109.8	111.4
2019	109.8	110.2	110.5	103.2	109.7
2020	107.6	107.6	109.3	109.5	106.3

Indices of Average Wage of Employed Persons in Urban Units Excluding Private Units by Status of Registration

平均实际工资指数(上年=100) Indices of Average Real Wage (preceding year=100)				
合计 Total	#在岗职工 Staff and Workers	国有单位 State-owned Units	城镇集体单位 Urban Collective-owned Units	其他单位 Units of Other Types of Ownership
102.8	103.8	102.7	100.7	101.3
104.5	101.1	104.4	101.6	103.5
116.2	107.2	114.2	118.4	102.3
113.2	113.1	112.9	109.8	111.2
111.3	111.4	110.9	107.5	109.9
115.3	115.2	116.2	109.0	109.9
115.4	115.5	116.2	112.6	109.5
111.9	112.0	112.0	112.0	109.1
110.3	110.5	110.9	109.1	107.7
112.5	112.8	113.6	113.1	109.4
112.9	112.7	112.7	113.4	112.7
113.4	113.6	115.0	114.8	110.6
110.7	111.0	109.8	111.0	111.4
112.6	113.0	113.7	114.8	110.8
109.8	110.0	108.9	112.9	110.7
108.6	108.5	107.7	113.9	109.6
109.0	109.2	108.3	114.3	109.2
107.3	107.3	106.1	112.2	108.2
107.2	107.2	106.6	107.6	107.5
108.5	108.6	112.3	107.4	106.2
106.7	106.9	108.8	106.2	105.4
108.2	108.5	110.0	107.5	107.0
108.6	109.0	108.0	107.6	109.1
106.8	107.2	107.5	100.4	106.8
105.2	105.2	106.9	107.1	103.9

1-26 分行业城镇非私营单位就业人员平均工资

单位：元

行　业	Sector	2003	2004	2005	2006	2007
合　计	**Total**	**13969**	**15920**	**18200**	**20856**	**24721**
农、林、牧、渔业	Agriculture, Forestry, Animal Husbandry and Fishery	6884	7497	8207	9269	10847
采 矿 业	Mining	13627	16774	20449	24125	28185
制 造 业	Manufacturing	12671	14251	15934	18225	21144
电力、热力、燃气及水生产和供应业	Production and Supply of Electricity, Heat, Gas and Water	18574	21543	24750	28424	33470
建 筑 业	Construction	11328	12578	14112	16164	18482
批发和零售业	Wholesale and Retail Trades	10894	13012	15256	17796	21074
交通运输、仓储和邮政业	Transport, Storage and Post	15753	18071	20911	24111	27903
住宿和餐饮业	Hotels and Catering Services	11198	12618	13876	15236	17046
信息传输、软件和信息技术服务业	Information Transmission, Software and Information Technology	30897	33449	38799	43435	47700
金融业	Financial Intermediation	20780	24299	29229	35495	44011
房地产业	Real Estate	17085	18467	20253	22238	26085
租赁和商务服务业	Leasing and Business Services	17020	18723	21233	24510	27807
科学研究和技术服务业	Scientific Research and Technical Services	20442	23351	27155	31644	38432
水利、环境和公共设施管理业	Management of Water Conservancy, Environment and Public Facilities	11774	12884	14322	15630	18383
居民服务、修理和其他服务业	Services to Households, Repair and Other Services	12665	13680	15747	18030	20370
教　育	Education	14189	16085	18259	20918	25908
卫生和社会工作	Health and Social Service	16185	18386	20808	23590	27892
文化、体育和娱乐业	Culture, Sports and Entertainment	17098	20522	22670	25847	30430
公共管理、社会保障和社会组织	Public Management, Social Security and Social Organization	15355	17372	20234	22546	27731

Average Wage of Employed Persons in Urban Units Excluding Private Units by Sector

(yuan)

2008	2009	2010	2011	2012	2013	2014	2015	2016	2017	2018	2019	2020
28898	**32244**	**36539**	**41799**	**46769**	**51483**	**56360**	**62029**	**67569**	**74318**	**82413**	**90501**	**97379**
12560	14356	16717	19469	22687	25820	28356	31947	33612	36504	36466	39340	48540
34233	38038	44196	52230	56946	60138	61677	59404	60544	69500	81429	91068	96674
24404	26810	30916	36665	41650	46431	51369	55324	59470	64452	72088	78147	82783
38515	41869	47309	52723	58202	67085	73339	78886	83863	90348	100162	107733	116728
21223	24161	27529	32103	36483	42072	45804	48886	52082	55568	60501	65580	69986
25818	29139	33635	40654	46340	50308	55838	60328	65061	71201	80551	89047	96521
32041	35315	40466	47078	53391	57993	63416	68822	73650	80225	88508	97050	100642
19321	20860	23382	27486	31267	34044	37264	40806	43382	45751	48260	50346	48833
54906	58154	64436	70918	80510	90915	100845	112042	122478	133150	147678	161352	177544
53897	60398	70146	81109	89743	99653	108273	114777	117418	122851	129837	131405	133390
30118	32242	35870	42837	46764	51048	55568	60244	65497	69277	75281	80157	83807
32915	35494	39566	46976	53162	62538	67131	72489	76782	81393	85147	88190	92924
45512	50143	56376	64252	69254	76602	82259	89410	96638	107815	123343	133459	139851
21103	23159	25544	28868	32343	36123	39198	43528	47750	52229	56670	61158	63914
22858	25172	28206	33169	35135	38429	41882	44802	47577	50552	55343	60232	60722
29831	34543	38968	43194	47734	51950	56580	66592	74498	83412	92383	97681	106474
32185	35662	40232	46206	52564	57979	63267	71624	80026	89648	98118	108903	115449
34158	37755	41428	47878	53558	59336	64375	72764	79875	87803	98621	107708	112081
32296	35326	38242	42062	46074	49259	53110	62323	70959	80372	87932	94369	104487

1-27 分地区城镇非私营单位就业人员平均工资

单位：元

地 区	Region	2003	2004	2005	2006	2007	2008	2009	2010
全 国	**National Total**	**13969**	**15920**	**18200**	**20856**	**24721**	**28898**	**32244**	**36539**
北 京	Beijing	25008	29216	33660	39684	45823	55844	57779	65158
天 津	Tianjin	18511	21146	24122	27628	33312	39990	43937	51489
河 北	Hebei	11105	12793	14583	16456	19742	24276	27774	31451
山 西	Shanxi	10620	12794	15473	18106	21315	25489	28066	33057
内蒙古	Inner Mongolia	11208	13233	15910	18382	21794	25949	30486	35211
辽 宁	Liaoning	12921	14787	17156	19365	22882	27179	30523	34437
吉 林	Jilin	11048	12388	14380	16393	20371	23294	25943	29003
黑龙江	Heilongjiang	10787	12209	13980	15894	18481	21764	24805	27735
上 海	Shanghai	25565	27965	31578	37585	44976	52122	58336	66115
江 苏	Jiangsu	15619	18054	20885	23657	27212	31297	35217	39772
浙 江	Zhejiang	21116	23243	25696	27570	30818	33622	36553	40640
安 徽	Anhui	10419	12693	15019	17610	21699	25703	28723	33341
福 建	Fujian	14343	15627	17190	19424	22277	25555	28366	32340
江 西	Jiangxi	10382	11713	13524	15370	18144	20597	24165	28363
山 东	Shandong	12554	14321	16564	19135	22734	26234	29398	33321
河 南	Henan	10639	11970	14119	16791	20639	24438	26906	29819
湖 北	Hubei	10575	11692	13725	15779	19548	22384	26547	31811
湖 南	Hunan	12002	13624	15306	17400	21060	24146	26534	29670
广 东	Guangdong	20052	22230	24122	26400	29658	33282	36469	40432
广 西	Guangxi	11611	13234	15079	17571	21251	24798	27322	30673
海 南	Hainan	10396	12622	14377	15843	19220	21767	24790	30775
重 庆	Chongqing	12409	14373	16583	19172	22965	26640	30499	34727
四 川	Sichuan	12320	13887	15638	17612	21081	24725	28149	32567
贵 州	Guizhou	10801	12163	14081	16481	20254	23979	27437	30433
云 南	Yunnan	12629	14255	15732	18262	19912	23305	26163	29195
西 藏	Tibet	23730	27339	26437	29119	42820	44055	45347	49898
陕 西	Shaanxi	11276	12907	14562	16646	20977	25478	29566	33384
甘 肃	Gansu	12062	13328	14654	16991	20657	23632	26743	29096
青 海	Qinghai	15044	16601	18556	21981	25318	30101	32481	36121
宁 夏	Ningxia	12811	14431	16973	20900	25723	30050	32916	37166
新 疆	Xinjiang	13185	14406	15507	17704	21249	24686	27617	32003

Average Wage of Employed Persons in Urban Units Excluding Private Units by Region

(yuan)

2011	2012	2013	2014	2015	2016	2017	2018	2019	2020
41799	**46769**	**51483**	**56360**	**62029**	**67569**	**74318**	**82413**	**90501**	**97379**
75482	84742	93006	102268	111390	119928	131700	145766	166803	178178
55658	61514	67773	72773	80090	86305	94534	100731	108002	114682
35309	38658	41501	45114	50921	55334	63036	68717	72956	77323
39230	44236	46407	48969	51803	53705	60061	65917	69551	74739
41118	46557	50723	53748	57135	61067	66679	73835	80563	85310
38154	41858	45505	48190	52332	56015	61153	67324	72891	79472
33610	38407	42846	46516	51558	56098	61451	68533	73813	77995
31302	36406	40794	44036	48881	52435	56067	60780	68416	74554
75591	78673	90908	100251	109174	119935	129795	140400	149377	171884
45487	50639	57177	60867	66196	71574	78267	84688	96527	103621
45162	50197	56571	61572	66668	73326	80750	88883	99654	108645
39352	44601	47806	50894	55139	59102	65150	74378	79037	85854
38588	44525	48538	53426	57628	61973	67420	74316	81814	88149
33239	38512	42473	46218	50932	56136	61429	68573	73725	78182
37618	41904	46998	51825	57270	62539	68081	73593	81446	87749
33634	37338	38301	42179	45403	49505	55495	63174	67268	70239
36128	39846	43899	49838	54367	59831	65912	73777	79303	85052
34586	38971	42726	47117	52357	58241	63690	70221	74316	79122
45060	50278	53318	59481	65788	72326	79183	88636	98889	108045
33032	36386	41391	45424	52982	57878	63821	70606	76479	82751
36244	39485	44971	49882	57600	61663	67727	75885	82227	86609
39430	44498	50006	55588	60543	65545	70889	78928	86559	93816
37330	42339	47965	52555	58915	63926	69419	77686	83367	88559
36102	41156	47364	52772	59701	66279	71795	78316	83298	89228
34004	37629	42447	46101	52564	60450	69106	75701	86585	93133
49464	51705	57773	61235	97849	103232	108817	116015	118118	121005
38143	43073	47446	50535	54994	59637	65181	71983	78361	83520
32092	37679	42833	46960	52942	57575	63374	70695	73607	79730
41370	46483	51393	57084	61090	66589	75701	85379	90929	101401
42703	47436	50476	54858	60380	65570	70298	78384	83947	97438
38238	44576	49064	53471	60117	63739	67932	75457	79421	86343

1-28 分地区按行业分城镇非私营单位就业人员平均工资(2020年)
Average Wage of Employed Persons in Urban Units Excluding Private Units by Sector and Region (2020)

单位：元 (yuan)

地 区	Region	合 计 Total	农、林、牧、渔业 Agriculture, Forestry, Animal Husbandry and Fishery	采矿业 Mining	制造业 Manufacturing	电力、热力、燃气及水生产和供应业 Production and Supply of Electricity, Heat, Gas and Water	建筑业 Construction
全 国	**National Average**	**97379**	**48540**	**96674**	**82783**	**116728**	**69986**
北 京	Beijing	178178	83332	137130	148777	186760	134678
天 津	Tianjin	114682	74302	143184	99225	166791	99331
河 北	Hebei	77323	33731	87131	72268	109908	62532
山 西	Shanxi	74739	49707	86091	65378	92027	65914
内蒙古	Inner Mongolia	85310	65237	133615	81355	113878	54997
辽 宁	Liaoning	79472	20492	83482	77241	85886	63625
吉 林	Jilin	77995	48596	72928	86711	92983	58156
黑龙江	Heilongjiang	74554	36523	91342	75263	86997	52585
上 海	Shanghai	171884	81858	306826	137441	233016	128461
江 苏	Jiangsu	103621	52767	103964	92049	152813	72042
浙 江	Zhejiang	108645	80641	81803	84810	155978	66094
安 徽	Anhui	85854	53372	106968	75944	123009	68085
福 建	Fujian	88149	59655	56885	75992	123310	68618
江 西	Jiangxi	78182	51748	66591	66362	90923	62753
山 东	Shandong	87749	66966	103837	75024	114740	72969
河 南	Henan	70239	50282	76348	58982	94755	58683
湖 北	Hubei	85052	46137	95423	74917	122976	70986
湖 南	Hunan	79122	51841	61207	75122	102379	59109
广 东	Guangdong	108045	64023	175206	83201	150501	77869
广 西	Guangxi	82751	60242	67471	72260	106068	65627
海 南	Hainan	86609	51403	78171	77316	109178	51147
重 庆	Chongqing	93816	63154	74292	80718	98449	64567
四 川	Sichuan	88559	63143	104970	78474	115047	63551
贵 州	Guizhou	89228	55986	75400	85171	118631	76881
云 南	Yunnan	93133	47579	79391	80563	112020	65417
西 藏	Tibet	121005	54121	115499	85228	106114	71077
陕 西	Shaanxi	83520	63039	108306	78175	113711	72375
甘 肃	Gansu	79730	58010	102480	76729	90420	58193
青 海	Qinghai	101401	50895	137017	76699	114121	84164
宁 夏	Ningxia	97438	49858	138670	78347	124032	66168
新 疆	Xinjiang	86343	62429	147196	78660	110698	72412

1-28 续表 1 continued

单位：元 (yuan)

地区	Region	批发和零售业 Wholesale and Retail Trades	交通运输、仓储和邮政业 Transport, Storage and Post	住宿和餐饮业 Hotels and Catering Services	信息传输、软件和信息技术服务业 Information Transmission, Software and Information Technology	金融业 Financial Intermediation	房地产业 Real Estate	租赁和商务服务业 Leasing and Business Services
全国	**National Average**	**96521**	**100642**	**48833**	**177544**	**133390**	**83807**	**92924**
北京	Beijing	167745	122947	58283	259729	260508	116230	156427
天津	Tianjin	93601	107113	37867	146977	149568	94969	85348
河北	Hebei	59563	89331	43895	100220	87980	66510	54376
山西	Shanxi	63230	94622	35748	90594	76173	63904	54183
内蒙古	Inner Mongolia	72024	95689	44138	104563	88380	54483	62983
辽宁	Liaoning	64316	90193	39227	113412	89811	65509	54198
吉林	Jilin	63830	81879	40376	81754	84591	55239	56213
黑龙江	Heilongjiang	63050	88628	39837	80673	68288	51387	84975
上海	Shanghai	182212	143897	59260	270619	330125	117532	182869
江苏	Jiangsu	97424	101032	51239	162939	160386	87008	76649
浙江	Zhejiang	104158	110340	54847	235430	145804	91873	82139
安徽	Anhui	68125	87492	44834	101715	90083	74611	61745
福建	Fujian	86482	97558	45186	131811	113781	84869	65475
江西	Jiangxi	66171	89359	41130	95779	94077	72990	62533
山东	Shandong	67322	94427	46966	105284	93192	74682	73711
河南	Henan	59403	78218	43675	83900	122314	64168	53357
湖北	Hubei	66126	91185	40075	114162	101770	72485	69580
湖南	Hunan	64475	87160	39690	107317	95844	71243	64663
广东	Guangdong	93402	111495	49427	193867	172070	94311	91120
广西	Guangxi	70164	94090	39236	101642	106903	80405	65195
海南	Hainan	77804	89890	54977	146342	116626	75415	75692
重庆	Chongqing	77665	90619	45243	137276	125400	82900	60861
四川	Sichuan	76167	96980	45879	128891	101327	73764	61768
贵州	Guizhou	79877	93973	45394	111635	130597	70507	64352
云南	Yunnan	82809	100042	43125	105698	136175	70066	56899
西藏	Tibet	88062	120811	59029	142827	216447	77378	83663
陕西	Shaanxi	63647	92863	40873	160066	92856	69919	61438
甘肃	Gansu	58371	90589	39892	85034	79300	51419	56313
青海	Qinghai	75163	109729	48561	125531	121703	54212	64159
宁夏	Ningxia	59910	92942	42136	121971	100687	67584	62085
新疆	Xinjiang	75550	106955	48210	108429	112938	58769	58889

1-28 续表 2 continued

单位：元 (yuan)

地 区	Region	科学研究和技术服务业 Scientific Research and Technical Services	水利、环境和公共设施管理业 Management of Water Conservancy, Environment and Public Facilities	居民服务、修理和其他服务业 Services to Households, Repair and Other Services	教育 Education	卫生和社会工作 Health and Social Service	文化、体育和娱乐业 Culture, Sports and Entertainment	公共管理、社会保障和社会组织 Public Management, Social Security and Social Organization
全 国	**National Average**	**139851**	**63914**	**60722**	**106474**	**115449**	**112081**	**104487**
北 京	Beijing	200894	113766	73883	196511	201025	221193	180110
天 津	Tianjin	167961	98608	55135	145253	150657	143036	141405
河 北	Hebei	99962	43496	43837	86360	78829	77217	74568
山 西	Shanxi	83282	39160	56249	78007	75370	60412	70356
内蒙古	Inner Mongolia	86557	54348	42613	91823	85734	81138	79423
辽 宁	Liaoning	102297	47146	52911	94041	84506	87366	78852
吉 林	Jilin	90778	41663	39095	85857	85195	67641	76135
黑龙江	Heilongjiang	90288	43365	45351	85176	76562	64342	77808
上 海	Shanghai	217700	104121	75979	173073	193028	174370	188371
江 苏	Jiangsu	142558	80511	75561	141694	140575	117081	156447
浙 江	Zhejiang	163113	85935	67141	141852	164473	125984	167848
安 徽	Anhui	104463	52834	56552	107175	115979	79224	103215
福 建	Fujian	128207	66565	64190	103820	127830	93079	117688
江 西	Jiangxi	102246	40970	48871	87012	103695	80903	96820
山 东	Shandong	112510	45567	55092	106901	106272	96490	101467
河 南	Henan	86681	49218	49073	76442	82555	74843	77985
湖 北	Hubei	123331	74358	59259	92526	95982	88357	99649
湖 南	Hunan	98683	59080	71915	82230	107458	100019	82535
广 东	Guangdong	159036	76933	60253	132286	160600	133576	153490
广 西	Guangxi	105029	57307	53318	82971	105839	77581	89130
海 南	Hainan	101088	49981	41211	101164	105694	80492	93913
重 庆	Chongqing	135736	75626	56216	119570	131163	86261	115664
四 川	Sichuan	128671	61888	52308	96949	111990	84292	106167
贵 州	Guizhou	103864	55566	43595	94177	105109	85191	87335
云 南	Yunnan	112615	59066	43730	104605	101348	91621	105153
西 藏	Tibet	131623	59659	72953	140450	128525	108769	141391
陕 西	Shaanxi	107580	54346	42229	85499	81302	68473	77163
甘 肃	Gansu	105441	57660	46793	92385	81533	71080	87459
青 海	Qinghai	109599	70036	52023	118061	105119	85283	110955
宁 夏	Ningxia	109447	64223	61268	104402	113963	90726	97761
新 疆	Xinjiang	103693	57053	57703	92345	95037	89779	75477

1-29 分地区按行业分城镇私营单位就业人员平均工资(2020年)
Average Wage of Employed Persons in Urban Private Units by Sector and Region (2020)

单位：元 (yuan)

地 区	Region	合 计 Total	农、林、牧、渔业 Agriculture, Forestry, Animal Husbandry and Fishery	采矿业 Mining	制造业 Manufacturing	电力、热力、燃气及水生产和供应业 Production and Supply of Electricity, Heat, Gas and Water
全 国	**National Average**	**57727**	**38956**	**54563**	**57910**	**54268**
北 京	Beijing	90603	64255	84408	83389	71384
天 津	Tianjin	59862	56165	76953	59652	62840
河 北	Hebei	44942	36410	43362	47933	48349
山 西	Shanxi	42905	32299	52611	46106	43565
内蒙古	Inner Mongolia	47566	45300	69794	53848	55177
辽 宁	Liaoning	46011	33819	44836	48071	47994
吉 林	Jilin	42119	30032	54698	41645	37971
黑龙江	Heilongjiang	38685	32494	48006	41348	39089
上 海	Shanghai	80134	63422		77186	87222
江 苏	Jiangsu	63830	49812	54251	64691	73620
浙 江	Zhejiang	60521	48773	60578	59339	67602
安 徽	Anhui	52582	39219	53990	54360	53181
福 建	Fujian	58631	46674	63617	60593	51440
江 西	Jiangxi	48864	34361	51611	50530	53078
山 东	Shandong	55542	49850	61525	54833	62537
河 南	Henan	46733	38624	41712	46774	47071
湖 北	Hubei	48295	40183	41533	49213	48762
湖 南	Hunan	51157	37604	51711	54891	46619
广 东	Guangdong	67302	51826	45426	65788	63702
广 西	Guangxi	45238	38061	46449	47420	48339
海 南	Hainan	51388	49312	47913	47313	45147
重 庆	Chongqing	55678	37465	69435	58555	53662
四 川	Sichuan	53338	37093	51936	54067	50218
贵 州	Guizhou	47381	34999	60729	45306	56322
云 南	Yunnan	45897	33318	50392	45698	51788
西 藏	Tibet	60360	52968	73013	54475	90745
陕 西	Shaanxi	47724	33099	54289	49956	50584
甘 肃	Gansu	43771	35617	49055	43266	46701
青 海	Qinghai	46309	35823	51793	51299	57850
宁 夏	Ningxia	49928	42386	57950	55478	63891
新 疆	Xinjiang	52590	42337	75445	48425	70957

1-29 续表 1 continued

单位：元 (yuan)

地区	Region	建筑业 Construction	批发和零售业 Wholesale and Retail Trades	交通运输、仓储和邮政业 Transport, Storage and Post	住宿和餐饮业 Hotels and Catering Services	信息传输、软件和信息技术服务业 Information Transmission, Software and Information Technology	金融业 Financial Intermediation	房地产业 Real Estate
全国	**National Average**	**57309**	**53018**	**57313**	**42258**	**101281**	**82930**	**55759**
北京	Beijing	68768	75329	74154	54241	156044	183735	71558
天津	Tianjin	55221	59082	57908	44062	87103	79634	63157
河北	Hebei	43910	40442	52014	35066	49106	75578	42646
山西	Shanxi	45747	37977	50025	32225	46368	61797	37418
内蒙古	Inner Mongolia	50020	44956	51336	38497	50836	64946	39820
辽宁	Liaoning	45348	44300	49122	34440	59417	42647	39483
吉林	Jilin	48671	38496	42700	36424	51420	49786	37104
黑龙江	Heilongjiang	35463	35848	43075	34027	47617	47414	37050
上海	Shanghai	67746	73693	79737	55233	149256	133732	85758
江苏	Jiangsu	63699	59595	62404	46553	91114	107398	60834
浙江	Zhejiang	57943	59712	57440	47897	103478	102941	68792
安徽	Anhui	55465	46630	55011	38630	72918	71289	50890
福建	Fujian	60041	52577	58494	43025	85901	71411	58915
江西	Jiangxi	50997	42342	51153	38731	57090	51035	53621
山东	Shandong	58916	54155	55780	43445	67111	69813	57196
河南	Henan	49583	44361	47500	38195	50772	68899	48095
湖北	Hubei	51115	42464	50136	38387	57821	76929	48848
湖南	Hunan	52525	42576	49666	36550	69908	55739	48550
广东	Guangdong	65116	62097	66293	45364	125143	106945	66162
广西	Guangxi	45473	43442	47094	35123	55545	55481	44581
海南	Hainan	50709	49843	53618	39649	82909	64560	57169
重庆	Chongqing	59037	49648	55710	40011	71269	96284	59316
四川	Sichuan	52988	47551	53858	38711	94760	66615	49877
贵州	Guizhou	49589	46427	48275	36977	61857	104214	51606
云南	Yunnan	48163	45544	48443	36396	56979	77091	46765
西藏	Tibet	51588	76726	85967	52698	84416	74646	71567
陕西	Shaanxi	48847	41448	53709	35599	68577	48085	50040
甘肃	Gansu	46026	43422	46927	35796	60125	55295	42654
青海	Qinghai	50173	45866	56057	38630	49084	65253	41141
宁夏	Ningxia	52818	45438	53624	36772	56625	62158	42478
新疆	Xinjiang	59755	49755	56606	39769	57324	66563	45649

1-29 续表 2 continued

单位：元 (yuan)

地 区	Region	租赁和商务服务业 Leasing and Business Services	科学研究和技术服务业 Scientific Research and Technical Services	水利、环境和公共设施管理业 Management of Water Conservancy, Environment and Public Facilities	居民服务、修理和其他服务业 Services to Households, Repair and Other Services	教育 Education	卫生和社会工作 Health and Social Service	文化、体育和娱乐业 Culture, Sports and Entertainment
全 国	**National Average**	**58155**	**72233**	**43287**	**44536**	**48443**	**60689**	**51300**
北 京	Beijing	86718	108548	58703	51176	90622	90836	89806
天 津	Tianjin	61761	70929	38781	50436	58828	58490	57636
河 北	Hebei	41670	51484	29513	34765	42417	47563	43875
山 西	Shanxi	42194	46271	30771	33107	33548	40537	31191
内蒙古	Inner Mongolia	46069	55784	41560	36460	33851	43948	34835
辽 宁	Liaoning	49133	54242	35923	40748	35347	50584	37708
吉 林	Jilin	35513	51088	30205	36401	38174	50581	30995
黑龙江	Heilongjiang	38780	47070	32883	30241	32701	37626	35035
上 海	Shanghai	65204	117153	59347	55021	96752	96937	81986
江 苏	Jiangsu	61288	75389	45569	45617	61289	69408	59413
浙 江	Zhejiang	64211	76040	48475	49395	55650	75075	51676
安 徽	Anhui	51475	56168	31000	38556	47028	54604	44752
福 建	Fujian	53710	57701	50612	45129	43257	67295	44934
江 西	Jiangxi	46563	53605	36263	41188	43708	53450	42422
山 东	Shandong	54750	63383	37257	43923	52563	55850	53455
河 南	Henan	50193	52670	39196	39463	41801	47810	41995
湖 北	Hubei	46757	54724	38554	40724	38450	53206	46427
湖 南	Hunan	49392	55216	45261	44412	45554	58352	46038
广 东	Guangdong	66077	82119	57897	48759	53036	76209	54836
广 西	Guangxi	46836	53240	39910	36736	32227	54615	37337
海 南	Hainan	51167	60630	38865	55584	36259	50318	48242
重 庆	Chongqing	50786	62560	42404	41338	50886	66819	47678
四 川	Sichuan	52445	68629	45135	40170	43955	61726	44103
贵 州	Guizhou	50047	58018	38627	38521	42492	51603	41040
云 南	Yunnan	43313	62472	37807	38766	38030	52906	39120
西 藏	Tibet	79315	91164	84154	54583	58138	98236	57603
陕 西	Shaanxi	49080	55172	41750	38785	42280	48456	40147
甘 肃	Gansu	47213	56872	32421	38985	37998	41784	36888
青 海	Qinghai	44177	59219	41662	39831	33843	47590	39187
宁 夏	Ningxia	47675	55584	37302	40812	33642	49005	37573
新 疆	Xinjiang	54124	60484	41991	41719	38329	45994	43639

第二部分

Chapter Two

2020 年人口普查数据

Data from 2020 Population Census of China

2-1 全国分年龄、性别的人口数
Population by Age and Sex

单位：人、% (person,%)

年龄 Age	人口数 Population			占总人口比重 Percentage to Total Population			性别比 (女=100) Sex Ratio (Female=100)
	合计 Total	男 Male	女 Female	合计 Total	男 Male	女 Female	
总计 Total	**1409778724**	**721416394**	**688362330**	**100.00**	**51.17**	**48.83**	**104.80**
0-4	**77883888**	**40969331**	**36914557**	**5.52**	**2.91**	**2.62**	**110.98**
0	11988057	6312409	5675648	0.85	0.45	0.40	111.22
1	14383791	7559981	6823810	1.02	0.54	0.48	110.79
2	15266778	8020423	7246355	1.08	0.57	0.51	110.68
3	18418078	9670005	8748073	1.31	0.69	0.62	110.54
4	17827184	9406513	8420671	1.26	0.67	0.60	111.71
5-9	**90244056**	**48017458**	**42226598**	**6.40**	**3.41**	**3.00**	**113.71**
5	16547271	8765848	7781423	1.17	0.62	0.55	112.65
6	18591806	9881523	8710283	1.32	0.70	0.62	113.45
7	17963157	9548981	8414176	1.27	0.68	0.60	113.49
8	19353752	10317678	9036074	1.37	0.73	0.64	114.18
9	17788070	9503428	8284642	1.26	0.67	0.59	114.71
10-14	**85255994**	**45606790**	**39649204**	**6.05**	**3.24**	**2.81**	**115.03**
10	17347565	9285412	8062153	1.23	0.66	0.57	115.17
11	17695044	9462024	8233020	1.26	0.67	0.58	114.93
12	17356919	9279079	8077840	1.23	0.66	0.57	114.87
13	16677054	8920655	7756399	1.18	0.63	0.55	115.01
14	16179412	8659620	7519792	1.15	0.61	0.53	115.16
15-19	**72684140**	**39053343**	**33630797**	**5.16**	**2.77**	**2.39**	**116.12**
15	15323224	8225995	7097229	1.09	0.58	0.50	115.90
16	15218156	8195908	7022248	1.08	0.58	0.50	116.71
17	13730626	7401041	6329585	0.97	0.52	0.45	116.93
18	14043179	7560195	6482984	1.00	0.54	0.46	116.62
19	14368955	7670204	6698751	1.02	0.54	0.48	114.50
20-24	**74941675**	**39675995**	**35265680**	**5.32**	**2.81**	**2.50**	**112.51**
20	14563347	7742857	6820490	1.03	0.55	0.48	113.52
21	13935509	7389412	6546097	0.99	0.52	0.46	112.88
22	15249809	8078183	7171626	1.08	0.57	0.51	112.64
23	15325970	8103460	7222510	1.09	0.57	0.51	112.20
24	15867040	8362083	7504957	1.13	0.59	0.53	111.42
25-29	**91847332**	**48162270**	**43685062**	**6.52**	**3.42**	**3.10**	**110.25**
25	17146447	9042474	8103973	1.22	0.64	0.57	111.58
26	16826988	8845171	7981817	1.19	0.63	0.57	110.82
27	18298935	9588428	8710507	1.30	0.68	0.62	110.08
28	19060645	9975395	9085250	1.35	0.71	0.64	109.80
29	20514317	10710802	9803515	1.46	0.76	0.70	109.25
30-34	**124145190**	**63871808**	**60273382**	**8.81**	**4.53**	**4.28**	**105.97**
30	25973082	13463923	12509159	1.84	0.96	0.89	107.63
31	25451203	13094627	12356576	1.81	0.93	0.88	105.97
32	24037711	12335076	11702635	1.71	0.87	0.83	105.40
33	25946853	13315974	12630879	1.84	0.94	0.90	105.42
34	22736341	11662208	11074133	1.61	0.83	0.79	105.31

2-1 续表 1 continued

单位：人、%　　(person,%)

年　龄 Age	人口数 Population			占总人口比重 Percentage to Total Population			性别比（女=100） Sex Ratio (Female=100)
	合计 Total	男 Male	女 Female	合计 Total	男 Male	女 Female	
35-39	**99012932**	**50932037**	**48080895**	**7.02**	**3.61**	**3.41**	**105.93**
35	19586332	10077433	9508899	1.39	0.71	0.67	105.98
36	19499941	10034259	9465682	1.38	0.71	0.67	106.01
37	19063741	9815714	9248027	1.35	0.70	0.66	106.14
38	21799284	11217120	10582164	1.55	0.80	0.75	106.00
39	19063634	9787511	9276123	1.35	0.69	0.66	105.51
40-44	**92955330**	**47632694**	**45322636**	**6.59**	**3.38**	**3.21**	**105.10**
40	17540717	8997291	8543426	1.24	0.64	0.61	105.31
41	19339617	9934985	9404632	1.37	0.70	0.67	105.64
42	18564211	9492205	9072006	1.32	0.67	0.64	104.63
43	17758286	9097039	8661247	1.26	0.65	0.61	105.03
44	19752499	10111174	9641325	1.40	0.72	0.68	104.87
45-49	**114224887**	**58191686**	**56033201**	**8.10**	**4.13**	**3.97**	**103.85**
45	20259918	10335133	9924785	1.44	0.73	0.70	104.13
46	22208985	11305313	10903672	1.58	0.80	0.77	103.68
47	23233417	11844299	11389118	1.65	0.84	0.81	104.00
48	23862010	12147117	11714893	1.69	0.86	0.83	103.69
49	24660557	12559824	12100733	1.75	0.89	0.86	103.79
50-54	**121164296**	**61105470**	**60058826**	**8.59**	**4.33**	**4.26**	**101.74**
50	26062036	13149971	12912065	1.85	0.93	0.92	101.84
51	24444570	12342864	12101706	1.73	0.88	0.86	101.99
52	26105080	13149508	12955572	1.85	0.93	0.92	101.50
53	20959668	10539231	10420437	1.49	0.75	0.74	101.14
54	23592942	11923896	11669046	1.67	0.85	0.83	102.18
55-59	**101400786**	**50816026**	**50584760**	**7.19**	**3.60**	**3.59**	**100.46**
55	23106155	11648724	11457431	1.64	0.83	0.81	101.67
56	22559346	11301683	11257663	1.60	0.80	0.80	100.39
57	26044142	13130492	12913650	1.85	0.93	0.92	101.68
58	19132096	9562232	9569864	1.36	0.68	0.68	99.92
59	10559047	5172895	5386152	0.75	0.37	0.38	96.04
60-64	**73382938**	**36871125**	**36511813**	**5.21**	**2.62**	**2.59**	**100.98**
60	12899885	6442344	6457541	0.92	0.46	0.46	99.76
61	12135959	6148108	5987851	0.86	0.44	0.42	102.68
62	15464277	7832019	7632258	1.10	0.56	0.54	102.62
63	17232007	8678055	8553952	1.22	0.62	0.61	101.45
64	15650810	7770599	7880211	1.11	0.55	0.56	98.61

2-1 续表 2 continued

单位：人、% (person,%)

年龄 Age	人口数 Population 合计 Total	男 Male	女 Female	占总人口比重 Percentage to Total Population 合计 Total	男 Male	女 Female	性别比 (女=100) Sex Ratio (Female=100)
65-69	**74005560**	**36337923**	**37667637**	**5.25**	**2.58**	**2.67**	**96.47**
65	16295105	8101750	8193355	1.16	0.57	0.58	98.88
66	16248455	8003803	8244652	1.15	0.57	0.58	97.08
67	14620318	7147712	7472606	1.04	0.51	0.53	95.65
68	14550479	7115265	7435214	1.03	0.50	0.53	95.70
69	12291203	5969393	6321810	0.87	0.42	0.45	94.43
70-74	**49590036**	**24162733**	**25427303**	**3.52**	**1.71**	**1.80**	**95.03**
70	11600773	5667080	5933693	0.82	0.40	0.42	95.51
71	11228645	5539299	5689346	0.80	0.39	0.40	97.36
72	9552234	4640378	4911856	0.68	0.33	0.35	94.47
73	9046226	4399581	4646645	0.64	0.31	0.33	94.68
74	8162158	3916395	4245763	0.58	0.28	0.30	92.24
75-79	**31238849**	**14752433**	**16486416**	**2.22**	**1.05**	**1.17**	**89.48**
75	7179399	3414021	3765378	0.51	0.24	0.27	90.67
76	6818961	3265307	3553654	0.48	0.23	0.25	91.89
77	6019552	2835339	3184213	0.43	0.20	0.23	89.04
78	5672036	2657484	3014552	0.40	0.19	0.21	88.16
79	5548901	2580282	2968619	0.39	0.18	0.21	86.92
80-84	**20382878**	**9157003**	**11225875**	**1.45**	**0.65**	**0.80**	**81.57**
80	4919088	2271741	2647347	0.35	0.16	0.19	85.81
81	4139582	1869035	2270547	0.29	0.13	0.16	82.32
82	4242478	1914824	2327654	0.30	0.14	0.17	82.26
83	3711083	1645840	2065243	0.26	0.12	0.15	79.69
84	3370647	1455563	1915084	0.24	0.10	0.14	76.01
85-89	**10826530**	**4426091**	**6400439**	**0.77**	**0.31**	**0.45**	**69.15**
85	2909233	1213783	1695450	0.21	0.09	0.12	71.59
86	2518664	1034635	1484029	0.18	0.07	0.11	69.72
87	2285081	935469	1349612	0.16	0.07	0.10	69.31
88	1724439	687799	1036640	0.12	0.05	0.07	66.35
89	1389113	554405	834708	0.10	0.04	0.06	66.42
90-94	**3652749**	**1367594**	**2285155**	**0.26**	**0.10**	**0.16**	**59.85**
90	1216116	476404	739712	0.09	0.03	0.05	64.40
91	843235	315634	527601	0.06	0.02	0.04	59.82
92	712963	262078	450885	0.05	0.02	0.03	58.13
93	511539	183520	328019	0.04	0.01	0.02	55.95
94	368896	129958	238938	0.03	0.01	0.02	54.39
95-99	**819812**	**271455**	**548357**	**0.06**	**0.02**	**0.04**	**49.50**
95	289772	98355	191417	0.02	0.01	0.01	51.38
96	206218	68067	138151	0.01		0.01	49.27
97	143736	46250	97486	0.01		0.01	47.44
98	100616	32835	67781	0.01			48.44
99	79470	25948	53522	0.01			48.48
100岁及以上	**118866**	**35129**	**83737**	**0.01**		**0.01**	**41.95**

2-2　全国城市分年龄、性别的人口数
City Population by Age and Sex

单位：人、%　　　　(person,%)

年　龄 Age	人口数 Population			占总人口比重 Percentage to Total Population			性别比 (女=100) Sex Ratio (Female=100)
	合计 Total	男 Male	女 Female	合计 Total	男 Male	女 Female	
总计　Total	**575170855**	**291791475**	**283379380**	**100.00**	**50.73**	**49.27**	**102.97**
0-4	**30601537**	**16078524**	**14523013**	**5.32**	**2.80**	**2.52**	**110.71**
0	4497029	2361683	2135346	0.78	0.41	0.37	110.60
1	5738580	3012237	2726343	1.00	0.52	0.47	110.49
2	6011384	3154371	2857013	1.05	0.55	0.50	110.41
3	7349963	3856052	3493911	1.28	0.67	0.61	110.36
4	7004581	3694181	3310400	1.22	0.64	0.58	111.59
5-9	**32260730**	**17172999**	**15087731**	**5.61**	**2.99**	**2.62**	**113.82**
5	6079800	3221353	2858447	1.06	0.56	0.50	112.70
6	6929798	3682193	3247605	1.20	0.64	0.56	113.38
7	6433949	3424276	3009673	1.12	0.60	0.52	113.78
8	6855720	3657590	3198130	1.19	0.64	0.56	114.37
9	5961463	3187587	2773876	1.04	0.55	0.48	114.91
10-14	**27347422**	**14619691**	**12727731**	**4.75**	**2.54**	**2.21**	**114.86**
10	5691818	3052007	2639811	0.99	0.53	0.46	115.61
11	5610133	3003738	2606395	0.98	0.52	0.45	115.24
12	5565782	2973489	2592293	0.97	0.52	0.45	114.70
13	5416181	2889991	2526190	0.94	0.50	0.44	114.40
14	5063508	2700466	2363042	0.88	0.47	0.41	114.28
15-19	**32654045**	**17249362**	**15404683**	**5.68**	**3.00**	**2.68**	**111.97**
15	5750149	3057264	2692885	1.00	0.53	0.47	113.53
16	6519084	3479730	3039354	1.13	0.60	0.53	114.49
17	6088485	3250249	2838236	1.06	0.57	0.49	114.52
18	6722026	3545418	3176608	1.17	0.62	0.55	111.61
19	7574301	3916701	3657600	1.32	0.68	0.64	107.08
20-24	**38258137**	**19776472**	**18481665**	**6.65**	**3.44**	**3.21**	**107.01**
20	7945812	4088343	3857469	1.38	0.71	0.67	105.99
21	7368955	3799988	3568967	1.28	0.66	0.62	106.47
22	7630775	3956286	3674489	1.33	0.69	0.64	107.67
23	7529768	3906465	3623303	1.31	0.68	0.63	107.82
24	7782827	4025390	3757437	1.35	0.70	0.65	107.13
25-29	**44415879**	**22937131**	**21478748**	**7.72**	**3.99**	**3.73**	**106.79**
25	8364734	4332574	4032160	1.45	0.75	0.70	107.45
26	8240736	4258959	3981777	1.43	0.74	0.69	106.96
27	8855883	4567904	4287979	1.54	0.79	0.75	106.53
28	9169737	4732680	4437057	1.59	0.82	0.77	106.66
29	9784789	5045014	4739775	1.70	0.88	0.82	106.44
30-34	**60075584**	**30519381**	**29556203**	**10.44**	**5.31**	**5.14**	**103.26**
30	12298468	6297664	6000804	2.14	1.09	1.04	104.95
31	12246291	6226709	6019582	2.13	1.08	1.05	103.44
32	11692599	5930008	5762591	2.03	1.03	1.00	102.91
33	12686287	6423503	6262784	2.21	1.12	1.09	102.57
34	11151939	5641497	5510442	1.94	0.98	0.96	102.38

2-2 续表 1 continued

单位：人、% (person,%)

年 龄 Age	人口数 Population			占总人口比重 Percentage to Total Population			性别比 (女=100) Sex Ratio (Female=100)
	合计 Total	男 Male	女 Female	合计 Total	男 Male	女 Female	
35-39	**48129615**	**24437714**	**23691901**	**8.37**	**4.25**	**4.12**	**103.15**
35	9496273	4822865	4673408	1.65	0.84	0.81	103.20
36	9455642	4807258	4648384	1.64	0.84	0.81	103.42
37	9369040	4761690	4607350	1.63	0.83	0.80	103.35
38	10713665	5434717	5278948	1.86	0.94	0.92	102.95
39	9094995	4611184	4483811	1.58	0.80	0.78	102.84
40-44	**42221092**	**21424853**	**20796239**	**7.34**	**3.72**	**3.62**	**103.02**
40	8184772	4157584	4027188	1.42	0.72	0.70	103.24
41	9000311	4572779	4427532	1.56	0.80	0.77	103.28
42	8474758	4291975	4182783	1.47	0.75	0.73	102.61
43	7956899	4034419	3922480	1.38	0.70	0.68	102.85
44	8604352	4368096	4236256	1.50	0.76	0.74	103.11
45-49	**47056463**	**23879328**	**23177135**	**8.18**	**4.15**	**4.03**	**103.03**
45	8680363	4396217	4284146	1.51	0.76	0.74	102.62
46	9250889	4685232	4565657	1.61	0.81	0.79	102.62
47	9619347	4886582	4732765	1.67	0.85	0.82	103.25
48	9666497	4915967	4750530	1.68	0.85	0.83	103.48
49	9839367	4995330	4844037	1.71	0.87	0.84	103.12
50-54	**44885021**	**22560304**	**22324717**	**7.80**	**3.92**	**3.88**	**101.06**
50	10132139	5107867	5024272	1.76	0.89	0.87	101.66
51	9343450	4701969	4641481	1.62	0.82	0.81	101.30
52	9691305	4870588	4820717	1.68	0.85	0.84	101.03
53	7388157	3701176	3686981	1.28	0.64	0.64	100.39
54	8329970	4178704	4151266	1.45	0.73	0.72	100.66
55-59	**37888257**	**18844970**	**19043287**	**6.59**	**3.28**	**3.31**	**98.96**
55	8404231	4211072	4193159	1.46	0.73	0.73	100.43
56	8478783	4227203	4251580	1.47	0.73	0.74	99.43
57	10005668	4987409	5018259	1.74	0.87	0.87	99.39
58	6953544	3447413	3506131	1.21	0.60	0.61	98.33
59	4046031	1971873	2074158	0.70	0.34	0.36	95.07
60-64	**27440811**	**13477770**	**13963041**	**4.77**	**2.34**	**2.43**	**96.52**
60	5095525	2508447	2587078	0.89	0.44	0.45	96.96
61	4692390	2326784	2365606	0.82	0.40	0.41	98.36
62	5824599	2883944	2940655	1.01	0.50	0.51	98.07
63	6254652	3058944	3195708	1.09	0.53	0.56	95.72
64	5573645	2699651	2873994	0.97	0.47	0.50	93.93

2-2 续表 2 continued

单位：人、% (person,%)

年 龄 Age	人口数 Population			占总人口比重 Percentage to Total Population			性别比 (女=100)
	合计 Total	男 Male	女 Female	合计 Total	男 Male	女 Female	Sex Ratio (Female=100)
65-69	**24764064**	**11839355**	**12924709**	**4.31**	**2.06**	**2.25**	**91.60**
65	5666606	2741937	2924669	0.99	0.48	0.51	93.75
66	5599470	2688000	2911470	0.97	0.47	0.51	92.32
67	4831514	2295297	2536217	0.84	0.40	0.44	90.50
68	4691175	2228781	2462394	0.82	0.39	0.43	90.51
69	3975299	1885340	2089959	0.69	0.33	0.36	90.21
70-74	**15504914**	**7363010**	**8141904**	**2.70**	**1.28**	**1.42**	**90.43**
70	3735386	1786597	1948789	0.65	0.31	0.34	91.68
71	3507544	1673908	1833636	0.61	0.29	0.32	91.29
72	2946341	1387221	1559120	0.51	0.24	0.27	88.97
73	2801600	1329311	1472289	0.49	0.23	0.26	90.29
74	2514043	1185973	1328070	0.44	0.21	0.23	89.30
75-79	**9606840**	**4398180**	**5208660**	**1.67**	**0.76**	**0.91**	**84.44**
75	2172634	1008687	1163947	0.38	0.18	0.20	86.66
76	2055030	950735	1104295	0.36	0.17	0.19	86.09
77	1833023	835847	997176	0.32	0.15	0.17	83.82
78	1790856	810842	980014	0.31	0.14	0.17	82.74
79	1755297	792069	963228	0.31	0.14	0.17	82.23
80-84	**6800356**	**3011252**	**3789104**	**1.18**	**0.52**	**0.66**	**79.47**
80	1607754	725920	881834	0.28	0.13	0.15	82.32
81	1395399	612992	782407	0.24	0.11	0.14	78.35
82	1411766	625049	786717	0.25	0.11	0.14	79.45
83	1242150	550568	691582	0.22	0.10	0.12	79.61
84	1143287	496723	646564	0.20	0.09	0.11	76.83
85-89	**3687465**	**1567370**	**2120095**	**0.64**	**0.27**	**0.37**	**73.93**
85	997259	421619	575640	0.17	0.07	0.10	73.24
86	857462	361614	495848	0.15	0.06	0.09	72.93
87	773940	331008	442932	0.13	0.06	0.08	74.73
88	587763	249065	338698	0.10	0.04	0.06	73.54
89	471041	204064	266977	0.08	0.04	0.05	76.44
90-94	**1252811**	**516410**	**736401**	**0.22**	**0.09**	**0.13**	**70.13**
90	415191	178408	236783	0.07	0.03	0.04	75.35
91	292931	120673	172258	0.05	0.02	0.03	70.05
92	243472	98459	145013	0.04	0.02	0.03	67.90
93	174288	69078	105210	0.03	0.01	0.02	65.66
94	126929	49792	77137	0.02	0.01	0.01	64.55
95-99	**279430**	**103671**	**175759**	**0.05**	**0.02**	**0.03**	**58.98**
95	98505	37584	60921	0.02	0.01	0.01	61.69
96	70562	26036	44526	0.01		0.01	58.47
97	48419	17553	30866	0.01		0.01	56.87
98	34959	12658	22301	0.01			56.76
99	26985	9840	17145				57.39
100岁及以上	**40382**	**13728**	**26654**	**0.01**			**51.50**

2-3 全国镇分年龄、性别的人口数
Town Population by Age and Sex

单位：人、% (person,%)

年龄 Age	人口数 Population			占总人口比重 Percentage to Total Population			性别比 (女=100) Sex Ratio (Female=100)
	合计 Total	男 Male	女 Female	合计 Total	男 Male	女 Female	
总计 Total	**324820307**	**165029877**	**159790430**	**100.00**	**50.81**	**49.19**	**103.28**
0-4	**19259140**	**10153970**	**9105170**	**5.93**	**3.13**	**2.80**	**111.52**
0	2799024	1476874	1322150	0.86	0.45	0.41	111.70
1	3514054	1851201	1662853	1.08	0.57	0.51	111.33
2	3788417	1994513	1793904	1.17	0.61	0.55	111.18
3	4670827	2456446	2214381	1.44	0.76	0.68	110.93
4	4486818	2374936	2111882	1.38	0.73	0.65	112.46
5-9	**23278035**	**12439629**	**10838406**	**7.17**	**3.83**	**3.34**	**114.77**
5	4185924	2225169	1960755	1.29	0.69	0.60	113.49
6	4752725	2536893	2215832	1.46	0.78	0.68	114.49
7	4651865	2484337	2167528	1.43	0.76	0.67	114.62
8	5022306	2688418	2333888	1.55	0.83	0.72	115.19
9	4665215	2504812	2160403	1.44	0.77	0.67	115.94
10-14	**22411117**	**12010832**	**10400285**	**6.90**	**3.70**	**3.20**	**115.49**
10	4553392	2447080	2106312	1.40	0.75	0.65	116.18
11	4654081	2499775	2154306	1.43	0.77	0.66	116.04
12	4545933	2435916	2110017	1.40	0.75	0.65	115.45
13	4337667	2322757	2014910	1.34	0.72	0.62	115.28
14	4320044	2305304	2014740	1.33	0.71	0.62	114.42
15-19	**20519304**	**10916999**	**9602305**	**6.32**	**3.36**	**2.96**	**113.69**
15	4549730	2412547	2137183	1.40	0.74	0.66	112.88
16	4927394	2604242	2323152	1.52	0.80	0.72	112.10
17	4350531	2298134	2052397	1.34	0.71	0.63	111.97
18	3618194	1943119	1675075	1.11	0.60	0.52	116.00
19	3073455	1658957	1414498	0.95	0.51	0.44	117.28
20-24	**15185202**	**8037872**	**7147330**	**4.67**	**2.47**	**2.20**	**112.46**
20	2909277	1567746	1341531	0.90	0.48	0.41	116.86
21	2770561	1481615	1288946	0.85	0.46	0.40	114.95
22	3108414	1645892	1462522	0.96	0.51	0.45	112.54
23	3136738	1645484	1491254	0.97	0.51	0.46	110.34
24	3260212	1697135	1563077	1.00	0.52	0.48	108.58
25-29	**20079963**	**10256896**	**9823067**	**6.18**	**3.16**	**3.02**	**104.42**
25	3586032	1857532	1728500	1.10	0.57	0.53	107.46
26	3580063	1841305	1738758	1.10	0.57	0.54	105.90
27	3991645	2036601	1955044	1.23	0.63	0.60	104.17
28	4236090	2152018	2084072	1.30	0.66	0.64	103.26
29	4686133	2369440	2316693	1.44	0.73	0.71	102.28
30-34	**28927650**	**14418673**	**14508977**	**8.91**	**4.44**	**4.47**	**99.38**
30	6065689	3037153	3028536	1.87	0.94	0.93	100.28
31	5937127	2954949	2982178	1.83	0.91	0.92	99.09
32	5610365	2789673	2820692	1.73	0.86	0.87	98.90
33	6038526	3004787	3033739	1.86	0.93	0.93	99.05
34	5275943	2632111	2643832	1.62	0.81	0.81	99.56

2-3 续表 1 continued

单位：人、%　　(person,%)

年龄 Age	人口数 Population			占总人口比重 Percentage to Total Population			性别比（女=100） Sex Ratio (Female=100)
	合计 Total	男 Male	女 Female	合计 Total	男 Male	女 Female	
35-39	**23078298**	**11575785**	**11502513**	**7.10**	**3.56**	**3.54**	**100.64**
35	4581036	2297324	2283712	1.41	0.71	0.70	100.60
36	4565671	2290183	2275488	1.41	0.71	0.70	100.65
37	4412320	2216332	2195988	1.36	0.68	0.68	100.93
38	5045058	2532830	2512228	1.55	0.78	0.77	100.82
39	4474213	2239116	2235097	1.38	0.69	0.69	100.18
40-44	**22201769**	**11161095**	**11040674**	**6.84**	**3.44**	**3.40**	**101.09**
40	4153506	2081779	2071727	1.28	0.64	0.64	100.49
41	4604834	2311869	2292965	1.42	0.71	0.71	100.82
42	4439005	2227325	2211680	1.37	0.69	0.68	100.71
43	4252545	2141608	2110937	1.31	0.66	0.65	101.45
44	4751879	2398514	2353365	1.46	0.74	0.72	101.92
45-49	**26787369**	**13499304**	**13288065**	**8.25**	**4.16**	**4.09**	**101.59**
45	4827159	2428318	2398841	1.49	0.75	0.74	101.23
46	5269466	2648428	2621038	1.62	0.82	0.81	101.05
47	5438984	2740994	2697990	1.67	0.84	0.83	101.59
48	5565012	2805302	2759710	1.71	0.86	0.85	101.65
49	5686748	2876262	2810486	1.75	0.89	0.87	102.34
50-54	**27698456**	**13898540**	**13799916**	**8.53**	**4.28**	**4.25**	**100.71**
50	6003291	3012652	2990639	1.85	0.93	0.92	100.74
51	5591272	2809921	2781351	1.72	0.87	0.86	101.03
52	5962676	2990197	2972479	1.84	0.92	0.92	100.60
53	4785269	2394254	2391015	1.47	0.74	0.74	100.14
54	5355948	2691516	2664432	1.65	0.83	0.82	101.02
55-59	**22109153**	**11020484**	**11088669**	**6.81**	**3.39**	**3.41**	**99.39**
55	5167390	2591119	2576271	1.59	0.80	0.79	100.58
56	4946933	2465495	2481438	1.52	0.76	0.76	99.36
57	5633657	2828216	2805441	1.73	0.87	0.86	100.81
58	4173863	2071620	2102243	1.28	0.64	0.65	98.54
59	2187310	1064034	1123276	0.67	0.33	0.35	94.73
60-64	**14938709**	**7469262**	**7469447**	**4.60**	**2.30**	**2.30**	**100.00**
60	2604817	1295802	1309015	0.80	0.40	0.40	98.99
61	2469494	1247623	1221871	0.76	0.38	0.38	102.11
62	3150818	1590167	1560651	0.97	0.49	0.48	101.89
63	3524522	1764849	1759673	1.09	0.54	0.54	100.29
64	3189058	1570821	1618237	0.98	0.48	0.50	97.07

2-3 续表 2 continued

单位：人、%　　　　(person,%)

年龄 Age	人口数 Population			占总人口比重 Percentage to Total Population			性别比 (女=100) Sex Ratio (Female=100)
	合计 Total	男 Male	女 Female	合计 Total	男 Male	女 Female	
65-69	**14963434**	**7299792**	**7663642**	**4.61**	**2.25**	**2.36**	**95.25**
65	3308160	1632523	1675637	1.02	0.50	0.52	97.43
66	3285337	1606037	1679300	1.01	0.49	0.52	95.64
67	2961224	1437434	1523790	0.91	0.44	0.47	94.33
68	2943608	1433198	1510410	0.91	0.44	0.46	94.89
69	2465105	1190600	1274505	0.76	0.37	0.39	93.42
70-74	**9989579**	**4849995**	**5139584**	**3.08**	**1.49**	**1.58**	**94.37**
70	2328047	1132821	1195226	0.72	0.35	0.37	94.78
71	2268269	1113399	1154870	0.70	0.34	0.36	96.41
72	1928452	933736	994716	0.59	0.29	0.31	93.87
73	1816361	880809	935552	0.56	0.27	0.29	94.15
74	1648450	789230	859220	0.51	0.24	0.26	91.85
75-79	**6324210**	**2991818**	**3332392**	**1.95**	**0.92**	**1.03**	**89.78**
75	1456091	693130	762961	0.45	0.21	0.23	90.85
76	1380832	661651	719181	0.43	0.20	0.22	92.00
77	1214907	572818	642089	0.37	0.18	0.20	89.21
78	1150970	541373	609597	0.35	0.17	0.19	88.81
79	1121410	522846	598564	0.35	0.16	0.18	87.35
80-84	**4055223**	**1830285**	**2224938**	**1.25**	**0.56**	**0.68**	**82.26**
80	992687	461457	531230	0.31	0.14	0.16	86.87
81	819466	372467	446999	0.25	0.11	0.14	83.33
82	845570	383512	462058	0.26	0.12	0.14	83.00
83	735741	326622	409119	0.23	0.10	0.13	79.84
84	661759	286227	375532	0.20	0.09	0.12	76.22
85-89	**2111449**	**866091**	**1245358**	**0.65**	**0.27**	**0.38**	**69.55**
85	566291	236178	330113	0.17	0.07	0.10	71.54
86	491615	201929	289686	0.15	0.06	0.09	69.71
87	447537	184552	262985	0.14	0.06	0.08	70.18
88	333988	133691	200297	0.10	0.04	0.06	66.75
89	272018	109741	162277	0.08	0.03	0.05	67.63
90-94	**714885**	**270745**	**444140**	**0.22**	**0.08**	**0.14**	**60.96**
90	238848	94610	144238	0.07	0.03	0.04	65.59
91	163746	61629	102117	0.05	0.02	0.03	60.35
92	139130	51618	87512	0.04	0.02	0.03	58.98
93	100679	36720	63959	0.03	0.01	0.02	57.41
94	72482	26168	46314	0.02	0.01	0.01	56.50
95-99	**164438**	**55073**	**109365**	**0.05**	**0.02**	**0.03**	**50.36**
95	57336	19672	37664	0.02	0.01	0.01	52.23
96	41261	13792	27469	0.01		0.01	50.21
97	29032	9297	19735	0.01		0.01	47.11
98	20128	6688	13440	0.01			49.76
99	16681	5624	11057	0.01			50.86
100岁及以上	**22924**	**6737**	**16187**	**0.01**			**41.62**

2-4 全国乡村分年龄、性别的人口数
Rural Population by Age and Sex

单位：人、% (person,%)

年 龄 Age	人口数 Population			占总人口比重 Percentage to Total Population			性别比 (女=100) Sex Ratio (Female=100)
	合计 Total	男 Male	女 Female	合计 Total	男 Male	女 Female	
总计 Total	**509787562**	**264595042**	**245192520**	**100.00**	**51.90**	**48.10**	**107.91**
0-4	**28023211**	**14736837**	**13286374**	**5.50**	**2.89**	**2.61**	**110.92**
0	4692004	2473852	2218152	0.92	0.49	0.44	111.53
1	5131157	2696543	2434614	1.01	0.53	0.48	110.76
2	5466977	2871539	2595438	1.07	0.56	0.51	110.64
3	6397288	3357507	3039781	1.25	0.66	0.60	110.45
4	6335785	3337396	2998389	1.24	0.65	0.59	111.31
5-9	**34705291**	**18404830**	**16300461**	**6.81**	**3.61**	**3.20**	**112.91**
5	6281547	3319326	2962221	1.23	0.65	0.58	112.06
6	6909283	3662437	3246846	1.36	0.72	0.64	112.80
7	6877343	3640368	3236975	1.35	0.71	0.63	112.46
8	7475726	3971670	3504056	1.47	0.78	0.69	113.34
9	7161392	3811029	3350363	1.40	0.75	0.66	113.75
10-14	**35497455**	**18976267**	**16521188**	**6.96**	**3.72**	**3.24**	**114.86**
10	7102355	3786325	3316030	1.39	0.74	0.65	114.18
11	7430830	3958511	3472319	1.46	0.78	0.68	114.00
12	7245204	3869674	3375530	1.42	0.76	0.66	114.64
13	6923206	3707907	3215299	1.36	0.73	0.63	115.32
14	6795860	3653850	3142010	1.33	0.72	0.62	116.29
15-19	**19510791**	**10886982**	**8623809**	**3.83**	**2.14**	**1.69**	**126.24**
15	5023345	2756184	2267161	0.99	0.54	0.44	121.57
16	3771678	2111936	1659742	0.74	0.41	0.33	127.24
17	3291610	1852658	1438952	0.65	0.36	0.28	128.75
18	3702959	2071658	1631301	0.73	0.41	0.32	126.99
19	3721199	2094546	1626653	0.73	0.41	0.32	128.76
20-24	**21498336**	**11861651**	**9636685**	**4.22**	**2.33**	**1.89**	**123.09**
20	3708258	2086768	1621490	0.73	0.41	0.32	128.69
21	3795993	2107809	1688184	0.74	0.41	0.33	124.86
22	4510620	2476005	2034615	0.88	0.49	0.40	121.69
23	4659464	2551511	2107953	0.91	0.50	0.41	121.04
24	4824001	2639558	2184443	0.95	0.52	0.43	120.83
25-29	**27351490**	**14968243**	**12383247**	**5.37**	**2.94**	**2.43**	**120.87**
25	5195681	2852368	2343313	1.02	0.56	0.46	121.72
26	5006189	2744907	2261282	0.98	0.54	0.44	121.39
27	5451407	2983923	2467484	1.07	0.59	0.48	120.93
28	5654818	3090697	2564121	1.11	0.61	0.50	120.54
29	6043395	3296348	2747047	1.19	0.65	0.54	120.00
30-34	**35141956**	**18933754**	**16208202**	**6.89**	**3.71**	**3.18**	**116.82**
30	7608925	4129106	3479819	1.49	0.81	0.68	118.66
31	7267785	3912969	3354816	1.43	0.77	0.66	116.64
32	6734747	3615395	3119352	1.32	0.71	0.61	115.90
33	7222040	3887684	3334356	1.42	0.76	0.65	116.59
34	6308459	3388600	2919859	1.24	0.66	0.57	116.05

2-4 续表 1 continued

单位：人、% (person,%)

年 龄 Age	人口数 Population 合计 Total	男 Male	女 Female	占总人口比重 Percentage to Total Population 合计 Total	男 Male	女 Female	性别比 (女=100) Sex Ratio (Female=100)
35-39	**27805019**	**14918538**	**12886481**	**5.45**	**2.93**	**2.53**	**115.77**
35	5509023	2957244	2551779	1.08	0.58	0.50	115.89
36	5478628	2936818	2541810	1.07	0.58	0.50	115.54
37	5282381	2837692	2444689	1.04	0.56	0.48	116.08
38	6040561	3249573	2790988	1.18	0.64	0.55	116.43
39	5494426	2937211	2557215	1.08	0.58	0.50	114.86
40-44	**28532469**	**15046746**	**13485723**	**5.60**	**2.95**	**2.65**	**111.58**
40	5202439	2757928	2444511	1.02	0.54	0.48	112.82
41	5734472	3050337	2684135	1.12	0.60	0.53	113.64
42	5650448	2972905	2677543	1.11	0.58	0.53	111.03
43	5548842	2921012	2627830	1.09	0.57	0.52	111.16
44	6396268	3344564	3051704	1.25	0.66	0.60	109.60
45-49	**40381055**	**20813054**	**19568001**	**7.92**	**4.08**	**3.84**	**106.36**
45	6752396	3510598	3241798	1.32	0.69	0.64	108.29
46	7688630	3971653	3716977	1.51	0.78	0.73	106.85
47	8175086	4216723	3958363	1.60	0.83	0.78	106.53
48	8630501	4425848	4204653	1.69	0.87	0.82	105.26
49	9134442	4688232	4446210	1.79	0.92	0.87	105.44
50-54	**48580819**	**24646626**	**23934193**	**9.53**	**4.83**	**4.69**	**102.98**
50	9926606	5029452	4897154	1.95	0.99	0.96	102.70
51	9509848	4830974	4678874	1.87	0.95	0.92	103.25
52	10451099	5288723	5162376	2.05	1.04	1.01	102.45
53	8786242	4443801	4342441	1.72	0.87	0.85	102.33
54	9907024	5053676	4853348	1.94	0.99	0.95	104.13
55-59	**41403376**	**20950572**	**20452804**	**8.12**	**4.11**	**4.01**	**102.43**
55	9534534	4846533	4688001	1.87	0.95	0.92	103.38
56	9133630	4608985	4524645	1.79	0.90	0.89	101.86
57	10404817	5314867	5089950	2.04	1.04	1.00	104.42
58	8004689	4043199	3961490	1.57	0.79	0.78	102.06
59	4325706	2136988	2188718	0.85	0.42	0.43	97.64
60-64	**31003418**	**15924093**	**15079325**	**6.08**	**3.12**	**2.96**	**105.60**
60	5199543	2638095	2561448	1.02	0.52	0.50	102.99
61	4974075	2573701	2400374	0.98	0.50	0.47	107.22
62	6488860	3357908	3130952	1.27	0.66	0.61	107.25
63	7452833	3854262	3598571	1.46	0.76	0.71	107.11
64	6888107	3500127	3387980	1.35	0.69	0.66	103.31

2-4 续表 2 continued

单位：人、% (person,%)

年龄 Age	人口数 Population 合计 Total	男 Male	女 Female	占总人口比重 Percentage to Total Population 合计 Total	男 Male	女 Female	性别比（女=100） Sex Ratio (Female=100)
65-69	**34278062**	**17198776**	**17079286**	**6.72**	**3.37**	**3.35**	**100.70**
65	7320339	3727290	3593049	1.44	0.73	0.70	103.74
66	7363648	3709766	3653882	1.44	0.73	0.72	101.53
67	6827580	3414981	3412599	1.34	0.67	0.67	100.07
68	6915696	3453286	3462410	1.36	0.68	0.68	99.74
69	5850799	2893453	2957346	1.15	0.57	0.58	97.84
70-74	**24095543**	**11949728**	**12145815**	**4.73**	**2.34**	**2.38**	**98.39**
70	5537340	2747662	2789678	1.09	0.54	0.55	98.49
71	5452832	2751992	2700840	1.07	0.54	0.53	101.89
72	4677441	2319421	2358020	0.92	0.45	0.46	98.36
73	4428265	2189461	2238804	0.87	0.43	0.44	97.80
74	3999665	1941192	2058473	0.78	0.38	0.40	94.30
75-79	**15307799**	**7362435**	**7945364**	**3.00**	**1.44**	**1.56**	**92.66**
75	3550674	1712204	1838470	0.70	0.34	0.36	93.13
76	3383099	1652921	1730178	0.66	0.32	0.34	95.53
77	2971622	1426674	1544948	0.58	0.28	0.30	92.34
78	2730210	1305269	1424941	0.54	0.26	0.28	91.60
79	2672194	1265367	1406827	0.52	0.25	0.28	89.94
80-84	**9527299**	**4315466**	**5211833**	**1.87**	**0.85**	**1.02**	**82.80**
80	2318647	1084364	1234283	0.45	0.21	0.24	87.85
81	1924717	883576	1041141	0.38	0.17	0.20	84.87
82	1985142	906263	1078879	0.39	0.18	0.21	84.00
83	1733192	768650	964542	0.34	0.15	0.19	79.69
84	1565601	672613	892988	0.31	0.13	0.18	75.32
85-89	**5027616**	**1992630**	**3034986**	**0.99**	**0.39**	**0.60**	**65.66**
85	1345683	555986	789697	0.26	0.11	0.15	70.40
86	1169587	471092	698495	0.23	0.09	0.14	67.44
87	1063604	419909	643695	0.21	0.08	0.13	65.23
88	802688	305043	497645	0.16	0.06	0.10	61.30
89	646054	240600	405454	0.13	0.05	0.08	59.34
90-94	**1685053**	**580439**	**1104614**	**0.33**	**0.11**	**0.22**	**52.55**
90	562077	203386	358691	0.11	0.04	0.07	56.70
91	386558	133332	253226	0.08	0.03	0.05	52.65
92	330361	112001	218360	0.06	0.02	0.04	51.29
93	236572	77722	158850	0.05	0.02	0.03	48.93
94	169485	53998	115487	0.03	0.01	0.02	46.76
95-99	**375944**	**112711**	**263233**	**0.07**	**0.02**	**0.05**	**42.82**
95	133931	41099	92832	0.03	0.01	0.02	44.27
96	94395	28239	66156	0.02	0.01	0.01	42.69
97	66285	19400	46885	0.01		0.01	41.38
98	45529	13489	32040	0.01		0.01	42.10
99	35804	10484	25320	0.01			41.41
100岁及以上	**55560**	**14664**	**40896**	**0.01**		**0.01**	**35.86**

2-5 各地区人口年龄构成和抚养比
Age Composition and Dependency Ratio of Population by Region

地区	Region	人口数（人）Population (person)	0-14岁 Aged 0-14	15-64岁 Aged 15-64	65岁及以上 Aged 65 and Over	总抚养比(%) Gross Dependency Ratio (%)	少儿抚养比 Children Dependency Ratio	老年抚养比 Old Dependency Ratio
全　国	**National Total**	**1409778724**	**253383938**	**965759506**	**190635280**	**45.98**	**26.24**	**19.74**
北　京	Beijing	21893095	2591507	16389528	2912060	33.58	15.81	17.77
天　津	Tianjin	13866009	1868056	9952261	2045692	39.33	18.77	20.56
河　北	Hebei	74610235	15088968	49133330	10387937	51.85	30.71	21.14
山　西	Shanxi	34915616	5709895	24701047	4504674	41.35	23.12	18.24
内蒙古	Inner Mongolia	24049155	3377673	17532564	3138918	37.17	19.27	17.90
辽　宁	Liaoning	42591407	4737939	30435987	7417481	39.94	15.57	24.37
吉　林	Jilin	24073453	2818723	17497506	3757224	37.58	16.11	21.47
黑龙江	Heilongjiang	31850088	3286466	23590754	4972868	35.01	13.93	21.08
上　海	Shanghai	24870895	2436296	18385587	4049012	35.27	13.25	22.02
江　苏	Jiangsu	84748016	12891948	58129537	13726531	45.79	22.18	23.61
浙　江	Zhejiang	64567588	8681781	47319458	8566349	36.45	18.35	18.10
安　徽	Anhui	61027171	11742682	40125078	9159411	52.09	29.27	22.83
福　建	Fujian	41540086	8025225	28904862	4609999	43.71	27.76	15.95
江　西	Jiangxi	45188635	9922364	29895250	5371021	51.16	33.19	17.97
山　东	Shandong	101527453	19062638	67100737	15364078	51.31	28.41	22.90
河　南	Henan	99365519	22988954	62974661	13401904	57.79	36.51	21.28
湖　北	Hubei	57752557	9420477	39907741	8424339	44.72	23.61	21.11
湖　南	Hunan	66444864	12969522	43633275	9842067	52.28	29.72	22.56
广　东	Guangdong	126012510	23749882	91449628	10813000	37.79	25.97	11.82
广　西	Guangxi	50126804	11842501	32170186	6114117	55.82	36.81	19.01
海　南	Hainan	10081232	2013725	7016007	1051500	43.69	28.70	14.99
重　庆	Chongqing	32054159	5098363	21482191	5473605	49.21	23.73	25.48
四　川	Sichuan	83674866	13471112	56036154	14167600	49.32	24.04	25.28
贵　州	Guizhou	38562148	9242038	24863655	4456455	55.09	37.17	17.92
云　南	Yunnan	47209277	9237474	32898544	5073259	43.50	28.08	15.42
西　藏	Tibet	3648100	894865	2546272	206963	43.27	35.14	8.13
陕　西	Shaanxi	39528999	6852205	27410197	5266597	44.21	25.00	19.21
甘　肃	Gansu	25019831	4853543	17018471	3147817	47.02	28.52	18.50
青　海	Qinghai	5923957	1232956	4176908	514093	41.83	29.52	12.31
宁　夏	Ningxia	7202654	1468004	5041826	692824	42.86	29.12	13.74
新　疆	Xinjiang	25852345	5806156	18040304	2005885	43.30	32.18	11.12

2-6 各地区城市人口年龄构成和抚养比
Age Composition and Dependency Ratio of City Population by Region

地 区	Region	人口数（人）Population (person)	0-14岁 Aged 0-14	15-64岁 Aged 15-64	65岁及以上 Aged 65 and Over	总抚养比（%）Gross Dependency Ratio (%)	少儿抚养比 Children Dependency Ratio	老年抚养比 Old Dependency Ratio
全 国	**National Total**	**575170855**	**90209689**	**423024904**	**61936262**	**35.97**	**21.32**	**14.64**
北 京	Beijing	17751681	2152936	13265127	2333618	33.82	16.23	17.59
天 津	Tianjin	10933092	1436681	7928055	1568356	37.90	18.12	19.78
河 北	Hebei	22129595	3988280	15586953	2554362	41.98	25.59	16.39
山 西	Shanxi	13197637	2217079	9682346	1298212	36.31	22.90	13.41
内蒙古	Inner Mongolia	9446419	1358017	7060580	1027822	33.79	19.23	14.56
辽 宁	Liaoning	25572477	2935576	18671887	3965014	36.96	15.72	21.24
吉 林	Jilin	10291703	1215474	7599669	1476560	35.42	15.99	19.43
黑龙江	Heilongjiang	14439398	1466864	10845834	2126700	33.13	13.52	19.61
上 海	Shanghai	19873080	2042937	14603415	3226728	36.09	13.99	22.10
江 苏	Jiangsu	40269267	5972581	29310419	4986267	37.39	20.38	17.01
浙 江	Zhejiang	33083792	4580804	25266881	3236107	30.94	18.13	12.81
安 徽	Anhui	16329087	2758303	11787862	1782922	38.52	23.40	15.13
福 建	Fujian	17105023	3123545	12591197	1390281	35.85	24.81	11.04
江 西	Jiangxi	13560075	2640883	9650358	1268834	40.51	27.37	13.15
山 东	Shandong	39456975	7260188	27791804	4404983	41.97	26.12	15.85
河 南	Henan	25973215	5097033	18240167	2636015	42.40	27.94	14.45
湖 北	Hubei	24657421	3670084	18139921	2847416	35.93	20.23	15.70
湖 南	Hunan	18916669	3300381	13596782	2019506	39.13	24.27	14.85
广 东	Guangdong	76387659	12324718	59155611	4907330	29.13	20.83	8.30
广 西	Guangxi	14787980	2941099	10570342	1276539	39.90	27.82	12.08
海 南	Hainan	3761478	708678	2756504	296296	36.46	25.71	10.75
重 庆	Chongqing	16343989	2446697	11922219	1975073	37.09	20.52	16.57
四 川	Sichuan	30431679	4298833	22398428	3734418	35.87	19.19	16.67
贵 州	Guizhou	10126125	2029252	7257542	839331	39.53	27.96	11.56
云 南	Yunnan	12355559	1943320	9283710	1128529	33.09	20.93	12.16
西 藏	Tibet	835302	118736	675250	41316	23.70	17.58	6.12
陕 西	Shaanxi	15656134	2586339	11501306	1568489	36.12	22.49	13.64
甘 肃	Gansu	7095181	1184435	5168057	742689	37.29	22.92	14.37
青 海	Qinghai	2124083	334592	1594049	195442	33.25	20.99	12.26
宁 夏	Ningxia	2988589	548284	2177537	262768	37.25	25.18	12.07
新 疆	Xinjiang	9290491	1527060	6945092	818339	33.77	21.99	11.78

2-7 各地区镇人口年龄构成和抚养比
Age Composition and Dependency Ratio of Town Population by Region

地 区	Region	人口数（人）Population (person)	0-14岁 Aged 0-14	15-64岁 Aged 15-64	65岁及以上 Aged 65 and Over	总抚养比(%) Gross Dependency Ratio (%)	少儿抚养比 Children Dependency Ratio	老年抚养比 Old Dependency Ratio
全 国	**National Total**	**324820307**	**64948292**	**221525873**	**38346142**	**46.63**	**29.32**	**17.31**
北 京	Beijing	1414752	153338	1106512	154902	27.86	13.86	14.00
天 津	Tianjin	811348	110512	604490	96346	34.22	18.28	15.94
河 北	Hebei	22686891	4856229	15163371	2667291	49.62	32.03	17.59
山 西	Shanxi	8633857	1648062	6131007	854788	40.82	26.88	13.94
内蒙古	Inner Mongolia	6781056	1119385	4927604	734067	37.61	22.72	14.90
辽 宁	Liaoning	5153499	614108	3697912	841479	39.36	16.61	22.76
吉 林	Jilin	4787311	623752	3527182	636377	35.73	17.68	18.04
黑龙江	Heilongjiang	6458296	737145	4758946	962205	35.71	15.49	20.22
上 海	Shanghai	2336300	243649	1778448	314203	31.37	13.70	17.67
江 苏	Jiangsu	21973116	3774692	14974987	3223437	46.73	25.21	21.53
浙 江	Zhejiang	13514673	1947943	9991978	1574752	35.26	19.50	15.76
安 徽	Anhui	19266016	3864104	13120390	2281522	46.84	29.45	17.39
福 建	Fujian	11452224	2450184	7853470	1148570	45.82	31.20	14.63
江 西	Jiangxi	13750536	3157448	9231533	1361555	48.95	34.20	14.75
山 东	Shandong	24557279	5113091	16221299	3222889	51.39	31.52	19.87
河 南	Henan	29105339	6631268	19402942	3071129	50.00	34.18	15.83
湖 北	Hubei	11662953	2174785	7997125	1491043	45.84	27.19	18.64
湖 南	Hunan	20129507	4070020	13403943	2655544	50.18	30.36	19.81
广 东	Guangdong	17048413	3838352	11541774	1668287	47.71	33.26	14.45
广 西	Guangxi	12382976	3041002	7994845	1347129	54.89	38.04	16.85
海 南	Hainan	2314503	483743	1575550	255210	46.90	30.70	16.20
重 庆	Chongqing	5920039	1141001	3832465	946573	54.47	29.77	24.70
四 川	Sichuan	17034233	3173484	11366105	2494644	49.87	27.92	21.95
贵 州	Guizhou	10369821	2640104	6787928	941789	52.77	38.89	13.87
云 南	Yunnan	11273005	2264456	7915614	1092935	42.41	28.61	13.81
西 藏	Tibet	468141	107043	340325	20773	37.56	31.45	6.10
陕 西	Shaanxi	9113596	1809078	6209700	1094818	46.76	29.13	17.63
甘 肃	Gansu	5972151	1336171	4067354	568626	46.83	32.85	13.98
青 海	Qinghai	1435280	315772	1013566	105942	41.61	31.15	10.45
宁 夏	Ningxia	1690065	379195	1183395	127475	42.81	32.04	10.77
新 疆	Xinjiang	5323131	1129176	3804113	389842	39.93	29.68	10.25

2-8 各地区乡村人口年龄构成和抚养比
Age Composition and Dependency Ratio of Rural Population by Region

地区	Region	人口数(人) Population (person)	0-14岁 Aged 0-14	15-64岁 Aged 15-64	65岁及以上 Aged 65 and Over	总抚养比(%) Gross Dependency Ratio (%)	少儿抚养比 Children Dependency Ratio	老年抚养比 Old Dependency Ratio
全国	**National Total**	**509787562**	**98225957**	**321208729**	**90352876**	**58.71**	**30.58**	**28.13**
北京	Beijing	2726662	285233	2017889	423540	35.12	14.14	20.99
天津	Tianjin	2121569	320863	1419716	380990	49.44	22.60	26.84
河北	Hebei	29793749	6244459	18383006	5166284	62.07	33.97	28.10
山西	Shanxi	13084122	1844754	8887694	2351674	47.22	20.76	26.46
内蒙古	Inner Mongolia	7821680	900271	5544380	1377029	41.07	16.24	24.84
辽宁	Liaoning	11865431	1188255	8066188	2610988	47.10	14.73	32.37
吉林	Jilin	8994439	979497	6370655	1644287	41.19	15.38	25.81
黑龙江	Heilongjiang	10952394	1082457	7985974	1883963	37.15	13.55	23.59
上海	Shanghai	2661515	149710	2003724	508081	32.83	7.47	25.36
江苏	Jiangsu	22505633	3144675	13844131	5516827	62.56	22.71	39.85
浙江	Zhejiang	17969123	2153034	12060599	3755490	48.99	17.85	31.14
安徽	Anhui	25432068	5120275	15216826	5094967	67.13	33.65	33.48
福建	Fujian	12982839	2451496	8460195	2071148	53.46	28.98	24.48
江西	Jiangxi	17878024	4124033	11013359	2740632	62.33	37.45	24.88
山东	Shandong	37513199	6689359	23087634	7736206	62.48	28.97	33.51
河南	Henan	44286965	11260653	25331552	7694760	74.83	44.45	30.38
湖北	Hubei	21432183	3575608	13770695	4085880	55.64	25.97	29.67
湖南	Hunan	27398688	5599121	16632550	5167017	64.73	33.66	31.07
广东	Guangdong	32576438	7586812	20752243	4237383	56.98	36.56	20.42
广西	Guangxi	22955848	5860400	13604999	3490449	68.73	43.08	25.66
海南	Hainan	4005251	821304	2683953	499994	49.23	30.60	18.63
重庆	Chongqing	9790131	1510665	5727507	2551959	70.93	26.38	44.56
四川	Sichuan	36208954	5998795	22271621	7938538	62.58	26.93	35.64
贵州	Guizhou	18066202	4572682	10818185	2675335	67.00	42.27	24.73
云南	Yunnan	23580713	5029698	15699220	2851795	50.20	32.04	18.17
西藏	Tibet	2344657	669086	1530697	144874	53.18	43.71	9.46
陕西	Shaanxi	14759269	2456788	9699191	2603290	52.17	25.33	26.84
甘肃	Gansu	11952499	2332937	7783060	1836502	53.57	29.97	23.60
青海	Qinghai	2364594	582592	1569293	212709	50.68	37.12	13.55
宁夏	Ningxia	2524000	540525	1680894	302581	50.16	32.16	18.00
新疆	Xinjiang	11238723	3149920	7291099	797704	54.14	43.20	10.94

2-9 各地区户数、人口数、性别比和平均家庭户规模
Households, Population, Sex Ratio and Household Size by Region

地 区	Region	户 数 (户) Number of Households (households)	家庭户 Family Household	集体户 Collective Household	人口数 (人) Population (person)	男 Male	女 Female	性别比 (女=100) Sex Ratio (Female=100)
全 国	**National Total**	**522689264**	**494157423**	**28531841**	**1409778724**	**721416394**	**688362330**	**104.80**
北 京	Beijing	9137928	8230792	907136	21893095	11195390	10697705	104.65
天 津	Tianjin	5464620	4867116	597504	13866009	7144949	6721060	106.31
河 北	Hebei	26355634	25429609	926025	74610235	37679003	36931232	102.02
山 西	Shanxi	13384751	12746142	638609	34915616	17805148	17110468	104.06
内蒙古	Inner Mongolia	9974153	9483957	490196	24049155	12275274	11773881	104.26
辽 宁	Liaoning	18168393	17467111	701282	42591407	21263529	21327878	99.70
吉 林	Jilin	9961655	9426822	534833	24073453	12018319	12055134	99.69
黑龙江	Heilongjiang	13707216	13024687	682529	31850088	15952468	15897620	100.35
上 海	Shanghai	10466847	9644628	822219	24870895	12875211	11995684	107.33
江 苏	Jiangsu	31922656	29910849	2011807	84748016	43031586	41716430	103.15
浙 江	Zhejiang	26880850	25008606	1872244	64567588	33680008	30887580	109.04
安 徽	Anhui	22888078	21910377	977701	61027171	31103394	29923777	103.94
福 建	Fujian	15306514	14371078	935436	41540086	21466757	20073329	106.94
江 西	Jiangxi	14791970	14072847	719123	45188635	23318533	21870102	106.62
山 东	Shandong	37045463	35184241	1861222	101527453	51432931	50094522	102.67
河 南	Henan	33224985	31782693	1442292	99365519	49832349	49533170	100.60
湖 北	Hubei	21019329	19931045	1088284	57752557	29694718	28057839	105.83
湖 南	Hunan	23892020	22878336	1013684	66444864	33995673	32449191	104.77
广 东	Guangdong	46691647	42469178	4222469	126012510	66873646	59138864	113.08
广 西	Guangxi	16865333	16215014	650319	50126804	25916169	24210635	107.04
海 南	Hainan	3200027	2961646	238381	10081232	5345081	4736151	112.86
重 庆	Chongqing	12627668	12040234	587434	32054159	16202133	15852026	102.21
四 川	Sichuan	32205094	30756120	1448974	83674866	42289718	41385148	102.19
贵 州	Guizhou	13265872	12696585	569287	38562148	19705293	18856855	104.50
云 南	Yunnan	15861557	15146831	714726	47209277	24420924	22788353	107.16
西 藏	Tibet	1089496	1014090	75406	3648100	1913588	1734512	110.32
陕 西	Shaanxi	14975672	14211344	764328	39528999	20226490	19302509	104.79
甘 肃	Gansu	8769671	8422836	346835	25019831	12700948	12318883	103.10
青 海	Qinghai	2079275	1965893	113382	5923957	3033846	2890111	104.97
宁 夏	Ningxia	2661882	2535074	126808	7202654	3668938	3533716	103.83
新 疆	Xinjiang	8803008	8351642	451366	25852345	13354380	12497965	106.85

2-9 续表 continued

地 区	Region	家庭户人口数(人) Family Household Population (person)	男 Male	女 Female	性别比(女=100) Sex Ratio (Female=100)	集体户人口数(人) Collective Household Population (person)	男 Male	女 Female	平均家庭户规模(人/户) Average Family Size (person/household)
全 国	**National Total**	**1292809300**	**654052851**	**638756449**	**102.39**	**116969424**	**67363543**	**49605881**	**2.62**
北 京	Beijing	19014338	9436296	9578042	98.52	2878757	1759094	1119663	2.31
天 津	Tianjin	11668540	5829455	5839085	99.84	2197469	1315494	881975	2.40
河 北	Hebei	69871266	35078326	34792940	100.82	4738969	2600677	2138292	2.75
山 西	Shanxi	32138952	16184258	15954694	101.44	2776664	1620890	1155774	2.52
内蒙古	Inner Mongolia	22296184	11229242	11066942	101.47	1752971	1046032	706939	2.35
辽 宁	Liaoning	39914651	19800387	20114264	98.44	2676756	1463142	1213614	2.29
吉 林	Jilin	22103381	10995039	11108342	98.98	1970072	1023280	946792	2.34
黑龙江	Heilongjiang	28934500	14424561	14509939	99.41	2915588	1527907	1387681	2.22
上 海	Shanghai	22347586	11244075	11103511	101.27	2523309	1631136	892173	2.32
江 苏	Jiangsu	77644026	38754626	38889400	99.65	7103990	4276960	2827030	2.60
浙 江	Zhejiang	58830838	30143079	28687759	105.07	5736750	3536929	2199821	2.35
安 徽	Anhui	57272157	28929853	28342304	102.07	3755014	2173541	1581473	2.61
福 建	Fujian	38462277	19624877	18837400	104.18	3077809	1841880	1235929	2.68
江 西	Jiangxi	41329294	21164113	20165181	104.95	3859341	2154420	1704921	2.94
山 东	Shandong	94868062	47675937	47192125	101.03	6659391	3756994	2902397	2.70
河 南	Henan	90744073	45213105	45530968	99.30	8621446	4619244	4002202	2.86
湖 北	Hubei	52773775	26844608	25929167	103.53	4978782	2850110	2128672	2.65
湖 南	Hunan	61121055	31103853	30017202	103.62	5323809	2891820	2431989	2.67
广 东	Guangdong	111671837	58021641	53650196	108.15	14340673	8852005	5488668	2.63
广 西	Guangxi	46498718	23974087	22524631	106.43	3628086	1942082	1686004	2.87
海 南	Hainan	9060930	4759294	4301636	110.64	1020302	585787	434515	3.06
重 庆	Chongqing	29477069	14744701	14732368	100.08	2577090	1457432	1119658	2.45
四 川	Sichuan	77093057	38672981	38420076	100.66	6581809	3616737	2965072	2.51
贵 州	Guizhou	35719520	18195997	17523523	103.84	2842628	1509296	1333332	2.81
云 南	Yunnan	43695762	22435081	21260681	105.52	3513515	1985843	1527672	2.88
西 藏	Tibet	3237287	1660644	1576643	105.33	410813	252944	157869	3.19
陕 西	Shaanxi	35975425	18199386	17776039	102.38	3553574	2027104	1526470	2.53
甘 肃	Gansu	23345176	11746896	11598280	101.28	1674655	954052	720603	2.77
青 海	Qinghai	5493942	2777444	2716498	102.24	430015	256402	173613	2.79
宁 夏	Ningxia	6709343	3381503	3327840	101.61	493311	287435	205876	2.65
新 疆	Xinjiang	23496279	11807506	11688773	101.02	2356066	1546874	809192	2.81

2-10 各地区城市户数、人口数、性别比和平均家庭户规模
Households, Population, Sex Ratio and Household Size of Cities by Region

地 区	Region	户 数 (户) Number of Households (households)	家庭户 Family Household	集体户 Collective Household	人口数 (人) Population (person)	男 Male	女 Female	性别比 (女=100) Sex Ratio (Female=100)
全 国	**National Total**	**221320851**	**202764700**	**18556151**	**575170855**	**291791475**	**283379380**	**102.97**
北 京	Beijing	7439664	6690435	749229	17751681	8937161	8814520	101.39
天 津	Tianjin	4376812	3849509	527303	10933092	5610161	5322931	105.40
河 北	Hebei	8007995	7513689	494306	22129595	11010407	11119188	99.02
山 西	Shanxi	4981821	4616210	365611	13197637	6588788	6608849	99.70
内蒙古	Inner Mongolia	3836659	3586072	250587	9446419	4714495	4731924	99.63
辽 宁	Liaoning	11263547	10672010	591537	25572477	12626419	12946058	97.53
吉 林	Jilin	4381757	4088980	292777	10291703	5028946	5262757	95.56
黑龙江	Heilongjiang	6282686	5814838	467848	14439398	7113464	7325934	97.10
上 海	Shanghai	8165874	7521925	643949	19873080	10113562	9759518	103.63
江 苏	Jiangsu	15073781	13771191	1302590	40269267	20382260	19887007	102.49
浙 江	Zhejiang	13813994	12575815	1238179	33083792	17165183	15918609	107.83
安 徽	Anhui	6125474	5663611	461863	16329087	8142601	8186486	99.46
福 建	Fujian	6519000	5951707	567293	17105023	8780310	8324713	105.47
江 西	Jiangxi	4414818	4042797	372021	13560075	6906564	6653511	103.80
山 东	Shandong	14217381	13073475	1143906	39456975	19843195	19613780	101.17
河 南	Henan	8770708	8130055	640653	25973215	12913127	13060088	98.87
湖 北	Hubei	8973972	8206395	767577	24657421	12494860	12162561	102.73
湖 南	Hunan	6765698	6185217	580481	18916669	9472504	9444165	100.30
广 东	Guangdong	30821964	27382359	3439605	76387659	40817255	35570404	114.75
广 西	Guangxi	5129446	4744710	384736	14787980	7458144	7329836	101.75
海 南	Hainan	1290895	1148204	142691	3761478	1967828	1793650	109.71
重 庆	Chongqing	6083611	5652181	431430	16343989	8083520	8260469	97.86
四 川	Sichuan	11605081	10700636	904445	30431679	15030432	15401247	97.59
贵 州	Guizhou	3522330	3252662	269668	10126125	5086734	5039391	100.94
云 南	Yunnan	4761268	4342471	418797	12355559	6236029	6119530	101.90
西 藏	Tibet	328955	282848	46107	835302	447902	387400	115.62
陕 西	Shaanxi	6139042	5640394	498648	15656134	7925444	7730690	102.52
甘 肃	Gansu	2731953	2551450	180503	7095181	3565095	3530086	100.99
青 海	Qinghai	837123	766028	71095	2124083	1081946	1042137	103.82
宁 夏	Ningxia	1155063	1084791	70272	2988589	1488244	1500345	99.19
新 疆	Xinjiang	3502479	3262035	240444	9290491	4758895	4531596	105.02

2-10 续表 continued

地 区	Region	家庭户人口数（人）Family Household Population (person)	男 Male	女 Female	性别比（女=100）Sex Ratio (Female=100)	集体户人口数（人）Collective Household Population (person)	男 Male	女 Female	平均家庭户规模（人/户）Average Family Size (person/household)
全 国	**National Total**	**504276519**	**251510982**	**252765537**	**99.50**	**70894336**	**40280493**	**30613843**	**2.49**
北 京	Beijing	15394356	7536552	7857804	95.91	2357325	1400609	956716	2.30
天 津	Tianjin	9011361	4465085	4546276	98.21	1921731	1145076	776655	2.34
河 北	Hebei	19758196	9728026	10030170	96.99	2371399	1282381	1089018	2.63
山 西	Shanxi	11678197	5771407	5906790	97.71	1519440	817381	702059	2.53
内蒙古	Inner Mongolia	8500366	4196041	4304325	97.48	946053	518454	427599	2.37
辽 宁	Liaoning	23359821	11419772	11940049	95.64	2212656	1206647	1006009	2.19
吉 林	Jilin	9214553	4464035	4750518	93.97	1077150	564911	512239	2.25
黑龙江	Heilongjiang	12381218	6049161	6332057	95.53	2058180	1064303	993877	2.13
上 海	Shanghai	17884745	8863108	9021637	98.24	1988335	1250454	737881	2.38
江 苏	Jiangsu	35793195	17715592	18077603	98.00	4476072	2666668	1809404	2.60
浙 江	Zhejiang	29377913	14950458	14427455	103.63	3705879	2214725	1491154	2.34
安 徽	Anhui	14638587	7210026	7428561	97.06	1690500	932575	757925	2.58
福 建	Fujian	15270274	7711168	7559106	102.01	1834749	1069142	765607	2.57
江 西	Jiangxi	11671059	5880515	5790544	101.55	1889016	1026049	862967	2.89
山 东	Shandong	35429499	17610241	17819258	98.83	4027476	2232954	1794522	2.71
河 南	Henan	22621633	11147027	11474606	97.15	3351582	1766100	1585482	2.78
湖 北	Hubei	21345951	10622692	10723259	99.06	3311470	1872168	1439302	2.60
湖 南	Hunan	16098951	7964959	8133992	97.92	2817718	1507545	1310173	2.60
广 东	Guangdong	65293291	33952063	31341228	108.33	11094368	6865192	4229176	2.38
广 西	Guangxi	12779710	6415579	6364131	100.81	2008270	1042565	965705	2.69
海 南	Hainan	3185994	1637928	1548066	105.80	575484	329900	245584	2.77
重 庆	Chongqing	14465156	7048937	7416219	95.05	1878833	1034583	844250	2.56
四 川	Sichuan	26634361	12980496	13653865	95.07	3797318	2049936	1747382	2.49
贵 州	Guizhou	8868313	4435200	4433113	100.05	1257812	651534	606278	2.73
云 南	Yunnan	10504649	5249393	5255256	99.89	1850910	986636	864274	2.42
西 藏	Tibet	581692	300225	281467	106.66	253610	147677	105933	2.06
陕 西	Shaanxi	13481831	6720981	6760850	99.41	2174303	1204463	969840	2.39
甘 肃	Gansu	6302326	3132819	3169507	98.84	792855	432276	360579	2.47
青 海	Qinghai	1861075	928280	932795	99.52	263008	153666	109342	2.43
宁 夏	Ningxia	2716247	1342020	1374227	97.66	272342	146224	126118	2.50
新 疆	Xinjiang	8171999	4061196	4110803	98.79	1118492	697699	420793	2.51

2-11 各地区镇的户数、人口数、性别比和平均家庭户规模
Households, Population, Sex Ratio and Household Size of Towns by Region

地 区	Region	户 数 (户) Number of Households (households)	家庭户 Family Household	集体户 Collective Household	人口数 (人) Population (person)	男 Male	女 Female	性别比 (女=100) Sex Ratio (Female=100)
全 国	**National Total**	**114718215**	**107620004**	**7098211**	**324820307**	**165029877**	**159790430**	**103.28**
北 京	Beijing	595906	496221	99685	1414752	769805	644947	119.36
天 津	Tianjin	291729	248142	43587	811348	436437	374911	116.41
河 北	Hebei	7653230	7262915	390315	22686891	11461223	11225668	102.10
山 西	Shanxi	3169653	2997725	171928	8633857	4360787	4273070	102.05
内蒙古	Inner Mongolia	2796670	2643180	153490	6781056	3424007	3357049	101.99
辽 宁	Liaoning	2211309	2136933	74376	5153499	2566297	2587202	99.19
吉 林	Jilin	1997925	1838621	159304	4787311	2360236	2427075	97.25
黑龙江	Heilongjiang	2827794	2672230	155564	6458296	3198834	3259462	98.14
上 海	Shanghai	1000819	907718	93101	2336300	1252659	1083641	115.60
江 苏	Jiangsu	8057821	7566565	491256	21973116	11138540	10834576	102.81
浙 江	Zhejiang	5550929	5128200	422729	13514673	7069220	6445453	109.68
安 徽	Anhui	6987883	6548174	439709	19266016	9752125	9513891	102.50
福 建	Fujian	4021742	3775966	245776	11452224	5858483	5593741	104.73
江 西	Jiangxi	4284947	4015256	269691	13750536	7045709	6704827	105.08
山 东	Shandong	8559616	7935341	624275	24557279	12506091	12051188	103.77
河 南	Henan	9026588	8352717	673871	29105339	14716285	14389054	102.27
湖 北	Hubei	4152899	3940726	212173	11662953	5908873	5754080	102.69
湖 南	Hunan	7001071	6630584	370487	20129507	10242115	9887392	103.59
广 东	Guangdong	5529015	5096023	432992	17048413	8892530	8155883	109.03
广 西	Guangxi	3907751	3710344	197407	12382976	6338893	6044083	104.88
海 南	Hainan	700154	645237	54917	2314503	1221821	1092682	111.82
重 庆	Chongqing	2259757	2157259	102498	5920039	2948837	2971202	99.25
四 川	Sichuan	6358727	6020073	338654	17034233	8388350	8645883	97.02
贵 州	Guizhou	3431251	3226651	204600	10369821	5220851	5148970	101.40
云 南	Yunnan	3758467	3547366	211101	11273005	5752439	5520566	104.20
西 藏	Tibet	185736	171788	13948	468141	249208	218933	113.83
陕 西	Shaanxi	3362373	3204020	158353	9113596	4622046	4491550	102.91
甘 肃	Gansu	2041291	1925591	115700	5972151	2989421	2982730	100.22
青 海	Qinghai	515908	483732	32176	1435280	728786	706494	103.16
宁 夏	Ningxia	612772	580390	32382	1690065	857525	832540	103.00
新 疆	Xinjiang	1866482	1754316	112166	5323131	2751444	2571687	106.99

2-11 续表 continued

地 区	Region	家庭户人口数 (人) Family Household Population (person)	男 Male	女 Female	性别比 (女=100) Sex Ratio (Female=100)	集体户人口数 (人) Collective Household Population (person)	男 Male	女 Female	平均家庭户规模 (人/户) Average Family Size (person/household)
全 国	**National Total**	**292011047**	**146536890**	**145474157**	**100.73**	**32809260**	**18492987**	**14316273**	**2.71**
北 京	Beijing	1091296	559609	531687	105.25	323456	210196	113260	2.20
天 津	Tianjin	627451	320522	306929	104.43	183897	115915	67982	2.53
河 北	Hebei	20575191	10299276	10275915	100.23	2111700	1161947	949753	2.83
山 西	Shanxi	7861300	3917547	3943753	99.34	772557	443240	329317	2.62
内蒙古	Inner Mongolia	6264779	3118284	3146495	99.10	516277	305723	210554	2.37
辽 宁	Liaoning	4879792	2420009	2459783	98.38	273707	146288	127419	2.28
吉 林	Jilin	4211092	2069196	2141896	96.61	576219	291040	285179	2.29
黑龙江	Heilongjiang	5865120	2887083	2978037	96.95	593176	311751	281425	2.19
上 海	Shanghai	2073595	1076977	996618	108.06	262705	175682	87023	2.28
江 苏	Jiangsu	20140568	10050751	10089817	99.61	1832548	1087789	744759	2.66
浙 江	Zhejiang	12168256	6221677	5946579	104.63	1346417	847543	498874	2.37
安 徽	Anhui	17562037	8752635	8809402	99.36	1703979	999490	704489	2.68
福 建	Fujian	10644969	5382647	5262322	102.29	807255	475836	331419	2.82
江 西	Jiangxi	12222347	6191875	6030472	102.68	1528189	853834	674355	3.04
山 东	Shandong	22302905	11224919	11077986	101.33	2254374	1281172	973202	2.81
河 南	Henan	24641515	12335105	12306410	100.23	4463824	2381180	2082644	2.95
湖 北	Hubei	10575155	5307828	5267327	100.77	1087798	601045	486753	2.68
湖 南	Hunan	17998746	9072729	8926017	101.64	2130761	1169386	961375	2.71
广 东	Guangdong	15243214	7816039	7427175	105.24	1805199	1076491	728708	2.99
广 西	Guangxi	11160030	5679915	5480115	103.65	1222946	658978	563968	3.01
海 南	Hainan	2068412	1084462	983950	110.22	246091	137359	108732	3.21
重 庆	Chongqing	5462267	2690373	2771894	97.06	457772	258464	199308	2.53
四 川	Sichuan	15297267	7465075	7832192	95.31	1736966	923275	813691	2.54
贵 州	Guizhou	9301243	4673504	4627739	100.99	1068578	547347	521231	2.88
云 南	Yunnan	10125911	5109535	5016376	101.86	1147094	642904	504190	2.85
西 藏	Tibet	403792	207783	196009	106.01	64349	41425	22924	2.35
陕 西	Shaanxi	8288616	4153924	4134692	100.47	824980	468122	356858	2.59
甘 肃	Gansu	5384338	2664251	2720087	97.95	587813	325170	262643	2.80
青 海	Qinghai	1310687	656645	654042	100.40	124593	72141	52452	2.71
宁 夏	Ningxia	1566315	785240	781075	100.53	123750	72285	51465	2.70
新 疆	Xinjiang	4692841	2341475	2351366	99.58	630290	409969	220321	2.68

2-12 各地区乡村户数、人口数、性别比和平均家庭户规模
Households, Population, Sex Ratio and Household Size of Rural Areas by Region

地 区	Region	户 数 (户) Number of Households (households)	家庭户 Family Household	集体户 Collective Household	人口数 (人) Population (person)	男 Male	女 Female	性别比 (女=100) Sex Ratio (Female=100)
全 国	**National Total**	**186650198**	**183772719**	**2877479**	**509787562**	**264595042**	**245192520**	**107.91**
北 京	Beijing	1102358	1044136	58222	2726662	1488424	1238238	120.21
天 津	Tianjin	796079	769465	26614	2121569	1098351	1023218	107.34
河 北	Hebei	10694409	10653005	41404	29793749	15207373	14586376	104.26
山 西	Shanxi	5233277	5132207	101070	13084122	6855573	6228549	110.07
内蒙古	Inner Mongolia	3340824	3254705	86119	7821680	4136772	3684908	112.26
辽 宁	Liaoning	4693537	4658168	35369	11865431	6070813	5794618	104.77
吉 林	Jilin	3581973	3499221	82752	8994439	4629137	4365302	106.04
黑龙江	Heilongjiang	4596736	4537619	59117	10952394	5640170	5312224	106.17
上 海	Shanghai	1300154	1214985	85169	2661515	1508990	1152525	130.93
江 苏	Jiangsu	8791054	8573093	217961	22505633	11510786	10994847	104.69
浙 江	Zhejiang	7515927	7304591	211336	17969123	9445605	8523518	110.82
安 徽	Anhui	9774721	9698592	76129	25432068	13208668	12223400	108.06
福 建	Fujian	4765772	4643405	122367	12982839	6827964	6154875	110.94
江 西	Jiangxi	6092205	6014794	77411	17878024	9366260	8511764	110.04
山 东	Shandong	14268466	14175425	93041	37513199	19083645	18429554	103.55
河 南	Henan	15427689	15299921	127768	44286965	22202937	22084028	100.54
湖 北	Hubei	7892458	7783924	108534	21432183	11290985	10141198	111.34
湖 南	Hunan	10125251	10062535	62716	27398688	14281054	13117634	108.87
广 东	Guangdong	10340668	9990796	349872	32576438	17163861	15412577	111.36
广 西	Guangxi	7828136	7759960	68176	22955848	12119132	10836716	111.83
海 南	Hainan	1208978	1168205	40773	4005251	2155432	1849819	116.52
重 庆	Chongqing	4284300	4230794	53506	9790131	5169776	4620355	111.89
四 川	Sichuan	14241286	14035411	205875	36208954	18870936	17338018	108.84
贵 州	Guizhou	6312291	6217272	95019	18066202	9397708	8668494	108.41
云 南	Yunnan	7341822	7256994	84828	23580713	12432456	11148257	111.52
西 藏	Tibet	574805	559454	15351	2344657	1216478	1128179	107.83
陕 西	Shaanxi	5474257	5366930	107327	14759269	7679000	7080269	108.46
甘 肃	Gansu	3996427	3945795	50632	11952499	6146432	5806067	105.86
青 海	Qinghai	726244	716133	10111	2364594	1223114	1141480	107.15
宁 夏	Ningxia	894047	869893	24154	2524000	1323169	1200831	110.19
新 疆	Xinjiang	3434047	3335291	98756	11238723	5844041	5394682	108.33

2-12 续表 continued

地区	Region	家庭户人口数（人）Family Household Population (person)	男 Male	女 Female	性别比（女=100）Sex Ratio (Female=100)	集体户人口数（人）Collective Household Population (person)	男 Male	女 Female	平均家庭户规模（人/户）Average Family Size (person/household)
全 国	**National Total**	**496521734**	**256004979**	**240516755**	**106.44**	**13265828**	**8590063**	**4675765**	**2.70**
北 京	Beijing	2528686	1340135	1188551	112.75	197976	148289	49687	2.42
天 津	Tianjin	2029728	1043848	985880	105.88	91841	54503	37338	2.64
河 北	Hebei	29537879	15051024	14486855	103.89	255870	156349	99521	2.77
山 西	Shanxi	12599455	6495304	6104151	106.41	484667	360269	124398	2.45
内蒙古	Inner Mongolia	7531039	3914917	3616122	108.26	290641	221855	68786	2.31
辽 宁	Liaoning	11675038	5960606	5714432	104.31	190393	110207	80186	2.51
吉 林	Jilin	8677736	4461808	4215928	105.83	316703	167329	149374	2.48
黑龙江	Heilongjiang	10688162	5488317	5199845	105.55	264232	151853	112379	2.36
上 海	Shanghai	2389246	1303990	1085256	120.16	272269	205000	67269	1.97
江 苏	Jiangsu	21710263	10988283	10721980	102.48	795370	522503	272867	2.53
浙 江	Zhejiang	17284669	8970944	8313725	107.91	684454	474661	209793	2.37
安 徽	Anhui	25071533	12967192	12104341	107.13	360535	241476	119059	2.59
福 建	Fujian	12547034	6531062	6015972	108.56	435805	296902	138903	2.70
江 西	Jiangxi	17435888	9091723	8344165	108.96	442136	274537	167599	2.90
山 东	Shandong	37135658	18840777	18294881	102.98	377541	242868	134673	2.62
河 南	Henan	43480925	21730973	21749952	99.91	806040	471964	334076	2.84
湖 北	Hubei	20852669	10914088	9938581	109.82	579514	376897	202617	2.68
湖 南	Hunan	27023358	14066165	12957193	108.56	375330	214889	160441	2.69
广 东	Guangdong	31135332	16253539	14881793	109.22	1441106	910322	530784	3.12
广 西	Guangxi	22558978	11878593	10680385	111.22	396870	240539	156331	2.91
海 南	Hainan	3806524	2036904	1769620	115.10	198727	118528	80199	3.26
重 庆	Chongqing	9549646	5005391	4544255	110.15	240485	164385	76100	2.26
四 川	Sichuan	35161429	18227410	16934019	107.64	1047525	643526	403999	2.51
贵 州	Guizhou	17549964	9087293	8462671	107.38	516238	310415	205823	2.82
云 南	Yunnan	23065202	12076153	10989049	109.89	515511	356303	159208	3.18
西 藏	Tibet	2251803	1152636	1099167	104.86	92854	63842	29012	4.03
陕 西	Shaanxi	14204978	7324481	6880497	106.45	554291	354519	199772	2.65
甘 肃	Gansu	11658512	5949826	5708686	104.22	293987	196606	97381	2.95
青 海	Qinghai	2322180	1192519	1129661	105.56	42414	30595	11819	3.24
宁 夏	Ningxia	2426781	1254243	1172538	106.97	97219	68926	28293	2.79
新 疆	Xinjiang	10631439	5404835	5226604	103.41	607284	439206	168078	3.19

2-13 各地区按家庭户规模分的户数

单位：户

地 区	Region	家庭户户数 Number of Family Households	一人户 One Person	二人户 Two Persons	三人户 Three Persons	四人户 Four Persons
全 国	**National Total**	**494157423**	**125490007**	**146690059**	**103700982**	**65100986**
北 京	Beijing	8230792	2463325	2727924	1787020	736163
天 津	Tianjin	4867116	1167393	1727332	1209181	511932
河 北	Hebei	25429609	5082767	7970304	5515397	3942333
山 西	Shanxi	12746142	3057920	4052452	2966829	1766944
内蒙古	Inner Mongolia	9483957	2209731	3565544	2389562	950775
辽 宁	Liaoning	17467111	4647274	6444633	4180433	1438393
吉 林	Jilin	9426822	2313775	3496744	2292234	866072
黑龙江	Heilongjiang	13024687	3806499	4721066	2969241	1054009
上 海	Shanghai	9644628	2736214	3332304	2159011	815316
江 苏	Jiangsu	29910849	6975663	9635959	6499826	3718062
浙 江	Zhejiang	25008606	7713848	8098038	4783169	2484481
安 徽	Anhui	21910377	5183087	6790657	4768002	2972819
福 建	Fujian	14371078	3925247	3776762	2794833	2047208
江 西	Jiangxi	14072847	3071115	3564176	2841228	2277494
山 东	Shandong	35184241	7056119	11230306	7673801	5790216
河 南	Henan	31782693	6985186	8496727	6502612	5109476
湖 北	Hubei	19931045	4706405	5840677	4589950	2625213
湖 南	Hunan	22878336	5796689	6332392	4767652	3308914
广 东	Guangdong	42469178	14109849	10298011	6999483	5189548
广 西	Guangxi	16215014	4075139	3845306	3263580	2462519
海 南	Hainan	2961646	663799	648854	589414	521817
重 庆	Chongqing	12040234	3526142	3644792	2437753	1370388
四 川	Sichuan	30756120	8836045	9159406	6087228	3570933
贵 州	Guizhou	12696585	3032510	3313502	2580003	1942394
云 南	Yunnan	15146831	3456738	3743328	3161675	2366552
西 藏	Tibet	1014090	336840	180079	139821	120796
陕 西	Shaanxi	14211344	3863271	4126025	3047409	1892842
甘 肃	Gansu	8422836	1909342	2390297	1808686	1194718
青 海	Qinghai	1965893	498970	492672	410938	275803
宁 夏	Ningxia	2535074	537492	791806	593704	384377
新 疆	Xinjiang	8351642	1745613	2251984	1891307	1392479

Family Households by Size and Region

(household)

五人户 Five Persons	六人户 Six Persons	七人户 Seven Persons	八人户 Eight Persons	九人户 Nine Persons	十人及以上户 Ten Persons and Over
30513352	**15125667**	**4589308**	**1557638**	**655060**	**734364**
362811	122068	20084	6721	2426	2250
167772	65668	11920	3353	1165	1400
1612428	921110	262348	71919	25660	25343
562979	253691	54906	16458	6177	7786
257424	91271	14473	3070	955	1152
535394	175193	32067	7723	2508	3493
329271	103878	18584	4171	1137	956
349169	92959	19285	6154	2084	4221
449473	121950	21041	5870	1858	1591
1957228	837511	191310	54635	19086	21569
1203164	563053	110538	30637	11563	10115
1290366	643354	172899	52268	20103	16822
997876	568885	162312	52431	24113	21411
1199459	692355	259897	87974	37171	41978
2035963	1057955	229065	61259	22119	27438
2550635	1424419	476958	134122	48036	54522
1323054	602406	154397	50151	20675	18117
1570332	744743	224425	72339	28622	32228
2872342	1632082	699877	313946	158737	195303
1341827	702577	289204	117128	54923	62811
260663	144126	67554	30363	15807	19249
670554	293837	64913	18295	6151	7409
1877152	859836	233376	74507	27556	30081
998508	507951	192247	71429	29649	28392
1310492	740959	237507	78082	28876	22622
77418	53322	36433	24565	16241	28575
799508	359857	77879	21851	8248	14454
593173	342791	115902	38647	14782	14498
149242	84795	31175	11818	5205	5275
139732	59356	19521	6011	1818	1257
667943	261709	87211	29741	11609	12046

2-14 各地区城市按家庭户规模分的户数

单位：户

地 区	Region	家庭户户数 Number of Family Households	一人户 One Person	二人户 Two Persons	三人户 Three Persons	四人户 Four Persons
全 国	**National Total**	**202764700**	**55830333**	**60297841**	**45309073**	**24517009**
北 京	Beijing	6690435	1984729	2207884	1516511	596439
天 津	Tianjin	3849509	965605	1369562	980544	371537
河 北	Hebei	7513689	1624247	2325134	1831788	1072861
山 西	Shanxi	4616210	1062609	1413763	1209283	645492
内蒙古	Inner Mongolia	3586072	810368	1259670	1044616	356556
辽 宁	Liaoning	10672010	3145194	3835491	2640844	743437
吉 林	Jilin	4088980	1094495	1487409	1056014	315411
黑龙江	Heilongjiang	5814838	1884249	2051316	1350961	368506
上 海	Shanghai	7521925	2015302	2490774	1835700	680786
江 苏	Jiangsu	13771191	3067551	4276759	3400163	1723277
浙 江	Zhejiang	12575815	3996925	3891487	2510069	1260197
安 徽	Anhui	5663611	1229333	1758586	1459465	771368
福 建	Fujian	5951707	1814201	1494653	1156565	831404
江 西	Jiangxi	4042797	900373	1005880	853987	682996
山 东	Shandong	13073475	2616506	3741613	3339806	2197037
河 南	Henan	8130055	1816949	2128519	1839688	1350295
湖 北	Hubei	8206395	1908641	2409434	2070816	1057743
湖 南	Hunan	6185217	1641080	1683988	1356710	888923
广 东	Guangdong	27382359	10256757	7006726	4356361	3036779
广 西	Guangxi	4744710	1364068	1100490	974678	711060
海 南	Hainan	1148204	318824	264608	225470	182125
重 庆	Chongqing	5652181	1444217	1654690	1291442	715407
四 川	Sichuan	10700636	2924056	3249613	2312101	1248799
贵 州	Guizhou	3252662	798364	849998	705806	511894
云 南	Yunnan	4342471	1381118	1217562	864631	517119
西 藏	Tibet	282848	137679	72742	36856	19258
陕 西	Shaanxi	5640394	1724395	1633751	1228239	682153
甘 肃	Gansu	2551450	672109	778687	607120	320502
青 海	Qinghai	766028	217302	238418	168937	83466
宁 夏	Ningxia	1084791	241736	347297	280871	158439
新 疆	Xinjiang	3262035	771351	1051337	803031	415743

Family Households of Cities by Size and Region

(household)

五人户 Five Persons	六人户 Six Persons	七人户 Seven Persons	八人户 Eight Persons	九人户 Nine Persons	十人及以上户 Ten Persons and Over
10492876	**4534910**	**1066542**	**356962**	**158159**	**200995**
280220	86953	11891	3456	1168	1184
114169	37941	6433	1946	748	1024
396018	193606	44370	13208	5415	7042
186946	73295	14422	5128	2030	3242
86115	24487	3002	676	221	361
233379	57280	9647	2882	1295	2561
106057	24893	3375	748	269	309
122696	26032	5289	2283	939	2567
375482	99990	16523	4683	1491	1194
887297	333330	55989	15124	5073	6628
582754	265813	47457	12735	4642	3736
293924	120134	20558	5685	2306	2252
383708	197680	45895	14673	6989	5939
324356	178686	57528	18691	8251	12049
731931	354953	58563	16883	6518	9665
571626	299786	79200	23155	9068	11769
503402	193478	38707	12657	5506	6011
377003	166881	40877	13728	6294	9733
1487143	764465	258886	104580	51433	59229
336430	155753	53682	21874	11455	15220
82859	41083	16372	7410	4086	5367
362481	149922	23995	5626	1790	2611
640192	258397	45635	11734	4198	5911
224983	104785	32687	11976	5727	6442
223458	97694	24614	8393	3721	4161
7959	3444	1594	899	519	1898
243222	95475	17944	5886	2716	6613
108753	46512	10390	3210	1402	2765
34769	15819	4421	1527	651	718
39984	13231	2377	523	162	171
143560	53112	14219	4983	2076	2623

2-15 各地区镇按家庭户规模分的户数

单位：户

地 区	Region	家庭户户数 Number of Family Households	一人户 One Person	二人户 Two Persons	三人户 Three Persons	四人户 Four Persons
全 国	**National Total**	**107620004**	**25623601**	**30591464**	**22659664**	**15925082**
北 京	Beijing	496221	170086	171652	85302	38551
天 津	Tianjin	248142	57141	84474	55013	32134
河 北	Hebei	7262915	1388227	2144726	1582877	1231661
山 西	Shanxi	2997725	644971	895652	741225	497727
内蒙古	Inner Mongolia	2643180	606031	957134	694976	296707
辽 宁	Liaoning	2136933	558102	808698	499754	182212
吉 林	Jilin	1838621	467315	682806	466106	153415
黑龙江	Heilongjiang	2672230	737022	1036817	635872	189750
上 海	Shanghai	907718	270669	326673	174235	76173
江 苏	Jiangsu	7566565	1725822	2373782	1569985	1031821
浙 江	Zhejiang	5128200	1554680	1662221	977251	532623
安 徽	Anhui	6548174	1464791	1947458	1468906	970896
福 建	Fujian	3775966	911687	962211	753148	602360
江 西	Jiangxi	4015256	806837	950858	827204	717083
山 东	Shandong	7935341	1474537	2376884	1692030	1521416
河 南	Henan	8352717	1816534	2014019	1698232	1471589
湖 北	Hubei	3940726	932820	1126876	877921	549230
湖 南	Hunan	6630584	1691967	1758765	1348302	1001349
广 东	Guangdong	5096023	1399247	1118250	849346	724233
广 西	Guangxi	3710344	869402	835773	735813	594810
海 南	Hainan	645237	136918	136788	122389	114018
重 庆	Chongqing	2157259	599586	643107	433234	269103
四 川	Sichuan	6020073	1722428	1729563	1192643	748526
贵 州	Guizhou	3226651	764233	763174	665076	542667
云 南	Yunnan	3547366	839130	866700	739268	564451
西 藏	Tibet	171788	79635	34234	22228	16118
陕 西	Shaanxi	3204020	836897	902935	689938	475638
甘 肃	Gansu	1925591	443417	501913	419881	312961
青 海	Qinghai	483732	141895	112462	94148	68414
宁 夏	Ningxia	580390	115758	169500	142410	102643
新 疆	Xinjiang	1754316	395816	495359	404951	294803

Family Households of Towns by Size and Region

(household)

五人户 Five Persons	六人户 Six Persons	七人户 Seven Persons	八人户 Eight Persons	九人户 Nine Persons	十人及以上户 Ten Persons and Over
7163393	**3708192**	**1161557**	**398508**	**173606**	**214937**
20244	7935	1522	527	237	165
11829	5758	1201	314	120	158
494159	290133	86166	25179	9676	10111
138044	60019	12638	3776	1513	2160
64022	20156	3020	637	212	285
61790	21047	3779	925	274	352
52092	14129	1976	502	126	154
56110	13365	2150	559	173	412
43011	13424	2486	659	206	182
525472	248184	59986	17223	6402	7888
246784	117069	24221	7328	3057	2966
407901	205176	53146	16619	6788	6493
289581	171980	51675	17394	8169	7761
368015	213313	78821	26794	11889	14442
502484	268002	64110	18452	6975	10451
719668	410589	142803	41153	16232	21898
268198	130330	34468	11174	4914	4795
476281	233529	72988	24474	10004	12925
455857	277887	133708	62171	32260	43064
335427	185344	80492	34282	17121	21880
61028	36001	18163	8761	4711	6460
124691	60770	16711	5563	1863	2631
372133	177474	47969	15326	5783	8228
269998	135415	49965	18850	8097	9176
294658	159866	51545	17809	7393	6546
8519	4756	2660	1480	875	1283
185625	82118	18945	5609	2250	4065
135544	74147	22619	7489	3184	4436
35637	19340	6723	2591	1192	1330
33403	12183	3210	825	249	209
105188	38753	11691	4063	1661	2031

2-16 各地区乡村按家庭户规模分的户数

单位：户

地区	Region	家庭户户数 Number of Family Households	一人户 One Person	二人户 Two Persons	三人户 Three Persons	四人户 Four Persons
全 国	**National Total**	**183772719**	**44036073**	**55800754**	**35732245**	**24658895**
北 京	Beijing	1044136	308510	348388	185207	101173
天 津	Tianjin	769465	144647	273296	173624	108261
河 北	Hebei	10653005	2070293	3500444	2100732	1637811
山 西	Shanxi	5132207	1350340	1743037	1016321	623725
内蒙古	Inner Mongolia	3254705	793332	1348740	649970	297512
辽 宁	Liaoning	4658168	943978	1800444	1039835	512744
吉 林	Jilin	3499221	751965	1326529	770114	397246
黑龙江	Heilongjiang	4537619	1185228	1632933	982408	495753
上 海	Shanghai	1214985	450243	514857	149076	58357
江 苏	Jiangsu	8573093	2182290	2985418	1529678	962964
浙 江	Zhejiang	7304591	2162243	2544330	1295849	691661
安 徽	Anhui	9698592	2488963	3084613	1839631	1230555
福 建	Fujian	4643405	1199359	1319898	885120	613444
江 西	Jiangxi	6014794	1363905	1607438	1160037	877415
山 东	Shandong	14175425	2965076	5111809	2641965	2071763
河 南	Henan	15299921	3351703	4354189	2964692	2287592
湖 北	Hubei	7783924	1864944	2304367	1641213	1018240
湖 南	Hunan	10062535	2463642	2889639	2062640	1418642
广 东	Guangdong	9990796	2453845	2173035	1793776	1428536
广 西	Guangxi	7759960	1841669	1909043	1553089	1156649
海 南	Hainan	1168205	208057	247458	241555	225674
重 庆	Chongqing	4230794	1482339	1346995	713077	385878
四 川	Sichuan	14035411	4189561	4180230	2582484	1573608
贵 州	Guizhou	6217272	1469913	1700330	1209121	887833
云 南	Yunnan	7256994	1236490	1659066	1557776	1284982
西 藏	Tibet	559454	119526	73103	80737	85420
陕 西	Shaanxi	5366930	1301979	1589339	1129232	735051
甘 肃	Gansu	3945795	793816	1109697	781685	561255
青 海	Qinghai	716133	139773	141792	147853	123923
宁 夏	Ningxia	869893	179998	275009	170423	123295
新 疆	Xinjiang	3335291	578446	705288	683325	681933

Family Households of Rural Areas by Size and Region

(household)

五人户 Five Persons	六人户 Six Persons	七人户 Seven Persons	八人户 Eight Persons	九人户 Nine Persons	十人及以上户 Ten Persons and Over
12857083	**6882565**	**2361209**	**802168**	**323295**	**318432**
62347	27180	6671	2738	1021	901
41774	21969	4286	1093	297	218
722251	437371	131812	33532	10569	8190
237989	120377	27846	7554	2634	2384
107287	46628	8451	1757	522	506
240225	96866	18641	3916	939	580
171122	64856	13233	2921	742	493
170363	53562	11846	3312	972	1242
30980	8536	2032	528	161	215
544459	255997	75335	22288	7611	7053
373626	180171	38860	10574	3864	3413
588541	318044	99195	29964	11009	8077
324587	199225	64742	20364	8955	7711
507088	300356	123548	42489	17031	15487
801548	435000	106392	25924	8626	7322
1259341	714044	254955	69814	22736	20855
551454	278598	81222	26320	10255	7311
717048	344333	110560	34137	12324	9570
929342	589730	307283	147195	75044	93010
669970	361480	155030	60972	26347	25711
116776	67042	33019	14192	7010	7422
183382	83145	24207	7106	2498	2167
864827	423965	139772	47447	17575	15942
503527	267751	109595	40603	15825	12774
792376	483399	161348	51880	17762	11915
60940	45122	32179	22186	14847	25394
370661	182264	40990	10356	3282	3776
348876	222132	82893	27948	10196	7297
78836	49636	20031	7700	3362	3227
66345	33942	13934	4663	1407	877
419195	169844	61301	20695	7872	7392

2-17 各地区家庭户类别
Family Households by Type and Region

单位：户 (household)

地 区	Region	家庭户户数 Number of Family Households	一代户 One Generation	二代户 Two Generations	三代户 Three Generations	四代户 Four Generations	五代及以上户 Five Generations and over
全 国	**National Total**	**494157423**	**244615023**	**181471659**	**65528182**	**2540015**	**2544**
北 京	Beijing	8230792	4842948	2532522	839474	15839	9
天 津	Tianjin	4867116	2627276	1826511	403160	10163	6
河 北	Hebei	25429609	11841204	10124450	3325910	137953	92
山 西	Shanxi	12746142	6415068	5154387	1134834	41819	34
内蒙古	Inner Mongolia	9483957	5342168	3551257	577594	12931	7
辽 宁	Liaoning	17467111	9986900	6033090	1418474	28641	6
吉 林	Jilin	9426822	5289361	3281969	832788	22690	14
黑龙江	Heilongjiang	13024687	7768696	4343411	892050	20516	14
上 海	Shanghai	9644628	5724125	2922514	975837	22120	32
江 苏	Jiangsu	29910849	15025242	10302199	4378053	205124	231
浙 江	Zhejiang	25008606	14720779	7524177	2651582	111958	110
安 徽	Anhui	21910377	10485076	8415966	2905658	103600	77
福 建	Fujian	14371078	6904602	5193171	2196570	76661	74
江 西	Jiangxi	14072847	5807051	5675773	2495443	94492	88
山 东	Shandong	35184241	16850888	14276272	3943407	113582	92
河 南	Henan	31782693	13662758	12696589	5217873	205270	203
湖 北	Hubei	19931045	9140388	7438231	3225348	126990	88
湖 南	Hunan	22878336	10404799	8752996	3563064	157377	100
广 东	Guangdong	42469178	22913634	13585529	5786238	183612	165
广 西	Guangxi	16215014	6797321	6575668	2740198	101718	109
海 南	Hainan	2961646	1197762	1255462	490557	17848	17
重 庆	Chongqing	12040234	6294089	4046138	1637662	62299	46
四 川	Sichuan	30756120	15828732	10186787	4502509	237833	259
贵 州	Guizhou	12696585	5605224	5153180	1857870	80205	106
云 南	Yunnan	15146831	6197184	5886076	2887764	175479	328
西 藏	Tibet	1014090	490418	339413	174747	9466	46
陕 西	Shaanxi	14211344	7016397	5293797	1833268	67841	41
甘 肃	Gansu	8422836	3798856	3218727	1332582	72554	117
青 海	Qinghai	1965893	871172	783279	301150	10269	23
宁 夏	Ningxia	2535074	1195081	1125665	209813	4514	1
新 疆	Xinjiang	8351642	3569824	3976453	796705	8651	9

2-18 各地区城市家庭户类别
Family Households of Cities by Type and Region

单位：户 (household)

地 区	Region	家庭户户数 Number of Family Households	一代户 One Generation	二代户 Two Generations	三代户 Three Generations	四代户 Four Generations	五代及以上户 Five Generations and over
全 国	**National Total**	**202764700**	**105777325**	**74059655**	**22382146**	**545117**	**457**
北 京	Beijing	6690435	3861582	2157277	662953	8618	5
天 津	Tianjin	3849509	2099275	1461907	283670	4656	1
河 北	Hebei	7513689	3578435	3078772	833540	22923	19
山 西	Shanxi	4616210	2231950	2010932	365965	7360	3
内蒙古	Inner Mongolia	3586072	1865320	1518548	199607	2597	
辽 宁	Liaoning	10672010	6221770	3791421	651421	7397	1
吉 林	Jilin	4088980	2280829	1511790	291785	4574	2
黑龙江	Heilongjiang	5814838	3527379	1954321	328195	4939	4
上 海	Shanghai	7521925	4211358	2471538	822710	16300	19
江 苏	Jiangsu	13771191	6631282	5142568	1931843	65431	67
浙 江	Zhejiang	12575815	7394945	3899917	1240561	40358	34
安 徽	Anhui	5663611	2630308	2362102	658742	12452	7
福 建	Fujian	5951707	3014135	2120030	797654	19866	22
江 西	Jiangxi	4042797	1701232	1702435	623856	15259	15
山 东	Shandong	13073475	5785426	5755232	1504566	28235	16
河 南	Henan	8130055	3523512	3421649	1156655	28212	27
湖 北	Hubei	8206395	3821690	3209435	1150374	24881	15
湖 南	Hunan	6185217	2944039	2428713	792034	20418	13
广 东	Guangdong	27382359	16424203	8057561	2836970	63562	63
广 西	Guangxi	4744710	2192093	1871014	666572	15002	29
海 南	Hainan	1148204	539450	456106	148954	3693	1
重 庆	Chongqing	5652181	2735294	2038468	852234	26172	13
四 川	Sichuan	10700636	5644065	3506160	1497118	53259	34
贵 州	Guizhou	3252662	1481260	1337854	421708	11825	15
云 南	Yunnan	4342471	2338190	1488220	498856	17185	20
西 藏	Tibet	282848	201779	66761	13943	364	1
陕 西	Shaanxi	5640394	3028655	2089181	512887	9667	4
甘 肃	Gansu	2551450	1305734	1007605	233566	4542	3
青 海	Qinghai	766028	402229	286687	75533	1578	1
宁 夏	Ningxia	1084791	520726	491147	71999	918	1
新 疆	Xinjiang	3262035	1639180	1364304	255675	2874	2

2-19 各地区镇家庭户类别
Family Households of Towns by Type and Region

单位：户 (household)

地 区	Region	家庭户户数 Number of Family Households	一代户 One Generation	二代户 Two Generations	三代户 Three Generations	四代户 Four Generations	五代及以上户 Five Generations and over
全 国	**National Total**	**107620004**	**49608594**	**42543707**	**14889050**	**578101**	**552**
北 京	Beijing	496221	320578	128471	45895	1275	2
天 津	Tianjin	248142	129286	91786	26062	1005	3
河 北	Hebei	7262915	3167795	3054371	997564	43159	26
山 西	Shanxi	2997725	1359755	1372757	256407	8802	4
内蒙古	Inner Mongolia	2643180	1408996	1091261	140224	2698	1
辽 宁	Liaoning	2136933	1223967	747324	162421	3219	2
吉 林	Jilin	1838621	1023358	677671	134952	2638	2
黑龙江	Heilongjiang	2672230	1569294	945605	154428	2901	2
上 海	Shanghai	907718	572382	243539	89400	2391	6
江 苏	Jiangsu	7566565	3664305	2693879	1153326	54995	60
浙 江	Zhejiang	5128200	2971481	1601876	532613	22206	24
安 徽	Anhui	6548174	2934535	2695144	889592	28883	20
福 建	Fujian	3775966	1648515	1478232	627072	22123	24
江 西	Jiangxi	4015256	1538725	1731729	719907	24873	22
山 东	Shandong	7935341	3532542	3472506	902290	27981	22
河 南	Henan	8352717	3380992	3516510	1403373	51781	61
湖 北	Hubei	3940726	1744368	1528413	642995	24934	16
湖 南	Hunan	6630584	2954722	2589779	1040621	45436	26
广 东	Guangdong	5096023	2276509	1853822	930879	34787	26
广 西	Guangxi	3710344	1458604	1540498	685641	25580	21
海 南	Hainan	645237	243032	275181	122131	4886	7
重 庆	Chongqing	2157259	1069891	781785	293145	12427	11
四 川	Sichuan	6020073	2968379	2132438	874831	44370	55
贵 州	Guizhou	3226651	1320350	1402889	484018	19372	22
云 南	Yunnan	3547366	1456386	1421563	635052	34317	48
西 藏	Tibet	171788	105998	51194	14088	505	3
陕 西	Shaanxi	3204020	1492090	1294605	402688	14630	7
甘 肃	Gansu	1925591	814287	819893	279758	11632	21
青 海	Qinghai	483732	220393	195265	66094	1973	7
宁 夏	Ningxia	580390	251421	283940	44254	775	
新 疆	Xinjiang	1754316	785658	829781	137329	1547	1

2-20 各地区乡村家庭户类别
Family Households of Rural Areas by Type and Region

单位：户 (household)

地区	Region	家庭户户数 Number of Family Households	一代户 One Generation	二代户 Two Generations	三代户 Three Generations	四代户 Four Generations	五代及以上户 Five Generations and over
全国	**National Total**	**183772719**	**89229104**	**64868297**	**28256986**	**1416797**	**1535**
北京	Beijing	1044136	660788	246774	130626	5946	2
天津	Tianjin	769465	398715	272818	93428	4502	2
河北	Hebei	10653005	5094974	3991307	1494806	71871	47
山西	Shanxi	5132207	2823363	1770698	512462	25657	27
内蒙古	Inner Mongolia	3254705	2067852	941448	237763	7636	6
辽宁	Liaoning	4658168	2541163	1494345	604632	18025	3
吉林	Jilin	3499221	1985174	1092508	406051	15478	10
黑龙江	Heilongjiang	4537619	2672023	1443485	409427	12676	8
上海	Shanghai	1214985	940385	207437	63727	3429	7
江苏	Jiangsu	8573093	4729655	2465752	1292884	84698	104
浙江	Zhejiang	7304591	4354353	2022384	878408	49394	52
安徽	Anhui	9698592	4920233	3358720	1357324	62265	50
福建	Fujian	4643405	2241952	1594909	771844	34672	28
江西	Jiangxi	6014794	2567094	2241609	1151680	54360	51
山东	Shandong	14175425	7532920	5048534	1536551	57366	54
河南	Henan	15299921	6758254	5758430	2657845	125277	115
湖北	Hubei	7783924	3574330	2700383	1431979	77175	57
湖南	Hunan	10062535	4506038	3734504	1730409	91523	61
广东	Guangdong	9990796	4212922	3674146	2018389	85263	76
广西	Guangxi	7759960	3146624	3164156	1387985	61136	59
海南	Hainan	1168205	415280	524175	219472	9269	9
重庆	Chongqing	4230794	2488904	1225885	492283	23700	22
四川	Sichuan	14035411	7216288	4548189	2130560	140204	170
贵州	Guizhou	6217272	2803614	2412437	952144	49008	69
云南	Yunnan	7256994	2402608	2976293	1753856	123977	260
西藏	Tibet	559454	182641	221458	146716	8597	42
陕西	Shaanxi	5366930	2495652	1910011	917693	43544	30
甘肃	Gansu	3945795	1678835	1391229	819258	56380	93
青海	Qinghai	716133	248550	301327	159523	6718	15
宁夏	Ningxia	869893	422934	350578	93560	2821	
新疆	Xinjiang	3335291	1144986	1782368	403701	4230	6

2-21 各地区分性别、受教育程度的人口
Population by Sex, Educational Attainment and Region

单位：人 (person)

地区 Region	3岁及以上人口 Population Aged 3 and Over	男 Male	女 Female	未上过学 No Schooling	男 Male	女 Female	学前教育 Pre-primary School	男 Male	女 Female
全国 National Total	**1368140098**	**699523581**	**668616517**	**48595937**	**14455827**	**34140110**	**53355845**	**27868882**	**25486963**
北京 Beijing	21344070	10910612	10433458	300020	99043	200977	603292	311609	291683
天津 Tianjin	13545797	6978815	6566982	245381	77563	167818	394532	204887	189645
河北 Hebei	72439512	36549023	35890489	1585439	477744	1107695	3038704	1589403	1449301
山西 Shanxi	33928649	17299832	16628817	558245	192641	365604	1143970	586288	557682
内蒙古 Inner Mongolia	23464323	11972857	11491466	901203	269547	631656	680780	353091	327689
辽宁 Liaoning	41815183	20863428	20951755	637161	229275	407886	898066	463414	434652
吉林 Jilin	23662578	11806463	11856115	452548	161207	291341	491573	252719	238854
黑龙江 Heilongjiang	31410630	15725907	15684723	607114	216081	391033	554536	283318	271218
上海 Shanghai	24416307	12639360	11776947	501040	125256	375784	597428	309463	287965
江苏 jiangsu	82756266	41994185	40762081	2803412	686569	2116843	2912866	1502630	1410236
浙江 Zhejiang	62972305	32843540	30128765	2466512	721329	1745183	1984851	1025744	959107
安徽 Anhui	59069275	30067357	29001918	3428334	922536	2505798	2440991	1278903	1162088
福建 Fujian	40214295	20748300	19465995	1525902	385462	1140440	1880298	1000943	879355
江西 Jiangxi	43742550	22532222	21210328	1181506	318658	862848	1865887	992537	873350
山东 Shandong	98260916	49707655	48553261	4360428	1193301	3167127	4365487	2314673	2050814
河南 Henan	96118610	48144091	47974519	3055491	896451	2159040	4570184	2372328	2197856
湖北 Hubei	56130945	28832105	27298840	1729266	457794	1271472	2003290	1055261	948029
湖南 Hunan	64488195	32954892	31533303	1584362	519688	1064674	2529385	1322377	1207008
广东 Guangdong	121623816	64529347	57094469	2904977	968789	1936188	5202168	2758368	2443800
广西 Guangxi	48203362	24893417	23309945	1527549	448916	1078633	2558356	1358632	1199724
海南 Hainan	9729218	5152846	4576372	304077	82475	221602	417084	225445	191639
重庆 Chongqing	31224389	15771655	15452734	702972	216050	486922	1081465	557131	524334
四川 Sichuan	81483925	41152443	40331482	3817982	1170589	2647393	2921011	1484995	1436016
贵州 Guizhou	36839875	18792138	18047737	2951819	789029	2162790	1770475	941148	829327
云南 Yunnan	45486128	23525719	21960409	2645972	851209	1794763	1840396	950328	890068
西藏 Tibet	3477047	1826108	1650939	900978	371034	529944	170697	87282	83415
陕西 Shaanxi	38294926	19586107	18708819	1358780	434741	924039	1501065	774383	726682
甘肃 Gansu	24129001	12239650	11889351	1936220	586554	1349666	1007385	519296	488089
青海 Qinghai	5703979	2920497	2783482	578699	202266	376433	236973	121957	115016
宁夏 Ningxia	6927596	3526853	3400743	422737	133717	289020	267417	137968	129449
新疆 Xinjiang	25236430	13036157	12200273	619811	250313	369498	1425233	732361	692872

2-21 续表 1 continued

单位：人 (person)

地 区	Region	小 学 Primary School	男 Male	女 Female	初 中 Junior Secondary School	男 Male	女 Female
全 国	**National Total**	**349658733**	**164893183**	**184765550**	**487095010**	**263448804**	**223646206**
北 京	Beijing	2299436	1083828	1215608	5098789	2835520	2263269
天 津	Tianjin	2235598	1071316	1164282	4477871	2441338	2036533
河 北	Hebei	18402004	8581062	9820942	29806993	15793154	14013839
山 西	Shanxi	6810494	3135342	3675152	13599508	7211213	6388295
内蒙古	Inner Mongolia	5682035	2660207	3021828	8143252	4453870	3689382
辽 宁	Liaoning	8044767	3715818	4328949	18228529	9332828	8895701
吉 林	Jilin	5372822	2518160	2854662	9204361	4746766	4457595
黑龙江	Heilongjiang	6963286	3256487	3706799	13629637	7042829	6586808
上 海	Shanghai	2966844	1369563	1597281	7196422	3940356	3256066
江 苏	jiangsu	19273379	8702944	10570435	28227982	15058047	13169935
浙 江	Zhejiang	17035698	8229110	8806588	21117295	11865837	9251458
安 徽	Anhui	16401020	7651045	8749975	20581055	11211154	9369901
福 建	Fujian	11643957	5335122	6308835	13383222	7585075	5798147
江 西	Jiangxi	12433186	5670601	6762585	16042444	8695411	7347033
山 东	Shandong	24054559	11034528	13020031	36324213	19499036	16825177
河 南	Henan	24400942	11418873	12982069	37279869	19423408	17856461
湖 北	Hubei	13583374	6302894	7280480	19797523	10615140	9182383
湖 南	Hunan	16753085	7926050	8827035	23678161	12491345	11186816
广 东	Guangdong	26054418	12294766	13759652	44714248	24895602	19818646
广 西	Guangxi	13963013	6663885	7299128	18240352	10106028	8134324
海 南	Hainan	1986102	943931	1042171	4050000	2227745	1822255
重 庆	Chongqing	9582173	4544916	5037257	9802882	5201319	4601563
四 川	Sichuan	26204828	12638740	13566088	26309511	14188760	12120751
贵 州	Guizhou	12309291	6121540	6187751	11747605	6680427	5067178
云 南	Yunnan	16838243	8351242	8487001	13804371	7979378	5824993
西 藏	Tibet	1171335	649009	522326	574831	355820	219011
陕 西	Shaanxi	8572159	4022853	4549306	13431688	7214803	6216885
甘 肃	Gansu	7457905	3541271	3916634	6861224	3839670	3021554
青 海	Qinghai	1938626	960145	978481	1442149	838949	603200
宁 夏	Ningxia	1880672	889341	991331	2140403	1208827	931576
新 疆	Xinjiang	7343482	3608594	3734888	8158620	4469149	3689471

2-21 续表 2 continued

单位：人 (person)

地区	Region	高中 Senior Secondary School	男 Male	女 Female	大专及以上 College and Higher Level	男 Male	女 Female
全国	**National Total**	**212209922**	**116996970**	**95212952**	**217224651**	**111859915**	**105364736**
北京	Beijing	3851750	1998990	1852760	9190783	4581622	4609161
天津	Tianjin	2456872	1283238	1173634	3735543	1900473	1835070
河北	Hebei	10341463	5555492	4785971	9264909	4552168	4712741
山西	Shanxi	5755952	3138030	2617922	6060480	3036318	3024162
内蒙古	Inner Mongolia	3562745	1932094	1630651	4494308	2304048	2190260
辽宁	Liaoning	6248324	3216122	3032202	7758336	3905971	3852365
吉林	Jilin	4111787	2114922	1996865	4029487	2012689	2016798
黑龙江	Heilongjiang	4944614	2544418	2400196	4711443	2382774	2328669
上海	Shanghai	4730359	2543192	2187167	8424214	4351530	4072684
江苏	jiangsu	13721862	7673049	6048813	15816765	8370946	7445819
浙江	Zhejiang	9397637	5366119	4031518	10970312	5635401	5334911
安徽	Anhui	8113247	4622745	3490502	8104628	4380974	3723654
福建	Fujian	5903843	3372383	2531460	5877073	3069315	2807758
江西	Jiangxi	6843632	3930875	2912757	5375895	2924140	2451755
山东	Shandong	14552759	8064406	6488353	14603470	7601711	7001759
河南	Henan	15142250	8189929	6952321	11669874	5843102	5826772
湖北	Hubei	10064948	5597853	4467095	8952544	4803163	4149381
湖南	Hunan	11810957	6513011	5297946	8132245	4182421	3949824
广东	Guangdong	22965096	13224360	9740736	19782909	10387462	9395447
广西	Guangxi	6497534	3593806	2903728	5416558	2722150	2694408
海南	Hainan	1568761	911574	657187	1403194	761676	641518
重庆	Chongqing	5114680	2756774	2357906	4940217	2495465	2444752
四川	Sichuan	11129746	6035213	5094533	11100847	5634146	5466701
贵州	Guizhou	3837415	2091886	1745529	4223270	2168108	2055162
云南	Yunnan	4880416	2662907	2217509	5476730	2730655	2746075
西藏	Tibet	257226	147301	109925	401980	215662	186318
陕西	Shaanxi	6159204	3365801	2793403	7272030	3773526	3498504
甘肃	Gansu	3236918	1824369	1412549	3629349	1928490	1700859
青海	Qinghai	626038	338930	287108	881494	458250	423244
宁夏	Ningxia	967429	528316	439113	1248938	628684	620254
新疆	Xinjiang	3414458	1858865	1555593	4274826	2116875	2157951

2-22 各地区城市分性别、受教育程度的人口
City Population by Sex, Educational Attainment and Region

单位：人 (person)

地 区	Region	3岁及以上人口 Population Aged 3 and Over	男 Male	女 Female	未上过学 No Schooling	男 Male	女 Female	学前教育 Pre-primary School	男 Male	女 Female
全 国	**National Total**	**558923862**	**283263184**	**275660678**	**9582651**	**3034695**	**6547956**	**20486972**	**10762761**	**9724211**
北 京	Beijing	17312628	8709277	8603351	199060	68061	130999	496110	256441	239669
天 津	Tianjin	10677398	5477359	5200039	155431	51959	103472	311783	162273	149510
河 北	Hebei	21462039	10663696	10798343	257062	89476	167586	864406	451747	412659
山 西	Shanxi	12804044	6386449	6417595	131620	48532	83088	464386	239306	225080
内蒙古	Inner Mongolia	9191347	4582539	4608808	173408	55364	118044	284087	147925	136162
辽 宁	Liaoning	25050447	12357257	12693190	275313	106939	168374	593376	306239	287137
吉 林	Jilin	10093960	4927003	5166957	116258	43837	72421	231371	119285	112086
黑龙江	Heilongjiang	14218178	6999199	7218979	186782	69484	117298	268060	137558	130502
上 海	Shanghai	19506421	9923361	9583060	290031	72347	217684	496426	257156	239270
江 苏	Jiangsu	39272262	19863513	19408749	835451	214131	621320	1426684	743636	683048
浙 江	Zhejiang	32232164	16719136	15513028	843651	256897	586754	1070815	559488	511327
安 徽	Anhui	15821764	7875512	7946252	491682	128112	363570	614692	323208	291484
福 建	Fujian	16568138	8491007	8077131	364974	97693	267281	748588	402581	346007
江 西	Jiangxi	13159173	6688362	6470811	190549	59710	130839	534011	287441	246570
山 东	Shandong	38086823	19124876	18961947	799099	244164	554935	1754733	925698	829035
河 南	Henan	25166687	12493989	12672698	342481	117183	225298	1106031	579562	526469
湖 北	Hubei	24000890	12146527	11854363	367492	106346	261146	801314	425554	375760
湖 南	Hunan	18382669	9189191	9193478	194037	79262	114775	717574	378886	338688
广 东	Guangdong	74018406	39551247	34467159	1025723	370982	654741	2900892	1549720	1351172
广 西	Guangxi	14258718	7176126	7082592	176503	63228	113275	698085	375596	322489
海 南	Hainan	3630503	1896085	1734418	53637	17430	36207	160028	87588	72440
重 庆	Chongqing	15898340	7853227	8045113	204596	66376	138220	577264	297413	279851
四 川	Sichuan	29628594	14614672	15013922	537578	163922	373656	1030318	530783	499535
贵 州	Guizhou	9703128	4861875	4841253	268273	80800	187473	444466	237401	207065
云 南	Yunnan	11945903	6023379	5922524	304676	94732	209944	464892	240608	224284
西 藏	Tibet	815578	437680	377898	89280	36948	52332	27432	14104	13328
陕 西	Shaanxi	15164561	7670371	7494190	214246	73561	140685	587725	304927	282798
甘 肃	Gansu	6860928	3443795	3417133	172606	50903	121703	256636	133632	123004
青 海	Qinghai	2059884	1048764	1011120	84492	26901	57591	71159	36718	34441
宁 夏	Ningxia	2882226	1433290	1448936	89249	26253	62996	109750	57076	52674
新 疆	Xinjiang	9050061	4634420	4415641	147411	53162	94249	373878	193211	180667

2-22 续表 1 continued

单位：人 (person)

地 区	Region	小 学 Primary School	男 Male	女 Female	初 中 Junior Secondary School	男 Male	女 Female
全 国	**National Total**	**92077817**	**43013276**	**49064541**	**169796464**	**88429852**	**81366612**
北 京	Beijing	1660716	775261	885455	3485800	1889581	1596219
天 津	Tianjin	1455412	705598	749814	3140894	1696113	1444781
河 北	Hebei	3475010	1636736	1838274	6640647	3371442	3269205
山 西	Shanxi	1795519	847182	948337	3992970	2040017	1952953
内蒙古	Inner Mongolia	1417561	648566	768995	2787736	1442957	1344779
辽 宁	Liaoning	3120335	1419160	1701175	9552557	4724369	4828188
吉 林	Jilin	1313922	590308	723614	3457142	1686051	1771091
黑龙江	Heilongjiang	1958197	893237	1064960	5465155	2726045	2739110
上 海	Shanghai	2007803	898956	1108847	5142461	2720336	2422125
江 苏	Jiangsu	6626887	3019661	3607226	11492455	5914979	5577476
浙 江	Zhejiang	6863089	3295054	3568035	10113514	5588699	4524815
安 徽	Anhui	2921905	1317519	1604386	4761119	2393502	2367617
福 建	Fujian	3437469	1576944	1860525	5016358	2731276	2285082
江 西	Jiangxi	2528303	1175509	1352794	4065527	2058615	2006912
山 东	Shandong	6234929	2853903	3381026	11518959	5859657	5659302
河 南	Henan	3912318	1865611	2046707	7234281	3609089	3625192
湖 北	Hubei	3622705	1664620	1958085	6885199	3472896	3412303
湖 南	Hunan	2941164	1406595	1534569	5191264	2574936	2616328
广 东	Guangdong	12064444	5770132	6294312	24947323	13879919	11067404
广 西	Guangxi	2500416	1184723	1315693	4406791	2269683	2137108
海 南	Hainan	552216	270865	281351	1148895	601918	546977
重 庆	Chongqing	3188403	1452234	1736169	4591718	2307398	2284320
四 川	Sichuan	5910422	2709948	3200474	8465668	4243728	4221940
贵 州	Guizhou	2035430	963764	1071666	2964729	1547306	1417423
云 南	Yunnan	2467562	1193084	1274478	3408361	1847412	1560949
西 藏	Tibet	213755	113852	99903	166471	100605	65866
陕 西	Shaanxi	2074180	982165	1092015	4017311	2066928	1950383
甘 肃	Gansu	1145424	522996	622428	1839813	941984	897829
青 海	Qinghai	423099	201022	222077	560095	306986	253109
宁 夏	Ningxia	497759	230077	267682	841008	443323	397685
新 疆	Xinjiang	1711463	827994	883469	2494243	1372102	1122141

2-22 续表 2 continued

单位：人 (person)

地 区	Region	高 中 Senior Secondary School	男 Male	女 Female	大专及以上 College and Higher Level	男 Male	女 Female
全 国	**National Total**	**115378689**	**60939909**	**54438780**	**151601269**	**77082691**	**74518578**
北 京	Beijing	3135889	1586202	1549687	8335053	4133731	4201322
天 津	Tianjin	2154417	1107283	1047134	3459461	1754133	1705328
河 北	Hebei	4631479	2367703	2263776	5593435	2746592	2846843
山 西	Shanxi	2741921	1407650	1334271	3677628	1803762	1873866
内蒙古	Inner Mongolia	1813584	927557	886027	2714971	1360170	1354801
辽 宁	Liaoning	4867158	2458127	2409031	6641708	3342423	3299285
吉 林	Jilin	2528875	1264097	1264778	2446392	1223425	1222967
黑龙江	Heilongjiang	3020221	1507183	1513038	3319763	1665692	1654071
上 海	Shanghai	4005526	2099209	1906317	7564174	3875357	3688817
江 苏	Jiangsu	7561970	4042695	3519275	11328815	5928411	5400404
浙 江	Zhejiang	5334120	2947957	2386163	8006975	4071041	3935934
安 徽	Anhui	2931797	1567897	1363900	4100569	2145274	1955295
福 建	Fujian	3077986	1674517	1403469	3922763	2007996	1914767
江 西	Jiangxi	2832718	1518573	1314145	3008065	1588514	1419551
山 东	Shandong	7829789	4124653	3705136	9949314	5116801	4832513
河 南	Henan	5921384	3043112	2878272	6650192	3279432	3370760
湖 北	Hubei	5664188	2972529	2691659	6659992	3504582	3155410
湖 南	Hunan	4549768	2347807	2201961	4788862	2401705	2387157
广 东	Guangdong	16555876	9362363	7193513	16524148	8618131	7906017
广 西	Guangxi	3067144	1600214	1466930	3409779	1682682	1727097
海 南	Hainan	822663	444984	377679	893064	473300	419764
重 庆	Chongqing	3324611	1726555	1598056	4011748	2003251	2008497
四 川	Sichuan	5815814	3008282	2807532	7868794	3958009	3910785
贵 州	Guizhou	1666983	872420	794563	2323247	1160184	1163063
云 南	Yunnan	2162451	1125221	1037230	3137961	1522322	1615639
西 藏	Tibet	139664	76548	63116	178976	95623	83353
陕 西	Shaanxi	3195177	1649605	1545572	5075922	2593185	2482737
甘 肃	Gansu	1453565	758613	694952	1992884	1035667	957217
青 海	Qinghai	345708	181562	164146	575331	295575	279756
宁 夏	Ningxia	525966	272723	253243	818494	403838	414656
新 疆	Xinjiang	1700277	896068	804209	2622789	1291883	1330906

2-23 各地区镇分性别、受教育程度的人口
Town Population by Sex, Educational Attainment and Region

单位：人 (person)

地 区	Region	3岁及以上人口 Population Aged 3 and Over	男 Male	女 Female	未上过学 No Schooling	男 Male	女 Female	学前教育 Pre-primary School	男 Male	女 Female
全 国	**National Total**	**314718812**	**159707289**	**155011523**	**9625129**	**2890473**	**6734656**	**13562084**	**7121378**	**6440706**
北 京	Beijing	1377158	750400	626758	23898	7885	16013	38642	19981	18661
天 津	Tianjin	793794	427310	366484	19254	6157	13097	22185	11410	10775
河 北	Hebei	21991663	11098693	10892970	415818	130436	285382	978687	513687	465000
山 西	Shanxi	8370227	4226203	4144024	99969	36895	63074	325302	166977	158325
内蒙古	Inner Mongolia	6586259	3323596	3262663	200368	59670	140698	240172	124816	115356
辽 宁	Liaoning	5059153	2517612	2541541	70819	26941	43878	117319	60763	56556
吉 林	Jilin	4685220	2307674	2377546	74621	26797	47824	117244	60203	57041
黑龙江	Heilongjiang	6363236	3149777	3213459	112869	38330	74539	123978	63403	60575
上 海	Shanghai	2283075	1225168	1057907	71397	18573	52824	63778	33248	30530
江 苏	Jiangsu	21433837	10857819	10576018	678423	169905	508518	820270	425866	394404
浙 江	Zhejiang	13178618	6892498	6286120	466792	139458	327334	430973	224247	206726
安 徽	Anhui	18624592	9412529	9212063	789525	209397	580128	804328	424625	379703
福 建	Fujian	11071164	5651095	5420069	365083	93415	271668	572258	306823	265435
江 西	Jiangxi	13323015	6812663	6510352	278869	77342	201527	590882	316904	273978
山 东	Shandong	23709668	12056688	11652980	988911	277138	711773	1164009	622449	541560
河 南	Henan	28191276	14240209	13951067	619414	193211	426203	1325688	691671	634017
湖 北	Hubei	11314209	5722672	5591537	283405	78380	205025	458081	241527	216554
湖 南	Hunan	19546496	9931151	9615345	382357	132820	249537	792210	417163	375047
广 东	Guangdong	16396458	8543077	7853381	495972	169993	325979	795552	421810	373742
广 西	Guangxi	11902189	6082643	5819546	277204	88680	188524	674518	359635	314883
海 南	Hainan	2232854	1176709	1056145	75185	20081	55104	100765	54430	46335
重 庆	Chongqing	5757136	2863731	2893405	118287	37263	81024	233395	120620	112775
四 川	Sichuan	16578213	8151764	8426449	609091	192842	416249	662636	339700	322936
贵 州	Guizhou	9897130	4968829	4928301	603033	165298	437735	521961	278603	243358
云 南	Yunnan	10840566	5527751	5312815	500521	157123	343398	485780	250829	234951
西 藏	Tibet	448712	239323	209389	90564	36261	54303	21912	11244	10668
陕 西	Shaanxi	8823492	4471333	4352159	282784	92570	190214	386492	200246	186246
甘 肃	Gansu	5741803	2870143	2871660	298915	87702	211213	286219	148774	137445
青 海	Qinghai	1384379	702570	681809	139038	49069	89969	60024	30860	29164
宁 夏	Ningxia	1622455	822512	799943	77575	24682	52893	70049	36300	33749
新 疆	Xinjiang	5190765	2683147	2507618	115168	46159	69009	276775	142564	134211

2-23 续表 1 continued

单位：人 (person)

地区	Region	小学 Primary School	男 Male	女 Female	初中 Junior Secondary School	男 Male	女 Female
全 国	**National Total**	**79344067**	**36980721**	**42363346**	**116946109**	**61371767**	**55574342**
北 京	Beijing	177848	86999	90849	462708	273293	189415
天 津	Tianjin	173572	84562	89010	335961	190077	145884
河 北	Hebei	5304329	2497123	2807206	9036931	4728821	4308110
山 西	Shanxi	1529546	707150	822396	3346770	1707112	1639658
内蒙古	Inner Mongolia	1430099	649297	780802	2316454	1224202	1092252
辽 宁	Liaoning	962581	439654	522927	2566554	1298863	1267691
吉 林	Jilin	784157	354119	430038	1754607	878738	875869
黑龙江	Heilongjiang	1245040	562241	682799	2948283	1486712	1461571
上 海	Shanghai	350502	165147	185355	813709	459264	354445
江 苏	Jiangsu	5192668	2341557	2851111	7973118	4181534	3791584
浙 江	Zhejiang	3587030	1719186	1867844	4777058	2650602	2126456
安 徽	Anhui	4682030	2130645	2551385	6525120	3403906	3121214
福 建	Fujian	3308190	1485300	1822890	3911016	2148461	1762555
江 西	Jiangxi	3470355	1584704	1885651	4974823	2582556	2392267
山 东	Shandong	5700788	2649312	3051476	8939009	4725231	4213778
河 南	Henan	6291475	2999775	3291700	10857740	5563108	5294632
湖 北	Hubei	2771475	1270287	1501188	4294114	2196770	2097344
湖 南	Hunan	4729842	2222499	2507343	7278076	3713328	3564748
广 东	Guangdong	4273056	2000052	2273004	6379030	3435115	2943915
广 西	Guangxi	3190769	1506041	1684728	4644052	2470152	2173900
海 南	Hainan	463968	217749	246219	981476	527463	454013
重 庆	Chongqing	1922885	883924	1038961	2010959	1027438	983521
四 川	Sichuan	5138832	2370900	2767932	5745867	2914019	2831848
贵 州	Guizhou	3056895	1471914	1584981	3238651	1747228	1491423
云 南	Yunnan	3538673	1715163	1823510	3368241	1864358	1503883
西 藏	Tibet	129515	70359	59156	77223	47716	29507
陕 西	Shaanxi	2119044	989305	1129739	3222873	1673831	1549042
甘 肃	Gansu	1586064	727757	858307	1647078	863895	783183
青 海	Qinghai	478049	233436	244613	329654	187820	141834
宁 夏	Ningxia	413339	189979	223360	534393	293289	241104
新 疆	Xinjiang	1341451	654585	686866	1654561	906865	747696

2-23 续表 2 continued

单位：人 (person)

地 区	Region	高中 Senior Secondary School	男 Male	女 Female	大专及以上 College and Higher Level	男 Male	女 Female
全 国	**National Total**	**53139639**	**29237449**	**23902190**	**42101784**	**22105501**	**19996283**
北 京	Beijing	251886	142482	109404	422176	219760	202416
天 津	Tianjin	107434	61930	45504	135388	73174	62214
河 北	Hebei	3552231	1898025	1654206	2703667	1330601	1373066
山 西	Shanxi	1597896	864544	733352	1470744	743525	727219
内蒙古	Inner Mongolia	1108940	598064	510876	1290226	667547	622679
辽 宁	Liaoning	721707	377579	344128	620173	313812	306361
吉 林	Jilin	895596	461551	434045	1058995	526266	532729
黑龙江	Heilongjiang	1064865	552895	511970	868201	446196	422005
上 海	Shanghai	382896	221975	160921	600793	326961	273832
江 苏	Jiangsu	3655380	2070058	1585322	3113978	1668899	1445079
浙 江	Zhejiang	2139573	1224402	915171	1777192	934603	842589
安 徽	Anhui	3031853	1708311	1323542	2791736	1535645	1256091
福 建	Fujian	1635130	934716	700414	1279487	682380	597107
江 西	Jiangxi	2377137	1353365	1023772	1630949	897792	733157
山 东	Shandong	3666966	2049533	1617433	3249985	1733025	1516960
河 南	Henan	5600056	3009924	2590132	3496903	1782520	1714383
湖 北	Hubei	2187107	1210608	976499	1320027	725100	594927
湖 南	Hunan	4098843	2235923	1862920	2265168	1209418	1055750
广 东	Guangdong	2763036	1599125	1163911	1689812	916982	772830
广 西	Guangxi	1893116	1025000	868116	1222530	633135	589395
海 南	Hainan	351658	210542	141116	259802	146444	113358
重 庆	Chongqing	944688	515610	429078	526922	278876	248046
四 川	Sichuan	2628057	1407004	1221053	1793730	927299	866431
贵 州	Guizhou	1240662	660228	580434	1235928	645558	590370
云 南	Yunnan	1501847	800060	701787	1445504	740218	705286
西 藏	Tibet	34088	21066	13022	95410	52677	42733
陕 西	Shaanxi	1524967	830347	694620	1287332	685034	602298
甘 肃	Gansu	910649	501487	409162	1012878	540528	472350
青 海	Qinghai	175393	94800	80593	202221	106585	95636
宁 夏	Ningxia	257260	140449	116811	269839	137813	132026
新 疆	Xinjiang	838722	455846	382876	964088	477128	486960

2-24 各地区乡村分性别、受教育程度的人口

Rural Population by Sex, Educational Attainment and Region

单位：人 (person)

地区	Region	3岁及以上人口 Population Aged 3 and Over	男 Male	女 Female	未上过学 No Schooling	男 Male	女 Female	学前教育 Pre-primary School	男 Male	女 Female
全 国	**National Total**	**494497424**	**256553108**	**237944316**	**29388157**	**8530659**	**20857498**	**19306789**	**9984743**	**9322046**
北 京	Beijing	2654284	1450935	1203349	77062	23097	53965	68540	35187	33353
天 津	Tianjin	2074605	1074146	1000459	70696	19447	51249	60564	31204	29360
河 北	Hebei	28985810	14786634	14199176	912559	257832	654727	1195611	623969	571642
山 西	Shanxi	12754378	6687180	6067198	326656	107214	219442	354282	180005	174277
内蒙古	Inner Mongolia	7686717	4066722	3619995	527427	154513	372914	156521	80350	76171
辽 宁	Liaoning	11705583	5988559	5717024	291029	95395	195634	187371	96412	90959
吉 林	Jilin	8883398	4571786	4311612	261669	90573	171096	142958	73231	69727
黑龙江	Heilongjiang	10829216	5576931	5252285	307463	108267	199196	162498	82357	80141
上 海	Shanghai	2626811	1490831	1135980	139612	34336	105276	37224	19059	18165
江 苏	Jiangsu	22050167	11272853	10777314	1289538	302533	987005	665912	333128	332784
浙 江	Zhejiang	17561523	9231906	8329617	1156069	324974	831095	483063	242009	241054
安 徽	Anhui	24622919	12779316	11843603	2147127	585027	1562100	1021971	531070	490901
福 建	Fujian	12574993	6606198	5968795	795845	194354	601491	559452	291539	267913
江 西	Jiangxi	17260362	9031197	8229165	712088	181606	530482	740994	388192	352802
山 东	Shandong	36464425	18526091	17938334	2572418	671999	1900419	1446745	766526	680219
河 南	Henan	42760647	21409893	21350754	2093596	586057	1507539	2138465	1101095	1037370
湖 北	Hubei	20815846	10962906	9852940	1078369	273068	805301	743895	388180	355715
湖 南	Hunan	26559030	13834550	12724480	1007968	307606	700362	1019601	526328	493273
广 东	Guangdong	31208952	16435023	14773929	1383282	427814	955468	1505724	786838	718886
广 西	Guangxi	22042455	11634648	10407807	1073842	297008	776834	1185753	623401	562352
海 南	Hainan	3865861	2080052	1785809	175255	44964	130291	156291	83427	72864
重 庆	Chongqing	9568913	5054697	4514216	380089	112411	267678	270806	139098	131708
四 川	Sichuan	35277118	18386007	16891111	2671313	813825	1857488	1228057	614512	613545
贵 州	Guizhou	17239617	8961434	8278183	2080513	542931	1537582	804048	425144	378904
云 南	Yunnan	22699659	11974589	10725070	1840775	599354	1241421	889724	458891	430833
西 藏	Tibet	2212757	1149105	1063652	721134	297825	423309	121353	61934	59419
陕 西	Shaanxi	14306873	7444403	6862470	861750	268610	593140	526848	269210	257638
甘 肃	Gansu	11526270	5925712	5600558	1464699	447949	1016750	464530	236890	227640
青 海	Qinghai	2259716	1169163	1090553	355169	126296	228873	105790	54379	51411
宁 夏	Ningxia	2422915	1271051	1151864	255913	82782	173131	87618	44592	43026
新 疆	Xinjiang	10995604	5718590	5277014	357232	150992	206240	774580	396586	377994

2-24 续表 1 continued

单位：人 (person)

地 区	Region	小 学 Primary School	男 Male	女 Female	初 中 Junior Secondary School	男 Male	女 Female
全 国	**National Total**	**178236849**	**84899186**	**93337663**	**200352437**	**113647185**	**86705252**
北 京	Beijing	460872	221568	239304	1150281	672646	477635
天 津	Tianjin	606614	281156	325458	1001016	555148	445868
河 北	Hebei	9622665	4447203	5175462	14129415	7692891	6436524
山 西	Shanxi	3485429	1581010	1904419	6259768	3464084	2795684
内蒙古	Inner Mongolia	2834375	1362344	1472031	3039062	1786711	1252351
辽 宁	Liaoning	3961851	1857004	2104847	6109418	3309596	2799822
吉 林	Jilin	3274743	1573733	1701010	3992612	2181977	1810635
黑龙江	Heilongjiang	3760049	1801009	1959040	5216199	2830072	2386127
上 海	Shanghai	608539	305460	303079	1240252	760756	479496
江 苏	Jiangsu	7453824	3341726	4112098	8762409	4961534	3800875
浙 江	Zhejiang	6585579	3214870	3370709	6226723	3626536	2600187
安 徽	Anhui	8797085	4202881	4594204	9294816	5413746	3881070
福 建	Fujian	4898298	2272878	2625420	4455848	2705338	1750510
江 西	Jiangxi	6434528	2910388	3524140	7002094	4054240	2947854
山 东	Shandong	12118842	5531313	6587529	15866245	8914148	6952097
河 南	Henan	14197149	6553487	7643662	19187848	10251211	8936637
湖 北	Hubei	7189194	3367987	3821207	8618210	4945474	3672736
湖 南	Hunan	9082079	4296956	4785123	11208821	6203081	5005740
广 东	Guangdong	9716918	4524582	5192336	13387895	7580568	5807327
广 西	Guangxi	8271828	3973121	4298707	9189509	5366193	3823316
海 南	Hainan	969918	455317	514601	1919629	1098364	821265
重 庆	Chongqing	4470885	2208758	2262127	3200205	1866483	1333722
四 川	Sichuan	15155574	7557892	7597682	12097976	7031013	5066963
贵 州	Guizhou	7216966	3685862	3531104	5544225	3385893	2158332
云 南	Yunnan	10832008	5442995	5389013	7027769	4267608	2760161
西 藏	Tibet	828065	464798	363267	331137	207499	123638
陕 西	Shaanxi	4378935	2051383	2327552	6191504	3474044	2717460
甘 肃	Gansu	4726417	2290518	2435899	3374333	2033791	1340542
青 海	Qinghai	1037478	525687	511791	552400	344143	208257
宁 夏	Ningxia	969574	469285	500289	765002	472215	292787
新 疆	Xinjiang	4290568	2126015	2164553	4009816	2190182	1819634

2-24 续表 2 continued

单位：人 (person)

地 区	Region	高 中 Senior Secondary School	男 Male	女 Female	大专及以上 College and Higher Level	男 Male	女 Female
全 国	**National Total**	**43691594**	**26819612**	**16871982**	**23521598**	**12671723**	**10849875**
北 京	Beijing	463975	270306	193669	433554	228131	205423
天 津	Tianjin	195021	114025	80996	140694	73166	67528
河 北	Hebei	2157753	1289764	867989	967807	474975	492832
山 西	Shanxi	1416135	865836	550299	912108	489031	423077
内蒙古	Inner Mongolia	640221	406473	233748	489111	276331	212780
辽 宁	Liaoning	659459	380416	279043	496455	249736	246719
吉 林	Jilin	687316	389274	298042	524100	262998	261102
黑龙江	Heilongjiang	859528	484340	375188	523479	270886	252593
上 海	Shanghai	341937	222008	119929	259247	149212	110035
江 苏	Jiangsu	2504512	1560296	944216	1373972	773636	600336
浙 江	Zhejiang	1923944	1193760	730184	1186145	629757	556388
安 徽	Anhui	2149597	1346537	803060	1212323	700055	512268
福 建	Fujian	1190727	763150	427577	674823	378939	295884
江 西	Jiangxi	1633777	1058937	574840	736881	437834	299047
山 东	Shandong	3056004	1890220	1165784	1404171	751885	652286
河 南	Henan	3620810	2136893	1483917	1522779	781150	741629
湖 北	Hubei	2213653	1414716	798937	972525	573481	399044
湖 南	Hunan	3162346	1929281	1233065	1078215	571298	506917
广 东	Guangdong	3646184	2262872	1383312	1568949	852349	716600
广 西	Guangxi	1537274	968592	568682	784249	406333	377916
海 南	Hainan	394440	256048	138392	250328	141932	108396
重 庆	Chongqing	845381	514609	330772	401547	213338	188209
四 川	Sichuan	2685875	1619927	1065948	1438323	748838	689485
贵 州	Guizhou	929770	559238	370532	664095	362366	301729
云 南	Yunnan	1216118	737626	478492	893265	468115	425150
西 藏	Tibet	83474	49687	33787	127594	67362	60232
陕 西	Shaanxi	1439060	885849	553211	908776	495307	413469
甘 肃	Gansu	872704	564269	308435	623587	352295	271292
青 海	Qinghai	104937	62568	42369	103942	56090	47852
宁 夏	Ningxia	184203	115144	69059	160605	87033	73572
新 疆	Xinjiang	875459	506951	368508	687949	347864	340085

2-25 各地区分性别的15岁及以上文盲人口
Illiterate Population Aged 15 and Over by Sex and Region

地区	Region	15岁及以上人口(人) Population Aged 15 and Over (person)	男 Male	女 Female	文盲人口(人) Illiterate Population (person)	男 Male	女 Female	文盲人口占15岁及以上人口的比重(%) % to Total Aged 15 and Over (%)	男 Male	女 Female
全国	**National Total**	**1156394786**	**586822815**	**569571971**	**37704017**	**9499681**	**28204336**	**3.26**	**1.62**	**4.95**
北京	Beijing	19301588	9847962	9453626	172141	38227	133914	0.89	0.39	1.42
天津	Tianjin	11997953	6162151	5835802	169807	41581	128226	1.42	0.67	2.20
河北	Hebei	59521267	29691311	29829956	1127792	260624	867168	1.89	0.88	2.91
山西	Shanxi	29205721	14857263	14348458	422024	123585	298439	1.45	0.83	2.08
内蒙古	Inner Mongolia	20671482	10519559	10151923	792204	216205	575999	3.83	2.06	5.67
辽宁	Liaoning	37853468	18801024	19052444	381928	105570	276358	1.01	0.56	1.45
吉林	Jilin	21254730	10556023	10698707	320865	95838	225027	1.51	0.91	2.10
黑龙江	Heilongjiang	28563622	14253881	14309741	436127	131375	304752	1.53	0.92	2.13
上海	Shanghai	22434599	11600663	10833936	401232	80974	320258	1.79	0.70	2.96
江苏	Jiangsu	71856068	36156582	35699486	2210138	460255	1749883	3.08	1.27	4.90
浙江	Zhejiang	55885807	29069882	26815925	1753644	437643	1316001	3.14	1.51	4.91
安徽	Anhui	49284489	24775087	24509402	2731931	665356	2066575	5.54	2.69	8.43
福建	Fujian	33514861	17115416	16399445	969613	174329	795284	2.89	1.02	4.85
江西	Jiangxi	35266271	17908471	17357800	875063	178545	696518	2.48	1.00	4.01
山东	Shandong	82464815	41142117	41322698	3306469	734437	2572032	4.01	1.79	6.22
河南	Henan	76376565	37582340	38794225	2225359	542902	1682457	2.91	1.44	4.34
湖北	Hubei	48332080	24601435	23730645	1339445	293761	1045684	2.77	1.19	4.41
湖南	Hunan	53475342	27071624	26403718	1134692	286274	848418	2.12	1.06	3.21
广东	Guangdong	102262628	54125030	48137598	1825257	393622	1431635	1.78	0.73	2.97
广西	Guangxi	38284303	19595172	18689131	1186492	248225	938267	3.10	1.27	5.02
海南	Hainan	8067507	4244519	3822988	326988	77798	249190	4.05	1.83	6.52
重庆	Chongqing	26955796	13541057	13414739	520698	138679	382019	1.93	1.02	2.85
四川	Sichuan	70203754	35298112	34905642	3326403	952948	2373455	4.74	2.70	6.80
贵州	Guizhou	29320110	14772958	14547152	2570789	602982	1967807	8.77	4.08	13.53
云南	Yunnan	37971803	19601151	18370652	2191341	641120	1550221	5.77	3.27	8.44
西藏	Tibet	2753235	1457393	1295842	773184	297847	475337	28.08	20.44	36.68
陕西	Shaanxi	32676794	16632837	16043957	1087779	312607	775172	3.33	1.88	4.83
甘肃	Gansu	20166288	10168955	9997333	1677613	473738	1203875	8.32	4.66	12.04
青海	Qinghai	4691001	2398640	2292361	469499	147262	322237	10.01	6.14	14.06
宁夏	Ningxia	5734650	2906355	2828295	290889	76950	213939	5.07	2.65	7.56
新疆	Xinjiang	20046189	10367845	9678344	686611	268422	418189	3.43	2.59	4.32

2-26 各地区城市分性别的15岁及以上文盲人口
City Illiterate Population Aged 15 and Over by Sex and Region

地 区	Region	15岁及以上人口(人) Population Aged 15 and Over (person)	男 Male	女 Female	文盲人口(人) Illiterate Population (person)	男 Male	女 Female	文盲人口占15岁及以上人口的比重(%) % to Total Aged 15 and Over (%)	男 Male	女 Female
全 国	**National Total**	**484961166**	**243920261**	**241040905**	**6125384**	**1396532**	**4728852**	**1.26**	**0.57**	**1.96**
北 京	Beijing	15598745	7817395	7781350	94740	17971	76769	0.61	0.23	0.99
天 津	Tianjin	9496411	4854795	4641616	93696	22702	70994	0.99	0.47	1.53
河 北	Hebei	18141315	8911506	9229809	133815	29140	104675	0.74	0.33	1.13
山 西	Shanxi	10980558	5442828	5537730	70870	18327	52543	0.65	0.34	0.95
内蒙古	Inner Mongolia	8088402	4010545	4077857	119921	28825	91096	1.48	0.72	2.23
辽 宁	Liaoning	22636901	11103093	11533808	117135	30035	87100	0.52	0.27	0.76
吉 林	Jilin	9076229	4398011	4678218	59750	15885	43865	0.66	0.36	0.94
黑龙江	Heilongjiang	12972534	6355523	6617011	104547	28910	75637	0.81	0.45	1.14
上 海	Shanghai	17830143	9046809	8783334	214777	38474	176303	1.20	0.43	2.01
江 苏	Jiangsu	34296686	17203441	17093245	609919	123545	486374	1.78	0.72	2.85
浙 江	Zhejiang	28502988	14731928	13771060	555632	134440	421192	1.95	0.91	3.06
安 徽	Anhui	13570784	6662034	6908750	373923	81262	292661	2.76	1.22	4.24
福 建	Fujian	13981478	7091086	6890392	228572	39038	189534	1.63	0.55	2.75
江 西	Jiangxi	10919192	5465832	5453360	121052	25328	95724	1.11	0.46	1.76
山 东	Shandong	32196787	15972039	16224748	469874	90876	378998	1.46	0.57	2.34
河 南	Henan	20876182	10188689	10687493	174893	39307	135586	0.84	0.39	1.27
湖 北	Hubei	20987337	10516665	10470672	235516	46250	189266	1.12	0.44	1.81
湖 南	Hunan	15616288	7714879	7901409	86706	24133	62573	0.56	0.31	0.79
广 东	Guangdong	64062941	34158366	29904575	573435	127171	446264	0.90	0.37	1.49
广 西	Guangxi	11846881	5876416	5970465	95061	19690	75371	0.80	0.34	1.26
海 南	Hainan	3052800	1575785	1477015	44251	10024	34227	1.45	0.64	2.32
重 庆	Chongqing	13897292	6814689	7082603	131068	32842	98226	0.94	0.48	1.39
四 川	Sichuan	26132846	12803832	13329014	415379	108244	307135	1.59	0.85	2.30
贵 州	Guizhou	8096873	4001908	4094965	198509	44269	154240	2.45	1.11	3.77
云 南	Yunnan	10412239	5225661	5186578	230494	60320	170174	2.21	1.15	3.28
西 藏	Tibet	716566	387047	329519	84076	34070	50006	11.73	8.80	15.18
陕 西	Shaanxi	13069795	6567539	6502256	118169	28467	89702	0.90	0.43	1.38
甘 肃	Gansu	5910746	2943081	2967665	120917	26433	94484	2.05	0.90	3.18
青 海	Qinghai	1789491	908611	880880	64254	17171	47083	3.59	1.89	5.34
宁 夏	Ningxia	2440305	1201847	1238458	61481	13545	47936	2.52	1.13	3.87
新 疆	Xinjiang	7763431	3968381	3795050	122952	39838	83114	1.58	1.00	2.19

2-27 各地区镇分性别的15岁及以上文盲人口
Town Illiterate Population Aged 15 and Over by Sex and Region

地 区	Region	15岁及以上人口(人) Population Aged 15 and Over (person)	男 Male	女 Female	文盲人口(人) Illiterate Population (person)	男 Male	女 Female	文盲人口占15岁及以上人口的比重(%) % to Total Aged 15 and Over (%)	男 Male	女 Female
全 国	**National Total**	**259872015**	**130425446**	**129446569**	**7175092**	**1765885**	**5409207**	**2.76**	**1.35**	**4.18**
北 京	Beijing	1261414	690201	571213	16657	4444	12213	1.32	0.64	2.14
天 津	Tianjin	700836	377978	322858	14461	3811	10650	2.06	1.01	3.30
河 北	Hebei	17830662	8883455	8947207	277239	63564	213675	1.55	0.72	2.39
山 西	Shanxi	6985795	3510485	3475310	63422	18408	45014	0.91	0.52	1.30
内蒙古	Inner Mongolia	5661671	2844883	2816788	162158	40611	121547	2.86	1.43	4.32
辽 宁	Liaoning	4539391	2245494	2293897	39658	11380	28278	0.87	0.51	1.23
吉 林	Jilin	4163559	2038278	2125281	44275	11681	32594	1.06	0.57	1.53
黑龙江	Heilongjiang	5721151	2819653	2901498	78898	21636	57262	1.38	0.77	1.97
上 海	Shanghai	2092651	1124144	968507	59671	13348	46323	2.85	1.19	4.78
江 苏	Jiangsu	18198424	9116476	9081948	527968	110212	417756	2.90	1.21	4.60
浙 江	Zhejiang	11566730	6034645	5532085	324487	81756	242731	2.81	1.35	4.39
安 徽	Anhui	15401912	7663481	7738431	612707	141681	471026	3.98	1.85	6.09
福 建	Fujian	9002040	4525291	4476749	222463	38060	184403	2.47	0.84	4.12
江 西	Jiangxi	10593088	5316758	5276330	199148	40737	158411	1.88	0.77	3.00
山 东	Shandong	19444188	9718494	9725694	735658	164132	571526	3.78	1.69	5.88
河 南	Henan	22474071	11171236	11302835	421647	104761	316886	1.88	0.94	2.80
湖 北	Hubei	9488168	4734832	4753336	210850	46955	163895	2.22	0.99	3.45
湖 南	Hunan	16059487	8067710	7991777	255519	66620	188899	1.59	0.83	2.36
广 东	Guangdong	13210061	6838544	6371517	299165	66215	232950	2.26	0.97	3.66
广 西	Guangxi	9341974	4711433	4630541	193761	41104	152657	2.07	0.87	3.30
海 南	Hainan	1830760	956440	874320	80547	18655	61892	4.40	1.95	7.08
重 庆	Chongqing	4779038	2352170	2426868	84558	23014	61544	1.77	0.98	2.54
四 川	Sichuan	13860749	6745755	7114994	512484	150087	362397	3.70	2.22	5.09
贵 州	Guizhou	7729717	3811137	3918580	513175	121049	392126	6.64	3.18	10.01
云 南	Yunnan	9008549	4573146	4435403	409052	115450	293602	4.54	2.52	6.62
西 藏	Tibet	361098	194394	166704	75227	27926	47301	20.83	14.37	28.37
陕 西	Shaanxi	7304518	3673254	3631264	218576	63066	155510	2.99	1.72	4.28
甘 肃	Gansu	4635980	2288445	2347535	243509	63812	179697	5.25	2.79	7.65
青 海	Qinghai	1119508	566623	552885	108391	33850	74541	9.68	5.97	13.48
宁 夏	Ningxia	1310870	660032	650838	48953	11923	37030	3.73	1.81	5.69
新 疆	Xinjiang	4193955	2170579	2023376	120808	45937	74871	2.88	2.12	3.70

2-28 各地区乡村分性别的15岁及以上文盲人口
Rural Illiterate Population Aged 15 and Over by Sex and Region

地区	Region	15岁及以上人口(人) Population Aged 15 and Over (person)	男 Male	女 Female	文盲人口(人) Illiterate Population (person)	男 Male	女 Female	文盲人口占15岁及以上人口的比重(%) % to Total Aged 15 and Over (%)	男 Male	女 Female
全国	**National Total**	**411561605**	**212477108**	**199084497**	**24403541**	**6337264**	**18066277**	**5.93**	**2.98**	**9.07**
北京	Beijing	2441429	1340366	1101063	60744	15812	44932	2.49	1.18	4.08
天津	Tianjin	1800706	929378	871328	61650	15068	46582	3.42	1.62	5.35
河北	Hebei	23549290	11896350	11652940	716738	167920	548818	3.04	1.41	4.71
山西	Shanxi	11239368	5903950	5335418	287732	86850	200882	2.56	1.47	3.77
内蒙古	Inner Mongolia	6921409	3664131	3257278	510125	146769	363356	7.37	4.01	11.16
辽宁	Liaoning	10677176	5452437	5224739	225135	64155	160980	2.11	1.18	3.08
吉林	Jilin	8014942	4119734	3895208	216840	68272	148568	2.71	1.66	3.81
黑龙江	Heilongjiang	9869937	5078705	4791232	252682	80829	171853	2.56	1.59	3.59
上海	Shanghai	2511805	1429710	1082095	126784	29152	97632	5.05	2.04	9.02
江苏	Jiangsu	19360958	9836665	9524293	1072251	226498	845753	5.54	2.30	8.88
浙江	Zhejiang	15816089	8303309	7512780	873525	221447	652078	5.52	2.67	8.68
安徽	Anhui	20311793	10449572	9862221	1745301	442413	1302888	8.59	4.23	13.21
福建	Fujian	10531343	5499039	5032304	518578	97231	421347	4.92	1.77	8.37
江西	Jiangxi	13753991	7125881	6628110	554863	112480	442383	4.03	1.58	6.67
山东	Shandong	30823840	15451584	15372256	2100937	479429	1621508	6.82	3.10	10.55
河南	Henan	33026312	16222415	16803897	1628819	398834	1229985	4.93	2.46	7.32
湖北	Hubei	17856575	9349938	8506637	893079	200556	692523	5.00	2.14	8.14
湖南	Hunan	21799567	11289035	10510532	792467	195521	596946	3.64	1.73	5.68
广东	Guangdong	24989626	13128120	11861506	952657	200236	752421	3.81	1.53	6.34
广西	Guangxi	17095448	9007323	8088125	897670	187431	710239	5.25	2.08	8.78
海南	Hainan	3183947	1712294	1471653	202190	49119	153071	6.35	2.87	10.40
重庆	Chongqing	8279466	4374198	3905268	305072	82823	222249	3.68	1.89	5.69
四川	Sichuan	30210159	15748525	14461634	2398540	694617	1703923	7.94	4.41	11.78
贵州	Guizhou	13493520	6959913	6533607	1859105	437664	1421441	13.78	6.29	21.76
云南	Yunnan	18551015	9802344	8748671	1551795	465350	1086445	8.37	4.75	12.42
西藏	Tibet	1675571	875952	799619	613881	235851	378030	36.64	26.93	47.28
陕西	Shaanxi	12302481	6392044	5910437	751034	221074	529960	6.10	3.46	8.97
甘肃	Gansu	9619562	4937429	4682133	1313187	383493	929694	13.65	7.77	19.86
青海	Qinghai	1782002	923406	858596	296854	96241	200613	16.66	10.42	23.37
宁夏	Ningxia	1983475	1044476	938999	180455	51482	128973	9.10	4.93	13.74
新疆	Xinjiang	8088803	4228885	3859918	442851	182647	260204	5.47	4.32	6.74

2-29 全国15岁及以上人口分年龄、性别的婚姻状况
Population Aged 15 and Over by Age, Sex and Marital Status

单位：人 (person)

年 龄 Age	15岁及以上人口 Population Aged 15 and Over	男 Male	女 Female	未 婚 Never Married	男 Male	女 Female
总计 Total	**114261590**	**57861957**	**56399633**	**21947434**	**13067496**	**8879938**
15-19	**7788415**	**4137501**	**3650914**	**7735682**	**4125594**	**3610088**
15	1586477	844965	741512	1585666	844803	740863
16	1752971	934140	818831	1750276	933657	816619
17	1548149	826223	721926	1541571	824821	716750
18	1413390	756051	657339	1399112	752915	646197
19	1487428	776122	711306	1459057	769398	689659
20-24	**7303273**	**3799538**	**3503735**	**6279151**	**3462773**	**2816378**
20	1516116	786558	729558	1458880	772588	686292
21	1400831	727502	673329	1300801	700986	599815
22	1454020	759434	694586	1272189	704019	568170
23	1438341	749277	689064	1161179	655912	505267
24	1493965	776767	717198	1086102	629268	456834
25-29	**8893917**	**4611843**	**4282074**	**3862163**	**2440886**	**1421277**
25	1628098	847096	781002	1032211	617366	414845
26	1609484	835699	773785	860052	530136	329916
27	1771801	916517	855284	768088	490692	277396
28	1860876	964363	896513	645763	426183	219580
29	2023658	1048168	975490	556049	376509	179540
30-34	**12398651**	**6354314**	**6044337**	**1869448**	**1305522**	**563926**
30	2578886	1328077	1250809	560838	386298	174540
31	2533423	1297530	1235893	437009	305168	131841
32	2401837	1226859	1174978	340150	238005	102145
33	2603920	1333362	1270558	303592	214816	88776
34	2280585	1168486	1112099	227859	161235	66624
35-39	**9915280**	**5108028**	**4807252**	**675807**	**477957**	**197850**
35	1961972	1010265	951707	170946	121137	49809
36	1952202	1005107	947095	147117	103953	43164
37	1909241	984638	924603	128236	90227	38009
38	2185664	1127037	1058627	129039	90956	38083
39	1906201	980981	925220	100469	71684	28785

注：本表数据为2020年第七次全国人口普查长表数据。
Note: Data of this table are from the Seventh National Population Census in 2020.

2-29 续表 1 continued

单位：人 (person)

年 龄 Age	15岁及以上人口 Population Aged 15 and Over	男 Male	女 Female	未 婚 Never Married	男 Male	女 Female
40-44	**9246332**	**4758438**	**4487894**	**368780**	**273283**	**95497**
40	1750921	900952	849969	83707	60272	23435
41	1928531	994632	933899	81597	60206	21391
42	1843648	946899	896749	72233	53402	18831
43	1764312	908133	856179	64862	48739	16123
44	1958920	1007822	951098	66381	50664	15717
45-49	**11286279**	**5774455**	**5511824**	**325879**	**256579**	**69300**
45	2006712	1029558	977154	65437	50714	14723
46	2197494	1123949	1073545	67553	52876	14677
47	2298050	1176498	1121552	66780	52252	14528
48	2354836	1202544	1152292	63766	50710	13056
49	2429187	1241906	1187281	62343	50027	12316
50-54	**11926180**	**6019802**	**5906378**	**247172**	**206146**	**41026**
50	2564829	1298030	1266799	60326	48963	11363
51	2404959	1216599	1188360	52112	43248	8864
52	2575521	1298846	1276675	51890	43237	8653
53	2059446	1034436	1025010	39989	33931	6058
54	2321425	1171891	1149534	42855	36767	6088
55-59	**9980162**	**4986030**	**4994132**	**161371**	**138254**	**23117**
55	2276177	1144496	1131681	39470	33816	5654
56	2223387	1111081	1112306	37307	32007	5300
57	2567550	1290317	1277233	40909	35161	5748
58	1879095	935259	943836	28204	24163	4041
59	1033953	504877	529076	15481	13107	2374
60-64	**7212331**	**3611534**	**3600797**	**120131**	**107706**	**12425**
60	1265735	630443	635292	19231	16617	2614
61	1191490	601597	589893	19210	16994	2216
62	1519108	765643	753465	26356	23724	2632
63	1696369	853241	843128	29079	26487	2592
64	1539629	760610	779019	26255	23884	2371
65+	**18310770**	**8700474**	**9610296**	**301850**	**272796**	**29054**

2-29 续表 2 continued

单位：人 (person)

年 龄 Age	有配偶 First Married	男 Male	女 Female	离 婚 Divorced	男 Male	女 Female	丧 偶 Widowed	男 Male	女 Female
总计 Total	**83036998**	**41585937**	**41451061**	**2716772**	**1464446**	**1252326**	**6560386**	**1744078**	**4816308**
15-19	**52162**	**11734**	**40428**	**528**	**164**	**364**	**43**	**9**	**34**
15	806	160	646	4	1	3	1	1	
16	2668	478	2190	23	3	20	4	2	2
17	6508	1382	5126	64	19	45	6	1	5
18	14118	3098	11020	148	37	111	12	1	11
19	28062	6616	21446	289	104	185	20	4	16
20-24	**1008764**	**331110**	**677654**	**14748**	**5511**	**9237**	**610**	**144**	**466**
20	56542	13743	42799	653	216	437	41	11	30
21	98773	26104	72669	1199	398	801	58	14	44
22	179309	54548	124761	2406	843	1563	116	24	92
23	273086	91842	181244	3914	1482	2432	162	41	121
24	401054	144873	256181	6576	2572	4004	233	54	179
25-29	**4915681**	**2115187**	**2800494**	**112313**	**54800**	**57513**	**3760**	**970**	**2790**
25	585140	225211	359929	10382	4424	5958	365	95	270
26	734457	298955	435502	14469	6492	7977	506	116	390
27	981946	415655	566291	21083	9995	11088	684	175	509
28	1185749	523749	662000	28423	14176	14247	941	255	686
29	1428389	651617	776772	37956	19713	18243	1264	329	935
30-34	**10164636**	**4854057**	**5310579**	**349727**	**190591**	**159136**	**14840**	**4144**	**10696**
30	1960278	911350	1048928	55805	29837	25968	1965	592	1373
31	2029612	956967	1072645	64292	34680	29612	2510	715	1795
32	1989853	950633	1039220	68937	37388	31549	2897	833	2064
33	2214016	1072055	1141961	82642	45509	37133	3670	982	2688
34	1970877	963052	1007825	78051	43177	34874	3798	1022	2776
35-39	**8828521**	**4409649**	**4418872**	**383940**	**213764**	**170176**	**27012**	**6658**	**20354**
35	1716657	848834	867823	70368	39266	31102	4001	1028	2973
36	1728315	859775	868540	72289	40271	32018	4481	1108	3373
37	1701769	851994	849775	74112	41147	32965	5124	1270	3854
38	1960754	984703	976051	89210	49742	39468	6661	1636	5025
39	1721026	864343	856683	77961	43338	34623	6745	1616	5129

2-29 续表 3 continued

单位：人 (person)

年 龄 Age	有配偶 First Married	男 Male	女 Female	离 婚 Divorced	男 Male	女 Female	丧 偶 Widowed	男 Male	女 Female
40-44	**8429214**	**4257016**	**4172198**	**392316**	**214448**	**177868**	**56022**	**13691**	**42331**
40	1587194	798786	788408	72412	40074	32338	7608	1820	5788
41	1754587	886403	868184	82540	45610	36930	9807	2413	7394
42	1681689	848104	833585	78755	42810	35945	10971	2583	8388
43	1611032	814976	796056	76281	41368	34913	12137	3050	9087
44	1794712	908747	885965	82328	44586	37742	15499	3825	11674
45-49	**10378747**	**5246786**	**5131961**	**444017**	**236922**	**207095**	**137636**	**34168**	**103468**
45	1839359	929386	909973	83539	44972	38567	18377	4486	13891
46	2018702	1017868	1000834	88334	47541	40793	22905	5664	17241
47	2113125	1069195	1043930	90893	48282	42611	27252	6769	20483
48	2168703	1095793	1072910	90481	48015	42466	31886	8026	23860
49	2238858	1134544	1104314	90770	48112	42658	37216	9223	27993
50-54	**10986539**	**5528979**	**5457560**	**392056**	**208600**	**183456**	**300413**	**76077**	**224336**
50	2364896	1188439	1176457	92844	49029	43815	46763	11599	35164
51	2216198	1115599	1100599	84092	44333	39759	52557	13419	39138
52	2374042	1194062	1179980	85111	45225	39886	64478	16322	48156
53	1897100	951928	945172	62079	33403	28676	60278	15174	45104
54	2134303	1078951	1055352	67930	36610	31320	76337	19563	56774
55-59	**9075857**	**4583641**	**4492216**	**289665**	**152279**	**137386**	**453269**	**111856**	**341413**
55	2084293	1053268	1031025	67463	35931	31532	84951	21481	63470
56	2026135	1021190	1004945	67044	35120	31924	92901	22764	70137
57	2333455	1186450	1147005	75625	39441	36184	117561	29265	88296
58	1703014	860670	842344	50268	26404	23864	97609	24022	73587
59	928960	462063	466897	29265	15383	13882	60247	14324	45923
60-64	**6332854**	**3254736**	**3078118**	**163170**	**89339**	**73831**	**596176**	**159753**	**436423**
60	1127869	573911	553958	35600	18880	16720	83035	21035	62000
61	1054041	544594	509447	29963	16525	13438	88276	23484	64792
62	1334616	689598	645018	34760	19252	15508	123376	33069	90307
63	1483061	766634	716427	34121	18876	15245	150108	41244	108864
64	1333267	679999	653268	28726	15806	12920	151381	40921	110460
65+	**12864023**	**6993042**	**5870981**	**174292**	**98028**	**76264**	**4970605**	**1336608**	**3633997**

2-30 全国城市15岁及以上人口分年龄、性别的婚姻状况
City Population Aged 15 and Over by Age, Sex and Marital Status

单位：人 (person)

年龄 Age	15岁及以上人口 Population Aged 15 and Over	男 Male	女 Female	未婚 Never Married	男 Male	女 Female
总计 Total	**47137961**	**23640996**	**23496965**	**10469970**	**5892564**	**4577406**
15-19	**3200858**	**1682012**	**1518846**	**3190128**	**1679447**	**1510681**
15	554201	293313	260888	554081	293276	260805
16	684194	362690	321504	683747	362586	321161
17	623640	332288	291352	622485	332019	290466
18	609014	322477	286537	606225	321789	284436
19	729809	371244	358565	723590	369777	353813
20-24	**3653012**	**1865344**	**1787668**	**3311967**	**1753371**	**1558596**
20	787347	398860	388487	773352	395494	377858
21	719550	365706	353844	691961	358687	333274
22	715207	367682	347525	659816	351042	308774
23	700740	359331	341409	607005	328072	278933
24	730168	373765	356403	579833	320076	259757
25-29	**4251183**	**2171578**	**2079605**	**2094560**	**1249343**	**845217**
25	789123	404255	384868	554899	314918	239981
26	781403	399492	381911	470666	274313	196353
27	846971	431324	415647	418596	252047	166549
28	882802	450380	432422	351303	217942	133361
29	950884	486127	464757	299096	190123	108973
30-34	**5905083**	**2982097**	**2922986**	**1010522**	**652221**	**358301**
30	1198898	609079	589819	299262	192641	106621
31	1199461	605660	593801	236434	153107	83327
32	1150531	579606	570925	186160	120035	66125
33	1253013	631358	621655	164623	106516	58107
34	1103180	556394	546786	124043	79922	44121
35-39	**4772139**	**2419603**	**2352536**	**362928**	**228435**	**134493**
35	939911	476333	463578	92712	59338	33374
36	936560	475621	460939	79542	50412	29130
37	929639	471548	458091	70163	43768	26395
38	1065225	539740	525485	69371	43055	26316
39	900804	456361	444443	51140	31862	19278

2-30 续表 1 continued

单位：人 (person)

年龄 Age	15岁及以上人口 Population Aged 15 and Over	男 Male	女 Female	未婚 Never Married	男 Male	女 Female
40-44	**4161673**	**2113207**	**2048466**	**170716**	**107269**	**63447**
40	810809	411893	398916	41371	25822	15549
41	889311	451767	437544	38561	24323	14238
42	834495	423404	411091	33535	20897	12638
43	783800	397620	386180	28840	18145	10695
44	843258	428523	414735	28409	18082	10327
45-49	**4587791**	**2334395**	**2253396**	**129849**	**84164**	**45685**
45	848652	431117	417535	27077	17424	9653
46	903909	459040	444869	26998	17385	9613
47	939505	478435	461070	26973	17225	9748
48	939905	479252	460653	24961	16401	8560
49	955820	486551	469269	23840	15729	8111
50-54	**4346645**	**2185928**	**2160717**	**81904**	**56135**	**25769**
50	984007	496031	487976	22241	14875	7366
51	906605	457274	449331	18005	12329	5676
52	939420	472675	466745	17237	11729	5508
53	713093	356765	356328	12128	8450	3678
54	803520	403183	400337	12293	8752	3541
55-59	**3674992**	**1824170**	**1850822**	**48448**	**34078**	**14370**
55	815220	407633	407587	11575	8138	3437
56	823835	410114	413721	11099	7837	3262
57	972681	484461	488220	12575	8886	3689
58	672413	332002	340411	8287	5789	2498
59	390843	189960	200883	4912	3428	1484
60-64	**2676434**	**1312078**	**1364356**	**26147**	**18356**	**7791**
60	496804	244003	252801	5470	3800	1670
61	457353	226321	231032	4708	3290	1418
62	567369	280033	287336	5442	3830	1612
63	610508	298808	311700	5676	4058	1618
64	544400	262913	281487	4851	3378	1473
65+	**5908151**	**2750584**	**3157567**	**42801**	**29745**	**13056**

2-30 续表 2 continued

单位：人 (person)

年 龄 Age	有配偶 First Married	男 Male	女 Female	离 婚 Divorced	男 Male	女 Female	丧 偶 Widowed	男 Male	女 Female
总计 Total	**33408201**	**16715124**	**16693077**	**1385775**	**616161**	**769614**	**1874015**	**417147**	**1456868**
15-19	**10656**	**2539**	**8117**	**66**	**25**	**41**	**8**	**1**	**7**
15	119	37	82	1		1			
16	442	103	339	4	1	3	1		1
17	1147	267	880	6	2	4	2		2
18	2768	680	2088	19	7	12	2	1	1
19	6180	1452	4728	36	15	21	3		3
20-24	**337793**	**111044**	**226749**	**3172**	**912**	**2260**	**80**	**17**	**63**
20	13917	3338	10579	72	26	46	6	2	4
21	27396	6969	20427	186	49	137	7	1	6
22	54961	16533	38428	422	106	316	8	1	7
23	92892	31034	61858	823	220	603	20	5	15
24	148627	53170	95457	1669	511	1158	39	8	31
25-29	**2118513**	**906878**	**1211635**	**37339**	**15193**	**22146**	**771**	**164**	**607**
25	231257	88310	142947	2892	1010	1882	75	17	58
26	306183	123540	182643	4466	1628	2838	88	11	77
27	421400	176545	244855	6838	2696	4142	137	36	101
28	521567	228406	293161	9727	3981	5746	205	51	154
29	638106	290077	348029	13416	5878	7538	266	49	217
30-34	**4745837**	**2263059**	**2482778**	**144918**	**65956**	**78962**	**3806**	**861**	**2945**
30	878784	407150	471634	20399	9181	11218	453	107	346
31	937072	440961	496111	25370	11437	13933	585	155	430
32	934909	446294	488615	28699	13091	15608	763	186	577
33	1051838	508372	543466	35636	16285	19351	916	185	731
34	943234	460282	482952	34814	15962	18852	1089	228	861
35-39	**4219445**	**2106188**	**2113257**	**182029**	**83463**	**98566**	**7737**	**1517**	**6220**
35	814377	402108	412269	31757	14655	17102	1065	232	833
36	822734	409840	412894	33053	15129	17924	1231	240	991
37	822321	411120	411201	35651	16359	19292	1504	301	1203
38	950080	476128	473952	43822	20174	23648	1952	383	1569
39	809933	406992	402941	37746	17146	20600	1985	361	1624

2-30 续表 3 continued

单位：人 (person)

年 龄 Age	有配偶 First Married	男 Male	女 Female	离 婚 Divorced	男 Male	女 Female	丧 偶 Widowed	男 Male	女 Female
40-44	**3780508**	**1916280**	**1864228**	**194520**	**86656**	**107864**	**15929**	**3002**	**12927**
40	732418	369884	362534	34870	15781	19089	2150	406	1744
41	807248	408447	398801	40625	18476	22149	2877	521	2356
42	758356	384429	373927	39449	17482	21967	3155	596	2559
43	713150	361934	351216	38343	16882	21461	3467	659	2808
44	769336	391586	377750	41233	18035	23198	4280	820	3460
45-49	**4189082**	**2143892**	**2045190**	**230700**	**99406**	**131294**	**38160**	**6933**	**31227**
45	774258	394437	379821	42144	18323	23821	5173	933	4240
46	826039	421162	404877	44622	19367	25255	6250	1126	5124
47	857459	439517	417942	47548	20245	27303	7525	1448	6077
48	858501	440570	417931	47664	20673	26991	8779	1608	7171
49	872825	448206	424619	48722	20798	27924	10433	1818	8615
50-54	**3967533**	**2021924**	**1945609**	**214337**	**92402**	**121935**	**82871**	**15467**	**67404**
50	898352	457339	441013	50338	21454	28884	13076	2363	10713
51	826857	421932	404925	46822	20150	26672	14921	2863	12058
52	857239	437107	420132	47021	20444	26577	17923	3395	14528
53	651493	330890	320603	33250	14398	18852	16222	3027	13195
54	733592	374656	358936	36906	15956	20950	20729	3819	16910
55-59	**3315193**	**1686689**	**1628504**	**176337**	**78006**	**98331**	**135014**	**25397**	**109617**
55	740819	377983	362836	38581	16939	21642	24245	4573	19672
56	744538	379332	365206	40508	17838	22670	27690	5107	22583
57	876591	447739	428852	47390	20933	26457	36125	6903	29222
58	605185	307286	297899	30789	13616	17173	28152	5311	22841
59	348060	174349	173711	19069	8680	10389	18802	3503	15299
60-64	**2363244**	**1206744**	**1156500**	**104282**	**48312**	**55970**	**182761**	**38666**	**144095**
60	440655	223925	216730	23465	10749	12716	27214	5529	21685
61	405097	207860	197237	19374	9177	10197	28174	5994	22180
62	501218	257549	243669	22195	10362	11833	38514	8292	30222
63	538691	275304	263387	21459	9884	11575	44682	9562	35120
64	477583	242106	235477	17789	8140	9649	44177	9289	34888
65+	**4360397**	**2349887**	**2010510**	**98075**	**45830**	**52245**	**1406878**	**325122**	**1081756**

2-31 全国镇15岁及以上人口分年龄、性别的婚姻状况
Town Population Aged 15 and Over by Age, Sex and Marital Status

单位：人 (person)

年龄 Age	15岁及以上人口 Population Aged 15 and Over	男 Male	女 Female	未婚 Never Married	男 Male	女 Female
总计 Total	**25800086**	**12946456**	**12853630**	**4908086**	**2873397**	**2034689**
15-19	**2190429**	**1157572**	**1032857**	**2178809**	**1154908**	**1023901**
15	457726	241456	216270	457563	241415	216148
16	544243	287236	257007	543709	287127	256582
17	478750	252183	226567	477397	251878	225519
18	373816	199467	174349	370666	198807	171859
19	335894	177230	158664	329474	175681	153793
20-24	**1533823**	**798028**	**735795**	**1285899**	**716343**	**569556**
20	320532	167549	152983	307142	164218	142924
21	291034	152732	138302	267228	146288	120940
22	305704	159782	145922	261933	146260	115673
23	302514	156534	145980	235010	133929	101081
24	314039	161431	152608	214586	125648	88938
25-29	**1981369**	**1002668**	**978701**	**738971**	**472312**	**266659**
25	348202	178121	170081	201946	122203	79743
26	349973	177614	172359	165147	103033	62114
27	394507	198836	195671	146243	94646	51597
28	420243	212557	207686	121024	80865	40159
29	468444	235540	232904	104611	71565	33046
30-34	**2910174**	**1452227**	**1457947**	**335131**	**237585**	**97546**
30	609008	304689	304319	104548	72775	31773
31	595320	296223	299097	79085	55972	23113
32	564270	280751	283519	59978	42753	17225
33	609207	304135	305072	52768	38055	14713
34	532369	266429	265940	38752	28030	10722
35-39	**2313482**	**1166657**	**1146825**	**112056**	**81051**	**31005**
35	460652	232059	228593	29014	20921	8093
36	457483	230345	227138	24447	17601	6846
37	442224	223478	218746	20829	15117	5712
38	505592	255647	249945	21033	15329	5704
39	447531	225128	222403	16733	12083	4650

2-31 续表 1 continued

单位：人 (person)

年 龄 Age	15岁及以上人口 Population Aged 15 and Over	男 Male	女 Female	未 婚 Never Married	男 Male	女 Female
40-44	**2210304**	**1118859**	**1091445**	**61445**	**45906**	**15539**
40	415057	209052	206005	13923	10104	3819
41	459393	232531	226862	13718	10240	3478
42	441213	222588	218625	12017	8973	3044
43	422658	214508	208150	10799	8194	2605
44	471983	240180	231803	10988	8395	2593
45-49	**2654223**	**1345844**	**1308379**	**54122**	**42660**	**11462**
45	479660	243159	236501	10914	8443	2471
46	521669	264140	257529	11347	8891	2456
47	539304	273691	265613	10936	8578	2358
48	551608	279184	272424	10603	8438	2165
49	561982	285670	276312	10322	8310	2012
50-54	**2729012**	**1373962**	**1355050**	**41383**	**34203**	**7180**
50	592821	299641	293180	10031	8105	1926
51	549665	277296	272369	8691	7186	1505
52	589737	296798	292939	8608	7113	1495
53	470254	236099	234155	6769	5680	1089
54	526535	264128	262407	7284	6119	1165
55-59	**2175634**	**1084231**	**1091403**	**26034**	**22092**	**3942**
55	509066	255152	253914	6535	5549	986
56	487532	243610	243922	6035	5102	933
57	555616	278496	277120	6667	5701	966
58	409961	203271	206690	4469	3800	669
59	213459	103702	109757	2328	1940	388
60-64	**1462803**	**728783**	**734020**	**19170**	**17177**	**1993**
60	253856	125957	127899	2972	2567	405
61	241938	121816	120122	3019	2675	344
62	309487	155299	154188	4207	3778	429
63	345472	172822	172650	4763	4342	421
64	312050	152889	159161	4209	3815	394
65+	**3638833**	**1717625**	**1921208**	**55066**	**49160**	**5906**

2-31 续表 2 continued

单位：人 (person)

年龄 Age	有配偶 First Married	男 Male	女 Female	离婚 Divorced	男 Male	女 Female	丧偶 Widowed	男 Male	女 Female
总计 Total	**19010192**	**9441442**	**9568750**	**543515**	**288034**	**255481**	**1338293**	**343583**	**994710**
15-19	**11496**	**2628**	**8868**	**114**	**31**	**83**	**10**	**5**	**5**
15	163	41	122						
16	528	107	421	4		4	2	2	
17	1336	298	1038	16	6	10	1	1	
18	3113	653	2460	36	7	29	1		1
19	6356	1529	4827	58	18	40	6	2	4
20-24	**244599**	**80453**	**164146**	**3205**	**1197**	**2008**	**120**	**35**	**85**
20	13252	3280	9972	128	48	80	10	3	7
21	23544	6356	17188	245	86	159	17	2	15
22	43229	13307	29922	524	209	315	18	6	12
23	66611	22275	44336	863	320	543	30	10	20
24	97963	35235	62728	1445	534	911	45	14	31
25-29	**1215915**	**517798**	**698117**	**25537**	**12349**	**13188**	**946**	**209**	**737**
25	143889	54915	88974	2293	988	1305	74	15	59
26	181371	73112	108259	3326	1446	1880	129	23	106
27	243376	101909	141467	4700	2235	2465	188	46	142
28	292564	128431	164133	6416	3210	3206	239	51	188
29	354715	159431	195284	8802	4470	4332	316	74	242
30-34	**2493098**	**1171759**	**1321339**	**78223**	**41967**	**36256**	**3722**	**916**	**2806**
30	491019	225020	265999	12920	6751	6169	521	143	378
31	500951	232299	268652	14662	7809	6853	622	143	479
32	488029	229473	258556	15565	8346	7219	698	179	519
33	537276	255930	281346	18214	9931	8283	949	219	730
34	475823	229037	246786	16862	9130	7732	932	232	700
35-39	**2112625**	**1039312**	**1073313**	**82244**	**44863**	**37381**	**6557**	**1431**	**5126**
35	415199	202461	212738	15444	8456	6988	995	221	774
36	416082	203923	212159	15820	8572	7248	1134	249	885
37	404419	199385	205034	15755	8700	7055	1221	276	945
38	464283	229734	234549	18649	10241	8408	1627	343	1284
39	412642	203809	208833	16576	8894	7682	1580	342	1238

2-31 续表 3 continued

单位：人 (person)

年 龄 Age	有配偶 First Married	男 Male	女 Female	离 婚 Divorced	男 Male	女 Female	丧 偶 Widowed	男 Male	女 Female
40-44	**2051859**	**1026016**	**1025843**	**83949**	**44107**	**39842**	**13051**	**2830**	**10221**
40	383952	190385	193567	15387	8164	7223	1795	399	1396
41	425556	212317	213239	17805	9465	8340	2314	509	1805
42	409754	204240	205514	16924	8864	8060	2518	511	2007
43	392889	197259	195630	16184	8431	7753	2786	624	2162
44	439708	221815	217893	17649	9183	8466	3638	787	2851
45-49	**2477585**	**1249105**	**1228480**	**91878**	**47369**	**44509**	**30638**	**6710**	**23928**
45	446951	224779	222172	17650	9043	8607	4145	894	3251
46	486513	244473	242040	18602	9617	8985	5207	1159	4048
47	503459	254075	249384	18810	9767	9043	6099	1271	4828
48	515222	259608	255614	18728	9566	9162	7055	1572	5483
49	525440	266170	259270	18088	9376	8712	8132	1814	6318
50-54	**2544493**	**1284037**	**1260456**	**77055**	**40278**	**36777**	**66081**	**15444**	**50637**
50	553702	279544	274158	18711	9668	9043	10377	2324	8053
51	512969	258835	254134	16378	8505	7873	11627	2770	8857
52	550457	277844	272613	16528	8546	7982	14144	3295	10849
53	438243	220951	217292	12183	6468	5715	13059	3000	10059
54	489122	246863	242259	13255	7091	6164	16874	4055	12819
55-59	**2002547**	**1013490**	**989057**	**50063**	**26505**	**23558**	**96990**	**22144**	**74846**
55	471584	238610	232974	12590	6703	5887	18357	4290	14067
56	449822	227775	222047	11763	6165	5598	19912	4568	15344
57	511116	260317	250799	12584	6640	5944	25249	5838	19411
58	375795	190092	185703	8643	4598	4045	21054	4781	16273
59	194230	96696	97534	4483	2399	2084	12418	2667	9751
60-64	**1295888**	**666234**	**629654**	**24143**	**13737**	**10406**	**123602**	**31635**	**91967**
60	228563	116400	112163	5377	2957	2420	16944	4033	12911
61	216047	111853	104194	4462	2519	1943	18410	4769	13641
62	274686	142197	132489	5106	2936	2170	25488	6388	19100
63	304401	157309	147092	4961	2886	2075	31347	8285	23062
64	272191	138475	133716	4237	2439	1798	31413	8160	23253
65+	**2560087**	**1390610**	**1169477**	**27104**	**15631**	**11473**	**996576**	**262224**	**734352**

2-32 全国乡村15岁及以上人口分年龄、性别的婚姻状况
Rural Population Aged 15 and Over by Age, Sex and Marital Status

单位：人 (person)

年 龄 Age	15岁及以上人口 Population Aged 15 and Over	男 Male	女 Female	未 婚 Never Married	男 Male	女 Female
总计 Total	**41323543**	**21274505**	**20049038**	**6569378**	**4301535**	**2267843**
15-19	**2397128**	**1297917**	**1099211**	**2366745**	**1291239**	**1075506**
15	574550	310196	264354	574022	310112	263910
16	524534	284214	240320	522820	283944	238876
17	445759	241752	204007	441689	240924	200765
18	430560	234107	196453	422221	232319	189902
19	421725	227648	194077	405993	223940	182053
20-24	**2116438**	**1136166**	**980272**	**1681285**	**993059**	**688226**
20	408237	220149	188088	378386	212876	165510
21	390247	209064	181183	341612	196011	145601
22	433109	231970	201139	350440	206717	143723
23	435087	233412	201675	319164	193911	125253
24	449758	241571	208187	291683	183544	108139
25-29	**2661365**	**1437597**	**1223768**	**1028632**	**719231**	**309401**
25	490773	264720	226053	275366	180245	95121
26	478108	258593	219515	224239	152790	71449
27	530323	286357	243966	203249	143999	59250
28	557831	301426	256405	173436	127376	46060
29	604330	326501	277829	152342	114821	37521
30-34	**3583394**	**1919990**	**1663404**	**523795**	**415716**	**108079**
30	770980	414309	356671	157028	120882	36146
31	738642	395647	342995	121490	96089	25401
32	687036	366502	320534	94012	75217	18795
33	741700	397869	343831	86201	70245	15956
34	645036	345663	299373	65064	53283	11781
35-39	**2829659**	**1521768**	**1307891**	**200823**	**168471**	**32352**
35	561409	301873	259536	49220	40878	8342
36	558159	299141	259018	43128	35940	7188
37	537378	289612	247766	37244	31342	5902
38	614847	331650	283197	38635	32572	6063
39	557866	299492	258374	32596	27739	4857

2-32 续表 1 continued

单位：人 (person)

年 龄 Age	15岁及以上人口 Population Aged 15 and Over	男 Male	女 Female	未 婚 Never Married	男 Male	女 Female
40-44	**2874355**	**1526372**	**1347983**	**136619**	**120108**	**16511**
40	525055	280007	245048	28413	24346	4067
41	579827	310334	269493	29318	25643	3675
42	567940	300907	267033	26681	23532	3149
43	557854	296005	261849	25223	22400	2823
44	643679	339119	304560	26984	24187	2797
45-49	**4044265**	**2094216**	**1950049**	**141908**	**129755**	**12153**
45	678400	355282	323118	27446	24847	2599
46	771916	400769	371147	29208	26600	2608
47	819241	424372	394869	28871	26449	2422
48	863323	444108	419215	28202	25871	2331
49	911385	469685	441700	28181	25988	2193
50-54	**4850523**	**2459912**	**2390611**	**123885**	**115808**	**8077**
50	988001	502358	485643	28054	25983	2071
51	948689	482029	466660	25416	23733	1683
52	1046364	529373	516991	26045	24395	1650
53	876099	441572	434527	21092	19801	1291
54	991370	504580	486790	23278	21896	1382
55-59	**4129536**	**2077629**	**2051907**	**86889**	**82084**	**4805**
55	951891	481711	470180	21360	20129	1231
56	912020	457357	454663	20173	19068	1105
57	1039253	527360	511893	21667	20574	1093
58	796721	399986	396735	15448	14574	874
59	429651	211215	218436	8241	7739	502
60-64	**3073094**	**1570673**	**1502421**	**74814**	**72173**	**2641**
60	515075	260483	254592	10789	10250	539
61	492199	253460	238739	11483	11029	454
62	642252	330311	311941	16707	16116	591
63	740389	381611	358778	18640	18087	553
64	683179	344808	338371	17195	16691	504
65+	**8763786**	**4232265**	**4531521**	**203983**	**193891**	**10092**

2-32 续表 2 continued

单位：人 (person)

年 龄 Age	有配偶 First Married	男 Male	女 Female	离 婚 Divorced	男 Male	女 Female	丧 偶 Widowed	男 Male	女 Female
总计 Total	**30618605**	**15429371**	**15189234**	**787482**	**560251**	**227231**	**3348078**	**983348**	**2364730**
15-19	**30010**	**6567**	**23443**	**348**	**108**	**240**	**25**	**3**	**22**
15	524	82	442	3	1	2	1	1	
16	1698	268	1430	15	2	13	1		1
17	4025	817	3208	42	11	31	3		3
18	8237	1765	6472	93	23	70	9		9
19	15526	3635	11891	195	71	124	11	2	9
20-24	**426372**	**139613**	**286759**	**8371**	**3402**	**4969**	**410**	**92**	**318**
20	29373	7125	22248	453	142	311	25	6	19
21	47833	12779	35054	768	263	505	34	11	23
22	81119	24708	56411	1460	528	932	90	17	73
23	113583	38533	75050	2228	942	1286	112	26	86
24	154464	56468	97996	3462	1527	1935	149	32	117
25-29	**1581253**	**690511**	**890742**	**49437**	**27258**	**22179**	**2043**	**597**	**1446**
25	209994	81986	128008	5197	2426	2771	216	63	153
26	246903	102303	144600	6677	3418	3259	289	82	207
27	317170	137201	179969	9545	5064	4481	359	93	266
28	371618	166912	204706	12280	6985	5295	497	153	344
29	435568	202109	233459	15738	9365	6373	682	206	476
30-34	**2925701**	**1419239**	**1506462**	**126586**	**82668**	**43918**	**7312**	**2367**	**4945**
30	590475	279180	311295	22486	13905	8581	991	342	649
31	591589	283707	307882	24260	15434	8826	1303	417	886
32	566915	274866	292049	24673	15951	8722	1436	468	968
33	624902	307753	317149	28792	19293	9499	1805	578	1227
34	551820	273733	278087	26375	18085	8290	1777	562	1215
35-39	**2496451**	**1264149**	**1232302**	**119667**	**85438**	**34229**	**12718**	**3710**	**9008**
35	487081	244265	242816	23167	16155	7012	1941	575	1366
36	489499	246012	243487	23416	16570	6846	2116	619	1497
37	475029	241489	233540	22706	16088	6618	2399	693	1706
38	546391	278841	267550	26739	19327	7412	3082	910	2172
39	498451	253542	244909	23639	17298	6341	3180	913	2267

2-32 续表 3 continued

单位：人 (person)

年 龄 Age	有配偶 First Married	男 Male	女 Female	离 婚 Divorced	男 Male	女 Female	丧 偶 Widowed	男 Male	女 Female
40-44	**2596847**	**1314720**	**1282127**	**113847**	**83685**	**30162**	**27042**	**7859**	**19183**
40	470824	238517	232307	22155	16129	6026	3663	1015	2648
41	521783	265639	256144	24110	17669	6441	4616	1383	3233
42	513579	259435	254144	22382	16464	5918	5298	1476	3822
43	504993	255783	249210	21754	16055	5699	5884	1767	4117
44	585668	295346	290322	23446	17368	6078	7581	2218	5363
45-49	**3712080**	**1853789**	**1858291**	**121439**	**90147**	**31292**	**68838**	**20525**	**48313**
45	618150	310170	307980	23745	17606	6139	9059	2659	6400
46	706150	352233	353917	25110	18557	6553	11448	3379	8069
47	752207	375603	376604	24535	18270	6265	13628	4050	9578
48	794980	395615	399365	24089	17776	6313	16052	4846	11206
49	840593	420168	420425	23960	17938	6022	18651	5591	13060
50-54	**4474513**	**2223018**	**2251495**	**100664**	**75920**	**24744**	**151461**	**45166**	**106295**
50	912842	451556	461286	23795	17907	5888	23310	6912	16398
51	876372	434832	441540	20892	15678	5214	26009	7786	18223
52	966346	479111	487235	21562	16235	5327	32411	9632	22779
53	807364	400087	407277	16646	12537	4109	30997	9147	21850
54	911589	457432	454157	17769	13563	4206	38734	11689	27045
55-59	**3758117**	**1883462**	**1874655**	**63265**	**47768**	**15497**	**221265**	**64315**	**156950**
55	871890	436675	435215	16292	12289	4003	42349	12618	29731
56	831775	414083	417692	14773	11117	3656	45299	13089	32210
57	945748	478394	467354	15651	11868	3783	56187	16524	39663
58	722034	363292	358742	10836	8190	2646	48403	13930	34473
59	386670	191018	195652	5713	4304	1409	29027	8154	20873
60-64	**2673722**	**1381758**	**1291964**	**34745**	**27290**	**7455**	**289813**	**89452**	**200361**
60	458651	233586	225065	6758	5174	1584	38877	11473	27404
61	432897	224881	208016	6127	4829	1298	41692	12721	28971
62	558712	289852	268860	7459	5954	1505	59374	18389	40985
63	639969	334021	305948	7701	6106	1595	74079	23397	50682
64	583493	299418	284075	6700	5227	1473	75791	23472	52319
65+	**5943539**	**3252545**	**2690994**	**49113**	**36567**	**12546**	**2567151**	**749262**	**1817889**

2-33 各地区分性别、婚姻状况的人口
Population by Sex, Marital Status and Region

单位：人 (person)

地区	Region	15岁及以上人口 Population Aged 15 and Over	男 Male	女 Female	未婚 Never Married	男 Male	女 Female
全国	**National Total**	**114261590**	**57861957**	**56399633**	**21947434**	**13067496**	**8879938**
北京	Beijing	1852002	936729	915273	385045	207421	177624
天津	Tianjin	1060933	536096	524837	192845	108913	83932
河北	Hebei	5912499	2953612	2958887	938692	543376	395316
山西	Shanxi	2887300	1466370	1420930	516636	299198	217438
内蒙古	Inner Mongolia	2005584	1019523	986061	302498	179972	122526
辽宁	Liaoning	3633278	1809089	1824189	576058	335948	240110
吉林	Jilin	1937575	958960	978615	291931	166749	125182
黑龙江	Heilongjiang	2637902	1311679	1326223	430665	242623	188042
上海	Shanghai	2183950	1124762	1059188	440417	252069	188348
江苏	jiangsu	6979672	3512398	3467274	1088192	647154	441038
浙江	Zhejiang	5632551	2945227	2687324	1013698	628317	385381
安徽	Anhui	4877094	2437492	2439602	833007	499382	333625
福建	Fujian	3188888	1624272	1564616	592284	360464	231820
江西	Jiangxi	3786171	1925679	1860492	828360	495878	332482
山东	Shandong	8231972	4106966	4125006	1328788	763478	565310
河南	Henan	7532705	3691317	3841388	1507912	860245	647667
湖北	Hubei	5118036	2608102	2509934	967284	597529	369755
湖南	Hunan	5674153	2867782	2806371	1156295	696057	460238
广东	Guangdong	9826600	5207531	4619069	2654005	1651474	1002531
广西	Guangxi	3517749	1788061	1729688	776520	481059	295461
海南	Hainan	739671	387457	352214	180442	114936	65506
重庆	Chongqing	2785011	1396941	1388070	547351	322459	224892
四川	Sichuan	7466650	3741247	3725403	1424843	838330	586513
贵州	Guizhou	2769151	1398043	1371108	572640	340596	232044
云南	Yunnan	3899521	2008907	1890614	857957	523840	334117
西藏	Tibet	250082	130455	119627	79837	45177	34660
陕西	Shaanxi	3062288	1544904	1517384	556521	331011	225510
甘肃	Gansu	1910067	951148	958919	328224	193359	134865
青海	Qinghai	453713	230889	222824	96917	56196	40721
宁夏	Ningxia	564754	285609	279145	100586	57581	43005
新疆	Xinjiang	1884068	954710	929358	380984	226705	154279

注：本表数据为2020年第七次全国人口普查长表数据。
Note: Data of this table are from the Seventh National Population Census in 2020.

2-33 续表 continued

单位：人 (person)

地 区	Region	有配偶 First Married	男 Male	女 Female	离 婚 Divorced	男 Male	女 Female	丧 偶 Widowed	男 Male	女 Female
全 国	**National Total**	**83036998**	**41585937**	**41451061**	**2716772**	**1464446**	**1252326**	**6560386**	**1744078**	**4816308**
北 京	Beijing	1338026	689321	648705	52412	22303	30109	76519	17684	58835
天 津	Tianjin	779817	396812	383005	33759	15712	18047	54512	14659	39853
河 北	Hebei	4520551	2248863	2271688	109209	63192	46017	344047	98181	245866
山 西	Shanxi	2158753	1093887	1064866	52178	30647	21531	159733	42638	117095
内蒙古	Inner Mongolia	1528435	778630	749805	59159	32463	26696	115492	28458	87034
辽 宁	Liaoning	2648437	1326910	1321527	161824	80072	81752	246959	66159	180800
吉 林	Jilin	1422648	710613	712035	87828	45115	42713	135168	36483	98685
黑龙江	Heilongjiang	1902857	953029	949828	127842	66601	61241	176538	49426	127112
上 海	Shanghai	1577333	819527	757806	67360	30968	36392	98840	22198	76642
江 苏	jiangsu	5361483	2688112	2673371	133349	70903	62446	396648	106229	290419
浙 江	Zhejiang	4228430	2186950	2041480	129742	70555	59187	260681	59405	201276
安 徽	Anhui	3638419	1791788	1846631	104775	60772	44003	300893	85550	215343
福 建	Fujian	2351646	1188072	1163574	71112	38007	33105	173846	37729	136117
江 西	Jiangxi	2682475	1340454	1342021	69012	39845	29167	206324	49502	156822
山 东	Shandong	6273095	3134041	3139054	124189	69209	54980	505900	140238	365662
河 南	Henan	5469220	2637100	2832120	111929	62663	49266	443644	131309	312335
湖 北	Hubei	3721726	1856044	1865682	120804	66098	54706	308222	88431	219791
湖 南	Hunan	4016261	1996828	2019433	136288	76933	59355	365309	97964	267345
广 东	Guangdong	6632968	3391551	3241417	174396	86221	88175	365231	78285	286946
广 西	Guangxi	2422055	1205352	1216703	72579	41598	30981	246595	60052	186543
海 南	Hainan	508675	257201	251474	12762	7232	5530	37792	8088	29704
重 庆	Chongqing	1970035	976105	993930	95258	50132	45126	172367	48245	124122
四 川	Sichuan	5334325	2640944	2693381	218471	121474	96997	489011	140499	348512
贵 州	Guizhou	1927469	956829	970640	82923	49093	33830	186119	51525	134594
云 南	Yunnan	2710690	1364977	1345713	103200	59486	43714	227674	60604	167070
西 藏	Tibet	152763	79763	73000	5269	1981	3288	12213	3534	8679
陕 西	Shaanxi	2269145	1129311	1139834	56026	32180	23846	180596	52402	128194
甘 肃	Gansu	1416628	700013	716615	36772	21205	15567	128443	36571	91872
青 海	Qinghai	315318	159746	155572	16288	8258	8030	25190	6689	18501
宁 夏	Ningxia	422141	213773	208368	16938	8259	8679	25089	5996	19093
新 疆	Xinjiang	1335174	673391	661783	73119	35269	37850	94791	19345	75446

2-34 各地区城市分性别、婚姻状况的人口
City Population by Sex, Marital Status and Region

单位：人 (person)

地区	Region	15岁及以上人口 Population Aged 15 and Over	男 Male	女 Female	未婚 Never Married	男 Male	女 Female
全国	**National Total**	**47137961**	**23640996**	**23496965**	**10469970**	**5892564**	**4577406**
北京	Beijing	1492645	740425	752220	327239	170964	156275
天津	Tianjin	824297	413531	410766	156888	86796	70092
河北	Hebei	1756513	860143	896370	331178	176135	155043
山西	Shanxi	1047242	515087	532155	211417	110310	101107
内蒙古	Inner Mongolia	771469	380061	391408	143652	78579	65073
辽宁	Liaoning	2175490	1065593	1109897	383635	214305	169330
吉林	Jilin	828966	399141	429825	138302	75994	62308
黑龙江	Heilongjiang	1216199	592564	623635	236481	127983	108498
上海	Shanghai	1722051	868469	853582	365773	202712	163061
江苏	Jiangsu	3329412	1670279	1659133	622356	353641	268715
浙江	Zhejiang	2910746	1512519	1398227	614805	362685	252120
安徽	Anhui	1291353	631227	660126	249697	136656	113041
福建	Fujian	1358965	688204	670761	308691	179383	129308
江西	Jiangxi	1087945	542202	545743	279641	155670	123971
山东	Shandong	3239310	1606344	1632966	636453	342638	293815
河南	Henan	2007931	974293	1033638	455356	238139	217217
湖北	Hubei	2121660	1058170	1063490	469935	267160	202775
湖南	Hunan	1563803	770907	792896	369303	201708	167595
广东	Guangdong	6324738	3383107	2941631	1853533	1142414	711119
广西	Guangxi	1106846	546676	560170	299680	165120	134560
海南	Hainan	272866	138969	133897	74162	42803	31359
重庆	Chongqing	1408527	689953	718574	312911	172462	140449
四川	Sichuan	2609928	1275369	1334559	566303	306117	260186
贵州	Guizhou	763383	376130	387253	183768	99969	83799
云南	Yunnan	997407	496007	501400	259421	140026	119395
西藏	Tibet	56087	29409	26678	20669	11249	9420
陕西	Shaanxi	1181455	587254	594201	259480	142196	117284
甘肃	Gansu	544678	268230	276448	105274	57650	47624
青海	Qinghai	168120	84633	83487	33484	18698	14786
宁夏	Ningxia	233765	114431	119334	46688	24937	21751
新疆	Xinjiang	724164	361669	362495	153795	87465	66330

2-34 续表 continued

单位：人 (person)

地 区	Region	有配偶 First Married	男 Male	女 Female	离 婚 Divorced	男 Male	女 Female	丧 偶 Widowed	男 Male	女 Female
全 国	**National Total**	**33408201**	**16715124**	**16693077**	**1385775**	**616161**	**769614**	**1874015**	**417147**	**1456868**
北 京	Beijing	1062884	539135	523749	43789	17474	26315	58733	12852	45881
天 津	Tianjin	599320	304508	294812	27998	12175	15823	40091	10052	30039
河 北	Hebei	1310139	648540	661599	39509	16768	22741	75687	18700	56987
山 西	Shanxi	775468	386595	388873	20731	9167	11564	39626	9015	30611
内蒙古	Inner Mongolia	565797	282280	283517	25723	11639	14084	36297	7563	28734
辽 宁	Liaoning	1544234	769275	774959	116419	51444	64975	131202	30569	100633
吉 林	Jilin	587000	289683	297317	48941	21678	27263	54723	11786	42937
黑龙江	Heilongjiang	831559	412541	419018	72095	33403	38692	76064	18637	57427
上 海	Shanghai	1224066	625118	598948	55500	24129	31371	76712	16510	60202
江 苏	Jiangsu	2501620	1251862	1249758	75008	33690	41318	130428	31086	99342
浙 江	Zhejiang	2137105	1099335	1037770	68161	31674	36487	90675	18825	71850
安 徽	Anhui	948652	464571	484081	38528	17724	20804	54476	12276	42200
福 建	Fujian	966364	483712	482652	35832	16126	19706	48078	8983	39095
江 西	Jiangxi	742435	366519	375916	25522	11796	13726	40347	8217	32130
山 东	Shandong	2408654	1206153	1202501	58837	25657	33180	135366	31896	103470
河 南	Henan	1432014	699608	732406	41940	17264	24676	78621	19282	59339
湖 北	Hubei	1500645	742462	758183	60763	27553	33210	90317	20995	69322
湖 南	Hunan	1085332	534302	551030	47071	20847	26224	62097	14050	48047
广 东	Guangdong	4195963	2155786	2040177	127820	57039	70781	147422	27868	119554
广 西	Guangxi	731625	359918	371707	32082	13451	18631	43459	8187	35272
海 南	Hainan	184729	92157	92572	5675	2442	3233	8300	1567	6733
重 庆	Chongqing	976288	477139	499149	60401	27756	32645	58927	12596	46331
四 川	Sichuan	1840603	901404	939199	95749	43161	52588	107273	24687	82586
贵 州	Guizhou	512045	253385	258660	35674	16263	19411	31896	6513	25383
云 南	Yunnan	667365	332578	334787	33864	15217	18647	36757	8186	28571
西 藏	Tibet	32945	17347	15598	1092	467	625	1381	346	1035
陕 西	Shaanxi	853613	423342	430271	25456	11424	14032	42906	10292	32614
甘 肃	Gansu	396287	197077	199210	16729	7651	9078	26388	5852	20536
青 海	Qinghai	119862	61047	58815	6686	3069	3617	8088	1819	6269
宁 夏	Ningxia	168531	83733	84798	9295	3931	5364	9251	1830	7421
新 疆	Xinjiang	505057	254012	251045	32885	14082	18803	32427	6110	26317

2-35 各地区镇分性别、婚姻状况的人口
Town Population by Sex, Marital Status and Region

单位：人 (person)

地 区	Region	15岁及以上人口 Population Aged 15 and Over	男 Male	女 Female	未 婚 Never Married	男 Male	女 Female
全 国	**National Total**	**25800086**	**12946456**	**12853630**	**4908086**	**2873397**	**2034689**
北 京	Beijing	113315	61380	51935	23471	13936	9535
天 津	Tianjin	64408	34460	29948	14126	8479	5647
河 北	Hebei	1771434	885228	886206	310607	175468	135139
山 西	Shanxi	684943	343579	341364	124828	70431	54397
内蒙古	Inner Mongolia	549666	276033	273633	78888	45882	33006
辽 宁	Liaoning	437231	216526	220705	63568	36890	26678
吉 林	Jilin	390575	190309	200266	68112	37000	31112
黑龙江	Heilongjiang	529635	260012	269623	75168	42320	32848
上 海	Shanghai	209753	112749	97004	40001	24920	15081
江 苏	Jiangsu	1797042	903875	893167	267939	161236	106703
浙 江	Zhejiang	1179091	620315	558776	201137	128837	72300
安 徽	Anhui	1516716	754154	762562	276905	164174	112731
福 建	Fujian	868364	436800	431564	152248	92161	60087
江 西	Jiangxi	1097379	552377	545002	242690	142780	99910
山 东	Shandong	1895307	948156	947151	314792	181689	133103
河 南	Henan	2235671	1112995	1122676	512840	288488	224352
湖 北	Hubei	1022682	512257	510425	183665	111038	72627
湖 南	Hunan	1715700	860538	855162	350718	207886	142832
广 东	Guangdong	1257348	648989	608359	301092	183721	117371
广 西	Guangxi	862154	432594	429560	189615	113612	76003
海 南	Hainan	173650	90775	82875	40181	25675	14506
重 庆	Chongqing	509085	251607	257478	91600	54018	37582
四 川	Sichuan	1471248	715536	755712	273209	153556	119653
贵 州	Guizhou	727752	359107	368645	160974	90206	70768
云 南	Yunnan	918954	464700	454254	207005	120877	86128
西 藏	Tibet	32482	17223	15259	8864	4995	3869
陕 西	Shaanxi	696381	348769	347612	118852	70671	48181
甘 肃	Gansu	433706	212123	221583	83359	46423	36936
青 海	Qinghai	109340	55245	54095	25355	14191	11164
宁 夏	Ningxia	128517	64603	63914	22809	12954	9855
新 疆	Xinjiang	400557	203442	197115	83468	48883	34585

2-35 续表 continued

单位：人 (person)

地 区	Region	有配偶 First Married	男 Male	女 Female	离 婚 Divorced	男 Male	女 Female	丧 偶 Widowed	男 Male	女 Female
全 国	**National Total**	**19010192**	**9441442**	**9568750**	**543515**	**288034**	**255481**	**1338293**	**343583**	**994710**
北 京	Beijing	82699	44943	37756	2777	1362	1415	4368	1139	3229
天 津	Tianjin	45895	24295	21600	1482	850	632	2905	836	2069
河 北	Hebei	1343087	669453	673634	28989	15980	13009	88751	24327	64424
山 西	Shanxi	519212	259691	259521	10800	5832	4968	30103	7625	22478
内蒙古	Inner Mongolia	425245	215228	210017	17069	8650	8419	28464	6273	22191
辽 宁	Liaoning	327604	163564	164040	17207	8611	8596	28852	7461	21391
吉 林	Jilin	282527	140012	142515	17052	8024	9028	22884	5273	17611
黑龙江	Heilongjiang	394989	196077	198912	25134	12728	12406	34344	8887	25457
上 海	Shanghai	155435	82826	72609	6042	2957	3085	8275	2046	6229
江 苏	Jiangsu	1406368	701480	704888	28215	15587	12628	94520	25572	68948
浙 江	Zhejiang	900651	465696	434955	28135	14880	13255	49168	10902	38266
安 徽	Anhui	1134718	554036	580682	29768	16052	13716	75325	19892	55433
福 建	Fujian	652839	325856	326983	18013	9525	8488	45264	9258	36006
江 西	Jiangxi	786383	387881	398502	18779	10041	8738	49527	11675	37852
山 东	Shandong	1452009	724661	727348	25587	13985	11602	102919	27821	75098
河 南	Henan	1593810	780157	813653	28938	15466	13472	100083	28884	71199
湖 北	Hubei	762275	374352	387923	21210	11329	9881	55532	15538	39994
湖 南	Hunan	1228715	606604	622111	38545	20589	17956	97722	25459	72263
广 东	Guangdong	880245	443542	436703	17799	9198	8601	58212	12528	45684
广 西	Guangxi	601656	297316	304340	16657	9230	7427	54226	12436	41790
海 南	Hainan	121485	61603	59882	2716	1555	1161	9268	1942	7326
重 庆	Chongqing	371958	181180	190778	14162	7721	6441	31365	8688	22677
四 川	Sichuan	1073227	518228	554999	39744	20898	18846	85068	22854	62214
贵 州	Guizhou	505007	246493	258514	20800	11966	8834	40971	10442	30529
云 南	Yunnan	638001	317819	320182	25996	13934	12062	47952	12070	35882
西 藏	Tibet	21473	11532	9941	957	392	565	1188	304	884
陕 西	Shaanxi	528399	260629	267770	11197	6459	4738	37933	11010	26923
甘 肃	Gansu	320314	155742	164572	7110	3839	3271	22923	6119	16804
青 海	Qinghai	74505	37780	36725	3982	1879	2103	5498	1395	4103
宁 夏	Ningxia	97036	48789	48247	3736	1742	1994	4936	1118	3818
新 疆	Xinjiang	282425	143977	138448	14917	6773	8144	19747	3809	15938

2-36 各地区农村分性别、婚姻状况的人口
Rural Population by Sex, Marital Status and Region

单位：人 (person)

地 区	Region	15岁及以上人口 Population Aged 15 and Over	男 Male	女 Female	未 婚 Never Married	男 Male	女 Female
全 国	**National Total**	**41323543**	**21274505**	**20049038**	**6569378**	**4301535**	**2267843**
北 京	Beijing	246042	134924	111118	34335	22521	11814
天 津	Tianjin	172228	88105	84123	21831	13638	8193
河 北	Hebei	2384552	1208241	1176311	296907	191773	105134
山 西	Shanxi	1155115	607704	547411	180391	118457	61934
内蒙古	Inner Mongolia	684449	363429	321020	79958	55511	24447
辽 宁	Liaoning	1020557	526970	493587	128855	84753	44102
吉 林	Jilin	718034	369510	348524	85517	53755	31762
黑龙江	Heilongjiang	892068	459103	432965	119016	72320	46696
上 海	Shanghai	252146	143544	108602	34643	24437	10206
江 苏	Jiangsu	1853218	938244	914974	197897	132277	65620
浙 江	Zhejiang	1542714	812393	730321	197756	136795	60961
安 徽	Anhui	2069025	1052111	1016914	306405	198552	107853
福 建	Fujian	961559	499268	462291	131345	88920	42425
江 西	Jiangxi	1600847	831100	769747	306029	197428	108601
山 东	Shandong	3097355	1552466	1544889	377543	239151	138392
河 南	Henan	3289103	1604029	1685074	539716	333618	206098
湖 北	Hubei	1973694	1037675	936019	313684	219331	94353
湖 南	Hunan	2394650	1236337	1158313	436274	286463	149811
广 东	Guangdong	2244514	1175435	1069079	499380	325339	174041
广 西	Guangxi	1548749	808791	739958	287225	202327	84898
海 南	Hainan	293155	157713	135442	66099	46458	19641
重 庆	Chongqing	867399	455381	412018	142840	95979	46861
四 川	Sichuan	3385474	1750342	1635132	585331	378657	206674
贵 州	Guizhou	1278016	662806	615210	227898	150421	77477
云 南	Yunnan	1983160	1048200	934960	391531	262937	128594
西 藏	Tibet	161513	83823	77690	50304	28933	21371
陕 西	Shaanxi	1184452	608881	575571	178189	118144	60045
甘 肃	Gansu	931683	470795	460888	139591	89286	50305
青 海	Qinghai	176253	91011	85242	38078	23307	14771
宁 夏	Ningxia	202472	106575	95897	31089	19690	11399
新 疆	Xinjiang	759347	389599	369748	143721	90357	53364

2-36 续表 continued

单位：人 (person)

地 区	Region	有配偶 First Married	男 Male	女 Female	离 婚 Divorced	男 Male	女 Female	丧 偶 Widowed	男 Male	女 Female
全 国	**National Total**	**30618605**	**15429371**	**15189234**	**787482**	**560251**	**227231**	**3348078**	**983348**	**2364730**
北 京	Beijing	192443	105243	87200	5846	3467	2379	13418	3693	9725
天 津	Tianjin	134602	68009	66593	4279	2687	1592	11516	3771	7745
河 北	Hebei	1867325	930870	936455	40711	30444	10267	179609	55154	124455
山 西	Shanxi	864073	447601	416472	20647	15648	4999	90004	25998	64006
内蒙古	Inner Mongolia	537393	281122	256271	16367	12174	4193	50731	14622	36109
辽 宁	Liaoning	776599	394071	382528	28198	20017	8181	86905	28129	58776
吉 林	Jilin	553121	280918	272203	21835	15413	6422	57561	19424	38137
黑龙江	Heilongjiang	676309	344411	331898	30613	20470	10143	66130	21902	44228
上 海	Shanghai	197832	111583	86249	5818	3882	1936	13853	3642	10211
江 苏	Jiangsu	1453495	734770	718725	30126	21626	8500	171700	49571	122129
浙 江	Zhejiang	1190674	621919	568755	33446	24001	9445	120838	29678	91160
安 徽	Anhui	1555049	773181	781868	36479	26996	9483	171092	53382	117710
福 建	Fujian	732443	378504	353939	17267	12356	4911	80504	19488	61016
江 西	Jiangxi	1153657	586054	567603	24711	18008	6703	116450	29610	86840
山 东	Shandong	2412432	1203227	1209205	39765	29567	10198	267615	80521	187094
河 南	Henan	2443396	1157335	1286061	41051	29933	11118	264940	83143	181797
湖 北	Hubei	1458806	739230	719576	38831	27216	11615	162373	51898	110475
湖 南	Hunan	1702214	855922	846292	50672	35497	15175	205490	58455	147035
广 东	Guangdong	1556760	792223	764537	28777	19984	8793	159597	37889	121708
广 西	Guangxi	1088774	548118	540656	23840	18917	4923	148910	39429	109481
海 南	Hainan	202461	103441	99020	4371	3235	1136	20224	4579	15645
重 庆	Chongqing	621789	317786	304003	20695	14655	6040	82075	26961	55114
四 川	Sichuan	2420495	1221312	1199183	82978	57415	25563	296670	92958	203712
贵 州	Guizhou	910417	456951	453466	26449	20864	5585	113252	34570	78682
云 南	Yunnan	1405324	714580	690744	43340	30335	13005	142965	40348	102617
西 藏	Tibet	98345	50884	47461	3220	1122	2098	9644	2884	6760
陕 西	Shaanxi	887133	445340	441793	19373	14297	5076	99757	31100	68657
甘 肃	Gansu	700027	347194	352833	12933	9715	3218	79132	24600	54532
青 海	Qinghai	120951	60919	60032	5620	3310	2310	11604	3475	8129
宁 夏	Ningxia	156574	81251	75323	3907	2586	1321	10902	3048	7854
新 疆	Xinjiang	547692	275402	272290	25317	14414	10903	42617	9426	33191

2-37 全国育龄妇女分年龄、孩次的生育状况 (2019年11月1日至2020年10月31日)

Age-specific Fertility Rate of Women at Childbearing Ages by Age of Mother and Birth Order (2019.11.1-2020.10.31)

年 龄 Age	平均育龄妇女人数(人) Average Number of Childbearing Women (person)	出生人数(人) Births (person)				生育率(‰) Fertility Rate (‰)			
			一孩 1st Birth	二孩 2nd Birth	三孩及以上 3rd Birth and Above		一孩 1st Birth	二孩 2nd Birth	三孩及以上 3rd Birth and Above
总计 Total	**32555388**	**1213144**	**555206**	**522742**	**135196**	**37.26**	**17.05**	**16.06**	**4.15**
15-19	**3647362**	**22132**	**18061**	**3696**	**375**	**6.07**	**4.95**	**1.01**	**0.10**
15	795618	569	536	32	1	0.72	0.67	0.04	
16	756212	1546	1401	138	7	2.04	1.85	0.18	0.01
17	706325	3216	2767	408	41	4.55	3.92	0.58	0.06
18	660878	5964	4912	979	73	9.02	7.43	1.48	0.11
19	728329	10837	8445	2139	253	14.88	11.60	2.94	0.35
20-24	**3546605**	**195859**	**129899**	**55884**	**10076**	**55.22**	**36.63**	**15.76**	**2.84**
20	712126	18441	13533	4291	617	25.90	19.00	6.03	0.87
21	686439	27652	19284	7222	1146	40.28	28.09	10.52	1.67
22	677906	37393	25019	10550	1824	55.16	36.91	15.56	2.69
23	707739	49559	32587	14305	2667	70.02	46.04	20.21	3.77
24	762395	62814	39476	19516	3822	82.39	51.78	25.60	5.01
25-29	**4490336**	**444455**	**241541**	**166879**	**36035**	**98.98**	**53.79**	**37.16**	**8.03**
25	771263	71457	43996	22992	4469	92.65	57.04	29.81	5.79
26	800970	81857	48695	27504	5658	102.20	60.80	34.34	7.06
27	873446	92238	52065	33202	6971	105.60	59.61	38.01	7.98
28	934187	95245	49140	37639	8466	101.95	52.60	40.29	9.06
29	1110470	103658	47645	45542	10471	93.35	42.91	41.01	9.43
30-34	**5925543**	**385477**	**127591**	**204198**	**53688**	**65.05**	**21.53**	**34.46**	**9.06**
30	1269591	104270	42025	50022	12223	82.13	33.10	39.40	9.63
31	1204805	89319	31455	46371	11493	74.14	26.11	38.49	9.54
32	1246149	78934	24155	43227	11552	63.34	19.38	34.69	9.27
33	1176928	64546	17787	36715	10044	54.84	15.11	31.20	8.53
34	1028070	48408	12169	27863	8376	47.09	11.84	27.10	8.15
35-39	**4728349**	**127235**	**28702**	**72250**	**26283**	**26.91**	**6.07**	**15.28**	**5.56**
35	947311	37662	8893	21539	7230	39.76	9.39	22.74	7.63
36	923519	30313	6870	17218	6225	32.82	7.44	18.64	6.74
37	979861	25258	5675	14383	5200	25.78	5.79	14.68	5.31
38	1029050	20911	4464	11862	4585	20.32	4.34	11.53	4.46
39	848608	13091	2800	7248	3043	15.43	3.30	8.54	3.59
40-44	**4559392**	**28902**	**6578**	**15538**	**6786**	**6.34**	**1.44**	**3.41**	**1.49**
40	918793	10322	2227	5709	2386	11.23	2.42	6.21	2.60
41	903371	7260	1638	3990	1632	8.04	1.81	4.42	1.81
42	870293	4997	1144	2616	1237	5.74	1.31	3.01	1.42
43	903726	3608	862	1858	888	3.99	0.95	2.06	0.98
44	963209	2715	707	1365	643	2.82	0.73	1.42	0.67
45-49	**5657801**	**9084**	**2834**	**4297**	**1953**	**1.61**	**0.50**	**0.76**	**0.35**
45	1016559	2064	600	952	512	2.03	0.59	0.94	0.50
46	1097766	1850	586	864	400	1.69	0.53	0.79	0.36
47	1155063	1732	535	845	352	1.50	0.46	0.73	0.30
48	1163817	1692	567	808	317	1.45	0.49	0.69	0.27
49	1224596	1746	546	828	372	1.43	0.45	0.68	0.30

注：本表数据为2020年第七次全国人口普查长表数据。

Note: Data of this table are form the Seventh National Population Census in 2020.

2-38 全国城市育龄妇女分年龄、孩次的生育状况
（2019年11月1日至2020年10月31日）
Age-specific Fertility Rate of City Women at Childbearing Ages by Age of Mother and Birth Order (2019.11.1-2020.10.31)

年龄 Age	平均育龄妇女人数(人) Average Number of Childbearing Women (person)	出生人数(人) Births (person)	一孩 1st Birth	二孩 2nd Birth	三孩及以上 3rd Birth and Above	生育率(‰) Fertility Rate (‰)	一孩 1st Birth	二孩 2nd Birth	三孩及以上 3rd Birth and Above
总计 Total	**15083260**	**520586**	**269675**	**219255**	**31656**	**34.51**	**17.88**	**14.54**	**2.10**
15-19	**1588414**	**3943**	**3405**	**502**	**36**	**2.48**	**2.14**	**0.32**	**0.02**
15	302235	66	63	3		0.22	0.21	0.01	
16	297121	214	200	13	1	0.72	0.67	0.04	
17	296546	497	443	53	1	1.68	1.49	0.18	
18	310178	1039	901	131	7	3.35	2.90	0.42	0.02
19	382334	2127	1798	302	27	5.56	4.70	0.79	0.07
20-24	**1792532**	**58814**	**44556**	**12901**	**1357**	**32.81**	**24.86**	**7.20**	**0.76**
20	377861	4084	3334	682	68	10.81	8.82	1.80	0.18
21	351809	6848	5378	1350	120	19.47	15.29	3.84	0.34
22	335882	10342	7941	2163	238	30.79	23.64	6.44	0.71
23	350858	15702	11945	3390	367	44.75	34.05	9.66	1.05
24	376122	21838	15958	5316	564	58.06	42.43	14.13	1.50
25-29	**2171306**	**191245**	**124779**	**59487**	**6979**	**88.08**	**57.47**	**27.40**	**3.21**
25	382014	27155	19603	6763	789	71.08	51.31	17.70	2.07
26	393381	33445	23781	8697	967	85.02	60.45	22.11	2.46
27	422525	40078	27182	11565	1331	94.85	64.33	27.37	3.15
28	447029	43031	27102	14234	1695	96.26	60.63	31.84	3.79
29	526357	47536	27111	18228	2197	90.31	51.51	34.63	4.17
30-34	**2873524**	**186631**	**75585**	**97576**	**13470**	**64.95**	**26.30**	**33.96**	**4.69**
30	602951	48816	24484	21558	2774	80.96	40.61	35.75	4.60
31	582147	43026	18821	21446	2759	73.91	32.33	36.84	4.74
32	605421	38550	14405	21170	2975	63.67	23.79	34.97	4.91
33	579724	32173	10697	18803	2673	55.50	18.45	32.43	4.61
34	503281	24066	7178	14599	2289	47.82	14.26	29.01	4.55
35-39	**2305122**	**63466**	**16692**	**39252**	**7522**	**27.53**	**7.24**	**17.03**	**3.26**
35	459238	18736	5238	11465	2033	40.80	11.41	24.97	4.43
36	453439	15191	3990	9404	1797	33.50	8.80	20.74	3.96
37	489215	12806	3307	8007	1492	26.18	6.76	16.37	3.05
38	504007	10489	2627	6493	1369	20.81	5.21	12.88	2.72
39	399223	6244	1530	3883	831	15.64	3.83	9.73	2.08
40-44	**2063811**	**13261**	**3418**	**8000**	**1843**	**6.43**	**1.66**	**3.88**	**0.89**
40	431061	4987	1225	3090	672	11.57	2.84	7.17	1.56
41	419508	3447	863	2122	462	8.22	2.06	5.06	1.10
42	396206	2225	598	1304	323	5.62	1.51	3.29	0.82
43	399319	1472	385	865	222	3.69	0.96	2.17	0.56
44	417717	1130	347	619	164	2.71	0.83	1.48	0.39
45-49	**2288551**	**3226**	**1240**	**1537**	**449**	**1.41**	**0.54**	**0.67**	**0.20**
45	427029	771	286	391	94	1.81	0.67	0.92	0.22
46	452333	713	267	332	114	1.58	0.59	0.73	0.25
47	468033	574	214	273	87	1.23	0.46	0.58	0.19
48	463228	578	236	272	70	1.25	0.51	0.59	0.15
49	477928	590	237	269	84	1.23	0.50	0.56	0.18

2-39　全国镇育龄妇女分年龄、孩次的生育状况 (2019年11月1日至2020年10月31日)

Age-specific Fertility Rate of Town Women at Childbearing Ages by Age of Mother and Birth Order (2019.11.1-2020.10.31)

年　龄 Age	平均育龄妇女人数(人) Average Number of Childbearing Women (person)	出生人数 (人) Births (person)	一孩 1st Birth	二孩 2nd Birth	三孩及以上 3rd Birth and Above	生育率 (‰) Fertility Rate (‰)	一孩 1st Birth	二孩 2nd Birth	三孩及以上 3rd Birth and Above
总计　Total	**7794981**	**299891**	**128450**	**136528**	**34913**	**38.47**	**16.48**	**17.51**	**4.48**
15-19	**1004672**	**4995**	**4184**	**735**	**76**	**4.97**	**4.16**	**0.73**	**0.08**
15	241311	110	103	6	1	0.46	0.43	0.02	
16	241916	320	292	27	1	1.32	1.21	0.11	
17	206478	689	602	80	7	3.34	2.92	0.39	0.03
18	158600	1330	1134	181	15	8.39	7.15	1.14	0.09
19	156367	2546	2053	441	52	16.28	13.13	2.82	0.33
20-24	**747273**	**48730**	**32711**	**13856**	**2163**	**65.21**	**43.77**	**18.54**	**2.89**
20	147408	4237	3179	927	131	28.74	21.57	6.29	0.89
21	142260	6605	4689	1677	239	46.43	32.96	11.79	1.68
22	143228	9428	6443	2620	365	65.83	44.98	18.29	2.55
23	150173	12535	8362	3601	572	83.47	55.68	23.98	3.81
24	164204	15925	10038	5031	856	96.98	61.13	30.64	5.21
25-29	**1039893**	**112135**	**57272**	**45672**	**9191**	**107.83**	**55.07**	**43.92**	**8.84**
25	169725	18291	11132	6147	1012	107.77	65.59	36.22	5.96
26	180512	21141	12181	7559	1401	117.12	67.48	41.88	7.76
27	201101	23104	12314	9023	1767	114.89	61.23	44.87	8.79
28	220551	23610	11083	10263	2264	107.05	50.25	46.53	10.27
29	268004	25989	10562	12680	2747	96.97	39.41	47.31	10.25
30-34	**1427613**	**94279**	**26353**	**53507**	**14419**	**66.04**	**18.46**	**37.48**	**10.10**
30	308376	25679	8914	13469	3296	83.27	28.91	43.68	10.69
31	290971	21890	6520	12304	3066	75.23	22.41	42.29	10.54
32	300912	19285	4907	11281	3097	64.09	16.31	37.49	10.29
33	281308	15746	3569	9445	2732	55.97	12.69	33.58	9.71
34	246046	11679	2443	7008	2228	47.47	9.93	28.48	9.06
35-39	**1129845**	**30183**	**5733**	**17547**	**6903**	**26.71**	**5.07**	**15.53**	**6.11**
35	228419	9003	1764	5301	1938	39.41	7.72	23.21	8.48
36	220117	7120	1372	4085	1663	32.35	6.23	18.56	7.56
37	230663	6014	1162	3513	1339	26.07	5.04	15.23	5.81
38	244552	4921	852	2886	1183	20.12	3.48	11.80	4.84
39	206094	3125	583	1762	780	15.16	2.83	8.55	3.78
40-44	**1108839**	**7247**	**1497**	**4044**	**1706**	**6.54**	**1.35**	**3.65**	**1.54**
40	222678	2508	485	1408	615	11.26	2.18	6.32	2.76
41	220043	1833	389	1023	421	8.33	1.77	4.65	1.91
42	211313	1252	241	718	293	5.92	1.14	3.40	1.39
43	221032	973	221	520	232	4.40	1.00	2.35	1.05
44	233773	681	161	375	145	2.91	0.69	1.60	0.62
45-49	**1336846**	**2322**	**700**	**1167**	**455**	**1.74**	**0.52**	**0.87**	**0.34**
45	244752	506	143	232	131	2.07	0.58	0.95	0.54
46	261594	469	144	245	80	1.79	0.55	0.94	0.31
47	274171	466	136	246	84	1.70	0.50	0.90	0.31
48	271763	444	145	234	65	1.63	0.53	0.86	0.24
49	284566	437	132	210	95	1.54	0.46	0.74	0.33

2-40 全国乡村育龄妇女分年龄、孩次的生育状况 (2019年11月1日至2020年10月31日)

Age-specific Fertility Rate of Rural Women at Childbearing Ages by Age of Mother and Birth Order(2019.11.1-2020.10.31)

年龄 Age	平均育龄妇女人数(人) Average Number of Childbearing Women (person)	出生人数(人) Births (person)	一孩 1st Birth	二孩 2nd Birth	三孩及以上 3rd Birth and Above	生育率(‰) Fertility Rate (‰)	一孩 1st Birth	二孩 2nd Birth	三孩及以上 3rd Birth and Above
总计 Total	**9677147**	**392667**	**157081**	**166959**	**68627**	**40.58**	**16.23**	**17.25**	**7.09**
15-19	**1054276**	**13194**	**10472**	**2459**	**263**	**12.51**	**9.93**	**2.33**	**0.25**
15	252072	393	370	23		1.56	1.47	0.09	
16	217175	1012	909	98	5	4.66	4.19	0.45	0.02
17	203301	2030	1722	275	33	9.99	8.47	1.35	0.16
18	192100	3595	2877	667	51	18.71	14.98	3.47	0.27
19	189628	6164	4594	1396	174	32.51	24.23	7.36	0.92
20-24	**1006800**	**88315**	**52632**	**29127**	**6556**	**87.72**	**52.28**	**28.93**	**6.51**
20	186857	10120	7020	2682	418	54.16	37.57	14.35	2.24
21	192370	14199	9217	4195	787	73.81	47.91	21.81	4.09
22	198796	17623	10635	5767	1221	88.65	53.50	29.01	6.14
23	206708	21322	12280	7314	1728	103.15	59.41	35.38	8.36
24	222069	25051	13480	9169	2402	112.81	60.70	41.29	10.82
25-29	**1279137**	**141075**	**59490**	**61720**	**19865**	**110.29**	**46.51**	**48.25**	**15.53**
25	219524	26011	13261	10082	2668	118.49	60.41	45.93	12.15
26	227077	27271	12733	11248	3290	120.10	56.07	49.53	14.49
27	249820	29056	12569	12614	3873	116.31	50.31	50.49	15.50
28	266607	28604	10955	13142	4507	107.29	41.09	49.29	16.91
29	316109	30133	9972	14634	5527	95.32	31.55	46.29	17.48
30-34	**1624406**	**104567**	**25653**	**53115**	**25799**	**64.37**	**15.79**	**32.70**	**15.88**
30	358264	29775	8627	14995	6153	83.11	24.08	41.85	17.17
31	331687	24403	6114	12621	5668	73.57	18.43	38.05	17.09
32	339816	21099	4843	10776	5480	62.09	14.25	31.71	16.13
33	315896	16627	3521	8467	4639	52.63	11.15	26.80	14.69
34	278743	12663	2548	6256	3859	45.43	9.14	22.44	13.84
35-39	**1293382**	**33586**	**6277**	**15451**	**11858**	**25.97**	**4.85**	**11.95**	**9.17**
35	259654	9923	1891	4773	3259	38.22	7.28	18.38	12.55
36	249963	8002	1508	3729	2765	32.01	6.03	14.92	11.06
37	259983	6438	1206	2863	2369	24.76	4.64	11.01	9.11
38	280491	5501	985	2483	2033	19.61	3.51	8.85	7.25
39	243291	3722	687	1603	1432	15.30	2.82	6.59	5.89
40-44	**1386742**	**8394**	**1663**	**3494**	**3237**	**6.05**	**1.20**	**2.52**	**2.33**
40	265054	2827	517	1211	1099	10.67	1.95	4.57	4.15
41	263820	1980	386	845	749	7.51	1.46	3.20	2.84
42	262774	1520	305	594	621	5.78	1.16	2.26	2.36
43	283375	1163	256	473	434	4.10	0.90	1.67	1.53
44	311719	904	199	371	334	2.90	0.64	1.19	1.07
45-49	**2032404**	**3536**	**894**	**1593**	**1049**	**1.74**	**0.44**	**0.78**	**0.52**
45	344778	787	171	329	287	2.28	0.50	0.95	0.83
46	383839	668	175	287	206	1.74	0.46	0.75	0.54
47	412859	692	185	326	181	1.68	0.45	0.79	0.44
48	428826	670	186	302	182	1.56	0.43	0.70	0.42
49	462102	719	177	349	193	1.56	0.38	0.76	0.42

2-41 全国分年龄、性别的死亡人口状况(2019年11月1日至2020年10月31日)
Status of Deaths by Age and Sex (2019.11.1-2020.10.31)

年 龄 Age	年平均人口(人) Average Population (person)	男 Male	女 Female	死亡人口(人) Deaths (person)	男 Male	女 Female	死亡率(‰) Death Rate (‰)	男 Male	女 Female
总计 Total	**1408350446**	**720881862**	**687468584**	**7965772**	**4617095**	**3348677**	**5.66**	**6.40**	**4.87**
0-4	**80113070**	**42163898**	**37949172**	**37629**	**21712**	**15917**	**0.47**	**0.51**	**0.42**
0	13629879	7164434	6465445	20822	11906	8916	1.53	1.66	1.38
1	14644039	7698582	6945457	5682	3251	2431	0.39	0.42	0.35
2	16630267	8734234	7896033	4383	2584	1799	0.26	0.30	0.23
3	19182135	10084828	9097307	3841	2249	1592	0.20	0.22	0.17
4	16026750	8481820	7544930	2901	1722	1179	0.18	0.20	0.16
5-9	**91228790**	**48588840**	**42639950**	**12629**	**7561**	**5068**	**0.14**	**0.16**	**0.12**
5	18446977	9793877	8653100	2874	1692	1182	0.16	0.17	0.14
6	17821500	9467763	8353737	2566	1513	1053	0.14	0.16	0.13
7	19169898	10207275	8962623	2554	1544	1010	0.13	0.15	0.11
8	18239913	9732482	8507431	2391	1416	975	0.13	0.15	0.11
9	17550502	9387443	8163059	2244	1396	848	0.13	0.15	0.10
10-14	**84373368**	**45140220**	**39233148**	**15526**	**9606**	**5920**	**0.18**	**0.21**	**0.15**
10	17632068	9434390	8197678	2515	1542	973	0.14	0.16	0.12
11	17389521	9296348	8093173	2652	1590	1062	0.15	0.17	0.13
12	17249919	9219112	8030807	2994	1780	1214	0.17	0.19	0.15
13	16468441	8812717	7655724	3554	2209	1345	0.22	0.25	0.18
14	15633419	8377653	7255766	3811	2485	1326	0.24	0.30	0.18
15-19	**72183066**	**38760979**	**33422087**	**20613**	**13974**	**6639**	**0.29**	**0.36**	**0.20**
15	15508355	8338564	7169791	4153	2779	1374	0.27	0.33	0.19
16	14000569	7554245	6446324	3927	2624	1303	0.28	0.35	0.20
17	14243352	7670727	6572625	4010	2728	1282	0.28	0.36	0.20
18	13944452	7478815	6465637	4282	2938	1344	0.31	0.39	0.21
19	14486338	7718628	6767710	4241	2905	1336	0.29	0.38	0.20
20-24	**76641203**	**40541059**	**36100144**	**25224**	**17680**	**7544**	**0.33**	**0.44**	**0.21**
20	14400615	7642046	6758569	4532	3177	1355	0.31	0.42	0.20
21	14687059	7785803	6901256	4673	3307	1366	0.32	0.42	0.20
22	15042526	7958002	7084524	4961	3421	1540	0.33	0.43	0.22
23	15713815	8298041	7415774	5256	3712	1544	0.33	0.45	0.21
24	16797188	8857167	7940021	5802	4063	1739	0.35	0.46	0.22
25-29	**95744867**	**50127527**	**45617340**	**37390**	**26820**	**10570**	**0.39**	**0.54**	**0.23**
25	16856809	8877552	7979257	6162	4384	1778	0.37	0.49	0.22
26	17272911	9060252	8212659	6474	4660	1814	0.37	0.51	0.22
27	18652195	9772606	8879589	7286	5202	2084	0.39	0.53	0.23
28	19735216	10326740	9408476	8051	5798	2253	0.41	0.56	0.24
29	23227736	12090377	11137359	9417	6776	2641	0.41	0.56	0.24
30-34	**121554296**	**62465774**	**59088522**	**61721**	**44129**	**17592**	**0.51**	**0.71**	**0.30**
30	26223230	13532638	12690592	11587	8264	3323	0.44	0.61	0.26
31	24728518	12698739	12029779	11625	8266	3359	0.47	0.65	0.28
32	25491507	13083150	12408357	12541	9005	3536	0.49	0.69	0.28
33	24032294	12324372	11707922	13400	9574	3826	0.56	0.78	0.33
34	21078747	10826875	10251872	12568	9020	3548	0.60	0.83	0.35

2-41 续表 1 continued

年 龄 Age	年平均人口(人) Average Population (person)	男 Male	女 Female	死亡人口(人) Deaths (person)	男 Male	女 Female	死亡率(‰) Death Rate (‰)	男 Male	女 Female
35-39	**97475003**	**50138332**	**47336671**	**75743**	**55129**	**20614**	**0.78**	**1.10**	**0.44**
35	19532757	10058270	9474487	12615	9067	3548	0.65	0.90	0.37
36	19026132	9787116	9239016	13318	9644	3674	0.70	0.99	0.40
37	20215704	10424056	9791648	15585	11333	4252	0.77	1.09	0.43
38	21184257	10882507	10301750	17587	12888	4699	0.83	1.18	0.46
39	17516153	8986383	8529770	16638	12197	4441	0.95	1.36	0.52
40-44	**94527087**	**48412287**	**46114800**	**117774**	**85970**	**31804**	**1.25**	**1.78**	**0.69**
40	19033867	9785394	9248473	19080	14007	5073	1.00	1.43	0.55
41	18679056	9562146	9116910	21276	15547	5729	1.14	1.63	0.63
42	18041842	9227615	8814227	22392	16373	6019	1.24	1.77	0.68
43	18786442	9630365	9156077	25457	18604	6853	1.36	1.93	0.75
44	19985880	10206767	9779113	29569	21439	8130	1.48	2.10	0.83
45-49	**117255778**	**59684346**	**57571432**	**227493**	**161922**	**65571**	**1.94**	**2.71**	**1.14**
45	21048981	10715867	10333114	34294	24642	9652	1.63	2.30	0.93
46	22719468	11574841	11144627	39877	28604	11273	1.76	2.47	1.01
47	23963889	12217061	11746828	45797	32813	12984	1.91	2.69	1.11
48	24197577	12336912	11860665	49924	35265	14659	2.06	2.86	1.24
49	25325863	12839665	12486198	57601	40598	17003	2.27	3.16	1.36
50-54	**119820605**	**60425706**	**59394899**	**358779**	**250025**	**108754**	**2.99**	**4.14**	**1.83**
50	25054621	12640735	12413886	62749	44028	18721	2.50	3.48	1.51
51	26565632	13407946	13157686	70971	49513	21458	2.67	3.69	1.63
52	22707804	11413383	11294421	69809	48443	21366	3.07	4.24	1.89
53	21914071	11042195	10871876	72152	50234	21918	3.29	4.55	2.02
54	23578477	11921447	11657030	83098	57807	25291	3.52	4.85	2.17
55-59	**96381670**	**48310118**	**48071552**	**435151**	**303598**	**131553**	**4.51**	**6.28**	**2.74**
55	22867088	11499210	11367878	88514	61759	26755	3.87	5.37	2.35
56	24454888	12302287	12152601	103103	72041	31062	4.22	5.86	2.56
57	24416345	12335537	12080808	110096	77114	32982	4.51	6.25	2.73
58	13372820	6622624	6750196	71121	49347	21774	5.32	7.45	3.23
59	11270529	5550460	5720069	62317	43337	18980	5.53	7.81	3.32
60-64	**75325807**	**37880108**	**37445699**	**563353**	**387660**	**175693**	**7.48**	**10.23**	**4.69**
60	12673621	6396428	6277193	78766	55296	23470	6.21	8.64	3.74
61	13827826	7011013	6816813	93292	64977	28315	6.75	9.27	4.15
62	17053438	8637868	8415570	123048	85058	37990	7.22	9.85	4.51
63	16293105	8149717	8143388	131239	89782	41457	8.05	11.02	5.09
64	15477817	7685082	7792735	137008	92547	44461	8.85	12.04	5.71
65-69	**72524232**	**35632705**	**36891527**	**849997**	**554957**	**295040**	**11.72**	**15.57**	**8.00**
65	16802044	8348019	8454025	159453	106711	52742	9.49	12.78	6.24
66	15620860	7688500	7932360	165930	109773	56157	10.62	14.28	7.08
67	14966943	7345121	7621822	174855	114246	60609	11.68	15.55	7.95
68	13252260	6455712	6796548	176874	113935	62939	13.35	17.65	9.26
69	11882125	5795353	6086772	172885	110292	62593	14.55	19.03	10.28

2-41 续表 2 continued

年 龄 Age	年平均人口(人) Average Population (person)	男 Male	女 Female	死亡人口(人) Deaths (person)	男 Male	女 Female	死亡率(‰) Death Rate (‰)	男 Male	女 Female
70-74	**47918876**	**23376167**	**24542709**	**970861**	**602909**	**367952**	**20.26**	**25.79**	**14.99**
70	11901096	5882201	6018895	192664	122842	69822	16.19	20.88	11.60
71	10109453	4942769	5166684	188914	119383	69531	18.69	24.15	13.46
72	9330892	4556548	4774344	191850	119383	72467	20.56	26.20	15.18
73	8745170	4248195	4496975	199329	122242	77087	22.79	28.78	17.14
74	7832265	3746454	4085811	198104	119059	79045	25.29	31.78	19.35
75-79	**30544257**	**14457188**	**16087069**	**1088174**	**631271**	**456903**	**35.63**	**43.66**	**28.40**
75	7032108	3370131	3661977	203146	120995	82151	28.89	35.90	22.43
76	6489823	3093620	3396203	205431	120988	84443	31.65	39.11	24.86
77	6006271	2845496	3160775	213115	124155	88960	35.48	43.63	28.14
78	5753958	2691521	3062437	228277	130785	97492	39.67	48.59	31.83
79	5262097	2456420	2805677	238205	134348	103857	45.27	54.69	37.02
80-84	**19981919**	**8939542**	**11042377**	**1256049**	**663470**	**592579**	**62.86**	**74.22**	**53.66**
80	4628334	2119412	2508922	234224	128843	105381	50.61	60.79	42.00
81	4364117	1983793	2380324	246624	133789	112835	56.51	67.44	47.40
82	4075444	1836385	2239059	261322	138870	122452	64.12	75.62	54.69
83	3634018	1600087	2033931	259104	134392	124712	71.30	83.99	61.32
84	3280006	1399865	1880141	254775	127576	127199	77.68	91.13	67.65
85-89	**10481122**	**4289001**	**6192121**	**1077086**	**501468**	**575618**	**102.76**	**116.92**	**92.96**
85	2823086	1174854	1648232	245846	119552	126294	87.08	101.76	76.62
86	2567949	1064904	1503045	242755	116017	126738	94.53	108.95	84.32
87	2030250	823931	1206319	220492	102163	118329	108.60	123.99	98.09
88	1658755	666860	991895	191141	85899	105242	115.23	128.81	106.10
89	1401082	558452	842630	176852	77837	99015	126.23	139.38	117.51
90-94	**3395486**	**1261378**	**2134108**	**548871**	**217924**	**330947**	**161.65**	**172.77**	**155.08**
90	1071492	413714	657778	154184	65077	89107	143.90	157.30	135.47
91	835038	311492	523546	130255	52619	77636	155.99	168.93	148.29
92	662260	243346	418914	111174	43710	67464	167.87	179.62	161.04
93	471661	169448	302213	85224	32094	53130	180.69	189.40	175.80
94	355035	123378	231657	68034	24424	43610	191.63	197.96	188.25
95-99	**761579**	**250566**	**511013**	**157606**	**51882**	**105724**	**206.95**	**207.06**	**206.89**
95	267565	90631	176934	53653	18981	34672	200.52	209.43	195.96
96	195473	63614	131859	40409	13322	27087	206.72	209.42	205.42
97	130239	42163	88076	27669	8659	19010	212.45	205.37	215.84
98	96103	31206	64897	20857	6368	14489	217.03	204.06	223.26
99	72199	22952	49247	15018	4552	10466	208.01	198.33	212.52
100+	**118365**	**36121**	**82244**	**28103**	**7428**	**20675**	**237.43**	**205.64**	**251.39**

2-42 全国城市分年龄、性别的死亡人口状况
(2019年11月1日至2020年10月31日)
Status of City Deaths by Age and Sex (2019.11.1-2020.10.31)

年龄 Age	年平均人口(人) Average Population (person)	男 Male	女 Female	死亡人口(人) Deaths (person)	男 Male	女 Female	死亡率(‰) Death Rate (‰)	男 Male	女 Female
总计 Total	**574242481**	**291362531**	**282879950**	**2076658**	**1209317**	**867341**	**3.62**	**4.15**	**3.07**
0-4	**31425046**	**16523132**	**14901914**	**7738**	**4334**	**3404**	**0.25**	**0.26**	**0.23**
0	5391378	2829014	2562364	4781	2672	2109	0.89	0.94	0.82
1	5769430	3030464	2738966	987	528	459	0.17	0.17	0.17
2	6560723	3440367	3120356	733	422	311	0.11	0.12	0.10
3	7766943	4081326	3685617	761	425	336	0.10	0.10	0.09
4	5936572	3141961	2794611	476	287	189	0.08	0.09	0.07
5-9	**32344139**	**17236543**	**15107596**	**2196**	**1261**	**935**	**0.07**	**0.07**	**0.06**
5	6917469	3671293	3246176	532	298	234	0.08	0.08	0.07
6	6468292	3438183	3030109	394	225	169	0.06	0.07	0.06
7	6884288	3669856	3214432	457	270	187	0.07	0.07	0.06
8	6246703	3334382	2912321	457	268	189	0.07	0.08	0.06
9	5827387	3122829	2704558	356	200	156	0.06	0.06	0.06
10-14	**27234848**	**14543823**	**12691025**	**2657**	**1563**	**1094**	**0.10**	**0.11**	**0.09**
10	5644562	3024546	2620016	407	234	173	0.07	0.08	0.07
11	5550544	2968967	2581577	451	276	175	0.08	0.09	0.07
12	5623509	2999577	2623932	554	308	246	0.10	0.10	0.09
13	5140918	2745372	2395546	592	345	247	0.12	0.13	0.10
14	5275315	2805361	2469954	653	400	253	0.12	0.14	0.10
15-19	**33870744**	**17834435**	**16036309**	**3698**	**2383**	**1315**	**0.11**	**0.13**	**0.08**
15	6374688	3395744	2978944	710	463	247	0.11	0.14	0.08
16	6055583	3241468	2814115	700	432	268	0.12	0.13	0.10
17	6566476	3485368	3081108	705	451	254	0.11	0.13	0.08
18	7001064	3653722	3347342	786	513	273	0.11	0.14	0.08
19	7872933	4058133	3814800	797	524	273	0.10	0.13	0.07
20-24	**38612173**	**19973009**	**18639164**	**4869**	**3270**	**1599**	**0.13**	**0.16**	**0.09**
20	7752303	3988720	3763583	876	585	291	0.11	0.15	0.08
21	7536485	3898963	3637522	925	627	298	0.12	0.16	0.08
22	7423302	3850250	3573052	922	615	307	0.12	0.16	0.09
23	7703722	3991800	3711922	973	658	315	0.13	0.16	0.08
24	8196361	4243276	3953085	1173	785	388	0.14	0.18	0.10
25-29	**46167982**	**23817185**	**22350797**	**7413**	**5135**	**2278**	**0.16**	**0.22**	**0.10**
25	8269909	4279498	3990411	1210	841	369	0.15	0.20	0.09
26	8428170	4348605	4079565	1264	880	384	0.15	0.20	0.09
27	8993223	4642378	4350845	1470	1019	451	0.16	0.22	0.10
28	9436490	4873673	4562817	1580	1087	493	0.17	0.22	0.11
29	11040190	5673031	5367159	1889	1308	581	0.17	0.23	0.11
30-34	**58941559**	**29907836**	**29033723**	**13011**	**8769**	**4242**	**0.22**	**0.29**	**0.15**
30	12484451	6367993	6116458	2223	1500	723	0.18	0.24	0.12
31	11968526	6074329	5894197	2423	1643	780	0.20	0.27	0.13
32	12404296	6287937	6116359	2677	1818	859	0.22	0.29	0.14
33	11808322	5971736	5836586	2887	1934	953	0.24	0.32	0.16
34	10275964	5205841	5070123	2801	1874	927	0.27	0.36	0.18

2-42 续表 1 continued

年 龄 Age	年平均人口(人) Average Population (person)	男 Male	女 Female	死亡人口(人) Deaths (person)	男 Male	女 Female	死亡率(‰) Death Rate (‰)	男 Male	女 Female
35-39	**47180443**	**23960777**	**23219666**	**17816**	**12296**	**5520**	**0.38**	**0.51**	**0.24**
35	9430743	4796144	4634599	2773	1883	890	0.29	0.39	0.19
36	9285326	4719611	4565715	3072	2131	941	0.33	0.45	0.21
37	9986287	5076235	4910052	3760	2548	1212	0.38	0.50	0.25
38	10302561	5219487	5083074	4309	3026	1283	0.42	0.58	0.25
39	8175526	4149300	4026226	3902	2708	1194	0.48	0.65	0.30
40-44	**42606327**	**21613363**	**20992964**	**27594**	**19498**	**8096**	**0.65**	**0.90**	**0.39**
40	8880675	4518736	4361939	4466	3157	1309	0.50	0.70	0.30
41	8621822	4369074	4252748	5062	3589	1473	0.59	0.82	0.35
42	8158812	4129906	4028906	5319	3744	1575	0.65	0.91	0.39
43	8275400	4204087	4071313	5886	4164	1722	0.71	0.99	0.42
44	8669618	4391560	4278058	6861	4844	2017	0.79	1.10	0.47
45-49	**47800933**	**24249119**	**23551814**	**53292**	**37254**	**16038**	**1.11**	**1.54**	**0.68**
45	8883464	4496751	4386713	7844	5436	2408	0.88	1.21	0.55
46	9420797	4777863	4642934	9234	6459	2775	0.98	1.35	0.60
47	9799672	4985721	4813951	10766	7602	3164	1.10	1.52	0.66
48	9726961	4945998	4780963	11863	8237	3626	1.22	1.67	0.76
49	9970039	5042786	4927253	13585	9520	4065	1.36	1.89	0.83
50-54	**43993497**	**22100970**	**21892527**	**81386**	**56773**	**24613**	**1.85**	**2.57**	**1.12**
50	9624247	4848761	4775486	14720	10224	4496	1.53	2.11	0.94
51	10034282	5049253	4985029	16739	11627	5112	1.67	2.30	1.03
52	8233950	4128209	4105741	15531	10807	4724	1.89	2.62	1.15
53	7684017	3850828	3833189	15604	10906	4698	2.03	2.83	1.23
54	8417001	4223919	4193082	18792	13209	5583	2.23	3.13	1.33
55-59	**36239921**	**18009064**	**18230857**	**113932**	**81694**	**32238**	**3.14**	**4.54**	**1.77**
55	8393997	4201316	4192681	21747	15514	6233	2.59	3.69	1.49
56	9381160	4677050	4704110	27049	19284	7765	2.88	4.12	1.65
57	9117585	4548306	4569279	29002	20851	8151	3.18	4.58	1.78
58	4867513	2393018	2474495	18098	13065	5033	3.72	5.46	2.03
59	4479666	2189374	2290292	18036	12980	5056	4.03	5.93	2.21
60-64	**27819937**	**13662863**	**14157074**	**149839**	**105750**	**44089**	**5.39**	**7.74**	**3.11**
60	5006843	2481053	2525790	22329	16032	6297	4.46	6.46	2.49
61	5229683	2595669	2634014	25804	18419	7385	4.93	7.10	2.80
62	6287819	3098858	3188961	32778	23147	9631	5.21	7.47	3.02
63	5811937	2829617	2982320	33895	23861	10034	5.83	8.43	3.36
64	5483655	2657666	2825989	35033	24291	10742	6.39	9.14	3.80
65-69	**24035948**	**11494527**	**12541421**	**209066**	**139653**	**69413**	**8.70**	**12.15**	**5.53**
65	5806884	2805037	3001847	40122	27426	12696	6.91	9.78	4.23
66	5272521	2522740	2749781	41537	28081	13456	7.88	11.13	4.89
67	4853448	2311293	2542155	42101	28179	13922	8.67	12.19	5.48
68	4275539	2028932	2246607	42958	28206	14752	10.05	13.90	6.57
69	3827556	1826525	2001031	42348	27761	14587	11.06	15.20	7.29

2-42 续表 2 continued

年 龄 Age	年平均人口(人) Average Population (person)	男 Male	女 Female	死亡人口(人) Deaths (person)	男 Male	女 Female	死亡率(‰) Death Rate (‰)	男 Male	女 Female
70-74	**14869070**	**7065188**	**7803882**	**230786**	**146281**	**84505**	**15.52**	**20.70**	**10.83**
70	3783023	1818621	1964402	46492	30309	16183	12.29	16.67	8.24
71	3124600	1477958	1646642	44637	28586	16051	14.29	19.34	9.75
72	2881060	1367615	1513445	45506	28754	16752	15.79	21.02	11.07
73	2704645	1286090	1418555	47566	29907	17659	17.59	23.25	12.45
74	2375742	1114904	1260838	46585	28725	17860	19.61	25.76	14.17
75-79	**9416998**	**4318405**	**5098593**	**263633**	**154010**	**109623**	**28.00**	**35.66**	**21.50**
75	2115729	982815	1132914	47688	28775	18913	22.54	29.28	16.69
76	1949975	899217	1050758	48061	28632	19429	24.65	31.84	18.49
77	1860605	851688	1008917	51435	30151	21284	27.64	35.40	21.10
78	1803029	815323	987706	56118	32204	23914	31.12	39.50	24.21
79	1687660	769362	918298	60331	34248	26083	35.75	44.51	28.40
80-84	**6669536**	**2947421**	**3722115**	**342811**	**181574**	**161237**	**51.40**	**61.60**	**43.32**
80	1535828	684497	851331	62465	34252	28213	40.67	50.04	33.14
81	1449557	642623	806934	65897	35474	30423	45.46	55.20	37.70
82	1353463	603412	750051	70871	37910	32961	52.36	62.83	43.95
83	1217539	538276	679263	71565	37451	34114	58.78	69.58	50.22
84	1113149	478613	634536	72013	36487	35526	64.69	76.23	55.99
85-89	**3548820**	**1518840**	**2029980**	**316334**	**153507**	**162827**	**89.14**	**101.07**	**80.21**
85	959914	406510	553404	71162	35144	36018	74.13	86.45	65.08
86	865210	370834	494376	70620	34731	35889	81.62	93.66	72.59
87	689628	293795	395833	64951	31291	33660	94.18	106.51	85.04
88	561018	242240	318778	56811	27189	29622	101.26	112.24	92.92
89	473050	205461	267589	52790	25152	27638	111.59	122.42	103.29
90-94	**1163172**	**475875**	**687297**	**169769**	**73251**	**96518**	**145.95**	**153.93**	**140.43**
90	370546	156697	213849	47208	21547	25661	127.40	137.51	120.00
91	285560	116855	168705	40161	17553	22608	140.64	150.21	134.01
92	225274	91254	134020	34554	14823	19731	153.39	162.44	147.22
93	160201	63743	96458	26510	10851	15659	165.48	170.23	162.34
94	121591	47326	74265	21336	8477	12859	175.47	179.12	173.15
95-99	**259003**	**95133**	**163870**	**49437**	**18238**	**31199**	**190.87**	**191.71**	**190.39**
95	91027	34519	56508	16879	6759	10120	185.43	195.81	179.09
96	66124	23974	42150	12678	4643	8035	191.73	193.67	190.63
97	44679	16202	28477	8620	3056	5564	192.93	188.62	195.39
98	32886	11888	20998	6643	2221	4422	202.00	186.83	210.59
99	24287	8550	15737	4617	1559	3058	190.10	182.34	194.32
100+	**42385**	**15023**	**27362**	**9381**	**2823**	**6558**	**221.33**	**187.91**	**239.68**

2-43 全国镇分年龄、性别的死亡人口状况
(2019年11月1日至2020年10月31日)
Status of Town Deaths by Age and Sex (2019.11.1-2020.10.31)

年 龄 Age	年平均人口(人) Average Population (person)	男 Male	女 Female	死亡人口(人) Deaths (person)	男 Male	女 Female	死亡率(‰) Death Rate (‰)	男 Male	女 Female
总计 Total	**324400499**	**164856843**	**159543656**	**1631378**	**955250**	**676128**	**5.03**	**5.79**	**4.24**
0-4	**19953398**	**10527797**	**9425601**	**7612**	**4374**	**3238**	**0.38**	**0.42**	**0.34**
0	3271751	1724193	1547558	4142	2363	1779	1.27	1.37	1.15
1	3614041	1903438	1710603	1145	670	475	0.32	0.35	0.28
2	4166915	2194140	1972775	943	543	400	0.23	0.25	0.20
3	4849167	2554044	2295123	805	473	332	0.17	0.19	0.14
4	4051524	2151982	1899542	577	325	252	0.14	0.15	0.13
5-9	**23607898**	**12627741**	**10980157**	**2576**	**1524**	**1052**	**0.11**	**0.12**	**0.10**
5	4676475	2491950	2184525	582	333	249	0.12	0.13	0.11
6	4597178	2453201	2143977	527	315	212	0.11	0.13	0.10
7	4965046	2654612	2310434	516	299	217	0.10	0.11	0.09
8	4761937	2552832	2209105	489	287	202	0.10	0.11	0.09
9	4607262	2475146	2132116	462	290	172	0.10	0.12	0.08
10-14	**22386801**	**11982184**	**10404617**	**3333**	**2039**	**1294**	**0.15**	**0.17**	**0.12**
10	4638965	2493613	2145352	550	331	219	0.12	0.13	0.10
11	4560798	2446140	2114658	554	339	215	0.12	0.14	0.10
12	4486028	2401911	2084117	654	374	280	0.15	0.16	0.13
13	4329291	2316340	2012951	813	504	309	0.19	0.22	0.15
14	4371719	2324180	2047539	762	491	271	0.17	0.21	0.13
15-19	**19727958**	**10511305**	**9216653**	**4478**	**3032**	**1446**	**0.23**	**0.29**	**0.16**
15	4828038	2556795	2271243	877	579	298	0.18	0.23	0.13
16	4596396	2425794	2170602	816	549	267	0.18	0.23	0.12
17	4120327	2191408	1928919	935	634	301	0.23	0.29	0.16
18	3226189	1741648	1484541	930	649	281	0.29	0.37	0.19
19	2957008	1595660	1361348	920	621	299	0.31	0.39	0.22
20-24	**15603200**	**8223889**	**7379311**	**5174**	**3615**	**1559**	**0.33**	**0.44**	**0.21**
20	2861506	1536365	1325141	918	649	269	0.32	0.42	0.20
21	2961345	1575869	1385476	994	700	294	0.34	0.44	0.21
22	3078057	1621120	1456937	1035	711	324	0.34	0.44	0.22
23	3219042	1682502	1536540	1076	758	318	0.33	0.45	0.21
24	3483250	1808033	1675217	1151	797	354	0.33	0.44	0.21
25-29	**21209614**	**10797368**	**10412246**	**7868**	**5617**	**2251**	**0.37**	**0.52**	**0.22**
25	3553362	1835514	1717848	1278	911	367	0.36	0.50	0.21
26	3718293	1904023	1814270	1332	933	399	0.36	0.49	0.22
27	4109443	2092746	2016697	1538	1097	441	0.37	0.52	0.22
28	4448905	2256524	2192381	1707	1231	476	0.38	0.55	0.22
29	5379611	2708561	2671050	2013	1445	568	0.37	0.53	0.21
30-34	**28328213**	**14112683**	**14215530**	**13287**	**9589**	**3698**	**0.47**	**0.68**	**0.26**
30	6121434	3051442	3069992	2556	1830	726	0.42	0.60	0.24
31	5773049	2870444	2902605	2415	1757	658	0.42	0.61	0.23
32	5953223	2959535	2993688	2722	1981	741	0.46	0.67	0.25
33	5565615	2773072	2792543	2895	2056	839	0.52	0.74	0.30
34	4914892	2458190	2456702	2699	1965	734	0.55	0.80	0.30

2-43 续表 1 continued

年 龄 Age	年平均人口(人) Average Population (person)	男 Male	女 Female	死亡人口(人) Deaths (person)	男 Male	女 Female	死亡率(‰) Death Rate (‰)	男 Male	女 Female
35-39	**22761224**	**11417590**	**11343634**	**16053**	**11810**	**4243**	**0.71**	**1.03**	**0.37**
35	4583474	2300629	2282845	2698	1947	751	0.59	0.85	0.33
36	4434090	2223771	2210319	2844	2070	774	0.64	0.93	0.35
37	4664002	2348382	2315620	3351	2514	837	0.72	1.07	0.36
38	4923858	2466952	2456906	3645	2685	960	0.74	1.09	0.39
39	4155800	2077856	2077944	3515	2594	921	0.85	1.25	0.44
40-44	**22581465**	**11357649**	**11223816**	**25112**	**18339**	**6773**	**1.11**	**1.61**	**0.60**
40	4514182	2268257	2245925	4073	2989	1084	0.90	1.32	0.48
41	4456620	2234988	2221632	4515	3328	1187	1.01	1.49	0.53
42	4312491	2166567	2145924	4752	3474	1278	1.10	1.60	0.60
43	4524434	2283375	2241059	5490	4008	1482	1.21	1.76	0.66
44	4773738	2404462	2369276	6282	4540	1742	1.32	1.89	0.74
45-49	**27405941**	**13810987**	**13594954**	**48575**	**34604**	**13971**	**1.77**	**2.51**	**1.03**
45	5010786	2517669	2493117	7343	5265	2078	1.47	2.09	0.83
46	5353366	2694149	2659217	8462	6074	2388	1.58	2.25	0.90
47	5608275	2827643	2780632	9858	7020	2838	1.76	2.48	1.02
48	5597460	2829400	2768060	10542	7506	3036	1.88	2.65	1.10
49	5836054	2942126	2893928	12370	8739	3631	2.12	2.97	1.25
50-54	**27317123**	**13707194**	**13609929**	**76378**	**53398**	**22980**	**2.80**	**3.90**	**1.69**
50	5762222	2892443	2869779	13531	9559	3972	2.35	3.30	1.38
51	6069871	3050336	3019535	15070	10582	4488	2.48	3.47	1.49
52	5167180	2585024	2582156	14781	10306	4475	2.86	3.99	1.73
53	5000148	2506145	2494003	15287	10596	4691	3.06	4.23	1.88
54	5317702	2673246	2644456	17709	12355	5354	3.33	4.62	2.02
55-59	**20841794**	**10392625**	**10449169**	**90058**	**62675**	**27383**	**4.32**	**6.03**	**2.62**
55	5080528	2541507	2539021	18560	12965	5595	3.65	5.10	2.20
56	5302122	2653678	2648444	21266	14852	6414	4.01	5.60	2.42
57	5302230	2665188	2637042	23316	16308	7008	4.40	6.12	2.66
58	2873729	1412926	1460803	14630	10068	4562	5.09	7.13	3.12
59	2283185	1119326	1163859	12286	8482	3804	5.38	7.58	3.27
60-64	**15331680**	**7668098**	**7663582**	**114268**	**78400**	**35868**	**7.45**	**10.22**	**4.68**
60	2559690	1287377	1272313	15691	11058	4633	6.13	8.59	3.64
61	2824471	1427612	1396859	18734	12982	5752	6.63	9.09	4.12
62	3479632	1754400	1725232	25059	17302	7757	7.20	9.86	4.50
63	3335981	1656821	1679160	26803	18282	8521	8.03	11.03	5.07
64	3131906	1541888	1590018	27981	18776	9205	8.93	12.18	5.79
65-69	**14651327**	**7156440**	**7494887**	**175223**	**115116**	**60107**	**11.96**	**16.09**	**8.02**
65	3410542	1682438	1728104	32923	22117	10806	9.65	13.15	6.25
66	3156234	1542863	1613371	33896	22543	11353	10.74	14.61	7.04
67	3034334	1481796	1552538	36352	23975	12377	11.98	16.18	7.97
68	2664063	1291043	1373020	36495	23575	12920	13.70	18.26	9.41
69	2386154	1158300	1227854	35557	22906	12651	14.90	19.78	10.30

2-43 续表 2 continued

年 龄 Age	年平均人口(人) Average Population (person)	男 Male	女 Female	死亡人口(人) Deaths (person)	男 Male	女 Female	死亡率(‰) Death Rate (‰)	男 Male	女 Female
70-74	**9661370**	**4699515**	**4961855**	**201755**	**126207**	**75548**	**20.88**	**26.86**	**15.23**
70	2394089	1178644	1215445	39931	25629	14302	16.68	21.74	11.77
71	2043076	994593	1048483	39201	24934	14267	19.19	25.07	13.61
72	1875269	913326	961943	39825	25047	14778	21.24	27.42	15.36
73	1761582	854354	907228	41605	25752	15853	23.62	30.14	17.47
74	1587354	758598	828756	41193	24845	16348	25.95	32.75	19.73
75-79	**6185566**	**2935594**	**3249972**	**226652**	**133689**	**92963**	**36.64**	**45.54**	**28.60**
75	1427311	685538	741773	42360	25692	16668	29.68	37.48	22.47
76	1309108	624521	684587	42802	25598	17204	32.70	40.99	25.13
77	1217973	578705	639268	44673	26532	18141	36.68	45.85	28.38
78	1165952	547315	618637	47566	27710	19856	40.80	50.63	32.10
79	1065222	499515	565707	49251	28157	21094	46.24	56.37	37.29
80-84	**3960707**	**1780220**	**2180487**	**255209**	**136917**	**118292**	**64.44**	**76.91**	**54.25**
80	922787	425684	497103	48021	26941	21080	52.04	63.29	42.41
81	869320	397672	471648	50399	27874	22525	57.98	70.09	47.76
82	809196	366048	443148	53244	28768	24476	65.80	78.59	55.23
83	719022	317438	401584	52059	27295	24764	72.40	85.99	61.67
84	640382	273378	367004	51486	26039	25447	80.40	95.25	69.34
85-89	**2045657**	**841021**	**1204636**	**213670**	**100190**	**113480**	**104.45**	**119.13**	**94.20**
85	549482	228498	320984	48984	24101	24883	89.15	105.48	77.52
86	503686	210018	293668	48467	23433	25034	96.22	111.58	85.25
87	393952	160742	233210	43241	20149	23092	109.76	125.35	99.02
88	323184	130853	192331	37665	16960	20705	116.54	129.61	107.65
89	275353	110910	164443	35313	15547	19766	128.25	140.18	120.20
90-94	**663345**	**249067**	**414278**	**107827**	**42747**	**65080**	**162.55**	**171.63**	**157.09**
90	208282	81010	127272	30349	12800	17549	145.71	158.01	137.89
91	163041	61511	101530	25653	10310	15343	157.34	167.61	151.12
92	129760	48067	81693	21936	8639	13297	169.05	179.73	162.77
93	92522	33968	58554	16609	6289	10320	179.51	185.14	176.25
94	69740	24511	45229	13280	4709	8571	190.42	192.12	189.50
95-99	**152978**	**50848**	**102130**	**30711**	**9924**	**20787**	**200.75**	**195.17**	**203.53**
95	53138	18162	34976	10426	3632	6794	196.21	199.98	194.25
96	39141	12847	26294	7988	2549	5439	204.08	198.41	206.85
97	26059	8422	17637	5311	1641	3670	203.81	194.85	208.09
98	19331	6426	12905	4058	1220	2838	209.92	189.85	219.91
99	15309	4991	10318	2928	882	2046	191.26	176.72	198.29
100+	**23240**	**7028**	**16212**	**5559**	**1444**	**4115**	**239.20**	**205.46**	**253.82**

2-44 全国乡村分年龄、性别的死亡人口状况
（2019年11月1日至2020年10月31日）
Status of Rural Deaths by Age and Sex (2019.11.1-2020.10.31)

年 龄 Age	年平均人口(人) Average Population (person)	男 Male	女 Female	死亡人口(人) Deaths (person)	男 Male	女 Female	死亡率(‰) Death Rate (‰)	男 Male	女 Female
总计 Total	**509707466**	**264662488**	**245044978**	**4257736**	**2452528**	**1805208**	**8.35**	**9.27**	**7.37**
0-4	**28734626**	**15112969**	**13621657**	**22279**	**13004**	**9275**	**0.78**	**0.86**	**0.68**
0	4966750	2611227	2355523	11899	6871	5028	2.40	2.63	2.13
1	5260568	2764680	2495888	3550	2053	1497	0.67	0.74	0.60
2	5902629	3099727	2802902	2707	1619	1088	0.46	0.52	0.39
3	6566025	3449458	3116567	2275	1351	924	0.35	0.39	0.30
4	6038654	3187877	2850777	1848	1110	738	0.31	0.35	0.26
5-9	**35276753**	**18724556**	**16552197**	**7857**	**4776**	**3081**	**0.22**	**0.26**	**0.19**
5	6853033	3630634	3222399	1760	1061	699	0.26	0.29	0.22
6	6756030	3576379	3179651	1645	973	672	0.24	0.27	0.21
7	7320564	3882807	3437757	1581	975	606	0.22	0.25	0.18
8	7231273	3845268	3386005	1445	861	584	0.20	0.22	0.17
9	7115853	3789468	3326385	1426	906	520	0.20	0.24	0.16
10-14	**34751719**	**18614213**	**16137506**	**9536**	**6004**	**3532**	**0.27**	**0.32**	**0.22**
10	7348541	3916231	3432310	1558	977	581	0.21	0.25	0.17
11	7278179	3881241	3396938	1647	975	672	0.23	0.25	0.20
12	7140382	3817624	3322758	1786	1098	688	0.25	0.29	0.21
13	6998232	3751005	3247227	2149	1360	789	0.31	0.36	0.24
14	5986385	3248112	2738273	2396	1594	802	0.40	0.49	0.29
15-19	**18584364**	**10415239**	**8169125**	**12437**	**8559**	**3878**	**0.67**	**0.82**	**0.47**
15	4305629	2386025	1919604	2566	1737	829	0.60	0.73	0.43
16	3348590	1886983	1461607	2411	1643	768	0.72	0.87	0.53
17	3556549	1993951	1562598	2370	1643	727	0.67	0.82	0.47
18	3717199	2083445	1633754	2566	1776	790	0.69	0.85	0.48
19	3656397	2064835	1591562	2524	1760	764	0.69	0.85	0.48
20-24	**22425830**	**12344161**	**10081669**	**15181**	**10795**	**4386**	**0.68**	**0.87**	**0.44**
20	3786806	2116961	1669845	2738	1943	795	0.72	0.92	0.48
21	4189229	2310971	1878258	2754	1980	774	0.66	0.86	0.41
22	4541167	2486632	2054535	3004	2095	909	0.66	0.84	0.44
23	4791051	2623739	2167312	3207	2296	911	0.67	0.88	0.42
24	5117577	2805858	2311719	3478	2481	997	0.68	0.88	0.43
25-29	**28367271**	**15512974**	**12854297**	**22109**	**16068**	**6041**	**0.78**	**1.04**	**0.47**
25	5033538	2762540	2270998	3674	2632	1042	0.73	0.95	0.46
26	5126448	2807624	2318824	3878	2847	1031	0.76	1.01	0.44
27	5549529	3037482	2512047	4278	3086	1192	0.77	1.02	0.47
28	5849821	3196543	2653278	4764	3480	1284	0.81	1.09	0.48
29	6807935	3708785	3099150	5515	4023	1492	0.81	1.08	0.48
30-34	**34284524**	**18445255**	**15839269**	**35423**	**25771**	**9652**	**1.03**	**1.40**	**0.61**
30	7617345	4113203	3504142	6808	4934	1874	0.89	1.20	0.53
31	6986943	3753966	3232977	6787	4866	1921	0.97	1.30	0.59
32	7133988	3835678	3298310	7142	5206	1936	1.00	1.36	0.59
33	6658357	3579564	3078793	7618	5584	2034	1.14	1.56	0.66
34	5887891	3162844	2725047	7068	5181	1887	1.20	1.64	0.69

2-44 续表 1 continued

年 龄 Age	年平均人口(人) Average Population (person)	男 Male	女 Female	死亡人口(人) Deaths (person)	男 Male	女 Female	死亡率(‰) Death Rate (‰)	男 Male	女 Female
35-39	**27533336**	**14759965**	**12773371**	**41874**	**31023**	**10851**	**1.52**	**2.10**	**0.85**
35	5518540	2961497	2557043	7144	5237	1907	1.29	1.77	0.75
36	5306716	2843734	2462982	7402	5443	1959	1.39	1.91	0.80
37	5565415	2999439	2565976	8474	6271	2203	1.52	2.09	0.86
38	5957838	3196068	2761770	9633	7177	2456	1.62	2.25	0.89
39	5184827	2759227	2425600	9221	6895	2326	1.78	2.50	0.96
40-44	**29339295**	**15441275**	**13898020**	**65068**	**48133**	**16935**	**2.22**	**3.12**	**1.22**
40	5639010	2998401	2640609	10541	7861	2680	1.87	2.62	1.01
41	5600614	2958084	2642530	11699	8630	3069	2.09	2.92	1.16
42	5570539	2931142	2639397	12321	9155	3166	2.21	3.12	1.20
43	5986608	3142903	2843705	14081	10432	3649	2.35	3.32	1.28
44	6542524	3410745	3131779	16426	12055	4371	2.51	3.53	1.40
45-49	**42048904**	**21624240**	**20424664**	**125626**	**90064**	**35562**	**2.99**	**4.16**	**1.74**
45	7154731	3701447	3453284	19107	13941	5166	2.67	3.77	1.50
46	7945305	4102829	3842476	22181	16071	6110	2.79	3.92	1.59
47	8555942	4403697	4152245	25173	18191	6982	2.94	4.13	1.68
48	8873156	4561514	4311642	27519	19522	7997	3.10	4.28	1.85
49	9519770	4854753	4665017	31646	22339	9307	3.32	4.60	2.00
50-54	**48509985**	**24617542**	**23892443**	**201015**	**139854**	**61161**	**4.14**	**5.68**	**2.56**
50	9668152	4899531	4768621	34498	24245	10253	3.57	4.95	2.15
51	10461479	5308357	5153122	39162	27304	11858	3.74	5.14	2.30
52	9306674	4700150	4606524	39497	27330	12167	4.24	5.81	2.64
53	9229906	4685222	4544684	41261	28732	12529	4.47	6.13	2.76
54	9843774	5024282	4819492	46597	32243	14354	4.73	6.42	2.98
55-59	**39299955**	**19908429**	**19391526**	**231161**	**159229**	**71932**	**5.88**	**8.00**	**3.71**
55	9392563	4756387	4636176	48207	33280	14927	5.13	7.00	3.22
56	9771606	4971559	4800047	54788	37905	16883	5.61	7.62	3.52
57	9996530	5122043	4874487	57778	39955	17823	5.78	7.80	3.66
58	5631578	2816680	2814898	38393	26214	12179	6.82	9.31	4.33
59	4507678	2241760	2265918	31995	21875	10120	7.10	9.76	4.47
60-64	**32174190**	**16549147**	**15625043**	**299246**	**203510**	**95736**	**9.30**	**12.30**	**6.13**
60	5107088	2627998	2479090	40746	28206	12540	7.98	10.73	5.06
61	5773672	2987732	2785940	48754	33576	15178	8.44	11.24	5.45
62	7285987	3784610	3501377	65211	44609	20602	8.95	11.79	5.88
63	7145187	3663279	3481908	70541	47639	22902	9.87	13.00	6.58
64	6862256	3485528	3376728	73994	49480	24514	10.78	14.20	7.26
65-69	**33836957**	**16981738**	**16855219**	**465708**	**300188**	**165520**	**13.76**	**17.68**	**9.82**
65	7584618	3860544	3724074	86408	57168	29240	11.39	14.81	7.85
66	7192105	3622897	3569208	90497	59149	31348	12.58	16.33	8.78
67	7079161	3552032	3527129	96402	62092	34310	13.62	17.48	9.73
68	6312658	3135737	3176921	97421	62154	35267	15.43	19.82	11.10
69	5668415	2810528	2857887	94980	59625	35355	16.76	21.21	12.37

2-44 续表 2 continued

年 龄 Age	年平均人口(人) Average Population (person)	男 Male	女 Female	死亡人口(人) Deaths (person)	男 Male	女 Female	死亡率(‰) Death Rate (‰)	男 Male	女 Female
70-74	**23388436**	**11611464**	**11776972**	**538320**	**330421**	**207899**	**23.02**	**28.46**	**17.65**
70	5723984	2884936	2839048	106241	66904	39337	18.56	23.19	13.86
71	4941777	2470218	2471559	105076	65863	39213	21.26	26.66	15.87
72	4574563	2275607	2298956	106519	65582	40937	23.29	28.82	17.81
73	4278943	2107751	2171192	110158	66583	43575	25.74	31.59	20.07
74	3869169	1872952	1996217	110326	65489	44837	28.51	34.97	22.46
75-79	**14941693**	**7203189**	**7738504**	**597889**	**343572**	**254317**	**40.01**	**47.70**	**32.86**
75	3489068	1701778	1787290	113098	66528	46570	32.41	39.09	26.06
76	3230740	1569882	1660858	114568	66758	47810	35.46	42.52	28.79
77	2927693	1415103	1512590	117007	67472	49535	39.97	47.68	32.75
78	2784977	1328883	1456094	124593	70871	53722	44.74	53.33	36.89
79	2509215	1187543	1321672	128623	71943	56680	51.26	60.58	42.89
80-84	**9351676**	**4211901**	**5139775**	**658029**	**344979**	**313050**	**70.36**	**81.91**	**60.91**
80	2169719	1009231	1160488	123738	67650	56088	57.03	67.03	48.33
81	2045240	943498	1101742	130328	70441	59887	63.72	74.66	54.36
82	1912785	866925	1045860	137207	72192	65015	71.73	83.27	62.16
83	1697457	744373	953084	135480	69646	65834	79.81	93.56	69.07
84	1526475	647874	878601	131276	65050	66226	86.00	100.41	75.38
85-89	**4886645**	**1929140**	**2957505**	**547082**	**247771**	**299311**	**111.95**	**128.44**	**101.20**
85	1313690	539846	773844	125700	60307	65393	95.68	111.71	84.50
86	1199053	484052	715001	123668	57853	65815	103.14	119.52	92.05
87	946670	369394	577276	112300	50723	61577	118.63	137.31	106.67
88	774553	293767	480786	96665	41750	54915	124.80	142.12	114.22
89	652679	242081	410598	88749	37138	51611	135.98	153.41	125.70
90-94	**1568969**	**536436**	**1032533**	**271275**	**101926**	**169349**	**172.90**	**190.01**	**164.01**
90	492664	176007	316657	76627	30730	45897	155.54	174.60	144.94
91	386437	133126	253311	64441	24756	39685	166.76	185.96	156.67
92	307226	104025	203201	54684	20248	34436	177.99	194.65	169.47
93	218938	71737	147201	42105	14954	27151	192.31	208.46	184.45
94	163704	51541	112163	33418	11238	22180	204.14	218.04	197.75
95-99	**349598**	**104585**	**245013**	**77458**	**23720**	**53738**	**221.56**	**226.80**	**219.33**
95	123400	37950	85450	26348	8590	17758	213.52	226.35	207.82
96	90208	26793	63415	19743	6130	13613	218.86	228.79	214.67
97	59501	17539	41962	13738	3962	9776	230.89	225.90	232.97
98	43886	12892	30994	10156	2927	7229	231.42	227.04	233.24
99	32603	9411	23192	7473	2111	5362	229.21	224.31	231.20
100+	**52740**	**14070**	**38670**	**13163**	**3161**	**10002**	**249.58**	**224.66**	**258.65**

2-45 各地区分性别的各种户口状况人口

单位：人

地区	Region	人口数 Population 合计 Total	男 Male	女 Female	住本乡、镇、街道，户口在本乡、镇、街道 Residing in the Townships, Towns and Street Communities with Permanent Household Registration There 小计 Sub-total	男 Male	女 Female
全国	**National Total**	**1409778724**	**721416394**	**688362330**	**909355711**	**461560786**	**447794925**
北京	Beijing	21893095	11195390	10697705	8277744	4118314	4159430
天津	Tianjin	13866009	7144949	6721060	7310748	3652601	3658147
河北	Hebei	74610235	37679003	36931232	54629087	27644247	26984840
山西	Shanxi	34915616	17805148	17110468	21916765	11093414	10823351
内蒙古	Inner Mongolia	24049155	12275274	11773881	12500329	6371165	6129164
辽宁	Liaoning	42591407	21263529	21327878	26642819	13367456	13275363
吉林	Jilin	24073453	12018319	12055134	13265835	6756383	6509452
黑龙江	Heilongjiang	31850088	15952468	15897620	20048102	10106942	9941160
上海	Shanghai	24870895	12875211	11995684	9520384	4740065	4780319
江苏	Jiangsu	84748016	43031586	41716430	54425819	27053201	27372618
浙江	Zhejiang	64567588	33680008	30887580	33789547	16907513	16882034
安徽	Anhui	61027171	31103394	29923777	42641509	21858266	20783243
福建	Fujian	41540086	21466757	20073329	24314795	12260613	12054182
江西	Jiangxi	45188635	23318533	21870102	31481833	16219483	15262350
山东	Shandong	101527453	51432931	50094522	73129703	36813787	36315916
河南	Henan	99365519	49832349	49533170	73422951	36673897	36749054
湖北	Hubei	57752557	29694718	28057839	39068462	20158777	18909685
湖南	Hunan	66444864	33995673	32449191	48634947	25008720	23626227
广东	Guangdong	126012510	66873646	59138864	64370531	32652666	31717865
广西	Guangxi	50126804	25916169	24210635	36614564	19102479	17512085
海南	Hainan	10081232	5345081	4736151	6531174	3470683	3060491
重庆	Chongqing	32054159	16202133	15852026	18879708	9613722	9265986
四川	Sichuan	83674866	42289718	41385148	55583401	28317964	27265437
贵州	Guizhou	38562148	19705293	18856855	26709127	13796512	12912615
云南	Yunnan	47209277	24420924	22788353	34771204	17955234	16815970
西藏	Tibet	3648100	1913588	1734512	2597456	1311594	1285862
陕西	Shaanxi	39528999	20226490	19302509	26145955	13248730	12897225
甘肃	Gansu	25019831	12700948	12318883	17603083	8887928	8715155
青海	Qinghai	5923957	3033846	2890111	3827791	1928036	1899755
宁夏	Ningxia	7202654	3668938	3533716	3820865	1919323	1901542
新疆	Xinjiang	25852345	13354380	12497965	16879473	8551071	8328402

Population by Sex, Household Registration Status and Region

(person)

住本乡、镇、街道，户口在外乡、镇、街道，离开户口登记地半年以上 Residing in Townships, Towns and Street Communities, with Permanent Household Registration Elsewhere, Having Been Away from That Places For More Than 6 Months.			住本乡、镇、街道，户口待定 Residing in Townships, Towns and Street Communities, with Place of Permanent Household Registration Unsettled			居住港澳台或国外，户口在本乡、镇、街道 Residing in Taiwan, Macao, Hong Kong Special Administrative Region and other countries, with Place of Permanent Household Registration in Township, Towns and Street Communities		
小计 Sub-total	男 Male	女 Female	小计 Sub-total	男 Male	女 Female	小计 Sub-total	男 Male	女 Female
492762506	**255896268**	**236866238**	**4030379**	**2042734**	**1987645**	**3630128**	**1916606**	**1713522**
13409576	6977849	6431727	74458	38844	35614	131317	60383	70934
6479695	3455513	3024182	33553	17806	15747	42013	19029	22984
19775641	9923785	9851856	135403	67322	68081	70104	43649	26455
12891174	6655644	6235530	84392	42599	41793	23285	13491	9794
11462961	5858767	5604194	61321	32788	28533	24544	12554	11990
15670121	7760506	7909615	51000	26333	24667	227467	109234	118233
10350683	5033163	5317520	30954	16131	14823	425981	212642	213339
11549584	5721373	5828211	46767	24022	22745	205635	100131	105504
15134258	8036541	7097717	51385	26779	24606	164868	71826	93042
29979948	15793646	14186302	189316	95576	93740	152933	89163	63770
30107815	16424000	13683815	180655	93801	86854	489571	254694	234877
18099918	9098260	9001658	229538	114115	115423	56206	32753	23453
16464611	8798376	7666235	213777	110254	103523	546903	297514	249389
13520934	7004148	6516786	154919	76500	78419	30949	18402	12547
28026762	14417484	13609278	205941	104244	101697	165047	97416	67631
25639605	12993565	12646040	213066	105210	107856	89897	59677	30220
18476561	9425843	9050718	150219	78363	71856	57315	31735	25580
17575847	8865460	8710387	184557	92920	91637	49513	28573	20940
60635086	33711847	26923239	700586	359835	340751	306307	149298	157009
13238781	6678931	6559850	218260	104688	113572	55199	30071	25128
3498161	1849608	1648553	41684	20729	20955	10213	4061	6152
13096435	6549022	6547413	51718	25592	26126	26298	13797	12501
27823204	13828619	13994585	182133	90278	91855	86128	52857	33271
11694763	5828497	5866266	136087	66527	69560	22171	13757	8414
12209314	6342780	5866534	167066	84454	82612	61693	38456	23237
1031132	591209	439923	19289	10664	8625	223	121	102
13267095	6913899	6353196	84345	44833	39512	31604	19028	12576
7352465	3779111	3573354	48263	23953	24310	16020	9956	6064
2070660	1092431	978229	23004	11862	11142	2502	1517	985
3362670	1739397	1623273	13287	6909	6378	5832	3309	2523
8867046	4746994	4120052	53436	28803	24633	52390	27512	24878

2-46 各地区城市分性别的各种户口状况人口

单位：人

地区	Region	人口数 Population			住本乡、镇、街道，户口在本乡、镇、街道 Residing in the Townships, Towns and Street Communities with Permanent Household Registration There		
		合计 Total	男 Male	女 Female	小计 Sub-total	男 Male	女 Female
全国	**National Total**	**575170855**	**291791475**	**283379380**	**248426127**	**122739107**	**125687020**
北京	Beijing	17751681	8937161	8814520	6275250	3098157	3177093
天津	Tianjin	10933092	5610161	5322931	5029950	2485716	2544234
河北	Hebei	22129595	11010407	11119188	11210506	5536437	5674069
山西	Shanxi	13197637	6588788	6608849	5735049	2834874	2900175
内蒙古	Inner Mongolia	9446419	4714495	4731924	3251673	1602456	1649217
辽宁	Liaoning	25572477	12626419	12946058	12753635	6251792	6501843
吉林	Jilin	10291703	5028946	5262757	3868137	1900344	1967793
黑龙江	Heilongjiang	14439398	7113464	7325934	7393602	3613497	3780105
上海	Shanghai	19873080	10113562	9759518	7600736	3782215	3818521
江苏	Jiangsu	40269267	20382260	19887007	20763164	10199462	10563702
浙江	Zhejiang	33083792	17165183	15918609	13391204	6578120	6813084
安徽	Anhui	16329087	8142601	8186486	7150743	3564700	3586043
福建	Fujian	17105023	8780310	8324713	6666795	3256617	3410178
江西	Jiangxi	13560075	6906564	6653511	6177541	3097643	3079898
山东	Shandong	39456975	19843195	19613780	20662857	10223100	10439757
河南	Henan	25973215	12913127	13060088	12824633	6324303	6500330
湖北	Hubei	24657421	12494860	12162561	11143394	5618676	5524718
湖南	Hunan	18916669	9472504	9444165	8462242	4204243	4257999
广东	Guangdong	76387659	40817255	35570404	26193433	12984770	13208663
广西	Guangxi	14787980	7458144	7329836	6247394	3113150	3134244
海南	Hainan	3761478	1967828	1793650	1413288	724720	688568
重庆	Chongqing	16343989	8083520	8260469	6254716	3060248	3194468
四川	Sichuan	30431679	15030432	15401247	12390184	6057352	6332832
贵州	Guizhou	10126125	5086734	5039391	3895407	1949858	1945549
云南	Yunnan	12355559	6236029	6119530	5208070	2566579	2641491
西藏	Tibet	835302	447902	387400	266323	132034	134289
陕西	Shaanxi	15656134	7925444	7730690	6979930	3433344	3546586
甘肃	Gansu	7095181	3565095	3530086	3041512	1507874	1533638
青海	Qinghai	2124083	1081946	1042137	896868	436774	460094
宁夏	Ningxia	2988589	1488244	1500345	1207925	584104	623821
新疆	Xinjiang	9290491	4758895	4531596	4069966	2015948	2054018

City Population by Sex, Household Registration Status and Region

(person)

住本乡、镇、街道，户口在外乡、镇、街道，离开户口登记地半年以上 Residing in Townships, Towns and Street Communities, with Permanent Household Registration Elsewhere, Having Been Away from That Places For More Than 6 Months.			住本乡、镇、街道，户口待定 Residing in Townships, Towns and Street Communities, with Place of Permanent Household Registration Unsettled			居住港澳台或国外，户口在本乡、镇、街道 Residing in Taiwan, Macao, Hong Kong Special Administrative Region and other countries, with Place of Permanent Household Registration in Township, Towns and Street Communities		
小计 Sub-total	男 Male	女 Female	小计 Sub-total	男 Male	女 Female	小计 Sub-total	男 Male	女 Female
323487793	**167434625**	**156053168**	**1727194**	**902035**	**825159**	**1529741**	**715708**	**814033**
11286299	5748420	5537879	62186	31672	30514	127946	58912	69034
5834438	3091170	2743268	29069	15567	13502	39635	17708	21927
10852189	5439074	5413115	42087	23029	19058	24813	11867	12946
7413064	3728882	3684182	36587	18825	17762	12937	6207	6730
6154293	3090865	3063428	31074	16840	14234	9379	4334	5045
12651030	6296748	6354282	31949	17261	14688	135863	60618	75245
6258092	3050432	3207660	15035	7876	7159	150439	70294	80145
6990445	3473151	3517294	26199	13511	12688	29152	13305	15847
12075336	6242148	5833188	39543	20688	18855	157465	68511	88954
19322446	10089794	9232652	100947	52429	48518	82710	40575	42135
19454456	10466564	8987892	101906	53294	48612	136226	67205	69021
9113788	4545344	4568444	43644	22425	21219	20912	10132	10780
10206105	5405660	4800445	78664	41798	36866	153459	76235	77224
7327320	3782878	3544442	44207	20864	23343	11007	5179	5828
18632571	9537089	9095482	88065	46438	41627	73482	36568	36914
13054477	6541805	6512672	62694	31403	31291	31411	15616	15795
13425245	6830865	6594380	56952	30546	26406	31830	14773	17057
10384897	5232988	5151909	54215	28235	25980	15315	7038	8277
49618272	27539974	22078298	415921	218575	197346	160033	73936	86097
8451951	4301682	4150269	69998	36188	33810	18637	7124	11513
2330637	1233943	1096694	15390	8325	7065	2163	840	1323
10053333	5006151	5047182	23354	11911	11443	12586	5210	7376
17952455	8928543	9023912	59905	30662	29243	29135	13875	15260
6179364	3111466	3067898	45131	22784	22347	6223	2626	3597
7090798	3640070	3450728	47515	25085	22430	9176	4295	4881
564530	313313	251217	4414	2541	1873	35	14	21
8617180	4461443	4155737	44924	24058	20866	14100	6599	7501
4027986	2044714	1983272	17869	8679	9190	7814	3828	3986
1217443	640006	577437	8743	4708	4035	1029	458	571
1771385	899390	871995	5738	3080	2658	3541	1670	1871
5175968	2720053	2455915	23269	12738	10531	21288	10156	11132

2-47 各地区镇分性别的各种户口状况人口

单位：人

地区	Region	人口数 Population			住本乡、镇、街道，户口在本乡、镇、街道 Residing in the Townships, Towns and Street Communities with Permanent Household Registration There		
		合计 Total	男 Male	女 Female	小计 Sub-total	男 Male	女 Female
全国	**National Total**	**324820307**	**165029877**	**159790430**	**204010092**	**103099224**	**100910868**
北京	Beijing	1414752	769805	644947	449907	227062	222845
天津	Tianjin	811348	436437	374911	471345	240072	231273
河北	Hebei	22686891	11461223	11225668	15257020	7699746	7557274
山西	Shanxi	8633857	4360787	4273070	4918265	2468936	2449329
内蒙古	Inner Mongolia	6781056	3424007	3357049	3009784	1511700	1498084
辽宁	Liaoning	5153499	2566297	2587202	3383962	1704038	1679924
吉林	Jilin	4787311	2360236	2427075	2262534	1131534	1131000
黑龙江	Heilongjiang	6458296	3198834	3259462	3849228	1921465	1927763
上海	Shanghai	2336300	1252659	1083641	814051	407609	406442
江苏	Jiangsu	21973116	11138540	10834576	14387583	7165937	7221646
浙江	Zhejiang	13514673	7069220	6445453	6783011	3381119	3401892
安徽	Anhui	19266016	9752125	9513891	11603310	5884207	5719103
福建	Fujian	11452224	5858483	5593741	6822926	3407113	3415813
江西	Jiangxi	13750536	7045709	6704827	8447975	4318933	4129042
山东	Shandong	24557279	12506091	12051188	16831327	8520461	8310866
河南	Henan	29105339	14716285	14389054	18207395	9174770	9032625
湖北	Hubei	11662953	5908873	5754080	8255293	4204038	4051255
湖南	Hunan	20129507	10242115	9887392	14020698	7152110	6868588
广东	Guangdong	17048413	8892530	8155883	10764945	5483794	5281151
广西	Guangxi	12382976	6338893	6044083	8738344	4525040	4213304
海南	Hainan	2314503	1221821	1092682	1698806	899023	799783
重庆	Chongqing	5920039	2948837	2971202	3786984	1889623	1897361
四川	Sichuan	17034233	8388350	8645883	10730469	5331841	5398628
贵州	Guizhou	10369821	5220851	5148970	6482652	3306800	3175852
云南	Yunnan	11273005	5752439	5520566	7613993	3870553	3743440
西藏	Tibet	468141	249208	218933	258451	129430	129021
陕西	Shaanxi	9113596	4622046	4491550	5850172	2964141	2886031
甘肃	Gansu	5972151	2989421	2982730	3637047	1821511	1815536
青海	Qinghai	1435280	728786	706494	756206	376104	380102
宁夏	Ningxia	1690065	857525	832540	691333	343244	348089
新疆	Xinjiang	5323131	2751444	2571687	3225076	1637270	1587806

Town Population by Sex, Household Registration Status and Region

(person)

住本乡、镇、街道，户口在外乡、镇、街道，离开户口登记地半年以上 Residing in Townships, Towns and Street Communities, with Permanent Household Registration Elsewhere, Having Been Away from That Places For More Than 6 Months.			住本乡、镇、街道，户口待定 Residing in Townships, Towns and Street Communities, with Place of Permanent Household Registration Unsettled			居住港澳台或国外，户口在本乡、镇、街道 Residing in Taiwan, Macao, Hong Kong Special Administrative Region and other countries, with Place of Permanent Household Registration in Township, Towns and Street Communities		
小计 Sub-total	男 Male	女 Female	小计 Sub-total	男 Male	女 Female	小计 Sub-total	男 Male	女 Female
119450766	**61218159**	**58232607**	**884396**	**449200**	**435196**	**475053**	**263294**	**211759**
958712	539769	418943	4577	2270	2307	1556	704	852
336920	194769	142151	2650	1377	1273	433	219	214
7371515	3730052	3641463	44222	22206	22016	14134	9219	4915
3691171	1879198	1811973	21591	10885	10706	2830	1768	1062
3750215	1901020	1849195	17787	9620	8167	3270	1667	1603
1748519	851374	897145	6071	3021	3050	14947	7864	7083
2462484	1197278	1265206	7141	3861	3280	55152	27563	27589
2578957	1262475	1316482	10450	5388	5062	19661	9506	10155
1512143	840082	672061	7004	3554	3450	3102	1414	1688
7509748	3930657	3579091	50288	25293	24995	25497	16653	8844
6593618	3617406	2976212	42064	22050	20014	95980	48645	47335
7585048	3827834	3757214	65830	33118	32712	11828	6966	4862
4471350	2367245	2104105	61948	31786	30162	96000	52339	43661
5257488	2703327	2554161	39560	20111	19449	5513	3338	2175
7647292	3941993	3705299	50176	25380	24796	28484	18257	10227
10819783	5499777	5320006	66249	33274	32975	11912	8464	3448
3369464	1684797	1684667	32607	16668	15939	5589	3370	2219
6052634	3060712	2991922	46336	23423	22913	9839	5870	3969
6173567	3352112	2821455	90417	46518	43899	19484	10106	9378
3591378	1787296	1804082	44179	21417	22762	9075	5140	3935
604933	317621	287312	8812	4418	4394	1952	759	1193
2120019	1052626	1067393	10291	5091	5200	2745	1497	1248
6262343	3034903	3227440	31753	15665	16088	9668	5941	3727
3849786	1895151	1954635	34078	16784	17294	3305	2116	1189
3613414	1857713	1755701	34881	17696	17185	10717	6477	4240
206973	118018	88955	2697	1753	944	20	7	13
3239827	1645100	1594727	19856	10280	9576	3741	2525	1216
2322295	1161078	1161217	10986	5614	5372	1823	1218	605
674036	349966	324070	4798	2572	2226	240	144	96
995085	512370	482715	3072	1569	1503	575	342	233
2080049	1104440	975609	12025	6538	5487	5981	3196	2785

2-48 各地区乡村分性别的各种户口状况人口

单位：人

地区	Region	人口数 Population			住本乡、镇、街道，户口在本乡、镇、街道 Residing in the Townships, Towns and Street Communities with Permanent Household Registration There		
		合计 Total	男 Male	女 Female	小计 Sub-total	男 Male	女 Female
全国	**National Total**	**509787562**	**264595042**	**245192520**	**456919492**	**235722455**	**221197037**
北京	Beijing	2726662	1488424	1238238	1552587	793095	759492
天津	Tianjin	2121569	1098351	1023218	1809453	926813	882640
河北	Hebei	29793749	15207373	14586376	28161561	14408064	13753497
山西	Shanxi	13084122	6855573	6228549	11263451	5789604	5473847
内蒙古	Inner Mongolia	7821680	4136772	3684908	6238872	3257009	2981863
辽宁	Liaoning	11865431	6070813	5794618	10505222	5411626	5093596
吉林	Jilin	8994439	4629137	4365302	7135164	3724505	3410659
黑龙江	Heilongjiang	10952394	5640170	5312224	8805272	4571980	4233292
上海	Shanghai	2661515	1508990	1152525	1105597	550241	555356
江苏	Jiangsu	22505633	11510786	10994847	19275072	9687802	9587270
浙江	Zhejiang	17969123	9445605	8523518	13615332	6948274	6667058
安徽	Anhui	25432068	13208668	12223400	23887456	12409359	11478097
福建	Fujian	12982839	6827964	6154875	10825074	5596883	5228191
江西	Jiangxi	17878024	9366260	8511764	16856317	8802907	8053410
山东	Shandong	37513199	19083645	18429554	35635519	18070226	17565293
河南	Henan	44286965	22202937	22084028	42390923	21174824	21216099
湖北	Hubei	21432183	11290985	10141198	19669775	10336063	9333712
湖南	Hunan	27398688	14281054	13117634	26152007	13652367	12499640
广东	Guangdong	32576438	17163861	15412577	27412153	14184102	13228051
广西	Guangxi	22955848	12119132	10836716	21628826	11464289	10164537
海南	Hainan	4005251	2155432	1849819	3419080	1846940	1572140
重庆	Chongqing	9790131	5169776	4620355	8838008	4663851	4174157
四川	Sichuan	36208954	18870936	17338018	32462748	16928771	15533977
贵州	Guizhou	18066202	9397708	8668494	16331068	8539854	7791214
云南	Yunnan	23580713	12432456	11148257	21949141	11518102	10431039
西藏	Tibet	2344657	1216478	1128179	2072682	1050130	1022552
陕西	Shaanxi	14759269	7679000	7080269	13315853	6851245	6464608
甘肃	Gansu	11952499	6146432	5806067	10924524	5558543	5365981
青海	Qinghai	2364594	1223114	1141480	2174717	1115158	1059559
宁夏	Ningxia	2524000	1323169	1200831	1921607	991975	929632
新疆	Xinjiang	11238723	5844041	5394682	9584431	4897853	4686578

Rural Population by Sex, Household Registration Status and Region

(person)

住本乡、镇、街道，户口在外乡、镇、街道，离开户口登记地半年以上 Residing in Townships, Towns and Street Communities, with Permanent Household Registration Elsewhere, Having Been Away from That Places For More Than 6 Months.			住本乡、镇、街道，户口待定 Residing in Townships, Towns and Street Communities, with Place of Permanent Household Registration Unsettled			居住港澳台或国外，户口在本乡、镇、街道 Residing in Taiwan, Macao, Hong Kong Special Administrative Region and other countries, with Place of Permanent Household Registration in Township, Towns and Street Communities		
小计 Sub-total	男 Male	女 Female	小计 Sub-total	男 Male	女 Female	小计 Sub-total	男 Male	女 Female
49823947	**27243484**	**22580463**	**1418789**	**691499**	**727290**	**1625334**	**937604**	**687730**
1164565	689660	474905	7695	4902	2793	1815	767	1048
308337	169574	138763	1834	862	972	1945	1102	843
1551937	754659	797278	49094	22087	27007	31157	22563	8594
1786939	1047564	739375	26214	12889	13325	7518	5516	2002
1558453	866882	691571	12460	6328	6132	11895	6553	5342
1270572	612384	658188	12980	6051	6929	76657	40752	35905
1630107	785453	844654	8778	4394	4384	220390	114785	105605
1980182	985747	994435	10118	5123	4995	156822	77320	79502
1546779	954311	592468	4838	2537	2301	4301	1901	2400
3147754	1773195	1374559	38081	17854	20227	44726	31935	12791
4059741	2340030	1719711	36685	18457	18228	257365	138844	118521
1401082	725082	676000	120064	58572	61492	23466	15655	7811
1787156	1025471	761685	73165	36670	36495	297444	168940	128504
936126	517943	418183	71152	35525	35627	14429	9885	4544
1746899	938402	808497	67700	32426	35274	63081	42591	20490
1765345	951983	813362	84123	40533	43590	46574	35597	10977
1681852	910181	771671	60660	31149	29511	19896	13592	6304
1138316	571760	566556	84006	41262	42744	24359	15665	8694
4843247	2819761	2023486	194248	94742	99506	126790	65256	61534
1195452	589953	605499	104083	47083	57000	27487	17807	9680
562591	298044	264547	17482	7986	9496	6098	2462	3636
923083	490245	432838	18073	8590	9483	10967	7090	3877
3608406	1865173	1743233	90475	43951	46524	47325	33041	14284
1665613	821880	843733	56878	26959	29919	12643	9015	3628
1505102	844997	660105	84670	41673	42997	41800	27684	14116
259629	159878	99751	12178	6370	5808	168	100	68
1410088	807356	602732	19565	10495	9070	13763	9904	3859
1002184	573319	428865	19408	9660	9748	6383	4910	1473
179181	102459	76722	9463	4582	4881	1233	915	318
596200	327637	268563	4477	2260	2217	1716	1297	419
1611029	922501	688528	18142	9527	8615	25121	14160	10961

第三部分

Chapter Three

2020 年全国月度劳动力调查主要数据

Main Data from 2020 Labor Force Survey

3-1 全国分地区就业人员受教育程度构成

单位：%

地 区	Region	就业人员 Employed Persons	男 Male	女 Female	未上过学 No Schooling
全 国	**National Total**	**100.0**	**56.6**	**43.4**	**2.4**
北 京	Beijing	100.0	55.3	44.7	0.2
天 津	Tianjin	100.0	64.9	35.1	0.3
河 北	Hebei	100.0	57.5	42.5	1.3
山 西	Shanxi	100.0	60.2	39.8	1.0
内蒙古	Inner Mongolia	100.0	58.6	41.4	1.7
辽 宁	Liaoning	100.0	56.4	43.6	0.5
吉 林	Jilin	100.0	55.5	44.5	0.7
黑龙江	Heilongjiang	100.0	58.6	41.4	0.7
上 海	Shanghai	100.0	57.8	42.2	0.5
江 苏	Jiangsu	100.0	56.3	43.7	2.3
浙 江	Zhejiang	100.0	57.4	42.6	1.5
安 徽	Anhui	100.0	56.6	43.4	6.6
福 建	Fujian	100.0	58.3	41.7	2.0
江 西	Jiangxi	100.0	56.3	43.7	2.2
山 东	Shandong	100.0	55.9	44.1	3.8
河 南	Henan	100.0	54.7	45.3	2.6
湖 北	Hubei	100.0	55.6	44.4	2.6
湖 南	Hunan	100.0	56.3	43.7	0.8
广 东	Guangdong	100.0	59.9	40.1	0.7
广 西	Guangxi	100.0	55.6	44.4	0.8
海 南	Hainan	100.0	55.2	44.8	1.0
重 庆	Chongqing	100.0	55.5	44.5	1.7
四 川	Sichuan	100.0	54.1	45.9	3.6
贵 州	Guizhou	100.0	56.9	43.1	6.7
云 南	Yunnan	100.0	53.9	46.1	4.6
西 藏	Tibet	100.0	53.3	46.7	19.6
陕 西	Shaanxi	100.0	57.5	42.5	2.3
甘 肃	Gansu	100.0	55.3	44.7	6.9
青 海	Qinghai	100.0	58.1	41.9	7.2
宁 夏	Ningxia	100.0	58.6	41.4	6.0
新 疆	Xinjiang	100.0	53.7	46.3	1.1

注：为与教育部学历分类保持一致，对受教育程度分类进行了合并调整，其中高中包括中等职业教育，大学专科包括高等职业教育。
资料来源：2020年劳动力调查资料(下表同)。

Educational Attainment of Employed Persons by Region

(%)

小学 Primary School	初中 Junior Secondary School	高中 Senior Secondary School	大学专科 College	大学本科 University	研究生 Graduate and Higher Level
16.3	**41.7**	**17.5**	**11.3**	**9.8**	**1.1**
1.9	18.2	16.8	19.2	33.5	10.3
5.6	31.4	20.9	16.8	22.2	3.0
11.9	50.4	16.9	10.5	8.2	0.7
11.2	44.5	19.0	12.8	10.6	0.9
16.4	41.5	15.2	13.6	11.0	0.7
12.4	49.5	14.3	10.7	11.6	1.0
18.9	45.3	15.3	9.2	9.7	0.9
17.1	47.6	15.6	9.8	8.7	0.6
4.8	28.1	16.7	17.7	26.2	6.0
13.6	38.5	18.8	13.7	11.7	1.4
15.8	35.6	18.4	13.9	13.4	1.3
17.7	43.7	13.5	10.2	7.6	0.7
17.6	40.6	17.5	10.8	10.8	0.7
20.5	44.5	16.1	9.1	7.0	0.5
14.9	45.0	17.6	9.8	7.9	1.0
12.8	47.5	20.1	9.7	6.7	0.6
17.2	41.0	19.4	10.2	8.2	1.3
12.8	42.5	23.0	11.6	8.6	0.7
10.5	40.7	23.4	13.8	9.9	0.9
16.8	52.1	15.2	8.5	6.3	0.4
10.8	48.1	19.8	10.7	9.1	0.5
21.5	33.7	19.1	13.2	10.2	0.8
26.7	37.0	14.8	9.8	7.4	0.7
31.2	38.4	9.7	6.8	7.0	0.3
30.9	39.2	11.1	7.2	6.5	0.5
50.8	12.9	4.4	5.0	7.2	0.2
13.9	42.5	18.0	12.8	9.5	1.0
26.0	36.1	14.2	8.7	7.6	0.5
22.8	33.0	13.4	12.0	11.3	0.4
14.8	36.5	15.9	13.9	12.1	0.7
16.8	40.3	16.5	13.6	11.1	0.6

Note:In order to be consistent with the education classification of the Ministry of Education, the classification of educational attainment has been merged and adjusted. Senior secondary school include medium vocational education and college include high vocational education.

Data Source: 2020 Labor Force Survey. The same applies to the tables following.

3-2 全国分地区男性就业人员受教育程度构成
Educational Attainment of Male Employed Persons by Region

单位：% (%)

地 区	Region	男性就业人员 Male Employed Persons	未上过学 No Schooling	小学 Primary School	初中 Junior Secondary School	高中 Senior Secondary School	大学专科 College	大学本科 University	研究生 Graduate and Higher Level
全 国	**National Total**	**100.0**	**1.1**	**14.0**	**44.3**	**19.2**	**11.3**	**9.1**	**1.0**
北 京	Beijing	100.0	0.2	1.9	21.0	18.4	19.4	29.8	9.4
天 津	Tianjin	100.0	0.1	5.5	32.8	22.5	16.5	20.1	2.6
河 北	Hebei	100.0	0.6	10.1	53.4	17.9	10.4	7.1	0.6
山 西	Shanxi	100.0	0.6	9.8	47.4	20.1	12.4	9.0	0.7
内蒙古	Inner Mongolia	100.0	0.7	14.3	44.3	16.3	14.1	9.8	0.5
辽 宁	Liaoning	100.0	0.3	11.3	50.8	15.5	10.9	10.3	0.9
吉 林	Jilin	100.0	0.3	16.9	47.1	16.7	9.4	8.8	0.8
黑龙江	Heilongjiang	100.0	0.4	15.6	49.3	16.7	9.7	7.8	0.5
上 海	Shanghai	100.0	0.3	4.1	30.5	18.4	17.0	24.1	5.6
江 苏	Jiangsu	100.0	1.0	10.7	40.3	21.3	14.0	11.3	1.4
浙 江	Zhejiang	100.0	0.6	14.8	37.6	20.1	13.5	12.0	1.3
安 徽	Anhui	100.0	2.9	15.1	47.4	15.5	10.4	7.8	0.8
福 建	Fujian	100.0	1.0	14.1	44.0	19.2	10.6	10.4	0.7
江 西	Jiangxi	100.0	0.9	16.7	47.5	18.0	9.2	7.2	0.5
山 东	Shandong	100.0	1.7	11.2	48.9	19.8	10.2	7.5	0.8
河 南	Henan	100.0	1.0	10.9	49.0	22.2	10.2	6.2	0.5
湖 北	Hubei	100.0	1.2	13.7	44.2	21.7	10.4	7.4	1.3
湖 南	Hunan	100.0	0.4	11.3	43.8	24.8	10.9	8.1	0.7
广 东	Guangdong	100.0	0.3	8.4	42.2	25.2	13.6	9.3	1.0
广 西	Guangxi	100.0	0.3	13.9	55.1	16.4	8.3	5.6	0.4
海 南	Hainan	100.0	0.3	8.9	49.3	22.0	10.8	8.2	0.5
重 庆	Chongqing	100.0	0.8	19.0	36.6	20.4	12.9	9.5	0.8
四 川	Sichuan	100.0	1.8	24.8	40.1	16.3	9.3	7.0	0.6
贵 州	Guizhou	100.0	2.0	29.7	43.9	10.6	6.9	6.6	0.3
云 南	Yunnan	100.0	2.8	28.5	43.2	11.7	7.1	6.3	0.5
西 藏	Tibet	100.0	16.9	51.7	15.0	4.7	4.8	6.7	0.2
陕 西	Shaanxi	100.0	1.3	11.9	44.3	19.4	13.3	8.9	1.0
甘 肃	Gansu	100.0	3.3	23.0	40.3	16.6	8.7	7.7	0.4
青 海	Qinghai	100.0	4.0	21.4	36.7	14.7	12.3	10.6	0.4
宁 夏	Ningxia	100.0	3.4	13.7	41.0	16.9	13.7	10.6	0.7
新 疆	Xinjiang	100.0	0.9	15.7	41.5	18.2	13.1	9.9	0.6

3-3 全国分地区女性就业人员受教育程度构成
Educational Attainment of Female Employed Persons by Region

单位：% (%)

地 区	Region	女性就业人员 Female Employed Persons	未上过学 No Schooling	小学 Primary School	初中 Junior Secondary School	高中 Senior Secondary School	大学专科 College	大学本科 University	研究生 Graduate and Higher Level
全 国	**National Total**	**100.0**	**4.1**	**19.3**	**38.3**	**15.2**	**11.3**	**10.6**	**1.2**
北 京	Beijing	100.0	0.2	1.8	14.9	14.8	18.9	38.0	11.3
天 津	Tianjin	100.0	0.5	5.7	28.8	17.9	17.4	26.0	3.7
河 北	Hebei	100.0	2.2	14.2	46.4	15.7	10.8	9.8	0.9
山 西	Shanxi	100.0	1.5	13.4	40.1	17.4	13.3	13.1	1.3
内蒙古	Inner Mongolia	100.0	3.1	19.5	37.4	13.6	12.9	12.6	1.0
辽 宁	Liaoning	100.0	0.7	13.9	47.7	12.7	10.5	13.2	1.2
吉 林	Jilin	100.0	1.1	21.5	43.0	13.5	9.0	10.7	1.1
黑龙江	Heilongjiang	100.0	1.1	19.1	45.2	14.0	9.9	9.9	0.9
上 海	Shanghai	100.0	0.7	5.7	24.9	14.3	18.6	29.1	6.6
江 苏	Jiangsu	100.0	3.9	17.4	36.2	15.7	13.4	12.2	1.3
浙 江	Zhejiang	100.0	2.6	17.1	33.1	16.2	14.5	15.2	1.3
安 徽	Anhui	100.0	11.5	21.1	38.8	11.0	9.9	7.2	0.5
福 建	Fujian	100.0	3.4	22.6	35.8	15.0	11.1	11.3	0.7
江 西	Jiangxi	100.0	4.0	25.4	40.7	13.6	8.9	6.8	0.6
山 东	Shandong	100.0	6.5	19.6	40.0	14.9	9.4	8.5	1.1
河 南	Henan	100.0	4.6	15.1	45.7	17.5	9.1	7.3	0.8
湖 北	Hubei	100.0	4.5	21.5	37.0	16.6	10.0	9.1	1.3
湖 南	Hunan	100.0	1.3	14.8	40.8	20.6	12.5	9.3	0.8
广 东	Guangdong	100.0	1.4	13.8	38.5	20.6	14.2	10.7	0.8
广 西	Guangxi	100.0	1.4	20.4	48.3	13.7	8.9	7.0	0.4
海 南	Hainan	100.0	1.8	13.2	46.6	17.0	10.7	10.2	0.6
重 庆	Chongqing	100.0	2.7	24.5	30.0	17.4	13.5	11.1	0.7
四 川	Sichuan	100.0	5.6	28.9	33.4	13.0	10.4	7.9	0.8
贵 州	Guizhou	100.0	12.8	33.2	31.1	8.5	6.6	7.5	0.3
云 南	Yunnan	100.0	6.8	33.7	34.5	10.5	7.3	6.8	0.5
西 藏	Tibet	100.0	22.6	49.8	10.4	4.0	5.1	7.8	0.2
陕 西	Shaanxi	100.0	3.7	16.7	40.1	16.0	12.2	10.3	1.1
甘 肃	Gansu	100.0	11.3	29.7	30.8	11.2	8.8	7.4	0.7
青 海	Qinghai	100.0	11.6	24.7	27.9	11.6	11.5	12.3	0.3
宁 夏	Ningxia	100.0	9.6	16.3	30.3	14.5	14.3	14.1	0.9
新 疆	Xinjiang	100.0	1.3	18.1	38.8	14.5	14.2	12.4	0.6

3-4 全国按年龄、性别分的就业人员受教育程度构成
Educational Attainment of Employed Persons by Age and Sex

单位：% (%)

年龄 Age	就业人员 Employed Persons	未上过学 No Schooling	小学 Primary School	初中 Junior Secondary School	高中 Senior Secondary School	大学专科 College	大学本科 University	研究生 Graduate and Higher Level
总计 Total	**100.0**	**2.4**	**16.3**	**41.7**	**17.5**	**11.3**	**9.8**	**1.1**
16-19	100.0	0.2	2.7	54.0	35.8	5.9	1.3	0.0
20-24	100.0	0.1	2.3	31.3	25.6	25.2	15.1	0.4
25-29	100.0	0.1	2.7	31.2	23.9	19.5	20.4	2.1
30-34	100.0	0.2	4.3	38.8	21.2	17.5	16.1	1.9
35-39	100.0	0.4	6.8	44.2	18.4	13.8	14.3	2.2
40-44	100.0	0.8	11.7	46.6	18.6	11.4	9.6	1.3
45-49	100.0	1.4	17.5	49.7	16.0	8.5	6.2	0.6
50-54	100.0	2.1	24.6	50.5	12.3	5.7	4.4	0.4
55-59	100.0	3.1	24.9	48.2	15.8	4.5	3.1	0.3
60-64	100.0	8.1	41.0	37.3	12.3	0.9	0.4	0.0
65+	100.0	16.7	56.3	22.3	4.1	0.4	0.2	0.0
男 Male	**100.0**	**1.1**	**14.0**	**44.3**	**19.2**	**11.3**	**9.1**	**1.0**
16-19	100.0	0.2	2.7	56.3	34.7	5.2	0.9	
20-24	100.0	0.0	2.3	36.2	27.1	22.0	12.0	0.3
25-29	100.0	0.1	2.6	34.2	25.7	18.5	17.4	1.6
30-34	100.0	0.2	4.1	40.0	22.3	17.3	14.6	1.6
35-39	100.0	0.3	5.7	45.2	19.0	14.1	13.7	2.1
40-44	100.0	0.4	9.6	47.7	19.3	11.7	9.7	1.5
45-49	100.0	0.7	14.4	51.4	17.0	9.0	6.6	0.8
50-54	100.0	0.9	19.3	52.8	14.9	6.6	5.0	0.5
55-59	100.0	1.0	17.9	50.3	19.9	6.3	4.1	0.4
60-64	100.0	3.2	33.5	44.9	16.4	1.4	0.5	0.0
65+	100.0	8.1	55.4	29.6	6.1	0.6	0.2	0.0
女 Female	**100.0**	**4.1**	**19.3**	**38.3**	**15.2**	**11.3**	**10.6**	**1.2**
16-19	100.0	0.2	2.8	50.5	37.4	6.9	2.0	0.1
20-24	100.0	0.1	2.2	24.5	23.5	29.7	19.5	0.5
25-29	100.0	0.1	2.7	27.2	21.7	20.9	24.4	2.9
30-34	100.0	0.3	4.6	37.4	19.7	17.8	17.9	2.3
35-39	100.0	0.6	8.1	43.0	17.6	13.5	15.0	2.2
40-44	100.0	1.3	14.1	45.2	17.7	11.0	9.5	1.1
45-49	100.0	2.2	21.3	47.7	14.8	8.0	5.7	0.4
50-54	100.0	3.8	32.1	47.2	8.6	4.5	3.6	0.2
55-59	100.0	6.8	36.6	44.8	9.0	1.4	1.3	0.2
60-64	100.0	15.1	51.6	26.5	6.4	0.3	0.1	0.0
65+	100.0	27.9	57.6	12.7	1.5	0.1	0.1	0.0

3-5 全国按受教育程度、性别分的就业人员年龄构成
Age Composition of Employed Persons by Educational Attainment and Sex

单位：% (%)

年龄 Age	就业人员 Employed Persons	未上过学 No Schooling	小学 Primary School	初中 Junior Secondary School	高中 Senior Secondary School	大学专科 College	大学本科 University	研究生 Graduate and Higher Level
总计 Total	**100.0**	**100.0**	**100.0**	**100.0**	**100.0**	**100.0**	**100.0**	**100.0**
16-19	0.9	0.1	0.2	1.2	1.9	0.5	0.1	0.0
20-24	5.7	0.2	0.8	4.3	8.4	12.8	8.8	1.9
25-29	10.8	0.5	1.8	8.1	14.8	18.8	22.6	21.4
30-34	14.2	1.3	3.7	13.2	17.2	22.1	23.3	24.5
35-39	11.7	2.0	4.9	12.3	12.3	14.3	17.1	23.1
40-44	11.2	3.8	8.0	12.5	12.0	11.4	11.1	13.8
45-49	13.3	7.8	14.3	15.9	12.2	10.1	8.4	7.9
50-54	12.3	10.8	18.5	14.8	8.6	6.2	5.5	4.4
55-59	8.6	11.3	13.2	10.0	7.8	3.4	2.7	2.7
60-64	4.6	15.5	11.5	4.1	3.2	0.4	0.2	0.1
65+	6.7	46.6	23.2	3.6	1.6	0.2	0.1	0.1
男 Male	**100.0**	**100.0**	**100.0**	**100.0**	**100.0**	**100.0**	**100.0**	**100.0**
16-19	1.0	0.2	0.2	1.3	1.8	0.5	0.1	
20-24	5.9	0.3	1.0	4.8	8.3	11.5	7.8	1.6
25-29	10.8	1.2	2.0	8.4	14.5	17.8	20.6	16.9
30-34	13.9	2.3	4.0	12.5	16.1	21.3	22.2	21.4
35-39	11.2	2.6	4.6	11.4	11.0	14.0	16.8	23.2
40-44	10.7	4.1	7.4	11.5	10.8	11.1	11.4	15.8
45-49	12.8	8.1	13.2	14.9	11.4	10.2	9.3	10.5
50-54	12.7	10.3	17.5	15.1	9.9	7.4	6.9	6.2
55-59	9.5	8.2	12.2	10.8	9.9	5.4	4.3	4.2
60-64	4.8	13.7	11.4	4.8	4.1	0.6	0.3	0.1
65+	6.7	49.1	26.6	4.5	2.1	0.3	0.2	0.2
女 Female	**100.0**	**100.0**	**100.0**	**100.0**	**100.0**	**100.0**	**100.0**	**100.0**
16-19	0.8	0.0	0.1	1.1	2.1	0.5	0.2	0.0
20-24	5.5	0.1	0.6	3.5	8.5	14.4	10.1	2.2
25-29	10.8	0.3	1.5	7.7	15.4	20.0	24.8	26.7
30-34	14.6	1.0	3.5	14.2	18.9	23.1	24.6	28.1
35-39	12.3	1.8	5.1	13.8	14.2	14.7	17.3	23.0
40-44	11.9	3.7	8.6	14.0	13.8	11.6	10.6	11.6
45-49	14.0	7.7	15.4	17.4	13.6	9.9	7.5	4.8
50-54	11.7	11.0	19.5	14.4	6.6	4.6	4.0	2.4
55-59	7.4	12.4	14.1	8.7	4.4	0.9	0.9	1.0
60-64	4.4	16.2	11.7	3.0	1.8	0.1	0.1	0.0
65+	6.7	45.7	19.9	2.2	0.7	0.1	0.1	0.0

3-6 全国按行业、性别分的就业人员受教育程度构成
Educational Attainment of Employed Persons by Sector and Sex

单位：% (%)

受教育程度	Educational Attainment	就业人员 Employed Persons	农、林、牧、渔业 Agriculture, Forestry, Animal Husbandry and Fishery	采矿业 Mining	制造业 Manu-facturing	电力、热力、燃气及水生产和供应业 Production and Supply of Electricity Power, Heat Power, Gas and Water	建筑业 Construction	批发和零售业 Wholesale and Retail Trades
总　计	**Total**	**100.0**	**100.0**	**100.0**	**100.0**	**100.0**	**100.0**	**100.0**
未上过学	No Schooling	2.4	7.7	0.3	0.9	0.4	1.0	0.6
小　学	Primary School	16.3	39.6	7.5	11.2	4.3	17.0	7.9
初　中	Junior Secondary School	41.7	45.4	42.2	49.8	25.7	57.8	44.0
高　中	Senior Secondary School	17.5	6.2	25.3	20.9	24.3	13.4	27.3
大学专科	College	11.3	0.7	14.7	10.3	23.9	6.6	13.6
大学本科	University	9.8	0.3	9.2	6.2	19.6	4.0	6.3
研究生	Graduate and Higher Level	1.1	0.0	1.0	0.6	1.7	0.2	0.3
男	**Male**	**100.0**	**100.0**	**100.0**	**100.0**	**100.0**	**100.0**	**100.0**
未上过学	No Schooling	1.1	3.9	0.3	0.4	0.4	0.7	0.3
小　学	Primary School	14.0	36.1	7.6	8.4	4.3	16.3	7.4
初　中	Junior Secondary School	44.3	50.4	44.5	47.7	27.7	59.8	42.6
高　中	Senior Secondary School	19.2	8.3	24.7	24.2	25.1	13.8	27.2
大学专科	College	11.3	0.9	13.6	11.8	23.0	5.8	14.7
大学本科	University	9.1	0.4	8.4	7.0	17.8	3.4	7.3
研究生	Graduate and Higher Level	1.0	0.0	0.9	0.7	1.7	0.1	0.3
女	**Female**	**100.0**	**100.0**	**100.0**	**100.0**	**100.0**	**100.0**	**100.0**
未上过学	No Schooling	4.1	11.2	0.3	1.8	0.5	2.9	0.9
小　学	Primary School	19.3	42.8	6.7	15.2	4.3	22.4	8.3
初　中	Junior Secondary School	38.3	40.9	28.3	52.9	19.4	42.9	45.1
高　中	Senior Secondary School	15.2	4.3	28.3	16.2	21.7	10.2	27.4
大学专科	College	11.3	0.5	21.2	8.3	26.7	11.9	12.6
大学本科	University	10.6	0.2	14.0	5.1	25.5	9.0	5.5
研究生	Graduate and Higher Level	1.2	0.0	1.2	0.5	1.9	0.6	0.2

3-6 续表 1 continued

单位：% (%)

受教育程度	Educational Attainment	交通运输、仓储和邮政业 Transport, Storage and Post	住宿和餐饮业 Hotels and Catering Services	信息传输、软件和信息技术服务业 Information Transmission, Software and Information Technical Services	金融业 Financial Intermediation	房地产业 Real Estate	租赁和商务服务业 Leasing and Business Services	科学研究和技术服务业 Scientific Research and Technical Services
总 计	**Total**	**100.0**	**100.0**	**100.0**	**100.0**	**100.0**	**100.0**	**100.0**
未上过学	No Schooling	0.2	0.8	0.0	0.1	0.7	0.3	0.1
小 学	Primary School	7.3	10.9	0.8	0.8	5.5	3.8	1.1
初 中	Junior Secondary School	49.1	55.2	11.1	10.3	29.4	24.9	9.9
高 中	Senior Secondary School	24.3	23.2	17.5	17.2	27.5	22.8	13.9
大学专科	College	12.2	7.4	27.9	26.8	21.6	24.4	26.0
大学本科	University	6.5	2.4	38.0	39.7	14.7	21.5	37.9
研究生	Graduate and Higher Level	0.3	0.0	4.8	5.3	0.7	2.3	11.2
男	**Male**	**100.0**	**100.0**	**100.0**	**100.0**	**100.0**	**100.0**	**100.0**
未上过学	No Schooling	0.2	0.3	0.0	0.1	0.5	0.2	0.0
小 学	Primary School	7.7	6.7	0.9	0.7	5.0	4.4	1.1
初 中	Junior Secondary School	52.1	54.8	11.7	9.0	30.4	30.0	10.5
高 中	Senior Secondary School	24.5	27.1	17.2	16.8	28.5	24.3	15.2
大学专科	College	10.5	8.6	27.3	27.9	20.3	20.9	26.7
大学本科	University	4.9	2.5	38.1	40.0	14.6	18.4	35.3
研究生	Graduate and Higher Level	0.2	0.1	4.7	5.5	0.7	1.8	11.1
女	**Female**	**100.0**	**100.0**	**100.0**	**100.0**	**100.0**	**100.0**	**100.0**
未上过学	No Schooling	0.4	1.2	0.1	0.1	1.0	0.4	0.1
小 学	Primary School	5.3	14.8	0.6	0.9	6.0	3.0	1.0
初 中	Junior Secondary School	33.0	55.6	10.0	11.4	28.0	17.4	8.8
高 中	Senior Secondary School	23.7	19.6	18.1	17.5	26.1	20.5	11.3
大学专科	College	21.8	6.4	28.8	25.8	23.5	29.6	24.6
大学本科	University	15.1	2.4	37.7	39.3	14.7	26.2	42.7
研究生	Graduate and Higher Level	0.7	0.0	4.8	5.1	0.7	3.0	11.5

3-6 续表 2 continued

单位：% (%)

受教育程度	Educational Attainment	水利、环境和公共设施管理业 Management of Water Conservancy, Environment and Public Facilities	居民服务、修理和其他服务业 Services to Households, Repair and Other Services	教育 Education	卫生和社会工作 Health and Society	文化、体育和娱乐业 Culture, Sports and Entertainment	公共管理、社会保障和社会组织 Public Management Social Security and Social Organizations
总　计	**Total**	**100.0**	**100.0**	**100.0**	**100.0**	**100.0**	**100.0**
未上过学	No Schooling	4.4	1.4	0.1	0.2	0.4	0.4
小　学	Primary School	19.6	12.5	1.5	2.5	4.4	2.7
初　中	Junior Secondary School	37.7	49.9	10.7	9.3	26.4	13.1
高　中	Senior Secondary School	15.8	24.3	13.4	19.1	24.8	18.9
大学专科	College	11.9	8.6	24.5	31.6	20.1	28.2
大学本科	University	9.8	3.2	42.6	32.8	21.7	33.8
研究生	Graduate and Higher Level	0.7	0.1	7.2	4.5	2.2	2.9
男	**Male**	**100.0**	**100.0**	**100.0**	**100.0**	**100.0**	**100.0**
未上过学	No Schooling	2.4	0.9	0.1	0.2	0.2	0.2
小　学	Primary School	17.3	10.8	1.5	2.8	3.6	2.8
初　中	Junior Secondary School	38.6	50.5	10.9	12.2	24.8	14.4
高　中	Senior Secondary School	18.4	25.9	12.5	20.1	25.7	20.8
大学专科	College	12.9	9.0	23.4	26.3	21.7	28.2
大学本科	University	9.6	2.9	42.8	32.3	22.0	31.2
研究生	Graduate and Higher Level	0.8	0.1	8.9	6.2	1.9	2.4
女	**Female**	**100.0**	**100.0**	**100.0**	**100.0**	**100.0**	**100.0**
未上过学	No Schooling	7.8	2.0	0.1	0.2	0.5	0.6
小　学	Primary School	23.5	14.4	1.6	2.3	5.4	2.5
初　中	Junior Secondary School	36.3	49.2	10.6	7.8	28.3	10.9
高　中	Senior Secondary School	11.4	22.5	13.8	18.6	23.6	15.4
大学专科	College	10.1	8.2	25.0	34.4	18.2	28.3
大学本科	University	10.2	3.5	42.5	33.0	21.3	38.6
研究生	Graduate and Higher Level	0.6	0.1	6.3	3.6	2.6	3.7

3-7 全国按职业、性别分的就业人员受教育程度构成
Educational Attainment of Employed Persons by Occupation and Sex

单位：% (%)

受教育程度	Educational Attainment	就业人员 Employed Persons	单位负责人 Unit Heads	专业技术人员 Technical Personnel	办事人员和有关人员 Clerk and Related Workers	商业、服务业人员 Business Service Personnel	农林牧渔水利业生产人员 Producers of Agriculture, Forestry, Animal Husbandry, Fishery and Water Conservancy	生产运输设备操作人员及有关人员 Production, Transport Equipment Operators and Related Workers	其他 Others
总计	**Total**	**100.0**	**100.0**	**100.0**	**100.0**	**100.0**	**100.0**	**100.0**	**100.0**
未上过学	No Schooling	2.4	0.2	0.1	0.2	0.9	7.8	1.1	2.5
小学	Primary School	16.3	2.6	0.9	2.8	9.3	39.9	15.8	23.9
初中	Junior Secondary School	41.7	26.5	9.0	18.5	46.2	45.5	59.3	49.9
高中	Senior Secondary School	17.5	25.5	15.4	22.3	24.9	6.1	16.8	15.5
大学专科	College	11.3	23.0	28.5	26.9	11.8	0.6	5.2	4.8
大学本科	University	9.8	19.8	39.7	26.9	6.5	0.2	1.7	3.3
研究生	Graduate and Higher Level	1.1	2.4	6.5	2.3	0.4	0.0	0.1	0.1
男	**Male**	**100.0**	**100.0**	**100.0**	**100.0**	**100.0**	**100.0**	**100.0**	**100.0**
未上过学	No Schooling	1.1	0.1	0.1	0.2	0.5	3.9	0.6	2.2
小学	Primary School	14.0	2.4	1.3	3.5	7.8	36.4	13.9	24.9
初中	Junior Secondary School	44.3	27.2	12.1	21.0	45.9	50.5	59.2	48.3
高中	Senior Secondary School	19.2	24.8	15.1	23.1	25.8	8.1	18.5	16.5
大学专科	College	11.3	23.4	25.6	25.4	12.6	0.8	5.9	4.3
大学本科	University	9.1	19.7	38.5	24.6	7.0	0.2	1.8	3.8
研究生	Graduate and Higher Level	1.0	2.4	7.3	2.1	0.4	0.0	0.1	0.1
女	**Female**	**100.0**	**100.0**	**100.0**	**100.0**	**100.0**	**100.0**	**100.0**	**100.0**
未上过学	No Schooling	4.1	0.4	0.0	0.2	1.4	11.2	2.5	3.2
小学	Primary School	19.3	3.3	0.6	1.8	11.1	42.9	20.3	22.0
初中	Junior Secondary School	38.3	24.4	6.6	14.7	46.6	41.0	59.8	53.2
高中	Senior Secondary School	15.2	27.6	15.6	21.0	23.7	4.3	12.5	13.3
大学专科	College	11.3	21.6	30.7	29.2	10.8	0.5	3.5	5.9
大学本科	University	10.6	20.2	40.6	30.5	6.0	0.1	1.3	2.3
研究生	Graduate and Higher Level	1.2	2.4	5.8	2.6	0.4	0.0	0.1	0.2

3-8 全国按受教育程度、性别分的就业人员职业构成
Occupation of Employed Persons by Educational Attainment and Sex

单位：%　　(%)

受教育程度	Educational Attainment	就业人员 Employed Persons	单位负责人 Unit Heads	专业技术人员 Technical Personnel	办事人员和有关人员 Clerk and Related Workers	商业、服务业人员 Business Service Personnel	农林牧渔水利业生产人员 Producers of Agriculture, Forestry, Animal Husbandry, Fishery and Water Conservancy	生产运输设备操作人员及有关人员 Production, Transport Equipment Operators and Related	其他 Others
总　计	**Total**	**100.0**	**1.8**	**9.5**	**11.7**	**31.7**	**23.8**	**21.2**	**0.2**
未上过学	No Schooling	100.0	0.1	0.2	1.0	11.3	77.0	10.1	0.2
小　学	Primary School	100.0	0.3	0.5	2.0	18.1	58.2	20.6	0.3
初　中	Junior Secondary School	100.0	1.1	2.1	5.2	35.1	26.0	30.2	0.2
高　中	Senior Secondary School	100.0	2.6	8.4	15.0	45.1	8.3	20.4	0.2
大学专科	College	100.0	3.7	24.0	28.1	33.2	1.3	9.7	0.1
大学本科	University	100.0	3.6	38.6	32.4	21.2	0.5	3.7	0.1
研究生	Graduate and Higher Level	100.0	3.9	56.7	24.8	12.7	0.2	1.7	0.0
男	**Male**	**100.0**	**2.4**	**7.4**	**12.6**	**30.9**	**19.8**	**26.7**	**0.2**
未上过学	No Schooling	100.0	0.2	0.4	2.4	12.6	69.3	14.7	0.4
小　学	Primary School	100.0	0.4	0.7	3.2	17.3	51.5	26.5	0.4
初　中	Junior Secondary School	100.0	1.5	2.0	6.0	32.1	22.6	35.6	0.2
高　中	Senior Secondary School	100.0	3.1	5.8	15.2	41.6	8.4	25.8	0.2
大学专科	College	100.0	5.0	16.8	28.3	34.6	1.4	13.9	0.1
大学本科	University	100.0	5.2	31.2	33.9	23.7	0.5	5.4	0.1
研究生	Graduate and Higher Level	100.0	5.6	53.0	25.6	13.7	0.1	1.9	0.0
女	**Female**	**100.0**	**1.0**	**12.2**	**10.7**	**32.7**	**29.1**	**14.2**	**0.1**
未上过学	No Schooling	100.0	0.1	0.1	0.5	10.9	79.7	8.5	0.1
小　学	Primary School	100.0	0.2	0.4	1.0	18.8	64.6	14.9	0.2
初　中	Junior Secondary School	100.0	0.6	2.1	4.1	39.8	31.1	22.1	0.2
高　中	Senior Secondary School	100.0	1.8	12.6	14.7	51.0	8.2	11.6	0.1
大学专科	College	100.0	1.9	33.4	27.7	31.4	1.2	4.3	0.1
大学本科	University	100.0	1.9	46.8	30.7	18.5	0.4	1.8	0.0
研究生	Graduate and Higher Level	100.0	2.1	60.8	23.9	11.6	0.4	1.3	0.0

3-9 全国按年龄、性别分的就业人员就业身份构成
Employment Status of Employed Persons by Age and Sex

单位：%　　(%)

年龄 Age	就业人员 Employed Persons	雇员 Employee	雇主 Employer	自营劳动者 Self-Employed	家庭帮工 Unpaid Familial Worker
总计 Total	**100.0**	**61.5**	**2.1**	**34.9**	**1.6**
16–19	100.0	77.9	0.7	17.9	3.6
20–24	100.0	85.1	0.8	12.7	1.5
25–29	100.0	80.7	1.6	16.7	1.0
30–34	100.0	73.7	2.5	22.7	1.1
35–39	100.0	69.0	3.0	26.7	1.2
40–44	100.0	65.3	2.9	30.6	1.2
45–49	100.0	61.2	2.5	34.9	1.4
50–54	100.0	53.3	2.2	42.9	1.6
55–59	100.0	47.3	1.6	49.0	2.0
60–64	100.0	31.1	1.2	65.0	2.7
65+	100.0	17.2	0.7	78.8	3.3
男 Male	**100.0**	**63.8**	**2.6**	**32.8**	**0.9**
16–19	100.0	78.0	0.8	18.1	3.1
20–24	100.0	84.2	0.9	13.5	1.4
25–29	100.0	80.6	1.9	16.8	0.6
30–34	100.0	73.7	3.1	22.6	0.5
35–39	100.0	69.1	3.7	26.6	0.5
40–44	100.0	65.7	3.6	30.2	0.5
45–49	100.0	63.0	3.2	33.1	0.6
50–54	100.0	59.5	2.7	37.0	0.8
55–59	100.0	57.1	1.9	40.0	1.0
60–64	100.0	38.3	1.5	58.5	1.7
65+	100.0	20.9	0.8	75.7	2.6
女 Female	**100.0**	**58.5**	**1.5**	**37.6**	**2.4**
16–19	100.0	77.7	0.5	17.5	4.4
20–24	100.0	86.3	0.6	11.5	1.6
25–29	100.0	80.8	1.2	16.6	1.4
30–34	100.0	73.6	1.6	22.9	1.9
35–39	100.0	68.9	2.2	26.9	2.0
40–44	100.0	64.9	2.2	31.0	2.0
45–49	100.0	58.9	1.7	37.1	2.3
50–54	100.0	44.5	1.4	51.2	2.9
55–59	100.0	31.0	1.1	64.2	3.7
60–64	100.0	20.8	0.8	74.3	4.1
65+	100.0	12.3	0.5	83.0	4.3

3-10 全国按就业身份、性别分的就业人员年龄构成
Age Composition of Employed Persons by Employment Status and Sex

单位：% (%)

年 龄 Age	就业人员 Employed Persons	雇 员 Employee	雇 主 Employer	自营劳动者 Self-Employed	家庭帮工 Unpaid Familial Worker
总计 Total	**100.0**	**100.0**	**100.0**	**100.0**	**100.0**
16-19	0.9	1.2	0.3	0.5	2.2
20-24	5.7	7.9	2.1	2.1	5.5
25-29	10.8	14.2	8.2	5.2	6.8
30-34	14.2	17.0	16.6	9.2	10.2
35-39	11.7	13.1	16.8	8.9	9.2
40-44	11.2	11.9	15.7	9.8	8.5
45-49	13.3	13.2	16.0	13.3	11.7
50-54	12.3	10.6	12.6	15.1	12.9
55-59	8.6	6.6	6.8	12.1	11.1
60-64	4.6	2.3	2.7	8.6	7.8
65+	6.7	1.9	2.2	15.2	14.2
男 Male	**100.0**	**100.0**	**100.0**	**100.0**	**100.0**
16-19	1.0	1.2	0.3	0.6	3.5
20-24	5.9	7.8	2.0	2.4	9.4
25-29	10.8	13.7	8.1	5.6	7.8
30-34	13.9	16.0	16.9	9.6	8.2
35-39	11.2	12.1	16.2	9.1	6.8
40-44	10.7	11.0	14.9	9.9	5.8
45-49	12.8	12.7	16.1	12.9	8.9
50-54	12.7	11.8	13.3	14.3	10.7
55-59	9.5	8.5	7.2	11.6	11.0
60-64	4.8	2.9	2.8	8.5	8.7
65+	6.7	2.2	2.2	15.5	19.2
女 Female	**100.0**	**100.0**	**100.0**	**100.0**	**100.0**
16-19	0.8	1.1	0.3	0.4	1.5
20-24	5.5	8.1	2.3	1.7	3.5
25-29	10.8	14.9	8.5	4.8	6.3
30-34	14.6	18.4	15.9	8.9	11.2
35-39	12.3	14.5	18.3	8.8	10.4
40-44	11.9	13.2	17.4	9.8	9.8
45-49	14.0	14.1	15.9	13.8	13.0
50-54	11.7	8.9	11.1	15.9	13.9
55-59	7.4	3.9	5.8	12.7	11.2
60-64	4.4	1.6	2.5	8.6	7.4
65+	6.7	1.4	2.1	14.7	11.8

3-11 全国按受教育程度、性别分的就业人员就业身份构成
Employment Status of Employed Persons by Educational Attainment and Sex

单位：% (%)

受教育程度	Educational Attainment	就业人员 Employed Persons	雇员 Employee	雇主 Employer	自营劳动者 Self-Employed	家庭帮工 Unpaid Familial Worker
总　计	**Total**	**100.0**	**61.5**	**2.1**	**34.9**	**1.6**
未上过学	No Schooling	100.0	19.8	0.6	76.0	3.6
小　学	Primary School	100.0	32.9	1.3	62.8	3.1
初　中	Junior Secondary School	100.0	55.4	2.2	40.8	1.7
高　中	Senior Secondary School	100.0	71.9	2.9	24.1	1.1
大学专科	College	100.0	86.8	2.5	10.2	0.5
大学本科	University	100.0	93.6	1.7	4.6	0.2
研究生	Graduate and Higher Level	100.0	97.0	1.3	1.7	0.1
男	**Male**	**100.0**	**63.8**	**2.6**	**32.8**	**0.9**
未上过学	No Schooling	100.0	25.8	0.8	70.7	2.8
小　学	Primary School	100.0	37.8	1.4	58.6	2.1
初　中	Junior Secondary School	100.0	57.7	2.6	38.9	0.9
高　中	Senior Secondary School	100.0	71.2	3.3	24.8	0.7
大学专科	College	100.0	85.0	3.3	11.4	0.3
大学本科	University	100.0	92.1	2.3	5.5	0.1
研究生	Graduate and Higher Level	100.0	96.2	1.9	1.9	0.1
女	**Female**	**100.0**	**58.5**	**1.5**	**37.6**	**2.4**
未上过学	No Schooling	100.0	17.6	0.6	77.9	3.9
小　学	Primary School	100.0	28.1	1.1	66.7	4.1
初　中	Junior Secondary School	100.0	52.0	1.6	43.6	2.8
高　中	Senior Secondary School	100.0	72.9	2.3	22.9	1.9
大学专科	College	100.0	89.2	1.5	8.6	0.7
大学本科	University	100.0	95.2	1.0	3.5	0.2
研究生	Graduate and Higher Level	100.0	97.9	0.6	1.4	0.1

3-12 全国按就业身份、性别分的就业人员受教育程度构成
Educational Attainment of Employed Persons by Employment Status and Sex

单位：% (%)

受教育程度	Educational Attainment	就业人员 Employed Persons	雇员 Employee	雇主 Employer	自营劳动者 Self-Employed	家庭帮工 Unpaid Familial Worker
总 计	**Total**	**100.0**	**100.0**	**100.0**	**100.0**	**100.0**
未上过学	No Schooling	2.4	0.8	0.7	5.2	5.5
小 学	Primary School	16.3	8.7	9.7	29.4	32.5
初 中	Junior Secondary School	41.7	37.6	43.2	48.7	44.5
高 中	Senior Secondary School	17.5	20.4	24.2	12.1	12.7
大学专科	College	11.3	15.9	13.6	3.3	3.5
大学本科	University	9.8	14.9	7.8	1.3	1.1
研究生	Graduate and Higher Level	1.1	1.7	0.7	0.1	0.1
男	**Male**	**100.0**	**100.0**	**100.0**	**100.0**	**100.0**
未上过学	No Schooling	1.1	0.4	0.3	2.4	3.5
小 学	Primary School	14.0	8.3	7.8	25.1	32.7
初 中	Junior Secondary School	44.3	40.1	44.4	52.5	43.9
高 中	Senior Secondary School	19.2	21.4	24.3	14.5	14.5
大学专科	College	11.3	15.0	14.4	3.9	3.9
大学本科	University	9.1	13.2	8.0	1.5	1.4
研究生	Graduate and Higher Level	1.0	1.5	0.8	0.1	0.1
女	**Female**	**100.0**	**100.0**	**100.0**	**100.0**	**100.0**
未上过学	No Schooling	4.1	1.2	1.7	8.4	6.5
小 学	Primary School	19.3	9.3	14.2	34.2	32.4
初 中	Junior Secondary School	38.3	34.1	40.6	44.4	44.9
高 中	Senior Secondary School	15.2	19.0	24.1	9.3	11.8
大学专科	College	11.3	17.2	11.7	2.6	3.3
大学本科	University	10.6	17.3	7.3	1.0	1.0
研究生	Graduate and Higher Level	1.2	2.0	0.4	0.0	0.1

3-13 城镇按年龄、性别分的就业人员就业身份构成
Employment Status of Urban Employed Persons by Age and Sex

单位：%　　(%)

年龄 Age	城镇就业人员 Urban Employed Persons	雇员 Employee	雇主 Employer	自营劳动者 Self-Employed	家庭帮工 Unpaid Familial Worker
总计 Total	**100.0**	**73.4**	**2.6**	**22.9**	**1.1**
16-19	100.0	86.8	0.6	9.1	3.4
20-24	100.0	90.2	0.7	8.2	1.0
25-29	100.0	84.7	1.8	12.7	0.8
30-34	100.0	78.5	2.7	18.0	0.8
35-39	100.0	75.4	3.4	20.3	0.9
40-44	100.0	73.3	3.4	22.4	0.9
45-49	100.0	71.6	3.1	24.4	0.9
50-54	100.0	67.1	2.6	29.0	1.3
55-59	100.0	63.9	2.2	32.2	1.7
60-64	100.0	46.9	2.0	48.4	2.7
65+	100.0	29.8	1.3	64.8	4.1
男 Male	**100.0**	**73.3**	**3.1**	**23.0**	**0.5**
16-19	100.0	85.9	0.6	10.2	3.3
20-24	100.0	88.8	0.8	9.4	1.0
25-29	100.0	83.5	2.2	13.8	0.5
30-34	100.0	76.8	3.5	19.4	0.3
35-39	100.0	73.8	4.2	21.8	0.2
40-44	100.0	71.7	4.2	23.8	0.2
45-49	100.0	71.0	3.9	24.9	0.3
50-54	100.0	70.3	3.1	26.2	0.4
55-59	100.0	70.7	2.4	26.3	0.7
60-64	100.0	53.0	2.3	43.2	1.5
65+	100.0	34.7	1.4	60.8	3.1
女 Female	**100.0**	**73.6**	**1.8**	**22.6**	**1.9**
16-19	100.0	88.2	0.6	7.6	3.6
20-24	100.0	92.0	0.5	6.5	1.0
25-29	100.0	86.3	1.2	11.3	1.1
30-34	100.0	80.5	1.8	16.3	1.4
35-39	100.0	77.4	2.6	18.4	1.6
40-44	100.0	75.2	2.4	20.8	1.6
45-49	100.0	72.4	2.1	23.8	1.8
50-54	100.0	61.8	1.8	33.6	2.8
55-59	100.0	47.9	1.7	46.3	4.2
60-64	100.0	36.0	1.4	57.7	4.8
65+	100.0	22.1	1.1	71.2	5.6

3-14 城镇按就业身份、性别分的就业人员年龄构成
Age Composition of Urban Employed Persons by Employment Status and Sex

单位：%　　(%)

年 龄 Age	城 镇 就业人员 Urban Employed Persons	雇 员 Employee	雇 主 Employer	自营劳动者 Self-Employed	家庭帮工 Unpaid Familial Worker
总计 Total	**100.0**	**100.0**	**100.0**	**100.0**	**100.0**
16-19	0.7	0.8	0.2	0.3	2.2
20-24	5.9	7.2	1.6	2.1	5.1
25-29	12.5	14.5	8.5	7.0	8.7
30-34	16.7	17.8	17.7	13.1	11.7
35-39	13.4	13.8	17.8	11.9	10.3
40-44	12.6	12.5	16.3	12.3	9.5
45-49	14.1	13.7	16.6	15.0	11.7
50-54	11.4	10.4	11.5	14.4	13.2
55-59	7.3	6.4	6.2	10.3	11.2
60-64	2.6	1.7	2.0	5.5	6.2
65+	2.8	1.1	1.4	8.0	10.3
男 Male	**100.0**	**100.0**	**100.0**	**100.0**	**100.0**
16-19	0.7	0.9	0.1	0.3	4.5
20-24	5.8	7.0	1.6	2.4	10.6
25-29	12.2	13.9	8.5	7.3	11.6
30-34	16.1	16.8	17.9	13.5	8.1
35-39	12.7	12.7	16.8	12.0	5.9
40-44	11.9	11.6	15.9	12.3	5.3
45-49	13.5	13.1	16.6	14.6	6.8
50-54	12.4	11.9	12.3	14.1	9.8
55-59	9.0	8.6	6.8	10.2	11.5
60-64	2.9	2.1	2.1	5.4	8.1
65+	3.0	1.4	1.4	7.9	17.7
女 Female	**100.0**	**100.0**	**100.0**	**100.0**	**100.0**
16-19	0.7	0.8	0.2	0.2	1.3
20-24	6.0	7.5	1.8	1.7	3.1
25-29	13.0	15.3	8.7	6.5	7.6
30-34	17.5	19.1	17.3	12.5	13.1
35-39	14.4	15.2	20.2	11.7	11.9
40-44	13.5	13.8	17.4	12.4	11.1
45-49	14.8	14.6	16.6	15.6	13.6
50-54	10.1	8.5	9.8	15.0	14.4
55-59	5.1	3.3	4.8	10.5	11.0
60-64	2.2	1.1	1.7	5.6	5.5
65+	2.6	0.8	1.6	8.2	7.5

3-15 城镇按受教育程度、性别分的就业人员就业身份构成
Employment Status of Urban Employed Persons by Educational Attainment and Sex

单位：% (%)

受教育程度	Educational Attainment	城镇就业人员 Urban Employed Persons	雇员 Employee	雇主 Employer	自营劳动者 Self-Employed	家庭帮工 Unpaid Familial Worker
总 计	**Total**	**100.0**	**73.4**	**2.6**	**22.9**	**1.1**
未上过学	No Schooling	100.0	33.1	1.2	62.0	3.6
小 学	Primary School	100.0	48.6	2.0	46.7	2.8
初 中	Junior Secondary School	100.0	62.9	2.7	32.7	1.6
高 中	Senior Secondary School	100.0	74.7	3.2	21.1	1.0
大学专科	College	100.0	87.0	2.7	9.9	0.4
大学本科	University	100.0	93.7	1.8	4.4	0.1
研究生	Graduate and Higher Level	100.0	97.0	1.3	1.6	0.1
男	**Male**	**100.0**	**73.3**	**3.1**	**23.0**	**0.5**
未上过学	No Schooling	100.0	39.7	1.2	57.8	1.3
小 学	Primary School	100.0	52.2	2.2	44.1	1.5
初 中	Junior Secondary School	100.0	63.8	3.2	32.4	0.7
高 中	Senior Secondary School	100.0	74.1	3.6	21.8	0.5
大学专科	College	100.0	85.3	3.4	11.0	0.2
大学本科	University	100.0	92.3	2.4	5.3	0.1
研究生	Graduate and Higher Level	100.0	96.1	1.9	1.9	0.1
女	**Female**	**100.0**	**73.6**	**1.8**	**22.6**	**1.9**
未上过学	No Schooling	100.0	30.2	1.2	63.9	4.6
小 学	Primary School	100.0	44.9	1.7	49.3	4.1
初 中	Junior Secondary School	100.0	61.7	2.0	33.3	3.0
高 中	Senior Secondary School	100.0	75.7	2.5	20.0	1.7
大学专科	College	100.0	89.3	1.6	8.4	0.7
大学本科	University	100.0	95.4	1.1	3.3	0.2
研究生	Graduate and Higher Level	100.0	98.1	0.6	1.3	0.0

3-16 城镇按就业身份、性别分的就业人员受教育程度构成
Educational Attainment of Urban Employed Persons by Employment Status and Sex

单位：% (%)

受教育程度	Educational Attainment	城镇就业人员 Urban Employed Persons	雇员 Employee	雇主 Employer	自营劳动者 Self-Employed	家庭帮工 Unpaid Familial Worker
总　计	**Total**	**100.0**	**100.0**	**100.0**	**100.0**	**100.0**
未上过学	No Schooling	0.9	0.4	0.4	2.5	2.9
小　学	Primary School	8.0	5.3	6.0	16.2	19.6
初　中	Junior Secondary School	35.3	30.2	37.5	50.4	49.9
高　中	Senior Secondary School	22.3	22.7	27.6	20.6	19.4
大学专科	College	16.8	19.9	17.3	7.3	6.3
大学本科	University	15.0	19.2	10.3	2.9	1.8
研究生	Graduate and Higher Level	1.7	2.3	0.9	0.1	0.1
男	**Male**	**100.0**	**100.0**	**100.0**	**100.0**	**100.0**
未上过学	No Schooling	0.5	0.3	0.2	1.2	1.2
小　学	Primary School	7.0	5.0	5.0	13.4	19.2
初　中	Junior Secondary School	36.9	32.1	37.8	51.8	46.7
高　中	Senior Secondary School	23.7	24.0	27.3	22.4	22.1
大学专科	College	16.6	19.3	18.2	7.9	7.6
大学本科	University	13.8	17.4	10.5	3.1	2.9
研究生	Graduate and Higher Level	1.6	2.1	1.0	0.1	0.2
女	**Female**	**100.0**	**100.0**	**100.0**	**100.0**	**100.0**
未上过学	No Schooling	1.5	0.6	1.0	4.2	3.6
小　学	Primary School	9.3	5.7	8.6	20.2	19.8
初　中	Junior Secondary School	33.1	27.7	36.6	48.6	51.0
高　中	Senior Secondary School	20.4	21.0	28.2	18.0	18.4
大学专科	College	17.1	20.8	15.2	6.3	5.8
大学本科	University	16.7	21.6	9.8	2.5	1.5
研究生	Graduate and Higher Level	1.9	2.5	0.6	0.1	0.0

3-17 城镇按年龄、性别分的就业人员行业构成
Urban Employed Persons by Age, Sex and Sector

单位：% (%)

年 龄 Age	城镇就业人员 Urban Employed Persons	农、林、牧、渔业 Agriculture, Forestry, Animal Husbandry and Fishery	采矿业 Mining	制造业 Manu-facturing	电力、热力、燃气及水生产和供应业 Production and Supply of Electricity Power, Heat Power, Gas and Water	建筑业 Construction	批发和零售业 Wholesale and Retail Trades
总计 Total	**100.0**	**8.3**	**1.0**	**18.0**	**1.4**	**8.6**	**16.6**
16-19	100.0	5.5	0.0	21.2	0.3	4.2	16.4
20-24	100.0	2.3	0.3	18.3	1.0	6.5	15.3
25-29	100.0	2.3	0.6	17.9	1.1	7.1	16.6
30-34	100.0	3.0	0.9	20.3	1.3	7.9	18.7
35-39	100.0	3.5	1.1	19.8	1.3	7.7	19.0
40-44	100.0	4.9	1.2	18.9	1.6	8.5	18.6
45-49	100.0	7.4	1.6	18.8	1.8	9.9	16.8
50-54	100.0	12.1	1.5	16.7	1.7	11.8	14.7
55-59	100.0	17.8	1.0	14.2	1.7	11.1	12.5
60-64	100.0	35.9	0.3	11.2	0.5	9.2	11.9
65+	100.0	57.4	0.1	7.9	0.2	4.5	8.7
男 Male	**100.0**	**7.2**	**1.5**	**19.1**	**1.8**	**13.0**	**13.1**
16-19	100.0	5.7	0.1	22.9	0.6	6.4	13.5
20-24	100.0	2.3	0.5	22.1	1.2	9.7	12.7
25-29	100.0	1.9	0.8	20.9	1.5	10.7	13.7
30-34	100.0	2.7	1.3	22.2	1.7	12.3	14.8
35-39	100.0	3.1	1.7	21.0	1.6	12.1	14.5
40-44	100.0	4.4	1.8	19.4	2.0	13.1	14.0
45-49	100.0	6.3	2.2	18.8	2.3	15.1	13.0
50-54	100.0	8.8	2.2	17.4	2.3	16.6	12.0
55-59	100.0	12.2	1.4	15.0	2.3	14.7	10.7
60-64	100.0	28.6	0.5	12.0	0.8	13.7	11.6
65+	100.0	51.7	0.2	8.4	0.3	7.0	8.6
女 Female	**100.0**	**10.0**	**0.4**	**16.4**	**0.8**	**2.7**	**21.3**
16-19	100.0	5.2		18.8		0.8	20.8
20-24	100.0	2.2	0.1	13.3	0.6	2.2	18.6
25-29	100.0	2.9	0.2	13.9	0.7	2.4	20.4
30-34	100.0	3.4	0.3	18.0	0.8	2.4	23.5
35-39	100.0	3.9	0.4	18.5	0.9	2.4	24.3
40-44	100.0	5.6	0.6	18.3	1.2	3.0	24.2
45-49	100.0	8.8	0.7	18.8	1.3	3.3	21.6
50-54	100.0	17.8	0.3	15.6	0.6	3.7	19.3
55-59	100.0	31.1	0.1	12.3	0.3	2.5	16.8
60-64	100.0	48.9	0.1	9.7	0.1	1.3	12.5
65+	100.0	66.4	0.0	7.2	0.1	0.5	8.8

3-17 续表 1 continued

单位：% (%)

年龄 Age	交通运输、仓储和邮政业 Transport, Storage and Post	住宿和餐饮业 Hotels and Catering Services	信息传输、软件和信息技术服务业 Information Transmission, Software and Information Technical Services	金融业 Financial Intermediation	房地产业 Real Estate	租赁和商务服务业 Leasing and Business Services	科学研究和技术服务业 Scientific Research and Technical Services
总计 Total	**5.9**	**5.7**	**2.3**	**2.4**	**2.3**	**3.0**	**1.4**
16-19	3.0	19.4	2.3	0.9	1.8	2.4	0.6
20-24	4.8	7.4	5.0	2.5	2.8	4.3	2.1
25-29	5.3	5.6	4.7	3.5	2.7	4.2	2.1
30-34	6.0	5.4	3.3	3.4	2.5	3.4	1.8
35-39	6.4	5.8	2.7	2.6	2.2	3.2	1.6
40-44	7.1	6.0	1.7	2.0	1.9	2.8	1.2
45-49	7.1	5.9	1.0	2.0	1.9	2.4	1.0
50-54	6.3	5.4	0.6	1.8	2.1	2.3	0.8
55-59	5.6	4.6	0.5	1.6	2.7	2.3	0.8
60-64	2.7	3.9	0.2	0.5	3.3	1.6	0.3
65+	1.1	2.2	0.1	0.1	1.9	0.9	0.3
男 Male	**8.6**	**4.8**	**2.5**	**1.9**	**2.3**	**3.0**	**1.6**
16-19	4.3	20.4	2.2	0.7	2.1	2.6	0.5
20-24	6.3	8.6	5.5	2.1	2.8	3.8	2.1
25-29	7.3	6.0	5.4	3.2	2.8	3.9	2.4
30-34	8.7	5.2	3.8	2.5	2.5	3.2	2.0
35-39	9.7	5.2	3.0	2.1	2.2	3.1	1.9
40-44	10.7	4.8	2.0	1.5	1.7	3.0	1.4
45-49	10.8	4.0	1.2	1.6	1.7	2.6	1.2
50-54	9.2	3.3	0.7	1.6	2.1	2.7	1.0
55-59	7.5	2.8	0.6	1.8	2.9	2.8	1.0
60-64	4.0	3.1	0.2	0.6	3.8	2.1	0.4
65+	1.7	1.8	0.1	0.2	2.3	1.2	0.4
女 Female	**2.3**	**6.9**	**1.9**	**3.0**	**2.3**	**2.9**	**1.1**
16-19	1.2	17.9	2.4	1.3	1.3	2.1	0.7
20-24	2.9	5.9	4.3	3.1	2.7	5.0	2.0
25-29	2.7	5.1	3.8	3.9	2.7	4.6	1.7
30-34	2.6	5.7	2.8	4.4	2.5	3.5	1.5
35-39	2.5	6.6	2.2	3.2	2.2	3.2	1.3
40-44	2.7	7.4	1.2	2.6	2.2	2.5	0.9
45-49	2.6	8.2	0.7	2.6	2.2	2.1	0.8
50-54	1.5	8.9	0.3	2.3	2.2	1.5	0.5
55-59	1.0	8.6	0.3	1.0	2.3	1.1	0.3
60-64	0.5	5.5	0.1	0.4	2.3	0.7	0.1
65+	0.2	2.9	0.0	0.1	1.3	0.4	0.0

3-17 续表 2 continued

单位：% (%)

年 龄 Age	水利、环境和公共设施管理业 Management of Water Conservancy, Environment and Public Facilities	居民服务、修理和其他服务业 Services to Households, Repair and Other Services	教 育 Education	卫生和社会工作 Health and Society	文化、体育和娱乐业 Culture, Sports and Entertainment	公共管理、社会保障和社会组织 Public Management Social Security and Social Organizations
总计 Total	**1.0**	**5.4**	**5.7**	**3.3**	**1.2**	**6.6**
16-19	0.1	11.8	5.1	1.3	2.4	1.2
20-24	0.6	5.9	8.1	4.7	2.9	5.3
25-29	0.5	5.1	7.3	4.9	1.8	6.6
30-34	0.6	4.8	5.4	3.7	1.3	6.4
35-39	0.7	4.9	6.3	3.5	1.1	6.7
40-44	0.8	5.0	6.3	3.1	0.9	7.3
45-49	1.1	5.3	5.2	2.7	0.9	7.1
50-54	1.3	5.7	5.1	2.3	0.9	7.0
55-59	1.6	6.1	4.6	2.2	0.8	8.4
60-64	2.8	7.4	1.7	1.9	0.7	3.8
65+	2.4	6.0	1.0	1.9	0.6	2.7
男 Male	**1.0**	**4.8**	**3.3**	**1.9**	**1.1**	**7.3**
16-19	0.1	11.9	1.5	0.6	2.3	1.6
20-24	0.7	5.9	3.0	2.0	3.0	5.8
25-29	0.5	5.3	3.2	2.1	1.7	6.6
30-34	0.7	4.6	2.5	1.7	1.3	6.4
35-39	0.8	4.4	3.3	2.1	1.0	7.3
40-44	0.9	4.4	4.0	2.1	0.8	8.0
45-49	1.1	3.9	3.6	1.8	0.7	8.0
50-54	1.3	4.3	3.8	1.7	0.8	8.1
55-59	1.6	4.9	4.6	1.9	0.7	10.5
60-64	2.7	6.9	1.8	1.8	0.7	4.6
65+	2.7	6.2	1.2	2.1	0.6	3.3
女 Female	**0.8**	**6.2**	**8.9**	**5.1**	**1.3**	**5.7**
16-19	0.1	11.7	10.5	2.2	2.6	0.5
20-24	0.4	5.9	14.8	8.3	2.7	4.7
25-29	0.4	4.9	12.5	8.5	2.0	6.5
30-34	0.5	5.1	9.1	6.2	1.3	6.4
35-39	0.6	5.6	9.9	5.1	1.1	6.0
40-44	0.8	5.8	9.0	4.4	1.1	6.5
45-49	1.1	7.0	7.2	3.8	1.1	6.0
50-54	1.1	7.9	7.3	3.2	1.0	5.1
55-59	1.6	9.0	4.6	2.7	1.0	3.3
60-64	2.9	8.3	1.5	2.1	0.8	2.3
65+	2.1	5.6	0.6	1.5	0.5	1.7

3-18 城镇按行业、性别分的就业人员年龄构成
Age Composition of Urban Employed Persons by Sector and Sex

单位：% (%)

年龄 Age	城镇就业人员 Urban Employed Persons	农、林、牧、渔业 Agriculture, Forestry, Animal Husbandry and Fishery	采矿业 Mining	制造业 Manu-facturing	电力、热力、燃气及水生产和供应业 Production and Supply of Electricity Power, Heat Power, Gas and Water	建筑业 Construction	批发和零售业 Wholesale and Retail Trades
总计 Total	**100.0**	**100.0**	**100.0**	**100.0**	**100.0**	**100.0**	**100.0**
16-19	0.7	0.5	0.0	0.8	0.2	0.3	0.7
20-24	5.9	1.6	1.8	6.0	4.1	4.4	5.4
25-29	12.5	3.5	7.0	12.5	10.3	10.3	12.5
30-34	16.7	6.0	14.3	18.8	15.2	15.3	18.7
35-39	13.4	5.6	14.6	14.8	12.7	11.9	15.3
40-44	12.6	7.4	15.4	13.2	14.7	12.4	14.1
45-49	14.1	12.5	21.6	14.7	18.5	16.1	14.2
50-54	11.4	16.6	17.0	10.6	13.7	15.6	10.1
55-59	7.3	15.6	7.3	5.8	9.2	9.4	5.5
60-64	2.6	11.2	0.8	1.6	1.0	2.8	1.9
65+	2.8	19.5	0.4	1.2	0.4	1.5	1.5
男 Male	**100.0**	**100.0**	**100.0**	**100.0**	**100.0**	**100.0**	**100.0**
16-19	0.7	0.6	0.0	0.9	0.2	0.4	0.7
20-24	5.8	1.9	1.8	6.7	4.0	4.3	5.6
25-29	12.2	3.3	6.9	13.3	10.0	10.1	12.7
30-34	16.1	6.0	14.4	18.6	14.7	15.2	18.0
35-39	12.7	5.5	14.1	13.9	11.4	11.8	14.0
40-44	11.9	7.3	14.3	12.0	13.3	12.0	12.6
45-49	13.5	11.8	20.3	13.3	17.1	15.7	13.3
50-54	12.4	15.2	18.5	11.2	15.9	15.8	11.3
55-59	9.0	15.2	8.3	7.0	11.5	10.1	7.3
60-64	2.9	11.6	0.9	1.8	1.3	3.1	2.6
65+	3.0	21.7	0.4	1.3	0.5	1.6	2.0
女 Female	**100.0**	**100.0**	**100.0**	**100.0**	**100.0**	**100.0**	**100.0**
16-19	0.7	0.3		0.8		0.2	0.7
20-24	6.0	1.4	1.5	4.9	4.5	5.0	5.3
25-29	13.0	3.7	7.2	11.1	11.2	11.9	12.5
30-34	17.5	6.0	13.7	19.1	16.4	15.9	19.3
35-39	14.4	5.7	16.9	16.3	16.5	13.0	16.5
40-44	13.5	7.6	20.9	15.1	18.9	15.0	15.3
45-49	14.8	13.1	28.4	17.0	22.8	18.6	15.0
50-54	10.1	18.0	8.8	9.6	7.2	14.1	9.1
55-59	5.1	16.0	1.8	3.9	2.1	4.8	4.0
60-64	2.2	10.9	0.6	1.3	0.3	1.0	1.3
65+	2.6	17.4	0.3	1.1	0.2	0.5	1.1

3-18 续表 1 continued

单位：% (%)

年 龄 Age	交通运输、仓储和邮政业 Transport, Storage and Post	住宿和餐饮业 Hotels and Catering Services	信息传输、软件和信息技术服务业 Information Transmission, Software and Information Technical Services	金融业 Financial Intermediation	房地产业 Real Estate	租赁和商务服务业 Leasing and Business Services	科学研究和技术服务业 Scientific Research and Technical Services
总计 Total	**100.0**	**100.0**	**100.0**	**100.0**	**100.0**	**100.0**	**100.0**
16-19	0.4	2.4	0.7	0.3	0.5	0.6	0.3
20-24	4.8	7.7	13.0	6.3	7.0	8.6	8.8
25-29	11.2	12.4	26.1	18.6	14.7	17.7	19.4
30-34	16.7	16.0	24.6	23.5	17.9	18.9	21.7
35-39	14.5	13.8	15.7	14.6	12.6	14.3	16.0
40-44	14.9	13.4	9.2	10.5	10.5	11.9	10.9
45-49	16.9	14.6	6.0	12.0	11.7	11.3	10.4
50-54	12.1	10.8	2.9	8.7	10.4	8.7	6.8
55-59	6.9	5.9	1.5	4.8	8.7	5.8	4.4
60-64	1.2	1.8	0.2	0.6	3.7	1.4	0.6
65+	0.5	1.1	0.1	0.2	2.3	0.9	0.6
男 Male	**100.0**	**100.0**	**100.0**	**100.0**	**100.0**	**100.0**	**100.0**
16-19	0.4	3.1	0.6	0.3	0.7	0.6	0.3
20-24	4.3	10.4	12.6	6.3	7.0	7.4	7.8
25-29	10.3	15.2	26.1	20.1	14.6	15.6	18.9
30-34	16.2	17.5	23.9	20.9	17.1	17.2	20.9
35-39	14.3	13.8	15.2	13.4	11.8	13.0	15.4
40-44	14.7	12.0	9.5	8.9	8.8	11.9	10.8
45-49	16.9	11.3	6.3	11.0	9.9	11.7	10.3
50-54	13.2	8.4	3.5	9.9	11.1	11.0	8.2
55-59	7.8	5.3	2.0	8.1	11.3	8.4	5.9
60-64	1.3	1.8	0.2	0.9	4.8	2.0	0.8
65+	0.6	1.1	0.1	0.3	3.0	1.2	0.8
女 Female	**100.0**	**100.0**	**100.0**	**100.0**	**100.0**	**100.0**	**100.0**
16-19	0.3	1.7	0.8	0.3	0.4	0.5	0.4
20-24	7.5	5.2	13.7	6.3	7.0	10.4	10.9
25-29	15.3	9.8	26.2	17.2	14.9	20.8	20.4
30-34	19.2	14.6	25.9	25.9	18.9	21.2	23.3
35-39	15.7	13.9	16.5	15.7	13.6	16.3	17.1
40-44	15.9	14.6	8.7	11.9	12.8	11.8	11.1
45-49	16.8	17.8	5.6	13.0	14.1	10.8	10.7
50-54	6.4	13.0	1.8	7.7	9.5	5.3	4.2
55-59	2.1	6.4	0.7	1.8	5.1	2.0	1.5
60-64	0.4	1.8	0.1	0.3	2.2	0.5	0.3
65+	0.2	1.1	0.0	0.1	1.5	0.4	0.1

3-18 续表 2 continued

单位：% (%)

年 龄 Age	水利、环境和公共设施管理业 Management of Water Conservancy, Environment and Public Facilities	居民服务、修理和其他服务业 Services to Households, Repair and Other Services	教 育 Education	卫生和社会工作 Health and Society	文化、体育和娱乐业 Culture, Sports and Entertainment	公共管理、社会保障和社会组织 Public Management Social Security and Social Organizations
总计 Total	**100.0**	**100.0**	**100.0**	**100.0**	**100.0**	**100.0**
16–19	0.1	1.6	0.6	0.3	1.4	0.1
20–24	3.6	6.5	8.4	8.5	14.0	4.7
25–29	6.3	12.0	16.1	18.8	19.2	12.4
30–34	10.3	15.0	15.8	18.7	17.6	16.2
35–39	9.9	12.3	14.9	14.2	11.8	13.5
40–44	11.2	11.7	13.8	12.1	9.8	13.9
45–49	16.4	13.9	12.9	11.5	10.3	15.2
50–54	15.1	12.0	10.2	7.9	8.2	12.0
55–59	12.2	8.4	6.0	4.9	4.8	9.3
60–64	7.6	3.6	0.8	1.5	1.6	1.5
65+	7.3	3.1	0.5	1.6	1.4	1.1
男 Male	**100.0**	**100.0**	**100.0**	**100.0**	**100.0**	**100.0**
16–19	0.1	1.8	0.3	0.2	1.5	0.2
20–24	3.7	7.2	5.3	6.1	15.3	4.6
25–29	6.2	13.6	11.7	13.3	18.8	11.0
30–34	10.6	15.5	11.9	14.3	17.7	14.1
35–39	9.8	11.5	12.6	14.1	11.5	12.6
40–44	10.4	10.8	14.3	13.1	8.7	13.0
45–49	14.6	11.1	14.7	12.5	8.6	14.8
50–54	15.9	11.2	14.1	11.3	8.8	13.7
55–59	13.5	9.2	12.5	9.1	5.8	12.9
60–64	7.5	4.2	1.5	2.8	1.8	1.8
65+	7.7	3.9	1.1	3.3	1.6	1.4
女 Female	**100.0**	**100.0**	**100.0**	**100.0**	**100.0**	**100.0**
16–19	0.1	1.3	0.8	0.3	1.3	0.1
20–24	3.3	5.8	10.0	9.7	12.4	5.0
25–29	6.4	10.4	18.3	21.6	19.6	15.0
30–34	9.8	14.4	17.8	20.9	17.4	19.9
35–39	10.2	13.1	16.1	14.3	12.2	15.2
40–44	12.4	12.6	13.6	11.6	11.1	15.4
45–49	19.7	16.9	12.0	11.0	12.2	15.7
50–54	13.7	12.8	8.2	6.3	7.6	9.1
55–59	10.1	7.5	2.7	2.7	3.7	3.0
60–64	7.9	3.0	0.4	0.9	1.3	0.9
65+	6.5	2.4	0.2	0.8	1.1	0.8

3-19 城镇按受教育程度、性别分的就业人员行业构成
Urban Employed Persons by Sex, Educational Attainment and Sector

单位：% (%)

受教育程度	Educational Attainment	城镇就业人员 Urban Employed Persons	农、林、牧、渔业 Agriculture, Forestry, Animal Husbandry and Fishery	采矿业 Mining	制造业 Manu-facturing	电力、热力、燃气及水生产和供应业 Production and Supply of Electricity Power, Heat Power, Gas and Water	建筑业 Construction	批发和零售业 Wholesale and Retail Trades
总 计	**Total**	**100.0**	**8.3**	**1.0**	**18.0**	**1.4**	**8.6**	**16.6**
未上过学	No Schooling	100.0	55.3	0.2	9.9	0.2	6.8	8.8
小 学	Primary School	100.0	32.3	0.6	16.8	0.4	13.0	12.8
初 中	Junior Secondary School	100.0	12.1	1.0	22.1	0.8	12.7	18.7
高 中	Senior Secondary School	100.0	3.6	1.3	20.0	1.6	6.8	22.2
大学专科	College	100.0	0.8	1.2	15.3	2.3	5.4	15.7
大学本科	University	100.0	0.4	0.8	10.4	2.1	3.9	8.3
研究生	Graduate and Higher Level	100.0	0.3	0.7	9.2	1.6	1.8	3.2
男	**Male**	**100.0**	**7.2**	**1.5**	**19.1**	**1.8**	**13.0**	**13.1**
未上过学	No Schooling	100.0	47.1	0.4	9.2	0.4	15.3	7.2
小 学	Primary School	100.0	27.4	1.0	14.9	0.6	21.6	10.7
初 中	Junior Secondary School	100.0	10.6	1.4	21.1	1.0	19.2	13.7
高 中	Senior Secondary School	100.0	3.7	1.8	22.3	2.1	9.9	16.3
大学专科	College	100.0	0.9	1.6	18.1	2.9	7.4	13.6
大学本科	University	100.0	0.5	1.2	13.0	2.8	5.3	8.2
研究生	Graduate and Higher Level	100.0	0.5	1.1	11.7	2.2	2.2	3.4
女	**Female**	**100.0**	**10.0**	**0.4**	**16.4**	**0.8**	**2.7**	**21.3**
未上过学	No Schooling	100.0	59.0	0.1	10.2	0.1	3.0	9.5
小 学	Primary School	100.0	37.4	0.2	18.6	0.2	4.1	15.0
初 中	Junior Secondary School	100.0	14.3	0.2	23.7	0.4	2.9	26.3
高 中	Senior Secondary School	100.0	3.5	0.6	16.2	0.9	1.9	31.6
大学专科	College	100.0	0.6	0.6	11.6	1.4	2.8	18.5
大学本科	University	100.0	0.2	0.4	7.6	1.4	2.3	8.3
研究生	Graduate and Higher Level	100.0	0.1	0.3	6.1	0.8	1.3	2.9

3-19 续表 1 continued

单位：% (%)

受教育程度	Educational Attainment	交通运输、仓储和邮政业 Transport, Storage and Post	住宿和餐饮业 Hotels and Catering Services	信息传输、软件和信息技术服务业 Information Transmission, Software and Information Technical Services	金融业 Financial Intermediation	房地产业 Real Estate	租赁和商务服务业 Leasing and Business Services	科学研究和技术服务业 Scientific Research and Technical Services
总 计	**Total**	**5.9**	**5.7**	**2.3**	**2.4**	**2.3**	**3.0**	**1.4**
未上过学	No Schooling	1.4	3.9	0.0	0.1	1.3	0.5	0.0
小 学	Primary School	3.8	6.3	0.1	0.2	1.3	1.0	0.1
初 中	Junior Secondary School	7.2	8.1	0.5	0.6	1.7	1.7	0.3
高 中	Senior Secondary School	7.4	6.9	1.7	1.7	3.0	3.1	0.8
大学专科	College	5.4	3.3	3.9	3.9	3.3	4.7	2.2
大学本科	University	3.2	1.1	6.1	6.6	2.5	4.7	3.7
研究生	Graduate and Higher Level	1.3	0.2	7.0	7.9	1.1	4.5	9.2
男	**Male**	**8.6**	**4.8**	**2.5**	**1.9**	**2.3**	**3.0**	**1.6**
未上过学	No Schooling	3.4	2.6		0.2	1.4	1.0	0.1
小 学	Primary School	6.8	3.9	0.2	0.1	1.3	1.4	0.2
初 中	Junior Secondary School	10.8	6.4	0.6	0.4	1.7	2.1	0.3
高 中	Senior Secondary School	10.3	6.2	1.7	1.3	2.9	3.2	1.0
大学专科	College	6.9	3.2	4.4	3.4	3.1	4.2	2.6
大学本科	University	3.9	1.0	7.5	5.9	2.7	4.6	4.3
研究生	Graduate and Higher Level	1.6	0.2	8.5	7.2	1.2	4.0	11.3
女	**Female**	**2.3**	**6.9**	**1.9**	**3.0**	**2.3**	**2.9**	**1.1**
未上过学	No Schooling	0.5	4.5	0.0	0.1	1.3	0.2	0.0
小 学	Primary School	0.8	8.8	0.1	0.2	1.3	0.7	0.1
初 中	Junior Secondary School	1.9	10.8	0.4	0.8	1.8	1.3	0.2
高 中	Senior Secondary School	2.9	7.9	1.6	2.4	3.1	2.9	0.6
大学专科	College	3.5	3.3	3.4	4.6	3.4	5.2	1.7
大学本科	University	2.5	1.2	4.6	7.3	2.3	4.9	3.0
研究生	Graduate and Higher Level	0.9	0.2	5.4	8.6	1.0	5.1	6.8

3-19 续表 2 continued

单位：% (%)

受教育程度	Educational Attainment	水利、环境和公共设施管理业 Management of Water Conservancy, Environment and Public Facilities	居民服务、修理和其他服务业 Services to Households, Repair and Other Services	教育 Education	卫生和社会工作 Health and Society	文化、体育和娱乐业 Culture, Sports and Entertainment	公共管理、社会保障和社会组织 Public Management Social Security and Social Organizations
总计	**Total**	**1.0**	**5.4**	**5.7**	**3.3**	**1.2**	**6.6**
未上过学	No Schooling	2.4	6.2	0.6	0.7	0.3	1.3
小学	Primary School	1.6	6.4	0.7	0.6	0.5	1.2
初中	Junior Secondary School	0.9	7.0	1.3	0.7	0.7	1.8
高中	Senior Secondary School	0.8	6.8	3.1	2.5	1.4	5.2
大学专科	College	0.9	3.5	8.3	6.4	1.6	11.9
大学本科	University	0.9	1.5	17.4	7.9	2.0	16.5
研究生	Graduate and Higher Level	0.6	0.4	26.8	9.9	1.9	12.5
男	**Male**	**1.0**	**4.8**	**3.3**	**1.9**	**1.1**	**7.3**
未上过学	No Schooling	2.5	6.0	0.7	0.7	0.3	1.6
小学	Primary School	1.6	5.4	0.5	0.5	0.4	1.4
初中	Junior Secondary School	1.0	5.9	0.8	0.5	0.6	2.1
高中	Senior Secondary School	1.0	6.1	1.6	1.4	1.2	6.0
大学专科	College	1.1	3.5	4.7	3.2	1.7	13.5
大学本科	University	1.0	1.4	11.1	5.1	2.1	18.6
研究生	Graduate and Higher Level	0.7	0.3	21.0	8.7	1.6	12.5
女	**Female**	**0.8**	**6.2**	**8.9**	**5.1**	**1.3**	**5.7**
未上过学	No Schooling	2.3	6.2	0.6	0.7	0.3	1.2
小学	Primary School	1.6	7.5	1.0	0.8	0.6	1.0
初中	Junior Secondary School	0.8	8.6	2.2	0.9	0.9	1.4
高中	Senior Secondary School	0.6	8.0	5.4	4.2	1.6	4.0
大学专科	College	0.7	3.6	13.1	10.6	1.5	9.8
大学本科	University	0.7	1.6	24.6	11.1	1.8	14.2
研究生	Graduate and Higher Level	0.4	0.5	33.5	11.3	2.1	12.5

3-20 城镇按行业、性别分的就业人员受教育程度构成
Educational Attainment of Urban Employed Persons by Sector and Sex

单位：% (%)

受教育程度	Educational Attainment	城镇就业人员 Urban Employed Persons	农、林、牧、渔业 Agriculture, Forestry, Animal Husbandry and Fishery	采矿业 Mining	制造业 Manu-facturing	电力、热力、燃气及水生产和供应业 Production and Supply of Electricity Power, Heat Power, Gas and Water	建筑业 Construction	批发和零售业 Wholesale and Retail Trades
总　计	**Total**	**100.0**	**100.0**	**100.0**	**100.0**	**100.0**	**100.0**	**100.0**
未上过学	No Schooling	0.9	6.1	0.2	0.5	0.1	0.7	0.5
小　学	Primary School	8.0	30.8	4.8	7.4	2.3	12.0	6.2
初　中	Junior Secondary School	35.3	51.1	33.1	43.4	19.0	52.0	39.8
高　中	Senior Secondary School	22.3	9.7	29.4	24.8	26.2	17.6	29.9
大学专科	College	16.8	1.6	19.2	14.3	27.4	10.5	15.9
大学本科	University	15.0	0.7	12.2	8.7	22.9	6.8	7.5
研究生	Graduate and Higher Level	1.7	0.1	1.2	0.9	2.0	0.4	0.3
男	**Male**	**100.0**	**100.0**	**100.0**	**100.0**	**100.0**	**100.0**	**100.0**
未上过学	No Schooling	0.5	3.2	0.1	0.2	0.1	0.6	0.3
小　学	Primary School	7.0	26.7	4.9	5.5	2.2	11.6	5.7
初　中	Junior Secondary School	36.9	54.7	35.7	40.6	20.6	54.4	38.4
高　中	Senior Secondary School	23.7	12.3	28.9	27.7	27.2	18.1	29.4
大学专科	College	16.6	2.0	17.9	15.7	26.8	9.4	17.1
大学本科	University	13.8	0.9	11.2	9.3	21.1	5.6	8.7
研究生	Graduate and Higher Level	1.6	0.1	1.2	1.0	2.0	0.3	0.4
女	**Female**	**100.0**	**100.0**	**100.0**	**100.0**	**100.0**	**100.0**	**100.0**
未上过学	No Schooling	1.5	8.9	0.4	0.9	0.3	1.7	0.7
小　学	Primary School	9.3	34.8	4.0	10.5	2.4	14.4	6.5
初　中	Junior Secondary School	33.1	47.6	18.6	47.8	14.3	36.5	40.9
高　中	Senior Secondary School	20.4	7.1	31.7	20.2	23.3	14.3	30.3
大学专科	College	17.1	1.1	26.3	12.1	29.5	17.9	14.9
大学本科	University	16.7	0.4	17.4	7.7	28.4	14.3	6.5
研究生	Graduate and Higher Level	1.9	0.0	1.5	0.7	1.9	0.9	0.3

3-20 续表 1 continued

单位：% (%)

受教育程度	Educational Attainment	交通运输、仓储和邮政业 Transport, Storage and Post	住宿和餐饮业 Hotels and Catering Services	信息传输、软件和信息技术服务业 Information Transmission, Software and Information Technical Services	金融业 Financial Intermediation	房地产业 Real Estate	租赁和商务服务业 Leasing and Business Services	科学研究和技术服务业 Scientific Research and Technical Services
总 计	**Total**	**100.0**	**100.0**	**100.0**	**100.0**	**100.0**	**100.0**	**100.0**
未上过学	No Schooling	0.2	0.6	0.0	0.1	0.5	0.1	0.0
小 学	Primary School	5.1	8.9	0.4	0.6	4.5	2.8	0.8
初 中	Junior Secondary School	42.9	50.6	7.9	8.3	26.1	20.8	7.5
高 中	Senior Secondary School	27.9	27.1	16.6	16.3	28.4	23.3	13.1
大学专科	College	15.4	9.7	29.2	27.7	23.5	26.4	26.8
大学本科	University	8.2	3.0	40.4	41.4	16.1	23.9	40.1
研究生	Graduate and Higher Level	0.4	0.1	5.4	5.7	0.8	2.6	11.7
男	**Male**	**100.0**	**100.0**	**100.0**	**100.0**	**100.0**	**100.0**	**100.0**
未上过学	No Schooling	0.2	0.3		0.0	0.3	0.2	0.0
小 学	Primary School	5.5	5.7	0.4	0.5	4.0	3.2	0.8
初 中	Junior Secondary School	46.1	49.0	8.4	7.2	26.8	25.1	8.0
高 中	Senior Secondary School	28.3	30.8	16.3	15.8	29.5	25.4	14.4
大学专科	College	13.3	11.2	28.7	28.7	22.3	23.0	27.3
大学本科	University	6.3	3.0	40.7	41.7	16.1	20.9	37.8
研究生	Graduate and Higher Level	0.3	0.1	5.4	6.0	0.8	2.2	11.7
女	**Female**	**100.0**	**100.0**	**100.0**	**100.0**	**100.0**	**100.0**	**100.0**
未上过学	No Schooling	0.3	1.0	0.0	0.1	0.9	0.1	0.0
小 学	Primary School	3.1	12.0	0.3	0.6	5.2	2.2	0.9
初 中	Junior Secondary School	26.9	52.2	7.0	9.2	25.0	14.5	6.5
高 中	Senior Secondary School	25.6	23.5	17.3	16.7	26.9	20.4	10.6
大学专科	College	25.6	8.3	30.2	26.8	25.1	31.1	25.8
大学本科	University	17.8	3.0	39.8	41.1	16.1	28.2	44.6
研究生	Graduate and Higher Level	0.8	0.1	5.3	5.5	0.8	3.4	11.6

3-20 续表 2 continued

单位：% (%)

受教育程度	Educational Attainment	水利、环境和公共设施管理业 Management of Water Conservancy, Environment and Public Facilities	居民服务、修理和其他服务业 Services to Households, Repair and Other Services	教育 Education	卫生和社会工作 Health and Society	文化、体育和娱乐业 Culture, Sports and Entertainment	公共管理、社会保障和社会组织 Public Management Social Security and Social Organizations
总计	**Total**	**100.0**	**100.0**	**100.0**	**100.0**	**100.0**	**100.0**
未上过学	No Schooling	2.3	1.1	0.1	0.2	0.2	0.2
小学	Primary School	13.6	9.5	1.0	1.6	3.3	1.5
初中	Junior Secondary School	34.1	45.7	8.1	7.0	21.6	9.8
高中	Senior Secondary School	18.9	28.3	12.0	16.9	25.7	17.7
大学专科	College	16.3	11.1	24.6	32.8	22.2	30.2
大学本科	University	13.7	4.2	46.0	36.2	24.3	37.4
研究生	Graduate and Higher Level	1.1	0.1	8.2	5.2	2.7	3.3
男	**Male**	**100.0**	**100.0**	**100.0**	**100.0**	**100.0**	**100.0**
未上过学	No Schooling	1.2	0.6	0.1	0.2	0.1	0.1
小学	Primary School	11.0	7.9	0.9	1.8	2.5	1.4
初中	Junior Secondary School	34.5	45.4	8.3	9.1	19.8	10.7
高中	Senior Secondary School	21.8	30.0	11.3	17.2	25.9	19.5
大学专科	College	17.2	12.0	23.4	27.8	24.3	30.6
大学本科	University	13.2	4.0	45.7	36.7	25.1	35.0
研究生	Graduate and Higher Level	1.1	0.1	10.2	7.4	2.3	2.8
女	**Female**	**100.0**	**100.0**	**100.0**	**100.0**	**100.0**	**100.0**
未上过学	No Schooling	4.2	1.5	0.1	0.2	0.4	0.3
小学	Primary School	18.2	11.2	1.1	1.5	4.2	1.6
初中	Junior Secondary School	33.4	46.1	8.0	6.0	23.8	8.2
高中	Senior Secondary School	14.0	26.6	12.3	16.8	25.5	14.5
大学专科	College	14.6	10.1	25.3	35.4	19.7	29.5
大学本科	University	14.7	4.3	46.1	35.9	23.4	41.7
研究生	Graduate and Higher Level	0.9	0.2	7.1	4.2	3.1	4.1

3-21 城镇按年龄、性别分的就业人员职业构成
Occupation of Urban Employed Persons by Age and Sex

单位：% (%)

年龄 Age	城镇就业人员 Urban Employed Persons	单位负责人 Unit Heads	专业技术人员 Technical Personnel	办事人员和有关人员 Clerk and Related Workers	商业、服务业人员 Business Service Personnel	农林牧渔水利业生产人员 Producers of Agriculture, Forestry, Animal Husbandry, Fishery and Water Conservancy	生产运输设备操作人员及有关人员 Production, Transport Equipment Operators and Related Workers	其他 Others
总计 Total	**100.0**	**2.7**	**13.5**	**17.0**	**39.3**	**8.1**	**19.4**	**0.2**
16-19	100.0	0.1	8.5	7.2	56.3	5.4	22.3	0.1
20-24	100.0	0.6	20.6	17.8	42.2	2.1	16.5	0.2
25-29	100.0	1.6	20.1	18.8	40.8	2.2	16.4	0.1
30-34	100.0	2.6	16.0	18.2	41.4	2.8	18.9	0.1
35-39	100.0	3.6	15.5	18.5	40.4	3.2	18.6	0.1
40-44	100.0	3.6	13.7	17.4	40.5	4.7	19.9	0.2
45-49	100.0	3.3	10.7	16.4	39.5	7.1	22.8	0.2
50-54	100.0	2.9	8.8	15.6	37.4	11.8	23.2	0.2
55-59	100.0	2.8	7.2	17.7	34.5	17.5	20.1	0.2
60-64	100.0	1.6	3.2	10.0	33.0	35.6	16.4	0.3
65+	100.0	0.8	2.4	5.8	23.7	57.3	9.8	0.2
男 Male	**100.0**	**3.5**	**10.2**	**17.7**	**37.3**	**6.9**	**24.3**	**0.2**
16-19	100.0	0.1	4.6	6.8	56.3	5.5	26.5	0.2
20-24	100.0	0.7	13.4	16.0	44.8	2.1	22.6	0.3
25-29	100.0	1.9	13.9	17.1	42.7	1.8	22.5	0.1
30-34	100.0	3.3	11.9	16.6	41.1	2.5	24.4	0.1
35-39	100.0	4.6	11.8	18.6	39.0	2.8	23.0	0.2
40-44	100.0	4.8	10.9	18.2	37.6	4.1	24.3	0.2
45-49	100.0	4.5	8.9	18.0	35.0	5.8	27.6	0.2
50-54	100.0	3.8	7.7	18.7	32.7	8.4	28.4	0.3
55-59	100.0	3.5	7.7	22.6	30.4	11.8	23.8	0.2
60-64	100.0	2.1	3.7	13.9	31.1	28.0	20.9	0.3
65+	100.0	1.0	3.1	8.6	23.6	51.5	12.0	0.3
女 Female	**100.0**	**1.6**	**17.8**	**16.0**	**42.0**	**9.8**	**12.7**	**0.1**
16-19	100.0	0.1	14.3	7.9	56.3	5.2	16.2	
20-24	100.0	0.4	30.0	20.1	38.8	2.1	8.4	0.1
25-29	100.0	1.1	27.9	20.9	38.5	2.7	8.7	0.1
30-34	100.0	1.7	21.3	20.0	41.7	3.3	12.0	0.1
35-39	100.0	2.3	19.9	18.5	42.2	3.8	13.4	0.1
40-44	100.0	2.1	17.2	16.5	44.0	5.4	14.6	0.2
45-49	100.0	1.8	13.0	14.6	45.0	8.6	17.0	0.1
50-54	100.0	1.5	10.6	10.3	45.2	17.7	14.6	0.2
55-59	100.0	1.1	5.9	6.2	44.1	31.0	11.5	0.2
60-64	100.0	0.7	2.3	3.1	36.4	48.9	8.4	0.2
65+	100.0	0.4	1.3	1.5	23.9	66.5	6.4	0.1

3-22 城镇按职业、性别分的就业人员年龄构成
Age Composition of Urban Employed Persons by Occupation and Sex

单位：% (%)

年龄 Age	城镇就业人员 Urban Employed Persons	单位负责人 Unit Heads	专业技术人员 Technical Personnel	办事人员和有关人员 Clerk and Related Workers	商业、服务业人员 Business Service Personnel	农林牧渔水利业生产人员 Producers of Agriculture, Forestry, Animal Husbandry, Fishery and Water Conservancy	生产运输设备操作人员及有关人员 Production, Transport Equipment Operators and Related Workers	其他 Others
总计 Total	**100.0**	**100.0**	**100.0**	**100.0**	**100.0**	**100.0**	**100.0**	**100.0**
16-19	0.7	0.0	0.4	0.3	1.0	0.5	0.8	0.6
20-24	5.9	1.3	9.0	6.2	6.3	1.5	5.0	7.2
25-29	12.5	7.4	18.7	13.9	13.0	3.4	10.6	8.9
30-34	16.7	16.3	19.9	17.8	17.5	5.8	16.3	9.9
35-39	13.4	17.9	15.5	14.7	13.8	5.4	12.9	11.1
40-44	12.6	17.0	12.8	12.9	12.9	7.3	12.9	13.2
45-49	14.1	17.4	11.2	13.6	14.1	12.2	16.6	15.6
50-54	11.4	12.6	7.5	10.5	10.8	16.6	13.7	15.7
55-59	7.3	7.6	3.9	7.7	6.4	15.8	7.6	10.0
60-64	2.6	1.6	0.6	1.5	2.2	11.4	2.2	4.3
65+	2.8	0.8	0.5	1.0	1.7	20.0	1.4	3.6
男 Male	**100.0**	**100.0**	**100.0**	**100.0**	**100.0**	**100.0**	**100.0**	**100.0**
16-19	0.7	0.0	0.3	0.3	1.1	0.6	0.8	0.9
20-24	5.8	1.3	7.6	5.3	7.0	1.8	5.4	7.7
25-29	12.2	6.8	16.5	11.8	13.9	3.2	11.3	8.5
30-34	16.1	15.5	18.6	15.1	17.7	5.8	16.2	10.0
35-39	12.7	16.9	14.6	13.3	13.2	5.2	12.0	10.5
40-44	11.9	16.5	12.6	12.3	12.0	7.1	11.9	11.0
45-49	13.5	17.7	11.7	13.7	12.7	11.4	15.3	14.9
50-54	12.4	13.7	9.3	13.1	10.8	15.1	14.4	16.4
55-59	9.0	8.9	6.8	11.4	7.3	15.4	8.8	11.4
60-64	2.9	1.8	1.0	2.3	2.4	11.8	2.5	4.6
65+	3.0	0.9	0.9	1.5	1.9	22.5	1.5	4.2
女 Female	**100.0**	**100.0**	**100.0**	**100.0**	**100.0**	**100.0**	**100.0**	**100.0**
16-19	0.7	0.0	0.5	0.3	0.9	0.4	0.9	
20-24	6.0	1.5	10.1	7.6	5.6	1.3	4.0	6.1
25-29	13.0	9.2	20.4	17.0	12.0	3.6	8.9	9.7
30-34	17.5	18.6	20.9	21.9	17.4	5.8	16.5	9.8
35-39	14.4	21.2	16.1	16.7	14.5	5.5	15.2	12.4
40-44	13.5	18.4	13.0	13.9	14.2	7.4	15.6	17.7
45-49	14.8	16.6	10.8	13.5	15.9	13.0	19.9	17.1
50-54	10.1	9.3	6.0	6.5	10.8	18.1	11.6	14.3
55-59	5.1	3.6	1.7	2.0	5.4	16.2	4.6	7.0
60-64	2.2	1.0	0.3	0.4	1.9	11.0	1.5	3.7
65+	2.6	0.6	0.2	0.2	1.5	17.6	1.3	2.2

3-23 城镇按受教育程度、性别分的就业人员职业构成
Occupation of Urban Employed Persons by Educational Attainment and Sex

单位：% (%)

受教育程度	Educational Attainment	城镇就业人员 Urban Employed Persons	单位负责人 Unit Heads	专业技术人员 Technical Personnel	办事人员和有关人员 Clerk and Related Workers	商业、服务业人员 Business Service Personnel	农林牧渔水利业生产人员 Producers in the Sectors of Agriculture, Forestry,Animal Husbandry, Fishery and Water Conservancy	生产运输设备操作人员及有关人员 Production, Transport Equipment Operators and Related Workers	其他 Others
总计	**Total**	**100.0**	**2.7**	**13.5**	**17.0**	**39.3**	**8.1**	**19.4**	**0.2**
未上过学	No Schooling	100.0	0.3	0.3	1.8	26.5	55.1	15.7	0.4
小学	Primary School	100.0	0.7	0.9	3.8	34.5	32.1	27.6	0.3
初中	Junior Secondary School	100.0	1.8	2.4	7.2	46.2	11.8	30.3	0.2
高中	Senior Secondary School	100.0	3.0	8.4	16.9	49.2	3.4	19.0	0.1
大学专科	College	100.0	3.9	23.3	29.1	33.7	0.6	9.3	0.1
大学本科	University	100.0	3.8	38.3	33.4	20.9	0.2	3.3	0.0
研究生	Graduate and Higher Level	100.0	4.0	56.7	25.2	12.6	0.1	1.3	0.0
男	**Male**	**100.0**	**3.5**	**10.2**	**17.7**	**37.3**	**6.9**	**24.3**	**0.2**
未上过学	No Schooling	100.0	0.4	0.4	3.4	24.7	46.8	23.6	0.8
小学	Primary School	100.0	0.9	1.1	5.4	30.5	27.1	34.5	0.5
初中	Junior Secondary School	100.0	2.3	2.4	8.2	41.1	10.3	35.5	0.3
高中	Senior Secondary School	100.0	3.5	6.0	17.3	45.3	3.4	24.4	0.2
大学专科	College	100.0	5.3	16.4	29.5	34.8	0.7	13.3	0.1
大学本科	University	100.0	5.5	31.1	35.1	23.2	0.2	4.8	0.1
研究生	Graduate and Higher Level	100.0	5.7	53.1	26.0	13.6	0.1	1.6	0.0
女	**Female**	**100.0**	**1.6**	**17.8**	**16.0**	**42.0**	**9.8**	**12.7**	**0.1**
未上过学	No Schooling	100.0	0.3	0.2	1.0	27.2	58.8	12.1	0.3
小学	Primary School	100.0	0.5	0.7	2.1	38.6	37.3	20.6	0.2
初中	Junior Secondary School	100.0	1.1	2.5	5.7	53.9	14.2	22.4	0.2
高中	Senior Secondary School	100.0	2.1	12.2	16.2	55.5	3.3	10.5	0.1
大学专科	College	100.0	2.1	32.4	28.6	32.3	0.5	4.1	0.1
大学本科	University	100.0	2.0	46.5	31.5	18.3	0.1	1.6	0.0
研究生	Graduate and Higher Level	100.0	2.1	61.0	24.4	11.4	0.1	1.0	0.0

3-24 城镇按职业、性别分的就业人员受教育程度构成
Educational Attainment of Urban Employed Persons by Occupation and Sex

单位：% (%)

受教育程度	Educational Attainment	城镇就业人员 Urban Employed Persons	单位负责人 Unit Heads	专业技术人员 Technical Personnel	办事人员和有关人员 Clerk and Related Workers	商业、服务业人员 Business Service Personnel	农林牧渔水利业生产人员 Producers in the Sectors of Agriculture, Forestry,Animal Husbandry, Fishery and Water Conservancy	生产运输设备操作人员及有关人员 Production, Transport Equipment Operators and Related Workers	其他 Others
总 计	**Total**	**100.0**	**100.0**	**100.0**	**100.0**	**100.0**	**100.0**	**100.0**	**100.0**
未上过学	No Schooling	0.9	0.1	0.0	0.1	0.6	6.2	0.7	2.3
小 学	Primary School	8.0	2.1	0.5	1.8	7.0	31.5	11.4	15.7
初 中	Junior Secondary School	35.3	23.9	6.4	14.9	41.5	51.5	55.2	51.4
高 中	Senior Secondary School	22.3	25.2	13.9	22.2	28.0	9.2	21.9	18.6
大学专科	College	16.8	24.5	29.1	28.9	14.4	1.2	8.1	7.5
大学本科	University	15.0	21.5	42.7	29.6	8.0	0.3	2.6	4.4
研究生	Graduate and Higher Level	1.7	2.6	7.3	2.6	0.6	0.0	0.1	0.2
男	**Male**	**100.0**	**100.0**	**100.0**	**100.0**	**100.0**	**100.0**	**100.0**	**100.0**
未上过学	No Schooling	0.5	0.1	0.0	0.1	0.3	3.3	0.5	1.9
小 学	Primary School	7.0	1.8	0.7	2.2	5.7	27.6	9.9	16.9
初 中	Junior Secondary School	36.9	24.3	8.6	17.0	40.6	55.3	53.9	49.5
高 中	Senior Secondary School	23.7	24.3	13.8	23.2	28.7	11.7	23.8	20.5
大学专科	College	16.6	25.1	26.5	27.7	15.4	1.6	9.0	6.5
大学本科	University	13.8	21.8	41.9	27.4	8.6	0.4	2.8	4.5
研究生	Graduate and Higher Level	1.6	2.7	8.4	2.4	0.6	0.0	0.1	0.1
女	**Female**	**100.0**	**100.0**	**100.0**	**100.0**	**100.0**	**100.0**	**100.0**	**100.0**
未上过学	No Schooling	1.5	0.3	0.0	0.1	1.0	9.0	1.4	3.1
小 学	Primary School	9.3	3.0	0.4	1.2	8.5	35.3	15.1	13.2
初 中	Junior Secondary School	33.1	22.9	4.6	11.8	42.5	47.9	58.6	55.4
高 中	Senior Secondary School	20.4	27.9	14.0	20.6	27.0	6.9	17.0	14.6
大学专科	College	17.1	22.7	31.1	30.6	13.2	0.8	5.6	9.5
大学本科	University	16.7	20.7	43.4	32.8	7.3	0.2	2.2	4.0
研究生	Graduate and Higher Level	1.9	2.5	6.5	2.9	0.5	0.0	0.1	0.3

3-25 城镇就业人员调查周平均工作时间
Weekly Working Hours of Urban Employed Persons

单位：小时／周 (hours/per week)

分　组	Group	2015	2016	2017	2018	2019	2020
全　部	**Total**	**45.5**	**46.1**	**46.2**	**46.5**	**46.8**	**47.0**
一、按年龄分组	**By Age**						
	16-19	48.4	48.4	48.6	48.3	48.1	48.6
	20-24	46.2	46.7	46.5	46.8	46.3	47.0
	25-29	45.8	46.3	46.5	46.6	46.9	47.2
	30-34	45.7	46.4	46.5	46.8	47.5	47.9
	35-39	45.9	46.4	46.6	46.9	47.2	47.7
	40-44	46.1	46.6	46.7	47.0	47.5	47.8
	45-49	45.7	46.3	46.4	46.8	47.6	47.7
	50-54	44.9	45.6	45.9	46.4	46.9	47.0
	55-59	43.9	44.7	44.8	45.2	45.7	45.7
	60-64	42.4	42.8	43.3	44.1	43.9	43.4
	65+	37.2	38.4	38.9	39.1	39.0	37.8
二、按职业分组	**By Occupation**						
单位负责人	Unit Head	46.9	47.8	47.5	47.8	48.3	48.6
专业技术人员	Technical Personnel	42.9	43.4	43.0	43.2	43.5	43.7
办事人员和有关人员	Clerk and Related Workers	43.1	43.7	43.5	43.6	44.2	44.7
商业、服务业人员	Business Service Personnel	47.7	48.4	48.3	48.5	49.1	49.6
农林牧渔水利业生产人员	Producers in the Sectors of Agriculture, Forestry, Animal Husbandry, Fishery and Water Conservancy	38.9	39.4	39.2	39.4	38.7	36.7
生产、运输设备操作人员及有关人员	Production, Transport Equipment Operators and Related Workers	47.9	48.5	48.9	49.2	49.8	50.3
其　他	Others	44.6	50.6	44.6	44.9	47.6	50.2
三、按受教育程度分组	**By Educational Attainment**						
未上过学	No Schooling	42.1	41.9	41.8	42.0	41.5	39.5
小　学	Primary School	45.3	46.1	46.2	46.5	46.4	45.6
初　中	Junior Secondary School	48.1	48.6	48.9	49.2	49.5	49.6
高　中	Senior Secondary School	46.0	46.7	46.9	47.3	47.9	48.5
大学专科	College	43.4	44.0	44.0	44.3	44.7	45.2
大学本科	University	41.7	42.3	42.1	42.3	42.7	42.8
研究生	Graduate and Higher Level	41.0	41.7	41.5	41.5	42.0	42.0

注：高中包括中等职业教育，大学专科包括高等职业教育，2015-2018年的数据依据此分类重新计算(下表同)。

Note:Senior secondary school include medium vocational education, and college include high vocational education. The data from 2015 to 2018 are recalculated according to this classification. The same applies to the tables following.

3-26 城镇男性就业人员调查周平均工作时间
Weekly Working Hours of Urban Male Employed Persons

单位：小时／周 (hours/per week)

分 组	Group	2015	2016	2017	2018	2019	2020
全 部	**Total**	**46.1**	**46.8**	**47.0**	**47.3**	**47.8**	**48.1**
一、按年龄分组	**By Age**						
	16-19	49.1	48.9	49.2	49.2	48.9	49.4
	20-24	46.9	47.5	47.4	47.6	47.5	48.1
	25-29	46.6	47.1	47.3	47.5	48.2	48.5
	30-34	46.4	47.2	47.3	47.8	48.7	49.2
	35-39	46.5	47.2	47.5	47.8	48.2	48.8
	40-44	46.7	47.2	47.3	47.6	48.4	48.7
	45-49	46.2	46.9	47.1	47.5	48.4	48.5
	50-54	45.3	46.1	46.4	46.9	47.6	47.9
	55-59	44.6	45.3	45.4	45.8	46.4	46.6
	60-64	44.2	44.6	45.2	45.7	45.6	45.4
	65+	39.0	40.1	40.6	40.8	40.7	39.8
二、按职业分组	**By Occupation**						
单位负责人	Unit Head	47.0	47.8	47.7	48.0	48.4	48.7
专业技术人员	Technical Personnel	43.4	44.0	43.6	43.9	44.3	44.7
办事人员和有关人员	Clerk and Related Workers	43.6	44.3	44.1	44.2	45.0	45.6
商业、服务业人员	Business Service Personnel	48.2	49.0	48.8	49.1	49.7	50.2
农林牧渔水利业生产人员	Producers in the Sectors of Agriculture, Forestry, Animal Husbandry, Fishery and Water Conservancy	40.9	41.3	41.2	41.4	40.8	39.2
生产、运输设备操作人员及有关人员	Production, Transport Equipment Operators and Related Workers	47.9	48.6	49.0	49.3	50.0	50.4
其 他	Others	45.2	51.1	45.3	45.9	49.1	50.6
三、按受教育程度分组	**By Educational Attainment**						
未上过学	No Schooling	44.3	44.7	44.2	43.6	43.4	41.5
小 学	Primary School	46.3	47.2	47.4	47.6	48.0	47.1
初 中	Junior Secondary School	48.7	49.3	49.6	50.0	50.3	50.5
高 中	Senior Secondary School	46.5	47.2	47.5	47.9	48.7	49.2
大学专科	College	43.8	44.4	44.5	44.9	45.5	46.0
大学本科	University	42.0	42.6	42.4	42.7	43.2	43.4
研究生	Graduate and Higher Level	41.2	42.0	41.7	41.8	42.4	42.4

3-27 城镇女性就业人员调查周平均工作时间
Weekly Working Hours of Urban Female Employed Persons

单位：小时／周 (hours/per week)

分组	Group	2015	2016	2017	2018	2019	2020
全部	**Total**	**44.7**	**45.2**	**45.2**	**45.5**	**45.5**	**45.6**
一、按年龄分组	**By Age**						
	16-19	47.6	47.7	47.6	46.8	46.8	47.6
	20-24	45.4	45.7	45.4	45.7	44.6	45.6
	25-29	44.8	45.3	45.4	45.4	45.3	45.6
	30-34	44.8	45.4	45.6	45.7	46.1	46.3
	35-39	45.2	45.5	45.6	45.8	46.0	46.4
	40-44	45.2	45.8	45.8	46.1	46.5	46.6
	45-49	45.1	45.6	45.6	46.0	46.7	46.8
	50-54	44.0	44.6	44.8	45.4	45.7	45.6
	55-59	42.0	42.9	43.3	43.9	44.1	43.7
	60-64	39.1	39.8	40.3	41.6	40.7	39.9
	65+	33.9	35.5	36.1	36.3	36.2	34.6
二、按职业分组	**By Occupation**						
单位负责人	Unit Head	46.7	47.9	46.9	47.5	47.7	48.4
专业技术人员	Technical Personnel	42.3	42.8	42.4	42.6	42.8	43.0
办事人员和有关人员	Clerk and Related Workers	42.3	42.7	42.6	42.8	43.0	43.4
商业、服务业人员	Business Service Personnel	47.2	47.8	47.7	47.8	48.4	48.8
农林牧渔水利业生产人员	Producers in the Sectors of Agriculture, Forestry, Animal Husbandry, Fishery and Water Conservancy	37.1	37.5	37.4	37.6	36.7	34.4
生产、运输设备操作人员及有关人员	Production, Transport Equipment Operators and Related Workers	47.7	48.1	48.7	49.0	49.4	49.9
其他	Others	43.9	49.8	43.5	43.5	44.8	49.3
三、按受教育程度分组	**By Educational Attainment**						
未上过学	No Schooling	41.0	40.6	40.7	41.3	40.8	38.7
小学	Primary School	44.3	44.9	44.9	45.3	44.9	44.1
初中	Junior Secondary School	47.3	47.6	47.8	48.0	48.2	48.1
高中	Senior Secondary School	45.3	45.9	46.0	46.5	46.7	47.3
大学专科	College	42.8	43.4	43.3	43.6	43.7	44.2
大学本科	University	41.2	41.9	41.7	41.9	42.1	42.2
研究生	Graduate and Higher Level	40.8	41.3	41.2	41.2	41.5	41.5

3-28 城镇按年龄、性别分的就业人员工作时间构成
Working Hours of Urban Employed Persons by Age and Sex

单位：% (%)

年龄 Age	城镇就业人员 Urban Employed Persons	1-8小时 1-8 Hours	9-19小时 9-19 Hours	20-39小时 20-39 Hours	40小时 40 Hours	41-48小时 41-48 Hours	48小时以上 48 Hours Above
总计 Total	**100.0**	**0.9**	**1.0**	**5.5**	**38.8**	**21.0**	**32.8**
16-19	100.0	1.0	1.9	6.3	24.7	23.9	42.3
20-24	100.0	0.7	0.6	3.1	39.9	26.1	29.6
25-29	100.0	0.6	0.4	3.0	41.6	23.8	30.5
30-34	100.0	0.6	0.5	3.1	39.6	22.7	33.5
35-39	100.0	0.6	0.5	3.3	41.6	21.6	32.4
40-44	100.0	0.7	0.6	3.9	40.4	20.6	33.8
45-49	100.0	0.7	0.8	4.9	38.7	20.0	35.0
50-54	100.0	1.0	1.2	7.2	36.6	19.0	35.0
55-59	100.0	1.2	1.7	9.9	37.4	17.7	32.2
60-64	100.0	2.3	4.2	17.2	27.4	16.5	32.4
65+	100.0	4.3	7.7	27.2	25.7	12.5	22.5
男 Male	**100.0**	**0.7**	**0.7**	**4.5**	**37.0**	**21.1**	**36.0**
16-19	100.0	0.8	1.5	6.0	23.7	22.6	45.3
20-24	100.0	0.7	0.5	2.7	36.3	26.1	33.7
25-29	100.0	0.5	0.3	2.4	37.5	23.9	35.4
30-34	100.0	0.5	0.4	2.3	36.0	22.8	38.1
35-39	100.0	0.4	0.4	2.5	38.7	21.8	36.2
40-44	100.0	0.6	0.4	3.1	38.5	20.7	36.7
45-49	100.0	0.6	0.5	3.9	37.8	19.8	37.3
50-54	100.0	0.8	0.7	5.3	37.2	19.3	36.7
55-59	100.0	0.9	0.9	7.1	40.3	18.2	32.6
60-64	100.0	1.7	3.0	13.8	27.7	17.6	36.3
65+	100.0	3.5	6.3	24.5	26.0	13.6	26.2
女 Female	**100.0**	**1.1**	**1.4**	**6.9**	**41.2**	**21.0**	**28.5**
16-19	100.0	1.2	2.5	6.6	26.0	26.0	37.7
20-24	100.0	0.7	0.9	3.5	44.7	26.1	24.1
25-29	100.0	0.8	0.6	3.9	46.8	23.8	24.2
30-34	100.0	0.7	0.7	4.1	44.2	22.5	27.8
35-39	100.0	0.8	0.7	4.1	45.0	21.4	28.0
40-44	100.0	0.9	0.8	4.8	42.7	20.4	30.4
45-49	100.0	0.8	1.1	6.1	39.8	20.2	32.1
50-54	100.0	1.3	2.1	10.4	35.4	18.6	32.2
55-59	100.0	2.0	3.6	16.5	30.3	16.5	31.2
60-64	100.0	3.3	6.3	23.4	26.8	14.7	25.5
65+	100.0	5.7	10.0	31.6	25.3	10.7	16.8

3-29 城镇按受教育程度、性别分的就业人员工作时间构成
Working Hours of Urban Employed Persons by Educational Attainment and Sex

单位：%　　(%)

受教育程度	Educational Attainment	城镇就业人员 Urban Employed Persons	1-8小时 1-8 Hours	9-19小时 9-19 Hours	20-39小时 20-39 Hours	40小时 40 Hours	41-48小时 41-48 Hours	48小时以上 48 Hours Above
总 计	**Total**	**100.0**	**0.9**	**1.0**	**5.5**	**38.8**	**21.0**	**32.8**
未上过学	No Schooling	100.0	3.3	6.8	25.9	23.9	13.6	26.5
小 学	Primary School	100.0	1.9	3.3	15.7	23.9	17.1	38.1
初 中	Junior Secondary School	100.0	1.0	1.3	7.1	24.1	20.8	45.8
高 中	Senior Secondary School	100.0	0.7	0.6	3.7	33.8	24.9	36.2
大学专科	College	100.0	0.6	0.3	2.2	53.1	23.1	20.7
大学本科	University	100.0	0.6	0.3	1.8	69.3	16.9	11.1
研究生	Graduate and Higher Level	100.0	0.7	0.3	1.6	76.8	12.0	8.6
男	**Male**	**100.0**	**0.7**	**0.7**	**4.5**	**37.0**	**21.1**	**36.0**
未上过学	No Schooling	100.0	2.2	5.1	23.5	24.1	14.6	30.5
小 学	Primary School	100.0	1.6	2.5	13.1	23.9	17.5	41.5
初 中	Junior Secondary School	100.0	0.8	0.9	5.9	23.3	20.6	48.5
高 中	Senior Secondary School	100.0	0.6	0.5	3.2	32.6	24.1	38.9
大学专科	College	100.0	0.4	0.3	1.8	50.9	23.0	23.6
大学本科	University	100.0	0.6	0.2	1.6	67.0	17.8	12.8
研究生	Graduate and Higher Level	100.0	0.6	0.2	1.3	75.5	12.2	10.1
女	**Female**	**100.0**	**1.1**	**1.4**	**6.9**	**41.2**	**21.0**	**28.5**
未上过学	No Schooling	100.0	3.7	7.5	27.0	23.9	13.2	24.7
小 学	Primary School	100.0	2.3	4.1	18.4	23.9	16.7	34.7
初 中	Junior Secondary School	100.0	1.2	1.9	8.9	25.2	21.1	41.7
高 中	Senior Secondary School	100.0	0.8	0.8	4.6	35.8	26.2	31.8
大学专科	College	100.0	0.7	0.4	2.7	55.9	23.3	16.9
大学本科	University	100.0	0.6	0.3	2.1	72.0	15.8	9.1
研究生	Graduate and Higher Level	100.0	0.7	0.5	2.0	78.3	11.7	6.8

3-30 城镇按行业、性别分的就业人员工作时间构成
Working Hours of Urban Employed Persons by Sector and Sex

单位：% (%)

项目	Item	城镇就业人员 Urban Employed Persons	1-8小时 1-8 Hours	9-19小时 9-19 Hours	20-39小时 20-39 Hours	40小时 40 Hours	41-48小时 41-48 Hours	48小时以上 48 Hours Above
总计	**National Total**	**100.0**	**0.9**	**1.0**	**5.5**	**38.8**	**21.0**	**32.8**
农、林、牧、渔业	Agriculture, Forestry, Animal Husbandry and Fishery	100.0	3.7	7.0	28.8	28.5	13.1	18.9
采矿业	Mining	100.0	0.4	0.6	2.1	37.3	19.0	40.6
制造业	Manufacturing	100.0	0.5	0.3	2.9	31.0	25.4	39.8
电力、热力、燃气及水生产和供应业	Production and Supply of Electricity Power, Heat Power, Gas and Water	100.0	0.7	0.3	2.3	61.2	15.2	20.4
建筑业	Construction	100.0	0.6	0.5	4.8	28.7	22.5	42.9
批发和零售业	Wholesale and Retail Trades	100.0	0.7	0.6	3.5	28.8	23.5	42.8
交通运输、仓储和邮政业	Transport, Storage and Post	100.0	0.5	0.6	4.0	34.7	21.2	39.0
住宿和餐饮业	Hotels and Catering Services	100.0	0.6	0.7	3.4	23.3	21.0	51.0
信息传输、软件和信息技术服务业	Information Transmission, Software and Information Technical Services	100.0	0.4	0.2	1.8	61.0	20.5	16.0
金融业	Financial Intermediation	100.0	0.7	0.5	2.9	67.0	17.5	11.5
房地产业	Real Estate	100.0	0.5	0.4	1.9	40.9	29.6	26.7
租赁和商务服务业	Leasing and Business Services	100.0	0.8	0.6	3.2	51.5	21.9	22.1
科学研究和技术服务业	Scientific Research and Technical Services	100.0	0.4	0.1	1.6	65.9	19.1	13.0
水利、环境和公共设施管理业	Management of Water Conservancy, Environment and Public Facilities	100.0	0.6	0.3	4.1	43.8	20.3	30.9
居民服务、修理和其他服务业	Services to Households, Repair and Other Services	100.0	0.9	0.9	5.5	27.7	21.6	43.4
教育	Education	100.0	1.0	0.7	3.5	67.3	15.6	12.0
卫生和社会工作	Health and Society	100.0	0.5	0.1	1.9	52.5	24.0	20.9
文化体育和娱乐业	Culture, Sports and Entertainment	100.0	0.7	0.9	4.8	45.8	20.2	27.6
公共管理、社会保障和社会组织	Public Management, Social Security and Social	100.0	0.6	0.2	2.5	69.7	13.4	13.5
男	**Male**	**100.0**	**0.7**	**0.7**	**4.5**	**37.0**	**21.1**	**36.0**
农、林、牧、渔业	Agriculture, Forestry, Animal Husbandry and Fishery	100.0	2.8	5.2	24.7	29.2	14.6	23.6
采矿业	Mining	100.0	0.3	0.6	2.0	34.1	19.3	43.7
制造业	Manufacturing	100.0	0.5	0.2	2.1	31.0	25.4	40.8
电力、热力、燃气及水生产和供应业	Production and Supply of Electricity Power, Heat Power, Gas and Water	100.0	0.7	0.3	2.4	58.7	15.8	22.2
建筑业	Construction	100.0	0.6	0.5	4.6	26.9	22.6	44.9
批发和零售业	Wholesale and Retail Trades	100.0	0.7	0.5	2.9	28.5	22.1	45.2
交通运输、仓储和邮政业	Transport, Storage and Post	100.0	0.5	0.6	4.0	31.9	20.9	42.1
住宿和餐饮业	Hotels and Catering Services	100.0	0.5	0.6	2.3	22.2	20.2	54.2
信息传输、软件和信息技术服务业	Information Transmission, Software and Information Technical Services	100.0	0.3	0.2	1.4	59.6	20.8	17.7

3-30 续表 continued

单位：% (%)

项目	Item	城镇就业人员 Urban Employed Persons	1-8小时 1-8 Hours	9-19小时 9-19 Hours	20-39小时 20-39 Hours	40小时 40 Hours	41-48小时 41-48 Hours	48小时以上 48 Hours Above
金融业	Financial Intermediation	100.0	0.7	0.2	2.0	67.8	16.4	13.0
房地产业	Real Estate	100.0	0.5	0.2	1.5	38.7	28.4	30.7
租赁和商务服务业	Leasing and Business Services	100.0	0.7	0.5	2.9	46.1	23.0	26.8
科学研究和技术服务业	Scientific Research and Technical Services	100.0	0.4	0.1	1.5	63.3	20.0	14.8
水利、环境和公共设施管理业	Management of Water Conservancy, Environment and Public Facilities	100.0	0.5	0.3	3.8	44.2	19.3	31.7
居民服务、修理和其他服务业	Services to Households, Repair and Other Services	100.0	0.7	0.7	4.3	26.4	21.6	46.2
教育	Education	100.0	1.0	0.5	3.1	64.5	16.0	14.9
卫生和社会工作	Health and Society	100.0	0.5	0.1	1.9	50.4	21.3	25.8
文化体育和娱乐业	Culture, Sports and Entertainment	100.0	0.7	0.8	4.0	45.6	20.8	28.0
公共管理、社会保障和社会组织	Public Management, Social Security and Social Organizations	100.0	0.5	0.2	2.1	67.3	14.4	15.4
女	**Female**	**100.0**	**1.1**	**1.4**	**6.9**	**41.2**	**21.0**	**28.5**
农、林、牧、渔业	Agriculture, Forestry, Animal Husbandry and Fishery	100.0	4.7	8.8	32.9	27.9	11.5	14.2
采矿业	Mining	100.0	0.8	0.4	2.6	55.2	17.5	23.5
制造业	Manufacturing	100.0	0.6	0.5	4.1	31.2	25.4	38.3
电力、热力、燃气及水生产和供应业	Production and Supply of Electricity Power, Heat Power, Gas and Water	100.0	0.6	0.2	2.1	68.6	13.4	15.1
建筑业	Construction	100.0	0.6	0.6	5.7	41.1	22.3	29.7
批发和零售业	Wholesale and Retail Trades	100.0	0.7	0.6	4.1	29.1	24.7	40.8
交通运输、仓储和邮政业	Transport, Storage and Post	100.0	0.5	0.6	4.2	48.9	22.7	22.9
住宿和餐饮业	Hotels and Catering Services	100.0	0.6	0.8	4.4	24.4	21.8	47.9
信息传输、软件和信息技术服务业	Information Transmission, Software and Information Technolody	100.0	0.6	0.3	2.5	63.6	20.1	12.9
金融业	Financial Intermediation	100.0	0.7	0.8	3.6	66.3	18.4	10.2
房地产业	Real Estate	100.0	0.5	0.5	2.4	44.1	31.2	21.3
租赁和商务服务业	Leasing and Business Services	100.0	0.8	0.6	3.5	59.3	20.4	15.4
科学研究和技术服务业	Scientific Research and Technical Services	100.0	0.5	0.2	1.8	70.9	17.2	9.5
水利、环境和公共设施管理业	Management of Water Conservancy, Environment and Public Facilities	100.0	0.7	0.3	4.5	42.9	21.9	29.6
居民服务、修理和其他服务业	Services to Households, Repair and Other Services	100.0	1.0	1.2	6.7	29.0	21.7	40.5
教育	Education	100.0	1.0	0.8	3.6	68.7	15.4	10.5
卫生和社会工作	Health and Society	100.0	0.6	0.2	1.9	53.5	25.4	18.5
文化体育和娱乐业	Culture, Sports and Entertainment	100.0	0.8	0.9	5.6	45.9	19.6	27.1
公共管理、社会保障和社会组织	Public Management, Social Security and Social Organizations	100.0	0.7	0.3	3.3	73.9	11.7	10.1

3-31 城镇按职业、性别分的就业人员工作时间构成

单位：%

职业	Occupation	城镇就业人员 Urban Employed Persons	1-8小时 1-8 Hours
合计	**Total**	**100.0**	**0.9**
单位负责人	Unit Head	100.0	0.4
专业技术人员	Technical Personnel	100.0	0.7
办事人员和有关人员	Clerk and Related Workers	100.0	0.5
商业、服务业人员	Business Service Personnel	100.0	0.7
农林牧渔水利业生产人员	Producers in the Sectors of Agriculture, Forestry, Animal Husbandry, Fishery and Water Conservancy	100.0	3.8
生产运输设备操作人员及有关人员	Production, Transport Equipment Operators and Related Workers	100.0	0.6
其他	Others	100.0	0.8
男	**Male**	**100.0**	**0.7**
单位负责人	Unit Head	100.0	0.4
专业技术人员	Technical Personnel	100.0	0.6
办事人员和有关人员	Clerk and Related Workers	100.0	0.5
商业、服务业人员	Business Service Personnel	100.0	0.6
农林牧渔水利业生产人员	Producers in the Sectors of Agriculture, Forestry, Animal Husbandry, Fishery and Water Conservancy	100.0	2.9
生产运输设备操作人员及有关人员	Production, Transport Equipment Operators and Related Workers	100.0	0.6
其他	Others	100.0	1.2
女	**Female**	**100.0**	**1.1**
单位负责人	Unit Head	100.0	0.5
专业技术人员	Technical Personnel	100.0	0.7
办事人员和有关人员	Clerk and Related Workers	100.0	0.7
商业、服务业人员	Business Service Personnel	100.0	0.7
农林牧渔水利业生产人员	Producers in the Sectors of Agriculture, Forestry, Animal Husbandry, Fishery and Water Conservancy	100.0	4.7
生产运输设备操作人员及有关人员	Production, Transport Equipment Operators and Related Workers	100.0	0.6
其他	Others	100.0	0.1

Working Hours of Urban Employed Persons by Occupation and Sex

(%)

9-19 小时 9-19 Hours	20-39 小时 20-39 Hours	40 小时 40 Hours	41-48 小时 41-48 Hours	48小时以上 48 Hours Above
1.0	**5.5**	**38.8**	**21.0**	**32.8**
0.4	2.4	41.4	20.4	35.1
0.4	2.4	61.2	19.7	15.5
0.2	2.1	59.2	19.2	18.7
0.6	3.9	30.9	22.8	41.1
7.2	29.5	28.2	13.0	18.2
0.5	4.2	25.5	23.4	45.9
0.6	6.5	23.9	18.9	49.2
0.7	**4.5**	**37.0**	**21.1**	**36.0**
0.4	2.1	41.3	20.6	35.3
0.3	2.0	57.5	20.3	19.2
0.2	1.8	56.4	19.1	22.0
0.5	3.2	30.8	22.0	42.8
5.4	25.6	28.8	14.5	22.7
0.4	3.8	25.5	23.3	46.4
0.4	4.6	23.8	19.3	50.7
1.4	**6.9**	**41.2**	**21.0**	**28.5**
0.4	3.2	41.8	19.7	34.4
0.5	2.7	64.2	19.3	12.6
0.3	2.4	63.4	19.4	13.8
0.8	4.8	31.1	23.7	39.0
8.9	33.3	27.6	11.5	13.9
0.6	5.3	25.5	23.6	44.5
1.1	10.4	24.1	18.1	46.1

3-32 城镇按年龄、性别分的失业人员结束上一份工作原因构成

单位：%

年 龄 Age	城 镇 失业人员 Urban Unemployed Persons	从没工作过 Never worked	健康或身体原因 Health or Physical Reasons	退 休 Retired	辞 职 Resignation
总计 Total	**100.0**	**18.7**	**5.4**	**3.4**	**37.9**
16-19	100.0	56.3	0.6		25.8
20-24	100.0	59.4	1.2		28.3
25-29	100.0	20.2	4.8		52.4
30-34	100.0	9.0	5.2		55.7
35-39	100.0	7.0	4.9	0.1	49.1
40-44	100.0	7.5	6.2	0.1	41.3
45-49	100.0	7.6	7.6	1.1	32.8
50-54	100.0	5.2	8.0	13.0	24.1
55-59	100.0	5.0	7.9	15.2	19.9
60-64	100.0	5.0	10.0	26.9	13.5
65+	100.0	8.9	10.4	16.4	13.7
男 Male	**100.0**	**17.0**	**4.3**	**2.0**	**33.6**
16-19	100.0	54.2	0.5		27.1
20-24	100.0	56.5	0.6		29.7
25-29	100.0	19.1	2.0		50.8
30-34	100.0	5.5	2.5		51.9
35-39	100.0	3.1	3.1	0.1	42.2
40-44	100.0	1.9	5.3	0.2	34.3
45-49	100.0	2.1	7.5	0.2	26.8
50-54	100.0	2.3	8.1	1.0	20.5
55-59	100.0	2.1	8.8	6.5	17.6
60-64	100.0	1.4	8.6	30.9	11.4
65+	100.0	1.2	12.6	16.3	12.1
女 Female	**100.0**	**20.0**	**6.3**	**4.5**	**41.4**
16-19	100.0	59.8	0.7		23.5
20-24	100.0	62.4	1.8		26.9
25-29	100.0	21.3	7.4		53.8
30-34	100.0	11.1	6.8		58.0
35-39	100.0	9.2	6.0	0.1	52.9
40-44	100.0	10.6	6.7	0.1	45.2
45-49	100.0	10.9	7.7	1.6	36.4
50-54	100.0	7.4	7.9	22.4	26.9
55-59	100.0	9.2	6.6	27.9	23.2
60-64	100.0	11.9	12.8	19.4	17.5
65+	100.0	22.8	6.5	16.6	16.6

注：根据劳动力调查制度调整，原失业人员未工作原因调整为结束上一份工作原因数据表(下表同)。

Reason for Ending Previous Job of Urban Unemployed Persons by Age and Sex

(%)

被解聘 Dismissed	单位/个体经营户倒闭停产 Unit/Self-employed Individuals Closed down or Stopped Production	季节性歇业 Seasonal Shut down	上一份工作任务完成(包括打零工) Last Job Task Completed (Including Part-time Job)	承包土地被征用或流转 Land Expropriated or Transferred	其 他 Others
3.2	**12.0**	**3.4**	**12.7**	**0.7**	**2.6**
0.8	2.5	1.2	11.7	0.0	1.1
1.1	2.4	0.6	5.8		1.2
2.0	7.7	2.3	7.7	0.1	2.9
2.3	11.9	2.8	10.0	0.2	2.9
2.7	15.6	3.3	12.8	0.4	4.0
3.4	18.2	4.0	14.4	1.1	3.7
5.1	19.6	4.9	17.2	0.7	3.3
5.8	16.5	5.2	18.3	1.6	2.5
5.0	16.2	5.3	21.1	2.8	1.7
4.4	5.9	7.9	23.8	1.4	1.2
4.6	4.1	11.4	24.2	5.1	1.1
4.0	**14.9**	**4.0**	**17.3**	**0.6**	**2.3**
0.8	2.5	1.7	12.4	0.0	0.7
1.3	3.0	0.7	7.3		0.9
2.6	9.7	3.2	10.2		2.6
3.5	15.0	3.7	15.6	0.1	2.2
4.3	20.4	4.1	19.4	0.6	2.7
3.9	23.4	5.5	21.4	0.5	3.8
5.2	23.6	5.7	24.2	0.7	4.0
7.7	25.2	6.1	25.2	1.0	2.9
6.8	22.7	5.8	26.0	1.9	1.8
5.0	6.2	7.4	26.7	1.2	1.3
6.8	5.6	11.3	27.8	5.8	0.6
2.5	**9.7**	**2.8**	**9.1**	**0.8**	**2.9**
0.9	2.4	0.4	10.5		1.7
0.9	1.8	0.5	4.3		1.5
1.4	5.8	1.6	5.4	0.1	3.1
1.6	10.0	2.2	6.6	0.3	3.4
1.9	13.0	2.8	9.2	0.3	4.7
3.0	15.4	3.2	10.6	1.4	3.7
5.1	17.2	4.4	13.1	0.6	2.9
4.3	9.5	4.4	12.8	2.1	2.2
2.4	6.7	4.6	13.7	4.2	1.4
3.4	5.3	8.7	18.2	1.8	1.0
0.8	1.4	11.7	17.8	3.7	2.1

Note: According to the adjustment of the Labor Force Survey, the table of the reason for unemployment of urban unemployed persons is adjusted to the table of the reason for ending previous job of urban unemployed persons. The same applies to the tables following.

3-33 城镇按结束上一份工作原因、性别分的失业人员年龄构成

单位：%

年龄 Age	城镇 失业人员 Urban Unemployed Persons	从没工作过 Never worked	健康或 身体原因 Health or Physical Reasons	退休 Retired	辞职 Resignation
总计 Total	**100.0**	**100.0**	**100.0**	**100.0**	**100.0**
16-19	2.5	7.4	0.3		1.7
20-24	16.5	52.4	3.7		12.3
25-29	13.4	14.6	12.0		18.6
30-34	14.5	7.0	14.0		21.3
35-39	10.6	4.0	9.7	0.3	13.7
40-44	9.7	3.9	11.1	0.4	10.5
45-49	11.9	4.9	16.9	3.9	10.3
50-54	11.0	3.1	16.4	42.7	7.0
55-59	6.7	1.8	9.9	30.3	3.5
60-64	2.1	0.6	3.9	17.0	0.8
65+	1.1	0.5	2.2	5.4	0.4
男 Male	**100.0**	**100.0**	**100.0**	**100.0**	**100.0**
16-19	3.4	11.0	0.4		2.8
20-24	18.7	62.1	2.5		16.5
25-29	14.5	16.3	6.6		21.9
30-34	12.3	4.0	7.1		19.1
35-39	8.5	1.5	6.1	0.6	10.6
40-44	7.8	0.9	9.5	0.7	7.9
45-49	10.1	1.3	17.6	1.2	8.1
50-54	11.0	1.5	20.7	5.8	6.7
55-59	9.0	1.1	18.4	29.4	4.7
60-64	3.1	0.2	6.3	48.8	1.1
65+	1.6	0.1	4.7	13.2	0.6
女 Female	**100.0**	**100.0**	**100.0**	**100.0**	**100.0**
16-19	1.7	5.0	0.2		1.0
20-24	14.7	45.8	4.3		9.5
25-29	12.6	13.4	15.0		16.4
30-34	16.2	9.0	17.7		22.7
35-39	12.2	5.6	11.7	0.3	15.6
40-44	11.2	5.9	12.0	0.3	12.2
45-49	13.4	7.3	16.5	4.9	11.8
50-54	11.1	4.1	14.1	55.6	7.2
55-59	4.9	2.2	5.2	30.6	2.7
60-64	1.3	0.8	2.7	5.7	0.6
65+	0.7	0.8	0.7	2.7	0.3

Age Composition of Urban Unemployed Persons by Reason and Sex

(%)

被解聘 Dismissed	单位/个体经营户倒闭停产 Unit/Self-employed Individuals Closed down or Stopped Production	季节性歇业 Seasonal Shut down	上一份工作任务完成(包括打零工) Last Job Task Completed (Including Part-time Job)	承包土地被征用或流转 Land Expropriated or Transferred	其 他 Others
100.0	**100.0**	**100.0**	**100.0**	**100.0**	**100.0**
0.6	0.5	0.9	2.3	0.0	1.0
5.8	3.3	2.8	7.5		7.3
8.4	8.6	9.2	8.1	1.0	14.6
10.6	14.3	11.9	11.4	4.5	16.0
9.2	13.7	10.2	10.6	5.8	16.1
10.3	14.6	11.5	11.0	14.2	13.7
19.5	19.4	17.3	16.2	11.1	15.2
20.3	15.1	16.9	15.8	25.1	10.5
10.6	9.0	10.6	11.1	26.4	4.2
3.0	1.0	4.9	3.9	4.1	1.0
1.6	0.4	3.8	2.1	7.8	0.5
100.0	**100.0**	**100.0**	**100.0**	**100.0**	**100.0**
0.7	0.6	1.4	2.5	0.1	1.1
6.0	3.8	3.1	7.9		7.2
9.3	9.5	11.3	8.5		16.3
10.9	12.4	11.2	11.1	2.7	11.7
9.1	11.6	8.5	9.5	8.3	9.9
7.7	12.2	10.6	9.6	6.3	12.8
13.1	15.9	14.1	14.1	12.2	17.8
21.2	18.6	16.7	16.0	18.7	13.8
15.3	13.6	12.8	13.5	29.4	7.2
3.9	1.3	5.7	4.8	6.2	1.8
2.7	0.6	4.5	2.6	16.1	0.4
100.0	**100.0**	**100.0**	**100.0**	**100.0**	**100.0**
0.6	0.4	0.3	1.9		1.0
5.5	2.7	2.5	6.9		7.3
7.2	7.5	6.9	7.5	1.5	13.6
10.3	16.6	12.7	11.9	5.5	18.6
9.2	16.3	12.1	12.4	4.5	19.9
13.7	17.7	12.5	13.0	18.6	14.2
27.6	23.7	20.9	19.3	10.4	13.6
19.2	10.8	17.2	15.6	28.6	8.4
4.7	3.4	8.0	7.4	24.8	2.4
1.8	0.7	4.0	2.6	2.9	0.5
0.2	0.1	2.9	1.4	3.2	0.5

3-34 城镇按受教育程度、性别分的失业人员结束上一份工作原因构成

单位：%

受教育程度	Educational Attainment	城镇失业人员 Urban Unemployed Persons	从没工作过 Never worked	健康或身体原因 Health or Physical Reasons	退休 Retired
总　计	**Total**	**100.0**	**18.7**	**5.4**	**3.4**
未上过学	No Schooling	100.0	16.5	10.9	1.7
小　学	Primary School	100.0	9.9	9.0	3.2
初　中	Junior Secondary School	100.0	9.1	7.0	3.7
高　中	Senior Secondary School	100.0	11.9	5.1	4.7
大学专科	College	100.0	27.4	3.3	2.9
大学本科	University	100.0	48.5	1.7	1.0
研究生	Graduate and Higher Level	100.0	68.9	0.7	
男	**Male**	**100.0**	**17.0**	**4.3**	**2.0**
未上过学	No Schooling	100.0	2.1	12.3	
小　学	Primary School	100.0	3.3	9.9	2.0
初　中	Junior Secondary School	100.0	5.4	6.1	2.2
高　中	Senior Secondary School	100.0	11.7	3.6	2.8
大学专科	College	100.0	30.0	1.7	1.2
大学本科	University	100.0	47.1	1.2	0.8
研究生	Graduate and Higher Level	100.0	64.6		
女	**Female**	**100.0**	**20.0**	**6.3**	**4.5**
未上过学	No Schooling	100.0	19.4	10.7	2.0
小　学	Primary School	100.0	14.4	8.4	4.0
初　中	Junior Secondary School	100.0	11.9	7.8	4.8
高　中	Senior Secondary School	100.0	12.1	6.5	6.5
大学专科	College	100.0	25.2	4.6	4.2
大学本科	University	100.0	49.6	2.1	1.2
研究生	Graduate and Higher Level	100.0	72.0	1.2	

Reason for Ending Previous Job of Urban Unemployed Persons by Educational Attainment and Sex

(%)

辞 职 Resignation	被解聘 Dismissed	单位/个体经营户倒闭停产 Unit/Self-employed Individuals Closed down or Stopped Production	季节性歇业 Seasonal Shut down	上一份工作任务完成(包括打零工) Last Job Task Completed (Including Part-time Job)	承包土地被征用或流转 Land Expropriated or Transferred	其 他 Others
37.9	**3.2**	**12.0**	**3.4**	**12.7**	**0.7**	**2.6**
27.6	2.4	3.2	10.7	20.6	4.3	2.1
28.0	3.7	10.6	7.1	24.2	1.5	2.6
37.0	3.7	13.6	4.9	17.2	1.3	2.5
41.8	3.7	15.8	2.7	11.0	0.3	2.8
43.6	2.3	9.7	1.3	6.5	0.0	3.2
34.4	1.5	5.9	0.6	4.2	0.0	2.2
20.0	0.6	3.3		4.6		1.9
33.6	**4.0**	**14.9**	**4.0**	**17.3**	**0.6**	**2.3**
19.2	2.9	1.8	14.2	37.6	9.1	0.7
20.5	5.5	11.4	8.4	36.0	1.6	1.4
31.2	4.7	17.0	5.8	24.3	1.1	2.2
36.4	4.8	20.0	3.7	14.5	0.2	2.3
39.8	2.7	11.0	1.6	9.2		2.8
34.6	1.5	7.5	0.5	4.4		2.3
25.0	0.4	6.8		1.8		1.3
41.4	**2.5**	**9.7**	**2.8**	**9.1**	**0.8**	**2.9**
29.3	2.2	3.5	10.0	17.1	3.3	2.4
33.1	2.5	10.1	6.2	16.3	1.5	3.4
41.4	2.9	11.1	4.1	11.8	1.5	2.7
46.8	2.8	12.0	1.9	7.9	0.4	3.2
46.8	1.9	8.6	1.0	4.2	0.0	3.5
34.2	1.6	4.6	0.6	4.0	0.1	2.1
16.5	0.8	0.8		6.5		2.3

3-35 城镇按结束上一份工作原因、性别分的失业人员受教育程度构成

单位：%

受教育程度	Educational Attainment	城镇失业人员 Urban Unemployed Persons	从没工作过 Never worked	健康或身体原因 Health or Physical Reasons	退休 Retired
总计	**Total**	**100.0**	**100.0**	**100.0**	**100.0**
未上过学	No Schooling	0.9	0.8	1.8	0.4
小学	Primary School	8.6	4.6	14.3	8.1
初中	Junior Secondary School	35.4	17.2	46.3	38.7
高中	Senior Secondary School	24.4	15.6	23.2	34.4
大学专科	College	17.1	25.0	10.4	14.5
大学本科	University	12.5	32.5	3.9	3.9
研究生	Graduate and Higher Level	1.2	4.4	0.2	
男	**Male**	**100.0**	**100.0**	**100.0**	**100.0**
未上过学	No Schooling	0.3	0.0	0.9	
小学	Primary School	7.8	1.5	17.9	7.8
初中	Junior Secondary School	34.5	10.9	48.6	38.2
高中	Senior Secondary School	26.3	18.1	22.3	37.8
大学专科	College	17.6	31.0	6.8	11.1
大学本科	University	12.4	34.3	3.4	5.3
研究生	Graduate and Higher Level	1.1	4.3		
女	**Female**	**100.0**	**100.0**	**100.0**	**100.0**
未上过学	No Schooling	1.3	1.3	2.2	0.6
小学	Primary School	9.2	6.6	12.4	8.2
初中	Junior Secondary School	36.1	21.4	45.0	38.9
高中	Senior Secondary School	22.8	13.9	23.7	33.2
大学专科	College	16.7	21.0	12.4	15.7
大学本科	University	12.6	31.3	4.2	3.4
研究生	Graduate and Higher Level	1.3	4.6	0.2	

Educational Attainment of Urban Unemployed Persons by Reason and Sex

(%)

辞 职 Resignation	被解聘 Dismissed	单位/个体经营户倒闭停产 Unit/Self-employed Individuals Closed down or Stopped Production	季节性歇业 Seasonal Shut down	上一份工作任务完成(包括打零工) Last Job Task Completed (Including Part-time Job)	承包土地被征用或流转 Land Expropriated or Transferred	其 他 Others
100.0	**100.0**	**100.0**	**100.0**	**100.0**	**100.0**	**100.0**
0.6	0.6	0.2	2.7	1.4	5.2	0.7
6.3	10.2	7.6	18.0	16.3	18.5	8.5
34.5	41.5	40.1	50.9	47.9	64.9	33.3
26.9	29.0	32.0	19.8	21.1	10.1	25.9
19.6	12.4	13.7	6.4	8.7	0.5	20.5
11.4	6.1	6.1	2.1	4.1	0.8	10.3
0.6	0.2	0.3		0.4		0.9
100.0	**100.0**	**100.0**	**100.0**	**100.0**	**100.0**	**100.0**
0.2	0.2	0.0	1.2	0.7	5.1	0.1
4.8	10.8	6.0	16.3	16.2	21.3	4.7
32.1	40.8	39.2	49.8	48.5	63.7	33.4
28.5	31.4	35.2	24.1	22.0	9.8	27.0
20.8	11.9	12.9	7.0	9.3		21.7
12.8	4.7	6.2	1.6	3.2		12.4
0.8	0.1	0.5		0.1		0.6
100.0	**100.0**	**100.0**	**100.0**	**100.0**	**100.0**	**100.0**
0.9	1.2	0.5	4.5	2.4	5.2	1.1
7.3	9.3	9.5	19.9	16.4	16.9	10.8
36.1	42.3	41.2	52.2	47.1	65.6	33.2
25.8	25.8	28.0	14.8	19.9	10.2	25.2
18.9	13.0	14.7	5.7	7.7	0.8	19.8
10.4	8.1	5.9	2.8	5.5	1.2	8.9
0.5	0.4	0.1		0.9		1.0

3-36 城镇按年龄、性别分的失业人员受教育程度构成
Educational Attainment of Urban Unemployed Persons by Age and Sex

单位：% (%)

年龄 Age	城镇失业人员 Urban Unemployed Persons	未上过学 No Schooling	小学 Primary School	初中 Junior Secondary School	高中 Senior Secondary School	大学专科 College	大学本科 University	研究生 Graduate and Higher Level
总计 Total	**100.0**	**0.9**	**8.6**	**35.4**	**24.4**	**17.1**	**12.5**	**1.2**
16-19	100.0		1.9	32.6	39.8	21.3	4.4	
20-24	100.0	0.0	0.5	10.8	16.5	34.1	36.3	1.8
25-29	100.0	0.1	2.3	23.1	25.4	23.1	21.6	4.5
30-34	100.0	0.1	4.0	37.2	26.2	21.4	9.9	1.2
35-39	100.0	0.2	5.4	40.1	26.5	17.4	9.9	0.5
40-44	100.0	0.6	10.5	44.7	28.3	11.2	4.4	0.3
45-49	100.0	1.3	13.3	48.9	27.4	6.7	2.3	0.2
50-54	100.0	1.7	20.0	50.3	21.3	5.0	1.6	0.1
55-59	100.0	2.3	15.8	48.4	25.6	5.8	2.0	0.0
60-64	100.0	5.8	26.8	39.8	22.8	3.3	1.2	0.3
65+	100.0	11.5	48.6	26.5	10.1	2.1	1.2	
男 Male	**100.0**	**0.3**	**7.8**	**34.5**	**26.3**	**17.6**	**12.4**	**1.1**
16-19	100.0		1.1	32.8	44.3	18.9	2.8	
20-24	100.0		0.8	11.3	19.8	36.3	30.7	1.0
25-29	100.0	0.1	2.2	23.0	26.2	22.9	21.6	4.0
30-34	100.0	0.1	4.0	35.5	28.7	20.7	9.8	1.2
35-39	100.0	0.0	4.1	39.6	27.5	15.9	12.1	0.8
40-44	100.0	0.2	10.3	43.5	28.6	11.8	5.1	0.5
45-49	100.0	0.3	11.5	50.2	27.7	7.2	2.6	0.4
50-54	100.0	0.7	17.8	49.2	24.1	5.3	2.5	0.3
55-59	100.0	0.8	12.2	49.4	30.1	5.6	2.0	0.0
60-64	100.0	1.7	22.2	43.6	26.5	3.9	1.6	0.5
65+	100.0	4.2	46.8	31.9	12.7	3.3	1.0	
女 Female	**100.0**	**1.3**	**9.2**	**36.1**	**22.8**	**16.7**	**12.6**	**1.3**
16-19	100.0		3.1	32.2	32.6	25.0	7.0	
20-24	100.0	0.0	0.3	10.2	13.0	31.8	42.1	2.6
25-29	100.0	0.0	2.3	23.2	24.6	23.2	21.5	5.1
30-34	100.0	0.2	4.1	38.2	24.7	21.8	10.0	1.2
35-39	100.0	0.4	6.0	40.4	25.9	18.2	8.7	0.3
40-44	100.0	0.9	10.5	45.4	28.2	10.9	4.0	0.2
45-49	100.0	1.9	14.5	48.0	27.2	6.3	2.1	0.0
50-54	100.0	2.5	21.7	51.2	19.1	4.7	0.8	0.0
55-59	100.0	4.7	21.2	46.9	19.0	6.2	2.0	
60-64	100.0	13.7	35.4	32.6	15.6	2.3	0.4	
65+	100.0	24.3	51.9	16.9	5.5		1.4	

3-37 城镇按受教育程度、性别分的失业人员年龄构成
Age Composition of Urban Unemployed Persons by Educational Attainment and Sex

单位：% (%)

年 龄 Age	城 镇 失业人员 Urban Unemployed Persons	未 上 过 学 No Schooling	小 学 Primary School	初 中 Junior Secondary School	高 中 Senior Secondary School	大 学 专 科 College	大 学 本 科 University	研究生 Graduate and Higher Level
总计 Total	**100.0**	**100.0**	**100.0**	**100.0**	**100.0**	**100.0**	**100.0**	**100.0**
16-19	2.5		0.5	2.3	4.0	3.1	0.9	
20-24	16.5	0.2	1.0	5.0	11.1	32.8	47.8	24.7
25-29	13.4	1.1	3.6	8.8	14.0	18.1	23.2	50.8
30-34	14.5	2.1	6.8	15.2	15.6	18.1	11.5	14.3
35-39	10.6	3.0	6.6	12.0	11.5	10.8	8.4	4.2
40-44	9.7	7.0	11.8	12.2	11.2	6.3	3.4	2.3
45-49	11.9	18.0	18.6	16.5	13.4	4.7	2.2	1.8
50-54	11.0	21.4	25.7	15.7	9.7	3.2	1.4	1.3
55-59	6.7	18.2	12.4	9.2	7.0	2.3	1.1	0.1
60-64	2.1	14.3	6.6	2.4	2.0	0.4	0.2	0.5
65+	1.1	14.7	6.3	0.8	0.5	0.1	0.1	
男 Male	**100.0**	**100.0**	**100.0**	**100.0**	**100.0**	**100.0**	**100.0**	**100.0**
16-19	3.4		0.5	3.3	5.8	3.7	0.8	
20-24	18.7		1.9	6.1	14.1	38.6	46.3	17.5
25-29	14.5	4.3	4.1	9.7	14.4	18.9	25.4	51.5
30-34	12.3	2.0	6.3	12.7	13.5	14.6	9.8	13.3
35-39	8.5	0.4	4.5	9.7	8.8	7.6	8.3	6.3
40-44	7.8	3.7	10.3	9.8	8.5	5.2	3.2	3.4
45-49	10.1	9.4	14.9	14.7	10.6	4.2	2.2	3.8
50-54	11.0	22.6	25.1	15.7	10.1	3.4	2.2	2.8
55-59	9.0	20.6	14.0	12.9	10.3	2.9	1.4	0.3
60-64	3.1	16.3	8.9	3.9	3.2	0.7	0.4	1.3
65+	1.6	20.7	9.6	1.5	0.8	0.3	0.1	
女 Female	**100.0**	**100.0**	**100.0**	**100.0**	**100.0**	**100.0**	**100.0**	**100.0**
16-19	1.7		0.6	1.5	2.4	2.5	0.9	
20-24	14.7	0.3	0.4	4.2	8.4	28.0	49.0	29.7
25-29	12.6	0.5	3.2	8.1	13.6	17.5	21.5	50.2
30-34	16.2	2.1	7.2	17.1	17.5	21.1	12.8	15.1
35-39	12.2	3.5	8.1	13.7	13.9	13.4	8.4	2.7
40-44	11.2	7.6	12.8	14.1	13.8	7.3	3.5	1.5
45-49	13.4	19.7	21.1	17.8	16.0	5.1	2.2	0.4
50-54	11.1	21.1	26.1	15.7	9.3	3.1	0.7	0.3
55-59	4.9	17.7	11.3	6.3	4.1	1.8	0.8	
60-64	1.3	13.9	5.1	1.2	0.9	0.2	0.0	
65+	0.7	13.5	4.0	0.3	0.2		0.1	

3-38 城镇按年龄、性别分的失业人员寻找工作方式构成

单位：%

年　龄 Age	城　镇 失业人员 Urban Unemployed Persons	为自己经营做准备 Prepare for Own Business	为找到工作参加培训、实习、招考 Participate in Training, Internships, and Exams to Find a Job	委托亲戚朋友介绍 Ask Friends Relatives about Job
总计　Total	**100.0**	**7.5**	**7.8**	**50.3**
16-19	100.0	5.3	11.9	44.4
20-24	100.0	3.7	25.8	24.6
25-29	100.0	8.3	13.2	35.1
30-34	100.0	9.0	5.4	46.6
35-39	100.0	9.6	2.5	51.7
40-44	100.0	11.0	1.6	57.4
45-49	100.0	8.4	1.2	63.1
50-54	100.0	7.0	1.1	69.6
55-59	100.0	5.2	0.6	73.0
60-64	100.0	3.8	0.3	79.8
65+	100.0	4.1	0.3	82.1
男　Male	**100.0**	**9.1**	**7.7**	**48.0**
16-19	100.0	6.0	10.7	45.5
20-24	100.0	4.2	22.6	27.9
25-29	100.0	9.5	12.7	33.9
30-34	100.0	12.1	4.9	42.5
35-39	100.0	13.1	2.6	47.2
40-44	100.0	15.8	1.0	54.2
45-49	100.0	11.7	1.4	57.7
50-54	100.0	10.1	1.3	63.0
55-59	100.0	5.3	0.4	70.6
60-64	100.0	3.1	0.2	78.3
65+	100.0	5.4	0.4	79.9
女　Female	**100.0**	**6.2**	**8.0**	**52.2**
16-19	100.0	4.1	13.8	42.6
20-24	100.0	3.3	29.0	21.2
25-29	100.0	7.2	13.7	36.3
30-34	100.0	7.1	5.7	49.1
35-39	100.0	7.7	2.4	54.2
40-44	100.0	8.3	1.8	59.2
45-49	100.0	6.5	1.1	66.3
50-54	100.0	4.7	0.9	74.8
55-59	100.0	4.9	0.9	76.4
60-64	100.0	5.2	0.4	82.5
65+	100.0	1.8		86.0

注：失业人员寻找工作方式分类根据劳动力调查制度进行了调整(下表同)。

Methods of Job-seeking of Urban Unemployed Persons by Age and Sex

(%)

查询招聘网站或广告 Check Recruitment Website or Advertisement	直接联系雇主或单位 Contact Directly with Employers	联系就业服务机构 Contact with Employment Agency Office	参加招聘会 Take Part in Employment Advertise Meeting	其 他 Others
22.6	**7.6**	**1.1**	**2.8**	**0.2**
24.3	9.5	0.8	3.7	0.1
32.8	5.2	1.1	6.6	0.2
32.1	6.7	0.7	3.8	0.1
28.6	6.9	0.9	2.6	0.1
25.0	8.1	1.0	1.9	0.2
18.3	8.8	1.2	1.7	0.1
15.1	9.2	1.2	1.7	0.1
10.9	8.5	1.4	1.0	0.4
9.0	9.1	1.7	1.2	0.3
4.9	8.1	1.5	0.9	0.7
3.3	8.4	1.3	0.2	0.2
22.1	**8.7**	**1.1**	**3.0**	**0.2**
25.5	8.9	0.5	2.6	0.2
31.6	5.5	1.3	6.6	0.2
31.2	7.7	0.8	4.3	0.0
28.5	8.0	1.1	2.8	0.1
24.5	10.0	0.6	1.6	0.3
16.9	9.2	1.1	1.7	
14.8	11.2	0.9	2.2	0.1
11.8	10.7	1.7	0.9	0.4
10.0	10.0	1.7	1.5	0.4
6.1	8.7	1.6	0.9	1.1
2.0	10.5	1.3	0.4	
23.0	**6.7**	**1.1**	**2.7**	**0.2**
22.2	10.5	1.4	5.4	0.0
34.0	4.8	0.9	6.6	0.1
32.9	5.7	0.7	3.3	0.2
28.6	6.1	0.8	2.4	0.1
25.3	7.0	1.1	2.1	0.2
19.1	8.5	1.2	1.6	0.2
15.3	7.9	1.4	1.4	0.1
10.2	6.8	1.2	1.1	0.4
7.6	7.6	1.6	0.8	0.1
2.7	6.9	1.4	0.9	
5.5	4.8	1.4		0.5

Note: The classification of the Job-seeking methods of Urban Unemployed Persons has been adjusted according to the Labor Force Survey. The same applies to the tables following.

3-39 城镇按受教育程度、性别分的失业人员寻找工作方式构成

单位：%

受教育程度	Educational Attainment	城镇失业人员 Urban Unemployed Persons	为自己经营做准备 Prepare for Own Business	为找到工作参加培训、实习、招考 Participate in Training, Internships, and Exams to Find a Job
总　计	**Total**	**100.0**	**7.5**	**7.8**
未上过学	No Schooling	100.0	3.1	0.2
小　学	Primary School	100.0	6.2	0.6
初　中	Junior Secondary School	100.0	8.3	1.6
高　中	Senior Secondary School	100.0	8.8	3.7
大学专科	College	100.0	6.4	13.3
大学本科	University	100.0	5.7	29.6
研究生	Graduate and Higher Level	100.0	5.0	31.9
男	**Male**	**100.0**	**9.1**	**7.7**
未上过学	No Schooling	100.0	5.4	1.5
小　学	Primary School	100.0	7.3	0.3
初　中	Junior Secondary School	100.0	9.6	2.1
高　中	Senior Secondary School	100.0	10.8	3.8
大学专科	College	100.0	7.8	13.0
大学本科	University	100.0	7.7	27.7
研究生	Graduate and Higher Level	100.0	5.9	21.1
女	**Female**	**100.0**	**6.2**	**8.0**
未上过学	No Schooling	100.0	2.6	
小　学	Primary School	100.0	5.4	0.8
初　中	Junior Secondary School	100.0	7.3	1.2
高　中	Senior Secondary School	100.0	6.9	3.6
大学专科	College	100.0	5.3	13.6
大学本科	University	100.0	4.1	31.0
研究生	Graduate and Higher Level	100.0	4.4	39.5

Methods of Job-seeking of Urban Unemployed Persons by Educational Attainment and Sex

(%)

委托亲戚朋友介绍 Ask Friends Relatives about Job	查询招聘网站或广告 Check Recruitment Website or Advertisement	直接联系雇主或单位 Contact Directly with Employers	联系就业服务机构 Contact with Employment Agency Office	参加招聘会 Take Part in Employment Advertise Meeting	其 他 Others
50.3	**22.6**	**7.6**	**1.1**	**2.8**	**0.2**
81.6	3.0	11.0	1.1		0.1
73.3	7.0	10.7	1.2	0.9	0.2
65.7	12.4	9.5	1.1	1.3	0.2
52.2	23.9	7.5	1.3	2.5	0.2
30.5	38.1	5.4	1.0	5.0	0.2
16.3	37.8	3.3	0.9	6.3	0.2
4.2	47.7	4.4	0.3	6.4	
48.0	**22.1**	**8.7**	**1.1**	**3.0**	**0.2**
76.7	5.3	10.9	0.3		
71.0	5.6	13.6	1.1	0.8	0.3
64.3	10.4	11.1	1.1	1.2	0.2
49.3	23.0	8.3	1.4	3.1	0.3
28.5	38.0	6.0	1.0	5.4	0.2
15.5	38.2	3.5	1.0	6.3	0.2
5.6	60.4	4.0	0.5	2.4	
52.2	**23.0**	**6.7**	**1.1**	**2.7**	**0.2**
82.5	2.5	11.0	1.3		0.1
74.8	7.9	8.8	1.3	0.9	0.1
66.8	13.9	8.2	1.1	1.3	0.2
54.8	24.8	6.8	1.1	1.9	0.2
32.2	38.2	4.8	1.0	4.7	0.2
16.9	37.5	3.1	0.9	6.4	0.2
3.2	38.8	4.7	0.2	9.2	

3-40 城镇按年龄、性别分的失业人员失业前的行业构成
Sector of Urban Unemployed Persons (Prior to Unemployment) by Age and Sex

单位：%　　(%)

年 龄 Age	城 镇 失业人员 Urban Unemployed Persons	农、林、牧、渔业 Agriculture, Forestry, Animal Husbandry and Fishery	采矿业 Mining	制造业 Manufacturing	电力、热力、燃气及水生产和供应业 Production and Supply of Electricity Power, Heat Power, Gas and Water	建筑业 Construction	批发和零售业 Wholesale and Retail Trades
总计 Total	**100.0**	**3.9**	**0.9**	**21.1**	**0.7**	**9.2**	**22.2**
16-19	100.0	0.5		25.3	0.0	6.0	19.6
20-24	100.0	0.8	0.2	17.9	0.2	5.0	19.3
25-29	100.0	1.5	0.5	19.8	0.4	5.8	21.9
30-34	100.0	1.8	0.7	21.1	0.5	6.5	27.5
35-39	100.0	2.3	0.5	18.8	0.8	7.2	29.7
40-44	100.0	3.8	0.9	18.7	0.5	8.5	26.5
45-49	100.0	3.9	1.2	22.6	0.6	11.3	23.0
50-54	100.0	7.3	1.8	25.4	1.0	13.1	16.9
55-59	100.0	8.7	1.9	23.0	1.2	16.0	12.5
60-64	100.0	11.4	1.7	22.2	1.7	18.0	7.1
65+	100.0	18.8	0.2	17.7	1.1	16.3	8.2
男 Male	**100.0**	**3.6**	**1.3**	**21.1**	**0.9**	**16.6**	**13.7**
16-19	100.0	0.6		26.0	0.1	9.0	18.8
20-24	100.0	0.8	0.4	22.4	0.3	8.5	12.4
25-29	100.0	1.2	0.9	22.0	0.6	9.1	15.1
30-34	100.0	2.3	1.2	20.8	0.7	13.9	16.4
35-39	100.0	1.8	1.0	19.0	1.5	14.0	18.6
40-44	100.0	3.8	1.6	17.6	0.9	17.2	16.4
45-49	100.0	3.3	1.6	22.4	0.9	21.8	12.4
50-54	100.0	6.3	1.9	23.0	0.7	23.3	10.3
55-59	100.0	7.0	2.3	21.1	1.4	23.6	10.9
60-64	100.0	7.2	2.2	19.3	2.1	23.8	6.4
65+	100.0	15.9	0.3	14.5	1.6	22.4	6.9
女 Female	**100.0**	**4.2**	**0.6**	**21.0**	**0.4**	**3.1**	**29.3**
16-19	100.0	0.5		24.1		0.3	21.0
20-24	100.0	0.9	0.0	12.5	0.1	0.8	27.3
25-29	100.0	1.8	0.2	17.6	0.2	2.7	28.3
30-34	100.0	1.5	0.4	21.4	0.4	1.7	34.7
35-39	100.0	2.6	0.2	18.6	0.4	3.2	36.2
40-44	100.0	3.8	0.4	19.4	0.3	3.2	32.6
45-49	100.0	4.3	0.9	22.7	0.4	4.4	30.0
50-54	100.0	8.1	1.7	27.4	1.3	4.6	22.3
55-59	100.0	11.4	1.3	26.0	0.8	4.2	14.9
60-64	100.0	20.2	0.6	28.3	0.7	5.5	8.5
65+	100.0	25.4		25.0		2.3	11.3

3-40 续表 1 continued

单位：% (%)

年 龄 Age	交通运输、仓储和邮政业 Transport, Storage and Post	住宿和餐饮业 Hotels and Catering Services	信息传输、软件和信息技术服务业 Information Transmission, Software and Information Technical Services	金融业 Financial Intermediation	房地产业 Real Estate	租赁和商务服务业 Leasing and Business Services	科学研究和技术服务业 Scientific Research and Technical Services
总计 Total	**5.4**	**9.7**	**2.2**	**2.1**	**2.6**	**3.5**	**0.8**
16-19	2.2	20.8	1.3		1.0	1.7	0.2
20-24	3.5	11.8	6.3	1.9	4.4	4.7	2.0
25-29	5.1	9.5	4.4	3.3	2.8	4.3	1.5
30-34	4.4	9.4	3.3	2.8	2.8	4.7	0.8
35-39	5.6	9.4	1.7	2.7	2.0	3.6	0.9
40-44	6.6	11.1	1.8	2.2	2.0	3.2	0.4
45-49	6.7	10.7	0.6	1.6	2.2	2.7	0.3
50-54	5.9	8.6	0.5	1.2	2.1	2.6	0.5
55-59	6.0	7.1	0.4	1.4	2.8	2.3	0.3
60-64	4.2	4.0	0.3	0.5	3.4	2.3	0.1
65+	2.4	6.6	0.5	0.6	1.9	1.2	0.4
男 Male	**9.1**	**7.9**	**2.6**	**1.9**	**3.3**	**3.7**	**1.0**
16-19	3.3	18.6	1.6		1.1	1.0	0.3
20-24	4.9	13.1	6.8	2.2	4.9	3.4	2.3
25-29	8.7	8.5	5.9	3.4	3.3	5.0	1.8
30-34	8.2	9.4	3.3	2.5	4.1	4.7	0.7
35-39	10.9	7.0	2.6	2.8	2.7	4.1	1.2
40-44	12.7	8.3	1.3	1.4	3.3	4.8	0.6
45-49	12.3	6.3	0.9	1.3	2.9	4.1	0.4
50-54	10.0	6.2	0.4	1.1	2.7	2.4	0.7
55-59	9.1	5.1	0.2	0.9	3.2	2.4	0.5
60-64	5.4	2.1	0.1	0.7	4.4	2.9	0.1
65+	2.4	5.6	0.7		2.5	1.5	0.6
女 Female	**2.3**	**11.1**	**2.0**	**2.3**	**1.9**	**3.3**	**0.6**
16-19		25.0	0.8		0.8	3.2	
20-24	1.8	10.4	5.8	1.4	3.8	6.1	1.7
25-29	1.7	10.4	3.0	3.1	2.4	3.8	1.2
30-34	2.0	9.4	3.3	3.0	2.0	4.8	0.8
35-39	2.4	10.8	1.2	2.6	1.5	3.4	0.8
40-44	2.8	12.8	2.1	2.6	1.2	2.3	0.3
45-49	2.9	13.6	0.4	1.8	1.7	1.9	0.2
50-54	2.5	10.6	0.5	1.2	1.6	2.7	0.3
55-59	1.2	10.3	0.6	2.3	2.1	2.3	
60-64	1.8	8.0	0.5		1.4	1.1	0.1
65+	2.5	8.9		1.9	0.4	0.5	

3-40 续表 2 continued

单位: % (%)

年 龄 Age	水利、环境和公共设施管理业 Management of Water Conservancy, Environment and Public Facilities	居民服务、修理和其他服务业 Services to Households, Repair and Other Services	教 育 Education	卫生和社会工作 Health and Society	文化、体育和娱乐业 Culture, Sports and Entertainment	公共管理、社会保障和社会组织 Public Management Social Security and Social Organizations
总计 Total	**0.6**	**6.3**	**3.9**	**1.2**	**1.5**	**2.2**
16–19	0.4	10.5	3.8	0.8	5.3	0.5
20–24	0.4	6.1	8.0	1.8	3.4	2.4
25–29	0.3	5.1	6.2	1.9	2.5	3.3
30–34	0.2	5.2	3.8	1.3	1.5	1.5
35–39	0.5	5.0	4.5	1.3	1.4	2.2
40–44	0.4	6.8	3.0	1.0	1.1	1.6
45–49	0.4	6.8	2.4	0.8	0.8	1.5
50–54	0.7	7.1	1.6	0.6	0.8	2.5
55–59	1.1	7.7	2.8	0.9	0.8	3.1
60–64	2.8	10.5	3.9	1.9	0.5	3.5
65+	4.3	10.0	2.9	1.6	1.4	3.8
男 Male	**0.8**	**5.4**	**2.0**	**0.6**	**1.6**	**2.8**
16–19	0.6	9.6	1.3		7.4	0.8
20–24	0.6	5.5	4.2	0.5	3.9	2.8
25–29	0.4	4.3	3.0	0.6	2.1	4.0
30–34	0.4	5.3	0.9	0.6	2.3	2.1
35–39	0.7	4.5	2.3	0.9	1.1	3.2
40–44	0.7	4.8	1.1	0.8	0.9	2.1
45–49	0.5	4.4	1.2	0.6	0.8	1.7
50–54	0.7	5.9	1.0	0.3	0.7	2.5
55–59	0.9	5.8	1.8	0.6	0.4	3.0
60–64	3.6	9.1	4.0	1.4	0.5	4.7
65+	4.4	9.4	2.9	1.4	1.9	5.1
女 Female	**0.4**	**7.1**	**5.5**	**1.7**	**1.4**	**1.8**
16–19		12.2	8.4	2.3	1.3	
20–24	0.1	6.7	12.5	3.3	2.7	1.9
25–29	0.2	5.8	9.2	3.1	2.8	2.6
30–34	0.1	5.1	5.6	1.7	1.0	1.2
35–39	0.4	5.3	5.8	1.5	1.6	1.5
40–44	0.3	8.1	4.1	1.1	1.2	1.3
45–49	0.3	8.4	3.2	0.9	0.8	1.3
50–54	0.7	8.1	2.1	0.8	0.8	2.6
55–59	1.4	10.6	4.3	1.4	1.6	3.4
60–64	1.2	13.6	3.6	3.0	0.6	1.1
65+	4.0	11.4	2.9	2.1	0.4	0.9

3-41 城镇按受教育程度、性别分的失业人员失业前的行业构成
Sector of Urban Unemployed Persons (Prior to Unemployment) by Educational Attainment and Sex

单位：% (%)

受教育程度	Educational Attainment	城镇失业人员 Urban Unemployed Persons	农、林、牧、渔业 Agriculture, Forestry, Animal Husbandry and Fishery	采矿业 Mining	制造业 Manufacturing	电力、热力、燃气及水生产和供应业 Production and Supply of Electricity Power, Heat Power, Gas and Water	建筑业 Construction	批发和零售业 Wholesale and Retail Trades
总　计	**Total**	**100.0**	**3.9**	**0.9**	**21.1**	**0.7**	**9.2**	**22.2**
未上过学	No Schooling	100.0	27.5	0.8	23.3		12.3	9.0
小　学	Primary School	100.0	10.5	1.0	23.3	0.3	18.7	12.3
初　中	Junior Secondary School	100.0	5.4	1.0	25.1	0.5	11.5	21.5
高　中	Senior Secondary School	100.0	1.6	1.0	20.9	0.9	6.9	27.1
大学专科	College	100.0	0.6	0.8	14.0	0.7	4.6	24.6
大学本科	University	100.0	0.2	0.6	12.5	1.0	3.4	18.8
研究生	Graduate and Higher Level	100.0	0.2		14.0			13.4
男	**Male**	**100.0**	**3.6**	**1.3**	**21.1**	**0.9**	**16.6**	**13.7**
未上过学	No Schooling	100.0	27.6		15.3		27.3	7.6
小　学	Primary School	100.0	9.1	1.6	16.2	0.6	32.9	8.2
初　中	Junior Secondary School	100.0	5.4	1.5	22.9	0.9	22.3	10.7
高　中	Senior Secondary School	100.0	1.6	1.3	23.6	1.1	11.8	16.4
大学专科	College	100.0	0.9	0.9	17.5	0.9	7.1	18.9
大学本科	University	100.0	0.1	1.1	15.6	1.0	5.0	15.9
研究生	Graduate and Higher Level	100.0			23.3			8.4
女	**Female**	**100.0**	**4.2**	**0.6**	**21.0**	**0.4**	**3.1**	**29.3**
未上过学	No Schooling	100.0	27.4	1.0	25.2		8.6	9.3
小　学	Primary School	100.0	11.6	0.5	28.7	0.1	7.7	15.5
初　中	Junior Secondary School	100.0	5.4	0.6	26.9	0.3	2.7	30.4
高　中	Senior Secondary School	100.0	1.7	0.7	18.3	0.7	2.4	37.0
大学专科	College	100.0	0.4	0.8	11.3	0.5	2.7	29.0
大学本科	University	100.0	0.3	0.2	10.1	1.0	2.0	21.2
研究生	Graduate and Higher Level	100.0	0.4		5.7			18.0

3-41 续表 1 continued

单位：% (%)

受教育程度	Educational Attainment	交通运输、仓储和邮政业 Transport, Storage and Post	住宿和餐饮业 Hotels and Catering Services	信息传输、软件和信息技术服务业 Information Transmission, Software and Information Technical Services	金融业 Financial Intermediation	房地产业 Real Estate	租赁和商务服务业 Leasing and Business Services	科学研究和技术服务业 Scientific Research and Technical Services
总 计	**Total**	**5.4**	**9.7**	**2.2**	**2.1**	**2.6**	**3.5**	**0.8**
未上过学	No Schooling	3.2	7.1			1.6	2.0	
小 学	Primary School	4.2	12.2	0.2	0.4	1.9	1.5	0.1
初 中	Junior Secondary School	5.8	11.5	0.5	0.7	1.4	1.7	0.3
高 中	Senior Secondary School	6.3	10.0	1.6	2.0	2.7	3.4	0.7
大学专科	College	4.9	6.5	6.0	4.3	4.7	7.2	1.2
大学本科	University	2.9	3.3	8.3	6.9	4.5	7.7	3.5
研究生	Graduate and Higher Level	2.4	1.5	8.3	9.9	0.9	13.7	6.5
男	**Male**	**9.1**	**7.9**	**2.6**	**1.9**	**3.3**	**3.7**	**1.0**
未上过学	No Schooling	2.7	2.4			1.6		
小 学	Primary School	7.9	6.8	0.3	0.4	2.7	1.8	0.2
初 中	Junior Secondary School	10.7	8.9	0.4	0.5	2.0	2.1	0.3
高 中	Senior Secondary School	10.0	8.6	1.9	2.0	3.5	4.4	0.9
大学专科	College	7.4	7.4	7.1	3.1	5.8	6.4	1.3
大学本科	University	3.5	3.2	10.2	7.1	6.2	6.8	4.6
研究生	Graduate and Higher Level	3.6	1.9	9.0	13.2		11.1	4.3
女	**Female**	**2.3**	**11.1**	**2.0**	**2.3**	**1.9**	**3.3**	**0.6**
未上过学	No Schooling	3.4	8.3			1.7	2.5	
小 学	Primary School	1.4	16.3	0.2	0.5	1.3	1.2	0.0
初 中	Junior Secondary School	1.9	13.6	0.6	0.9	1.0	1.5	0.2
高 中	Senior Secondary School	2.8	11.4	1.3	1.9	2.0	2.4	0.5
大学专科	College	2.9	5.7	5.1	5.3	3.8	7.8	1.1
大学本科	University	2.4	3.4	6.8	6.7	3.2	8.4	2.6
研究生	Graduate and Higher Level	1.4	1.2	7.6	6.9	1.7	15.9	8.5

3-41 续表 2 continued

单位：% (%)

受教育程度	Educational Attainment	水利、环境和公共设施管理业 Management of Water Conservancy, Environment and Public Facilities	居民服务、修理和其他服务业 Services to Households, Repair and Other Services	教 育 Education	卫生和社会工作 Health and Society	文化、体育和娱乐业 Culture, Sports and Entertainment	公共管理、社会保障和社会组织 Public Management Social Security and Social Organizations
总 计	**Total**	**0.6**	**6.3**	**3.9**	**1.2**	**1.5**	**2.2**
未上过学	No Schooling	2.0	9.4	0.7	0.0	0.7	0.3
小 学	Primary School	1.1	9.1	0.9	0.4	1.0	0.9
初 中	Junior Secondary School	0.6	7.6	1.7	0.6	1.1	1.5
高 中	Senior Secondary School	0.4	5.9	3.7	1.3	1.6	2.2
大学专科	College	0.5	4.1	6.8	2.8	2.3	3.6
大学本科	University	0.4	2.7	13.5	1.7	2.5	5.4
研究生	Graduate and Higher Level	2.2		13.2	9.5	3.0	1.4
男	**Male**	**0.8**	**5.4**	**2.0**	**0.6**	**1.6**	**2.8**
未上过学	No Schooling	5.9	8.2				1.5
小 学	Primary School	1.4	6.8	0.6	0.4	0.9	1.3
初 中	Junior Secondary School	0.8	6.4	0.9	0.5	1.1	1.8
高 中	Senior Secondary School	0.5	5.6	1.4	0.9	1.8	2.8
大学专科	College	0.8	3.3	3.4	0.6	2.3	4.8
大学本科	University	0.7	1.9	8.0	0.7	2.9	5.7
研究生	Graduate and Higher Level	3.2		7.6	8.3	4.9	1.1
女	**Female**	**0.4**	**7.1**	**5.5**	**1.7**	**1.4**	**1.8**
未上过学	No Schooling	1.0	9.7	0.9	0.1	0.8	
小 学	Primary School	0.9	10.9	1.2	0.3	1.1	0.6
初 中	Junior Secondary School	0.4	8.5	2.3	0.6	1.1	1.2
高 中	Senior Secondary School	0.3	6.1	5.8	1.7	1.4	1.7
大学专科	College	0.3	4.7	9.4	4.5	2.2	2.7
大学本科	University	0.1	3.4	18.0	2.6	2.3	5.2
研究生	Graduate and Higher Level	1.2		18.1	10.6	1.2	1.6

3-42 城镇按年龄、性别分的失业人员失业前的职业构成
Occupation of Urban Unemployed Persons (Prior to Unemployment) by Age and Sex

单位：% (%)

年 龄 Age	城 镇 失业人员 Urban Unemployed Persons	单 位 负责人 Unit Heads	专业技术 人 员 Technical Personnel	办事人员 和有关 人 员 Clerk and Related Workers	商业、 服务业 人 员 Business Service Personnel	农林牧渔 水利业 生产人员 Producers in the Sectors of Agriculture, Forestry, Animal Husbandry, Fishery and Water Conservancy	生产运输设 备操作人员 及有关人员 Production, Transport Equipment Operators and Related Workers	其 他 Others
总计 Total	**100.0**	**1.3**	**7.9**	**12.5**	**50.2**	**3.7**	**24.0**	**0.3**
16-19	100.0	0.1	4.8	7.7	61.1	0.5	25.0	0.8
20-24	100.0	0.1	15.8	14.9	51.5	0.8	16.6	0.4
25-29	100.0	0.7	13.9	15.3	50.0	1.5	18.3	0.4
30-34	100.0	1.3	8.3	12.9	54.4	1.7	21.1	0.3
35-39	100.0	1.4	9.3	11.8	55.2	2.1	20.1	0.2
40-44	100.0	1.7	5.6	11.8	55.8	3.5	21.5	0.0
45-49	100.0	1.6	4.3	10.3	51.5	3.9	28.0	0.4
50-54	100.0	1.8	3.6	11.4	44.0	6.8	32.0	0.4
55-59	100.0	1.7	5.5	13.6	38.1	8.4	32.4	0.4
60-64	100.0	1.0	5.6	10.6	35.7	11.4	34.7	0.8
65+	100.0	1.1	3.6	16.6	34.4	18.4	25.4	0.4
男 Male	**100.0**	**1.9**	**6.6**	**13.1**	**44.5**	**3.3**	**30.2**	**0.5**
16-19	100.0	0.2	3.2	6.6	60.6	0.6	28.3	0.6
20-24	100.0		13.0	11.5	51.4	0.8	22.7	0.6
25-29	100.0	1.0	11.5	13.6	48.8	1.1	23.4	0.4
30-34	100.0	1.7	4.6	11.5	52.6	2.1	26.9	0.6
35-39	100.0	2.3	7.4	13.4	50.0	1.6	25.0	0.3
40-44	100.0	2.5	5.1	13.4	48.8	3.4	26.9	
45-49	100.0	2.5	3.6	12.3	40.6	3.2	37.0	0.7
50-54	100.0	3.2	3.6	13.1	35.3	5.4	39.0	0.4
55-59	100.0	2.3	5.3	15.8	32.0	6.4	38.0	0.3
60-64	100.0	1.5	5.8	13.6	33.4	6.9	38.1	0.8
65+	100.0	1.6	3.2	20.8	29.3	15.8	28.7	0.6
女 Female	**100.0**	**0.8**	**9.1**	**12.1**	**54.9**	**4.1**	**18.8**	**0.2**
16-19	100.0		7.7	9.9	61.9	0.5	18.8	1.2
20-24	100.0	0.2	18.9	18.9	51.6	0.8	9.5	0.1
25-29	100.0	0.4	16.1	16.8	51.1	1.8	13.5	0.3
30-34	100.0	1.0	10.6	13.8	55.6	1.4	17.4	0.2
35-39	100.0	0.8	10.4	10.8	58.2	2.5	17.2	0.1
40-44	100.0	1.1	5.9	10.9	60.1	3.6	18.3	0.1
45-49	100.0	1.1	4.8	8.9	58.7	4.3	22.1	0.2
50-54	100.0	0.6	3.6	10.0	51.3	7.9	26.2	0.4
55-59	100.0	0.8	5.8	10.1	47.7	11.6	23.6	0.4
60-64	100.0		5.3	4.3	40.7	21.1	27.6	0.9
65+	100.0		4.5	6.8	46.2	24.4	18.0	

3-43 城镇按受教育程度、性别分的失业人员失业前的职业构成
ion of Urban Unemployed Persons (Prior to Unemployment) by Educational Attainment

单位：%　　　　(%)

受教育程度	Educational Attainment	城镇失业人员 Urban Unemployed Persons	单位负责人 Unit Heads	专业技术人员 Technical Personnel	办事人员和有关人员 Clerk and Related Workers	商业、服务业人员 Business Service Personnel	农林牧渔水利业生产人员 Producers in the Sectors of Agriculture, Forestry, Animal Husbandry, Fishery and Water Conservancy	生产运输设备操作人员及有关人员 Production, Transport Equipment Operators and Related Workers	其他 Others
总计	**Total**	**100.0**	**1.3**	**7.9**	**12.5**	**50.2**	**3.7**	**24.0**	**0.3**
未上过学	No Schooling	100.0		0.5	1.5	35.4	27.0	35.4	0.2
小学	Primary School	100.0	0.3	1.3	6.0	43.0	10.3	38.7	0.5
初中	Junior Secondary School	100.0	1.0	2.6	7.1	51.4	5.1	32.4	0.4
高中	Senior Secondary School	100.0	1.8	6.8	13.8	55.0	1.5	20.6	0.4
大学专科	College	100.0	1.3	17.1	22.4	49.7	0.6	8.7	0.1
大学本科	University	100.0	1.7	28.0	24.9	40.3	0.2	4.8	0.1
研究生	Graduate and Higher Level	100.0	7.2	29.0	22.4	38.3	0.2	2.9	
男	**Male**	**100.0**	**1.9**	**6.6**	**13.1**	**44.5**	**3.3**	**30.2**	**0.5**
未上过学	No Schooling	100.0		2.7	3.7	23.8	27.2	41.8	0.8
小学	Primary School	100.0	0.2	1.6	9.0	32.8	8.5	47.5	0.4
初中	Junior Secondary School	100.0	1.4	2.9	8.9	41.7	4.8	39.8	0.5
高中	Senior Secondary School	100.0	2.9	5.3	13.9	49.0	1.4	26.9	0.6
大学专科	College	100.0	1.7	11.4	20.9	51.3	1.0	13.4	0.2
大学本科	University	100.0	2.8	24.2	21.4	44.6	0.0	6.7	0.3
研究生	Graduate and Higher Level	100.0	8.3	37.3	13.2	35.0		6.2	
女	**Female**	**100.0**	**0.8**	**9.1**	**12.1**	**54.9**	**4.1**	**18.8**	**0.2**
未上过学	No Schooling	100.0			0.9	38.3	27.0	33.8	
小学	Primary School	100.0	0.3	1.0	3.7	50.9	11.6	32.0	0.5
初中	Junior Secondary School	100.0	0.7	2.4	5.6	59.3	5.3	26.3	0.3
高中	Senior Secondary School	100.0	0.8	8.3	13.7	60.6	1.6	14.8	0.2
大学专科	College	100.0	1.0	21.6	23.6	48.4	0.3	5.1	0.0
大学本科	University	100.0	0.7	31.0	27.9	36.8	0.3	3.3	
研究生	Graduate and Higher Level	100.0	6.2	21.6	30.6	41.3	0.4		

3-44 城镇按受教育程度、性别分的失业人员失业时间构成
employment Duration of Urban Unemployed Persons by Educational Attainment and S

单位：% (%)

受教育程度	Educational Attainment	城镇失业人员 Urban Unemployed Persons	1个月 1 Month	2-3个月 2-3 Months	4-6个月 4-6 Months	7-12个月 7-12 Months	13-24个月 13-24 Months	25个月以上 25+ Months+
总 计	**Total**	**100.0**	**25.3**	**38.0**	**19.6**	**11.5**	**3.8**	**1.8**
未上过学	No Schooling	100.0	40.1	37.5	11.0	8.8	2.2	0.3
小 学	Primary School	100.0	31.8	38.6	16.3	9.4	2.7	1.2
初 中	Junior Secondary School	100.0	26.3	37.8	19.6	11.4	3.3	1.6
高 中	Senior Secondary School	100.0	22.1	37.9	21.0	12.2	4.5	2.4
大学专科	College	100.0	24.1	38.6	20.0	11.3	4.3	1.8
大学本科	University	100.0	24.8	37.4	19.6	12.2	4.4	1.7
研究生	Graduate and Higher Level	100.0	24.0	44.9	15.8	12.0	3.1	0.2
男	**Male**	**100.0**	**24.9**	**36.0**	**20.6**	**12.5**	**4.1**	**1.9**
未上过学	No Schooling	100.0	47.0	36.4	11.1	5.5		
小 学	Primary School	100.0	31.9	36.1	16.4	11.3	2.8	1.5
初 中	Junior Secondary School	100.0	26.0	34.9	21.3	12.7	3.4	1.7
高 中	Senior Secondary School	100.0	21.6	36.3	21.3	13.3	4.9	2.6
大学专科	College	100.0	24.7	37.4	20.6	11.1	4.5	1.6
大学本科	University	100.0	24.0	35.7	20.6	13.4	4.6	1.7
研究生	Graduate and Higher Level	100.0	24.2	41.5	17.5	13.3	3.6	
女	**Female**	**100.0**	**25.6**	**39.7**	**18.8**	**10.7**	**3.6**	**1.7**
未上过学	No Schooling	100.0	38.8	37.8	11.0	9.5	2.7	0.3
小 学	Primary School	100.0	31.7	40.4	16.2	8.2	2.6	1.0
初 中	Junior Secondary School	100.0	26.6	40.0	18.3	10.5	3.2	1.4
高 中	Senior Secondary School	100.0	22.4	39.4	20.8	11.2	4.0	2.2
大学专科	College	100.0	23.6	39.5	19.4	11.4	4.1	1.9
大学本科	University	100.0	25.4	38.6	18.9	11.2	4.2	1.7
研究生	Graduate and Higher Level	100.0	23.9	47.3	14.6	11.1	2.8	0.3

3-45 城镇按年龄、性别分的失业人员失业时间构成
Unemployment Duration of Urban Unemployed Persons by Age and Sex

单位：% (%)

年 龄 Age	城 镇 失业人员 Urban Unemployed Persons	1个月 1 Month	2-3个月 2-3 Months	4-6个月 4-6 Months	7-12个月 7-12 Months	13-24个月 13-24 Months	25个月以上 25+ Months+
总计 Total	**100.0**	**25.3**	**38.0**	**19.6**	**11.5**	**3.8**	**1.8**
16-19	100.0	36.7	41.8	12.7	6.5	1.9	0.3
20-24	100.0	28.0	41.1	18.8	8.3	3.0	0.8
25-29	100.0	24.2	39.8	17.5	12.7	4.3	1.5
30-34	100.0	23.9	37.7	20.8	12.0	3.9	1.7
35-39	100.0	23.5	36.6	21.7	11.9	4.3	2.0
40-44	100.0	23.3	36.9	21.6	12.4	3.7	2.0
45-49	100.0	23.8	34.4	21.3	13.8	4.4	2.3
50-54	100.0	24.5	37.9	18.9	12.0	4.4	2.3
55-59	100.0	24.9	36.8	19.8	12.2	4.2	2.2
60-64	100.0	32.4	40.4	15.1	7.7	2.3	2.1
65+	100.0	37.0	34.1	14.7	9.5	1.3	3.4
男 Male	**100.0**	**24.9**	**36.0**	**20.6**	**12.5**	**4.1**	**1.9**
16-19	100.0	37.1	41.0	13.4	6.2	1.8	0.5
20-24	100.0	28.6	39.3	20.1	8.2	2.7	1.0
25-29	100.0	22.4	39.2	18.3	14.6	4.2	1.3
30-34	100.0	23.0	35.0	22.3	14.1	3.9	1.7
35-39	100.0	21.4	35.8	22.6	13.1	5.6	1.5
40-44	100.0	24.7	33.5	21.9	13.8	4.4	1.8
45-49	100.0	22.9	30.7	22.8	15.2	5.1	3.3
50-54	100.0	23.3	34.1	21.2	14.1	4.8	2.6
55-59	100.0	23.0	33.0	21.5	14.1	5.3	3.1
60-64	100.0	31.3	38.6	17.1	8.1	2.6	2.3
65+	100.0	34.2	35.6	17.1	8.2	1.4	3.5
女 Female	**100.0**	**25.6**	**39.7**	**18.8**	**10.7**	**3.6**	**1.7**
16-19	100.0	36.1	43.2	11.5	7.1	2.0	
20-24	100.0	27.4	42.8	17.4	8.5	3.2	0.7
25-29	100.0	25.9	40.3	16.7	11.0	4.3	1.8
30-34	100.0	24.4	39.4	19.9	10.8	3.8	1.7
35-39	100.0	24.7	37.1	21.2	11.3	3.5	2.3
40-44	100.0	22.5	38.9	21.5	11.7	3.3	2.2
45-49	100.0	24.3	36.7	20.3	13.0	4.0	1.7
50-54	100.0	25.4	41.0	17.2	10.4	4.0	2.0
55-59	100.0	27.8	42.4	17.2	9.3	2.5	0.7
60-64	100.0	34.5	44.0	11.3	6.8	1.7	1.6
65+	100.0	41.9	31.5	10.4	11.9	1.0	3.2

第四部分

Chapter Four

2020 年城镇单位就业人员统计数据

Data from Statistics on Employment in Urban Units in 2020

4-1 各地区分行业国有单位就业人员数
Employed Persons in State-owned Units by Sector and Region

单位：人 (person)

地 区	Region	国有单位合计 Total	(一)企业 I. Enterprises	(二)政府 II. Institutions	(三)民间非营利组织 III. Civil Nonprofit Organizations	(四)其他 IV. Other
总 计	**National Total**	**55629765**	**7383814**	**47886782**	**268666**	**90503**
北 京	Beijing	1558696	281172	1270002	6555	967
天 津	Tianjin	609704	118063	489508	2050	82
河 北	Hebei	2560245	270349	2274548	15190	158
山 西	Shanxi	1729320	229552	1492002	6650	1117
内蒙古	Inner Mongolia	1346646	125959	1212478	6981	1228
辽 宁	Liaoning	1795292	277153	1502257	8999	6883
吉 林	Jilin	1171675	194338	970164	5073	2101
黑龙江	Heilongjiang	1569389	383663	1180910	4488	329
上 海	Shanghai	881438	156190	708470	15465	1313
江 苏	Jiangsu	2800312	473372	2293119	24856	8965
浙 江	Zhejiang	2334373	166694	2164610	1849	1220
安 徽	Anhui	1759164	225435	1509672	21717	2340
福 建	Fujian	1522703	155831	1360620	4445	1807
江 西	Jiangxi	1690073	245461	1435364	3653	5596
山 东	Shandong	3728304	531956	3172676	19879	3794
河 南	Henan	3494283	486222	2972397	22602	13063
湖 北	Hubei	2276147	348703	1904993	18672	3780
湖 南	Hunan	2519621	313950	2196118	8371	1182
广 东	Guangdong	4232572	712939	3494397	12993	12242
广 西	Guangxi	1909154	120343	1781209	7038	563
海 南	Hainan	410879	57570	352555	724	30
重 庆	Chongqing	1111609	97629	1006959	5277	1744
四 川	Sichuan	3033279	268665	2747972	11503	5140
贵 州	Guizhou	1732846	155633	1567045	9076	1092
云 南	Yunnan	1825901	155704	1659735	6587	3874
西 藏	Tibet	251097	21230	228959	623	285
陕 西	Shaanxi	1868326	326933	1531073	5976	4345
甘 肃	Gansu	1378307	239373	1132698	4213	2023
青 海	Qinghai	353938	37564	313125	2891	358
宁 夏	Ningxia	345756	48123	295296	1747	590
新 疆	Xinjiang	1828713	158046	1665851	2523	2293

4-1 续表 1 continued

单位：人 (person)

地 区	Region	(一) 农、林、牧、渔业 I. Agriculture, Forestry, Animal Husbandry and Fishery	1.农业 1.Farming	2.林业 2.Forestry	3.畜牧业 3.Animal Husbandry	4.渔业 4.Fishery	5.农、林、牧、渔服务业 5.Service in Support of Agriculture
总 计	**National Total**	**580191**	**189526**	**226756**	**14862**	**5119**	**143928**
北 京	Beijing	1510	372	460	290	202	187
天 津	Tianjin	905	320	242	268	41	34
河 北	Hebei	16759	11451	3450	108	55	1694
山 西	Shanxi	6177	719	3829	382	3	1244
内蒙古	Inner Mongolia	41611	13737	17767	843	94	9171
辽 宁	Liaoning	65482	54817	3661	110	486	6408
吉 林	Jilin	34434	1843	27586	418	453	4134
黑龙江	Heilongjiang	189983	48575	102207	930	473	37798
上 海	Shanghai	235	52		24		159
江 苏	Jiangsu	14450	2231	523	308	284	11104
浙 江	Zhejiang	2221	279	1100	29	23	790
安 徽	Anhui	22918	8337	2423	26	149	11983
福 建	Fujian	8552	1535	6269	53	108	587
江 西	Jiangxi	20123	2077	6601	6912	320	4214
山 东	Shandong	4741	1098	1617	183	203	1640
河 南	Henan	15170	7118	2215	378	209	5251
湖 北	Hubei	15256	8629	1989	221	1166	3251
湖 南	Hunan	10384	1290	3695	127	542	4729
广 东	Guangdong	12946	6511	2711	177	85	3461
广 西	Guangxi	16765	3562	9827	286	75	3015
海 南	Hainan	5388	2769	1865	176	4	574
重 庆	Chongqing	1677	9	599	132	12	925
四 川	Sichuan	14360	169	7435	214	28	6514
贵 州	Guizhou	2457	515	995	96	18	833
云 南	Yunnan	13846	1886	7657	470	52	3780
西 藏	Tibet	383	184	61	53		85
陕 西	Shaanxi	10702	347	3519	168	34	6635
甘 肃	Gansu	10351	3390	3360	169		3432
青 海	Qinghai	4267	285	306	104		3572
宁 夏	Ningxia	3849	2235	1059	20		535
新 疆	Xinjiang	12291	3184	1730	1188		6189

4-1 续表 2 continued

单位：人 (person)

地 区	Region	(二) 采矿业 II. Mining	1.煤炭开采和洗选业 1.Mining and Washing of Coal	2.石油和天然气开采业 2.Extraction of Petroleum and Natural Gas	3.黑色金属矿采选业 3.Mining and Processing of Ferrous Metal Ores	4.有色金属矿采选业 4.Mining and Processing of Non-ferrous Metal Ores	5.非金属矿采选业 5.Mining and Processing of Non-metal Ores	6.开采辅助活动 6.Support Activities for Mining
总 计	**National Total**	**180249**	**101299**	**32129**	**6729**	**6604**	**10524**	**22378**
北 京	Beijing							
天 津	Tianjin							
河 北	Hebei	2125			886	474	733	32
山 西	Shanxi	31697	31209		130	146	70	142
内蒙古	Inner Mongolia	5132	3488	1644				
辽 宁	Liaoning	141	13			107	21	
吉 林	Jilin	1008		961		19	28	
黑龙江	Heilongjiang	13543	1214				987	11342
上 海	Shanghai							
江 苏	Jiangsu	998	71				927	
浙 江	Zhejiang	632					632	
安 徽	Anhui	7123	706		4418	1375	624	
福 建	Fujian	2154	611		112	75	1356	
江 西	Jiangxi	3482	1571			1740	171	
山 东	Shandong	20588	19312	188	7	10	1059	12
河 南	Henan	3944	3577		74		238	55
湖 北	Hubei	1064			6	21	451	
湖 南	Hunan	426	40			332	54	
广 东	Guangdong	1347			70	827	58	392
广 西	Guangxi	215			51	119	46	
海 南	Hainan	294					294	
重 庆	Chongqing	1608		19			1589	
四 川	Sichuan	5698	962	3948	49	50	689	
贵 州	Guizhou	4226	3309	128	54	390	345	
云 南	Yunnan	11669	11389		120	152	8	
西 藏	Tibet	85					85	
陕 西	Shaanxi	21488	10995	68		8	14	10403
甘 肃	Gansu	22772	9753	12248		759	12	
青 海	Qinghai	98	83		15			
宁 夏	Ningxia	14366	1457	12872	37			
新 疆	Xinjiang	2325	1539	53	700		33	

4-1 续表 3 continued

单位：人 (person)

地 区	Region	7.其他采矿业 7.Mining of Other Ores	(三) 制造业 III. Manufacturing	1.农副食品加工业 1.Processing of Food from Agricultural Products	2.食品制造业 2.Manufacture of Foods	3.酒、饮料和精制茶制造业 3.Manufacture of Liquor, Beverages and Refined Tea	4.烟草制品业 4.Manufacture of Tobacco	5.纺织业 5.Manufacture of Textile
总 计	**National Total**	**586**	**463592**	**37893**	**5962**	**8144**	**21004**	**6531**
北 京	Beijing		5068	38		2	818	2
天 津	Tianjin		3379	418			774	150
河 北	Hebei		20389	513	550	495		268
山 西	Shanxi		10705	566	179	12		61
内蒙古	Inner Mongolia		2238		11			16
辽 宁	Liaoning		14908	157	269	8	1660	57
吉 林	Jilin		24986	115		15		
黑龙江	Heilongjiang		6658	672		65		
上 海	Shanghai		5373	21	4			
江 苏	Jiangsu		41458	1234	41	364		186
浙 江	Zhejiang		9625	277	654	209		
安 徽	Anhui		21942	542	10	408	5615	
福 建	Fujian		6246	766	571	310		1184
江 西	Jiangxi		24770	1295	10	51		59
山 东	Shandong		31578	1379	429	81		291
河 南	Henan		28228	13493	2	72		263
湖 北	Hubei	586	32042	1583	21	2359	614	470
湖 南	Hunan		18901	1652	24	294	8808	36
广 东	Guangdong		33217	7567	667	85		1938
广 西	Guangxi		17783	2378	274	77		11
海 南	Hainan		1735	464	101			
重 庆	Chongqing		8268	324	360	8	1083	
四 川	Sichuan		16469	285	580	84		1349
贵 州	Guizhou		4217	238	12	1018		
云 南	Yunnan		12345	687	28	1901	479	
西 藏	Tibet		779	52	136			97
陕 西	Shaanxi		39810	720	327	168		17
甘 肃	Gansu		11947	177		7		
青 海	Qinghai		1004	10				
宁 夏	Ningxia		678		163		405	
新 疆	Xinjiang		6849	270	539	51	748	78

4-1 续表 4 continued

单位：人 (person)

地 区	Region	6.纺织服装、服饰业 6.Manufacture of Textile Wearing Apparel, and Accessories	7.皮革、毛皮、羽毛及其制品和制鞋业 7.Manufacture of Leather, Fur, Feather and Related Products and Footwear	8.木材加工和木、竹、藤、棕、草制品业 8.Processing of Timbers, Manufacture of Wood, Bamboo, Rattan, Palm and Straw Products	9.家具制造业 9.Manufacture of Furniture	10.造纸和纸制品业 10.Manufacture of Paper and Paper Products	11.印刷和记录媒介复制业 11.Printing and Reproduction of Recording Media
总 计	**National Total**	**8729**	**689**	**5230**	**689**	**1328**	**17251**
北 京	Beijing	83					1851
天 津	Tianjin	85	197				177
河 北	Hebei	212			58	44	1234
山 西	Shanxi	629		269		10	673
内蒙古	Inner Mongolia						795
辽 宁	Liaoning	673		41		75	421
吉 林	Jilin			179			122
黑龙江	Heilongjiang	269		730	12	13	230
上 海	Shanghai	296	36	11			405
江 苏	Jiangsu	669		97	37	80	889
浙 江	Zhejiang	50	5	4			233
安 徽	Anhui					8	133
福 建	Fujian	6		43			570
江 西	Jiangxi	811	3	611		11	481
山 东	Shandong	1656	10	4		217	987
河 南	Henan	1134		12	11	19	698
湖 北	Hubei	36		48		1	558
湖 南	Hunan	5	1	880		39	154
广 东	Guangdong	609	90	89	402	75	707
广 西	Guangxi		25	1413		368	828
海 南	Hainan						451
重 庆	Chongqing		256			18	100
四 川	Sichuan	129		12		161	548
贵 州	Guizhou			141		90	227
云 南	Yunnan	199	59	633	151	99	820
西 藏	Tibet		7				286
陕 西	Shaanxi	50		5			255
甘 肃	Gansu	245					1369
青 海	Qinghai	29					184
宁 夏	Ningxia						107
新 疆	Xinjiang	854		9	18		759

4-1 续表 5 continued

单位：人 (person)

地 区	Region	12.文教工美、体育和娱乐用品制造业 12.Manufacture of Articles for Culture, Education, Arts and Crafts, Sport and Entertainment Activities	13.石油加工、炼焦和核燃料加工业 13.Processing of Petroleum, Coking, Processing of Nuclear Fuel	14.化学原料和化学制品制造业 14.Manufacture of Chemical Raw Material and Chemical Products	15.医药制造业 15.Manufacture of Medicines	16.化学纤维制造业 16.Manufacture of Chemical Fibres	17.橡胶和塑料制品业 17.Manufacture of Rubber and Plastics Products
总 计	**National Total**	**1767**	**5343**	**31529**	**10218**	**961**	**17603**
北 京	Beijing	10		72	655		94
天 津	Tianjin	8		151	155		163
河 北	Hebei	5		858	868	759	4
山 西	Shanxi		212	1580	292		121
内蒙古	Inner Mongolia			26			
辽 宁	Liaoning	19	37	440	20		125
吉 林	Jilin		81	3186	176		
黑龙江	Heilongjiang	191		729	107		
上 海	Shanghai			60	38		184
江 苏	Jiangsu	143		4461	377	36	141
浙 江	Zhejiang	20		117	340		
安 徽	Anhui	36		93	585		193
福 建	Fujian		21	1039			39
江 西	Jiangxi		6	429	541		4
山 东	Shandong		4360	1433	1074		208
河 南	Henan	325	29	958	61	166	36
湖 北	Hubei		87	2796	10		10
湖 南	Hunan	66		175			132
广 东	Guangdong	663		710	1563		704
广 西	Guangxi		510	183	433		43
海 南	Hainan						
重 庆	Chongqing			154	509		
四 川	Sichuan			2267	226		66
贵 州	Guizhou	38		236	138		10
云 南	Yunnan	18		1085	1062		56
西 藏	Tibet				159		6
陕 西	Shaanxi	225		885	265		15133
甘 肃	Gansu			6529	421		88
青 海	Qinghai				143		
宁 夏	Ningxia						
新 疆	Xinjiang			877			43

4-1 续表 6 continued

单位：人 (person)

地 区	Region	18.非金属矿物制品业 18.Manufacture of Non-metallic Mineral Products	19.黑色金属冶炼和压延加工业 19.Smelting and Processing of Ferrous Metals	20.有色金属冶炼和压延加工业 20.Smelting and Processing of Non-ferrous Metals	21.金属制品业 21.Manufacture of Metal Products	22.通用设备制造业 22.Manufacture of General Purpose Machinery	23.专用设备制造业 23.Manufacture of Special Purpose Machinery
总 计	**National Total**	**28905**	**7060**	**21391**	**15951**	**37702**	**29872**
北 京	Beijing			184	26	410	284
天 津	Tianjin	33	12		70	89	134
河 北	Hebei	1205	575		713	3284	5286
山 西	Shanxi	648	6	94	2631	834	455
内蒙古	Inner Mongolia	703		585	26		
辽 宁	Liaoning	1444	230	406	987	1135	2229
吉 林	Jilin	407			746	3091	1787
黑龙江	Heilongjiang	509	17		48	376	2026
上 海	Shanghai			65	35	545	28
江 苏	Jiangsu	2024		426	940	3982	3183
浙 江	Zhejiang	518			267	1218	12
安 徽	Anhui	2092			328	2458	905
福 建	Fujian	276			17	120	26
江 西	Jiangxi	469		13685	360	826	562
山 东	Shandong	3656	332	104	580	1118	1972
河 南	Henan	3823		175	338	340	1108
湖 北	Hubei	2154	684		1633	2503	1154
湖 南	Hunan	191		845	311	185	1059
广 东	Guangdong	904	229	283	3142	1630	1387
广 西	Guangxi	3357	2425		61	49	76
海 南	Hainan	15	28				
重 庆	Chongqing	25		151		988	30
四 川	Sichuan	1556		556	1128	973	1304
贵 州	Guizhou	176		178	172	820	93
云 南	Yunnan	367	1226	2745	284	91	50
西 藏	Tibet	33					3
陕 西	Shaanxi	939	68	359	479	10458	4080
甘 肃	Gansu	990	167	105	333	179	578
青 海	Qinghai						
宁 夏	Ningxia						
新 疆	Xinjiang	391	1061	445	297		61

4-1 续表 7 continued

单位：人 (person)

地 区	Region	24.汽车制造业 24.Manufacture of Automobiles	25.铁路、船舶、航空航天和其他运输设备制造业 25. Manufacture of Railway,Ship, Aerospace and Other Transport Equipment	26.电气机械和器材制造业 26.Manufacture of Electrical Machinery and Apparatus	27.计算机、通信和其他电子设备制造业 27.Manufacture of Computers, Communication and Other Electronic Equipment	28.仪器仪表制造业 28.Manufacture of Measuring Instruments and Machinery	29.其他制造业 29. Other Manufature
总 计	**National Total**	**33729**	**26016**	**22862**	**29369**	**7280**	**2691**
北 京	Beijing			106	185	165	26
天 津	Tianjin	154	185	319	57	39	
河 北	Hebei	5		493	27	10	653
山 西	Shanxi		455	9	80	321	129
内蒙古	Inner Mongolia			27			
辽 宁	Liaoning	277	3380	239	138		10
吉 林	Jilin	14984		1	54	17	25
黑龙江	Heilongjiang	180	409		77		
上 海	Shanghai	55	1223	76		255	
江 苏	Jiangsu	4189	2655	6032	7876	1081	259
浙 江	Zhejiang	112	1702	2780		107	
安 徽	Anhui	338	610	910	3426	272	484
福 建	Fujian	52	854	217	20		14
江 西	Jiangxi		5	53	3846		582
山 东	Shandong	3268	2122	3376	1013	150	112
河 南	Henan	44	832	46		3981	
湖 北	Hubei	4379	6757	2136	233	9	48
湖 南	Hunan	208	282	2586	677		239
广 东	Guangdong	608	1829	964	3176	6	98
广 西	Guangxi	11		54	5087		
海 南	Hainan				676		
重 庆	Chongqing	3423		83	77	679	
四 川	Sichuan	167	315	749	1731	8	
贵 州	Guizhou	444			46		
云 南	Yunnan	25		242	32		6
西 藏	Tibet						
陕 西	Shaanxi	539	2402	558	835	180	
甘 肃	Gansu	30		64			
青 海	Qinghai			638			
宁 夏	Ningxia						
新 疆	Xinjiang	237		104			7

4-1 续表 8 continued

单位：人 (person)

地 区	Region	30.废弃资源综合利用业 30. Utilization of Waste Resources	31.金属制品、机械和设备修理业 31. Repair Service of Metal Products, Machinery and Eguipment	(四) 电力、热力、燃气及水生产和供应业 Production and Supply of Electricity, Heat, Gas and Water	1.电力、热力生产和供应业 1.Production and Supply of Electric Power and Heat Power	2.燃气生产和供应业 2.Production and Supply of Gas	3.水的生产和供应业 3.Production and Supply of Water
总 计	**National Total**	**351**	**19543**	**1024303**	**818327**	**15940**	**190036**
北 京	Beijing		57	9719	9550	18	151
天 津	Tianjin		10	2345	1667	8	670
河 北	Hebei	72	2198	62058	44113	3250	14695
山 西	Shanxi	33	407	48855	36640	2900	9316
内蒙古	Inner Mongolia		49	9245	2168	420	6657
辽 宁	Liaoning		431	17122	8370	222	8530
吉 林	Jilin			16598	7073	1500	8025
黑龙江	Heilongjiang			38079	29315	180	8585
上 海	Shanghai		2036	802	85	158	559
江 苏	Jiangsu		57	12215	4075	378	7762
浙 江	Zhejiang		1000	6473	4189	546	1738
安 徽	Anhui		2496	12825	7078	65	5682
福 建	Fujian		101	5020	2405		2615
江 西	Jiangxi	70		11383	5761	51	5571
山 东	Shandong		1646	129138	114716	1299	13123
河 南	Henan	5	257	140044	124555	491	14998
湖 北	Hubei	11	1747	86098	77039	314	8745
湖 南	Hunan	32	20	92069	78118	150	13801
广 东	Guangdong	48	3045	38319	21575	251	16494
广 西	Guangxi	80	39	10916	4550		6367
海 南	Hainan			9919	7437	190	2292
重 庆	Chongqing			2461	619	147	1695
四 川	Sichuan		2276	23589	16300	1233	6057
贵 州	Guizhou		140	51591	48255	11	3325
云 南	Yunnan			5593	1829	302	3462
西 藏	Tibet			1109	565		544
陕 西	Shaanxi		862	47434	38339	1711	7383
甘 肃	Gansu		666	66828	60788	51	5989
青 海	Qinghai			9734	9077		657
宁 夏	Ningxia		3	13816	13129	17	670
新 疆	Xinjiang			42904	38948	77	3879

4-1 续表 9 continued

单位：人 (person)

地区	Region	(五)建筑业 V. Construction	1.房屋建筑业 1. Construction of Buildings	2.土木工程建筑业 2. Civil Engineering	3.建筑安装业 3.Building Installation	4.建筑装饰和其他建筑业 4.Building Decoration and Other Constructions	(六)批发和零售业 VI. Wholesale and Retail Trades
总计	**National Total**	**890888**	**408439**	**411365**	**50321**	**20763**	**477666**
北京	Beijing	12243	5991	2989	2675	588	13612
天津	Tianjin	3155	565	2166	107	317	5259
河北	Hebei	31922	9125	20588	500	1709	14513
山西	Shanxi	30253	11866	17784	182	421	15178
内蒙古	Inner Mongolia	5853	181	5498	155	19	9610
辽宁	Liaoning	23159	6772	10498	5288	601	13687
吉林	Jilin	4880	536	4075	132	137	10074
黑龙江	Heilongjiang	12333	2936	8012	1240	145	15083
上海	Shanghai	2985	859	1430	261	435	7893
江苏	Jiangsu	106996	67169	36468	1051	2309	27570
浙江	Zhejiang	11211		10456	702	53	18613
安徽	Anhui	26342	9535	14812	803	1192	18046
福建	Fujian	32030	26531	4814	572	113	16443
江西	Jiangxi	46054	31769	13458	565	262	17203
山东	Shandong	62353	10480	50472	727	674	18397
河南	Henan	41046	7759	28926	3780	581	38665
湖北	Hubei	44823	10115	33388	1060	261	25477
湖南	Hunan	55758	21237	31559	763	2199	24607
广东	Guangdong	132215	83889	35286	9116	3925	26391
广西	Guangxi	12244	5759	4673	1183	629	11949
海南	Hainan	5013	4890	44		79	3795
重庆	Chongqing	11500	2802	8298	188	212	8389
四川	Sichuan	61488	39220	19904	1786	578	20553
贵州	Guizhou	12749	4825	7426	173	326	21605
云南	Yunnan	16891	5932	8440	1317	1202	22391
西藏	Tibet	1449	563	886			2767
陕西	Shaanxi	28539	15771	11640	280	849	23298
甘肃	Gansu	42746	18383	10123	13607	633	7970
青海	Qinghai	4437	722	2538	1177		4499
宁夏	Ningxia	1171	63	1108			2245
新疆	Xinjiang	7052	2196	3608	932	316	11882

4-1 续表 10 continued

单位：人 (person)

地 区	Region	1.批发业 1.Wholesale Trade	2.零售业 2.Retail Trade	(七)交通运输、仓储和邮政业 VII. Transport, Storage and Post	1.铁路运输业 1.Railway Transport	2.道路运输业 2.Road Transport	3.水上运输业 3.Water Transport
总 计	**National Total**	**376740**	**100926**	**1084587**	**6629**	**599083**	**42069**
北 京	Beijing	6719	6894	1780		702	
天 津	Tianjin	3546	1713	21573	61	8864	336
河 北	Hebei	12586	1927	69395	138	51779	611
山 西	Shanxi	12072	3106	25187	977	17601	9
内蒙古	Inner Mongolia	7625	1984	28314		17570	
辽 宁	Liaoning	11433	2254	35258		17815	4272
吉 林	Jilin	7198	2877	27746		10005	32
黑龙江	Heilongjiang	11011	4072	52891	175	25116	103
上 海	Shanghai	5387	2506	11417		5831	2636
江 苏	Jiangsu	22015	5555	59923	279	27223	8081
浙 江	Zhejiang	17542	1071	27757		19076	3122
安 徽	Anhui	14328	3718	36696		14729	934
福 建	Fujian	14583	1860	19485		11520	852
江 西	Jiangxi	14961	2242	32817		10013	228
山 东	Shandong	11382	7015	66224	1530	45402	6097
河 南	Henan	31155	7510	86739		62363	113
湖 北	Hubei	20842	4634	54755		34169	3457
湖 南	Hunan	19192	5414	36194	100	28331	567
广 东	Guangdong	18507	7884	92035	3237	38842	4760
广 西	Guangxi	9763	2186	16086		8516	641
海 南	Hainan	1846	1948	10847		3863	81
重 庆	Chongqing	7529	860	27772		3332	4615
四 川	Sichuan	17462	3091	47885		25540	431
贵 州	Guizhou	19784	1821	12206	74	8446	5
云 南	Yunnan	19824	2567	33288		16091	31
西 藏	Tibet	1600	1167	11143		4882	
陕 西	Shaanxi	16162	7136	74301	3	47089	39
甘 肃	Gansu	5388	2582	21426		10090	
青 海	Qinghai	4092	407	7883		4441	
宁 夏	Ningxia	2052	193	6156		2430	17
新 疆	Xinjiang	9152	2729	29407	55	17411	

4-1 续表 11 continued

单位：人 (person)

地 区	Region	4.航空运输业 4.Air Transport	5.管道运输业 5.Transport Via Pipeline	6.装卸搬运和运输代理业 6.Loading Unloading and Forwarding Ageney	7.仓储业 7.Storage	8.邮政业 8.Post	(八)住宿和餐饮业 VIII. Hotels and Catering Services
总 计	**National Total**	**44758**	**1285**	**10269**	**78412**	**302083**	**206166**
北 京	Beijing	200		67	794	17	20029
天 津	Tianjin	387			667	11259	2227
河 北	Hebei	394		152	2468	13853	10552
山 西	Shanxi	453		359	2888	2900	9498
内蒙古	Inner Mongolia	599		34	2173	7938	2663
辽 宁	Liaoning	2061		268	2985	7857	5056
吉 林	Jilin	2618			5761	9331	5709
黑龙江	Heilongjiang	575		267	5789	20866	4555
上 海	Shanghai	2430		37	484		6598
江 苏	Jiangsu	632	22	825	3720	19141	14098
浙 江	Zhejiang	942		140	682	3795	8058
安 徽	Anhui	878		316	4966	14874	2643
福 建	Fujian			299	1004	5810	4074
江 西	Jiangxi	2935		45	5116	14480	5842
山 东	Shandong	825	110	1109	4534	6617	21849
河 南	Henan	1267		224	9396	13376	10497
湖 北	Hubei	514	231	110	3792	12482	3644
湖 南	Hunan	355		37	2582	4222	4964
广 东	Guangdong	3429		5336	4328	32103	17172
广 西	Guangxi	607		72	2607	3644	5895
海 南	Hainan	314			503	6087	1406
重 庆	Chongqing			3	600	19222	1536
四 川	Sichuan	4610		137	3308	13860	5324
贵 州	Guizhou	549		66	1372	1694	2721
云 南	Yunnan	8991		75	579	7521	7063
西 藏	Tibet	4430			356	1474	1475
陕 西	Shaanxi	1705	670		2264	22531	7158
甘 肃	Gansu	42	252	42	1061	9939	4946
青 海	Qinghai	283		38	559	2562	1161
宁 夏	Ningxia	361			198	3150	914
新 疆	Xinjiang	1373		211	878	9479	6839

4-1 续表 12 continued

单位：人 (person)

地 区	Region	1.住宿业 1.Hotels	2.餐饮业 2.Catering Services	(九) 信息传输、软件和信息技术服务业 Information Transmission, Software and Information Technology	1.电信、广播电视和卫星传输服务 1.Telecommunication, Radio and Television and Satellite Transmission Service	2.互联网和相关服务 2.Internet and Related Service	3.软件和信息技术服务业 3.Software and Information Technology
总 计	**National Total**	**171782**	**34384**	**255601**	**194001**	**11740**	**49860**
北 京	Beijing	16914	3115	12917	1863	2191	8863
天 津	Tianjin	1649	578	2020	896	151	973
河 北	Hebei	9351	1201	9867	8699	886	282
山 西	Shanxi	8169	1329	8630	7760	223	648
内蒙古	Inner Mongolia	1990	673	9948	9285	279	384
辽 宁	Liaoning	4449	607	12181	10078	625	1478
吉 林	Jilin	5148	562	6591	6079	165	346
黑龙江	Heilongjiang	3991	564	7233	6660	84	490
上 海	Shanghai	5429	1170	6098	582	591	4926
江 苏	Jiangsu	9689	4409	19592	15735	356	3502
浙 江	Zhejiang	7086	972	9125	7522	299	1305
安 徽	Anhui	2122	521	5643	4741	176	726
福 建	Fujian	3811	263	3967	2280	487	1200
江 西	Jiangxi	4569	1273	4401	3739	126	536
山 东	Shandong	16825	5024	18633	13980	590	4063
河 南	Henan	9234	1263	15100	13533	276	1291
湖 北	Hubei	2473	1171	10754	9145	552	1058
湖 南	Hunan	4051	913	8205	6495	168	1542
广 东	Guangdong	14236	2936	18429	12755	791	4883
广 西	Guangxi	5603	292	3231	2345	191	695
海 南	Hainan	1370	36	1788	1567	46	175
重 庆	Chongqing	1233	304	8925	6766	197	1961
四 川	Sichuan	4066	1258	17880	13463	594	3824
贵 州	Guizhou	2284	438	4172	3700	188	284
云 南	Yunnan	6677	386	5844	4033	128	1683
西 藏	Tibet	1475		3655	3651	4	
陕 西	Shaanxi	6253	905	5220	3161	277	1783
甘 肃	Gansu	4252	694	7316	6971	271	74
青 海	Qinghai	1161		1178	819	18	341
宁 夏	Ningxia	724	190	903	855	32	16
新 疆	Xinjiang	5498	1341	6154	4842	780	532

4-1 续表 13 continued

单位：人 (person)

地区	Region	(十) 金融业 X. Financial Intermediation	1.货币金融服务 1.Monetay and Financial Service	2.资本市场服务 2.Capital Market Service	3.保险业 3.Insurance	4.其他金融业 4.Other Financial Activities	(十一) 房地产业 XI. Real Estate
总计	**National Total**	**686341**	**538155**	**31926**	**110515**	**5745**	**221168**
北京	Beijing	11574	8439	2344	246	545	13852
天津	Tianjin	26449	25267	296	634	252	5973
河北	Hebei	8096	7720	96	244	36	5272
山西	Shanxi	19798	17435	261	2087	15	6380
内蒙古	Inner Mongolia	21532	19344	75	2101	12	1813
辽宁	Liaoning	36331	33636	571	2083	41	9268
吉林	Jilin	24683	16606	143	7696	238	2959
黑龙江	Heilongjiang	19369	18652	26	690		3533
上海	Shanghai	44844	29628	13640	288	1288	6728
江苏	Jiangsu	47180	41305	303	5193	379	11836
浙江	Zhejiang	4581	3826	461	278	16	7313
安徽	Anhui	26638	22711	168	3129	631	4590
福建	Fujian	6299	4791	502	958	49	7925
江西	Jiangxi	21620	19091	93	2350	86	4383
山东	Shandong	55914	44912	2506	8235	260	15702
河南	Henan	6750	5805	863	52	30	7278
湖北	Hubei	10709	10128	28	553		8392
湖南	Hunan	30040	25826	88	3754	372	5398
广东	Guangdong	107763	55922	5293	45906	642	52298
广西	Guangxi	4840	4781	55		4	4685
海南	Hainan	7784	7637	147			2525
重庆	Chongqing	5715	4912	673	2	128	2698
四川	Sichuan	25264	18068	548	6553	95	4541
贵州	Guizhou	3076	2950	37	67	22	2980
云南	Yunnan	15996	15128	92	692	84	3342
西藏	Tibet	3024	2893	21		110	489
陕西	Shaanxi	42868	25899	2352	14491	127	9418
甘肃	Gansu	18090	17499	122	454	15	5532
青海	Qinghai	5404	5370	34			557
宁夏	Ningxia	5863	5234	37	568	24	271
新疆	Xinjiang	18247	16739	51	1212	245	3238

4-1 续表 14 continued

单位：人 (person)

地区	Region	(十二) 租赁和商务服务业 XII. Leasing and Business Services	1.租赁业 1.Leasing	2.商务服务业 2.Business Services	(十三) 科学研究和技术服务业 XIII. Scientific Research and Technical Services	1.研究和试验发展 1.Research and Experimental Development	2.专业技术服务业 2.Professional Technical Services
总计	**National Total**	**961782**	**6657**	**955125**	**1522455**	**315028**	**963146**
北京	Beijing	130898	250	130648	141397	81422	42517
天津	Tianjin	26605	174	26430	31062	4454	21944
河北	Hebei	24556	792	23764	44212	4482	35439
山西	Shanxi	23877	352	23525	46012	5571	33827
内蒙古	Inner Mongolia	14352	68	14284	32632	3509	23471
辽宁	Liaoning	24030	69	23961	51154	13865	31235
吉林	Jilin	12670	37	12633	39370	9334	21940
黑龙江	Heilongjiang	20205	112	20093	37598	5613	24248
上海	Shanghai	51007	204	50803	36920	17713	16011
江苏	Jiangsu	75414	265	75149	75664	14264	45856
浙江	Zhejiang	52122	333	51789	54351	12070	36152
安徽	Anhui	20611	229	20382	47049	8625	32346
福建	Fujian	29419	1	29418	37240	6419	27102
江西	Jiangxi	19332	365	18967	41688	5395	31762
山东	Shandong	41829	550	41279	69333	11875	50723
河南	Henan	42735	368	42367	79783	11602	51999
湖北	Hubei	43752	99	43653	64951	9203	44518
湖南	Hunan	26126	219	25907	60611	8103	44647
广东	Guangdong	143405	653	142751	111809	24577	77261
广西	Guangxi	19770	118	19652	54051	9088	33975
海南	Hainan	4563	97	4466	11006	3037	6231
重庆	Chongqing	3815		3815	27030	3778	17252
四川	Sichuan	28283	179	28104	73265	11420	47340
贵州	Guizhou	10601	44	10557	25150	3575	18317
云南	Yunnan	13221	244	12977	57068	7136	28758
西藏	Tibet	2226	55	2171	6237	621	4552
陕西	Shaanxi	20732	642	20090	59213	7210	39646
甘肃	Gansu	11727		11727	44823	6190	31350
青海	Qinghai	2223	88	2135	11871	591	9470
宁夏	Ningxia	2042	25	2017	9035	814	5613
新疆	Xinjiang	19635	25	19610	40869	3471	27642

4-1 续表 15 continued

单位：人 (person)

地区	Region	3.科技推广和应用服务业 3.Science and Technology Popularization and Application Services	(十四)水利、环境和公共设施管理业 XIV. Management of Water Conservancy, Enviroment and Public Facilities	1.水利管理业 1.Management of Water Conservancy	2.生态保护和环境治理业 2.Ecological Protection and Environmental Treatment	3.公共设施管理业 3.Management of Public Facilities	4.土地管理业 4.Management of Land
总 计	**National Total**	**244281**	**1221359**	**252910**	**97840**	**847796**	**22812**
北 京	Beijing	17458	58815	7760	2022	48739	295
天 津	Tianjin	4664	21425	2663	919	17467	376
河 北	Hebei	4290	50466	9120	2568	38326	452
山 西	Shanxi	6614	56046	10886	4668	39751	741
内蒙古	Inner Mongolia	5651	24270	6744	2934	13473	1119
辽 宁	Liaoning	6053	44104	9273	2838	30734	1259
吉 林	Jilin	8096	45775	5982	1221	38327	246
黑龙江	Heilongjiang	7737	57419	8187	8570	39988	674
上 海	Shanghai	3196	11945	3390	989	7252	314
江 苏	Jiangsu	15544	64121	16556	2247	44062	1256
浙 江	Zhejiang	6129	43955	5663	1465	35454	1373
安 徽	Anhui	6078	28181	9674	1130	16740	637
福 建	Fujian	3720	28321	4598	2223	20277	1223
江 西	Jiangxi	4532	14958	2487	1266	10847	358
山 东	Shandong	6734	53158	10284	3118	38401	1356
河 南	Henan	16182	68341	15852	3910	46789	1790
湖 北	Hubei	11230	57986	16062	3596	36897	1431
湖 南	Hunan	7861	70067	15747	4710	48803	808
广 东	Guangdong	9970	82608	17183	6113	58188	1124
广 西	Guangxi	10988	54501	9233	3381	40803	1084
海 南	Hainan	1738	11923	1588	2334	7586	415
重 庆	Chongqing	5999	11447	972	1497	8500	478
四 川	Sichuan	14506	59848	6554	3828	48570	896
贵 州	Guizhou	3258	12597	1753	1474	8895	475
云 南	Yunnan	21174	35408	6197	13517	15211	483
西 藏	Tibet	1064	788	185	151	439	13
陕 西	Shaanxi	12357	55645	16119	4758	33869	899
甘 肃	Gansu	7282	29119	9095	4861	14939	224
青 海	Qinghai	1811	7433	2091	1303	3932	107
宁 夏	Ningxia	2608	12007	3309	1295	6931	472
新 疆	Xinjiang	9756	48680	17705	2935	27603	437

4-1 续表 16 continued

单位：人 (person)

地 区	Region	(十五)居民服务、修理和其他服务业 XV. Service to Households, Repair and Other Services	1.居民服务业 1.Service to Households	2.机动车、电子产品和日用产品修理业 2.Repair of Motor Vehicle, Electronics and Household Products	3.其他服务业 3.Other Sevices	(十六)教育 XVI. Education	(十七)卫生和社会工作 XVII. Health and Social Service	1.卫生 1.Health	2.社会工作 2.Social Service
总 计	**National Total**	**117786**	**80130**	**8985**	**28671**	**16370317**	**8944644**	**8729101**	**215543**
北 京	Beijing	9363	5273	1372	2718	394599	239502	231854	7648
天 津	Tianjin	3757	2321	83	1353	170120	101580	100415	1165
河 北	Hebei	3640	3063	412	165	785382	392449	384053	8397
山 西	Shanxi	3657	1353	404	1900	475365	240906	234851	6056
内蒙古	Inner Mongolia	1570	1499	17	54	346797	184199	179339	4860
辽 宁	Liaoning	3858	3517	145	196	455610	283690	276439	7250
吉 林	Jilin	3736	2044	3	1689	322390	185582	179342	6240
黑龙江	Heilongjiang	6322	4194	991	1137	360241	232486	227577	4910
上 海	Shanghai	7165	5595	1261	309	278984	195327	186732	8595
江 苏	Jiangsu	6831	5002	300	1530	866241	439814	426934	12880
浙 江	Zhejiang	4884	3268	95	1521	745190	460301	450607	9695
安 徽	Anhui	3564	2888	95	582	582464	278037	271698	6339
福 建	Fujian	2311	1822	257	232	542599	226100	222791	3309
江 西	Jiangxi	1384	1104	92	188	536816	246424	241054	5370
山 东	Shandong	6103	4705	416	981	1091557	619047	609003	10044
河 南	Henan	5968	4642	282	1044	1058154	591638	580508	11131
湖 北	Hubei	7215	3693	760	2763	621412	393706	381933	11773
湖 南	Hunan	4200	2462	67	1671	755157	400859	390904	9955
广 东	Guangdong	13809	10371	949	2489	1109000	727080	707537	19544
广 西	Guangxi	2008	1411	115	481	704222	360271	355543	4729
海 南	Hainan	665	125	6	534	116064	63480	62796	683
重 庆	Chongqing	1293	1009	62	222	390306	192499	186892	5607
四 川	Sichuan	5085	2475	96	2514	945246	533923	519516	14407
贵 州	Guizhou	1259	1013	66	181	551488	256485	250087	6398
云 南	Yunnan	1689	1332	135	222	589000	295838	290488	5350
西 藏	Tibet	115	115			47291	16056	15372	684
陕 西	Shaanxi	2903	1583	234	1085	494035	283359	272927	10432
甘 肃	Gansu	958	840		118	368141	172649	169559	3090
青 海	Qinghai	225	127	14	84	82899	52457	50960	1497
宁 夏	Ningxia	178	164		14	97018	51894	50466	1428
新 疆	Xinjiang	2073	1122	257	694	486527	227003	220924	6079

4-1 续表 17 continued

单位：人 (person)

地区	Region	(十八) 文化、体育和娱乐业 XVIII. Culture, Sports and Entertainment	1.新闻和出版业 1.Journalism and Publishing Activities	2.广播、电视、电影和影视录音制作业 2.Radio, Television, Motion Picture and Videotape Programme Production Services	3.文化艺术业 3.Cultural and Art Activities	4.体育 4.Sports Activities	5.娱乐业 5.Entertainment
总　计	**National Total**	**854525**	**168736**	**239658**	**363026**	**50744**	**32361**
北　京	Beijing	89650	36671	21683	25620	4803	872
天　津	Tianjin	9056	2290	561	5183	755	267
河　北	Hebei	38686	6440	15136	14092	1848	1170
山　西	Shanxi	33744	5401	9533	16613	1212	985
内蒙古	Inner Mongolia	28349	4767	7420	13846	1352	964
辽　宁	Liaoning	29372	7108	9634	10186	514	1930
吉　林	Jilin	21461	2868	8374	8179	1542	498
黑龙江	Heilongjiang	18603	4268	4383	7613	1794	545
上　海	Shanghai	16453	3386	618	10229	1812	408
江　苏	Jiangsu	42218	6937	9905	20059	2898	2420
浙　江	Zhejiang	39907	6260	12074	18103	2155	1315
安　徽	Anhui	20819	4088	7336	7937	808	649
福　建	Fujian	27575	4272	7892	11327	3114	970
江　西	Jiangxi	20990	4779	6493	8676	543	500
山　东	Shandong	47677	6264	19564	16866	2532	2450
河　南	Henan	48746	7714	15247	21470	2785	1529
湖　北	Hubei	36601	5599	9209	17491	2384	1918
湖　南	Hunan	32194	5117	11195	12438	2096	1348
广　东	Guangdong	49845	9808	15113	17099	5018	2807
广　西	Guangxi	17652	3320	2279	9756	1748	549
海　南	Hainan	5564	1236	2320	1772	86	150
重　庆	Chongqing	13485	2642	2340	6243	423	1837
四　川	Sichuan	35662	6991	7336	19313	1117	906
贵　州	Guizhou	13443	2181	3382	6170	959	752
云　南	Yunnan	23846	3777	6904	10449	2036	680
西　藏	Tibet	4444	322	1425	2277	162	259
陕　西	Shaanxi	32938	4080	6687	19264	1733	1175
甘　肃	Gansu	19608	2309	5232	10520	859	688
青　海	Qinghai	5110	966	888	2244	573	439
宁　夏	Ningxia	6440	1486	1666	2772	338	179
新　疆	Xinjiang	24387	5389	7830	9219	746	1203

4-1 续表 18 continued

单位：人 (person)

地区	Region	(十九)公共管理、社会保障和社会组织 XIX.Public Management, Social Security and Social Organization	#中国共产党机关 Organs of Communist Party of China	#国家机构 Government Agencies	#人民政协、民主党派 People's Political Consultative Conference and Democratic Parties	#社会保障 Social Security	#群众社团、社会团体和其他成员组织 Non-Governmental Organizations, Social Organizations and Membership Organizations
总　计	**National Total**	**19566147**	**913251**	**18244537**	**106238**	**148592**	**153516**
北　京	Beijing	392168	13583	369217	2244	1397	5728
天　津	Tianjin	172814	7833	161407	684	1752	1138
河　北	Hebei	969904	45122	905973	5008	6320	7481
山　西	Shanxi	637355	34767	583863	3809	8937	5978
内蒙古	Inner Mongolia	576517	31805	529965	3496	5141	6110
辽　宁	Liaoning	670880	30072	623670	3550	8125	5464
吉　林	Jilin	381022	14488	358216	2110	3884	2324
黑龙江	Heilongjiang	473253	24079	438154	2488	5238	3293
上　海	Shanghai	190665	5674	180278	789	2826	1098
江　苏	Jiangsu	873693	46132	810766	4591	6795	5396
浙　江	Zhejiang	828053	27878	785160	4171	4693	6151
安　徽	Anhui	593033	27997	551573	3691	3718	6056
福　建	Fujian	516943	31792	472326	3058	4361	5406
江　西	Jiangxi	616404	24347	578561	3374	5922	4201
山　东	Shandong	1354485	61536	1273040	5551	4723	9635
河　南	Henan	1205457	52739	1129441	5442	10543	7292
湖　北	Hubei	757510	35525	704598	4568	7838	4981
湖　南	Hunan	883462	42947	821340	4649	8893	5634
广　东	Guangdong	1462883	52109	1394521	4825	5512	5916
广　西	Guangxi	592069	31000	544783	3603	6261	6422
海　南	Hainan	147121	6460	137745	528	655	1735
重　庆	Chongqing	391185	16725	366883	2114	2529	2933
四　川	Sichuan	1108915	60644	1023774	7645	8482	8369
贵　州	Guizhou	739823	27067	700228	3641	1068	7819
云　南	Yunnan	661564	40119	600349	6384	6311	8401
西　藏	Tibet	147582	10857	134350	1218	109	1049
陕　西	Shaanxi	609265	31073	560710	4035	7574	5873
甘　肃	Gansu	511357	25666	474771	4222	3084	3614
青　海	Qinghai	151498	6928	140239	1391	897	2043
宁　夏	Ningxia	116910	5270	108030	1088	689	1834
新　疆	Xinjiang	832351	41018	780604	2273	4314	4142

4-2 各地区分行业城镇集体单位就业人员数
Employed Persons in Urban Collective-owned Units by Sector and Region

单位：人

地 区	Region	城镇集体单位合计 Total	(一) 企业 I. Enterprises	(二) 政府 II. Institutions	(三)民间非营利组织 III. Civil Nonprofit Organizations	(四) 其他 IV. Other
总 计	**National Total**	**2712112**	**1813527**	**741226**	**145869**	**11490**
北 京	Beijing	94060	81586	6078	6347	49
天 津	Tianjin	21545	18844	1670	1012	18
河 北	Hebei	109155	54762	45416	8953	24
山 西	Shanxi	63574	61495	53	1940	87
内蒙古	Inner Mongolia	23540	14511	6559	2438	31
辽 宁	Liaoning	91682	77781	11146	2731	24
吉 林	Jilin	13498	11245	1648	604	
黑龙江	Heilongjiang	23035	18578	4204	247	5
上 海	Shanghai	80511	36977	28075	15459	
江 苏	Jiangsu	322611	103082	191818	27439	271
浙 江	Zhejiang	76058	63163	3204	9400	291
安 徽	Anhui	76544	45404	26573	4521	46
福 建	Fujian	88517	49128	36654	2597	137
江 西	Jiangxi	84456	71787	11059	1577	33
山 东	Shandong	185902	122358	52028	11221	296
河 南	Henan	199488	113485	79417	5887	699
湖 北	Hubei	77539	47646	23373	5618	902
湖 南	Hunan	142131	106571	32633	2181	746
广 东	Guangdong	368494	268505	75817	17120	7052
广 西	Guangxi	75149	73182	351	1596	20
海 南	Hainan	10753	7711	2965	77	
重 庆	Chongqing	43927	30008	12156	1726	37
四 川	Sichuan	149379	112914	31469	4858	138
贵 州	Guizhou	30420	24929	2319	3154	18
云 南	Yunnan	67212	52945	12701	1078	487
西 藏	Tibet	3115	2748	297	58	12
陕 西	Shaanxi	102995	75302	23899	3738	57
甘 肃	Gansu	56920	42145	12869	1895	11
青 海	Qinghai	8793	7560	972	261	
宁 夏	Ningxia	3877	2351	1450	76	
新 疆	Xinjiang	17236	14823	2353	60	

4-2 续表 1 continued

单位：人 (person)

地 区	Region	(一) 农、林、牧、渔业 I. Agriculture, Forestry, Animal Husbandry and Fishery	1.农业 1.Farming	2.林业 2.Forestry	3.畜牧业 3.Animal Husbandry	4.渔业 4.Fishery	5.农、林、牧、渔服务业 5.Service in Support of Agriculture
总 计	**National Total**	**18404**	**8018**	**4163**	**1200**	**1401**	**3621**
北 京	Beijing	2183	830	1216	55	27	55
天 津	Tianjin	95	3	61	10		21
河 北	Hebei	466	128	122	3		214
山 西	Shanxi	455	153	125	168		9
内蒙古	Inner Mongolia	45		20	11		14
辽 宁	Liaoning	3036	2497	19	23	485	12
吉 林	Jilin	229	2	179			48
黑龙江	Heilongjiang	118		2	60		56
上 海	Shanghai	620	277	91	19	164	69
江 苏	Jiangsu	973	154	155	10	157	497
浙 江	Zhejiang	279	99	72	10	67	31
安 徽	Anhui	488	170	58		11	249
福 建	Fujian	127	66	46		11	4
江 西	Jiangxi	498	221	155	3	17	102
山 东	Shandong	658	89	13		247	309
河 南	Henan	2013	1600	9	38	4	362
湖 北	Hubei	433	39	40	147	38	170
湖 南	Hunan	1138	73	875	16	34	141
广 东	Guangdong	478	242	81		76	79
广 西	Guangxi	152	48	19	41	21	23
海 南	Hainan	931	616	295			20
重 庆	Chongqing	154	71	35	6	39	3
四 川	Sichuan	456	36	109	129		183
贵 州	Guizhou	312	174	130	8		
云 南	Yunnan	781	316	170	151	4	141
西 藏	Tibet	14			14		
陕 西	Shaanxi	211	44	39	33		95
甘 肃	Gansu	315	48	25	21		221
青 海	Qinghai	407	7				400
宁 夏	Ningxia	5		3	2		
新 疆	Xinjiang	333	15		222		96

4-2 续表 2 continued

单位：人 (person)

地 区	Region	(二) 采矿业 II. Mining	1.煤炭开采和洗选业 1.Mining and Washing of Coal	2.石油和天然气开采业 2.Extraction of Petroleum and Natural Gas	3.黑色金属矿采选业 3.Mining and Processing of Ferrous Metal Ores	4.有色金属矿采选业 4.Mining and Processing of Non-ferrous Metal Ores	5.非金属矿采选业 5.Mining and Processing of Non-metal Ores	6.开采辅助活动 6.Support Activities for Mining
总 计	**National Total**	**26797**	**13876**	**16**	**3511**	**1783**	**5003**	**2570**
北 京	Beijing							
天 津	Tianjin							
河 北	Hebei	301			142	120	39	
山 西	Shanxi	4689	4503		67	4	115	
内蒙古	Inner Mongolia	222	222					
辽 宁	Liaoning	1278			856		7	415
吉 林	Jilin	98					98	
黑龙江	Heilongjiang	5562	3427					2135
上 海	Shanghai							
江 苏	Jiangsu	100					100	
浙 江	Zhejiang	83					83	
安 徽	Anhui	634			595		39	
福 建	Fujian	2321	429		869	273	750	
江 西	Jiangxi	260	193			47	20	
山 东	Shandong	695			98	406	171	20
河 南	Henan	35			26	9		
湖 北	Hubei	654			375	57	222	
湖 南	Hunan	2525	1188		52	221	1062	
广 东	Guangdong	80					64	
广 西	Guangxi	53	3				50	
海 南	Hainan							
重 庆	Chongqing	489		16		61	412	
四 川	Sichuan	262	33		60		169	
贵 州	Guizhou	477	150		322	5		
云 南	Yunnan	1483	963		14	239	267	
西 藏	Tibet	440				275	154	
陕 西	Shaanxi	2324	1553		35	52	684	
甘 肃	Gansu	1699	1212				478	
青 海	Qinghai							
宁 夏	Ningxia							
新 疆	Xinjiang	34				14	20	

4-2 续表 3 continued

单位：人 (person)

地 区	Region	7.其他采矿业 7.Mining of Other Ores	(三)制造业 III. Manufacturing	1.农副食品加工业 1.Processing of Food from Agricultural Products	2.食品制造业 2.Manufacture of Foods	3.酒、饮料和精制茶制造业 3.Manufacture of Liquor, Beverages and Refined Tea	4.烟草制品业 4.Manufacture of Tobacco
总 计	**National Total**	**38**	**219238**	**3788**	**1704**	**4268**	**1349**
北 京	Beijing		7718	80	91	116	
天 津	Tianjin		3649	47	21	22	
河 北	Hebei		16597	55	85	34	
山 西	Shanxi		15206	128	45	158	
内蒙古	Inner Mongolia		1192		6		
辽 宁	Liaoning		19937	61	55	28	
吉 林	Jilin		1382		7	7	
黑龙江	Heilongjiang		3162	33	1		
上 海	Shanghai		6978		78		
江 苏	Jiangsu		14059	148	25	453	
浙 江	Zhejiang		6613	38	60	65	
安 徽	Anhui		5218	72	13	745	522
福 建	Fujian		9542	470	20	1417	
江 西	Jiangxi		3339	51	150	8	
山 东	Shandong		11862	352	65	40	
河 南	Henan		18610	408	149	131	235
湖 北	Hubei		3168	31		65	
湖 南	Hunan	2	12457	525	18	48	12
广 东	Guangdong	16	28599	581	230	114	13
广 西	Guangxi		4825	211	104	118	
海 南	Hainan		198	131	6		
重 庆	Chongqing		3777	22	32	49	
四 川	Sichuan		6204	39	15	81	
贵 州	Guizhou		2124		70	29	
云 南	Yunnan		4115	155	152	392	567
西 藏	Tibet	11	453	78	11		
陕 西	Shaanxi		6284	63	129	149	
甘 肃	Gansu	9	1284	4			
青 海	Qinghai		112		6		
宁 夏	Ningxia		243		19		
新 疆	Xinjiang		331	7	42		

4-2 续表 4 continued

单位：人 (person)

地 区	Region	5.纺织业 5.Manufacture of Textile	6.纺织服装、服饰业 6.Manufacture of Textile Wearing Apparel, and Accessories	7.皮革、毛皮、羽毛及其制品和制鞋业 7.Manufacture of Leather, Fur, Feather and Related Products and Footwear	8.木材加工和木、竹、藤、棕、草制品业 8.Processing of Timbers, Manufacture of Wood, Bamboo, Rattan, Palm and Straw Products	9.家具制造业 9.Manufacture of Furniture	10.造纸和纸制品业 10.Manufacture of Paper and Paper Products
总 计	**National Total**	**5852**	**8727**	**2405**	**2212**	**378**	**7445**
北 京	Beijing	55	537	93	98		428
天 津	Tianjin	21	110		28		131
河 北	Hebei	134	993	127	25	3	715
山 西	Shanxi	38	198	5	80	10	157
内蒙古	Inner Mongolia	23	94				131
辽 宁	Liaoning	4	666		100	10	138
吉 林	Jilin		32				
黑龙江	Heilongjiang				97		38
上 海	Shanghai	199	158	110	103		147
江 苏	Jiangsu	1922	844	77	69	23	217
浙 江	Zhejiang	190	42	14	178	6	69
安 徽	Anhui	52		1			882
福 建	Fujian	1766	1432	117	99	37	417
江 西	Jiangxi	29	36	49	70		45
山 东	Shandong	52	507	29	268	12	206
河 南	Henan	481	893	380	17	70	1344
湖 北	Hubei	7	275	11	7	10	21
湖 南	Hunan	132	435		203	2	654
广 东	Guangdong	508	739	1307	133	142	554
广 西	Guangxi	47	103	4	30		263
海 南	Hainan				5		
重 庆	Chongqing	24	74	17	535		95
四 川	Sichuan	62	117	21	21	8	8
贵 州	Guizhou	19	17		10		61
云 南	Yunnan		98	43		13	416
西 藏	Tibet	46	27			18	
陕 西	Shaanxi	41	95		23	14	148
甘 肃	Gansu		112				160
青 海	Qinghai		45				
宁 夏	Ningxia						
新 疆	Xinjiang		48		13		

4-2 续表 5 continued

单位：人 (person)

地 区	Region	11.印刷和记录媒介复制业 11.Printing and Reproduction of Recording Media	12.文教工美、体育和娱乐用品制造业 12.Manufacture of Articles for Culture, Education, Arts and Crafts, Sport and Entertainment Activities	13.石油加工、炼焦和核燃料加工业 13.Processing of Petroleum, Coking, Processing of Nuclear Fuel	14.化学原料和化学制品制造业 14.Manufacture of Chemical Raw Material and Chemical Products	15.医药制造业 15.Manufacture of Medicines	16.化学纤维制造业 16.Manufacture of Chemical Fibres
总 计	**National Total**	**13944**	**12934**	**1888**	**11810**	**3445**	**152**
北 京	Beijing	1503	99		96	217	
天 津	Tianjin	52	282	20	490	29	
河 北	Hebei	455	92	21	647	126	4
山 西	Shanxi	415	26	1288	84		
内蒙古	Inner Mongolia	54			113		
辽 宁	Liaoning	422	182	424	1062	51	
吉 林	Jilin	554	3		269	58	
黑龙江	Heilongjiang	87	39		2040		
上 海	Shanghai	163	389	8	224	140	
江 苏	Jiangsu	1041	726	9	677	13	130
浙 江	Zhejiang	332	71		264		
安 徽	Anhui	271	85		85	14	
福 建	Fujian	399	207		50	76	
江 西	Jiangxi	359	13		38		
山 东	Shandong	517	1661		1109	79	18
河 南	Henan	2634	263	29	637	1768	
湖 北	Hubei	535	119		22	6	
湖 南	Hunan	1621	42	6	1406	536	
广 东	Guangdong	758	7845	25	377	41	
广 西	Guangxi	321	89		625	60	
海 南	Hainan						
重 庆	Chongqing	110	2		200	2	
四 川	Sichuan	413	21		881		
贵 州	Guizhou	282	17		103	59	
云 南	Yunnan	93	590	22	133	170	
西 藏	Tibet				11		
陕 西	Shaanxi	348	47		153		
甘 肃	Gansu	144	11	36	13		
青 海	Qinghai	23	4				
宁 夏	Ningxia	39					
新 疆	Xinjiang		10				

4-2 续表 6 continued

单位：人 (person)

地区	Region	17.橡胶和塑料制品业 17.Manufacture of Rubber and Plastics Products	18.非金属矿物制品业 18.Manufacture of Non-metallic Mineral Products	19.黑色金属冶炼和压延加工业 19.Smelting and Processing of Ferrous Metals	20.有色金属冶炼和压延加工业 20.Smelting and Processing of Non-ferrous Metals	21.金属制品业 21.Manufacture of Metal Products	22.通用设备制造业 22.Manufacture of General Purpose Machinery
总计	**National Total**	**10912**	**16552**	**2249**	**3136**	**27048**	**18235**
北京	Beijing	268	881	27	23	749	728
天津	Tianjin	370	2	29	7	659	233
河北	Hebei	844	1389	39	62	1221	2334
山西	Shanxi	298	1088	110	179	1995	1669
内蒙古	Inner Mongolia	20	158		30	34	11
辽宁	Liaoning	348	1367	870	131	8373	1434
吉林	Jilin	29	42			96	145
黑龙江	Heilongjiang	75	37		5	244	176
上海	Shanghai	222	52	35	5	1502	623
江苏	Jiangsu	778	220	259	336	1328	839
浙江	Zhejiang	338	475	8	17	1332	626
安徽	Anhui	347	351	29	5	478	227
福建	Fujian	232	50		5	1355	987
江西	Jiangxi	100	771	66		272	675
山东	Shandong	1058	893	134	759	984	1012
河南	Henan	248	1161	117		2361	1815
湖北	Hubei	255	271	326	23	194	285
湖南	Hunan	516	1964	175	334	240	915
广东	Guangdong	2819	1403	8	144	866	1036
广西	Guangxi	298	318		6	167	177
海南	Hainan		48				
重庆	Chongqing	83	525	7	417	130	210
四川	Sichuan	559	827		6	674	327
贵州	Guizhou	109	80	10	90	696	198
云南	Yunnan	75	384		356	227	101
西藏	Tibet		254		8		
陕西	Shaanxi	315	1063		189	793	1298
甘肃	Gansu	185	366				93
青海	Qinghai		34				
宁夏	Ningxia		79			58	48
新疆	Xinjiang	123				22	15

4-2 续表 7 continued

单位：人 (person)

地 区	Region	23.专用设备制造业 23.Manufacture of Special Purpose Machinery	24.汽车制造业 24.Manufacture of Automobiles	25.铁路、船舶、航空航天和其他运输设备制造业 25. Manufacture of Railway,Ship, Aerospace and Other Transport Equipment	26.电气机械和器材制造业 26.Manufacture of Electrical Machinery and Apparatus	27.计算机、通信和其他电子设备制造业 27.Manufacture of Computers, Communication and Other Electronic Equipment	28.仪器仪表制造业 28.Manufacture of Measuring Instruments and Machinery
总 计	**National Total**	**19138**	**4465**	**7643**	**6963**	**8270**	**2640**
北 京	Beijing	623	258	50	321	70	208
天 津	Tianjin	241	11	32	269	4	24
河 北	Hebei	3231	270	1097	246	74	39
山 西	Shanxi	3571		1744	151	85	85
内蒙古	Inner Mongolia		172	331	10		
辽 宁	Liaoning	194	66	1234	239	427	74
吉 林	Jilin	47			21		
黑龙江	Heilongjiang	200		6	71		
上 海	Shanghai	787	967		445	107	105
江 苏	Jiangsu	965	213	145	1786	227	267
浙 江	Zhejiang	903	382	39	207	770	122
安 徽	Anhui	855	105		42		7
福 建	Fujian	105	27		46	74	60
江 西	Jiangxi	27	176	47	233		45
山 东	Shandong	755	434		472	32	359
河 南	Henan	1805	450	354	376	50	103
湖 北	Hubei	11	420	65	56	6	55
湖 南	Hunan	1076	53	390	300		79
广 东	Guangdong	1701	4	125	595	6088	249
广 西	Guangxi	189	31	741	68	13	653
海 南	Hainan				8		
重 庆	Chongqing		381	815	9		28
四 川	Sichuan	1222	9	186	443	179	25
贵 州	Guizhou	166		4	22	44	
云 南	Yunnan	28			41		36
西 藏	Tibet						
陕 西	Shaanxi	431	36	238	382	20	17
甘 肃	Gansu	4			105		
青 海	Qinghai						
宁 夏	Ningxia						
新 疆	Xinjiang						

4-2 续表 8 continued

单位：人 (person)

地区	Region	29.其他制造业 29. Other Manufature	30.废弃资源综合利用业 30. Utilization of Waste Resources	31.金属制品、机械和设备修理业 31. Repair Service of Metal Products, Machinery and Eguipment	(四)电力、热力、燃气及水生产和供应业 Production and Supply of Electricity, Heat, Gas and Water	1.电力、热力生产和供应业 1.Production and Supply of Electric Power and Heat Power	2.燃气生产和供应业 2.Production and Supply of Gas
总 计	**National Total**	**766**	**1895**	**7026**	**33867**	**10527**	**630**
北 京	Beijing	36		63	413	229	
天 津	Tianjin		10	506	233	138	
河 北	Hebei	80	1268	887	383	27	20
山 西	Shanxi	25	186	1389	593	204	41
内蒙古	Inner Mongolia			5	42	25	
辽 宁	Liaoning	91	138	1748	525	243	
吉 林	Jilin	5		68	281	22	7
黑龙江	Heilongjiang	14			80	43	17
上 海	Shanghai	33	47	329	239		
江 苏	Jiangsu	156		167	2306	90	11
浙 江	Zhejiang			66	3593	1470	110
安 徽	Anhui	26		5	343	30	
福 建	Fujian	42		52	1412	595	
江 西	Jiangxi		7	74	222	73	
山 东	Shandong	7		46	597	158	
河 南	Henan	53		279	822	139	158
湖 北	Hubei	7	32	53	2312	436	15
湖 南	Hunan	20	72	684	4154	2730	
广 东	Guangdong	161		34	8954	1006	107
广 西	Guangxi		38	152	717	186	
海 南	Hainan				235	204	
重 庆	Chongqing			10	1249	520	
四 川	Sichuan			60	2173	1130	144
贵 州	Guizhou	6		33	380	219	
云 南	Yunnan	5		19	821	301	
西 藏	Tibet				7		
陕 西	Shaanxi		47	248	279	99	
甘 肃	Gansu		50		303	174	
青 海	Qinghai				71	19	
宁 夏	Ningxia				36		
新 疆	Xinjiang			51	92	17	

4-2 续表 9 continued

单位：人 (person)

地 区	Region	3.水的生产和供应业 3.Production and Supply of Water	(五) 建筑业 V. Construction	1.房屋建筑业 1. Construction of Buildings	2.土木工程建筑业 2. Civil Engineering	3.建筑安装业 3.Building Installation	4.建筑装饰和其他建筑业 4.Building Decoration and Other Constructions
总 计	**National Total**	**22710**	**832206**	**703596**	**78617**	**29616**	**20375**
北 京	Beijing	184	4749	3337	599	367	445
天 津	Tianjin	95	4547	1968	705	1853	21
河 北	Hebei	336	11078	10376	311	309	82
山 西	Shanxi	348	9927	6616	1493	1772	46
内蒙古	Inner Mongolia	17	293		293		
辽 宁	Liaoning	282	23741	8398	8869	5892	582
吉 林	Jilin	252	3258	1415	919	857	68
黑龙江	Heilongjiang	20	4050	2205	1613	227	5
上 海	Shanghai	239	6096	5552	210	187	147
江 苏	Jiangsu	2205	20368	8043	7470	1939	2917
浙 江	Zhejiang	2013	28225	23858	4268	77	22
安 徽	Anhui	313	24989	14156	1551	3385	5897
福 建	Fujian	817	18366	17948	261	77	80
江 西	Jiangxi	149	59846	55521	3843	386	96
山 东	Shandong	439	76453	69540	3559	674	2679
河 南	Henan	525	48765	36045	5749	2511	4460
湖 北	Hubei	1861	17295	14369	1879	733	314
湖 南	Hunan	1424	69973	68296	820	827	30
广 东	Guangdong	7841	129705	122284	4719	2038	664
广 西	Guangxi	531	56278	52559	2838	815	66
海 南	Hainan	31	3919	3911		5	3
重 庆	Chongqing	730	18243	17184	625	313	122
四 川	Sichuan	898	87103	68021	17564	1452	66
贵 州	Guizhou	161	9860	9263	107	400	90
云 南	Yunnan	520	22548	20315	2133	77	23
西 藏	Tibet	7	1364	885	455	24	
陕 西	Shaanxi	180	36992	33340	2365	590	697
甘 肃	Gansu	129	27794	25560	1212	281	741
青 海	Qinghai	52	4069	675	1867	1527	
宁 夏	Ningxia	36	617	539	78		
新 疆	Xinjiang	75	1695	1417	242	23	13

4-2 续表 10 continued

单位：人 (person)

地 区	Region	(六) 批发和零售业 VI. Wholesale and Retail Trades	1.批发业 1.Wholesale Trade	2.零售业 2.Retail Trade	(七) 交通运输、仓储和邮政业 VII. Transport, Storage and Post	1.铁路运输业 1.Railway Transport	2.道路运输业 2.Road Transport
总 计	**National Total**	**91749**	**36713**	**55036**	**78403**	**1112**	**41922**
北 京	Beijing	4564	1628	2936	3382		2999
天 津	Tianjin	1198	388	810	1735		1337
河 北	Hebei	4936	2729	2207	2625		1639
山 西	Shanxi	8082	4197	3885	2540	58	958
内蒙古	Inner Mongolia	343	86	257	480	7	430
辽 宁	Liaoning	3202	1438	1764	2739		946
吉 林	Jilin	555	310	245	191		79
黑龙江	Heilongjiang	970	151	819	621		328
上 海	Shanghai	1992	727	1266	1925		1198
江 苏	Jiangsu	5648	2371	3277	13636	275	4963
浙 江	Zhejiang	2398	899	1499	2216	9	1363
安 徽	Anhui	1272	487	785	3268		1980
福 建	Fujian	3942	1608	2334	1337	4	445
江 西	Jiangxi	1000	388	612	1808	64	902
山 东	Shandong	6665	3567	3098	3031	245	2312
河 南	Henan	8141	3633	4507	8787	215	4909
湖 北	Hubei	8122	1131	6991	4597		3146
湖 南	Hunan	3714	947	2767	4626		2871
广 东	Guangdong	7497	2618	4879	4713		2934
广 西	Guangxi	2152	1409	743	1412		938
海 南	Hainan	273	32	241	524		515
重 庆	Chongqing	1366	527	839	1081		580
四 川	Sichuan	2199	1096	1103	3264	52	1483
贵 州	Guizhou	865	496	369	1542		820
云 南	Yunnan	1896	815	1081	2593		328
西 藏	Tibet	67	16	51	9		9
陕 西	Shaanxi	3902	1165	2738	3132	1	1346
甘 肃	Gansu	940	528	412	245		132
青 海	Qinghai	373	111	262	213	182	15
宁 夏	Ningxia	502	104	398	5		
新 疆	Xinjiang	2973	1111	1863	128		18

4-2 续表 11 continued

单位：人 (person)

地 区	Region	3.水上运输业 3.Water Transport	4.航空运输业 4.Air Transport	5.管道运输业 5.Transport Via Pipeline	6.装卸搬运和运输代理业 6.Loading Unloading and Forwarding Ageney	7.仓储业 7.Storage	8.邮政业 8.Post
总 计	**National Total**	**5170**	**114**		**1565**	**28188**	**333**
北 京	Beijing		114		19	251	
天 津	Tianjin				22	376	
河 北	Hebei				79	907	
山 西	Shanxi				44	1481	
内蒙古	Inner Mongolia					43	
辽 宁	Liaoning				155	1639	
吉 林	Jilin					100	12
黑龙江	Heilongjiang					293	
上 海	Shanghai				34	693	
江 苏	Jiangsu	1542			64	6786	6
浙 江	Zhejiang	287			139	284	134
安 徽	Anhui	432			48	808	
福 建	Fujian	326			6	556	
江 西	Jiangxi	117			56	669	
山 东	Shandong	95			37	342	
河 南	Henan	1210			318	1963	172
湖 北	Hubei	177			95	1179	
湖 南	Hunan	208			15	1532	
广 东	Guangdong	259			289	1232	
广 西	Guangxi	257				216	
海 南	Hainan					9	
重 庆	Chongqing	78				423	
四 川	Sichuan	182			61	1485	
贵 州	Guizhou					722	
云 南	Yunnan					2265	
西 藏	Tibet						
陕 西	Shaanxi				68	1708	9
甘 肃	Gansu				17	96	
青 海	Qinghai					16	
宁 夏	Ningxia					5	
新 疆	Xinjiang					110	

4-2 续表 12 continued

单位：人 (person)

地区	Region	(八) 住宿和餐饮业 VIII. Hotels and Catering Services	1.住宿业 1.Hotels	2.餐饮业 2.Catering Services	(九) 信息传输、软件和信息技术服务业 Information Transmission, Software and Information Technology	1.电信、广播电视和卫星传输服务 1.Telecommunication, Radio and Television and Satellite Transmission Service	2.互联网和相关服务 2.Internet and Related Service
总 计	**National Total**	**26366**	**17422**	**8944**	**5755**	**2715**	**615**
北 京	Beijing	4691	3213	1478	711	124	34
天 津	Tianjin	390	305	85	119		
河 北	Hebei	899	598	301	227	224	
山 西	Shanxi	684	468	216	181	154	
内蒙古	Inner Mongolia	225	90	135	48	12	36
辽 宁	Liaoning	445	257	188	58	38	
吉 林	Jilin	94	62	32	6	6	
黑龙江	Heilongjiang	198	172	26	76		
上 海	Shanghai	1263	638	625			
江 苏	Jiangsu	1242	564	677	667	328	309
浙 江	Zhejiang	1176	1057	119	676	603	
安 徽	Anhui	411	236	175	146	100	
福 建	Fujian	640	443	197	71	12	
江 西	Jiangxi	205	107	98	353	353	
山 东	Shandong	1203	861	341	26	4	22
河 南	Henan	2148	1868	280	851	282	76
湖 北	Hubei	1361	799	562	82	63	
湖 南	Hunan	776	717	59	214	144	36
广 东	Guangdong	2649	1349	1300	444	147	13
广 西	Guangxi	454	338	116	413		
海 南	Hainan	22	22		125	117	
重 庆	Chongqing	977	385	592	21		5
四 川	Sichuan	1182	597	585			
贵 州	Guizhou	377	223	154	89		
云 南	Yunnan	1196	851	345	103	5	84
西 藏	Tibet	213	155	58			
陕 西	Shaanxi	635	482	153	33		
甘 肃	Gansu	555	519	36	3		
青 海	Qinghai	46	36	10			
宁 夏	Ningxia	5	5				
新 疆	Xinjiang	6	6		13		

4-2 续表 13 continued

单位：人 (person)

地 区	Region	3.软件和信息技术服务业 3.Software and Information Technology	(十) 金融业 X. Financial Intermediation	1.货币金融服务 1.Monetay and Financial Service	2.资本市场服务 2.Capital Market Service	3.保险业 3.Insurance	4.其他金融业 4.Other Financial Activities
总 计	**National Total**	**2425**	**69627**	**69253**	**72**	**259**	**43**
北 京	Beijing	553	1				1
天 津	Tianjin	119					
河 北	Hebei	3	1183	1128	55		
山 西	Shanxi	27	8488	8488			
内蒙古	Inner Mongolia		9673	9673			
辽 宁	Liaoning	20	3256	3256			
吉 林	Jilin		2925	2925			
黑龙江	Heilongjiang	76	1631	1631			
上 海	Shanghai						
江 苏	Jiangsu	30	847	664		178	5
浙 江	Zhejiang	73	48	38		10	
安 徽	Anhui	46					
福 建	Fujian	59					
江 西	Jiangxi		80	80			
山 东	Shandong		30			30	
河 南	Henan	493	4521	4480		41	
湖 北	Hubei	19					
湖 南	Hunan	34	411	405	6		
广 东	Guangdong	284	631	599	2		30
广 西	Guangxi	413					
海 南	Hainan	8					
重 庆	Chongqing	16					
四 川	Sichuan		2		2		
贵 州	Guizhou	89	2173	2166			7
云 南	Yunnan	14	12537	12537			
西 藏	Tibet						
陕 西	Shaanxi	33	8573	8573			
甘 肃	Gansu	3	5111	5104	7		
青 海	Qinghai		1639	1639			
宁 夏	Ningxia		272	272			
新 疆	Xinjiang	13	5596	5596			

4-2 续表 14 continued

单位：人 (person)

地 区	Region	(十一)房地产业 XI. Real Estate	(十二)租赁和商务服务业 XII. Leasing and Business Services	1.租赁业 1.Leasing	2.商务服务业 2.Business Services	(十三)科学研究和技术服务业 XIII. Scientific Research and Technical Services	1.研究和试验发展 1.Research and Experimental Development
总 计	**National Total**	**92090**	**195301**	**2211**	**193090**	**46544**	**2490**
北 京	Beijing	21495	15850	614	15236	3593	378
天 津	Tianjin	1914	3139	123	3016	496	
河 北	Hebei	2530	8860	35	8825	1144	20
山 西	Shanxi	3181	3804	19	3785	481	13
内蒙古	Inner Mongolia	127	1089		1089	551	37
辽 宁	Liaoning	2077	11245	26	11219	1477	45
吉 林	Jilin	217	707	8	699	691	33
黑龙江	Heilongjiang	212	988	6	982	546	
上 海	Shanghai	7582	12851	35	12816	1022	29
江 苏	Jiangsu	5707	21623	120	21503	9059	524
浙 江	Zhejiang	2561	6829	40	6789	1501	8
安 徽	Anhui	931	3052		3052	1254	59
福 建	Fujian	1957	4290	28	4262	1277	31
江 西	Jiangxi	517	1813	6	1807	966	115
山 东	Shandong	5056	5315	117	5198	2884	121
河 南	Henan	2220	4368	98	4270	4330	110
湖 北	Hubei	1884	4641	49	4592	2099	135
湖 南	Hunan	1872	2291	57	2234	1320	93
广 东	Guangdong	21169	57939	557	57382	3524	114
广 西	Guangxi	1241	2345	5	2340	1147	83
海 南	Hainan	640	199	31	168	462	95
重 庆	Chongqing	549	511		511	893	127
四 川	Sichuan	1006	6196	148	6048	1145	139
贵 州	Guizhou	867	3076		3076	345	
云 南	Yunnan	894	1092	18	1074	1214	108
西 藏	Tibet	19	25		25	37	
陕 西	Shaanxi	1512	6464	49	6415	2052	15
甘 肃	Gansu	1420	1436	22	1414	568	59
青 海	Qinghai	55	255		255	71	
宁 夏	Ningxia	344	169		169	44	
新 疆	Xinjiang	336	2839		2839	354	

4-2 续表 15 continued

单位：人 (person)

地 区 Region	2.专业技术服务业 2.Professional Technical Services	3.科技推广和应用服务业 3.Science and Technology Popularization and Application Services	(十四) 水利、环境和公共设施管理业 XIV. Management of Water Conservancy, Enviroment and Public Facilities	1.水利管理业 1.Management of Water Conservancy	2.生态保护和环境治理业 2.Ecological Protection and Environmental Treatment	3.公共设施管理业 3.Management of Public Facilities
总 计 National Total	**35359**	**8695**	**49149**	**5210**	**1392**	**42205**
北 京 Beijing	2442	773	4748	122	12	4580
天 津 Tianjin	478	18	124	10		114
河 北 Hebei	1039	86	2944	244		2698
山 西 Shanxi	403	65	341	33	6	302
内蒙古 Inner Mongolia	460	54	502			502
辽 宁 Liaoning	1287	145	686	168		518
吉 林 Jilin	658		188			188
黑龙江 Heilongjiang	473	73	116	15		101
上 海 Shanghai	372	621	3659	144	322	3188
江 苏 Jiangsu	5833	2702	15745	1337	97	14204
浙 江 Zhejiang	1403	90	1447	67	60	1309
安 徽 Anhui	1033	162	596	49	10	537
福 建 Fujian	1046	200	656	187	9	440
江 西 Jiangxi	788	63	449	36		413
山 东 Shandong	2413	350	2247	42	323	1882
河 南 Henan	3399	821	1498	333	117	1002
湖 北 Hubei	1461	503	2865	338	23	2504
湖 南 Hunan	843	384	1401	822	234	325
广 东 Guangdong	2889	522	5082	987	31	4002
广 西 Guangxi	947	116	25			16
海 南 Hainan	355	12	28	22		6
重 庆 Chongqing	539	227	50	14	16	20
四 川 Sichuan	788	218	2281	13	45	2205
贵 州 Guizhou	345		281	10		271
云 南 Yunnan	997	109	361	21	87	251
西 藏 Tibet	33	4	7			7
陕 西 Shaanxi	1673	364	463	150		307
甘 肃 Gansu	498	11	299	28		271
青 海 Qinghai	67	4	34			34
宁 夏 Ningxia	44		8			8
新 疆 Xinjiang	354		17	17		

4-2 续表 16 continued

单位：人 (person)

地 区	Region	4.土地管理业 4.Management of Land	(十五)居民服务、修理和其他服务业 XV. Service to Households, Repair and Other Services	1.居民服务业 1.Service to Households	2.机动车、电子产品和日用产品修理业 2.Repair of Motor Vehicle, Electronics and Household Products	3.其他服务业 3.Other Sevices	(十六)教育 XVI. Education
总 计	**National Total**	**342**	**38144**	**18987**	**5082**	**14075**	**466546**
北 京	Beijing	35	3864	1507	905	1452	5917
天 津	Tianjin		828	185	166	477	1558
河 北	Hebei	2	834	363	397	74	18990
山 西	Shanxi		624	275	88	260	2131
内蒙古	Inner Mongolia		353	345	3	5	4714
辽 宁	Liaoning		1240	767	198	275	7979
吉 林	Jilin		596	228	2	366	1076
黑龙江	Heilongjiang		173	3	16	154	1122
上 海	Shanghai	5	5357	3873	169	1315	9710
江 苏	Jiangsu	106	8485	4307	351	3827	110433
浙 江	Zhejiang	11	2119	1549	193	377	12224
安 徽	Anhui		1180	447	136	597	10733
福 建	Fujian	20	633	411	102	121	25595
江 西	Jiangxi		142	106	28	8	7181
山 东	Shandong		1144	546	406	192	37719
河 南	Henan	45	3628	803	116	2708	56122
湖 北	Hubei		957	666	222	69	16316
湖 南	Hunan	21	313	126	169	18	12003
广 东	Guangdong	62	1818	530	637	651	55274
广 西	Guangxi	9	731	17	86	628	1931
海 南	Hainan		53		31	22	1036
重 庆	Chongqing		400	305	86	10	5668
四 川	Sichuan	18	630	350	255	25	16741
贵 州	Guizhou		476	354	46	76	4581
云 南	Yunnan	2	426	161	108	158	8913
西 藏	Tibet						237
陕 西	Shaanxi	6	948	649	141	157	19257
甘 肃	Gansu		66	66			8923
青 海	Qinghai		70	35	25	10	573
宁 夏	Ningxia		4			4	986
新 疆	Xinjiang		52	12		40	903

4-2 续表 17 continued

单位：人 (person)

地 区	Region	(十七) 卫生和社会工作 XVII. Health and Social Service	1.卫生 1.Health	2.社会工作 2.Social Service	(十八) 文化、体育和娱乐业 XVIII. Culture, Sports and Entertainment	1.新闻和出版业 1.Journalism and Publishing Activities	2.广播、电视、电影和影视录音制作业 2.Radio, Television, Motion Picture and Videotape Programme Production Services
总 计	**National Total**	**351563**	**321346**	**30217**	**16829**	**2260**	**1715**
北 京	Beijing	8413	5743	2670	1290	412	85
天 津	Tianjin	1333	1298	35	154	10	
河 北	Hebei	29570	28992	577	829	32	19
山 西	Shanxi	1089	765	324	971		20
内蒙古	Inner Mongolia	2656	2240	416	357	187	
辽 宁	Liaoning	7829	7091	738	449	392	13
吉 林	Jilin	806	611	195	124		17
黑龙江	Heilongjiang	3051	2886	166	17		
上 海	Shanghai	15924	12054	3870	768	22	17
江 苏	Jiangsu	74040	66201	7838	3806	15	389
浙 江	Zhejiang	3289	2043	1246	512	43	182
安 徽	Anhui	20550	19685	864	382		80
福 建	Fujian	15020	14776	244	398	94	50
江 西	Jiangxi	4495	3949	546	401	146	3
山 东	Shandong	25297	23116	2181	787		167
河 南	Henan	26094	24500	1595	1015	298	98
湖 北	Hubei	7799	6845	954	917	55	136
湖 南	Hunan	19759	18907	852	470	14	179
广 东	Guangdong	34400	32866	1535	875	220	43
广 西	Guangxi	971	571	400	86	13	
海 南	Hainan	1855	1855		221	137	
重 庆	Chongqing	6586	5852	734	170		3
四 川	Sichuan	16487	15449	1038	790	145	96
贵 州	Guizhou	2148	1912	236	53		5
云 南	Yunnan	5179	5035	144	219	12	66
西 藏	Tibet	166	166		57		12
陕 西	Shaanxi	8952	8485	467	245		14
甘 肃	Gansu	5089	4996	93	400		
青 海	Qinghai	703	525	178	45	13	
宁 夏	Ningxia	573	539	34			
新 疆	Xinjiang	1440	1391	49	21		21

4-2 续表 18 continued

单位：人 (person)

地 区	Region	3.文化艺术业 3.Cultural and Art Activities	4.体育 4.Sports Activities	5.娱乐业 5.Entertainment	(十九)公共管理、社会保障和社会组织 XIX.Public Management, Social Security and Social Organization	#群众社团、社会团体和其他成员组织 Non-Governmental Organizations, Social Organizations and Membership Organizations
总 计	**National Total**	**9614**	**1953**	**1287**	**53537**	**8150**
北 京	Beijing	308	329	156	479	326
天 津	Tianjin		86	58	32	
河 北	Hebei	650	128		4761	3144
山 西	Shanxi	892	27	32	109	22
内蒙古	Inner Mongolia	163	1	6	628	100
辽 宁	Liaoning	30	11	3	482	13
吉 林	Jilin			107	73	8
黑龙江	Heilongjiang	17			343	
上 海	Shanghai	616	86	27	4525	7
江 苏	Jiangsu	2757	447	198	13868	970
浙 江	Zhejiang	245	30	12	268	
安 徽	Anhui	160	39	103	1096	133
福 建	Fujian	218		36	932	50
江 西	Jiangxi	208	44		882	55
山 东	Shandong	313	193	114	4232	586
河 南	Henan	476	10	133	5521	188
湖 北	Hubei	455	234	37	2036	53
湖 南	Hunan	266	1	10	2714	877
广 东	Guangdong	395	49	168	4665	166
广 西	Guangxi	51	22		216	12
海 南	Hainan	84			33	
重 庆	Chongqing	152	10	5	1743	420
四 川	Sichuan	390	120	39	1259	82
贵 州	Guizhou	43	5		395	364
云 南	Yunnan	133	8		840	119
西 藏	Tibet	45				
陕 西	Shaanxi	146	69	16	740	410
甘 肃	Gansu	400			470	29
青 海	Qinghai		4	28	58	3
宁 夏	Ningxia				65	8
新 疆	Xinjiang				73	7

4-3 各地区分行业其他单位就业人员数

Employed Persons in Units of Other Types of Ownership by Sector and Region

单位：人 (person)

地区	Region	其他单位合计 Total	(一) 内资 I. Domestic Funded	1.股份合作 1.Coopera-tive Units	2.联营 2.Joint Ownership Units	3.有限责任公司 3.Limited Liability Corporations	4.股份有限公司 4.Share-holding Corporations Ltd	5.其他 5.Others
总　计	**National Total**	**112048999**	**88304126**	**687842**	**254666**	**65423020**	**18366447**	**3572152**
北　京	Beijing	5746643	4295933	44060	2860	3197563	931795	119655
天　津	Tianjin	1922076	1300444	7874	2765	983518	274195	32093
河　北	Hebei	2943038	2616011	30347	11056	1942795	617080	14734
山　西	Shanxi	2633084	2450145	2282	153	1947056	418705	81949
内蒙古	Inner Mongolia	1335367	1276275	10312	2795	977633	276453	9082
辽　宁	Liaoning	2880855	2343303	22613	3818	1633668	582250	100955
吉　林	Jilin	1392552	1235053	10516	6374	801158	334190	82816
黑龙江	Heilongjiang	1571545	1463433	13977	2767	1082436	302555	61697
上　海	Shanghai	5493674	2901256	13685	5001	2120304	519048	243218
江　苏	Jiangsu	10302132	6826107	32774	72421	4940423	1606703	173785
浙　江	Zhejiang	7848000	6118099	93564	5606	4156025	1668619	194285
安　徽	Anhui	3820500	3495976	19852	7542	2659655	725536	83391
福　建	Fujian	4447771	3131214	75057	3976	2452764	526485	72932
江　西	Jiangxi	2740559	2389098	16629	4041	1906075	371053	91301
山　东	Shandong	7069019	5995736	24656	7858	4209461	1535997	217764
河　南	Henan	5955108	5410979	32167	9953	4318532	843736	206591
湖　北	Hubei	3958023	3453104	10115	42778	2657283	607336	135591
湖　南	Hunan	3387463	3002818	14237	6628	2142363	652467	187122
广　东	Guangdong	16251627	9877925	88874	27394	6948267	2119225	694164
广　西	Guangxi	2119361	1864173	26699	1209	1524382	239406	72477
海　南	Hainan	663293	606940	4746	3141	416003	146597	36453
重　庆	Chongqing	2552801	2197900	8584	1177	1662217	491173	34749
四　川	Sichuan	5434943	4910120	29021	6353	3852662	799792	222292
贵　州	Guizhou	1589607	1533306	10380	2775	1251053	252669	16429
云　南	Yunnan	1689147	1590061	10524	3783	1207184	257253	111317
西　藏	Tibet	162406	158202	39	1292	126634	25797	4441
陕　西	Shaanxi	2924219	2737376	17927	6521	2087970	458468	166491
甘　肃	Gansu	1187045	1160255	8973	1201	793982	311354	44746
青　海	Qinghai	301311	292460	1825	174	217033	72273	1155
宁　夏	Ningxia	341548	318925	1529	112	230974	79589	6721
新　疆	Xinjiang	1384279	1351499	4008	1143	975945	318647	51756

4-3 续表 1 continued

单位：人 (person)

地 区	Region	(二) 港、澳、台商投资 II.Units with funds Entrepreneurs from Hong Kong, Macao and Taiwan	(三) 外商投资 III. Foreign Funded Units	(一) 企业 I. Enterprises	(二) 政府 II. Institutions	(三)民间非营利组织 III. Civil Nonprofit Organi-zations	(四) 其他 IV. Other
总 计	**National Total**	**11586266**	**12158607**	**109608175**	**561525**	**1799883**	**79417**
北 京	Beijing	732647	718064	5655887	7425	82869	462
天 津	Tianjin	256383	365249	1900289	3040	18257	491
河 北	Hebei	129358	197669	2919396	3768	16578	3296
山 西	Shanxi	81591	101349	2576772	309	55315	688
内蒙古	Inner Mongolia	24176	34916	1322341	4156	8246	625
辽 宁	Liaoning	143078	394475	2804855	36237	39191	572
吉 林	Jilin	21955	135544	1348042	12424	29439	2647
黑龙江	Heilongjiang	42834	65279	1520106	29589	21605	245
上 海	Shanghai	1066251	1526168	5269508	13902	208639	1626
江 苏	Jiangsu	1338951	2137074	10204594	15344	75000	7194
浙 江	Zhejiang	818129	911772	7701845	728	143210	2218
安 徽	Anhui	134208	190316	3762391	21504	34439	2166
福 建	Fujian	778155	538402	4404525	935	40907	1404
江 西	Jiangxi	208004	143457	2686477	20928	30110	3044
山 东	Shandong	334400	738882	6911254	48660	106246	2858
河 南	Henan	319269	224859	5844454	15759	90435	4460
湖 北	Hubei	204129	300791	3878332	9234	67385	3073
湖 南	Hunan	246975	137671	3289346	17839	77191	3087
广 东	Guangdong	4037280	2336422	15787145	157578	290328	16576
广 西	Guangxi	82357	172832	2070579	71	47906	805
海 南	Hainan	25289	31064	630139	8304	24305	545
重 庆	Chongqing	155030	199871	2544182	2008	3033	3578
四 川	Sichuan	212990	311834	5303584	34301	92206	4854
贵 州	Guizhou	31995	24306	1578909	1505	7884	1309
云 南	Yunnan	42620	56466	1608447	25983	52671	2046
西 藏	Tibet	1605	2599	158372	3678	263	93
陕 西	Shaanxi	74971	111872	2793295	30090	96507	4327
甘 肃	Gansu	8399	18391	1148974	21692	16020	359
青 海	Qinghai	3940	4911	300494	19	743	55
宁 夏	Ningxia	16541	6083	337380	1743	2425	
新 疆	Xinjiang	12758	20022	1346261	12774	20531	4714

4-3 续表 2 continued

单位：人 (person)

地 区	Region	(一) 农、林、牧、渔业 I. Agriculture, Forestry, Animal Husbandry and Fishery	1.农业 1.Farming	2.林业 2.Forestry	3.畜牧业 3.Animal Husbandry	4.渔业 4.Fishery	5.农、林、牧、渔服务业 5.Service in support of Agriculture
总 计	**National Total**	**258239**	**64344**	**55988**	**57236**	**11954**	**68718**
北 京	Beijing	8609	2230	366	5792	13	208
天 津	Tianjin	1522	600	96	514	286	25
河 北	Hebei	8190	1806	1118	4744	130	392
山 西	Shanxi	5972	1688	220	2885	53	1126
内蒙古	Inner Mongolia	33470	1608	25770	3231	92	2769
辽 宁	Liaoning	8438	672	52	1102	3124	3490
吉 林	Jilin	16019	1216	14578	84		141
黑龙江	Heilongjiang	10952	3539	542	512	74	6285
上 海	Shanghai	7898	2890	1346	1536	1620	506
江 苏	Jiangsu	7248	3454	412	1852	519	1011
浙 江	Zhejiang	3575	1260	269	766	557	724
安 徽	Anhui	6200	1175	322	3376	242	1085
福 建	Fujian	2436	1175	937	44	176	103
江 西	Jiangxi	4288	1063	589	1768	199	668
山 东	Shandong	7419	1185	265	2883	1637	1449
河 南	Henan	4638	1337	226	1721		1354
湖 北	Hubei	3573	769	183	674	229	1717
湖 南	Hunan	6727	2016	403	2529	211	1568
广 东	Guangdong	8232	2538	993	1877	1227	1597
广 西	Guangxi	9153	2103	1008	5352	49	642
海 南	Hainan	37274	3664	1364	835	452	30959
重 庆	Chongqing	2265	842	255	640	46	483
四 川	Sichuan	10197	4746	561	2686	418	1786
贵 州	Guizhou	7224	3420	395	2463	230	716
云 南	Yunnan	11010	5947	1401	1475	72	2115
西 藏	Tibet	2340	998	562	484	3	293
陕 西	Shaanxi	4849	1686	488	1178	56	1440
甘 肃	Gansu	7936	4158	727	1588	102	1361
青 海	Qinghai	2782	2249	15	325	2	192
宁 夏	Ningxia	2014	1237	110	650	17	
新 疆	Xinjiang	5789	1072	415	1671	117	2514

4-3 续表 3 continued

单位：人 (person)

地 区	Region	(二)采矿业 II. Mining	1.煤炭开采和洗选业 1.Mining and Washing of Coal	2.石油和天然气开采业 2.Extraction of Petroleum and Natural Gas	3.黑色金属矿采选业 3.Mining and Processing of Ferrous Metal Ores	4.有色金属矿采选业 4.Mining and Processing of Non-ferrous Metal Ores	5.非金属矿采选业 5.Mining and Processing of Nonmetal Ores
总 计	**National Total**	**3313869**	**2199221**	**519342**	**139122**	**132321**	**98380**
北 京	Beijing	30524	18	1270	13197		
天 津	Tianjin	56734	101	19314	557		5094
河 北	Hebei	157345	104173	23285	20015	6	7161
山 西	Shanxi	789876	774686	6210	4775	2859	465
内蒙古	Inner Mongolia	107510	87819	2922	8302	4058	3673
辽 宁	Liaoning	184622	69213	39069	23830	6698	3923
吉 林	Jilin	72891	26661	24896	2424	5141	564
黑龙江	Heilongjiang	216762	114596	99579	81	1368	540
上 海	Shanghai	1200		1164			36
江 苏	Jiangsu	51702	44005	1236	1715	685	4058
浙 江	Zhejiang	3873				418	3455
安 徽	Anhui	128101	116570	354	5370	2024	3196
福 建	Fujian	11937	8640		209	572	2512
江 西	Jiangxi	24934	10607		102	9737	4442
山 东	Shandong	263289	146087	69301	11096	13779	2744
河 南	Henan	271420	212327	32891	1779	6458	4755
湖 北	Hubei	25139	10	11122	7578	1768	4496
湖 南	Hunan	42543	22407		186	14546	5364
广 东	Guangdong	13045	9	5801	555	2037	3800
广 西	Guangxi	7673	551	65	702	2639	3691
海 南	Hainan	4520		82	3086	665	666
重 庆	Chongqing	28271	23453	1846			2962
四 川	Sichuan	130354	43070	31002	13981	3363	10084
贵 州	Guizhou	117068	111498	99	1253	782	3371
云 南	Yunnan	44225	18278	4	2888	16476	6514
西 藏	Tibet	6327	72		761	4481	686
陕 西	Shaanxi	265232	136365	76124	7313	16781	4300
甘 肃	Gansu	47230	37223	466	2951	3844	2243
青 海	Qinghai	30233	5790	18123	986	3173	1655
宁 夏	Ningxia	47106	46767		113		226
新 疆	Xinjiang	132184	38225	53117	3318	7967	1704

4-3 续表 4 continued

单位：人 (person)

地 区	Region	6.开采辅助活动 6.Support Activities for Mining	7.其他采矿业 7.Mining of Other Ores	(三)制造业 III. Manufacturing	1.农副食品加工业 1.Processing of Food from Agricultural Products	2.食品制造业 2.Manufacture of Foods	3.酒、饮料和精制茶制造业 3.Manufacture of Liquor, Beverages and Refined Tea
总 计	**National Total**	**224559**	**923**	**37372430**	**1152242**	**962621**	**730334**
北 京	Beijing	16029	10	585060	16429	31258	22999
天 津	Tianjin	31656	12	643746	9926	21175	7048
河 北	Hebei	2704		948353	38997	33853	13331
山 西	Shanxi	863	18	553279	9549	7943	20902
内蒙古	Inner Mongolia	701	36	308215	15561	38300	8068
辽 宁	Liaoning	41890		989366	42906	16589	11743
吉 林	Jilin	13205		428091	23185	10696	9517
黑龙江	Heilongjiang	358	240	270436	28398	15612	8912
上 海	Shanghai			1292443	12848	47234	9920
江 苏	Jiangsu	3		4485447	42017	53666	37934
浙 江	Zhejiang			3077393	33980	46975	23298
安 徽	Anhui	587		1245643	42017	25317	27796
福 建	Fujian		4	1605292	51785	39755	30449
江 西	Jiangxi	24	22	1059206	37949	20669	14403
山 东	Shandong	20223	60	2689595	213805	72919	46922
河 南	Henan	13151	59	2109583	148627	130184	51145
湖 北	Hubei	63	102	1264517	45239	39917	38086
湖 南	Hunan		40	935218	53101	28319	22132
广 东	Guangdong	808	36	8128908	70460	137558	52443
广 西	Guangxi		25	489060	52751	12844	13248
海 南	Hainan		21	69934	10667	3060	5975
重 庆	Chongqing	10		659326	11992	10849	7230
四 川	Sichuan	28836	19	1371519	41901	41535	121628
贵 州	Guizhou	11	54	281606	9796	4246	58399
云 南	Yunnan	41	24	386907	29242	13994	20071
西 藏	Tibet	243	83	16096	1298	442	1857
陕 西	Shaanxi	24349		710494	23233	24629	23425
甘 肃	Gansu	463	40	269991	10443	6100	10631
青 海	Qinghai	503	3	85046	1085	1984	2516
宁 夏	Ningxia			92120	2077	6891	1087
新 疆	Xinjiang	27838	15	320540	20977	18110	7222

4-3 续表 5 continued

单位：人 (person)

地区	Region	4.烟草制品业 4.Manufacture of Tobacco	5.纺织业 5.Manufacture of Textile	6.纺织服装、服饰业 6.Manufacture of Textile Wearing Apparel,and Accessories	7.皮革、毛皮、羽毛及其制品和制鞋业 7.Manufacture of Leather, Fur, Feather and Related Products and Footwear	8.木材加工和木、竹、藤、棕、草制品业 8.Processing of Timbers, Manufacture of Wood, Bamboo, Rattan, Palm and Straw Products	9.家具制造业 9.Manufacture of Furniture
总　计	**National Total**	**133527**	**1096948**	**1249244**	**771218**	**187661**	**421551**
北　京	Beijing		1056	15536	127	304	2768
天　津	Tianjin		5046	3155	2484	657	12699
河　北	Hebei	4888	17044	11850	13311	2325	7461
山　西	Shanxi	915	1603	4495	11	88	96
内蒙古	Inner Mongolia	2438	1867	5956	43	1261	168
辽　宁	Liaoning	1184	5922	31747	4976	5699	10437
吉　林	Jilin	3393	1874	14486	681	11434	776
黑龙江	Heilongjiang	4643	3716	824	56	2744	2891
上　海	Shanghai	3628	14379	22480	8173	2439	16099
江　苏	Jiangsu	5220	178085	178005	26893	11860	23864
浙　江	Zhejiang	3549	193821	189813	53538	15930	83193
安　徽	Anhui	524	36524	61374	16910	8551	8425
福　建	Fujian	5980	70424	131068	247991	11148	24481
江　西	Jiangxi	4944	24101	60839	49104	7629	7179
山　东	Shandong	8254	166472	83603	23865	17187	16678
河　南	Henan	15595	75092	77888	39255	15054	16808
湖　北	Hubei	6715	56681	36111	6899	10507	6265
湖　南	Hunan	3506	13658	10648	42380	8415	3052
广　东	Guangdong	6512	123117	259744	207265	26741	154266
广　西	Guangxi	3462	13157	6992	7037	9309	1085
海　南	Hainan	530	747	124	30	978	43
重　庆	Chongqing	3248	3597	4114	2054	1970	3937
四　川	Sichuan	4878	21944	12021	12658	6600	15887
贵　州	Guizhou	7906	1220	2187	1762	2541	822
云　南	Yunnan	21115	2927	2457	402	3106	362
西　藏	Tibet		234	257	103	98	339
陕　西	Shaanxi	7768	17427	5036	1969	1809	1097
甘　肃	Gansu	2732	1914	1519	625	205	139
青　海	Qinghai		27	1753		139	12
宁　夏	Ningxia		2179	961	12	10	4
新　疆	Xinjiang		41093	12202	604	923	220

4-3 续表 6 continued

单位：人 (person)

地 区	Region	10.造纸及纸制品业 10.Manufacture of Paper and Paper Products	11.印刷和记录媒介复制业 11.Printing and Reproduction of Recording Media	12.文教工美、体育和娱乐用品制造业 12.Manufacture of Articles for Culture, Education, Arts and Crafts, Sport and Entertainment Activities	13.石油加工、炼焦和核燃料加工业 13.Processing of Petroleum , Coking, Processing of Nuclear Fuel	14.化学原料和化学制品制造业 14.Manufacture of Chemical Raw Material and Chemical Products	15.医药制造业 15.Manufacture of Medicines
总 计	**National Total**	**449805**	**411805**	**834387**	**547159**	**1846362**	**1436418**
北 京	Beijing	3057	12564	2913	8552	15687	72396
天 津	Tianjin	8985	7401	7491	10832	31538	40810
河 北	Hebei	6517	6910	7071	23036	65542	68542
山 西	Shanxi	724	2802	740	50521	52635	24301
内蒙古	Inner Mongolia	3354	365	4	17751	49554	11617
辽 宁	Liaoning	6707	3947	3246	67939	49354	23477
吉 林	Jilin	2360	2184	701	2580	36125	41820
黑龙江	Heilongjiang	2933	1521	891	33175	17945	18393
上 海	Shanghai	13012	16237	16729	12625	73770	47080
江 苏	Jiangsu	40751	42432	74369	15804	190373	150713
浙 江	Zhejiang	42382	29959	79877	20239	124586	114959
安 徽	Anhui	8480	13827	16494	7207	69389	41865
福 建	Fujian	33136	16818	84392	2489	29274	19229
江 西	Jiangxi	10731	11476	32779	12892	40520	39971
山 东	Shandong	51208	20330	39877	64236	184212	170014
河 南	Henan	19896	13663	39250	11790	103732	79391
湖 北	Hubei	13662	19043	15405	6842	102991	76052
湖 南	Hunan	11532	9709	13028	9949	47164	31549
广 东	Guangdong	114227	129625	368981	21481	189768	119507
广 西	Guangxi	10916	2419	9167	2404	17208	19647
海 南	Hainan	3420	530	269	2522	3237	16194
重 庆	Chongqing	9799	7334	4102	703	30533	24355
四 川	Sichuan	15990	16534	4510	7212	59717	75697
贵 州	Guizhou	3048	2953	1266	2735	28178	24036
云 南	Yunnan	5279	8523	5816	10815	46759	24123
西 藏	Tibet	74	104	932	28	1409	2475
陕 西	Shaanxi	4618	9037	1663	51423	58217	34526
甘 肃	Gansu	370	592	299	28173	16485	9684
青 海	Qinghai		349	720	170	24047	2752
宁 夏	Ningxia	1785	1616	102	5634	28432	2076
新 疆	Xinjiang	849	1002	1302	35398	57978	9165

4-3 续表 7 continued

单位：人 (person)

地 区	Region	16.化学纤维制造业 16.Manufacture of Chemical Fibres	17.橡胶和塑料制品业 17.Manufacture of Rubber and Plastics Products	18.非金属矿物制品业 18.Manufacture of Non-metallic Mineral Products	19.黑色金属冶炼和压延加工业 19.Smelting and Processing of Ferrous Metals	20.有色金属冶炼和压延加工业 20.Smelting and Processing of Non-ferrous Metals	21.金属制品业 21.Manufacture of Metal Products
总 计	**National Total**	**228880**	**1404073**	**1656407**	**1268363**	**920792**	**1472725**
北 京	Beijing	677	3948	22970	1166	2656	12064
天 津	Tianjin	279	25677	18852	37585	5442	33399
河 北	Hebei	6957	23548	41830	172843	11284	48155
山 西	Shanxi	438	5601	33652	57451	33344	18018
内蒙古	Inner Mongolia	44	1012	24731	60639	35605	3177
辽 宁	Liaoning	1598	29409	34861	158080	23781	48576
吉 林	Jilin	8712	7227	11285	14903	4720	6520
黑龙江	Heilongjiang	55	4131	13388	9555	4439	7965
上 海	Shanghai	594	54741	25196	19732	7387	52714
江 苏	Jiangsu	54933	175077	94164	80211	41649	171290
浙 江	Zhejiang	65961	142166	85523	20937	28609	136312
安 徽	Anhui	4915	68366	63574	37871	28107	47129
福 建	Fujian	15599	73502	76864	43588	25038	46614
江 西	Jiangxi	5330	21712	84464	39986	35958	26880
山 东	Shandong	9330	116129	125158	95666	89030	102375
河 南	Henan	15256	36390	150879	76881	130423	71075
湖 北	Hubei	3358	25268	63750	35436	18201	44251
湖 南	Hunan	1626	13609	83414	32348	42118	26110
广 东	Guangdong	8501	485442	241034	30475	65343	452539
广 西	Guangxi	18	10468	39030	32461	29643	7865
海 南	Hainan		2270	9674	9	165	1224
重 庆	Chongqing		10824	34775	10565	14209	14342
四 川	Sichuan	13256	30170	75313	70264	15716	47998
贵 州	Guizhou	88	9981	36868	12821	13787	9058
云 南	Yunnan	435	5066	38356	31150	59166	7908
西 藏	Tibet	2	270	5306	28	41	272
陕 西	Shaanxi	734	11521	45566	29361	47520	15451
甘 肃	Gansu	567	3250	28379	26934	57225	5176
青 海	Qinghai		54	6748	10767	18685	1045
宁 夏	Ningxia	753	532	5009	2798	8832	2886
新 疆	Xinjiang	8866	6711	35795	15852	22671	4336

4-3 续表 8 continued

单位：人 (person)

地 区	Region	22.通用设备制造业 22.Manufacture of General Purpose Machinery	23.专用设备制造业 23.Manufacture of Special Purpose Machinery	24.汽车制造业 24.Manufacture of Automobiles	25.铁路、船舶、航空航天和其他运输设备制造业 25. Manufacture of Railway,Ship, Aerospace and Other Transport Equipment	26.电气机械和器材制造业 26.Manufacture of Electrical Machinery and Apparatus	27.计算机、通信和其他电子设备制造业 27.Manufacture of Computers, Communication and Other Electronic Equipment
总 计	**National Total**	**2119645**	**1782428**	**2831196**	**633693**	**3120134**	**6790547**
北 京	Beijing	36526	49528	91442	14597	30276	76956
天 津	Tianjin	41894	40390	93394	23566	51611	87411
河 北	Hebei	29872	50764	94065	24970	47653	52366
山 西	Shanxi	16082	36934	12818	11456	14280	121467
内蒙古	Inner Mongolia	4211	3445	4036	632	3710	7621
辽 宁	Liaoning	102130	49919	105018	32562	48632	46531
吉 林	Jilin	6275	7030	163306	19350	4301	6615
黑龙江	Heilongjiang	21515	20217	8446	12135	15868	1710
上 海	Shanghai	149526	82577	167508	22586	94855	237198
江 苏	Jiangsu	395603	272214	291925	112086	410721	1210950
浙 江	Zhejiang	310497	141308	221621	35172	378083	331128
安 徽	Anhui	73307	55680	128382	9800	144607	175908
福 建	Fujian	61119	45104	57744	9568	115168	197324
江 西	Jiangxi	42365	20805	70861	2943	91385	218164
山 东	Shandong	167917	175549	193368	58001	127826	213685
河 南	Henan	95608	107897	100859	23593	110651	317265
湖 北	Hubei	43872	57015	246074	13462	80121	113606
湖 南	Hunan	38876	49003	64625	44086	45652	173158
广 东	Guangdong	325100	356319	337808	73076	1099674	2469543
广 西	Guangxi	15249	20413	64907	1597	15690	61819
海 南	Hainan	324	877	1699	239	2595	19
重 庆	Chongqing	29877	14251	146355	25180	30876	187210
四 川	Sichuan	58092	58381	73278	28172	66150	353894
贵 州	Guizhou	3296	4986	6038	5403	11481	13163
云 南	Yunnan	4501	4826	6755	3103	8145	18687
西 藏	Tibet	16	213			34	10
陕 西	Shaanxi	27194	35938	75590	25279	43802	70522
甘 肃	Gansu	11846	14401	1463	533	9014	17640
青 海	Qinghai	1168	151		128	5451	2129
宁 夏	Ningxia	5331	3563	201	106	1770	5467
新 疆	Xinjiang	457	2728	1610	314	10051	1384

4-3 续表 9 continued

单位：人 (person)

地 区	Region	28.仪器仪表制造业 28.Manufacture of Measuring Instruments and Machinery	29.其他制造业 29. Other Manufature	30.废弃资源综合利用业 30. Utilization of Waste Resources	31.金属制品、机械和设备修理业 31. Repair Service of Metal Products, Machinery and Eguipment	(四)电力、热力、燃气及水生产和供应业 Production and Supply of Electricity, Heat, Gas and Water	1.电力、热力生产和供应业 1.Production and Supply of Electric Power and Heat Power
总 计	**National Total**	**537234**	**144510**	**82408**	**148115**	**2739289**	**1962906**
北 京	Beijing	20538	491	506	15073	85027	58832
天 津	Tianjin	9508	1775	1360	2356	38551	24713
河 北	Hebei	11077	2249	5795	4246	124619	85394
山 西	Shanxi	2260	4852	1122	6179	107281	70669
内蒙古	Inner Mongolia	72	236	1273	1462	150726	130482
辽 宁	Liaoning	12061	2542	3485	4307	135509	101194
吉 林	Jilin	2348	244	1675	1770	77974	65780
黑龙江	Heilongjiang	5181	650	213	2314	100643	81634
上 海	Shanghai	26463	6626	1874	26212	33079	18179
江 苏	Jiangsu	83790	11557	4136	3155	128654	80224
浙 江	Zhejiang	91369	19948	6570	6092	119537	76899
安 徽	Anhui	7913	4289	7619	3474	88314	63753
福 建	Fujian	13173	15512	1059	9897	102959	83112
江 西	Jiangxi	13613	3492	5065	997	84514	60288
山 东	Shandong	23620	6409	2529	3421	153505	106662
河 南	Henan	17594	5000	5769	7073	97504	49554
湖 北	Hubei	16805	1512	5542	15830	56943	30638
湖 南	Hunan	5647	1652	3362	1790	57484	35495
广 东	Guangdong	133877	50526	7159	10798	221562	155495
广 西	Guangxi	1226	881	2148	4001	104023	88751
海 南	Hainan		67	54	2394	11942	5596
重 庆	Chongqing	11456	399	1326	1863	58198	38112
四 川	Sichuan	13594	657	5219	2653	205948	150505
贵 州	Guizhou	1235	936	589	781	43377	27183
云 南	Yunnan	2070	115	1170	464	106401	91310
西 藏	Tibet		54	32	169	10099	9359
陕 西	Shaanxi	8476	1706	2926	3032	83174	56762
甘 肃	Gansu	682	104	1022	1844	39988	32079
青 海	Qinghai	409	17	16	2726	12602	9969
宁 夏	Ningxia	1116	8	653	229	27842	22698
新 疆	Xinjiang	64	2	1139	1515	71309	51586

4-3 续表 10 continued

单位：人 (person)

地 区	Region	2.燃气生产和供应业 2.Production and Supply of Gas	3.水的生产和供应业 3.Production and Supply of Water	(五) 建筑业 V. Construction	1.房屋建筑业 1. Construction of Buildings	2.土木工程建筑业 2. Civil Engineering	3.建筑安装业 3.Building Installation
总 计	**National Total**	**300568**	**475815**	**19809452**	**13405941**	**4256118**	**1064487**
北 京	Beijing	10987	15208	436521	180937	151097	51420
天 津	Tianjin	6680	7158	221891	65806	90914	37580
河 北	Hebei	20068	19156	368949	184479	123521	37456
山 西	Shanxi	21192	15420	248727	98204	115867	21609
内蒙古	Inner Mongolia	6534	13710	95818	56204	31639	4749
辽 宁	Liaoning	14315	20000	236384	82948	96260	34633
吉 林	Jilin	4095	8100	125277	56807	41575	17396
黑龙江	Heilongjiang	5902	13107	130708	49937	66105	11100
上 海	Shanghai	5841	9059	276247	127823	80080	30955
江 苏	Jiangsu	16152	32277	2698098	2194468	264455	125887
浙 江	Zhejiang	10742	31897	1940972	1431664	359520	59799
安 徽	Anhui	10526	14036	1007115	608657	216787	58568
福 建	Fujian	5085	14763	1318663	1001092	240440	27428
江 西	Jiangxi	6724	17503	689296	498665	149028	20620
山 东	Shandong	19987	26856	1257535	847033	253081	111980
河 南	Henan	22834	25116	1393442	896794	351156	71575
湖 北	Hubei	8788	17518	980546	665078	222127	57852
湖 南	Hunan	6655	15334	910172	672212	184626	39747
广 东	Guangdong	19576	46491	1015653	535564	255605	72261
广 西	Guangxi	4612	10660	601090	507115	69436	10545
海 南	Hainan	1571	4775	48081	32815	5715	4520
重 庆	Chongqing	7399	12687	681967	480542	138164	30356
四 川	Sichuan	24708	30735	1365560	1022916	250339	48174
贵 州	Guizhou	4131	12062	416282	273769	79741	22001
云 南	Yunnan	5468	9623	297680	195013	80406	12100
西 藏	Tibet	266	474	32558	19494	9320	1123
陕 西	Shaanxi	14243	12169	480395	263311	188792	21337
甘 肃	Gansu	2872	5037	260784	187553	59471	8480
青 海	Qinghai	675	1958	33733	12259	18063	2493
宁 夏	Ningxia	1667	3477	29880	18700	9513	1462
新 疆	Xinjiang	10271	9451	209428	138078	53274	9280

4-3 续表 11 continued

单位：人 (person)

地区	Region	4.建筑装饰和其他建筑业 4.Building Decoration and Other Constructions	(六) 批发和零售业 VI. Wholesale and Retail Trades	1.批发业 1.Wholesale Trade	2.零售业 2.Retail Trade	(七) 交通运输、仓储和邮政业 VII. Transport, Storage and Post	1.铁路运输业 1.Railway Transport
总计	**National Total**	**1082905**	**7299549**	**3501442**	**3798107**	**6959009**	**1878776**
北京	Beijing	53067	511203	330323	180880	554468	102144
天津	Tianjin	27590	175377	123241	52136	123931	27313
河北	Hebei	23492	184871	54267	130604	200649	76931
山西	Shanxi	13046	113714	63710	50004	206938	100703
内蒙古	Inner Mongolia	3226	68107	23556	44552	168407	109515
辽宁	Liaoning	22543	159615	50161	109454	268498	106785
吉林	Jilin	9499	82586	26286	56299	137029	59193
黑龙江	Heilongjiang	3566	92473	38688	53785	180535	131265
上海	Shanghai	37389	880229	562837	317392	464159	33528
江苏	Jiangsu	113287	545201	282568	262633	381363	48518
浙江	Zhejiang	89989	393144	207895	185250	322346	32920
安徽	Anhui	123103	215384	76092	139291	168379	42931
福建	Fujian	49702	220339	88540	131799	206745	33055
江西	Jiangxi	20982	141350	58481	82869	151473	54845
山东	Shandong	45442	418902	184595	234307	406993	84946
河南	Henan	73916	305252	105708	199544	325889	107453
湖北	Hubei	35490	280985	98239	182746	232354	77826
湖南	Hunan	13587	203589	52809	150780	214973	75261
广东	Guangdong	152223	1020131	575315	444816	734141	71540
广西	Guangxi	13993	113488	42736	70753	168531	65362
海南	Hainan	5030	60768	26393	34374	66731	6332
重庆	Chongqing	32905	180474	52300	128174	184286	26806
四川	Sichuan	44132	296430	116746	179684	294518	70337
贵州	Guizhou	40770	101431	42878	58553	118169	32896
云南	Yunnan	10161	120137	50887	69250	125958	39180
西藏	Tibet	2620	21996	12640	9357	9852	938
陕西	Shaanxi	6954	191352	59213	132139	210183	94510
甘肃	Gansu	5280	76209	27486	48723	110677	62486
青海	Qinghai	918	17380	7063	10318	42842	24026
宁夏	Ningxia	205	20380	7331	13050	31098	19530
新疆	Xinjiang	8796	87053	52459	34594	146896	59701

4-3 续表 12 continued

单位：人 (person)

地 区	Region	2.道路运输业 2.Road Transport	3.水上运输业 3.Water Transport	4.航空运输业 4.Air Transport	5.管道运输业 5.Transport Via Pipeline	6.装卸搬运和运输代理业 6.Loading Unloading and Forwarding Ageney	7.仓储业 7.Storage
总 计	**National Total**	**2955329**	**246786**	**557660**	**23545**	**308768**	**389533**
北 京	Beijing	232859	212	82483	4423	27162	10807
天 津	Tianjin	48393	9289	8308	707	11342	12240
河 北	Hebei	68349	17678	5963	96	2905	19754
山 西	Shanxi	81784	19	4897	66	1466	5288
内蒙古	Inner Mongolia	38942		6227	165	314	4354
辽 宁	Liaoning	94093	14934	10335	206	11265	22252
吉 林	Jilin	59226		274	81	1696	7047
黑龙江	Heilongjiang	24050	488	7354		214	11361
上 海	Shanghai	147802	27630	79096	974	95509	33485
江 苏	Jiangsu	184968	30359	16349	7054	18514	51010
浙 江	Zhejiang	158747	24754	13474	66	16121	21847
安 徽	Anhui	97529	6011	3127	16	3930	8554
福 建	Fujian	81987	13041	26412	34	9630	13915
江 西	Jiangxi	81170	3388	1033	600	837	3554
山 东	Shandong	178945	33589	19625	2323	16593	30931
河 南	Henan	160826	613	8443	615	5556	17792
湖 北	Hubei	114149	7113	6057	445	3094	9197
湖 南	Hunan	95114	2445	7330	615	2366	9710
广 东	Guangdong	341529	35364	116475	765	58109	41803
广 西	Guangxi	55570	3752	1470	91	2624	12899
海 南	Hainan	16487	5468	24858	24	2824	3213
重 庆	Chongqing	116194	9352	15032	40	2953	5461
四 川	Sichuan	156575	662	32830	207	5404	10362
贵 州	Guizhou	50567	261	10861	127	676	2755
云 南	Yunnan	57304	183	17554	276	2388	4660
西 藏	Tibet	4077		3430		43	248
陕 西	Shaanxi	83138		11608	164	3049	7810
甘 肃	Gansu	33156	52	3835	1	836	3509
青 海	Qinghai	14525		2244		193	331
宁 夏	Ningxia	8275	90	2081		210	875
新 疆	Xinjiang	69000	40	8595	3364	949	2511

4-3 续表 13 continued

单位：人 (person)

地 区	Region	8.邮政业 8.Post	(八) 住宿和餐饮业 VIII. Hotels and Catering Services	1.住宿业 1.Hotels	2.餐饮业 2.Catering Services	(九) 信息传输、软件和信息技术服务业 Information Transmission, software and Information Technology	1.电信、广播电视和卫星传输服务 1.Telecommu-nication, Radio and Television and Satellite Transmission Service
总 计	**National Total**	**598613**	**2333559**	**892023**	**1441536**	**4609244**	**1391941**
北 京	Beijing	94378	243111	63018	180093	909239	80303
天 津	Tianjin	6340	53010	9787	43223	67543	16440
河 北	Hebei	8973	31507	17673	13835	93996	62477
山 西	Shanxi	12716	26842	11784	15059	43271	32384
内蒙古	Inner Mongolia	8890	21359	10798	10562	35777	30039
辽 宁	Liaoning	8629	43410	17056	26354	127077	43457
吉 林	Jilin	9512	13207	7882	5325	37896	25613
黑龙江	Heilongjiang	5803	8788	6807	1981	78236	71393
上 海	Shanghai	46135	254927	46691	208235	441905	38366
江 苏	Jiangsu	24592	182087	54678	127410	308195	113123
浙 江	Zhejiang	54418	138055	69402	68653	273227	58564
安 徽	Anhui	6281	55159	25982	29178	91049	44746
福 建	Fujian	28671	83501	42543	40958	99336	44292
江 西	Jiangxi	6046	31130	19195	11936	50130	34806
山 东	Shandong	40041	89688	42026	47662	180108	69471
河 南	Henan	24592	64417	37839	26578	166804	63511
湖 北	Hubei	14474	84751	24218	60533	153168	45321
湖 南	Hunan	22131	57498	26343	31155	76809	49927
广 东	Guangdong	68557	372997	119972	253025	721574	122225
广 西	Guangxi	26764	34544	18681	15863	54908	44745
海 南	Hainan	7525	50506	45670	4836	22294	8201
重 庆	Chongqing	8449	39299	16548	22752	49771	18320
四 川	Sichuan	18141	156710	42652	114058	218704	95276
贵 州	Guizhou	20026	23893	16139	7753	41733	27508
云 南	Yunnan	4413	41145	25854	15291	46691	33915
西 藏	Tibet	1117	6513	5252	1262	7394	3383
陕 西	Shaanxi	9904	78808	37818	40991	135078	56131
甘 肃	Gansu	6802	24659	14281	10378	28870	22769
青 海	Qinghai	1523	3361	2097	1264	8261	7275
宁 夏	Ningxia	37	2872	1743	1129	6802	5754
新 疆	Xinjiang	2735	15804	11598	4206	33397	22210

4-3 续表 14 continued

单位：人 (person)

地区	Region	2.互联网和相关服务 2.Internet and Related Service	3.软件和信息技术服务业 3.Software and Information Technology	(十) 金融业 X. Financial Intermediation	1.货币金融服务 1.Monetay and Financial Service	2.资本市场服务 2.Capital Market Service	3.保险业 3.Insurance
总计	**National Total**	**645354**	**2571949**	**7833875**	**2881588**	**292596**	**4561915**
北京	Beijing	156550	672386	616227	223513	67628	289417
天津	Tianjin	13835	37268	153201	59450	2747	88351
河北	Hebei	3361	28158	354636	144270	3314	206570
山西	Shanxi	2152	8735	244122	75060	3968	162860
内蒙古	Inner Mongolia	594	5143	180539	63704	753	115567
辽宁	Liaoning	2497	81123	282009	122217	799	157848
吉林	Jilin	1766	10517	183482	67270	1408	114415
黑龙江	Heilongjiang	832	6011	222040	59517	136	162101
上海	Shanghai	110895	292643	252559	108024	48628	81148
江苏	Jiangsu	53353	141719	356075	153573	9287	191538
浙江	Zhejiang	61583	153080	477379	216818	11518	245590
安徽	Anhui	5328	40975	248329	78769	3537	164468
福建	Fujian	8061	46983	260098	95698	3567	157945
江西	Jiangxi	2455	12870	157935	65563	1515	90190
山东	Shandong	16792	93845	601219	173649	6444	418950
河南	Henan	28951	74341	258541	138191	2045	116997
湖北	Hubei	7775	100073	226960	95093	2339	127494
湖南	Hunan	7573	19309	281372	77278	10269	192795
广东	Guangdong	116551	482798	844984	269719	86355	479108
广西	Guangxi	1551	8612	190491	84351	667	103469
海南	Hainan	7620	6474	73468	19512	491	53069
重庆	Chongqing	12811	18641	274270	104503	4068	163447
四川	Sichuan	9122	114306	353322	102069	9783	238885
贵州	Guizhou	2646	11579	142453	67441	3339	70133
云南	Yunnan	2377	10400	90558	43276	2155	44836
西藏	Tibet	1640	2371	8441	5950	47	2444
陕西	Shaanxi	5567	73380	214261	63127	3239	146164
甘肃	Gansu	259	5842	120294	41878	1969	75684
青海	Qinghai	102	884	21523	9936	80	10678
宁夏	Ningxia	143	905	35640	16726	307	18426
新疆	Xinjiang	611	10576	107447	35445	196	71327

4-3 续表 15 continued

单位：人 (person)

地 区	Region	4.其他金融业 4.Other Financial Activities	(十一) 房地产业 XI. Real Estate	(十二) 租赁和商务服务业 XII. Leasing and Business Services	1.租赁业 1.Leasing	2.商务服务业 2.Business Services	(十三) 科学研究和技术服务业 XIII. Scientific Research and Technical Services
总 计	**National Total**	**97776**	**4940257**	**5279287**	**126808**	**5152479**	**2742951**
北 京	Beijing	35669	415021	475936	10060	465876	436989
天 津	Tianjin	2653	84295	106474	4497	101977	82015
河 北	Hebei	481	110355	116861	2978	113883	111175
山 西	Shanxi	2234	47407	86756	2000	84756	32910
内蒙古	Inner Mongolia	514	51369	38192	770	37422	29805
辽 宁	Liaoning	1145	108571	109556	2544	107012	51893
吉 林	Jilin	389	50655	37828	785	37042	32470
黑龙江	Heilongjiang	286	50368	102810	456	102354	17664
上 海	Shanghai	14759	270891	625153	14627	610525	283500
江 苏	Jiangsu	1678	280401	359934	10009	349925	181296
浙 江	Zhejiang	3454	278211	316078	6442	309636	139954
安 徽	Anhui	1554	150739	162719	3909	158810	62204
福 建	Fujian	2888	159481	149391	2229	147162	45063
江 西	Jiangxi	667	94330	52902	2429	50473	28011
山 东	Shandong	2176	254924	187488	4773	182715	132960
河 南	Henan	1309	283429	192301	6222	186079	99463
湖 北	Hubei	2034	176952	147278	3845	143433	104185
湖 南	Hunan	1030	154867	99947	2081	97866	71184
广 东	Guangdong	9803	828025	984601	22386	962215	362299
广 西	Guangxi	2004	88401	112273	5138	107135	31023
海 南	Hainan	397	80709	26678	1209	25469	13340
重 庆	Chongqing	2252	145892	118751	1332	117419	48966
四 川	Sichuan	2585	291630	250841	4758	246084	129943
贵 州	Guizhou	1541	102313	58460	1259	57201	29820
云 南	Yunnan	292	98068	103018	2089	100930	37302
西 藏	Tibet		5460	15541	1377	14164	3760
陕 西	Shaanxi	1731	127471	91780	2968	88812	74090
甘 肃	Gansu	763	60457	28840	2267	26573	27834
青 海	Qinghai	828	14770	10457	269	10188	8287
宁 夏	Ningxia	181	14758	7330	43	7287	7561
新 疆	Xinjiang	480	60038	103116	1059	102057	25984

4-3 续表 16 continued

单位：人 (person)

地区	Region	1.研究和试验发展 1.Research and Experimental Development	2.专业技术服务业 2.Professional Technical Services	3.科技推广和应用服务业 3.Science and Technology Popularization and Application Services	(十四)水利、环境和公共设施管理业 XIV. Management of Water Conservancy, Enviroment and Public Facilities	1.水利管理业 1.Management of Water Conservancy	2.生态保护和环境治理业 2.Ecological Protection and Environmental Treatment
总　计	**National Total**	**328445**	**2062990**	**351516**	**1185134**	**36188**	**84199**
北　京	Beijing	56449	269482	111058	52094	891	9223
天　津	Tianjin	5228	70136	6652	11249	116	1297
河　北	Hebei	7775	95277	8123	43632	261	1403
山　西	Shanxi	2066	27509	3335	19142	1233	2559
内蒙古	Inner Mongolia	1623	25728	2453	16980	694	1309
辽　宁	Liaoning	5391	42771	3730	38416	2444	1847
吉　林	Jilin	4400	26098	1972	10961	790	278
黑龙江	Heilongjiang	2522	12798	2343	7835	280	729
上　海	Shanghai	74953	176407	32140	86028	1834	8187
江　苏	Jiangsu	33531	130679	17086	57283	1419	4952
浙　江	Zhejiang	16800	103833	19321	70443	2025	5981
安　徽	Anhui	5015	50582	6607	42159	204	2885
福　建	Fujian	1169	41389	2504	44757	614	1581
江　西	Jiangxi	1107	25080	1824	41309	459	830
山　东	Shandong	12820	108958	11182	121460	1616	4879
河　南	Henan	9452	76245	13766	82078	2140	3002
湖　北	Hubei	6156	85321	12708	26514	854	5059
湖　南	Hunan	6063	45220	19901	24521	815	2638
广　东	Guangdong	43534	277085	41681	116154	4619	8134
广　西	Guangxi	1386	25877	3760	16773	954	1958
海　南	Hainan	1435	10467	1438	31642	385	430
重　庆	Chongqing	1621	43082	4263	26607	1909	4490
四　川	Sichuan	13493	108612	7838	48098	2777	2404
贵　州	Guizhou	1572	26650	1598	37293	2140	1054
云　南	Yunnan	2588	31008	3706	28645	665	1849
西　藏	Tibet	242	2804	714	5453	62	402
陕　西	Shaanxi	6756	64162	3173	36981	2460	1705
甘　肃	Gansu	2032	23716	2086	15834	719	669
青　海	Qinghai	260	6281	1747	3059	183	185
宁　夏	Ningxia	207	7189	165	3852	177	478
新　疆	Xinjiang	798	22544	2642	17882	449	1801

4-3 续表 17 continued

单位：人 (person)

地 区	Region	3.公共设施管理业 3.Management of Public Facilities	4.土地管理业 4.Management of Land	(十五) 居民服务、修理和其他服务业 XV. Service to Households, Repair and Other Services	1.居民服务业 1.Service to Households	2.机动车、电子产品和日用产品修理业 2.Repair of Motor Vehicle, Electronics and Household Products	3.其他服务业 3.Other Service
总 计	**National Total**	**1015850**	**48898**	**672173**	**249670**	**102416**	**320087**
北 京	Beijing	40826	1155	45476	11129	10399	23948
天 津	Tianjin	9022	814	58509	4445	1275	52789
河 北	Hebei	41416	552	18544	10436	1528	6581
山 西	Shanxi	14984	366	6591	1293	545	4753
内蒙古	Inner Mongolia	14832	145	4499	2172	438	1888
辽 宁	Liaoning	33842	283	10720	6546	2164	2010
吉 林	Jilin	9791	102	14056	4056	872	9129
黑龙江	Heilongjiang	6818	8	5914	1476	142	4296
上 海	Shanghai	75158	849	98391	40447	17299	40645
江 苏	Jiangsu	48553	2360	37157	14671	8616	13870
浙 江	Zhejiang	47934	14504	35408	14895	3607	16906
安 徽	Anhui	38503	567	14854	6145	3623	5086
福 建	Fujian	41654	908	33044	23436	3636	5972
江 西	Jiangxi	39533	487	8452	3777	1142	3533
山 东	Shandong	113458	1506	23234	10746	4059	8429
河 南	Henan	74171	2764	19574	7863	4303	7408
湖 北	Hubei	19251	1350	12805	5939	2087	4779
湖 南	Hunan	14902	6166	20049	14517	1403	4130
广 东	Guangdong	102088	1313	100576	26864	15766	57946
广 西	Guangxi	12897	964	5854	2145	1299	2410
海 南	Hainan	30470	357	8603	1440	903	6260
重 庆	Chongqing	15248	4961	6634	2914	848	2873
四 川	Sichuan	39298	3618	28047	9122	6989	11936
贵 州	Guizhou	33401	697	15848	5621	1219	9008
云 南	Yunnan	25656	475	12791	5872	2578	4340
西 藏	Tibet	4964	25	2257	826	1125	306
陕 西	Shaanxi	31490	1327	11144	4983	2224	3938
甘 肃	Gansu	14384	63	7859	3538	1174	3147
青 海	Qinghai	2665	26	1053	455	301	297
宁 夏	Ningxia	3184	13	213	157	16	40
新 疆	Xinjiang	15458	174	4017	1745	838	1435

4-3 续表 18 continued

单位：人 (person)

地 区	Region	(十六) 教育 XVI. Education	(十七) 卫生和社会工作 XVII. Health and Social Service	1.卫生 1.Health	2.社会工作 2.Social Service	(十八) 文化、体育和娱乐业 XVIII. Culture, Sports and Entertainment	1.新闻和出版业 1.Journalism and Publishing Activities
总 计	**National Total**	**2752394**	**1222367**	**1002847**	**219520**	**623779**	**120059**
北 京	Beijing	179795	68002	56834	11168	88541	31754
天 津	Tianjin	21525	13888	9922	3965	8166	1557
河 北	Hebei	25517	30834	29325	1509	12910	3675
山 西	Shanxi	69668	19306	16321	2985	11106	2741
内蒙古	Inner Mongolia	8715	7708	6510	1197	3098	385
辽 宁	Liaoning	63444	41481	35321	6160	14159	3341
吉 林	Jilin	35391	26105	22119	3985	8011	1619
黑龙江	Heilongjiang	36644	29088	25029	4059	6288	1656
上 海	Shanghai	92130	84997	31532	53464	43152	5292
江 苏	Jiangsu	110981	85119	68122	16997	43437	7386
浙 江	Zhejiang	151641	68426	51614	16812	38090	4200
安 徽	Anhui	66786	52374	48441	3933	13452	2898
福 建	Fujian	66661	23770	20200	3570	13777	1550
江 西	Jiangxi	72151	33350	30084	3266	11418	2075
山 东	Shandong	162087	85740	75543	10197	26864	6026
河 南	Henan	181435	72546	66269	6277	25716	6812
湖 北	Hubei	114800	40639	35823	4816	23639	5667
湖 南	Hunan	150236	44811	38386	6425	29068	2811
广 东	Guangdong	534154	144171	112291	31880	74219	7197
广 西	Guangxi	60992	19639	16505	3134	11352	3330
海 南	Hainan	34582	10831	10084	747	9851	2008
重 庆	Chongqing	17968	16000	14513	1487	13808	2614
四 川	Sichuan	180369	71408	61995	9413	26827	3403
贵 州	Guizhou	23346	19151	18435	717	10060	2597
云 南	Yunnan	86705	34732	32309	2423	13559	1814
西 藏	Tibet	3513	2401	2358	43	2040	107
陕 西	Shaanxi	135924	45797	40761	5036	22701	2739
甘 肃	Gansu	30905	14950	13470	1479	8974	1874
青 海	Qinghai	810	1941	1811	130	3170	268
宁 夏	Ningxia	5243	3129	2737	393	3482	303
新 疆	Xinjiang	28274	10035	8184	1851	2847	360

4-3 续表 19 continued

单位：人 (person)

地区	Region	2.广播、电视、电影和影视录音制作业 2.Radio, Television, Motion Picture and Videotape Programme Production Services	3.文化艺术业 3.Cultural and Art Activities	4.体育 4.Sports Activities	5.娱乐业 5.Entertainment	(十九)公共管理、社会保障和社会组织 XIX.Public Management, Social Security and Social Organization	#群众社团、社会团体和其他成员组织 Non-Governmental Organizations, Social Organizations and Membership Organizations
总　计	**National Total**	**147823**	**117359**	**82917**	**155620**	**102142**	**29439**
北　京	Beijing	22941	8422	10561	14864	4800	3117
天　津	Tianjin	2970	1125	1431	1083	451	148
河　北	Hebei	2122	3685	2105	1323	96	78
山　西	Shanxi	1919	4340	789	1318	176	176
内蒙古	Inner Mongolia	917	726	269	802	5075	4107
辽　宁	Liaoning	3471	1952	1805	3589	7687	282
吉　林	Jilin	1699	1759	2187	749	2625	181
黑龙江	Heilongjiang	1658	1628	385	960	3364	204
上　海	Shanghai	9708	4722	8088	15342	4788	1157
江　苏	Jiangsu	10712	7493	5196	12650	2454	727
浙　江	Zhejiang	19602	5529	3932	4827	246	154
安　徽	Anhui	2836	3539	849	3329	1539	279
福　建	Fujian	2866	2551	2764	4045	520	506
江　西	Jiangxi	1973	2135	1073	4162	4381	477
山　东	Shandong	5280	5844	3164	6550	6010	674
河　南	Henan	5476	5507	1499	6422	1076	434
湖　北	Hubei	4589	4261	1264	7857	2273	848
湖　南	Hunan	7893	7388	2056	8919	6395	4851
广　东	Guangdong	14796	9750	19591	22885	26201	6454
广　西	Guangxi	2001	2539	1456	2026	95	80
海　南	Hainan	2222	1046	2641	1935	1538	221
重　庆	Chongqing	2800	2794	1678	3922	46	34
四　川	Sichuan	8067	4677	3103	7577	4518	1443
贵　州	Guizhou	1353	2663	1483	1963	82	82
云　南	Yunnan	1666	3876	1624	4579	3614	703
西　藏	Tibet	221	992	8	712	366	143
陕　西	Shaanxi	3197	10940	761	5064	4505	772
甘　肃	Gansu	867	3738	346	2148	4755	642
青　海	Qinghai	286	428	315	1873	2	2
宁　夏	Ningxia	805	766	112	1496	228	167
新　疆	Xinjiang	911	547	382	647	2238	295

第五部分

Chapter Five

2020 年全国户籍统计人口数据

Data from Household Registration in 2020

5-1 各地区总户数、总人口
Households and Population by Region

地区	Region	总户数（户）Number of Households (household)	总人口（人）Total Population (person)	男 Male	女 Female	平均每户人数（人/户）Average Family Size (person/household)	性别比（女=100）Sex Ratio (Female=100)
全国	**National Total**	**460103053**	**1413208843**	**723340134**	**689868709**	**3.07**	**104.85**
北京	Beijing	5567709	13954758	6923087	7031671	2.51	98.46
天津	Tianjin	4159359	11306769	5610545	5696224	2.72	98.50
河北	Hebei	25138225	77285439	39233501	38051938	3.07	103.11
山西	Shanxi	13036223	35385212	17976086	17409126	2.71	103.26
内蒙古	Inner Mongolia	10278201	24326449	12301236	12025213	2.37	102.30
辽宁	Liaoning	15452739	41658914	20759227	20899687	2.70	99.33
吉林	Jilin	10250221	25770961	12923889	12847072	2.51	100.60
黑龙江	Heilongjiang	14956061	35247565	17696167	17551398	2.36	100.82
上海	Shanghai	5609632	14756326	7290368	7465958	2.63	97.65
江苏	Jiangsu	25523775	78767521	39719057	39048464	3.09	101.72
浙江	Zhejiang	17410891	50689996	25470558	25219438	2.91	101.00
安徽	Anhui	21887282	71328026	37008053	34319973	3.26	107.83
福建	Fujian	11632865	39216115	20148903	19067212	3.37	105.67
江西	Jiangxi	15147818	50301069	26319709	23981360	3.32	109.75
山东	Shandong	33893097	101724667	51615122	50109545	3.00	103.00
河南	Henan	33108980	115258236	59467449	55790787	3.48	106.59
湖北	Hubei	20868856	61600525	31991990	29608535	2.95	108.05
湖南	Hunan	24105904	72955818	37789902	35165916	3.03	107.46
广东	Guangdong	26220965	98086569	50231432	47855137	3.74	104.97
广西	Guangxi	16195641	57182319	30091854	27090465	3.53	111.08
海南	Hainan	2702983	9532613	4966784	4565829	3.53	108.78
重庆	Chongqing	12775345	34127131	17461344	16665787	2.67	104.77
四川	Sichuan	31701054	90815884	46537300	44278584	2.86	105.10
贵州	Guizhou	13340600	46201181	24113081	22088100	3.46	109.17
云南	Yunnan	15095735	48044229	24747071	23297158	3.18	106.22
西藏	Tibet	920552	3391675	1700332	1691343	3.68	100.53
陕西	Shaanxi	13426826	40678918	20917149	19761769	3.03	105.85
甘肃	Gansu	8378580	27838111	14319493	13518618	3.32	105.92
青海	Qinghai	1767644	5923481	2991342	2932139	3.35	102.02
宁夏	Ningxia	2379941	6913135	3489512	3423623	2.90	101.92
新疆	Xinjiang	7169349	22939231	11528591	11410640	3.20	101.03

5-2 各地区市总户数、总人口
Households and Population in Cities by Region

地 区	Region	总户数 (户) Number of Households (household)	总人口 (人) Total Population (person)	男 Male	女 Female	平均每户人数 (人/户) Average Family Size (person/household)	性别比 (女=100) Sex Ratio (Female=100)
全 国	**National Total**	**254285949**	**755475513**	**381461066**	**374014447**	**2.97**	**101.99**
北 京	Beijing	**5567709**	**13954758**	**6923087**	**7031671**	**2.53**	**98.46**
天 津	Tianjin	4159359	11306769	5610545	5696224	2.75	98.50
河 北	Hebei	11469853	35232726	17685663	17547063	3.21	100.79
山 西	Shanxi	5590812	15755635	7927695	7827940	2.85	101.27
内蒙古	Inner Mongolia	3672412	9110092	4530483	4579609	2.47	98.93
辽 宁	Liaoning	11830049	31069014	15370208	15698806	2.71	97.91
吉 林	Jilin	7483557	18706136	9330958	9375178	2.59	99.53
黑龙江	Heilongjiang	9213990	21305011	10606121	10698890	2.40	99.13
上 海	Shanghai	5609632	14756326	7290368	7465958	2.70	97.65
江 苏	Jiangsu	19862665	58884263	29387266	29496997	3.04	99.63
浙 江	Zhejiang	12491012	36365540	18127960	18237580	2.96	99.40
安 徽	Anhui	8596407	26265906	13425911	12839995	3.07	104.56
福 建	Fujian	6480607	21297415	10784803	10512612	3.41	102.59
江 西	Jiangxi	6810030	21973841	11410116	10563725	3.25	108.01
山 东	Shandong	20807048	62100163	31160329	30939834	3.03	100.71
河 南	Henan	12094493	41460158	20991767	20468391	3.38	102.56
湖 北	Hubei	14151808	41378636	21362933	20015703	2.92	106.73
湖 南	Hunan	10137126	29468323	15022615	14445708	2.94	103.99
广 东	Guangdong	20491702	75570446	38518428	37052018	3.67	103.96
广 西	Guangxi	7189137	24933327	12955323	11978004	3.49	108.16
海 南	Hainan	1720304	6018374	3109965	2908409	3.41	106.93
重 庆	Chongqing	9153604	23471308	11881222	11590086	2.59	102.51
四 川	Sichuan	14822218	40414511	20344694	20069817	2.72	101.37
贵 州	Guizhou	4857411	15792071	8100912	7691159	3.16	105.33
云 南	Yunnan	5062780	14981846	7567301	7414545	2.92	102.06
西 藏	Tibet	315210	806342	403912	402430	2.43	100.37
陕 西	Shaanxi	6333686	19031845	9588429	9443416	3.07	101.54
甘 肃	Gansu	3096872	9221675	4676806	4544869	3.02	102.90
青 海	Qinghai	618652	1830805	903214	927591	3.00	97.37
宁 夏	Ningxia	1364409	3746749	1865585	1881164	2.77	99.17
新 疆	Xinjiang	3231395	9265502	4596447	4669055	3.15	98.44

注：市，指经国务院批准设立市建制的市，本表中市的各项数字不包括市辖县的数字(表5-6、5-9、5-10同)。

Note: Cities refer to the cities established upon the approval by the State Council. Data of counties under the cities' jurisdiction are not included. The same applies in the table 5-6, 5-9 and 5-10.

5-3 各地区县总户数、总人口
Households and Population in Counties by Region

地 区	Region	总户数（户）Number of Households (household)	总人口（人）Total Population (person)	男 Male	女 Female	平均每户人数（人/户）Average Family Size (person/household)	性别比（女=100）Sex Ratio (Female=100)
全 国	**National Total**	**205817104**	**657733330**	**341879068**	**315854262**	**3.20**	**108.24**
北 京	Beijing						
天 津	Tianjin						
河 北	Hebei	13668372	42052713	21547838	20504875	3.08	105.09
山 西	Shanxi	7445411	19629577	10048391	9581186	2.64	104.88
内蒙古	Inner Mongolia	6605789	15216357	7770753	7445604	2.30	104.37
辽 宁	Liaoning	3622690	10589900	5389019	5200881	2.92	103.62
吉 林	Jilin	2766664	7064825	3592931	3471894	2.55	103.49
黑龙江	Heilongjiang	5742071	13942554	7090046	6852508	2.43	103.47
上 海	Shanghai						
江 苏	Jiangsu	5661110	19883258	10331791	9551467	3.51	108.17
浙 江	Zhejiang	4919879	14324456	7342598	6981858	2.91	105.17
安 徽	Anhui	13290875	45062120	23582142	21479978	3.39	109.79
福 建	Fujian	5152258	17918700	9364100	8554600	3.48	109.46
江 西	Jiangxi	8337788	28327228	14909593	13417635	3.40	111.12
山 东	Shandong	13086049	39624504	20454793	19169711	3.03	106.70
河 南	Henan	21014487	73798078	38475682	35322396	3.51	108.93
湖 北	Hubei	6717048	20221889	10629057	9592832	3.01	110.80
湖 南	Hunan	13968778	43487495	22767287	20720208	3.11	109.88
广 东	Guangdong	5729263	22516123	11713004	10803119	3.93	108.42
广 西	Guangxi	9006504	32248992	17136531	15112461	3.58	113.39
海 南	Hainan	982679	3514239	1856819	1657420	3.58	112.03
重 庆	Chongqing	3621741	10655823	5580122	5075701	2.94	109.94
四 川	Sichuan	16878836	50401373	26192606	24208767	2.99	108.19
贵 州	Guizhou	8483189	30409110	16012169	14396941	3.58	111.22
云 南	Yunnan	10032955	33062383	17179770	15882613	3.30	108.17
西 藏	Tibet	605342	2585333	1296420	1288913	4.27	100.58
陕 西	Shaanxi	7093140	21647073	11328720	10318353	3.05	109.79
甘 肃	Gansu	5281708	18616436	9642687	8973749	3.52	107.45
青 海	Qinghai	1148992	4092676	2088128	2004548	3.56	104.17
宁 夏	Ningxia	1015532	3166386	1623927	1542459	3.12	105.28
新 疆	Xinjiang	3937954	13673729	6932144	6741585	3.47	102.83

5-4 各地区区县人口数
Population in Counties by Region

单位：人 (person)

城 市	City	人 数 Population
全 国	**National Total**	**1413208843**
北京市	**Beijing**	**13954758**
市辖区	District	13954758
东城区	Dongcheng	978167
西城区	Xicheng	1489379
朝阳区	Chaoyang	2144260
丰台区	Fengtai	1167361
石景山区	Shijingshan	387772
海淀区	Haidian	2381894
门头沟区	Mentougou	254476
房山区	Fangshan	843491
通州区	Tongzhou	818043
顺义区	Shunyi	660675
昌平区	Changping	658844
大兴区	Daxing	745123
怀柔区	Huairou	286874
平谷区	Pinggu	408520
密云区	Miyun	440574
延庆区	Yanqing	289305
天津市	**Tianjin**	**11306769**
市辖区	District	11306769
和平区	Heping	449129
河东区	Hedong	771338
河西区	Hexi	909285
南开区	Nankai	900172
河北区	Hebei	642075
红桥区	Hongqiao	509323
东丽区	Dongli	438281
西青区	Xiqing	465908
津南区	Jinnan	533001
北辰区	Beichen	453749
武清区	Wuqing	1077173
宝坻区	Baodi	748661
滨海新区	Binhaixinqu	1496991
宁河区	Ninghe	410688
静海区	Jinghai	622457
蓟州区	Jizhou	878538
河北省	**Hebei**	**77285439**
石家庄市	**Shijiazhuang**	**9865598**
市辖区	District	4284324
长安区	Chang'an	676352
桥西区	Qiaoxi	675093
新华区	Xinhua	506515
井陉矿区	Jingxing	86533
裕华区	Yuhua	661090
藁城区	Gaocheng	866144
鹿泉区	Luquan	448438
栾城区	Luancheng	364159
井陉县	Jingxing	327968
正定县	Zhengding	515814
行唐县	Xingtang	460211
灵寿县	Lingshou	349756
高邑县	Gaoyi	203196
深泽县	Shenze	254940
赞皇县	Zanhuang	281845
无极县	Wuji	534957
平山县	Pingshan	499064
元氏县	Yuanshi	446129
赵县	Zhaoxian	616173
晋州市	Jinzhou	574609
新乐市	Xinle	516612
唐山市	**Tangshan**	**7520913**
市辖区	District	3326936
路南区	Lunan	352437
路北区	Lubei	847660
古冶区	Guye	326421
开平区	Kaiping	248025
丰南区	Fengnan	536231
丰润区	Fengrun	801574
曹妃甸区	Caofeidian	214588
滦南县	Luannan	564952
乐亭县	Leting	438949
迁西县	Qianxi	394793
玉田县	Yutian	701523
遵化市	Zunhua	750149
迁安市	Qian'an	775247
滦州市	Luanzhou	568364
秦皇岛市	**Qinhuangdao**	**3001796**
市辖区	District	1476025
海港区	Haigang	858783
山海关区	Shanhaiguan	144149
北戴河区	Beidaihe	128129
抚宁区	Funing	344964
青龙满族自治县	Qinglong	559621
昌黎县	Changli	555895
卢龙县	Lulong	410255
邯郸市	**Handan**	**10573044**
市辖区	District	2444537
邯山区	Hanshan	766444
丛台区	Congtai	836041
复兴区	Fuxing	372421
峰峰矿区	Fengfengkuangqu	469631
临漳县	Linzhang	752965
成安县	Cheng'an	463687
大名县	Daming	927174
涉县	Shexian	432754
磁县	Cixian	475628
肥乡县	Fenxiang	412076

5-4 续表 1 continued

单位：人 (person)

城 市	City	人 数 Population
永年县	Yongnian	970502
邱县	Qiuxian	256777
鸡泽县	Jize	341453
广平县	Guangping	312578
馆陶县	Guantao	360246
魏县	Weixian	1041198
曲周县	Quzhou	534534
武安市	Wu'an	846935
邢台市	**Xingtai**	**7997804**
市辖区	District	2075324
襄都区	Xiangdu	522686
信都区	Xindu	759076
任泽区	Renze	393233
南和区	Nanhe	400329
临城县	Lincheng	220276
内丘县	Neiqiu	297504
柏乡县	Boxiang	205266
隆尧县	Longrao	571437
宁晋县	Ningjin	864604
巨鹿县	Julu	433681
新河县	Xinhe	175248
广宗县	Guangzong	333931
平乡县	Pingxiang	369784
威县	Weixian	643709
清河县	Qinghe	448282
临西县	Linxi	391657
南宫市	Nangong	503452
沙河市	Shahe	463649
保定市	**Baoding**	**10814674**
市辖区	District	2883660
竞秀区	Jingxiu	515990
莲池区	Lianchi	635391
满城区	Mancheng	407200
清苑区	Qiangyuan	689119
徐水区	Xushui	635960
涞水县	Laishui	359296
阜平县	Fuping	228190
定兴县	Dingxing	603569
唐县	Tangxian	589495
高阳县	Gaoyang	355355
容城县	Rongcheng	281806
涞源县	Laiyuan	283396
望都县	Wangdu	270058
安新县	Anxin	478953
易县	Yixian	574903
曲阳县	Quyang	653992
蠡县	Lixian	539399
顺平县	Shunping	309349
博野县	Boye	268300
雄县	Xiongxian	403798
涿州市	Zhuozhou	698733
安国市	Anguo	404457
高碑店市	Gaobeidian	627965
张家口市	**Zhangjiakou**	**4602030**
市辖区	District	1547768
桥东区	Qiaodong	324360
桥西区	Qiaoxi	290489
宣化区	Xuanhua	515514
下花园区	Xiahuayuan	64044
万全区	Wanquan	223051
崇礼区	Chongli	130310
张北县	Zhangbei	377254
康保县	Tangbao	264484
沽源县	Guyuan	228643
尚义县	Shangyi	183860
蔚县	Weixian	494490
阳原县	Yangyuan	267137
怀安县	Huaian	234230
怀来县	Huailai	367040
涿鹿县	Zhuolu	348107
赤城县	Chicheng	289017
承德市	**Chengde**	**3793231**
市辖区	District	600381
双桥区	Shuangqiao	391002
双滦区	Shuangluan	148511
鹰手营子矿区	Yingshouyingzikuangqu	60868
承德县	Chengde	424887
兴隆县	Xinglong	323734
滦平县	Luanping	329496
隆化县	Longhua	444196
丰宁满族自治县	Fengning	404213
宽城满族自治县	Kuancheng	260159
围场满族蒙古族自治县	Weichang	532459
平泉市	Pingquan	473706
沧州市	**Cangzhou**	**7823624**
市辖区	District	601644
新华区	Xinhua	226363
运河区	Yunhe	375281
沧县	Cangxian	734362
青县	Qingxian	437597
东光县	Dongguang	381507
海兴县	Haixing	234979
盐山县	Yanshan	493108
肃宁县	Suning	370209
南皮县	Nanpi	396445
吴桥县	Wuqiao	274652
献县	Xianxian	657552
孟村回族自治县	Mengcun	230455

5-4 续表 2 continued

单位：人 (person)

城 市	City	人 数 Population	城 市	City	人 数 Population
泊头市	Potou	625187	云冈区	Yungang	636734
任丘市	Renqiu	908179	云州区	Yunzhou	179142
黄骅市	Huanghua	578259	阳高县	Yanggao	265947
河间市	Hejian	899489	天镇县	Tianzhen	224352
廊坊市	**Langfang**	**4874127**	广灵县	Guangling	181486
市辖区	District	883800	灵丘县	Lingqiu	245850
安次区	Anci	381447	浑源县	Hunyuan	342777
广阳区	Guangyang	502353	左云县	Zuoyun	134352
固安县	Gu'an	534786	**阳泉市**	**Yangquan**	**1314518**
永清县	Yongqing	414866	市辖区	District	688629
香河县	Yongqing	383620	城区	City	270228
大城县	Dacheng	540098	矿区	Kuangqu	257192
文安县	Wen'an	559872	郊区	Jiaoqu	161209
大厂回族自治县	Dachang	142513	平定县	Pingding	317879
霸州市	Bazhou	659683	盂县	Yuxian	308010
三河市	Sanhe	754889	**长治市**	**Changzhi**	**3393025**
衡水市	**Hengshui**	**4556909**	市辖区	District	1612493
市辖区	District	1065341	潞州区	Luzhou	758748
桃城区	Taocheng	727379	上党区	Shangdang	349651
冀州区	Jizhou	337962	屯留区	Tunliu	278950
枣强县	Zaoqiang	398769	潞城区	Lucheng	225144
武邑县	Wuyi	311611	襄垣县	Xiangyuan	265152
武强县	Wuqiang	209278	平顺县	Pingshun	150585
饶阳县	Raoyang	286162	黎城县	Licheng	163057
安平县	Anping	333346	壶关县	Huguan	297768
故城县	Gucheng	518089	长子县	Changzi	366639
景县	Jingxian	535754	武乡县	Wuxiang	208448
阜城县	Fucheng	346826	沁县	Qinxian	171546
深州市	Shenzhou	551733	沁源县	Qinyuan	157337
省直辖县级行政单位	**Shengzhiguan**	**1861689**	**晋城市**	**Jincheng**	**2220652**
定州市	Dingzhou	1232194	市辖区	District	411582
辛集市	Xinji	629495	城区	City	411582
山西省	**Shanxi**	**35385212**	沁水县	Qinshui	200705
太原市	**Taiyuan**	**3887949**	阳城县	Yangcheng	380649
市辖区	District	3055740	陵川县	Linchuan	251563
小店区	Xiaodian	721511	泽州县	Zezhou	489961
迎泽区	Yingze	549606	高平市	Gaoping	486192
杏花岭区	Xinghualing	622500	**朔州市**	**Shuozhou**	**1623871**
尖草坪区	Jiancaoping	336150	市辖区	District	678891
万柏林区	Wanbailin	606125	朔城区	Shuocheng	453228
晋源区	Jinyuan	219848	平鲁区	Pinglu	225663
清徐县	Qingxu	340859	山阴县	Shanyin	241004
阳曲县	Yangqu	153049	应县	Yingxian	301974
娄烦县	Loufan	125567	右玉县	Youyu	108215
古交市	Gujiao	212734	怀仁市	Huairen	293787
大同市	**Datong**	**3168526**	**晋中市**	**Jinzhong**	**3350978**
市辖区	District	1773762	市辖区	District	937175
新荣区	Xinrong	110646	榆次区	Yuci	642848
平城区	Pingcheng	847240	太谷区	Taigu	294327

5-4 续表 3 continued

单位：人 (person)

城　市	City	人　数 Population	城　市	City	人　数 Population
榆社县	Yushe	144418	浮山县	Fushan	124618
左权县	Zuoquan	164206	吉县	Jixian	108042
和顺县	Heshun	138292	乡宁县	Xiangning	237855
昔阳县	Xiyang	233242	大宁县	Daning	65909
寿阳县	Shouyang	210372	隰县	Xixian	106984
祁县	Qixian	274219	永和县	Yonghe	65310
平遥县	Pingyao	544770	蒲县	Puxian	106939
灵石县	Lingshi	260579	汾西县	Fenxi	146228
介休市	Jiexiu	443705	侯马市	Houma	238130
运城市	**Yuncheng**	**5125686**	霍州市	Huozhou	304922
市辖区	District	711607	**吕梁市**	**Lvliang**	**3933069**
盐湖区	Yanhu	711607	市辖区	District	287925
临猗县	Linyi	555246	离石区	Lishi	287925
万荣县	Wanrong	437687	文水县	Wenshui	453488
闻喜县	Wenxi	399662	交城县	Jiaocheng	233899
稷山县	Jishan	360188	兴县	Xingxian	287523
新绛县	Xinjiang	331531	临县	Linxian	659437
绛县	Jiangxian	276442	柳林县	Liulin	345421
垣曲县	Yuanqu	221560	石楼县	Shilou	122255
夏县	Xiaxian	364739	岚县	Lanxian	187772
平陆县	Pinglu	245693	方山县	Fangshan	157846
芮城县	Ruicheng	378603	中阳县	Zhongyang	156183
永济市	Yongji	442186	交口县	Jiaokou	117401
河津市	Hejing	400542	孝义市	Xiaoyi	489304
忻州市	**Xinzhou**	**3063842**	汾阳市	Fenyang	434615
市辖区	District	549948	**内蒙古自治区**	**Inner Mongolia**	**24326449**
忻府区	Xinfu	549948	**呼和浩特市**	**Hohhot**	**2520034**
定襄县	Dingxiang	220519	市辖区	District	1450951
五台县	Wutai	311146	新城区	District	439575
代县	Daixian	202978	回民区	Huimin	238970
繁峙县	Fanshi	284140	玉泉区	Yuquan	208694
宁武县	Ningwu	159004	赛罕区	Saihan	563712
静乐县	Qingle	156362	土默特左旗	Tumd Left Banner	359107
神池县	Shenchi	95192	托克托县	Tuoketuo	199763
五寨县	Wuzhai	110813	和林格尔县	Helingeer	203893
岢岚县	Kelan	80643	清水河县	Qingshuihe	139297
河曲县	Hequ	143260	武川县	Wuchuan	167023
保德县	Baode	164989	**包头市**	**Baotou**	**2240835**
偏关县	Piangu	102947	市辖区	District	1581462
原平市	Yuanping	481901	东河区	Donghe	403163
临汾市	**Linfen**	**4303096**	昆都仑区	Kundulun	523311
市辖区	District	819865	青山区	Qingshan	417223
尧都区	Raodu	819865	石拐区	Shiguai	46231
曲沃县	Quwo	233909	白云鄂博矿区	Baiyunebo	14991
翼城县	Yicheng	306386	九原区	Jiuyuan	176543
襄汾县	Xiangfen	503151	土默特右旗	Tumd Right Banner	352741
洪洞县	Hongtong	763358	固阳县	Guyang	197112
古县	Guxian	89640	达尔罕茂明安联合旗	Darhan Mumingan Joint Banner	109520
安泽县	Anze	81850			

5-4 续表 4 continued

单位：人 (person)

城　市	City	人　数 Population	城　市	City	人　数 Population
乌海市	**Wuhai**	**437652**	新巴尔虎左旗	Xin Barag Left	41431
市辖区	District	437652	新巴尔虎右旗	Xin Barag Right	35012
海勃湾区	Haibowan	249277	满洲里市	Manzhouli	88239
海南区	Hainan	76583	牙克石市	Yakeshi	315130
乌达区	Wuda	111792	扎兰屯市	ZhaLanTun	401271
赤峰市	**Chifeng**	**4558949**	额尔古纳市	Erguna	77947
市辖区	District	1270233	根河市	Genhe	127217
红山区	Hongshan	348018	**巴彦淖尔市**	**Bayan nur**	**1728559**
元宝山区	Yuanbaoshan	311201	市辖区	District	518714
松山区	Songshan	611014	临河区	Linhe	518714
阿鲁科尔沁旗	Ar Horqin Banner	288762	五原县	Wuyuan	278708
巴林左旗	Balinzuoqi	336449	磴口县	Dengkou	111358
巴林右旗	Balinyouqi	180717	乌拉特前旗	Wulateqianqi	329106
林西县	Linxi	225986	乌拉特中旗	Wulatezhongqi	143034
克什克腾旗	Hexigten Banner	243872	乌拉特后旗	Wulatehouqi	58118
翁牛特旗	Wengniuteqi	470354	杭锦后旗	Hangjinhouqi	289521
喀喇沁旗	Kalaqinqi	342709	**乌兰察布市**	**Ulanqab**	**2665059**
宁城县	Ningcheng	602076	市辖区	District	317284
敖汉旗	Aohan	597791	集宁区	Jining	317284
通辽市	**Tongliao**	**3152180**	卓资县	Zhuozi	195621
市辖区	District	842852	化德县	Huade	159357
科尔沁区	Horqin	842852	商都县	Shangdu	325349
科尔沁左翼中旗	Horqin Middle Banner	516463	兴和县	Xinghe	314474
科尔沁左翼后旗	Horqin zyoyi houqi	395741	凉城县	Liangcheng	230867
开鲁县	Kailu	387865	察哈尔右翼前旗	Chahar Right Front Banner	208477
库伦旗	Kulun	176525	察哈尔右翼中旗	Chahar Right Middle Banner	195939
奈曼旗	Naiman	444727	察哈尔右翼后旗	Chahar Right Back Banner	201871
扎鲁特旗	Jarud Banner	304494	四子王旗	Siziwangqi	209112
霍林郭勒市	Holingola	83513	丰镇市	Fengzhen	306708
鄂尔多斯市	**Ordos**	**1644273**	**兴安盟**	**Xing'anmeng**	**1623487**
市辖区	District	318438	乌兰浩特市	Ulanhot	321170
东胜区	Dongsheng	273909	阿尔山市	Arxan	43380
康巴什区	Kangbashi	44529	科尔沁右翼前旗	Horqin Right Wing Front Banner	331803
达拉特旗	Dalad Banner	372034	科尔沁右翼中旗	Horqin Right Wing Middle Banner	249678
准格尔旗	Jungar Banner	333532	扎赉特旗	Jalaid Banner	382490
鄂托克前旗	Otog Front Banner	81687	突泉县	Tuquan	294966
鄂托克旗	Otog Banner	97973	**锡林郭勒盟**	**Xilin Gol League**	**1040802**
杭锦旗	Hangjin	142817	二连浩特市	Erenhot	35935
乌审旗	Wushen	117547	锡林浩特市	Xilin hot	199847
伊金霍洛旗	Yijinhuoluo	180245	阿巴嘎旗	Obagaqi	43118
呼伦贝尔市	**Hulunbuir**	**2523171**	苏尼特左旗	Sunitezuoqi	34124
市辖区	District	372149	苏尼特右旗	Suniteyouqi	65975
海拉尔区	Hailaer	288256	东乌珠穆沁旗	Dongwuzhumuqinqi	81478
扎赉诺尔区	Zhalainuoer	83893	西乌珠穆沁旗	Xiwuzhumuqinqi	80563
阿荣旗	Arun Banner	319778	太仆寺旗	Taipusiqi	202641
莫力达瓦达斡尔族自治旗	Daur Autonomous	314218	镶黄旗	Xianghuangqi	31156
鄂伦春自治旗	Oroqen Autonomous	240728	正镶白旗	Zhengxiangbaiqi	70036
鄂温克族自治旗	Ewenki Autonomous	136292	正蓝旗	Zhenglanqi	84170
陈巴尔虎旗	Prairie Chenbarhu	53759	多伦县	Ejin Banner	111759

5-4 续表 5 continued

单位：人 (person)

城 市	City	人 数 Population	城 市	City	人 数 Population
阿拉善盟	**Duolun**	**191448**	**本溪市**	**Benxi**	**1423733**
阿拉善左旗	Alxa League	147093	市辖区	District	864468
阿拉善右旗	Alxa Left Banner	25032	平山区	Pingshan	274532
额济纳旗	Alxa Right Banner	19323	溪湖区	Xihu	181865
辽宁省	**Liaoning**	**41658914**	明山区	Mingshan	341289
沈阳市	**Shenyang**	**7617078**	南芬区	Nanfen	66782
市辖区	District	6196034	本溪满族自治县	Benxi	274899
和平区	Heping	765277	桓仁满族自治县	Huanren	284366
沈河区	Shenhe	721200	**丹东市**	**Dandong**	**2306984**
大东区	Dadong	628402	市辖区	District	767943
皇姑区	Huanggu	849676	元宝区	Yuanbao	177022
铁西区	Tiexi	1010885	振兴区	Zhenxing	425421
苏家屯区	Sujiatun	426181	振安区	Zhen'an	165500
浑南区	Hunnan	469554	宽甸满族自治县	Kuandian	408788
沈北新区	Shenbeixinqu	354696	东港市	Donggang	587669
于洪区	Yuhong	466271	凤城市	Fengcheng	542584
辽中区	Liaozhong	503892	**锦州市**	**Jinzhou**	**2893447**
康平县	Kangping	336997	市辖区	District	949756
法库县	Faku	430879	古塔区	Guta	228465
新民市	Xinmin	653168	凌河区	Linghe	353822
大连市	**Dalian**	**6015959**	太和区	Taihe	367469
市辖区	District	4102302	黑山县	Heishan	568193
中山区	Zhongshan	368269	义县	Yixian	394075
西岗区	Xigang	278744	凌海市	Linghai	492229
沙河口区	Shahekou	620493	北镇市	Beizhen	489194
甘井子区	Ganjingzi	975841	**营口市**	**Yingkou**	**2291686**
旅顺口区	Lvshunkou	225453	市辖区	District	938740
金州区	Jinzhou	872569	站前区	Zhanqian	275673
普兰店区	Pulandian	760933	西市区	Xishi	164888
长海县	Changhai	69367	鲅鱼圈区	Bayuquan	390847
瓦房店市	Wafangdian	971944	老边区	Laobian	107332
庄河市	Zhuanghe	872346	盖州市	Gaizhou	673529
鞍山市	**Anshan**	**3364072**	大石桥市	Dashiqiao	679417
市辖区	District	1449946	**阜新市**	**Fuxin**	**1817587**
铁东区	Tiedong	512457	市辖区	District	728327
铁西区	Tiexi	277024	海州区	Haizhou	249229
立山区	Lishan	386244	新邱区	Xinqiu	73718
千山区	Qianshan	274221	太平区	Taiping	145396
台安县	Taian	359073	清河门区	Qinghemen	60504
岫岩满族自治县	Youyan	498098	细河区	Xihe	199480
海城市	Haicheng	1056955	阜新蒙古族自治县	Fuxin	698435
抚顺市	**Fushun**	**2023926**	彰武县	Zhangwu	390825
市辖区	District	1322788	**辽阳市**	**Liaoyang**	**1724757**
新抚区	Xinfu	268035	市辖区	District	837892
东洲区	Dongzhou	261454	白塔区	Baita	345887
望花区	Wanghua	361969	文圣区	Wensheng	131852
顺城区	Shuncheng	431330	宏伟区	Hongwei	133860
抚顺县	Fushun	109801	弓长岭区	Gongchangling	83167
新宾满族自治县	Xinbin	281630	太子河区	Taizihe	143126
清原满族自治县	Qingyuan	309707	辽阳县	Liaoyang	457785

5-4 续表 6 continued

单位：人 (person)

城市	City	人数 Population
灯塔市	Dengta	429080
盘锦市	**Panjin**	**1293327**
市辖区	District	1020659
双台子区	Shuangtaizi	190122
兴隆台区	Xinglongtai	441659
大洼区	Dawa	388878
盘山县	Panshan	272668
铁岭市	**Tieling**	**2853274**
市辖区	District	416215
银州区	Yinzhou	326170
清河区	Qinghe	90045
铁岭县	Tieling	373767
西丰县	Xifeng	324455
昌图县	Changtu	971614
调兵山市	Diaobingshan	217566
开原市	Kaiyuan	549657
朝阳市	**Chaoyang**	**3309228**
市辖区	District	611040
双塔区	Shuangta	408125
龙城区	Longcheng	202915
朝阳县	Chaoyang	545013
建平县	Jianping	567317
喀喇沁左翼蒙古族自治县	Harqin Left Wing Mongolian Autonomous County	416164
北票市	Beipiao	540469
凌源市	Lingyuan	629225
葫芦岛市	**Huludao**	**2723856**
市辖区	District	954825
连山区	Lianshan	445702
龙港区	Longgang	242268
南票区	Nanpiao	266855
绥中县	Suizhong	631535
建昌县	Jianchang	614449
兴城市	Xingcheng	523047
吉林省	**Jilin**	**25770961**
长春市	**Changchun**	**8533951**
市辖区	District	4467968
南关区	Nanguan	779270
宽城区	Kuancheng	672356
朝阳区	Chaoyang	769237
二道区	Erdao	576922
绿园区	Luyuan	647205
双阳区	Shuangyang	361024
九台区	Jiutai	661954
农安县	Nong'an	1050977
榆树市	Yushu	1204843
德惠市	Dehui	796309
公主岭市	Gongzhuling	1013854
吉林市	**Jilin**	**4047142**
市辖区	District	1773076
昌邑区	Changyi	599658
龙潭区	Longtan	419930
船营区	Chuanying	451690
丰满区	Fengman	301798
永吉县	Yongji	368207
蛟河市	Jiaohe	408110
桦甸市	Huadian	409378
舒兰市	Shulan	593140
磐石市	Panshi	495231
四平市	**Siping**	**2130596**
市辖区	District	667553
铁西区	Tiexi	354008
铁东区	Tiedong	313545
梨树县	Lishu	633163
伊通满族自治县	Yitong Manchu Autonomous County	443584
双辽市	Shuangliao	386296
辽源市	**Liaoyuan**	**1147633**
市辖区	District	441667
龙山区	Longshan	295953
西安区	Xi'an	145714
东丰县	Dongfeng	379269
东辽县	Dongliao	326697
通化市	**Tonghua**	**2119720**
市辖区	District	429707
东昌区	Dongchang	317453
二道江区	Erdaojiang	112254
通化县	Tonghua	226366
辉南县	Huinan	319638
柳河县	Liuhe	353857
梅河口市	Meihekou	582345
集安市	Ji'an	207807
白山市	**Baishan**	**1150644**
市辖区	District	516971
浑江区	Hunjiang	322656
江源区	Jiangyuan	194315
抚松县	Fusong	275110
靖宇县	Jingyu	132649
长白朝鲜族自治县	Changba	75497
临江市	Linjiang	150417
松原市	**Songyuan**	**2732600**
市辖区	District	558573
宁江区	Ningjiang	558573
前郭尔罗斯蒙古族自治县	Mongolian Autonomous County	569152
长岭县	Changling	627297
乾安县	Qian'an	269222
扶余市	Fuyu	708356
白城市	**Baicheng**	**1862115**
市辖区	District	478663

5-4 续表 7 continued

单位：人 (person)

城 市	City	人 数 Population
洮北区	Taobei	478663
镇赉县	Zhenlai	258742
通榆县	Tongyu	350417
洮南市	Taonan	402601
大安市	Daan	371692
延边朝鲜族自治州	**Yanbian**	**2046560**
延吉市	Yanji	557839
图们市	Tumen	104556
敦化市	Dunhua	446242
珲春市	Hunchun	225501
龙井市	Longjing	147375
和龙市	Longjing	160066
汪清县	Wangqing	213038
安图县	Antu	191943
黑龙江省	**Heilongjiang**	**35247565**
哈尔滨市	**Harbin**	**9485492**
市辖区	District	5534609
道里区	Daoli	792054
南岗区	Nangang	1059857
道外区	Daowai	631930
平房区	Pingfang	158315
松北区	Songbei	243062
香坊区	Xiangfang	739408
呼兰区	Hulan	610478
阿城区	Acheng	538054
双城区	Shuangcheng	761451
依兰县	Yilan	374518
方正县	Fangzheng	217345
宾县	Bingxian	563586
巴彦县	Bayan	637766
木兰县	Mulan	245239
通河县	Tonghe	230331
延寿县	Yanshou	243197
尚志市	Shangzhi	549690
五常市	Wuchang	889211
齐齐哈尔市	**Qiqihar**	**5220752**
市辖区	District	1290705
龙沙区	Longsha	276458
建华区	Jianhua	261238
铁锋区	Tiefeng	251765
昂昂溪区	Ananxiqu	69053
富拉尔基区	Fularjiqu	203622
碾子山区	Nianzishanqu	67227
梅里斯达斡尔族区	Meirhysdaur	161342
龙江县	Longjiang	573829
依安县	Yi'an	460581
泰来县	Tailai	299943
甘南县	Gannan	367681
富裕县	Fuyu	277246
克山县	Keshan	451227
克东县	Kedong	273943
拜泉县	Baiquan	545122
讷河市	Nehe	680475
鸡西市	**Jixi**	**1670345**
市辖区	District	751739
鸡冠区	Jiguan	347799
恒山区	Hengshan	126020
滴道区	Didao	89714
梨树区	Lishu	62647
城子河区	Chengzihe	99076
麻山区	Mashan	26483
鸡东县	Jidong	262174
虎林市	Hulin	271568
密山市	Mishan	384864
鹤岗市	**Hegang**	**970042**
市辖区	District	586257
向阳区	Xiangyang	80179
工农区	Gongnong	138124
南山区	Nanshan	117329
兴安区	Xing'an	115343
东山区	Dongshan	101786
兴山区	Xingshan	33496
萝北县	Luobei	209922
绥滨县	Suibin	173863
双鸭山市	**Shuangyashan**	**1384439**
市辖区	District	455066
尖山区	Jianshan	243717
岭东区	Lingdong	52924
四方台区	Sifangtai	53976
宝山区	Baoshan	104449
集贤县	Jixian	289992
友谊县	Youyi	105447
宝清县	Baoqing	397900
饶河县	Raohe	136034
大庆市	**Daqing**	**2735320**
市辖区	District	1380091
萨尔图区	Sartu	392582
龙凤区	Longfeng	192648
让胡路区	Ranghulu	478967
红岗区	Honggang	102250
大同区	Datong	213644
肇州县	Zhaozhou	425560
肇源县	Zhaoyuan	437116
林甸县	Lindian	252418
杜尔伯特蒙古族自治县	Dorbod Mongolian	240135
伊春市	**Yichun**	**1102950**
市辖区	District	420035
伊美区	Yimei	195503

5-4 续表 8 continued

单位：人 (person)

城 市	City	人 数 Population	城 市	City	人 数 Population
乌翠区	Wucui	73797	北林区	Beilin	803775
友好区	Youhao	71979	望奎县	Wangkui	440278
嘉荫县	Jiayin	69043	兰西县	Lanxi	480309
汤旺县	Tangwang	49913	青冈县	Qinggang	440518
丰林县	Fenglin	92216	庆安县	Qing'an	360268
大箐山县	Daqingshan	83079	明水县	Mingshui	329280
南岔县	Nancha	106498	绥棱县	Suiling	288390
金林区	Jinlin	78756	安达市	Anda	442170
铁力市	Tieli	282166	肇东市	Zhaodong	848523
佳木斯市	**Jimusi**	**2302124**	海伦市	Hailun	747294
市辖区	District	750892	**大兴安岭地区**	**Daxinganling**	**407062**
向阳区	Xiangyang	216378	呼玛县	Huma	269677
前进区	Qianjin	161787	塔河县	Tahe	69683
东风区	Dongfeng	117964	漠河县	Mohe	67702
郊区	Jiaoqu	254763	**上海市**	**Shanghai**	**14756326**
桦南县	Huanan	404003	市辖区	District	14756326
桦川县	Huachuan	201920	黄浦区	Huangpu	783824
汤原县	Tangyuan	237780	徐汇区	Xuhui	929911
同江市	Tongjiang	174785	长宁区	Changning	573153
富锦市	Fujin	450525	静安区	Jing'an	905612
抚远市	Fuyuan	82219	普陀区	Putuo	892676
七台河市	**Qitaihe**	**760669**	虹口区	Hongkou	696053
市辖区	District	461317	杨浦区	Yangpu	1054240
新兴区	Xinxing	162447	闵行区	Minxing	1189644
桃山区	Taoshan	185478	宝山区	Baoshan	1024975
茄子河区	Qiezihe	113392	嘉定区	Jiading	671315
勃利县	Bolil	299352	浦东新区	Pudongxinqu	3116653
牡丹江市	**Mudanjiang**	**2472355**	金山区	Jinshan	525005
市辖区	District	854104	松江区	Songjiang	670813
东安区	Dong'an	199749	青浦区	Qingpu	501899
阳明区	Yangming	210067	奉贤区	Fengxian	544327
爱民区	Aimin	205932	崇明区	Chongming	676226
西安区	Xi'an	238356	**江苏省**	**Jiangsu**	**78767521**
林口县	Linkou	328436	**南京市**	**Nanjing**	**7225706**
绥芬河市	Suifenhe	68507	市辖区	District	7225706
海林市	Hailin	353054	玄武区	Xuanwu	467489
宁安市	Ning'an	404561	秦淮区	Qinhuai	683970
穆棱市	Muling	263295	建邺区	Jianye	433878
东宁市	Dongning	200398	鼓楼区	Gulou	921095
黑河市	**Heihe**	**1555210**	浦口区	Pukou	793343
市辖区	District	181485	栖霞区	Qixia	548862
爱辉区	Aihui	181485	雨花台区	Yuhuatai	317431
嫩江县	Neijiang	446920	江宁区	Jiangning	1209140
逊克县	Xunke	94285	六合区	Liuhe	949476
孙吴县	Sunwu	90889	溧水区	Lishui	449803
北安市	Beian	411372	高淳区	Gaochun	451219
五大连池市	Wudalianchi	330259	**无锡市**	**Wuxi**	**5089669**
绥化市	**Suihua**	**5180805**	市辖区	District	2747235
市辖区	District	803775	锡山区	Xishan	486499

5-4 续表 9 continued

单位：人 (person)

城 市	City	人 数 Population	城 市	City	人 数 Population
惠山区	Huishan	515564	海州区	Haizhou	811283
滨湖区	Binhu	558017	赣榆区	Ganyu	1198299
梁溪区	Liangxi	800146	东海县	Donghai	1246335
新吴区	Xinwu	387009	灌云县	Guanyun	1026706
江阴市	Jiangyin	1266587	灌南县	Guannan	815001
宜兴市	Yixing	1075847	**淮安市**	**Huaian**	**5579706**
徐州市	**Xuzhou**	**10380452**	市辖区	District	3334340
市辖区	District	3442536	淮安区	Huaian	1131842
鼓楼区	Gulou	643121	淮阴区	Huaiyin	896596
云龙区	Yunlong	386895	清江浦区	Qingpu	945103
贾汪区	Jiawang	515362	洪泽区	Hongze	360799
泉山区	Quanshan	574697	涟水县	Lianshui	1112901
铜山区	Tongshan	1322461	盱眙县	Yutai	790055
丰县	Fengxian	1204293	金湖县	Jinhu	342410
沛县	Penxian	1286259	**盐城市**	**Yancheng**	**8144862**
睢宁县	Suining	1410879	市辖区	District	2436724
新沂市	Xinyi	1116277	亭湖区	Tinghu	1029221
邳州市	Pizhou	1920208	盐都区	Yandu	706532
常州市	**Changzhou**	**3866289**	大丰区	Dafeng	700971
市辖区	District	3077789	响水县	Xiangshui	618927
天宁区	Tianning	483018	滨海县	Binghai	1212533
钟楼区	Gulou	440319	阜宁县	Funing	1103404
新北区	Xinbei	622681	射阳县	Sheyang	936304
武进区	Wujin	986593	建湖县	Jianhu	764735
金坛区	Jintan	545178	东台市	Dongtai	1072235
溧阳市	Liyang	788500	**扬州市**	**Yangzhou**	**4547096**
苏州市	**Suzhou**	**7443344**	市辖区	District	2296139
市辖区	District	3871398	广陵区	Guangling	490660
虎丘区	Huqu	1045189	邗江区	Hanjiang	778520
吴中区	Wuzhong	733318	江都区	Jiangdu	1026959
相城区	Xiangcheng	468530	宝应县	Baoying	870240
姑苏区	Gusu	747690	仪征市	Yizheng	584241
吴江区	Wujiang	876671	高邮市	Gaoyou	796476
常熟市	Changshu	1064081	**镇江市**	**Zhenjiang**	**2692524**
张家港市	Zhangjiagang	930189	市辖区	District	1027205
昆山市	Kunshan	1067149	京口区	Jingkou	496757
太仓市	Taicang	510527	润州区	Runzhou	241520
南通市	**Nantong**	**7560553**	丹徒区	Dantu	288928
市辖区	District	2155431	丹阳市	Danyang	799031
崇川区	Chongchuan	905428	扬中市	Yangzhong	281037
通州区	Tongzhou	1250003	句容市	Jurong	585251
如东县	Rudong	1002376	**泰州市**	**Taizhou**	**4971499**
启东市	Qidong	1095986	市辖区	District	1635395
如皋市	Rugao	1403942	海陵区	Hailing	643741
海门市	Haimen	988700	高港区	Gaogang	260365
海安市	Haian	914118	姜堰区	Jiangyan	731289
连云港市	**Lianyungang**	**5344800**	兴化市	Xinghua	1527522
市辖区	District	2256758	靖江市	Jingjiang	650036
连云区	Lianyun	247176	泰兴市	Taixing	1158546

5-4 续表 10 continued

单位：人 (person)

城 市	City	人 数 Population	城 市	City	人 数 Population
宿迁市	**Suqian**	**5921021**	**嘉兴市**	**Jiaxing**	**3673799**
市辖区	District	1781121	市辖区	District	957170
宿城区	Sucheng	1124709	南湖区	Nanhu	537483
宿豫区	Suyu	656412	秀洲区	Xiuzhou	419687
沭阳县	Muyang	1988442	嘉善县	Jiashan	409822
泗阳县	Siyang	1060141	海盐县	Haiyan	383079
泗洪县	Sihong	1091317	海宁市	Haining	708038
浙江省	**Zhejiang**	**50689996**	平湖市	Pinghu	508023
杭州市	**Hangzhou**	**8138304**	桐乡市	Tongxiang	707667
市辖区	District	6753023	**湖州市**	**Huzhou**	**2680587**
上城区	Shangcheng	320793	市辖区	District	1126394
下城区	Xiacheng	432229	吴兴区	Wuxing	637423
江干区	Jianggan	676382	南浔区	Nanxun	488971
拱墅区	Gongshu	413949	德清县	Deqing	443246
西湖区	Xihu	793264	长兴县	Changxing	637710
滨江区	Bingjiang	292349	安吉县	Ji'an	473237
萧山区	Xiaoshan	1373598	**绍兴市**	**Shaoxing**	**4476427**
余杭区	Yuhang	1219042	市辖区	District	2241824
富阳区	Fuyang	691114	越城区	Yuecheng	771693
临安区	Lin'an	540303	柯桥区	Keqiao	692590
桐庐县	Tonglu	419220	上虞区	Shangyu	777541
淳安县	Chun'an	456160	新昌县	Xinchang	432167
建德市	Jiande	509901	诸暨市	Zhuji	1083000
宁波市	**Ningbo**	**6136558**	嵊州市	Shengzhou	719436
市辖区	District	3063053	**金华市**	**Jinhua**	**4939004**
海曙区	Haishu	637638	市辖区	District	1000833
江北区	Jiangbei	271024	婺城区	Wucheng	656263
北仑区	Beilun	435425	金东区	Jindong	344570
镇海区	Zhenhai	284262	武义县	Wuyi	345174
鄞州区	Yinzhou	955307	浦江县	Pujiang	400818
奉化区	Xiangshan	479397	磐安县	Pan'an	211343
象山县	Ninghai	544194	兰溪市	Lanxi	654835
宁海县	Yuyao	633255	义乌市	Yiwu	853378
余姚市	Cixi	834345	东阳市	Dongyang	851512
慈溪市	Fenghua	1061711	永康市	Yongkang	621111
温州市	**Wenzhou**	**8337457**	**衢州市**	**Quzhou**	**2568638**
市辖区	District	1758923	市辖区	District	853387
鹿城区	Lucheng	793794	柯城区	Kecheng	441760
龙湾区	Longwan	342348	衢江区	Jujiang	411627
瓯海区	Ouhai	468237	常山县	Changshan	341567
洞头区	Dongtou	154544	开化县	Kaihua	360584
永嘉县	Yongjia	988348	龙游县	Longyou	399794
平阳县	Pingyang	883043	江山市	Jiangshan	613306
苍南县	Cangnan	966300	**舟山市**	**Zhoushan**	**962028**
文成县	Wencheng	409489	市辖区	District	714644
泰顺县	Taishun	371867	定海区	Dinghai	400968
瑞安市	Ruian	1259247	普陀区	Putuo	313676
乐清市	Leqing	1318155	岱山县	Daishan	173733
龙港市	Longgang	382085	嵊泗县	Shengsi	73651

5-4 续表 11 continued

单位：人 (person)

城 市	City	人 数 Population	城 市	City	人 数 Population
台州市	**Taizhou**	**6069798**	淮上区	Huaishang	283617
市辖区	District	1639499	怀远县	Huaiyuan	1345150
椒江区	Jiaojiang	561847	五河县	Wuhe	698217
黄岩区	Huangyan	615849	固镇县	Guzhen	663960
路桥区	Luqiao	461803	**淮南市**	**Huainan**	**3905109**
三门县	Sanmen	446442	市辖区	District	1686434
天台县	Tiantai	601460	大通区	Datong	186200
仙居县	Xianju	521235	田家庵区	Tianjiaan	593920
温岭市	Wenling	1220723	谢家集区	Xiejiaji	299326
临海市	Linhai	1203312	八公山区	Bagongshan	148171
玉环市	Yuhuan	437127	潘集区	Panji	458817
丽水市	**Lishui**	**2707396**	凤台县	Fengtai	822791
市辖区	District	421031	寿县	Shouxian	1395884
莲都区	Liandu	421031	**马鞍山市**	**Maanshan**	**2285876**
青田县	Qingtian	572311	市辖区	District	824441
缙云县	Jinyun	469576	花山区	Huashan	376809
遂昌县	Suichang	229139	雨山区	Yushan	257813
松阳县	Songyang	240308	博望区	Bowang	189819
云和县	Yunhe	113777	当涂县	Dangtu	478811
庆元县	Qingyuan	202905	含山县	Hanshan	443141
景宁畲族自治县	Jingning	169502	和县	Hexian	539483
龙泉市	Longquan	288847	**淮北市**	**Huaibei**	**2188029**
安徽省	**Anhui**	**71328026**	市辖区	District	1046352
合肥市	**Hefeng**	**7815265**	杜集区	Duji	292441
市辖区	District	3008369	相山区	Xiangshan	436136
瑶海区	Yaohai	691320	烈山区	Lieshan	317775
庐阳区	Luyang	522615	濉溪县	Suixi	1141677
蜀山区	Shushan	1077692	**铜陵市**	**Tongling**	**1699752**
包河区	Baohe	716742	市辖区	District	907432
长丰县	Changyang	804434	铜官区	Tongguan	351361
肥东县	Feidong	1083821	义安区	Yi'an	300600
肥西县	Feixi	851697	郊区	Jiaoqu	255471
庐江县	Lujiang	1208280	枞阳县	Zongyang	792320
巢湖市	Chaohu	858664	**安庆市**	**Anqing**	**5277115**
芜湖市	**Wuhu**	**3884743**	市辖区	District	735081
市辖区	District	1521011	迎江区	Yingjiang	214039
镜湖区	Jinghu	459006	大观区	Daguan	250777
弋江区	Yijiang	248829	宜秀区	Yixiu	270265
鸠江区	Jiujiang	612498	怀宁县	Huaining	706025
三山区	Sanshan	200678	潜山县	Qianshan	584397
芜湖县	Wuhu	348581	太湖县	Taihu	577972
繁昌县	Fanchang	273470	宿松县	Susong	868619
南陵县	Nanling	546188	望江县	Wangjiang	641531
无为县	Wuwei	1195493	岳西县	Yuexi	413610
蚌埠市	**Bengbu**	**3872629**	桐城市	Tongcheng	749880
市辖区	District	1165302	**黄山市**	**Huangshan**	**1488483**
龙子湖区	Longzihu	169765	市辖区	District	470456
蚌山区	Bangshan	352681	屯溪区	Tunxi	213562
禹会区	Yuhui	359239	黄山区	Huangshan	161275

5-4 续表 12 continued

单位：人 (person)

城 市	City	人 数 Population	城 市	City	人 数 Population
徽州区	Huizhou	95619	市辖区	District	670695
歙县	Shexian	471100	贵池区	Guichi	670695
休宁县	Xiuning	267466	东至县	Dongzhi	546092
黟县	Yixian	92622	石台县	Shitai	106961
祁门县	Qimen	186839	青阳县	Qingyang	292282
滁州市	**Chuzhou**	**4546489**	**宣城市**	**Xuancheng**	**2771621**
市辖区	District	567220	市辖区	District	859491
琅琊区	Langya	281726	宣州区	Xuanzhou	859491
南谯区	Nanqiao	285494	郎溪县	Langxi	346251
来安县	Laian	484199	泾县	Jingxian	347820
全椒县	Quanjiao	451135	绩溪县	Jixi	172384
定远县	Dingyuan	981278	旌德县	Jingde	147450
凤阳县	Fengyang	788177	宁国市	Ningguo	381656
天长市	Tianchang	631080	广德市	Guangde	516569
明光市	Mingguang	643400	**福建省**	**Fujian**	**39216115**
阜阳市	**Fuyang**	**10810399**	**福州市**	**Fuzhou**	**7154084**
市辖区	District	2327205	市辖区	District	2935580
颍州区	Yingzhou	906104	鼓楼区	Gulou	595763
颍东区	Yingdong	672748	台江区	Taijiang	317656
颍泉区	Yingquan	748353	仓山区	Cangshan	638663
临泉县	Linquan	2309641	马尾区	Mawei	185895
太和县	Taihe	1792842	晋安区	Jin'an	432339
阜南县	Funan	1741048	长乐区	Changle	765264
颍上县	Yingshang	1802249	闽侯县	Minhou	712344
界首市	Jieshou	837414	连江县	Lianjiang	678273
宿州市	**Suzhou**	**6605491**	罗源县	Luoyuan	269686
市辖区	District	1937240	闽清县	Minqing	324037
埇桥区	Yongqiao	1937240	永泰县	Yongtai	385017
砀山县	Dangshan	1008240	平潭县	Pingtan	452490
萧县	Xiaoxian	1396331	福清市	Fuqing	1396657
灵璧县	Lingbi	1299959	**厦门市**	**Xiamen**	**2721139**
泗县	Sixian	963721	市辖区	District	2721139
六安市	**Lu'an**	**5878647**	思明区	Siming	866764
市辖区	District	2207909	海沧区	Haicang	262664
金安区	Jin'an	884619	湖里区	Huli	377538
裕安区	Yu'an	1043471	集美区	Jimei	402615
叶集区	Yeji	279819	同安区	Tong'an	418009
霍邱县	Huoqiu	1633650	翔安区	Xiang'an	393549
舒城县	Shucheng	992692	**莆田市**	**Putian**	**3655496**
金寨县	Jinzhai	683002	市辖区	District	2476491
霍山县	Huoshan	361394	城厢区	Chengxiang	441784
亳州市	**Bozhou**	**6682348**	涵江区	Hanjiang	451685
市辖区	District	1712605	荔城区	Licheng	616026
谯城区	Qiaocheng	1712605	秀屿区	Xiuyu	966996
涡阳县	Guoyang	1733542	仙游县	Xianyou	1179005
蒙城县	Mengcheng	1477307	**三明市**	**Sanming**	**2878376**
利辛县	Lixin	1758894	市辖区	District	294480
池州市	**Chizhou**	**1616030**	梅列区	Meilie	157802

5-4 续表 13 continued

单位：人 (person)

城 市	City	人 数 Population	城 市	City	人 数 Population
三元区	Sanyuan	136678	澳溪区	Lianxi	374098
明溪县	Mingxi	116811	建瓯市	Jianou	546010
清流县	Qingliu	153157	**龙岩市**	**Longyan**	**3176010**
宁化县	Ninghua	371950	市辖区	District	1078328
大田县	Datian	414797	新罗区	Xinluo	597156
尤溪县	Youxi	450446	永定区	Yongding	481172
沙县	Shaxian	270852	长汀县	Tingchow	547637
将乐县	Jiangle	186287	上杭县	Shanghang	520080
泰宁县	Taining	137398	武平县	Wuping	396664
建宁县	Jianning	154282	连城县	Liancheng	341846
永安市	Yong'an	327916	漳平市	Zhangping	291455
泉州市	**Quanzhou**	**7661372**	**宁德市**	**Ningde**	**3561407**
市辖区	District	1206770	市辖区	District	528552
鲤城区	Licheng	276557	蕉城区	Jiaocheng	528552
丰泽区	Fengze	299298	霞浦县	Xiapu	550608
洛江区	Luojiang	208459	古田县	Gutian	424900
泉港区	Quangang	422456	屏南县	Pingnan	189551
惠安县	Huian	1051097	寿宁县	Shouning	263180
安溪县	Anxi	1210294	周宁县	Zhouning	211769
永春县	Yongcun	602037	柘荣县	Tuorong	110472
德化县	Dehua	354276	福安市	Fu'an	676246
金门县	Jinmen		福鼎市	Fuding	606129
石狮市	Shishi	357353	**江西省**	**Jiangxi**	**50301069**
晋江市	Jinjiang	1212438	**南昌市**	**Nanchang**	**5382873**
南安市	Nan'an	1667107	市辖区	District	2955262
漳州市	**Zhangzhou**	**5239547**	东湖区	Donghu	570729
市辖区	District	665750	西湖区	Xihu	456973
芗城区	Xiangcheng	481005	青云谱区	Qingyunpu	260704
龙文区	Longwen	184745	湾里区	Wanli	82607
云霄县	Yunxiao	467694	青山湖区	Qingshanhu	672752
漳浦县	Zhangpu	946536	新建区	Xinjian	911497
诏安县	Zhaoan	686254	南昌县	Nanchang	1276791
长泰县	Changtai	211389	安义县	Anyi	307321
东山县	Dongshan	222334	进贤县	Jinxian	843499
南靖县	Nanjing	357254	**景德镇市**	**Jingdezhen**	**1707476**
平和县	Pinghe	612645	市辖区	District	475677
华安县	Huaan	165090	昌江区	Changjiang	155343
龙海市	Longhai	904601	珠山区	Zhushan	320334
南平市	**Nanping**	**3168684**	浮梁县	Fuliang	285178
市辖区	District	855186	乐平市	Leping	946621
延平区	Yanping	494217	**萍乡市**	**Pingxiang**	**1990232**
建阳区	Jianyang	360969	市辖区	District	877635
顺昌县	Shunchang	230181	安源区	Anyuan	471811
浦城县	Pucheng	422365	湘东区	Xiangdong	405824
光泽县	Guangze	161619	莲花县	Lianhua	277781
松溪县	Songxi	166861	上栗县	Shangli	523252
政和县	Zhenghe	237235	芦溪县	Luxi	311564
邵武市	Shaowu	302186	**九江市**	**Jiujiang**	**5235669**
武夷山市	Wuyishan	247041	市辖区	District	1031663

5-4 续表 14 continued

单位：人 (person)

城　市	City	人　数 Population	城　市	City	人　数 Population
浔阳区	Xunyang	343896	新干县	Xingan	353328
柴桑区	Chaisang	313669	永丰县	Yongfeng	494259
武宁县	Wuning	397953	泰和县	Taihe	579194
修水县	Xiushui	892612	遂川县	Suichuan	621806
永修县	Yongxiu	407395	万安县	Wanan	316186
德安县	Dean	175534	安福县	Anfu	418392
都昌县	Duchang	809474	永新县	Yongxin	525161
湖口县	Hukou	292126	井冈山市	Jinggangshan	190315
彭泽县	Pengze	369476	**宜春市**	**Yichun**	**6010712**
瑞昌市	Ruichang	457462	市辖区	District	1168418
共青城市	Gongqingcheng	123515	袁州区	Yuanzhou	1168418
庐山市	Lushan	278459	奉新县	Fengxin	333659
新余市	**Xinyu**	**1251271**	万载县	Wanzai	579097
市辖区	District	905214	上高县	Shanggao	382407
渝水区	Yushui	905214	宜丰县	Yifeng	296629
分宜县	Fenyi	346057	靖安县	Jing'an	151820
鹰潭市	**Yingtan**	**1286821**	铜鼓县	Tonggu	137749
市辖区	District	641006	丰城市	Fengcheng	1484348
月湖区	Yuehu	237416	樟树市	Zhangshu	604594
余江区	Yujiang	403590	高安市	Gaoan	871991
贵溪市	Guixi	645815	**抚州市**	**Fuzhou**	**4312991**
赣州市	**Ganzhou**	**9821044**	市辖区	District	1715265
市辖区	District	2324579	临川区	Linchuan	1232769
章贡区	Zhanggong	805577	东乡区	Dongxiang	482496
南康区	Nankang	859618	南城县	Nancheng	338095
赣县区	Ganxian	659384	黎川县	Lichuan	250843
信丰县	Xinfeng	779705	南丰县	Nanfeng	314757
大余县	Dayu	305113	崇仁县	Chongren	388863
上犹县	Shangyou	321844	乐安县	Lean	387750
崇义县	Chongyi	214960	宜黄县	Yihuang	234709
安远县	Anyuan	407775	金溪县	Jinxi	317361
定南县	Diangnan	219851	资溪县	Zixi	114152
全南县	Quannan	194544	广昌县	Guangchang	251196
宁都县	Ningdu	835916	**上饶市**	**Shangrao**	**7922022**
于都县	Yudu	1119478	市辖区	District	2297295
兴国县	Xingguo	858325	信州区	Xinzhou	448520
会昌县	Huichang	531625	广丰区	Guangfeng	984169
寻乌县	Xunwu	329480	广信区	Guangxin	864606
石城县	Shicheng	333316	玉山县	Yushan	644685
瑞金市	Ruijin	707387	铅山县	Qianshan	480913
龙南市	Longnan	337146	横峰县	Hengfeng	229337
吉安市	**Ji'an**	**5379958**	弋阳县	Yiyang	429776
市辖区	District	599988	余干县	Yugan	1098246
吉州区	Jizhou	370285	鄱阳县	Poyang	1592616
青原区	Qingyuan	229703	万年县	Wannian	438567
吉安县	Jian	525258	婺源县	Wuyuan	376401
吉水县	Jishui	565796	德兴市	Dexing	334186
峡江县	Xiajiang	190275	**山东省**	**Shandong**	**101724667**

5-4 续表 15 continued

单位：人 (person)

城 市	City	人 数 Population	城 市	City	人 数 Population
济南市	**Jinan**	**8067252**	利津县	Lijin	309642
市辖区	District	7053295	广饶县	Guangrao	533894
历下区	Lixia	741945	**烟台市**	**Yantai**	**6518602**
市中区	Shizhong	679362	市辖区	District	2512061
槐荫区	Huaiyin	466306	芝罘区	Zhifu	710227
天桥区	Tianqiao	538424	福山区	Fushan	592403
历城区	Licheng	1107499	牟平区	Mouping	446335
长清区	Changqing	571902	莱山区	Laishan	279914
章丘区	Zhangxqiu	1055244	蓬莱区	Penglai	483182
济阳区	Jiyang	599125	龙口市	Longkou	633564
莱芜区	Laiwu	993969	莱阳市	Laiyang	844618
钢城区	Gangcheng	299519	莱州市	Laizhou	834763
平阴县	Pingyin	371976	招远市	Zhaoyuan	556813
商河县	Shanghe	641981	栖霞市	Qixia	505022
青岛市	**Qingdao**	**8368395**	海阳市	Haiyang	631761
市辖区	District	5373572	**潍坊市**	**Weifang**	**9190408**
市南区	Shinan	551007	市辖区	District	1977729
市北区	Shibei	917398	潍城区	Weicheng	372376
黄岛区	Huangdao	1354814	寒亭区	Hanting	449375
崂山区	Laoshan	328557	坊子区	Fangzi	556164
李沧区	Licang	434877	奎文区	Kuiwen	599814
城阳区	Chengyang	599379	临朐县	Linqu	928933
即墨区	Jimo	1187540	昌乐县	Changle	639332
胶州市	Jiaozhou	871194	青州市	Qingzhou	960093
平度市	Pingdong	1382014	诸城市	Zhucheng	1118366
莱西市	Laixi	741615	寿光市	Shouguang	1110158
淄博市	**Zibo**	**4344877**	安丘市	Anqiu	977178
市辖区	District	2898531	高密市	Gaomi	895972
淄川区	Zichuan	630456	昌邑市	Changyi	582647
张店区	Zhangdian	879447	**济宁市**	**Jining**	**8941585**
博山区	Boshan	435199	市辖区	District	1916865
临淄区	Linzi	611198	任城区	Rencheng	1264440
周村区	Zhoucun	342231	兖州区	Yanzhou	652425
桓台县	Huantai	503722	微山县	Weishan	733154
高青县	Gaoqing	368727	鱼台县	Yutai	481915
沂源县	Yiyuan	573897	金乡县	Jinxiang	683355
枣庄市	**Zaozhuang**	**4261114**	嘉祥县	Jiaxiang	934336
市辖区	District	2497992	汶上县	Wenshang	824380
市中区	Shizhong	594977	泗水县	Sishui	646521
薛城区	Xuecheng	596485	梁山县	Liangshan	846001
峄城区	Yicheng	425104	曲阜市	Qufu	658690
台儿庄区	Taierzhuang	344843	邹城市	Zoucheng	1216368
山亭区	Shanting	536583	**泰安市**	**Taian**	**5707677**
滕州市	Tengzhou	1763122	市辖区	District	1645761
东营市	**Dongying**	**1979605**	泰山区	Taishan	640340
市辖区	District	1136069	岱岳区	Daiyue	1005421
东营区	Dongying	680736	宁阳县	Ningyang	828940
河口区	Hekou	214698	东平县	Dongping	809118
垦利区	Kenli	240635	新泰市	Xintai	1447018

5-4 续表 16 continued

单位：人 (person)

城 市	City	人 数 Population	城 市	City	人 数 Population
肥城市	Feicheng	976840	高唐县	Gaotang	513260
威海市	**Weihai**	**2566146**	临清市	Linqing	840583
市辖区	District	1378177	**滨州市**	**Binzhou**	**3975431**
环翠区	Huancui	810030	市辖区	District	1111150
文登区	Wendeng	568147	滨城区	Bincheng	713154
荣成市	Rongcheng	651918	沾化区	Zhanhua	397996
乳山市	Rushan	536051	惠民县	Huimin	651979
日照市	**Rizhao**	**3090210**	阳信县	Yangxin	471519
市辖区	District	1412704	无棣县	Wudi	490594
东港区	Donggang	976404	博兴县	Boxing	505251
岚山区	Lanshan	436300	邹平市	Zouping	744938
五莲县	Wulian	508805	**菏泽市**	**Heze**	**10282434**
莒县	Juxian	1168701	市辖区	District	2380822
临沂市	**Linyi**	**11970127**	牡丹区	Mudan	1666890
市辖区	District	2906300	定陶区	Dingtao	713932
兰山区	Lanshan	1352864	曹县	Caoxian	1705443
罗庄区	Luozhuang	683375	单县	Shanxian	1274543
河东区	Hedong	870061	成武县	Chengwu	722861
沂南县	Yinan	986424	巨野县	Juye	1102388
郯城县	Tancheng	1045379	郓城县	Yuncheng	1281400
沂水县	Yishui	1194400	鄄城县	Juancheng	935286
兰陵县	Lanling	1459102	东明县	Dongming	879691
费县	Feixian	924005	**河南省**	**Henan**	**115258236**
平邑县	Pingyi	1120781	**郑州市**	**Zhengzhou**	**8989126**
莒南县	Junan	1067895	市辖区	District	3991785
蒙阴县	Mengyin	583287	中原区	Zhongyuan	925253
临沭县	Linshu	682554	二七区	Erqi	674862
德州市	**Dezhou**	**5978031**	管城回族区	Guancheng	598572
市辖区	District	1267525	金水区	Jinshui	1387094
德城区	Decheng	674905	上街区	Shangjie	117104
陵城区	Lingcheng	592620	惠济区	Huiji	288900
宁津县	Ningjin	490290	中牟县	Zhongmou	922763
庆云县	Qingyun	345850	巩义市	Gongyi	851230
临邑县	Linyi	553548	荥阳市	Xingyang	718623
齐河县	Qihe	641873	新密市	Xinmi	903957
平原县	Pingyuan	473625	新郑市	Xinzheng	866280
夏津县	Xiajin	546653	登封市	Dengfeng	734488
武城县	Wucheng	399515	**开封市**	**Kaifeng**	**5638209**
乐陵市	Laoling	718230	市辖区	District	1724255
禹城市	Yucheng	540922	龙亭区	Longting	127931
聊城市	**Liaocheng**	**6482773**	顺河回族区	Shunhe	233638
市辖区	District	1891152	鼓楼区	Gulou	144241
东昌府区	Dongchangfu	1319179	禹王台区	Yuwangtai	128123
茌平区	Chiping	571973	金明区	Jinming	267343
阳谷县	Yanggu	832124	祥符区	Xiangfu	822979
莘县	Shenxian	1120007	杞县	Qixian	1233197
东阿县	Dong'e	413288	通许县	Tongxu	687150
冠县	Guanxian	872359	尉氏县	Weishi	1038759

5-4 续表 17 continued

单位：人 (person)

城 市	City	人 数 Population	城 市	City	人 数 Population
兰考县	Lankao	954848	**新乡市**	**Xinxiang**	**6671736**
洛阳市	**Luoyang**	**7492475**	市辖区	District	1108102
市辖区	District	2112779	红旗区	Hongqi	402563
老城区	Laocheng	168788	卫滨区	Weibin	227782
西工区	Xigong	314796	凤泉区	Fengquan	146607
瀍河回族区	Chanhe	175014	牧野区	Muye	331150
涧西区	Jianxi	612870	新乡县	Xinxiang	377132
吉利区	Jili	67923	获嘉县	Huojia	450619
洛龙区	Luolong	773388	原阳县	Yuanyang	825628
孟津县	Mengjin	486718	延津县	Yanjin	510640
新安县	Xinan	542098	封丘县	Fengqiu	894259
栾川县	Luanchuan	359983	长垣县	Changyuan	1029722
嵩县	Songxian	646764	卫辉市	Weihui	542831
汝阳县	Ruyang	532760	辉县市	Huixian	932803
宜阳县	Yiyang	719317	**焦作市**	**Jiaozuo**	**3730418**
洛宁县	Luoning	515509	市辖区	District	982140
伊川县	Yichuan	939271	解放区	Jiefang	300191
偃师市	Yanshi	637276	中站区	Zhongzhan	111928
平顶山市	**Pingdingshan**	**5706051**	马村区	Macun	135213
市辖区	District	1112769	山阳区	Shanyang	434808
新华区	Xinhua	415901	修武县	Xiuwu	273123
卫东区	Weidong	364088	博爱县	Boai	397824
石龙区	Shilong	61616	武陟县	Wuzhi	740158
湛河区	Zhanhe	271164	温县	Wenxian	461040
宝丰县	Baofeng	557503	沁阳市	Qinyang	493792
叶县	Yexian	878527	孟州市	Mengzhou	382341
鲁山县	Lushan	983533	**濮阳市**	**Puyang**	**4351717**
郏县	Jiaxian	652733	市辖区	District	755274
舞钢市	Wugang	338657	华龙区	Hualong	755274
汝州市	Ruzhou	1182329	清丰县	Qingfeng	751991
安阳市	**Anyang**	**6309853**	南乐县	Nanle	583980
市辖区	District	1238731	范县	Fanxian	603492
文峰区	Wenfeng	436901	台前县	Taiqian	424396
北关区	Beiguan	281675	濮阳县	Puyang	1232584
殷都区	Yindong	234405	**许昌市**	**Xuchang**	**5120477**
龙安区	Longan	285750	市辖区	District	414111
安阳县	Anyang	1046680	魏都区	Weidu	414111
汤阴县	Tangyin	523218	许昌县	Xuchang	934547
滑县	Huaxian	1502855	鄢陵县	Yanling	734923
内黄县	Neihuang	860012	襄城县	Xiangcheng	914241
林州市	Linzhou	1138357	禹州市	Yuzhou	1340204
鹤壁市	**Hebi**	**1714677**	长葛市	Changge	782451
市辖区	District	660692	**漯河市**	**Luohe**	**2676658**
鹤山区	Heshan	81995	市辖区	District	1355122
山城区	Shancheng	167143	源汇区	Yuanhui	316092
淇滨区	Qibin	411554	郾城区	Yancheng	511577
浚县	Xunxian	752631	召陵区	Zhaoling	527453
淇县	Qixian	301354	舞阳县	Wuyang	596406

5-4 续表 18 continued

单位：人 (person)

城　市 City		人　数 Population
临颍县	Linning	725130
三门峡市	**Sanmenxia**	**2263571**
市辖区	District	630367
湖滨区	Hubin	288010
陕州区	Shanzhou	342357
渑池县	Mianchi	359995
卢氏县	Xiaxian	380864
义马市	Lushi	149815
灵宝市	Yima	742530
南阳市	**Nanyang**	**12381731**
市辖区	District	2049609
宛城区	Wancheng	965298
卧龙区	Wolong	1084311
南召县	Nanzhao	690945
方城县	Fangcheng	1172746
西峡县	Xixia	490729
镇平县	Zhenping	1085481
内乡县	Neixiang	718862
淅川县	Xichuan	721499
社旗县	Sheqi	768460
唐河县	Tanghe	1476138
新野县	Xinye	852169
桐柏县	Tongbo	498707
邓州市	Dengzhou	1856386
商丘市	**Shangqiu**	**10098039**
市辖区	District	1907095
梁园区	Liangyuan	914625
睢阳区	Suiyang	992470
民权县	Minquan	1023854
睢县	Suixian	935743
宁陵县	Ningling	731195
柘城县	Zhecheng	1116763
虞城县	Yucheng	1380990
夏邑县	Xiayi	1352305
永城市	Yongcheng	1650094
信阳市	**Yinyang**	**9126880**
市辖区	District	1584597
浉河区	Shihe	670713
平桥区	Pingqiao	913884
罗山县	Luoshan	784666
光山县	Guangshan	937043
新县	Xinxian	381687
商城县	Shangcheng	802212
固始县	Gushi	1790054
潢川县	Huangchuan	893786
淮滨县	Huaibin	826388
息县	Xixian	1126447
周口市	**Zhoukou**	**12589048**
市辖区	District	645245
川汇区	Chuanhui	645245
扶沟县	Fugou	785357
西华县	Xihua	964433
商水县	Shangshui	1325425
沈丘县	Shenqiu	1394392
郸城县	Dancheng	1588954
淮阳县	Huaiyang	1496897
太康县	Taikang	1654186
鹿邑县	Luyi	1384378
项城市	Xiangcheng	1349781
驻马店市	**Zhumadian**	**9666449**
市辖区	District	862139
驿城区	Yicheng	862139
西平县	Xiping	883535
上蔡县	Shangcai	1607674
平舆县	Pingyu	1172435
正阳县	Zhengyang	874539
确山县	Queshan	560342
泌阳县	Biyang	971230
汝南县	Runan	898433
遂平县	Suiping	577084
新蔡县	Xincai	1259038
省直辖县级行政单位	**Shengzhiguan**	**731121**
济源市	Jiyuan	731121
湖北省	**Hubei**	**61600525**
武汉市	**Wuhan**	**9161913**
市辖区	District	9161913
江岸区	Jiang'an	797204
江汉区	Jianghan	515822
硚口区	Qiaokou	541947
汉阳区	Hanyang	744946
武昌区	Wuchang	1098745
青山区	Qingshan	457248
洪山区	Hongshan	1276918
东西湖区	Dongxihu	368072
汉南区	Hannan	116576
蔡甸区	Caidian	470943
江夏区	Jiangxia	652926
黄陂区	Huangpi	1160580
新洲区	Xinzhou	959986
黄石市	**Huangshi**	**2734915**
市辖区	District	616998
黄石港区	Huangshigang	208621
西塞山区	Xisaishan	199690
下陆区	Xialu	162051
铁山区	Tieshan	46636
阳新县	Yangxin	1119104
大冶市	Daye	998813
十堰市	**Shiyan**	**3414796**
市辖区	District	1178759
茅箭区	Maojian	301633

5-4 续表 19 continued

单位：人 (person)

城 市	City	人 数 Population	城 市	City	人 数 Population
张湾区	Zhangwan	256746	大悟县	Dawu	616591
郧阳区	Yunyang	620380	云梦县	Yunmeng	565538
郧西县	Yunxi	510425	应城市	Yingcheng	632403
竹山县	Zhushan	449637	安陆市	Anlu	605017
竹溪县	Zhuxi	350096	汉川市	Hanchuan	1057791
房县	Fangshan	468864	**荆州市**	**Jingzhou**	**6326344**
丹江口市	Danjiangkou	457015	市辖区	District	1073099
宜昌市	**Yichang**	**3899040**	沙市区	Shashi	527388
市辖区	District	1281329	荆州区	Jingzhou	545711
西陵区	Xiling	397554	公安县	Gongan	975361
伍家岗区	Wujiagang	202875	江陵县	Jiangling	387143
点军区	Dianjun	104337	石首市	Shishou	610048
猇亭区	Xiaoting	50374	洪湖市	Honghu	909166
夷陵区	Yiling	526189	松滋市	Songzi	815656
远安县	Yuan'an	188982	监利市	Jianli	1555871
兴山县	Xingshan	162451	**黄冈市**	**Huanggang**	**7344575**
秭归县	Zigui	366828	市辖区	District	355024
长阳土家族自治县	Changyang	383607	黄州区	Huangzhou	355024
五峰土家族自治县	Wufeng	194794	团风县	Tuanfeng	363192
宜都市	Yidu	384167	红安县	Hongan	642556
当阳市	Dangyang	463257	罗田县	Luotian	589656
枝江市	Zhijiang	473625	英山县	Yingshan	395141
襄阳市	**Xiangyang**	**5889147**	浠水县	Xishui	998762
市辖区	District	2283395	蕲春县	Qichun	1004054
襄城区	Xiangcheng	465405	黄梅县	Huangmei	1027051
樊城区	Fancheng	814978	麻城市	Macheng	1149431
襄州区	Xiangzhou	1003012	武穴市	Wuxue	819708
南漳县	Nanzhang	567248	**咸宁市**	**Xianning**	**3052587**
谷城县	Gucheng	593055	市辖区	District	631096
保康县	Baokang	264796	咸安区	Xianan	631096
老河口市	Laohekou	508546	嘉鱼县	Jiayu	364010
枣阳市	Zaoyang	1115880	通城县	Tongcheng	526702
宜城市	Yicheng	556227	崇阳县	Chongyang	512172
鄂州市	**Ezhou**	**1117400**	通山县	Tongshan	488737
市辖区	District	1117400	赤壁市	Chibi	529870
梁子湖区	Liangzihu	191978	**随州市**	**Suizhou**	**2470402**
华容区	Huarong	269590	市辖区	District	661032
鄂城区	Echengqu	655832	曾都区	Zengdong	661032
荆门市	**Jingmen**	**2889141**	随县	Suixian	913173
市辖区	District	648062	广水市	Guangshui	896197
东宝区	Dongbao	352705	**恩施土家族苗族自治州**	**Enshi**	**4022217**
掇刀区	Duodao	295357	恩施市	Enshi	816759
京山县	Jingshan	620481	利川市	Lichuan	919522
沙洋县	Shayang	586819	建始县	Jianshi	507940
钟祥市	Zhongxiang	1033779	巴东县	Badong	484386
孝感市	**Xiaogan**	**5087721**	宣恩县	Xuandong	357050
市辖区	District	949924	咸丰县	Xianfeng	385212
孝南区	Xiaonan	949924	来凤县	Laifeng	334680
孝昌县	Xiaochang	660457	鹤峰县	Hefeng	216668

5-4 续表 20 continued

单位：人 (person)

城　市	City	人　数 Population
省直辖县级行政单位	**Shengzhiguan**	**4190327**
仙桃市	Xiantao	1527015
潜江市	Qianjiang	995943
天门市	Tianmen	1588899
神农架林区	Shennongjia	78470
湖南省	**Hunan**	**72955818**
长沙市	**Changsha**	**7472869**
市辖区	District	3737939
芙蓉区	Furong	428143
天心区	Tianxin	516990
岳麓区	Yuelu	892326
开福区	Kaifu	526292
雨花区	Yuhua	759867
望城区	Wangcheng	614321
长沙县	Changsha	826417
浏阳市	Liuyang	1488160
宁乡市	Ningxiang	1420353
株洲市	**Zhuzhou**	**3991712**
市辖区	District	1322346
荷塘区	Hetang	203490
芦淞区	Lusong	227509
石峰区	Shifeng	235007
天元区	Tianyuan	310167
渌口区	Lukou	346173
攸县	Youxian	800925
茶陵县	Chaling	638354
炎陵县	Yanling	189472
醴陵市	Liling	1040615
湘潭市	**Xiangtan**	**2873636**
市辖区	District	857055
雨湖区	Yuhu	503145
岳塘区	Yuetang	353910
湘潭县	Xiangtan	969145
湘乡市	Xiangxiang	927180
韶山市	Shaoshan	120256
衡阳市	**Hengyang**	**7932451**
市辖区	District	1018349
珠晖区	Zhuhui	280629
雁峰区	Yanfeng	185984
石鼓区	Shigu	194560
蒸湘区	Zhenxiang	296786
南岳区	Nanyue	60390
衡阳县	Hengyang	1229952
衡南县	Hengnan	1084824
衡山县	Hengshan	442287
衡东县	Hengdong	753400
祁东县	Qidong	1037666
耒阳市	Leiyang	1412352
常宁市	Changning	953621
邵阳市	**Shaoyang**	**8223171**
市辖区	District	690244
双清区	Shuanqing	267645
大祥区	Daxiang	320523
北塔区	Beita	102076
新邵县	Xinshao	820376
邵阳县	Shaoyang	1058174
隆回县	Longhui	1294076
洞口县	Dongkou	895259
绥宁县	Suining	382886
新宁县	Xinning	645199
城步苗族自治县	Chengbu	279484
武冈市	Wugang	826910
邵东市	Shaodong	1330563
岳阳市	**Yueyang**	**5686624**
市辖区	District	1106529
岳阳楼区	Yueyanglou	697368
云溪区	Yunxi	162645
君山区	Junshan	246516
岳阳县	Yueyang	724448
华容县	Huarong	713366
湘阴县	Xiangyin	715477
平江县	Pingjiang	1121510
汨罗市	Miluo	763430
临湘市	Linxiang	541864
常德市	**Changde**	**5992907**
市辖区	District	1401116
武陵区	Wuling	615133
鼎城区	Dingcheng	785983
安乡县	Anxiang	528330
汉寿县	Hanshou	864588
澧县	Lixian	906667
临澧县	Linli	438748
桃源县	Taoyuan	962255
石门县	Shimen	661186
津市市	Jinshi	230017
张家界市	**Zhangjiajie**	**1684913**
市辖区	District	537550
永定区	Yongding	481828
武陵源区	Wulingyuan	55722
慈利县	Cili	684309
桑植县	Sangzhi	463054
益阳市	**Yiyang**	**4696844**
市辖区	District	1339179
资阳区	Ziyang	412133

5-4 续表 21 continued

单位：人 (person)

城 市	City	人 数 Population	城 市	City	人 数 Population
赫山区	Haoshan	927046	新化县	Xinhua	1512901
南县	Nanxian	756153	冷水江市	Lengshuijiang	363043
桃江县	Taojiang	875697	涟源市	Lianyuan	1139343
安化县	Anhua	1003226	**湘西土家族苗族自治州**	**Xiangxi**	**2941864**
沅江市	Yuanjiang	722589	吉首市	Jishou	315220
郴州市	**Chenzhou**	**5313119**	泸溪县	Luxi	312796
市辖区	District	804223	凤凰县	Fenghuang	421124
北湖区	Beihu	416203	花垣县	Huayuan	310222
苏仙区	Suxian	388020	保靖县	Baojing	303237
桂阳县	Guiyang	901100	古丈县	Guzhang	141748
宜章县	Yizhang	650639	永顺县	Yongshun	533663
永兴县	Yongxing	701092	龙山县	Longshan	603854
嘉禾县	Jiahe	434442	**广东省**	**Guangdong**	**98086569**
临武县	Linwu	383560	**广州市**	**Guangzhou**	**9851142**
汝城县	Rucheng	421272	市辖区	District	9851142
桂东县	Guidong	186483	荔湾区	Liwan	768988
安仁县	Anren	459108	越秀区	Yuexiu	1173302
资兴市	Zixing	371200	海珠区	Haizhu	1083437
永州市	**Yongzhou**	**6420680**	天河区	Tianhe	1010522
市辖区	District	1175983	白云区	Baiyun	1127226
零陵区	Lingling	613121	黄埔区	Huangpu	600294
冷水滩区	Lengshuitan	562862	番禺区	Panyu	1086895
祁阳县	Qiyang	1041841	花都区	Huadu	839451
东安县	Dong'an	639005	南沙区	Nansha	491783
双牌县	Shuangpai	180957	从化区	Conghua	649768
道县	Daoxian	802091	增城区	Zengcheng	1019476
江永县	Jiangyong	285936	**韶关市**	**Shaoguan**	**3365996**
宁远县	Ningyuan	889057	市辖区	District	917704
蓝山县	Lanshan	417482	武江区	Wujiang	289731
新田县	Xintian	448101	浈江区	Zhenjiang	315041
江华瑶族自治县	Jianghua	540227	曲江区	Qujiang	312932
怀化市	**Huaihua**	**5207772**	始兴县	Shixing	262831
市辖区	District	405131	仁化县	Renhua	243995
鹤城区	Hecheng	405131	翁源县	Wengyuan	422445
中方县	Zhongfang	294419	乳源瑶族自治县	Ruyuan	232284
沅陵县	Yuanling	636983	新丰县	Xinfeng	267720
辰溪县	Chenxi	531070	乐昌市	Lechang	527742
溆浦县	Xupu	941356	南雄市	Nanxiong	491275
会同县	Huitong	367140	**深圳市**	**Shenzhen**	**5845791**
麻阳苗族自治县	Mayang	393533	市辖区	District	5845791
新晃侗族自治县	Xinhuang	256451	罗湖区	Luohu	715882
芷江侗族自治县	Zhijiang	374606	福田区	Futian	1225542
靖州苗族侗族自治县	Jingzhou	275538	南山区	Nanshan	1149963
通道侗族自治县	Tongdao	239332	宝安区	Baoan	811085
洪江市	Hongjiang	492213	龙岗区	Longgang	1091802
娄底市	**Loudi**	**4517256**	盐田区	Yantian	95787
市辖区	District	613750	龙华区	Longhua	513686
娄星区	Louxing	613750	坪山区	Pingshan	118332
双峰县	Shuangfeng	888219	光明区	Guangming	123712

5-4 续表 22 continued

单位：人 (person)

城　市	City	人　数 Population	城　市	City	人　数 Population
珠海市	**Zhuhai**	**1392176**	**肇庆市**	**Zhaoqing**	**4554056**
市辖区	District	1392176	市辖区	District	1422109
香洲区	Xiangzhou	789747	端州区	Duanzhou	433928
斗门区	Doumen	411219	鼎湖区	Dinghu	170480
金湾区	Jinwan	191210	高要区	Gaoyao	817701
汕头市	**Shantou**	**5755585**	广宁县	Guangning	585505
市辖区	District	5679567	怀集县	Huaiji	1129488
龙湖区	Longhu	488007	封开县	Fengkai	526761
金平区	Jinping	728445	德庆县	Deqing	408769
濠江区	Haojiang	305429	四会市	Sihui	481424
潮阳区	Chaoyang	1867677	**惠州市**	**Huizhou**	**3977574**
潮南区	Chaonan	1498388	市辖区	District	1778008
澄海区	Chenghai	791621	惠城区	Huicheng	1196238
南澳县	Nan'ao	76018	惠阳区	Huiyang	581770
佛山市	**Feshan**	**4737736**	博罗县	Boluo	936935
市辖区	District	4737736	惠东县	Huidong	904350
禅城区	Chancheng	724439	龙门县	Longmen	358281
南海区	Nanhai	1658528	**梅州市**	**Meizhou**	**5439593**
顺德区	Shunde	1554900	市辖区	District	976946
三水区	Sanshui	466757	梅江区	Meijiang	358261
高明区	Gaoming	333112	梅县区	Meixian	618685
江门市	**Jiangmen**	**4015866**	大埔县	Dapu	552347
市辖区	District	1473616	丰顺县	Fengshun	730389
蓬江区	Pengjiang	527196	五华县	Wuhua	1524184
江海区	Jianghai	180498	平远县	Pingyuan	260929
新会区	Xinhui	765922	蕉岭县	Jiaoling	231256
台山市	Taishan	965592	兴宁市	Xingning	1163542
开平市	Kaiping	686741	**汕尾市**	**Shanwei**	**3640959**
鹤山市	Heshan	386620	市辖区	District	500222
恩平市	Enping	503297	城区	City	500222
湛江市	**Zhanjiang**	**8595758**	海丰县	Haifeng	858836
市辖区	District	1717659	陆河县	Luhe	354423
赤坎区	Chikan	268646	陆丰市	Lufeng	1927478
霞山区	Xiashan	437054	**河源市**	**Heyuan**	**3721774**
坡头区	Potou	437019	市辖区	District	336163
麻章区	Mazhang	574940	源城区	Yuancheng	336163
遂溪县	Suixi	1118714	紫金县	Zijin	851487
徐闻县	Xuwen	791704	龙川县	Longchuan	976776
廉江市	Lianjiang	1861669	连平县	Lianping	411471
雷州市	Lenzhou	1871198	和平县	Heping	559988
吴川市	Wuchuan	1234814	东源县	Dongyuan	585889
茂名市	**Maoming**	**8232969**	**阳江市**	**Yangjiang**	**3020398**
市辖区	District	3066516	市辖区	District	1240093
茂南区	Maonan	1080673	江城区	Jiangcheng	721428
电白区	Dianbai	1985843	阳东区	Yangdong	518665
高州市	Gaozhou	1855209	阳西县	Yangxi	555914
化州市	Huazhou	1801354	阳春市	Yangchun	1224391
信宜市	Xinyi	1509890	**清远市**	**Qingyuan**	**4499292**

5-4 续表 23 continued

单位：人 (person)

城 市	City	人 数 Population
市辖区	District	1511993
清城区	Qingcheng	785651
清新区	Qingxin	726342
佛冈县	Fogang	359538
阳山县	Yangshan	578494
连山壮族瑶族自治县	Lianshan	124728
连南瑶族自治县	Liannan	176845
英德市	Yingde	1203989
连州市	Lianzhou	543703
东莞市	Dongguan	2638788
中山市	Zhongshan	1908812
潮州市	**Chaozhou**	**2759274**
市辖区	District	1697871
湘桥区	Xiangqiao	517509
潮安区	Chaoan	1180362
饶平县	Raoping	1061403
揭阳市	**Jieyang**	**7111913**
市辖区	District	2133881
榕城区	Rongcheng	1010461
揭东区	Jiedong	1123420
揭西县	Jiexi	981286
惠来县	Huilai	1487825
普宁市	Puning	2508921
云浮市	**Yunfu**	**3021119**
市辖区	District	694602
云城区	Yuncheng	348023
云安区	Yun'an	346579
新兴县	Xinxing	493636
郁南县	Yunan	532679
罗定市	Luoding	1300202
广西壮族自治区	**Guangxi**	**57182319**
南宁市	**Nanning**	**7913770**
市辖区	District	4093156
兴宁区	Xingning	378986
青秀区	Qingxiu	832003
江南区	Jiangnan	579157
西乡塘区	Xixiangtang	841277
良庆区	Liangqing	347617
邕宁区	Yongning	385151
武鸣区	Wuming	728965
隆安县	Long'an	421915
马山县	Mashan	571282
上林县	Shanglin	500987
宾阳县	Binyang	1053924
横县	Hengxian	1272506
柳州市	**Liuzhou**	**3948880**
市辖区	District	1867921
城中区	Chengzhong	183319
鱼峰区	Yufeng	431849
柳南区	Liunan	414875
柳北区	Liubei	355461
柳江区	Liujiang	482417
柳城县	Liucheng	410838
鹿寨县	Luzhai	413091
融安县	Rong'an	327497
融水苗族自治县	Rongshui	524111
三江侗族自治县	Sanjiang	405422
桂林市	**Guilin**	**5417223**
市辖区	District	1355158
秀峰区	Xiufeng	117492
叠彩区	Diecai	158369
象山区	Xiangshan	241992
七星区	Qixing	232561
雁山区	Yanshan	70430
临桂区	Lingui	534314
阳朔县	Yangshuo	331691
灵川县	Lingchuan	397275
全州县	Quanzhou	842949
兴安县	Xing'an	391527
永福县	Yongfu	291264
灌阳县	Guanyang	297048
龙胜各族自治县	Longsheng	173392
资源县	Ziyuan	181285
平乐县	Pingle	464987
恭城瑶族自治县	Gongcheng	305601
荔浦市	Lipu	385046
梧州市	**Wuzhou**	**3545404**
市辖区	District	807725
万秀区	Wanxiu	284302
长洲区	Changzhou	205212
龙圩区	Longxu	318211
苍梧县	Cangwu	414259
藤县	Tengxian	1125319
蒙山县	Mengshan	224523
岑溪市	Cenxi	973578
北海市	**Beihai**	**1816398**
市辖区	District	708997
海城区	Haicheng	328519
银海区	Yinhai	191496
铁山港区	Tieshangang	188982
合浦县	Hepu	1107401
防城港市	**Fangchenggang**	**1012744**
市辖区	District	599761
港口区	Gangkou	147401
防城区	Fangcheng	452360
上思县	Shangsi	252802

5-4 续表 24 continued

单位：人 (person)

城　市	City	人　数 Population
东兴市	Dongxing	160181
钦州市	**Qinzhou**	**4178759**
市辖区	District	1542330
钦南区	Qinnan	664209
钦北区	Qinbei	878121
灵山县	Lingshan	1680747
浦北县	Pubei	955682
贵港市	**Guigang**	**5665384**
市辖区	District	2062508
港北区	Gangbei	747966
港南区	Gangnan	703578
覃塘区	Tantang	610964
平南县	Pingnan	1551650
桂平市	Guiping	2051226
玉林市	**Yulin**	**7411524**
市辖区	District	1169452
玉州区	Yuzhou	724402
福绵区	Fumian	445050
容县	Rongxian	880614
陆川县	Luchuan	1114536
博白县	Bobai	1925261
兴业县	Xingye	760453
北流市	Beiliu	1561208
百色市	**Baise**	**4229832**
市辖区	District	375042
右江区	Youjiang	375042
田阳县	Tianyang	356839
田东县	Tiandong	440838
德保县	Debao	368542
那坡县	Napo	219005
凌云县	Lingyun	229021
乐业县	Leye	182441
田林县	Tianlin	265395
西林县	Xilin	164971
隆林各族自治县	Longlin	439071
靖西市	Jingxi	664077
平果市	Pingguo	524590
贺州市	**Hezhou**	**2488451**
市辖区	District	1234460
八步区	Babu	764945
平桂区	Pinggui	469515
昭平县	Zhaoping	452674
钟山县	Zhongshan	457991
富川瑶族自治县	Fuchuan	343326
河池市	**Hechi**	**4338290**
市辖区	District	1019192
金城江区	Jinchengjiang	348809
宜州区	Yizhou	670383
南丹县	Nandan	328066
天峨县	Tian'e	176644
凤山县	Fengshan	221687
东兰县	Donglan	313318
罗城仫佬族自治县	Luocheng	388535
环江毛南族自治县	Huanjiang	379108
巴马瑶族自治县	Bama	299004
都安瑶族自治县	Du'an	726499
大化瑶族自治县	Dahua	486237
来宾市	**Laibin**	**2693982**
市辖区	District	1147016
兴宾区	Xingbin	1147016
忻城县	Xincheng	429366
象州县	Xiangzhou	369750
武宣县	Wuxuan	458622
金秀瑶族自治县	Jinxiu	156956
合山市	Heshan	132272
崇左市	**Chongzuo**	**2521678**
市辖区	District	381304
江州区	Jiangzhou	381304
扶绥县	Fusui	461136
宁明县	Ningming	444439
龙州县	Longzhou	275140
大新县	Daxin	385213
天等县	Tiandeng	457319
凭祥市	Pingxiang	117127
海南省	**Hainan**	**9532613**
海口市	**Haikou**	**1950450**
市辖区	District	1950450
秀英区	Xiuying	392175
龙华区	Longhua	539432
琼山区	Qiongshan	429794
美兰区	Meilan	589049
三亚市	**Sanya**	**669346**
市辖区	District	669346
海棠区	Haitang	81668
吉阳区	Jiyang	206620
天涯区	Tianya	274513
崖州区	Yazhou	106545
三沙市	**Sansha**	**825**
儋州市	**Danzhou**	**1065865**
省直辖县级行政单位	**Shengzhiguan**	**5741758**
五指山市	Wuzhishan	104369
琼海市	Qionghai	524926
文昌市	Wenchang	604650
万宁市	Wanning	632749
东方市	Dongfang	465194
定安县	Ding'an	349365
屯昌县	Tunchang	312128
澄迈县	Chengmai	575232

5-4 续表 25 continued

单位：人 (person)

城　市	City	人　数 Population	城　市	City	人　数 Population
临高县	Lingao	510069	**成都市**	**Chendu**	**15196953**
白沙黎族自治县	Baisha	194922	市辖区	District	8304800
昌江黎族自治县	Changjiang	256570	锦江区	Jinjiang	631802
乐东黎族自治县	Ledong	544953	青羊区	Qingyang	733297
陵水黎族自治县	Lingshui	388651	金牛区	Jinniu	768231
保亭黎族苗族自治县	Baoting	168165	武侯区	Wuhou	1393540
琼中黎族苗族自治县	Qiongzhong	214184	成华区	Chenghua	803586
重庆市	**Chongqing**	**34127131**	龙泉驿区	Longquanyi	759829
市辖区	District	23471308	青白江区	Qingbaijiang	423029
万州区	Wanzhou	1725705	新都区	Xindu	833149
涪陵区	Fuling	1141730	温江区	Wenjiang	529388
渝中区	Yuzhong	493035	双流区	Shuangliu	1428949
大渡口区	Dadukou	278648	金堂县	Jintang	901140
江北区	Jiangbei	636174	郫县	Pixian	673488
沙坪坝区	Shapingba	903891	大邑县	Dayi	506804
九龙坡区	Jiulongpo	978007	蒲江县	Pujiang	266793
南岸区	Nan'an	775688	新津县	Xinjin	319177
北碚区	Beibei	640346	都江堰市	Dujiangyan	620520
綦江区	Qijiang	1185464	彭州市	Pengzhou	795093
大足区	Dazu	1073721	邛崃市	Qionglai	649899
渝北区	Yubei	1465150	崇州市	Chongzhou	657925
巴南区	Banan	946976	简阳市	Jianyang	1501314
黔江区	Qianjiang	556080	**自贡市**	**Zigong**	**3178387**
长寿区	Changshou	880913	市辖区	District	1460696
江津区	Jiangjin	1481716	自流井区	Ziliujing	376188
合川区	Hechuan	1506451	贡井区	Gongjing	280342
永川区	Yongchuan	1140918	大安区	Daan	411646
南川区	Nanchuan	684708	沿滩区	Yantan	392520
璧山区	Bishan	651578	荣县	Rongxian	659871
铜梁区	Tongliang	848989	富顺县	Fushun	1057820
潼南区	Tongnan	950893	**攀枝花市**	**Panzhihua**	**1079821**
荣昌区	Rongchang	847068	市辖区	District	641899
开州区	Kaizhou	1677459	东区	Dongqu	281458
县	**Counties**	**10655823**	西区	Xiqu	122458
梁平县	Liangping	922444	仁和区	Renhe	237983
城口县	Chengkou	251112	米易县	Miyi	228733
丰都县	Fengdu	809304	盐边县	Yanbian	209189
垫江县	Dianjiang	962542	**泸州市**	**Luzhou**	**5079469**
武隆县	Wulong	409184	市辖区	District	1525924
忠县	Zhongxian	975924	江阳区	Jiangyang	691458
云阳县	Yunyang	1331410	纳溪区	Naxi	460906
奉节县	Fengjie	1050573	龙马潭区	Longmatan	373560
巫山县	Wushan	628914	泸县	Luxian	1062660
巫溪县	Wuxi	537960	合江县	Hejiang	889879
石柱土家族自治县	Shizhu	547456	叙永县	Xuyong	721559
秀山土家族苗族自治县	Xiushan	672098	古蔺县	Gulin	879447
酉阳土家族苗族自治县	Youyang	853945	**德阳市**	**Deyang**	**3822746**
彭水苗族土家族自治县	Pengshui	702957	市辖区	District	700826
四川省	**Sichuan**	**90815884**	旌阳区	Jingyang	700826

5-4 续表 26 continued

单位：人 (person)

城 市	City	人 数 Population
中江县	Zhongjiang	1367404
罗江县	Luojiang	241771
广汉市	Guanghan	597688
什邡市	Shifang	422300
绵竹市	Mianzhu	492757
绵阳市	**Mianyang**	**5285126**
市辖区	District	1745060
涪城区	Fucheng	749685
游仙区	Youxian	554326
安州区	Anzhou	441049
三台县	Santai	1377781
盐亭县	Anxian	531490
梓潼县	Zitong	370187
北川羌族自治县	Beichuan	231797
平武县	Pingwu	174812
江油市	Jiangyou	853999
广元市	**Guangyuan**	**2969767**
市辖区	District	922391
利州区	Lizhou	492377
昭化区	Zhaohua	230076
朝天区	Chaotian	199938
旺苍县	Wangcang	436774
青川县	Qingchuan	224001
剑阁县	Jiange	643654
苍溪县	Cangxi	742947
遂宁市	**Suining**	**3593142**
市辖区	District	1456935
船山区	Chuanshan	696088
安居区	Anju	760847
蓬溪县	Pengxi	673522
射洪县	Shehong	939986
大英县	Daying	522699
内江市	**Neijiang**	**4055226**
市辖区	District	1381852
市中区	Shizhong	499273
东兴区	Dongxing	882579
威远县	Weiyuan	697697
资中县	Zizhong	1217802
隆昌县	Longchang	757875
乐山市	**Leshan**	**3480004**
市辖区	District	1159093
市中区	Shizhong	649197
沙湾区	Shawan	170636
五通桥区	Wutongqiao	291119
金口河区	Jinkouhe	48141
犍为县	Qianwei	548703
井研县	Jingyan	386408
夹江县	Jiajiang	341622
沐川县	Muchuan	247556
峨边彝族自治县	Ebian	148437
马边彝族自治县	Mabian	222902
峨眉山市	Emeishan	425283
南充市	**Nanchong**	**7192606**
市辖区	District	1936930
顺庆区	Shunqing	665847
高坪区	Gaoping	593492
嘉陵区	Jialing	677591
南部县	Nanbu	1226585
营山县	Yingshan	890840
蓬安县	Peng'an	662520
仪陇县	Yilong	1062877
西充县	Xichong	587908
阆中市	Langzhong	824946
眉山市	**Meishan**	**3417565**
市辖区	District	1199094
东坡区	Dongpo	873165
彭山区	Pengshan	325929
仁寿县	Renshou	1522716
洪雅县	Hongya	342389
丹棱县	Danling	162423
青神县	Qingshen	190943
宜宾市	**Yibin**	**5510433**
市辖区	District	2296123
翠屏区	Cuiping	883080
南溪区	Nanxi	412513
叙州区	Xuzhou	1000530
江安县	Jiang'an	585702
长宁县	Changning	430439
高县	Gaoxian	524024
珙县	Gongxian	429446
筠连县	Junlian	449107
兴文县	Xingwen	484075
屏山县	Pingshan	311517
广安市	**Guang'an**	**4555833**
市辖区	District	1269877
广安区	Guang'an	905712
前锋区	Qianfeng	364165
岳池县	Yuechi	1126648
武胜县	Wusheng	807531
邻水县	Linshui	1001452
华蓥市	Huaying	350325
达州市	**Dazhou**	**6528384**
市辖区	District	1748190
通川区	Tongchuan	591917
达川区	Dachuan	1156273
宣汉县	Xuanhan	1271987

5-4 续表 27 continued

单位：人 (person)

城 市	City	人 数 Population	城 市	City	人 数 Population
开江县	Kaijiang	572198	甘孜县	Ganzi	64943
大竹县	Dazhu	1071498	新龙县	Xinlong	51438
渠县	Quxian	1301363	德格县	Dege	87837
万源市	Wanyuan	563148	白玉县	Baiyu	54075
雅安市	**Yaan**	**1526056**	石渠县	Shiqu	102783
市辖区	District	617754	色达县	Seda	56209
雨城区	Yucheng	340947	理塘县	Litang	68000
名山区	Mingshan	276807	巴塘县	Batang	51026
荥经县	Yingjing	145642	乡城县	Xiangcheng	29097
汉源县	Hanyuan	317798	稻城县	Daocheng	31355
石棉县	Shimian	120383	得荣县	Derong	25602
天全县	Tianquan	149187	**凉山彝族自治州**	**Liangshan**	**5331185**
芦山县	Lushan	117868	西昌市	Xichang	725843
宝兴县	Baoxing	57424	木里藏族自治县	Muli	137747
巴中市	**Bazhong**	**3640688**	盐源县	Yanyuan	385097
市辖区	District	1344250	德昌县	Dechang	217921
巴州区	Bazhou	771717	会理县	Huili	459900
恩阳区	Enyang	572533	会东县	Huidong	426374
通江县	Tongjiang	719504	宁南县	Ningnan	201389
南江县	Nanjiang	650981	普格县	Puge	219003
平昌县	Pingchang	925953	布拖县	Butuo	214696
资阳市	**Ziyang**	**3389236**	金阳县	Jinyang	214478
市辖区	District	1062296	昭觉县	Zhaojue	328477
雁江区	Yanjiang	1062296	喜德县	Xide	215966
安岳县	Anyue	1535855	冕宁县	Mianning	405138
乐至县	Lezhi	791085	越西县	Yuexi	375062
阿坝藏族羌族自治州	**Aba Tibetan and Qiang Autonomous Prefecture**	**897287**	甘洛县	Ganluo	237695
			美姑县	Meigu	280483
马尔康市	Maerkang	53138	雷波县	Leibo	285916
汶川县	Wenchuan	91682	**贵州省**	**Guizhou**	**46201181**
理县	Lixian	42863	**贵阳市**	**Guiyang**	**4373023**
茂县	Maoxian	109287	市辖区	District	2746663
松潘县	Songpan	73003	南明区	Nanming	666425
九寨沟县	Jiuzhaigou	66901	云岩区	Yunyan	693638
金川县	Jinchuan	68266	花溪区	Huaxi	551639
小金县	Xiaojin	76593	乌当区	Wudang	231085
黑水县	Heishui	57745	白云区	Baiyun	240038
壤塘县	Xiangtang	47056	观山湖区	Guanshanhu	363838
阿坝县	Aba	81739	开阳县	Kaiyang	457518
若尔盖县	Ruoergai	79986	息烽县	Xifeng	278015
红原县	Hongyuan	49028	修文县	Xiuwen	335124
甘孜藏族自治州	**Ganzi**	**1085970**	清镇市	Qingzhen	555703
康定市	Kangding	106343	**六盘水市**	**Liupanshui**	**3582719**
泸定县	Luding	86197	市辖区	District	1247751
丹巴县	Danba	56642	钟山区	Zhongshan	489359
九龙县	Jiulong	64113	六枝特区	Liuzhite	758392
雅江县	Yajiang	47522	水城县	Shuicheng	1004709
道孚县	Daofu	55363	盘州市	Panzhou	1330259
炉霍县	Luhuo	47425	**遵义市**	**Zunyi**	**8262583**

5-4 续表 28 continued

单位：人 (person)

城 市	City	人 数 Population	城 市	City	人 数 Population
市辖区	District	2302095	晴隆县	Qinglong	348257
红花岗区	Honghuagang	826317	贞丰县	Zhenfeng	432205
汇川区	Huichuan	581572	望谟县	Wangmo	326010
播州区	Bozhou	894206	册亨县	Ceheng	249749
桐梓县	Tongzi	751381	安龙县	Anlong	496468
绥阳县	Suiyang	571282	**黔东南苗族侗族自治州**	**Qiandongnan**	**4886455**
正安县	Zhengan	667246	凯里市	Kaili	584840
道真仡佬族苗族自治县	Daozhen	353092	黄平县	Huangping	391920
务川仡佬族苗族自治县	Wuchuan	483706	施秉县	Shibing	179215
凤冈县	Fenggang	454216	三穗县	Sansui	233262
湄潭县	Meitan	518291	镇远县	Zhenyuan	277671
余庆县	Yuqing	310910	岑巩县	Cengong	239923
习水县	Xishui	787585	天柱县	Tianzhu	420993
赤水市	Chishui	318995	锦屏县	Jinping	239047
仁怀市	Renhuai	743784	剑河县	Jianhe	278406
安顺市	**Anshun**	**3099804**	台江县	Taijiang	173080
市辖区	District	1329642	黎平县	Liping	577976
西秀区	Xixiu	943758	榕江县	Rongjiang	383990
平坝区	Pingba	385884	从江县	Congjiang	390797
普定县	Puding	523766	雷山县	Leishan	165124
镇宁布依族苗族自治县	Zhenning	418021	麻江县	Majiang	171115
关岭布依族苗族自治县	Guanling	413312	丹寨县	Danzhai	179096
紫云苗族布依族自治县	Ziyun	415063	**黔南布依族苗族自治州**	**Qiannan**	**4293841**
毕节市	**Bijie**	**9502856**	都匀市	Duyun	516296
市辖区	District	1713168	福泉市	Fuan	341769
七星关区	Qixingguan	1713168	荔波县	Libo	185594
大方县	Dafang	1232776	贵定县	Guiding	303708
黔西县	Qianxi	1022706	瓮安县	Wengan	498773
金沙县	Jinsha	712216	独山县	Dushan	358697
织金县	Zhijin	1263662	平塘县	Pingtang	337761
纳雍县	Nayong	1080578	罗甸县	Luodian	367009
威宁彝族回族苗族自治县	Weining	1591438	长顺县	Changshun	274346
赫章县	Hezhang	886312	龙里县	Longli	245111
铜仁市	**Tongren**	**4480292**	惠水县	Huishui	480762
市辖区	District	553577	三都水族自治县	Sandu	384015
碧江区	Bijiang	348893	**云南省**	**Yunnan**	**48044229**
万山区	Wanshan	204684	**昆明市**	**Kunming**	**5802826**
江口县	Jiangkou	251529	市辖区	District	3009869
玉屏侗族自治县	Yuping	175578	五华区	Wuhua	672686
石阡县	Shiqian	413284	盘龙区	Panlong	594535
思南县	Sinan	668350	官渡区	Guandong	610199
印江土家族苗族自治县	Yinjiang	444603	西山区	Xishan	576434
德江县	Dejiang	553222	东川区	Dongchuan	316369
沿河土家族自治县	Yanhe	690238	呈贡区	Chenggong	239646
松桃苗族自治县	Songtao	729911	晋宁县	Jinning	288809
黔西南布依族苗族自治州	**Qianxinan**	**3719608**	富民县	Fumin	152906
兴义市	Xingyi	929372	宜良县	Yiliang	435166
兴仁市	Xingren	578157	石林彝族自治县	Shilin	255171
普安县	Puan	359390	嵩明县	Songming	313065

5-4 续表 29 continued

单位：人 (person)

城　市	City	人　数 Population	城　市	City	人　数 Population
禄劝彝族苗族自治县	Luquan	487836	华坪县	Huaping	161793
寻甸回族彝族自治县	Xundian	576411	宁蒗彝族自治县	Ninglang	280345
安宁市	Anning	283593	**普洱市**	**Puer**	**2539788**
曲靖市	**Qujing**	**6698588**	市辖区	District	244608
市辖区	District	1218539	思茅区	Simao	244608
麒麟区	Qilin	776325	宁洱哈尼族彝族自治县	Ninger	190471
沾益区	Zhanyi	442214	墨江哈尼族自治县	Mojiang	369746
马龙县	Malong	214403	景东彝族自治县	Jingdong	362984
陆良县	Luliang	699850	景谷傣族彝族自治县	Jinggu	320581
师宗县	Shizong	440340	镇沅彝族哈尼族拉祜族自治县	Zhenyuan	213081
罗平县	Luoping	658904	江城哈尼族彝族自治县	Jiangcheng	118219
富源县	Fuyuan	843706	孟连傣族拉祜族佤族自治县	Menglian	132925
会泽县	Huize	1073547	澜沧拉祜族自治县	Lancang	491496
宣威市	Xuanwei	1549299	西盟佤族自治县	Ximeng	95677
玉溪市	**Yuxi**	**2244276**	**临沧市**	**Lincang**	**2415259**
市辖区	District	750232	市辖区	District	332740
红塔区	Hongta	463411	临翔区	Lingxiang	332740
江川区	Jiangchuan	286821	凤庆县	Fengqing	441780
澄江县	Chengjiang	174695	云县	Yunxian	442206
通海县	Tonghai	292534	永德县	Yongde	364470
华宁县	Huaning	213696	镇康县	Zhenkang	185199
易门县	Yimen	164993	双江拉祜族佤族布朗族傣族自治县	Shuangjiang	178223
峨山彝族自治县	Eshan	155970	耿马傣族佤族自治县	Gengma	298580
新平彝族傣族自治县	Xinping	280455	沧源佤族自治县	Cangyuan	172061
元江哈尼族彝族傣族自治县	Yuanjiang	211701	**楚雄彝族自治州**	**Chuxiong**	**2660409**
保山市	**Baoshan**	**2646841**	楚雄市	Chuxiong	544302
市辖区	District	946189	双柏县	Shuangbai	151790
隆阳区	Longyang	946189	牟定县	Mouding	202730
施甸县	Shidian	348296	南华县	Nanhua	242495
龙陵县	Longling	305775	姚安县	Yaoan	210830
昌宁县	Changning	355754	大姚县	Dayao	280851
腾冲市	Tengchong	690827	永仁县	Yongren	105904
昭通市	**Zhaotong**	**6291676**	元谋县	Yuanmou	218472
市辖区	District	968131	武定县	Wuding	281444
昭阳区	Zhaoyang	968131	禄丰县	Lufeng	421591
鲁甸县	Ludian	480128	**红河哈尼族彝族自治州**	**Honghe**	**4690277**
巧家县	Qiaojia	625621	个旧市	Gejiu	376428
盐津县	Yanjin	397368	开远市	Kaiyuan	286291
大关县	Daguan	291133	蒙自市	Mengzi	443445
永善县	Yongshan	478527	弥勒市	Mile	552278
绥江县	Suijiang	170911	屏边苗族自治县	Pingbian	161107
镇雄县	Zhenxiong	1686055	建水县	Jianshui	548694
彝良县	Yiliang	630138	石屏县	Shiping	317126
威信县	Weixin	455327	泸西县	Luxi	450968
水富市	Shuifu	108337	元阳县	Yuanyang	460443
丽江市	**Lijiang**	**1236067**	红河县	Honghe	357233
市辖区	District	161707	金平苗族瑶族傣族自治县	Jinping	396137
古城区	Gucheng	161707	绿春县	Lvchun	246708
玉龙纳西族自治县	Yulong	226489	河口瑶族自治县	Hekou	93419
永胜县	Yongsheng	405733			

5-4 续表 30 continued

单位：人 (person)

城市	City	人数 Population
文山壮族苗族自治州	**Wenshan**	**3990345**
文山市	Wenshan	539512
砚山县	Yanshan	538073
西畴县	Xichou	261285
麻栗坡县	Malipo	298624
马关县	Maguan	388952
丘北县	Qiubei	575550
广南县	Guangnan	926098
富宁县	Funing	462251
西双版纳傣族自治州	**Xishuangbanna**	**1013548**
景洪市	Jinghong	432478
勐海县	Menghai	336666
勐腊县	Mengla	244404
大理白族自治州	**Dali**	**3643641**
大理市	Dali	648341
漾濞彝族自治县	Yangbi	106583
祥云县	Xiangyun	482580
宾川县	Binchuan	368856
弥渡县	Midong	327170
南涧彝族自治县	Nanjian	227051
巍山彝族回族自治县	Weishan	323690
永平县	Yongping	184633
云龙县	Yunlong	208277
洱源县	Eryuan	300137
剑川县	Jianchuan	184874
鹤庆县	Heqing	281449
德宏傣族景颇族自治州	**Dehong**	**1238656**
瑞丽市	Ruili	145029
芒市	Mangshi	409358
梁河县	Lianghe	172959
盈江县	Yingjiang	315242
陇川县	Longchuan	196068
怒江傈僳族自治州	**Nujiang**	**561075**
泸水市	Lushui	188165
福贡县	Fugong	120210
贡山独龙族怒族自治县	Gongshan	34838
兰坪白族普米族自治县	Lanping	217862
迪庆藏族自治州	**Diqing**	**370957**
香格里拉市	Xianggelila	152148
德钦县	Deqin	61104
维西傈僳族自治县	Weixi	157705
西藏自治区	**Tibet**	**3391675**
拉萨市	**Lasa**	**571072**
市辖区	District	322084
城关区	Chengguan	232657
堆龙德庆区	Duilongdeqing	57838
达孜区	Dazi	31589
林周县	Linzhou	65179
当雄县	Dangxiong	55308
尼木县	Nimu	34343
曲水县	Qushui	37876
墨竹工卡县	Mozhugongka	56282
日喀则市	**Rikaze**	**811553**
市辖区	District	127157
桑珠孜区	Sangzhuzi	127157
南木林县	Nanmulin	90493
江孜县	Jiangzi	73932
定日县	Dingri	60033
萨迦县	Sajia	53293
拉孜县	Lazi	59667
昂仁县	Angren	59759
谢通门县	Xietongmen	50006
白朗县	Bailang	50017
仁布县	Renbu	35988
康马县	Kangma	23216
定结县	Dingjie	21789
仲巴县	Zhongba	26676
亚东县	Yadong	13929
吉隆县	Jilong	17204
聂拉木县	Nielamu	19936
萨嘎县	Saga	16494
岗巴县	Gangba	11964
昌都市	**Changdu**	**778160**
市辖区	District	122891
卡若区	Karuo	122891
江达县	Jiangda	97369
贡觉县	Gongjue	45800
类乌齐县	Leiwuqi	59603
丁青县	Dingqing	98320
察雅县	Chaya	66110
八宿县	Basu	49252
左贡县	Zuogong	51625
芒康县	Mangkang	87287
洛隆县	Luolong	56549
边坝县	Bianba	43354
林芝市	**Linzhi**	**209281**
市辖区	District	53900
巴宜区	Bayi	53900
工布江达县	Gongbujiangda	35441
米林县	Milin	24590
墨脱县	Motuo	13502
波密县	Bomi	35740
察隅县	Chayu	28364
朗县	Langxian	17744

5-4 续表 31 continued

单位：人 (person)

城 市	City	人 数 Population	城 市	City	人 数 Population
山南市	**Shannan**	**356760**	周至县	Zhouzhi	699374
市辖区	District	67363	**铜川市**	**Tongchuan**	**784880**
乃东区	Naidong	67363	市辖区	District	695915
扎囊县	Zhanang	38933	王益区	Wangyi	164701
贡嘎县	Konggar	52019	印台区	Yintai	178805
桑日县	Sangri	17723	耀州区	Yaozhou	352409
琼结县	Qiongjie	17943	宜君县	Yijun	88965
曲松县	Qusong	15819	宝鸡市	Baoji	3745069
措美县	Cuomei	14087	市辖区	District	1388512
洛扎县	Luozha	20358	渭滨区	Weibin	428108
加查县	Jiacha	23004	金台区	Jintai	362835
隆子县	Longzi	35995	陈仓区	Chencang	597569
错那县	Cuona	15652	凤翔县	Fengg	516057
浪卡子县	Langkazi	37864	岐山县	Qishan	457003
那曲市	**Naqu**	**551063**	扶风县	Fufeng	433791
市辖区	District	112947	眉县	Meixian	322933
色尼区	Seni	112947	陇县	Longxian	270582
嘉黎县	Jiali	41362	千阳县	Qianyang	132164
比如县	Biru	82488	麟游县	Linyou	85269
聂荣县	Nierong	39131	凤县	Fengxian	91675
安多县	Andong	43974	太白县	Taibai	47083
申扎县	Shenzha	22343	**咸阳市**	**Xianyang**	**5431848**
索县	Suoxian	56031	市辖区	District	1160241
班戈县	Bange	43496	秦都区	Qindu	549925
巴青县	Baqing	59868	杨陵区	Yangling	191858
尼玛县	Nima	34920	渭城区	Weicheng	418458
双湖县	Shuanghu	14503	三原县	Sanyuan	405209
阿里地区	**Ali**	**113786**	泾阳县	Jingyang	536499
普兰县	Pulan	10309	乾县	Qianxian	586068
札达县	Zhada	8075	礼泉县	Liquan	471533
噶尔县	Gadong	21760	永寿县	Yongshou	204158
日土县	Ritu	11034	彬县	Binxian	364027
革吉县	Geji	18933	长武县	Changwu	186151
改则县	Gaize	26707	旬邑县	Xunyi	290369
措勤县	Cuoqin	16968	淳化县	Chunhua	190853
陕西省	**Shaanxi**	**40678918**	武功县	Wugong	436769
西安市	**Xi'an**	**9779653**	兴平市	Xingping	599971
市辖区	District	8423911	**渭南市**	**Weinan**	**5406663**
新城区	District	535198	市辖区	District	1270858
碑林区	Beilin	732069	临渭区	Linwei	951399
莲湖区	Lianhu	770533	华州区	Huaxian	319459
灞桥区	Baqiao	676068	潼关县	Tongguan	147886
未央区	Weiyang	1041249	大荔县	Dali	711769
雁塔区	Yanta	1353688	合阳县	Heyang	441411
阎良区	Yanliang	275717	澄城县	Chengcheng	370938
临潼区	Lintong	731498	蒲城县	Pucheng	769350
长安区	Chang'an	1293216	白水县	Baishui	274202
高陵区	Gaoling	373036	富平县	Fuping	787517
鄠邑区	Huyi	641639	韩城市	Hancheng	394178
蓝田县	Lantian	656368	华阴市	Huayin	238554

5-4 续表 32 continued

单位：人 (person)

城 市	City	人 数 Population
延安市	**Yan'an**	**2337826**
市辖区	District	678997
宝塔区	Baota	483264
安塞区	Ansai	195733
延长县	Yanchang	153225
延川县	Yanchuan	186075
子长县	Zichang	265031
志丹县	Zhidan	159431
吴起县	Wuqi	145863
甘泉县	Ganquan	87685
富县	Fuxian	155468
洛川县	Luochuan	216434
宜川县	Yichuan	122774
黄龙县	Huanglong	47715
黄陵县	Huangling	119128
汉中市	**Hanzhong**	**3803820**
市辖区	District	1139051
汉台区	Hantai	562134
南郑区	Nanzheng	576917
城固县	Chenggu	542060
洋县	Yangxian	445076
西乡县	Xixiang	414519
勉县	Mianxian	410530
宁强县	Ningqiang	323140
略阳县	Lueyang	176903
镇巴县	Zhenba	278536
留坝县	Liuba	41610
佛坪县	Foping	32395
榆林市	**Yulin**	**3858938**
市辖区	District	1000860
榆阳区	Yuyang	615935
横山区	Hengshan	384925
府谷县	Fugu	249171
靖边县	Jingbian	363780
定边县	Dingbian	360515
绥德县	Suide	350621
米脂县	Mizhi	221295
佳县	Jiaxian	265325
吴堡县	Wubao	80955
清涧县	Qingjian	211983
子洲县	Zizhou	294174
神木市	Shenmu	460259
安康市	**Ankang**	**3032089**
市辖区	District	1022342
汉滨区	Hanbin	1022342
汉阴县	Hanyin	311493
石泉县	Shiquan	181700
宁陕县	Ningshan	70055
紫阳县	Ziyang	332399
岚皋县	Langao	165133
平利县	Pingli	229030
镇坪县	Zhenping	58651
旬阳县	Xunyang	447263
白河县	Baihe	214023
商洛市	**Shangluo**	**2498132**
市辖区	District	558196
商州区	Shangzhou	558196
洛南县	Luonan	454444
丹凤县	Danfeng	312537
商南县	Shangnan	248551
山阳县	Shanyang	465772
镇安县	Zhenan	297489
柞水县	Zhashui	161143
甘肃省	**Gansu**	**27838111**
兰州市	**Lanzhou**	**3340033**
市辖区	District	2144382
城关区	Chengguan	973454
七里河区	Qilihe	479619
西固区	Xigu	323015
安宁区	Anning	225678
红古区	Honggu	142616
永登县	Yongdeng	538859
皋兰县	Gaolan	198082
榆中县	Yuzhong	458710
嘉峪关市	**Jiayuguan**	**210848**
市辖区	District	210848
金昌市	Jinchang	448367
市辖区	District	210275
金川区	Jinchuan	210275
永昌县	Yongchang	238092
白银市	**Baiyin**	**1807635**
市辖区	District	496540
白银区	Baiyin	290225
平川区	Pingchuan	206315
靖远县	Jingyuan	503565
会宁县	Huining	569271
景泰县	Jingtai	238259
天水市	**Tianshui**	**3724342**
市辖区	District	1322002
秦州区	Qinzhou	702442
麦积区	Maiji	619560
清水县	Qingshui	333214
秦安县	Qinan	581891
甘谷县	Gangu	641615
武山县	Wushan	468778
张家川回族自治县	Zhangjiachuan	376842

5-4 续表 33 continued

单位：人 (person)

城 市	City	人 数 Population	城 市	City	人 数 Population
武威市	**Wuwei**	**1877934**	漳县	Zhangxian	210936
市辖区	District	1037379	岷县	Minxian	495976
凉州区	Liangzhou	1037379	**陇南市**	**Longnan**	**2855555**
民勤县	Minqin	260584	市辖区	District	601803
古浪县	Gulang	377734	武都区	Wudu	601803
天祝藏族自治县	Tianzhu	202237	成县	Chengxian	265604
张掖市	**Zhangye**	**1309977**	文县	Wenxian	240129
市辖区	District	517581	宕昌县	Tanchang	300078
甘州区	Ganzhou	517581	康县	Kangxian	196794
肃南裕固族自治县	Su'nan	39308	西和县	Xihe	443291
民乐县	Minle	247183	礼县	Lixian	534689
临泽县	Linze	148700	徽县	Huixian	225297
高台县	Gaotai	158994	两当县	Liangdang	47870
山丹县	Shandan	198211	**临夏回族自治州**	**Linxia**	**2437517**
平凉市	**Pingliang**	**2325545**	临夏市	Linxia	283720
市辖区	District	526718	临夏县	Linxia	426146
崆峒区	Kongtong	526718	康乐县	Kangle	306820
泾川县	Jingchuan	349587	永靖县	Yongjing	208933
灵台县	Lingtai	227280	广河县	Guanghe	303522
崇信县	Chongxin	101095	和政县	Hezheng	243561
庄浪县	Zhuanglang	450903	东乡族自治县	Dongxiang	384156
静宁县	Jingning	478391	积石山保安族东乡族撒拉族自治县	Jishishan	280659
华亭市	Huating	191571			
酒泉市	**Jiuquan**	**1013169**	**甘南藏族自治州**	**Gannan**	**752209**
市辖区	District	419075	合作市	Hezuo	91315
肃州区	Suzhou	419075	临潭县	Lintan	161409
金塔县	Jinta	143591	卓尼县	Zhuoni	111046
瓜州县	Guazhou	127998	舟曲县	Zhouqu	144574
肃北蒙古族自治县	Subei	12408	迭部县	Diebu	56705
阿克塞哈萨克族自治县	Akesai	9425	玛曲县	Maqu	55934
玉门市	Yumen	156818	碌曲县	Luqu	37921
敦煌市	Dunhuang	143854	夏河县	Xiahe	93305
庆阳市	**Qingyang**	**2701240**	**青海省**	**Qinghai**	**5923481**
市辖区	District	398464	**西宁市**	**Xining**	**2114170**
西峰区	Xifeng	398464	市辖区	District	1037138
庆城县	Qingcheng	289863	城东区	Chengdong	263800
环县	Huanxian	364931	城中区	Chengzhong	253496
华池县	Huachi	139558	城西区	Chengxi	272910
合水县	Heshui	182040	城北区	Chengbei	246932
正宁县	Zhengning	243883	大通回族土族自治县	Datong	468427
宁县	Ningxian	557367	湟中县	Hongzhong	480820
镇原县	Zhenyuan	525134	湟源县	Huangyuan	127785
定西市	**Dingxi**	**3033740**	**海东市**	**Haidong**	**1728408**
市辖区	District	469330	市辖区	District	413016
安定区	Anding	469330	乐都区	Ledu	286577
通渭县	Tongwei	433521	平安区	Pingan	126439
陇西县	Longxi	524668	民和回族土族自治县	Minhe	439293
渭源县	Weiyuan	343921	互助土族自治县	Huzhu	401380
临洮县	Lintao	555388	化隆回族自治县	Hualong	308463

5-4 续表 34 continued

单位：人 (person)

城 市	City	人 数 Population	城 市	City	人 数 Population
循化撒拉族自治县	Xunhua	166256	大武口区	Dawukou	260286
海北藏族自治州	**Haibei**	**295200**	惠农区	Huinong	177373
门源回族自治县	Menyuan	162316	平罗县	Pingluo	310189
祁连县	Qilian	52883	**吴忠市**	**Wuzhong**	**1436081**
海晏县	Haiyan	35123	市辖区	District	601362
刚察县	Gangcha	44878	利通区	Litong	425056
黄南藏族自治州	**Huangnan**	**283378**	红寺堡区	Hongsibao	176306
同仁县	Tongren	99449	盐池县	Yanchi	172824
尖扎县	Jianzha	62712	同心县	Tongxin	385518
泽库县	Zeku	79996	青铜峡市	Qingtongxia	276377
河南蒙古族自治县	Henan	41221	**固原市**	**Guyuan**	**1458593**
海南藏族自治州	**Hainan**	**473396**	市辖区	District	466884
共和县	Gonghe	132824	原州区	Yuanzhou	466884
同德县	Tongde	63852	西吉县	Xiji	474658
贵德县	Guide	112421	隆德县	Longde	154412
兴海县	Xinghai	82781	泾源县	Jingyuan	115152
贵南县	Guinan	81518	彭阳县	Pengyang	247487
果洛藏族自治州	**Guoluo**	**206925**	**中卫市**	**Zhongwei**	**1220827**
玛沁县	Maqin	48719	市辖区	District	416847
班玛县	Banma	31802	沙坡头区	Shapotou	416847
甘德县	Gande	41045	中宁县	Zhongning	350418
达日县	Dari	40132	海原县	Haiyuan	453562
久治县	Jiuzhi	29168	**新疆维吾尔自治区**	**Xinjiang**	**22939231**
玛多县	Madong	16059	**乌鲁木齐市**	**Urumqi**	**2308622**
玉树藏族自治州	**Yushu**	**418428**	市辖区	District	2256508
玉树市	Yushu	114268	天山区	Tianshan	474067
杂多县	Zaduo	72361	沙依巴克区	Shayibake	477482
称多县	Chengduo	60882	新市区	Xinshi	527527
治多县	Zhiduo	34816	水磨沟区	Shuimogou	250268
囊谦县	Nangqian	101740	头屯河区	Toutunhe	214404
曲麻莱县	Qumalai	34361	达坂城区	Daban	31366
海西蒙古族藏族自治州	**Haixi**	**403576**	米东区	Midong	281394
格尔木市	Gedongmu	138274	乌鲁木齐县	Urumqi	52114
德令哈市	Delingha	73338	**克拉玛依市**	**Karamay**	**313959**
茫崖市	Mangya	54771	市辖区	District	313959
乌兰县	Wulan	42294	独山子区	Dushanzi	60173
都兰县	Dulan	71452	克拉玛依区	Karamay	217059
天峻县	Tianjun	23447	白碱滩区	Baijiantan	34305
宁夏回族自治区	**Ningxia**	**6913135**	乌尔禾区	Wuerhe	2422
银川市	**Yinchuan**	**2049786**	**吐鲁番市**	**Turpan**	**627480**
市辖区	District	1291309	市辖区	District	287440
兴庆区	Xingqing	597810	高昌区	Gaochang	287440
西夏区	Xixia	248353	鄯善县	Shanshan	221408
金凤区	Jinfeng	445146	托克逊县	Tuokexun	118632
永宁县	Yongning	248322	**哈密市**	**Hami**	**557982**
贺兰县	Helan	253844	市辖区	District	432246
灵武市	Lingwu	256311	伊州区	Yizhou	432246
石嘴山市	**Shizuishan**	**747848**	巴里坤哈萨克自治县	Balikun	104577
市辖区	District	437659	伊吾县	Yiwu	21159

5-4 续表 35 continued

单位：人 (person)

城 市	City	人 数 Population	城 市	City	人 数 Population
昌吉回族自治州	**Changji**	**1389529**	岳普湖县	Yuepuhu	177567
昌吉市	Changji	399800	伽师县	Jiashi	460334
阜康市	Fukang	160576	巴楚县	Bachu	380015
呼图壁县	Hutubi	205730	塔什库尔干塔吉克自治县	Tashkurgan Tajik	41364
玛纳斯县	Manasi	166117	**和田地区**	**Hetian**	**2532825**
奇台县	Qitai	235071	和田市	Hetian	413292
吉木萨尔县	Jimusaer	136496	和田县	Hetian	353825
木垒哈萨克自治县	Mulei	85739	墨玉县	Moyu	647738
博尔塔拉蒙古自治州	**Boertala**	**475983**	皮山县	Pishan	322002
博乐市	Bole	259078	洛浦县	Luopu	296812
阿拉山口市	Alashankou	1824	策勒县	Cele	168675
精河县	Jinghe	142640	于田县	Yutian	288083
温泉县	Wenquan	72441	民丰县	Minfeng	42398
巴音郭楞蒙古自治州	**Bayinguoleng**	**1180696**	**伊犁哈萨克自治州**	**Yili**	**2917225**
库尔勒市	Korla	483574	伊宁市	Yining	598666
轮台县	Luntai	114511	奎屯市	Kuitun	286894
尉犁县	Weili	107854	霍尔果斯市	Huoerguosi	65639
若羌县	Ruoqiang	26864	伊宁县	Yining	418356
且末县	Qiemo	65674	察布查尔锡伯自治县	Qapqal Xibe	191554
焉耆回族自治县	Yanqi	118052	霍城县	Huocheng	330967
和静县	Hejing	153588	巩留县	Gongliu	193051
和硕县	Heshuo	52058	新源县	Xinyuan	313131
博湖县	Bohu	58521	昭苏县	Zhaosu	175508
阿克苏地区	**Aksu**	**2567620**	特克斯县	Tekesi	165176
阿克苏市	Aksu	565880	尼勒克县	Nileke	178283
温宿县	Wensu	270654	**塔城地区**	**Tacheng**	**983135**
库车县	Kuche	484457	塔城市	Tacheng	163532
沙雅县	Shaya	262829	乌苏市	Wusu	212758
新和县	Xinhe	193100	额敏县	Emin	206367
拜城县	Baicheng	237492	沙湾县	Shawan	199067
乌什县	Wushi	231775	托里县	Tuoli	93638
阿瓦提县	Awat	267042	裕民县	Yumin	56998
柯坪县	Keping	54391	和布克赛尔蒙古自治县	Hebukesaier	50775
克孜勒苏柯尔克孜自治州	**Kizilsu Kirgiz**	**620414**	**阿勒泰地区**	**Aletai**	**657365**
阿图什市	Atushi	285321	阿勒泰市	Aletai	233067
阿克陶县	Aketao	230746	布尔津县	Buerjin	71381
阿合奇县	Aheqi	46012	富蕴县	Fuyun	96194
乌恰县	Wuqia	58335	福海县	Fuhai	71000
喀什地区	**Kashgar**	**4625164**	哈巴河县	Habahe	84794
喀什市	Kashgar	664216	青河县	Qinghe	63194
疏附县	Shufu	279711	吉木乃县	Jeminay	37735
疏勒县	Shule	375789	**省直辖县级行政单位**	**Shengzhiguan**	**1181232**
英吉沙县	Yingjisha	308698	石河子市	Shihezi	591556
泽普县	Zepu	224050	阿拉尔市	Alaer	203777
莎车县	Shache	892065	图木舒克市	Tumushuke	175144
叶城县	Yecheng	550671	五家渠市	Wujiaqu	98095
麦盖提县	Maigaiti	270684	铁门关市	Tiemenguan	112660

5-5 按总人口排序的市及人口数
Cities and Population by Size of Total Population

单位：人 (person)

城 市	City	人 数 Population	城 市	City	人 数 Population
全 国	**National Total**	**755475513**	贵阳市	Guiyang	2746663
400万以上	**over 4 million**	**170578010**	厦门市	Xiamen	2721139
重庆市	Chongqing	23471308	东莞市	Dongguan	2638788
上海市	Shanghai	14756326	烟台市	Yantai	2512061
北京市	Beijing	13954758	普宁市	Puning	2508921
天津市	Tianjin	11306769	枣庄市	Zaozhuang	2497992
广州市	Guangzhou	9851142	莆田市	Putian	2476491
武汉市	Wuhan	9161913	邯郸市	Handan	2444537
西安市	Xi'an	8423911	盐城市	Yancheng	2436724
成都市	Chendu	8304800	菏泽市	Heze	2380822
南京市	Nanjing	7225706	阜阳市	Fuyang	2327205
济南市	Jinan	7053295	赣州市	Ganzhou	2324579
杭州市	Hangzhou	6753023	遵义市	Zunyi	2302095
沈阳市	Shenyang	6196034	上饶市	Shangrao	2297295
深圳市	Shenzhen	5845791	扬州市	Yangzhou	2296139
汕头市	Shantou	5679567	宜宾市	Yibin	2296123
哈尔滨市	Harbin	5534609	襄阳市	Xiangyang	2283395
青岛市	Qingdao	5373572	连云港市	Lianyungang	2256758
佛山市	Feshan	4737736	乌鲁木齐市	Urumqi	2256508
长春市	Changchun	4467968	绍兴市	Shaoxing	2241824
石家庄市	Shijiazhuang	4284324	六安市	Lu'an	2207909
大连市	Dalian	4102302	南通市	Nantong	2155431
南宁市	Nanning	4093156	兰州市	Lanzhou	2144382
200万-400万	**from 2 million to 4 million**	**124551946**	揭阳市	Jieyang	2133881
郑州市	Zhengzhou	3991785	洛阳市	Luoyang	2112779
苏州市	Suzhou	3871398	邢台市	Xingtai	2075324
长沙市	Changsha	3737939	贵港市	Guigang	2062508
徐州市	Xuzhou	3442536	桂平市	Guiping	2051226
淮安市	Huaian	3334340	南阳市	Nanyang	2049609
唐山市	Tangshan	3326936	**100万-200万**	**from 1 million to 2 million**	**229492109**
常州市	Changzhou	3077789	潍坊市	Weifang	1977729
茂名市	Maoming	3066516	海口市	Haikou	1950450
宁波市	Ningbo	3063053	宿州市	Suzhou	1937240
太原市	Taiyuan	3055740	南充市	Nanchong	1936930
昆明市	Kunming	3009869	陆丰市	Lufeng	1927478
合肥市	Hefeng	3008369	邳州市	Pizhou	1920208
南昌市	Nanchang	2955262	济宁市	Jining	1916865
福州市	Fuzhou	2935580	中山市	Zhongshan	1908812
临沂市	Linyi	2906300	商丘市	Shangqiu	1907095
淄博市	Zibo	2898531	聊城市	Liaocheng	1891152
保定市	Baoding	2883660	雷州市	Lenzhou	1871198
无锡市	Wuxi	2747235	柳州市	Liuzhou	1867921

5-5 续表 1 continued

单位：人 (person)

城 市	City	人 数 Population	城 市	City	人 数 Population
廉江市	Lianjiang	1861669	江门市	Jiangmen	1473616
邓州市	Dengzhou	1856386	自贡市	Zigong	1460696
高州市	Gaozhou	1855209	遂宁市	Suining	1456935
化州市	Huazhou	1801354	呼和浩特市	Hohhot	1450951
宿迁市	Suqian	1781121	鞍山市	Anshan	1449946
惠州市	Huizhou	1778008	新泰市	Xintai	1447018
大同市	Datong	1773762	肇庆市	Zhaoqing	1422109
吉林市	Jilin	1773076	宁乡市	Ningxiang	1420353
滕州市	Tengzhou	1763122	日照市	Rizhao	1412704
温州市	Wenzhou	1758923	耒阳市	Leiyang	1412352
达州市	Dazhou	1748190	如皋市	Rugao	1403942
绵阳市	Mianyang	1745060	常德市	Changde	1401116
开封市	Kaifeng	1724255	福清市	Fuqing	1396657
湛江市	Zhanjiang	1717659	珠海市	Zhuhai	1392176
抚州市	Fuzhou	1715265	宝鸡市	Baoji	1388512
毕节市	Bijie	1713168	平度市	Pingdong	1382014
亳州市	Bozhou	1712605	内江市	Neijiang	1381852
潮州市	Chaozhou	1697871	大庆市	Daqing	1380091
淮南市	Huainan	1686434	威海市	Weihai	1378177
南安市	Nan'an	1667107	桂林市	Guilin	1355158
永城市	Yongcheng	1650094	漯河市	Luohe	1355122
泰安市	Taian	1645761	项城市	Xiangcheng	1349781
台州市	Taizhou	1639499	巴中市	Bazhong	1344250
泰州市	Taizhou	1635395	禹州市	Yuzhou	1340204
长治市	Changzhi	1612493	益阳市	Yiyang	1339179
天门市	Tianmen	1588899	邵东市	Shaodong	1330563
信阳市	Yinyang	1584597	盘州市	Panzhou	1330259
包头市	Baotou	1581462	安顺市	Anshun	1329642
北流市	Beiliu	1561208	抚顺市	Fushun	1322788
监利市	Jianli	1555871	株洲市	Zhuzhou	1322346
宣威市	Xuanwei	1549299	天水市	Tianshui	1322002
张家口市	Zhangjiakou	1547768	乐清市	Leqing	1318155
钦州市	Qinzhou	1542330	罗定市	Luoding	1300202
兴化市	Xinghua	1527522	银川市	Yinchuan	1291309
仙桃市	Xiantao	1527015	齐齐哈尔市	Qiqihar	1290705
泸州市	Luzhou	1525924	宜昌市	Yichang	1281329
芜湖市	Wuhu	1521011	渭南市	Weinan	1270858
清远市	Qingyuan	1511993	赤峰市	Chifeng	1270233
信宜市	Xinyi	1509890	广安市	Guang'an	1269877
简阳市	Jianyang	1501314	德州市	Dezhou	1267525
浏阳市	Liuyang	1488160	江阴市	Jiangyin	1266587
丰城市	Fengcheng	1484348	瑞安市	Ruian	1259247
秦皇岛市	Qinhuangdao	1476025	六盘水市	Liupanshui	1247751

5-5 续表 2 continued

单位：人 (person)

城　市	City	人　数 Population	城　市	City	人　数 Population
阳江市	Yangjiang	1240093	诸暨市	Zhuji	1083000
安阳市	Anyang	1238731	龙岩市	Longyan	1078328
吴川市	Wuchuan	1234814	宜兴市	Yixing	1075847
贺州市	Hezhou	1234460	荆州市	Jingzhou	1073099
定州市	Dingzhou	1232194	东台市	Dongtai	1072235
阳春市	Yangchun	1224391	昆山市	Kunshan	1067149
温岭市	Wenling	1220723	儋州市	Danzhou	1065865
曲靖市	Qujing	1218539	衡水市	Hengshui	1065341
邹城市	Zoucheng	1216368	常熟市	Changshu	1064081
晋江市	Jinjiang	1212438	资阳市	Ziyang	1062296
泉州市	Quanzhou	1206770	慈溪市	Fenghua	1061711
榆树市	Yushu	1204843	汉川市	Hanchuan	1057791
英德市	Yingde	1203989	海城市	Haicheng	1056955
临海市	Linhai	1203312	淮北市	Huaibei	1046352
眉山市	Meishan	1199094	醴陵市	Liling	1040615
汝州市	Ruzhou	1182329	武威市	Wuwei	1037379
十堰市	Shiyan	1178759	西宁市	Xining	1037138
永州市	Yongzhou	1175983	钟祥市	Zhongxiang	1033779
玉林市	Yulin	1169452	九江市	Jiujiang	1031663
宜春市	Yichun	1168418	镇江市	Zhenjiang	1027205
蚌埠市	Bengbu	1165302	安康市	Ankang	1022342
兴宁市	Xingning	1163542	盘锦市	Panjin	1020659
咸阳市	Xianyang	1160241	河池市	Hechi	1019192
乐山市	Leshan	1159093	衡阳市	Hengyang	1018349
泰兴市	Taixing	1158546	公主岭市	Gongzhuling	1013854
麻城市	Macheng	1149431	榆林市	Yulin	1000860
来宾市	Laibin	1147016	金华市	Jinhua	1000833
涟源市	Lianyuan	1139343	**80万-100万**	**from 800 thousand to 1 million**	**67932408**
汉中市	Hanzhong	1139051	大冶市	Daye	998813
林州市	Linzhou	1138357	潜江市	Qianjiang	995943
东营市	Dongying	1136069	海门市	Haimen	988700
湖州市	Huzhou	1126394	焦作市	Jiaozuo	982140
诸城市	Zhucheng	1118366	安丘市	Anqiu	977178
鄂州市	Ezhou	1117400	梅州市	Meizhou	976946
新沂市	Xinyi	1116277	肥城市	Feicheng	976840
枣阳市	Zaoyang	1115880	岑溪市	Cenxi	973578
平顶山市	Pingdingshan	1112769	瓦房店市	Wafangdian	971944
滨州市	Binzhou	1111150	昭通市	Zhaotong	968131
寿光市	Shouguang	1110158	台山市	Taishan	965592
新乡市	Xinxiang	1108102	青州市	Qingzhou	960093
岳阳市	Yueyang	1106529	嘉兴市	Jiaxing	957170
启东市	Qidong	1095986	葫芦岛市	Huludao	954825

5-5 续表 3 continued

单位：人 (person)

城市	City	人数 Population	城市	City	人数 Population
常宁市	Changning	953621	肇东市	Zhaodong	848523
孝感市	Xiaogan	949924	武安市	Wu'an	846935
锦州市	Jinzhou	949756	莱阳市	Laiyang	844618
乐平市	Leping	946621	通辽市	Tongliao	842852
保山市	Baoshan	946189	临清市	Linqing	840583
营口市	Yingkou	938740	辽阳市	Liaoyang	837892
晋中市	Jinzhong	937175	界首市	Jieshou	837414
辉县市	Huixian	932803	莱州市	Laizhou	834763
张家港市	Zhangjiagang	930189	余姚市	Cixi	834345
兴义市	Xingyi	929372	武冈市	Wugang	826910
湘乡市	Xiangxiang	927180	阆中市	Langzhong	824946
广元市	Guangyuan	922391	马鞍山市	Maanshan	824441
利川市	Lichuan	919522	临汾市	Linfen	819865
韶关市	Shaoguan	917704	武穴市	Wuxue	819708
海安市	Haian	914118	恩施市	Enshi	816759
洪湖市	Honghu	909166	松滋市	Songzi	815656
任丘市	Renqiu	908179	梧州市	Wuzhou	807725
铜陵市	Tongling	907432	郴州市	Chenzhou	804223
新余市	Xinyu	905214	绥化市	Suihua	803775
龙海市	Longhai	904601	**50万-80万**	**from 500 thousand to 800 thousand**	**105270627**
新密市	Xinmi	903957	丹阳市	Danyang	799031
河间市	Hejian	899489	高邮市	Gaoyou	796476
广水市	Guangshui	896197	德惠市	Dehui	796309
高密市	Gaomi	895972	彭州市	Pengzhou	795093
五常市	Wuchang	889211	溧阳市	Liyang	788500
廊坊市	Langfang	883800	长葛市	Changge	782451
萍乡市	Pingxiang	877635	迁安市	Qian'an	775247
庄河市	Zhuanghe	872346	丹东市	Dandong	767943
高安市	Gaoan	871991	汨罗市	Miluo	763430
胶州市	Jiaozhou	871194	濮阳市	Puyang	755274
新郑市	Xinzheng	866280	三河市	Sanhe	754889
本溪市	Benxi	864468	鸡西市	Jixi	751739
驻马店市	Zhumadian	862139	佳木斯市	Jimusi	750892
宣城市	Xuancheng	859491	玉溪市	Yuxi	750232
巢湖市	Chaohu	858664	遵化市	Zunhua	750149
湘潭市	Xiangtan	857055	桐城市	Tongcheng	749880
南平市	Nanping	855186	海伦市	Hailun	747294
牡丹江市	Mudanjiang	854104	邹平市	Zouping	744938
江油市	Jiangyou	853999	仁怀市	Renhuai	743784
衢州市	Quzhou	853387	灵宝市	Yima	742530
义乌市	Yiwu	853378	莱西市	Laixi	741615
东阳市	Dongyang	851512	安庆市	Anqing	735081
巩义市	Gongyi	851230	登封市	Dengfeng	734488

5-5 续表 4 continued

单位：人 (person)

城　市	City	人　数 Population	城　市	City	人　数 Population
济源市	Jiyuan	731121	靖江市	Jingjiang	650036
阜新市	Fuxin	728327	邛崃市	Qionglai	649899
西昌市	Xichang	725843	大理市	Dali	648341
沅江市	Yuanjiang	722589	荆门市	Jingmen	648062
嵊州市	Shengzhou	719436	贵溪市	Guixi	645815
荥阳市	Xingyang	718623	周口市	Zhoukou	645245
乐陵市	Laoling	718230	明光市	Mingguang	643400
舟山市	Zhoushan	714644	攀枝花市	Panzhihua	641899
运城市	Yuncheng	711607	鹰潭市	Yingtan	641006
北海市	Beihai	708997	偃师市	Yanshi	637276
扶余市	Fuyu	708356	龙口市	Longkou	633564
海宁市	Haining	708038	万宁市	Wanning	632749
桐乡市	Tongxiang	707667	应城市	Yingcheng	632403
瑞金市	Ruijin	707387	海阳市	Haiyang	631761
德阳市	Deyang	700826	咸宁市	Xianning	631096
涿州市	Zhuozhou	698733	天长市	Tianchang	631080
铜川市	Tongchuan	695915	三门峡市	Sanmenxia	630367
云浮市	Yunfu	694602	辛集市	Xinji	629495
腾冲市	Tengchong	690827	凌源市	Lingyuan	629225
邵阳市	Shaoyang	690244	高碑店市	Gaobeidian	627965
阳泉市	Yangquan	688629	泊头市	Potou	625187
开平市	Kaiping	686741	永康市	Yongkang	621111
讷河市	Nehe	680475	都江堰市	Dujiangyan	620520
大石桥市	Dashiqiao	679417	雅安市	Yaan	617754
延安市	Yan'an	678997	黄石市	Huangshi	616998
朔州市	Shuozhou	678891	娄底市	Loudi	613750
福安市	Fu'an	676246	江山市	Jiangshan	613306
盖州市	Gaizhou	673529	朝阳市	Chaoyang	611040
池州市	Chizhou	670695	石首市	Shishou	610048
三亚市	Sanya	669346	福鼎市	Fuding	606129
四平市	Siping	667553	安陆市	Anlu	605017
漳州市	Zhangzhou	665750	文昌市	Wenchang	604650
喀什市	Kashgar	664216	樟树市	Zhangshu	604594
靖西市	Jingxi	664077	陇南市	Longnan	601803
随州市	Suizhou	661032	沧州市	Cangzhou	601644
鹤壁市	Hebi	660692	吴忠市	Wuzhong	601362
霸州市	Bazhou	659683	承德市	Chengde	600381
曲阜市	Qufu	658690	吉安市	Ji'an	599988
崇州市	Chongzhou	657925	兴平市	Xingping	599971
兰溪市	Lanxi	654835	防城港市	Fangchenggang	599761
新民市	Xinmin	653168	伊宁市	Yining	598666
荣成市	Rongcheng	651918	广汉市	Guanghan	597688

5-5 续表 5 continued

单位：人 (person)

城　市	City	人 数 Population	城　市	City	人 数 Population
舒兰市	Shulan	593140	平凉市	Pingliang	526718
石河子市	Shihezi	591556	琼海市	Qionghai	524926
东港市	Donggang	587669	平果市	Pingguo	524590
鹤岗市	Hegang	586257	兴城市	Xingcheng	523047
句容市	Jurong	585251	巴彦淖尔市	Bayan nur	518714
凯里市	Kaili	584840	张掖市	Zhangye	517581
仪征市	Yizheng	584241	白山市	Baishan	516971
昌邑市	Changyi	582647	新乐市	Xinle	516612
梅河口市	Meihekou	582345	广德市	Guangde	516569
黄骅市	Huanghua	578259	都匀市	Duyun	516296
兴仁市	Xingren	578157	太仓市	Taicang	510527
晋州市	Jinzhou	574609	建德市	Jiande	509901
滦州市	Luanzhou	568364	老河口市	Laohekou	508546
滁州市	Chuzhou	567220	平湖市	Pinghu	508023
阿克苏市	Aksu	565880	栖霞市	Qixia	505022
万源市	Wanyuan	563148	南宫市	Nangong	503452
松原市	Songyuan	558573	恩平市	Enping	503297
商洛市	Shangluo	558196	汕尾市	Shanwei	500222
延吉市	Yanji	557839	**50万以下**	**under 500 thousand**	**57650413**
招远市	Zhaoyuan	556813	白银市	Baiyin	496540
宜城市	Yicheng	556227	磐石市	Panshi	495231
清镇市	Qingzhen	555703	沁阳市	Qinyang	493792
铜仁市	Tongren	553577	绵竹市	Mianzhu	492757
弥勒市	Mile	552278	凌海市	Linghai	492229
深州市	Shenzhou	551733	洪江市	Hongjiang	492213
忻州市	Xinzhou	549948	南雄市	Nanxiong	491275
尚志市	Shangzhi	549690	孝义市	Xiaoyi	489304
开原市	Kaiyuan	549657	北镇市	Beizhen	489194
建瓯市	Jianou	546010	高平市	Gaoping	486192
楚雄市	Chuxiong	544302	库尔勒市	Korla	483574
连州市	Lianzhou	543703	原平市	Yuanping	481901
卫辉市	Weihui	542831	四会市	Sihui	481424
凤城市	Fengcheng	542584	白城市	Baicheng	478663
临湘市	Linxiang	541864	景德镇市	Jingdezhen	475677
禹城市	Yucheng	540922	平泉市	Pingquan	473706
北票市	Beipiao	540469	枝江市	Zhijiang	473625
文山市	Wenshan	539512	黄山市	Huangshan	470456
张家界市	Zhangjiajie	537550	定西市	Dingxi	469330
乳山市	Rushan	536051	固原市	Guyuan	466884
赤壁市	Chibi	529870	东方市	Dongfang	465194
宁德市	Ningde	528552	沙河市	Shahe	463649
乐昌市	Lechang	527742	当阳市	Dangyang	463257

5-5 续表 6 continued

单位：人 (person)

城　市	City	人　数 Population	城　市	City	人　数 Population
七台河市	Qitaihe	461317	庆阳市	Qingyang	398464
神木市	Shenmu	460259	韩城市	Hancheng	394178
瑞昌市	Ruichang	457462	鹤山市	Heshan	386620
丹江口市	Danjiangkou	457015	双辽市	Shuangliao	386296
双鸭山市	Shuangyashan	455066	荔浦市	Lipu	385046
富锦市	Fujin	450525	密山市	Mishan	384864
敦化市	Dunhua	446242	宜都市	Yidu	384167
介休市	Jiexiu	443705	孟州市	Mengzhou	382341
蒙自市	Mengzi	443445	龙港市	Longgang	382085
永济市	Yongji	442186	宁国市	Ningguo	381656
安达市	Anda	442170	崇左市	Chongzuo	381304
辽源市	Liaoyuan	441667	个旧市	Gejiu	376428
石嘴山市	Shizuishan	437659	百色市	Baise	375042
乌海市	Wuhai	437652	呼伦贝尔市	Hulunbuir	372149
玉环市	Yuhuan	437127	大安市	Daan	371692
汾阳市	Fenyang	434615	资兴市	Zixing	371200
景洪市	Jinghong	432478	冷水江市	Lengshuijiang	363043
哈密市	Hami	432246	石狮市	Shishi	357353
通化市	Tonghua	429707	黄冈市	Huanggang	355024
灯塔市	Dengta	429080	海林市	Hailin	353054
峨眉山市	Emeishan	425283	华蓥市	Huaying	350325
什邡市	Shifang	422300	福泉市	Fuan	341769
丽水市	Lishui	421031	舞钢市	Wugang	338657
伊春市	Yichun	420035	龙南市	Longnan	337146
酒泉市	Jiuquan	419075	河源市	Heyuan	336163
中卫市	Zhongwei	416847	德兴市	Dexing	334186
铁岭市	Tieling	416215	临沧市	Lincang	332740
许昌市	Xuchang	414111	五大连池市	Wudalianchi	330259
和田市	Hetian	413292	永安市	Yong'an	327916
海东市	Haidong	413016	拉萨市	Lasa	322084
晋城市	Jincheng	411582	乌兰浩特市	Ulanhot	321170
北安市	Beian	411372	赤水市	Chishui	318995
桦甸市	Huadian	409378	鄂尔多斯市	Ordos	318438
芒市	Mangshi	409358	乌兰察布市	Ulanqab	317284
蛟河市	Jiaohe	408110	吉首市	Jishou	315220
怀化市	Huaihua	405131	牙克石市	Yakeshi	315130
宁安市	Ning'an	404561	克拉玛依市	Karamay	313959
安国市	Anguo	404457	丰镇市	Fengzhen	306708
洮南市	Taonan	402601	霍州市	Huozhou	304922
扎兰屯市	ZhaLanTun	401271	邵武市	Shaowu	302186
河津市	Hejing	400542	三明市	Sanming	294480
昌吉市	Changji	399800	怀仁市	Huairen	293787

5-5 续表 7 continued

单位：人 (person)

城 市	City	人 数 Population
漳平市	Zhangping	291455
龙泉市	Longquan	288847
吕梁市	Lvliang	287925
吐鲁番市	Turpan	287440
奎屯市	Kuitun	286894
开远市	Kaiyuan	286291
阿图什市	Atushi	285321
临夏市	Linxia	283720
安宁市	Anning	283593
铁力市	Tieli	282166
扬中市	Yangzhong	281037
庐山市	Lushan	278459
青铜峡市	Qingtongxia	276377
虎林市	Hulin	271568
穆棱市	Muling	263295
博乐市	Bole	259078
灵武市	Lingwu	256311
武夷山市	Wuyishan	247041
普洱市	Puer	244608
华阴市	Huayin	238554
侯马市	Houma	238130
阿勒泰市	Aletai	233067
津市市	Jinshi	230017
珲春市	Hunchun	225501
调兵山市	Diaobingshan	217566
乌苏市	Wusu	212758
古交市	Gujiao	212734
嘉峪关市	Jiayuguan	210848
金昌市	Jinchang	210275
集安市	Ji'an	207807
阿拉尔市	Alaer	203777
东宁市	Dongning	200398
锡林浩特市	Xilin hot	199847
华亭市	Huating	191571
井冈山市	Jinggangshan	190315
泸水市	Lushui	188165
黑河市	Heihe	181485
图木舒克市	Tumushuke	175144
同江市	Tongjiang	174785
塔城市	Tacheng	163532
丽江市	Lijiang	161707
阜康市	Fukang	160576
东兴市	Dongxing	160181
和龙市	Longjing	160066
玉门市	Yumen	156818
香格里拉市	Xianggelila	152148
临江市	Linjiang	150417
义马市	Lushi	149815
龙井市	Longjing	147375
瑞丽市	Ruili	145029
敦煌市	Dunhuang	143854
格尔木市	Gedongmu	138274
合山市	Heshan	132272
根河市	Genhe	127217
日喀则市	Rikaze	127157
共青城市	Gongqingcheng	123515
昌都市	Changdu	122891
韶山市	Shaoshan	120256
凭祥市	Pingxiang	117127
玉树市	Yushu	114268
那曲市	Naqu	112947
铁门关市	Tiemenguan	112660
水富市	Shuifu	108337
康定市	Kangding	106343
图们市	Tumen	104556
五指山市	Wuzhishan	104369
五家渠市	Wujiaqu	98095
合作市	Hezuo	91315
满洲里市	Manzhouli	88239
霍林郭勒市	Holingol	83513
抚远市	Fuyuan	82219
额尔古纳市	Erguna	77947
德令哈市	Delingha	73338
绥芬河市	Suifenhe	68507
山南市	Shannan	67363
霍尔果斯市	Huoerguosi	65639
茫崖市	Mangya	54771
林芝市	Linzhi	53900
马尔康市	Macrkang	53138
阿尔山市	Arxan	43380
二连浩特市	Erenhot	35935
阿拉山口市	Alashankou	1824
三沙市	Sansha	825

第六部分

Chapter Six

世界部分国家及地区人口和就业统计数据

Population and Employment Data of Selected Countries and Territories of the World

一、世界部分国家人口和就业统计数据

I.Population and Employment Data of Selected Countries and Territories of the World

6-1 人口数
Total Population

单位：百万人 (millions)

国　家	Country	2003	2004	2005	2006	2007	2008
世界总计	**Total**	**6211.1**	**6377.6**	**6464.7**	**6540.3**	**6615.9**	**6749.7**
亚洲	**Asia**						
中国	China	1304.2	1313.3	1315.8	1323.6	1331.4	1336.3
阿富汗	Afghanistan	23.9	24.9	29.9	31.1	32.3	28.2
孟加拉国	Bangladesh	146.7	149.7	141.8	144.4	147.1	161.3
缅甸	Myanmar	49.5	50.1	50.5	51.0		49.2
柬埔寨	Cambodia	14.1	14.6	14.1	14.4	14.6	14.7
印度	India	1065.5	1081.2	1103.4	1119.5	1135.6	1186.2
印度尼西亚	Indonesia	219.9	222.6	222.8	225.5	228.1	234.3
伊朗	Iran	68.9	69.8	69.5	70.3	71.2	72.2
伊拉克	Iraq	25.2	25.9	28.8	29.6	30.3	29.5
日本	Japan	127.7	127.8	128.1	128.2	128.3	127.9
约旦	Jordan	5.5	5.6	5.7	5.8	6.0	6.1
朝鲜	Korea D.P.Rep.	22.7	22.8	22.5	22.6	22.7	23.9
韩国	Korea, Rep.	47.7	48.0	47.8	48.0	48.1	48.4
科威特	Kuwait	2.5	2.6	2.7	2.8	2.8	2.9
老挝	Laos	5.7	5.8	5.9	6.1	6.2	6.0
黎巴嫩	Lebanon	3.7	3.7	3.6	3.6	3.7	4.1
马来西亚	Malaysia	24.4	24.9	25.3	25.8	26.2	27.0
蒙古	Mongolia	2.6	2.6	2.6	2.7	2.7	2.7
尼泊尔	Nepal	25.2	25.7	27.1	27.7	28.2	28.8
巴基斯坦	Pakistan	153.6	157.3	157.9	161.2	164.6	167.0
菲律宾	Philippines	80.0	81.4	83.1	84.5	85.9	89.7
沙特阿拉伯	Saudi Arabia	24.2	24.9	24.6	25.2	25.8	25.3
新加坡	Singapore	4.3	4.3	4.3	4.4	4.4	4.5
斯里兰卡	Sri Lanka	19.1	19.2	20.7	20.9	21.1	19.4
叙利亚	Syrian Arab Rep.	17.8	18.2	19.0	19.5	20.0	20.4
泰国	Thailand	62.8	63.5	64.2	64.8	65.3	64.3
土耳其	Turkey	71.3	72.3	73.2	74.2	75.2	75.8
越南	Viet Nam	81.4	82.5	84.2	85.3	86.4	88.5
也门	Yemen	20.0	20.7	21.0	21.6	22.3	23.1
欧洲	**Europe**						
阿尔巴尼亚	Albania	3.2	3.2	3.1	3.1	3.2	3.2
奥地利	Austria	8.1	8.1	8.2	8.2	8.2	8.4

资料来源：《世界人口状况》2003-2020年，联合国人口基金编。
Sources: UNFPA, State of World Population 2003-2020.

6-1 续表 1 continued

单位：百万人 (millions)

国 家	Country	2003	2004	2005	2006	2007	2008
保加利亚	Bulgaria	7.9	7.8	7.7	7.7	7.6	7.6
捷克共和国	Czech Rep.	10.2	10.2	10.2	10.2	10.2	10.2
丹麦	Denmark	5.4	5.4	5.4	5.4	5.5	5.5
芬兰	Finland	5.2	5.2	5.2	5.3	5.3	5.3
法国	France	60.1	60.4	60.5	60.7	60.9	61.9
德国	Germany	82.5	82.5	82.7	82.7	82.7	82.5
希腊	Greece	11.0	11.0	11.1	11.1	11.2	11.2
匈牙利	Hungary	9.9	9.8	10.1	10.1	10.0	10.0
意大利	Italy	60.1	57.3	58.1	68.1	58.2	58.9
荷兰	Netherlands	16.1	16.2	16.3	16.4		16.5
挪威	Norway	4.5	4.6	4.6	4.6	4.7	4.7
波兰	Poland	38.6	38.6	38.5	38.5	38.5	38.0
葡萄牙	Portugal	10.1	10.1	10.5	10.5	10.6	10.7
罗马尼亚	Romania	22.3	22.3	21.7	21.6	21.5	21.3
西班牙	Spain	41.1	41.1	43.1	43.3	43.6	44.6
瑞士	Switzerland	7.2	7.2	7.3	7.3	7.3	7.5
英国	United Kingdom	59.3	59.4	59.7	59.8	60.0	61.0
俄罗斯	Russian Federation	143.2	142.4	143.2	142.5	141.9	141.8
非洲	**Africa**						
阿尔及利亚	Algeria	31.8	32.3	32.9	33.4	33.9	34.4
安哥拉	Angola	13.6	14.1	15.9	16.4	16.9	17.5
布隆迪	Burundi	6.8	7.1	7.5	7.8	8.1	8.9
中非共和国	Central African Rep.	3.9	3.9	4.0	4.1	4.2	4.4
刚果共和国	Congo, Republic of the	3.7	3.8	4.0	4.1	4.2	3.8
埃及	Egypt	71.9	73.4	74.0	75.4	76.9	76.8
埃塞俄比亚	Ethiopia	70.7	72.4	77.4	79.3	81.2	85.2
加蓬	Gabon	1.3	1.4	1.4	1.4	1.4	1.4
加纳	Ghana	20.9	21.4	22.1	22.6	23.0	23.9
几内亚	Guinea	8.5	8.6	9.4	9.6	9.8	9.6
肯尼亚	Kenya	32.0	32.4	34.3	35.1	36.0	38.6
利比亚	Libya	5.6	5.7	5.9	6.0	6.1	6.3
利比里亚	Liberia	3.4	3.5	3.3	3.4	3.5	3.9
马达加斯加	Madagascar	17.4	17.9	18.6	19.1	19.6	20.2
马里	Mali	13.0	13.4	13.5	13.9	14.3	12.7
毛里塔尼亚	Mauritania	2.9	3.0	3.1	3.2	3.2	3.2
摩洛哥	Morocco	30.6	31.1	31.5	31.9	32.4	31.6
莫桑比克	Mozambique	18.9	19.2	19.8	20.2	20.5	21.8
尼日利亚	Nigeria	124.0	127.1	131.5	134.4	137.2	151.5

6-1 续表 2 continued

单位：百万人 (millions)

国 家	Country	2003	2004	2005	2006	2007	2008
卢旺达	Rwanda	8.4	8.5	9.0	9.2	9.4	10.0
索马里	Somalia	9.9	10.3	8.2	8.5	8.8	9.0
南非	South Africa	45.0	45.2	47.4	47.6	47.7	48.8
苏丹	Sudan	33.6	34.3	36.2	37.0	37.8	39.4
突尼斯	Tunisia	9.8	9.9	10.1	10.2	10.3	10.4
乌干达	Uganda	25.8	26.7	28.8	29.9	30.9	31.9
喀麦隆	Cameroon, Republic of	16.0	16.3	16.3	16.6	16.9	18.9
坦桑尼亚	Tanzania, United Republic of	37.0	37.7	38.3	39.0	39.7	41.5
赞比亚	Zambia	10.8	10.9	13.0	11.9	12.1	12.2
大洋洲	**Oceania**						
澳大利亚	Australia	19.7	19.9	20.2	20.4	20.6	21.0
新西兰	New Zealand	3.9	3.9	4.0	4.1	4.1	4.2
北美洲	**North America**						
加拿大	Canada	31.5	31.7	32.3	32.6	32.9	33.2
美国	United States of America	294.0	297.0	298.2	301.0	303.9	308.8
拉丁美洲	**Latin America**						
阿根廷	Argentina	38.4	38.9	38.7	39.1	39.5	39.9
玻利维亚	Bolivia	8.8	9.0	9.2	9.4	9.5	9.7
巴西	Brazil	178.5	180.7	186.4	188.9	191.3	194.2
智利	Chile	15.8	16.0	16.3	16.5	16.6	16.8
哥伦比亚	Colombia	44.2	44.9	45.6	46.3	47.0	46.7
古巴	Cuba	11.3	11.3	11.3	11.3	11.3	11.3
多米尼加共和国	Dominican Republic	8.7	8.9	8.9	9.0	9.1	9.9
厄瓜多尔	Ecuador	13.0	13.2	13.2	13.4	13.6	13.5
危地马拉	Guatemala	12.3	12.7	12.6	12.9	13.2	13.7
墨西哥	Mexico	103.5	104.9	107.0	108.3	109.6	107.8
巴拿马	Panama	3.1	3.2	3.2	3.3	3.3	3.4
巴拉圭	Paraguay	5.9	6.0	6.2	6.3	6.4	6.2
秘鲁	Peru	27.2	27.6	28.0	28.4	28.8	28.2
波多黎各	Puerto Rico	3.9	3.9	4.0	4.0	4.0	4.0
乌拉圭	Uruguay	3.4	3.4	3.5	3.5	3.5	3.4
委内瑞拉	Venezuela (Bolivarian Republic of)	25.7	26.2	26.7	27.2	27.7	28.1

6-1 续表 3 continued

单位：百万人 (millions)

国家	Country	2009	2010	2011	2012	2013	2014
世界总计	**Total**	**6829.4**	**6908.7**	**6974.0**	**7052.1**	**7162**	**7244**
亚洲	**Asia**						
中国	China	1345.8	1354.1	1347.6	1353.6	1385.6	1393.8
阿富汗	Afghanistan	28.2	29.1	32.4	33.4	30.6	31.3
孟加拉国	Bangladesh	162.2	164.4	150.5	152.4	156.6	158.5
缅甸	Myanmar	50.0	50.5	48.3	48.7	53.3	53.7
柬埔寨	Cambodia	14.8	15.1	14.3	14.5	15.1	15.4
印度	India	1198.0	1214.5	1241.5	1258.4	1252.1	1267.4
印度尼西亚	Indonesia	230.0	232.5	242.3	244.8	249.9	252.8
伊朗	Iran	74.2	75.1	74.8	75.6	77.4	78.5
伊拉克	Iraq	30.7	31.5	32.7	33.7	33.8	34.8
日本	Japan	127.2	127.0	126.5	126.4	127.1	127.0
约旦	Jordan	6.3	6.5	6.3	6.5	7.3	7.5
朝鲜	Korea D.P.Rep.	23.9	24.0	24.5	24.6	24.9	25.0
韩国	Korea, Rep.	48.3	48.5	48.4	48.6	49.3	49.5
科威特	Kuwait	3.0	3.1	2.8	2.9	3.4	3.5
老挝	Laos	6.3	6.4	6.3	6.4	6.8	6.9
黎巴嫩	Lebanon	4.2	4.3	4.3	4.3	4.8	5.0
马来西亚	Malaysia	27.5	27.9	28.9	29.3	29.7	30.2
蒙古	Mongolia	2.7	2.7	2.8	2.8	2.8	2.9
尼泊尔	Nepal	29.3	29.9	30.5	31.0	27.8	28.1
巴基斯坦	Pakistan	180.8	184.8	176.7	180.0	182.1	185.1
菲律宾	Philippines	92.0	93.6	94.9	96.5	98.4	100.1
沙特阿拉伯	Saudi Arabia	25.7	26.2	28.1	28.7	28.8	29.4
新加坡	Singapore	4.7	4.8	5.2	5.3	5.4	5.5
斯里兰卡	Sri Lanka	20.2	20.4	21.0	21.2	21.3	21.4
叙利亚	Syrian Arab Rep.	21.9	22.5	20.8	21.1	21.9	22.0
泰国	Thailand	67.8	68.1	69.5	69.9	67.0	67.2
土耳其	Turkey	74.8	75.7	73.6	74.5	74.9	75.8
越南	Viet Nam	88.1	89.0	88.8	89.7	91.7	92.5
也门	Yemen	23.6	24.3	24.8	25.6	24.4	25.0
欧洲	**Europe**						
阿尔巴尼亚	Albania	3.2	3.2	3.2	3.2	3.2	3.2
奥地利	Austria	8.4	8.4	8.4	8.4	8.5	8.5

6-1 续表 4 continued

单位：百万人 (millions)

国　家	Country	2009	2010	2011	2012	2013	2014
保加利亚	Bulgaria	7.5	7.5	7.4	7.4	7.2	7.2
捷克共和国	Czech Rep.	10.4	10.4	10.5	10.6	10.7	10.7
丹麦	Denmark	5.5	5.5	5.6	5.6	5.6	5.6
芬兰	Finland	5.3	5.3	5.4	5.4	5.4	5.4
法国	France	62.3	62.6	63.1	63.5	64.3	64.6
德国	Germany	82.2	82.1	82.2	82.0	82.7	82.7
希腊	Greece	11.2	11.2	11.4	11.4	11.1	11.1
匈牙利	Hungary	10.0	10.0	10.0	9.9	10.0	9.9
意大利	Italy	59.9	60.1	60.8	61.0	61.0	61.1
荷兰	Netherlands	16.6	16.7	16.7	16.7	16.8	16.8
挪威	Norway	4.8	4.9	4.9	5.0	5.0	5.1
波兰	Poland	38.1	38.0	38.3	38.3	38.2	38.2
葡萄牙	Portugal	10.7	10.7	10.7	10.7	10.6	10.6
罗马尼亚	Romania	21.3	21.2	21.4	21.4	21.7	21.6
西班牙	Spain	44.9	45.3	46.5	46.8	46.9	47.1
瑞士	Switzerland	7.6	7.6	7.7	7.7	8.1	8.2
英国	United Kingdom	61.6	61.9	62.4	62.8	63.1	63.5
俄罗斯	Russian Federation	140.9	140.4	142.8	142.7	142.8	142.5
非洲	**Africa**						
阿尔及利亚	Algeria	34.9	35.4	36.0	36.5	39.2	39.9
安哥拉	Angola	18.5	19.0	19.6	20.2	21.5	22.1
布隆迪	Burundi	8.3	8.5	8.6	8.7	10.2	10.5
中非共和国	Central African Rep.	4.4	4.5	4.5	4.6	4.6	4.7
刚果共和国	Congo, Republic of the	3.7	3.8	4.1	4.2	4.4	4.6
埃及	Egypt	83.0	84.5	82.5	84.0	82.1	83.4
埃塞俄比亚	Ethiopia	82.8	85.0	84.7	86.5	94.1	96.5
加蓬	Gabon	1.5	1.5	1.5	1.6	1.7	1.7
加纳	Ghana	23.8	24.3	25.0	25.5	25.9	26.4
几内亚	Guinea	10.1	10.3	10.2	10.5	11.7	12.0
肯尼亚	Kenya	39.8	40.9	41.6	42.7	44.4	45.5
利比亚	Libya	6.4	6.5	6.4	6.5	6.2	6.3
利比里亚	Liberia	4.0	4.1	4.1	4.2	4.3	4.4
马达加斯加	Madagascar	19.6	20.1	21.3	21.9	22.9	23.6
马里	Mali	13.0	13.3	15.8	16.3	15.3	15.8
毛里塔尼亚	Mauritania	3.3	3.4	3.5	3.6	3.9	4.0
摩洛哥	Morocco	32.0	32.4	32.3	32.6	33.0	33.5
莫桑比克	Mozambique	22.9	23.4	23.9	24.5	25.8	26.5
尼日利亚	Nigeria	154.7	158.3	162.5	166.6	173.6	178.5

6-1 续表 5 continued

单位：百万人 (millions)

国　家	Country	2009	2010	2011	2012	2013	2014
卢旺达	Rwanda	10.0	10.3	10.9	11.3	11.8	12.1
索马里	Somalia	9.1	9.4	9.6	9.8	10.5	10.8
南非	South Africa	50.1	50.5	50.5	50.7	52.8	53.1
苏丹	Sudan	42.3	43.2	44.6	35.0	38.0	38.8
突尼斯	Tunisia	10.3	10.4	10.6	10.7	11.0	11.1
乌干达	Uganda	32.7	33.8	34.5	35.6	37.6	38.8
喀麦隆	Cameroon, Republic of	19.5	20.0	20.0	20.5	22.3	22.8
坦桑尼亚	Tanzania, United Republic of	43.7	45.0	46.2	47.7	49.3	50.8
赞比亚	Zambia	12.9	13.3	13.5	13.9	14.5	15.0
大洋洲	**Oceania**						
澳大利亚	Australia	21.3	21.5	22.6	22.9	23.3	23.6
新西兰	New Zealand	4.3	4.3	4.4	4.5	4.5	4.6
北美洲	**North America**						
加拿大	Canada	33.6	33.9	34.3	34.7	35.2	35.5
美国	United States of America	314.7	317.6	313.1	315.8	320.1	322.6
拉丁美洲	**Latin America**						
阿根廷	Argentina	40.3	40.7	40.8	41.1	41.4	41.8
玻利维亚	Bolivia	9.9	10.0	10.1	10.2	10.7	10.8
巴西	Brazil	193.7	195.4	196.7	198.4	200.4	202.0
智利	Chile	17.0	17.1	17.3	17.4	17.6	17.8
哥伦比亚	Colombia	45.7	46.3	46.9	47.6	48.3	48.9
古巴	Cuba	11.2	11.2	11.3	11.2	11.3	11.3
多米尼加共和国	Dominican Republic	10.1	10.2	10.1	10.2	10.4	10.5
厄瓜多尔	Ecuador	13.6	13.8	14.7	14.9	15.7	16.0
危地马拉	Guatemala	14.0	14.4	14.8	15.1	15.5	15.9
墨西哥	Mexico	109.6	110.6	114.8	116.1	122.3	123.8
巴拿马	Panama	3.5	3.5	3.6	3.6	3.9	3.9
巴拉圭	Paraguay	6.3	6.5	6.6	6.7	6.8	6.9
秘鲁	Peru	29.2	29.5	29.4	29.7	30.4	30.8
波多黎各	Puerto Rico	4.0	4.0			3.7	3.7
乌拉圭	Uruguay	3.4	3.4	3.4	3.4	3.4	3.4
委内瑞拉	Venezuela (Bolivarian Republic of)	28.6	29.0	29.4	29.9	30.4	30.9

6-1 续表 6 continued

单位：百万人 (millions)

国 家	Country	2015	2016	2017	2018	2019	2020
世界总计	**Total**	**7349**	**7433**	**7550**	**7633**	**7715**	**7795**
亚洲	**Asia**						
中国	China	1376.0	1382.3	1409.5	1415.0	1420.1	1439.3
阿富汗	Afghanistan	32.5	33.4	35.5	36.4	37.2	38.9
孟加拉国	Bangladesh	161.0	162.9	164.7	166.4	168.1	164.7
缅甸	Myanmar	53.9	54.4	53.4	53.9	54.3	54.4
柬埔寨	Cambodia	15.6	15.8	16.0	16.2	16.5	16.7
印度	India	1311.1	1326.8	1339.2	1354.1	1368.7	1380.0
印度尼西亚	Indonesia	257.6	260.6	264.0	266.8	269.5	273.5
伊朗	Iran	79.1	80.0	81.2	82.0	82.8	84.0
伊拉克	Iraq	36.4	37.5	38.3	39.3	40.4	40.2
日本	Japan	126.6	126.3	127.5	127.2	126.9	126.5
约旦	Jordan	7.6	7.7	9.7	9.9	10.1	10.2
朝鲜	Korea D.P.Rep.	25.2	25.3	25.5	25.6	25.7	25.8
韩国	Korea, Rep.	50.3	50.5	51.0	51.2	51.3	51.3
科威特	Kuwait	3.9	4.0	4.1	4.2	4.2	4.3
老挝	Laos	6.8	6.9	6.9	7.0	7.1	7.3
黎巴嫩	Lebanon	5.9	6.0	6.1	6.1	6.1	6.8
马来西亚	Malaysia	30.3	30.8	31.6	32.0	32.5	32.4
蒙古	Mongolia	3.0	3.0	3.1	3.1	3.2	3.3
尼泊尔	Nepal	28.5	28.9	29.3	29.6	29.9	29.1
巴基斯坦	Pakistan	188.9	192.8	197.0	200.8	204.6	220.9
菲律宾	Philippines	100.7	102.3	104.9	106.5	108.1	109.6
沙特阿拉伯	Saudi Arabia	31.5	32.2	32.9	33.6	34.1	34.8
新加坡	Singapore	5.6	5.7	5.7	5.8	5.9	5.9
斯里兰卡	Sri Lanka	20.7	20.8	20.9	21.0	21.0	21.4
叙利亚	Syrian Arab Rep.	18.5	18.6	18.3	18.3	18.5	17.5
泰国	Thailand	68.0	68.1	69.0	69.2	69.3	69.8
土耳其	Turkey	78.7	79.6	80.7	81.9	83.0	84.3
越南	Viet Nam	93.4	94.4	95.5	96.5	97.4	97.3
也门	Yemen	26.8	27.5	28.3	28.9	29.6	29.8
欧洲	**Europe**						
阿尔巴尼亚	Albania	2.9	2.9	2.9	2.9	2.9	2.9
奥地利	Austria	8.5	8.6	8.7	8.8	8.8	9.0

6-1 续表 7 continued

单位：百万人 (millions)

国　家	Country	2015	2016	2017	2018	2019	2020
保加利亚	Bulgaria	7.1	7.1	7.1	7.0	7.0	6.9
捷克共和国	Czech Rep.	10.5	10.5	10.6	10.6	10.6	10.7
丹麦	Denmark	5.7	5.7	5.7	5.8	5.8	5.8
芬兰	Finland	5.5	5.5	5.5	5.5	5.6	5.5
法国	France	64.4	64.7	65.0	65.2	65.5	65.3
德国	Germany	80.7	80.7	82.1	82.3	82.4	83.8
希腊	Greece	11.0	10.9	11.2	11.1	11.1	10.7
匈牙利	Hungary	9.9	9.8	9.7	9.7	9.7	9.7
意大利	Italy	59.8	59.8	59.4	59.3	59.2	60.5
荷兰	Netherlands	16.9	17.0	17.0	17.1	17.1	17.1
挪威	Norway	5.2	5.3	5.3	5.4	5.4	5.4
波兰	Poland	38.6	38.6	38.2	38.1	38.0	37.8
葡萄牙	Portugal	10.3	10.3	10.3	10.3	10.3	10.2
罗马尼亚	Romania	19.5	19.4	19.7	19.6	19.5	19.2
西班牙	Spain	46.1	46.1	46.4	46.4	46.4	46.8
瑞士	Switzerland	8.3	8.4	8.5	8.5	8.6	8.7
英国	United Kingdom	64.7	65.1	66.2	66.6	67.0	67.9
俄罗斯	Russian Federation	143.5	143.4	144.0	144.0	143.9	145.9
非洲	**Africa**						
阿尔及利亚	Algeria	39.7	40.4	41.3	42.0	42.7	43.9
安哥拉	Angola	25.0	25.8	29.8	30.8	31.8	32.9
布隆迪	Burundi	11.2	11.6	10.9	11.2	11.6	11.9
中非共和国	Central African Rep.	4.9	5.0	4.7	4.7	4.8	4.8
刚果共和国	Congo, Republic of the	4.6	4.7	5.3	5.4	5.5	5.5
埃及	Egypt	91.5	93.4	97.6	99.4	101.2	102.3
埃塞俄比亚	Ethiopia	99.4	101.9	105.0	107.5	110.1	115.0
加蓬	Gabon	1.7	1.8	2.0	2.1	2.1	2.2
加纳	Ghana	27.4	28.0	28.8	29.5	30.1	31.1
几内亚	Guinea	12.6	12.9	12.7	13.1	13.4	13.1
肯尼亚	Kenya	46.1	47.3	49.7	51.0	52.2	53.8
利比亚	Libya	6.3	6.3	6.4	6.5	6.6	6.9
利比里亚	Liberia	4.5	4.6	4.7	4.9	5.0	5.1
马达加斯加	Madagascar	24.2	24.9	25.6	26.3	27.0	27.7
马里	Mali	17.6	18.1	18.5	19.1	19.7	20.3
毛里塔尼亚	Mauritania	4.1	4.2	4.4	4.5	4.7	4.6
摩洛哥	Morocco	34.4	34.8	35.7	36.2	36.6	36.9
莫桑比克	Mozambique	28.0	28.8	29.7	30.5	31.4	31.3
尼日利亚	Nigeria	182.2	187.0	190.9	195.9	201.0	206.1

6-1 续表 8 continued

单位：百万人 (millions)

国 家	Country	2015	2016	2017	2018	2019	2020
卢旺达	Rwanda	11.6	11.9	12.2	12.5	12.8	13.0
索马里	Somalia	10.8	11.1	14.7	15.2	15.6	15.9
南非	South Africa	54.5	55.0	56.7	57.4	58.1	59.3
苏丹	Sudan	40.2	41.2	40.5	41.5	42.5	43.8
突尼斯	Tunisia	11.3	11.4	11.5	11.7	11.8	11.8
乌干达	Uganda	39.0	40.3	42.9	44.3	45.7	45.7
喀麦隆	Cameroon, Republic of	23.3	23.9	24.1	24.7	25.3	26.5
坦桑尼亚	Tanzania, United Republic of	53.5	55.2	57.3	59.1	60.9	59.7
赞比亚	Zambia	16.2	16.7	17.1	17.6	18.1	18.4
大洋洲	**Oceania**						
澳大利亚	Australia	24.0	24.3	24.5	24.8	25.1	25.5
新西兰	New Zealand	4.5	4.6	4.7	4.7	4.8	4.8
北美洲	**North America**						
加拿大	Canada	35.9	36.3	36.6	37.0	37.3	37.7
美国	United States of America	321.8	324.1	324.5	326.8	329.1	331.0
拉丁美洲	**Latin America**						
阿根廷	Argentina	43.4	43.8	44.3	44.7	45.1	45.2
玻利维亚	Bolivia	10.7	10.9	11.1	11.2	11.4	11.7
巴西	Brazil	207.8	209.6	209.3	210.9	212.4	212.6
智利	Chile	17.9	18.1	18.1	18.2	18.3	19.1
哥伦比亚	Colombia	48.2	48.7	49.1	49.5	49.8	50.9
古巴	Cuba	11.4	11.4	11.5	11.5	11.5	11.3
多米尼加共和国	Dominican Republic	10.5	10.6	10.8	10.9	11.0	10.8
厄瓜多尔	Ecuador	16.1	16.4	16.6	16.9	17.1	17.6
危地马拉	Guatemala	16.3	16.7	16.9	17.2	17.6	16.9
墨西哥	Mexico	127.0	128.6	129.2	130.8	132.3	128.9
巴拿马	Panama	3.9	4.0	4.1	4.2	4.2	4.3
巴拉圭	Paraguay	6.6	6.7	6.8	6.9	7.0	7.1
秘鲁	Peru	31.4	31.8	32.2	32.6	32.9	33.0
波多黎各	Puerto Rico	3.7	3.7	3.7	3.7	3.7	3.2
乌拉圭	Uruguay	3.4	3.4	3.5	3.5	3.5	3.5
委内瑞拉	Venezuela (Bolivarian Republic of)	31.1	31.5	32.0	32.4	32.8	28.4

6-2 人口出生率、死亡率、自然增长率
Crude Birth Rate, Crude Death Rate and Rate of Natural Increase

国 家	Country	出生率 Crude Birth Rate(‰)	死亡率 Crude Death Rate(‰)	自然增长率 Rate of Natural Increase(%)
美国	United States	12	9	0.3
日本	Japan	7	11	-0.4
德国	Germany	10	12	-0.2
英国	United Kingdom	11	9	0.2
法国	France	11	9	0.2
意大利	Italy	7	11	-0.4
加拿大	Canada	10	8	0.2
俄罗斯	Russia	11	13	-0.2
澳大利亚	Australia	13	6	0.6
波兰	Poland	10	11	-0.1
匈牙利	Hungary	9	13	-0.4
罗马尼亚	Romania	11	14	-0.3
保加利亚	Bulgaria	9	16	-0.7
印度	India	20	6	1.4
印度尼西亚	Indonesia	18	7	1.2
巴基斯坦	Pakistan	28	6	2.2
孟加拉国	Bangladesh	21	5	1.6
泰国	Thailand	10	8	0.2
菲律宾	Philippines	22	6	1.6
马来西亚	Malaysia	16	5	1.0
韩国	Korea, Rep.	6	6	
新加坡	Singapore	9	5	0.4
伊朗	Iran	17	5	1.2
土耳其	Turkey	18	5	1.2
尼日利亚	Nigeria	37	12	2.5
埃及	Egypt	23	6	1.8
埃塞俄比亚	Ethiopia	33	6	2.7
坦桑尼亚	Tanzania	37	6	3.1
肯尼亚	Kenya	28	5	2.3
巴西	Brazil	14	6	0.8
墨西哥	Mexico	17	6	1.2
阿根廷	Argentina	17	8	0.9
哥伦比亚	Colombia	13	5	0.9

资料来源：《2020年世界人口数据表》美国人口咨询局编。
Source: Population Reference Bureau of United States, 2020 World Population Data Sheet.

6-3 人口年龄构成
Age Composition

单位：% (%)

国家	Country	0-14岁 Aged 0-14	15-64岁 Aged 15-64	65岁及以上 Aged 65 and Over
美国	United States	18	66	16
日本	Japan	12	59	29
德国	Germany	14	64	22
英国	United Kingdom	18	63	19
法国	France	18	61	21
意大利	Italy	13	64	23
加拿大	Canada	16	66	18
俄罗斯	Russia	18	67	15
澳大利亚	Australia	19	65	16
波兰	Poland	15	67	18
匈牙利	Hungary	15	65	20
罗马尼亚	Romania	16	65	19
保加利亚	Bulgaria	14	64	22
印度	India	27	67	6
印度尼西亚	Indonesia	27	67	6
巴基斯坦	Pakistan	36	60	4
孟加拉国	Bangladesh	28	67	5
泰国	Thailand	17	71	12
菲律宾	Philippines	30	65	5
马来西亚	Malaysia	23	70	7
韩国	Korea, Rep.	12	72	16
新加坡	Singapore	15	71	14
伊朗	Iran	24	70	6
土耳其	Turkey	23	68	9
尼日利亚	Nigeria	44	53	3
埃及	Egypt	34	61	5
埃塞俄比亚	Ethiopia	40	57	3
坦桑尼亚	Tanzania	44	53	3
肯尼亚	Kenya	39	58	3
巴西	Brazil	21	70	9
墨西哥	Mexico	27	66	7
阿根廷	Argentina	24	64	12
哥伦比亚	Colombia	24	67	9

资料来源：《世界人口状况》2020年，联合司人口基金编。
Source: UNFPA, State of World Population 2020.

6-4 人口指标
Demographic Indicators

国 家	Country	预期寿命(岁) Life Expectancy at Birth(years)		总和生育率 Total Fertility Rate	城镇化率(%) Urbanization Rate(%)
		男 Male	女 Female		
美国	United States	76	81	1.7	82
日本	Japan	81	87	1.3	92
德国	Germany	78	83	1.6	77
英国	United Kingdom	79	83	1.6	83
法国	France	80	86	1.8	80
意大利	Italy	81	85	1.3	70
加拿大	Canada	80	84	1.5	81
俄罗斯	Russia	68	78	1.6	74
澳大利亚	Australia	83	86	1.7	86
波兰	Poland	74	82	1.4	60
匈牙利	Hungary	73	79	1.5	71
罗马尼亚	Romania	72	79	1.4	54
保加利亚	Bulgaria	71	78	1.6	74
印度	India	68	70	2.2	31
印度尼西亚	Indonesia	69	73	2.3	54
巴基斯坦	Pakistan	67	71	3.6	37
孟加拉国	Bangladesh	71	74	2.3	37
泰国	Thailand	73	80	1.5	56
菲律宾	Philippines	67	76	2.7	47
马来西亚	Malaysia	72	77	1.8	75
韩国	Korea, Rep.	80	86	0.9	82
新加坡	Singapore	81	85	1.1	100
伊朗	Iran	75	78	2.0	74
土耳其	Turkey	76	81	2.3	75
尼日利亚	Nigeria	54	56	5.3	50
埃及	Egypt	73	75	2.9	43
埃塞俄比亚	Ethiopia	65	69	4.3	20
坦桑尼亚	Tanzania	63	67	4.9	34
肯尼亚	Kenya	67	70	3.5	32
巴西	Brazil	72	80	1.7	86
墨西哥	Mexico	72	78	2.1	73
阿根廷	Argentina	74	81	2.3	92
哥伦比亚	Colombia	73	79	2.0	77

资料来源：《2020年世界人口数据表》美国人口咨询局编。
Source: Population Reference Bureau of United States, 2020 World Population Data Sheet.

6-5 全部就业人数
Employment

单位：千人 (1000 persons)

国　家	Country	2010	2011	2012	2013	2014	2015	2016	2017	2018	2019	2020
阿根廷	Argentina	10532	10766	10844	10943	11047			11568	11745	12041	10937
澳大利亚	Australia	11022	11214	11351	11457	11540	11766	11973	12252	12584	12874	12678
巴西	Brazil			88735	90035	91377	91271	89100	89443	90764	92603	84747
加拿大	Canada	16964	17221	17438	17691	17802	17947	18080	18416	18658	19056	18060
埃及	Egypt	23829	23346	23564	23975	24331	24779	25371	26051	26060		
法国	France	25731	25759	25805	25785	26377	26442	26597	26833	27063	27176	26995
德国	Germany	37993	38787	39127	39531	39871	40211	41267	41664	41915	42396	41717
匈牙利	Hungary	3732	3759	3827	3893	4101	4211	4352	4421	4470	4512	4460
印度尼西亚	Indonesia	107807	109724	113537	114345	116399	117833	119530	122781	125536	129590	130045
意大利	Italy	22527	22598	22566	22191	22279	22465	22758	23023	23215	23360	22904
日本	Japan	62570	59760	62700	63110	63510	63760	64400	65300	66640	67240	66760
韩国	Korea, Rep.	24033	24527	24955	25299	25897	26348	26551	26868	26925	27231	27024
马来西亚	Malaysia	11777	12352	12821	13545	13853	14068	14164	14477	14776		
墨西哥	Mexico	46122	47139	48707	49227	49415	50611	51595	52341	53721	54994	51003
荷兰	Netherlands	8290	8291	8345	8285	8236	8319	8427	8605	8798	8982	8981
新西兰	New Zealand	2157	2188	2184	2226	2302	2351	2454	2544	2598	2635	2733
挪威	Norway	2501	2536	2585	2602	2627	2641	2638	2644	2686	2716	2702
菲律宾	Philippines	36035	37192	37600	38118	38093	39143	30761	40334	41157	42428	39378
葡萄牙	Portugal	4898	4740	4547	4429	4500	4549	4605	4757	4867	4913	4814
罗马尼亚	Romania	8713	8528	8605	8549	8614	8535	8449	8671	8689	8680	8521
俄罗斯	Russian Federation	69934	70857	71545	71392	71539	72324	72393	72316	72532		70601
南非	South Africa	13942	14198	14551	15027	15317	15928	15968	16364	16610	16571	15254
西班牙	Spain	18724	18421	17633	17139	17344	17866	18342	18825	19328	19779	19202
瑞典	Sweden	4524	4626	4657	4705	4772	4837	4910	5022	5097	5132	5064
泰国	Thailand	38037	39317	39578	38907	38077	38016	37693	37458	37865	37613	37680
英国	United Kingdom	29125	29282	29596	29954	30671	31197	31648	31965	32354	32695	
美国	United States	139064	139869	142469	143929	146305	148834	151436	153337	155761	157538	147795

资料来源：联合国ILO数据库。
Source: ILO Database.

6-6 按三次产业分就业人员构成
Employment by Type of Industry

单位：% (%)

国　家	Country	第一产业 Primary Industry		第二产业 Secondary Industry		第三产业 Tertiary Industry	
		2018	2019	2018	2019	2018	2019
孟加拉国	Bangladesh	39.5	38.6	20.8	21.3	39.7	40.2
文　莱	Brunei Darussalam	1.4	1.4	16.0	15.9	82.7	82.8
柬埔寨	Cambodia	33.7	32.3	28.3	29.0	38.1	38.7
印　度	India	43.3	42.4	24.9	25.6	31.7	32.0
印度尼西亚	Indonesia	29.6	28.6	22.3	22.5	48.1	48.9
伊　朗	Iran	17.6	17.9	31.4	30.6	50.9	51.5
以色列	Israel	1.0	0.9	17.2	17.0	81.9	82.1
日　本	Japan	3.5	3.4	24.4	24.3	72.1	72.3
哈萨克斯坦	Kazakhstan	16.3	15.8	20.4	20.5	63.3	63.7
韩　国	Korea, Rep.	5.0	4.9	25.2	25.1	69.8	70.0
老　挝	Laos	63.2	62.4	11.6	11.9	25.1	25.7
马来西亚	Malaysia	10.7	10.4	27.2	27.0	62.2	62.6
蒙　古	Mongolia	28.0	27.4	19.2	19.4	52.8	53.2
缅　甸	Myanmar	49.7	48.9	16.0	16.1	34.3	35.0
巴基斯坦	Pakistan	37.4	36.7	25.0	25.3	37.6	38.0
菲律宾	Philippines	24.3	23.4	19.1	19.4	56.6	57.2
新加坡	Singapore	0.7	0.7	15.8	15.5	83.5	83.8
斯里兰卡	Sri Lanka	25.2	24.5	29.1	29.7	45.7	45.8
泰　国	Thailand	32.1	31.6	22.8	22.6	45.1	45.8
越　南	Viet Nam	38.6	37.4	26.8	27.6	34.6	35.0
埃　及	Egypt	24.3	23.8	27.2	27.7	48.5	48.5
尼日利亚	Nigeria	35.6	35.1	12.2	12.2	52.2	52.7
南　非	South Africa	5.2	5.1	23.1	22.9	71.7	72.0
加拿大	Canada	1.5	1.5	19.6	19.5	78.9	79.1
墨西哥	Mexico	12.8	12.6	26.1	26.1	61.1	61.2
美　国	United States	1.4	1.3	19.9	19.8	78.8	78.9
阿根廷	Argentina	0.1	0.1	21.9	21.4	78.0	78.5
巴　西	Brazil	9.3	9.2	20.1	19.8	70.6	71.0
委内瑞拉	Venezuela	7.9	8.3	17.7	16.6	74.4	75.1
捷　克	Czech Rep.	2.8	2.7	37.5	37.3	59.7	60.0
法　国	France	2.5	2.4	20.3	20.1	77.2	77.5
德　国	Germany	1.2	1.2	27.3	27.0	71.4	71.7
意大利	Italy	3.8	3.7	26.1	25.9	70.1	70.4
荷　兰	Netherlands	2.1	2.0	16.2	16.0	81.7	82.0
波　兰	Poland	9.6	9.2	31.8	31.9	58.6	58.8
俄罗斯	Russia	5.9	5.8	26.8	26.7	67.3	67.6
西班牙	Spain	4.2	4.1	20.3	20.3	75.5	75.6
土耳其	Turkey	18.4	18.4	26.7	26.3	54.9	55.3
乌克兰	Ukraine	14.9	14.5	24.4	24.6	60.7	61.0
英　国	United Kingdom	1.1	1.0	18.1	17.9	80.8	81.1
澳大利亚	Australia	2.6	2.6	19.9	19.8	77.5	77.6
新西兰	New Zealand	5.8	5.7	19.8	19.6	74.4	74.8

资料来源：世界银行数据库，2020年数据暂未更新。
Source:World Bank Database. The data of 2020 has not been updated yet.

6-7 失业人数
Unemployment

单位：千人 (1000 persons)

国家	Country	2010	2011	2012	2013	2014	2015	2016	2017	2018	2019	2020
阿根廷	Argentina	880.3	832.7	843.4	836.3	865.8			1053.6	1192.9	1314.6	1415.7
澳大利亚	Australia	606.0	600.3	625.6	687.6	746.6	758.3	725.1	725.6	704.0	700.8	875.1
巴西	Brazil			6869.9	6752.2	6521.2	8398.9	11691.8	13155.7	12769.7	12547.9	13440.3
加拿大	Canada	1486.3	1398.5	1371.6	1346.7	1322.3	1331.4	1360.6	1246.6	1155.2	1143.8	1887.8
埃及	Egypt	2286.8	3138.2	3396.3	3631.3	3669.5	3719.7	3593.6	3464.3	2836.9		
法国	France	2504.9	2489.0	2677.4	2839.8	3026.2	3054.1	2967.9	2785.6	2682.0	2506.2	2350.5
德国	Germany	2845.0	2398.8	2224.4	2181.8	2089.9	1949.6	1774.1	1621.2	1467.8	1374.0	1650.1
匈牙利	Hungary	469.4	466.0	473.2	441.0	343.3	307.8	234.6	191.7	172.1	159.7	198.0
印度尼西亚	Indonesia	6411.6	5961.5	5310.3	5182.5	4911.3	5570.4	5371.7	4959.2	5781.9	4868.8	5813.9
意大利	Italy	2055.7	2061.3	2691.0	3068.7	3236.0	3033.3	3012.0	2906.9	2755.5	2581.5	2310.5
日本	Japan	3340.0	2830.0	2850.0	2650.0	2360.0	2220.0	2080.0	1900.0	1660.0	1620.0	1910.0
韩国	Korea, Rep.	923.6	862.5	826.1	808.2	938.5	968.6	1005.8	1018.6	1070.5	1059.7	1105.8
马来西亚	Malaysia	395.8	389.2	401.2	435.1	411.1	450.3	504.1		504.3		710.9
墨西哥	Mexico	2583.0	2569.8	2502.6	2544.0	2496.7	2281.1	2070.9	1853.2	1823.5	1984.4	2373.0
荷兰	Netherlands	435.3	434.3	515.8	647.0	659.7	613.8	538.5	437.5	350.4	314.2	356.6
新西兰	New Zealand	151.3	151.9	162.6	148.8	140.7	133.1	132.5	126.7	116.8	111.8	131.6
挪威	Norway	91.3	84.2	83.3	92.2	94.8	118.5	129.5	114.8	106.1	104.0	125.0
菲律宾	Philippines	1347.7	1385.8	1365.4	1381.4	1422.5	1238.9	850.0	1056.2	985.4	971.0	1018.7
葡萄牙	Portugal	591.2	688.2	835.7	855.2	726.0	646.5	573.0	462.8	365.9	339.5	350.9
罗马尼亚	Romania	651.7	659.4	627.2	653.0	628.7	623.9	529.9	449.3	379.7	353.4	451.8
俄罗斯	Russian Federation	5563.2	4954.6	4113.0	4121.3	3892.4	4266.8	4261.1	3976.6	3693.8		4179.4
南非	South Africa	4569.3	4641.8	4779.9	4892.3	5075.7	5351.9	5767.8	6063.2	6114.1	6594.9	6296.4
西班牙	Spain	4640.1	5012.7	5811.0	6051.1	5610.4	5056.1	4481.3	3916.9	3479.2	3247.8	3530.9
瑞典	Sweden	426.2	391.6	403.7	412.0	412.4	388.3	369.0	361.7	346.5	376.3	457.8
泰国	Thailand	237.9	262.4	230.8	191.3	220.4	228.2	261.1	313.5	292.1	271.4	418.7
英国	United Kingdom	2459.4	2559.3	2533.2	2437.1	1995.8	1746.1	1599.1	1446.7	1346.7	1269.3	
美国	United States	14824.8	13747.5	12505.6	11459.8	9616.5	8296.4	7751.1	6982.3	6313.9	6000.5	12947.5

资料来源：联合国ILO数据库。
Source: ILO Database.

6-8 失业率
Unemployment Rate

单位：% (%)

国 家	Country	2000	2010	2016	2017	2018	2019	2020
文 莱	Brunei Darussalam	5.7	6.7	8.5	9.3	8.7	6.9	8.4
以色列	Israel	11.1	8.5	4.8	4.2	4.0	3.8	4.6
日 本	Japan	4.7	5.1	3.1	2.8	2.4	2.4	3.0
哈萨克斯坦	Kazakhstan	12.8	5.8	5.0	4.9	4.9	4.8	6.1
韩 国	Korea, Rep.	4.4	3.7	3.7	3.7	3.8	3.8	4.1
马来西亚	Malaysia	3.0	3.3	3.4	3.4	3.3	3.3	4.6
巴基斯坦	Pakistan	0.6	0.7	3.8	3.9	4.1	4.0	4.7
菲律宾	Philippines	3.7	3.6	2.7	2.6	2.3	2.2	3.4
新加坡	Singapore	3.7	4.1	4.1	4.2	3.7	3.1	5.2
斯里兰卡	Sri Lanka	7.7	4.8	4.2	4.1	4.3	4.3	4.8
泰 国	Thailand	2.4	0.6	0.7	0.8	0.8	0.7	1.0
埃 及	Egypt	9.0	8.8	12.4	11.7	9.8	9.7	10.5
南 非	South Africa	30.2	24.7	26.5	27.0	26.9	28.5	28.7
加拿大	Canada	6.8	8.1	7.0	6.3	5.8	5.7	9.5
墨西哥	Mexico	2.6	5.3	3.9	3.4	3.3	3.5	4.7
美 国	United States	4.0	9.6	4.9	4.4	3.9	3.7	8.3
阿根廷	Argentina	15.0	7.7	8.0	8.4	9.2	9.8	11.7
巴 西	Brazil	9.9	7.7	11.6	12.8	12.3	11.9	13.7
委内瑞拉	Venezuela	14.0	7.1	7.4	7.3	7.2	7.2	9.1
捷 克	Czech Rep.	8.8	7.3	4.0	2.9	2.2	2.0	2.9
法 国	France	10.2	8.9	10.0	9.4	9.0	8.4	8.6
德 国	Germany	7.9	7.0	4.1	3.8	3.4	3.1	4.3
意大利	Italy	10.8	8.4	11.7	11.2	10.6	10.0	9.3
荷 兰	Netherlands	2.7	5.0	6.0	4.8	3.8	3.4	4.1
波 兰	Poland	16.3	9.6	6.2	4.9	3.9	3.3	3.6
俄罗斯	Russia	10.6	7.4	5.6	5.2	4.9	4.6	5.7
西班牙	Spain	13.8	19.9	19.6	17.2	15.3	14.1	15.7
土耳其	Turkey	6.5	10.7	10.8	10.8	10.9	13.7	13.9
乌克兰	Ukraine	11.7	8.1	9.4	9.5	8.8	8.2	9.5
英 国	United Kingdom	5.6	7.8	4.8	4.3	4.0	3.7	4.3
澳大利亚	Australia	6.3	5.2	5.7	5.6	5.3	5.2	6.6
新西兰	New Zealand	6.1	6.6	5.1	4.7	4.3	4.1	4.6

资料来源：联合国ILO数据库。
Source: ILO Database.

6-9 消费价格指数
Consumer Price Indices

(2010年=100)

国 家	Country	2005	2016	2017	2018	2019	2020
孟加拉国	Bangladesh	69.2	152.5	161.2	170.2	179.7	189.9
文 莱	Brunei Darussalam	95.5	99.7	98.4	99.4	99.0	101.0
柬埔寨	Cambodia	67.8	121.1	124.6	127.6		
印 度	India	66.0	156.0	159.8	167.6	180.4	
印度尼西亚	Indonesia	68.7	137.0	142.2	146.7	151.2	154.1
伊 朗	Iran	49.4	308.8	333.7	393.8	550.9	
以色列	Israel	87.8	106.1	106.4	107.3	108.2	107.5
日 本	Japan	100.4	103.5	104.0	105.0	105.5	105.5
韩 国	Korea, Rep.	86.2	110.9	113.1	114.7	115.2	115.8
老 挝	Laos	78.5	127.8	128.9	131.5	135.9	
马来西亚	Malaysia	87.8	115.2	119.6	120.7	121.5	
蒙 古	Mongolia	57.3	163.7	170.8	182.4	195.8	203.0
缅 甸	Myanmar	44.5	138.3	144.6	154.5	168.2	
巴基斯坦	Pakistan	55.8	150.8	156.9	164.9	182.3	200.1
菲律宾	Philippines	78.7	116.9	120.2	126.5	129.6	133.0
新加坡	Singapore	88.0	112.6	113.3	113.8	114.4	114.2
斯里兰卡	Sri Lanka	58.3	136.6	147.1	150.2	155.5	165.1
泰 国	Thailand	86.6	110.6	111.3	112.5	113.3	112.3
越 南	Viet Nam	59.9	148.4	153.6	159.1	163.5	168.8
埃 及	Egypt	57.8	178.4	231.1	264.4		
尼日利亚	Nigeria	61.4	183.9	214.2	240.1	267.5	
南 非	South Africa	74.3	138.9	146.1	152.6	158.9	164.1
加拿大	Canada	91.9	110.2	112.0	114.5	116.8	117.6
墨西哥	Mexico	80.5	122.8	130.2	136.6	141.5	146.4
美 国	United States	89.6	110.1	112.4	115.2	117.2	118.7
巴 西	Brazil	79.5	150.5	155.7	161.4	167.4	172.8
捷 克	Czech Rep.	87.0	108.2	110.9	113.3	116.5	120.2
法 国	France	92.8	105.8	106.9	108.8	110.1	110.6
德 国	Germany	92.5	107.7	109.4	111.3	112.9	113.4
意大利	Italy	91.0	107.4	108.7	110.0	110.6	110.5
荷 兰	Netherlands	92.7	109.5	111.0	112.9	115.9	117.4
波 兰	Poland	86.9	107.4	109.6	111.6	114.1	118.0
俄罗斯	Russia	61.5	162.2	168.2	173.0	180.8	186.9
西班牙	Spain	89.0	106.3	108.4	110.2	111.0	110.6
土耳其	Turkey	65.9	157.4	175.0	203.6	234.4	263.2
乌克兰	Ukraine	51.2	205.6	235.3	261.1	281.7	
英 国	United Kingdom	88.1	112.1	114.9	117.6	119.6	120.8
澳大利亚	Australia	86.3	113.5	115.7	117.9	119.8	120.8
新西兰	New Zealand	87.0	108.6	110.7	112.4	114.2	116.2

资料来源：国际货币基金组织IFS数据库。
Source: IFS Database,IMF.

二、香港特别行政区人口和就业统计数据

II.Population and Employment Data of
Hong Kong Special Administrative Region

6-10 人口主要指标
Main Indicators of Population

项 目	Item	2016	2017	2018	2019	2020
年中人口 (万人)	Mid-year Population (10 000 persons)	733.7	739.2	745.1	750.7	748.2
粗出生率 (‰)	Crude Birth Rate (‰)	8.3	7.7	7.2	7.0	5.8
粗死亡率 (‰)	Crude Death Rate (‰)	6.4	6.3	6.4	6.5	6.7
婴儿死亡率 (‰)	Infant Mortality Rate (‰)	1.8	1.7	1.5	1.5	1.8
自然增长率 (‰)	Rate of Natural Increase (‰)	1.9	1.3	0.8	0.5	-0.9
总和生育率①	Total Fertility Rate①	1205	1125	1072	1051	868
登记结婚数 (对)	Registered Marriages (couple)	50008	51817	49331	44247	27863
登记离婚数 (对)	Divorce Decrees (couple)	17196	19394	20321	21157	16020
出生时平均预期寿命 (年)	Expectation of Life at Birth (years)					
男	Male	81.3	81.9	82.3	82.2	82.7
女	Female	87.3	87.6	87.7	88.1	88.1

注："#"表示临时数字。
①不包括女性外籍家庭佣工。每千名女性的活产婴儿数目。
Notes: "#" indicates provisional figure.
①Excluding female foreign domestic helpers. Refers to live births per 1000 women.

6-11 劳动人口及失业状况
Labour Force and Unemployment

项 目	Item	2016	2017	2018	2019	2020
劳动人口数目(万人)	Labour Force (10 000 persons)	392.0	394.7	397.9	396.6	388.8
男	Male	199.6	199.4	200.7	198.0	194.0
女	Female	192.4	195.2	197.2	198.7	194.8
劳动人口参与率 (%)	Labour Force Participation Rate (%)	61.1	61.1	61.2	60.6	59.6
就业人口 (万人)	Employed Persons (10 000 persons)	378.7	382.3	386.7	385.0	366.2
失业人口 (万人)	Unemployed Persons (10 000 persons)	13.3	12.3	11.2	11.6	22.7
失业率 (%)	Unemployment Rate (%)	3.4	3.1	2.8	2.9	5.8

注：数字是根据该年1月至12月进行的"综合住户统计调查"结果，以及年中人口估计数字而编制。
Note: Figures are compiled based on data collected in the General Household Survey from January to December of the year concerned as well as mid-year population estimates.

6-12 按行业划分的就业人数
Employed Persons by Industry

单位：万人 (10000 persons)

行业	Industry	2016	2017	2018	2019	2020
制造	Manufacturing	11.8	11.1	10.3	10.4	10.3
建筑	Construction	32.8	34.2	35.2	33.8	31.0
进出口贸易及批发	Import/Export Trade and Wholesale	46.5	45.0	44.3	38.7	32.6
零售、住宿①及膳食服务②	Retail, Accommodation① and Food Services②	62.0	63.8	63.1	60.9	51.7
运输、仓库、邮政及速递	Transportation, Storage, Postal and Courier	45.0	45.3	45.1	44.8	43.3
服务、资讯及通讯	Services, Information and Communications					
金融、保险、地产、专业及商用服务	Financing, Insurance, Real Estate, Professional and Business Services	76.2	77.9	79.4	83.5	84.5
公共行政、社会及个人服务	Public Administration, Social and Personal Services	101.8	102.9	107.0	110.4	110.3
其它	Others	2.6	2.1	2.4	2.6	2.3
总计	**Total**	**378.7**	**382.3**	**386.7**	**385.0**	**366.2**

注：数字是根据该年1月至12月进行的“综合住户统计调查”结果，以及年中人口估计数字而编制。
① 住宿服务包括酒店、宾馆、旅舍及其他提供短期住宿服务的机构单位。
② 零售、住宿及膳食服务业合计通常被称为「与消费及旅游相关行业」。

Notes: Figures are compiled based on data collected in the General Household Survey from January to December of the year concerned as well as mid-year population estimates.
① Accommodation services cover hotels, guesthouses, boarding houses and other establishments providing short term accommodation.
② The retail, accommodation and food services industries as a whole is generally referred to as the consumption- and tourism-related segment.

6-13 按每月就业收入划分的就业人数
Employed Persons by Monthly Employment Earnings

单位：万人，另有注明除外 (10 000 persons, unless otherwise specified)

每月就业收入(港元)	Monthly Employment Earnings (HKD)	2016	2017	2018	2019	2020
< 3000	< 3000	10.2	9.7	9.4	9.4	9.7
3000 - 3999	3000 - 3999	4.6	4.3	4.3	3.9	3.3
4000 - 4999	4000 - 4999	32.7	32.7	33.4	33.0	31.4
5000 - 5999	5000 - 5999	6.3	6.6	6.8	7.4	8.7
6000 - 6999	6000 - 6999	6.0	5.5	5.3	5.2	5.6
7000 - 7999	7000 - 7999	6.9	5.9	5.5	4.9	5.6
8000 - 8999	8000 - 8999	12.5	9.9	8.5	7.5	6.6
9000 - 9999	9000 - 9999	15.2	12.5	10.9	9.6	8.1
10000 - 11999	10000 - 11999	34.0	29.2	25.8	23.9	22.0
12000 - 13999	12000 - 13999	39.5	39.1	36.6	33.6	28.7
14000 - 15999	14000 - 15999	35.8	37.5	34.6	34.6	33.1
16000 - 17999	16000 - 17999	19.0	21.0	23.7	24.1	21.0
18000 - 19999	18000 - 19999	15.5	17.5	19.5	19.7	18.7
20000 - 24999	20000 - 24999	38.5	40.8	45.3	46.8	44.1
25000 - 29999	25000 - 29999	21.1	23.0	23.8	23.9	21.9
30000 - 34999	30000 - 34999	20.4	21.4	22.6	23.3	22.7
35000 - 39999	35000 - 39999	11.0	12.1	12.7	12.2	12.2
40000 - 44999	40000 - 44999	9.7	10.1	11.0	12.1	12.1
45000 - 49999	45000 - 49999	6.9	7.0	8.0	7.2	6.6
50000 - 59999	50000 - 59999	11.1	12.2	12.7	13.5	13.5
60000 - 79999	60000 - 79999	10.0	11.4	11.7	12.8	13.5
80000 - 99999	80000 - 99999	4.5	4.7	5.3	5.9	6.1
≧ 100000	≧ 100000	7.4	8.4	9.5	10.5	10.7
总　计	Total	378.7	382.3	386.7	385.0	366.2
每　月 就业收入中位数(港元)	**Median Monthly Employment Earnings (HKD)**	**15000**	**15500**	**16500**	**17100**	**17700**

注：数字是根据该年1月至12月进行的“综合住户统计调查”结果，以及年中人口估计数字而编制。

Note: Figures are compiled based on data collected in the General Household Survey from January to December of the year concerned as well as mid-year population estimates.

6-14 按行业划分督导级(不包括经理级与专业雇员)及以下雇员的工资指数
Wage Indices for Employees up to Supervisory Level (Managerial and Professional Employees Are Not Included) by Industry

(1992年9月 = 100) (September 1992 = 100)

行业主类	Industry Section	2016	2017	2018	2019	2020
名义工资指数	**Nominal Wage Index**					
制造	Manufacturing	206.8	214.8	223.4	229.7	233.5
进出口贸易、批发及零售	Import/Export, Wholesale and Retail Trades	216.3	222.8	229.5	233.1	234.7
运输	Transportation	195.3	200.8	212.7	220.0	216.8
住宿及餐饮服务活动①	Accommodation and Food Service Activities①	195.1	204.2	214.0	221.0	223.1
金融及保险活动	Financial and Insurance Activities	230.0	238.2	247.3	254.7	260.6
地产租赁及保养管理	Real Estate Leasing and Maintenance Management	239.9	250.8	261.4	270.6	278.0
专业及商业服务	Professional and Business Services	247.5	258.8	269.8	277.9	282.2
个人服务	Personal Services	301.9	313.9	326.1	335.5	336.7
所有选定行业②	All Selected Industries②	219.6	227.9	237.3	243.9	246.5
实际工资指数③	**Real Wage Index③**					
制造	Manufacturing					
进出口贸易、批发及零售	Import/Export, Wholesale and Retail Trades	113.6	116.1	117.2	116.4	119.8
运输	Transportation	118.8	120.4	120.4	118.1	120.4
住宿及餐饮服务活动①	Accommodation and Food Service Activities①	107.3	108.5	111.6	111.4	111.2
金融及保险活动	Financial and Insurance Activities	107.2	110.4	112.3	111.9	114.4
地产租赁及保养管理	Real Estate Leasing and Maintenance Management	126.3	128.7	129.7	129.0	133.7
专业及商业服务	Professional and Business Services	131.8	135.6	137.1	137.1	142.6
个人服务	Personal Services	135.9	139.9	141.5	140.8	144.7
所有选定行业②	All Selected Industries②	165.8	169.6	171.1	169.9	172.7
		120.7	123.2	124.5	123.6	126.4

注：指有关年度12月份的数字。
①住宿服务包括酒店、宾馆、旅舍及其他提供短期住宿服务的机构单位。
②指“劳工收入统计调查”内工资统计调查所涵盖的所有行业，包括并没有列出其统计数字的电力及燃气供应业、污水处理及废弃物管理业与出版活动业。
③实际工资指数是按其名义指数扣除以2014/15年为基期的甲类消费价格指数而计算出来。

Notes : Figures refer to December of the year.
①Accommodation services cover hotels, guesthouses, boarding houses and other establishments providing short term accommodation.
②Figures refer to all industries covered by the wage enquiry of the Labour Earnings Survey, including the electricity and gas supply industry, sewerage and waste management activities industry and publishing activities industry, the statistics of which are not separately shown.
③The Real Wage Index is derived by deflating the corresponding nominal index by the 2014/15-based Consumer Price Index (A).

6-15 消费价格指数（2019年10月-2020年9月=100）
Consumer Price Indices (Oct. 2014 - Sep. 2015=100)

项目	Item	权数	2016	2017	2018	2019	2020
综合消费价格指数	**Composite Consumer Price Index**						
总指数	**All Items**	**100.00**	**93.2**	**94.6**	**96.8**	**99.6**	**99.9**
食品	Food	27.41	87.7	89.6	92.7	97.1	100.4
外出用膳	Meals Bought away from Home	17.05	92.0	94.5	97.2	99.4	100.1
食品(不包括外出用膳)	Food(Excluding Meals Bought away from Home)	10.36	80.8	81.7	85.2	93.5	100.8
住屋①	Housing①	40.25	92.7	94.5	96.9	100.2	100.1
私人房屋租金	Private Housing Rent	35.46	92.1	93.8	95.9	98.9	99.9
公营房屋租金	Public Housing Rent	1.87	113.2	116.6	121.4	130.1	102.7
电力、燃气及水	Electricity, Gas and Water	2.82	118.5	116.5	122.2	116.4	91.6
烟酒	Alcoholic Drinks and Tobacco	0.49	96.7	97.2	98.5	99.7	100.2
衣履	Clothing and Footwear	2.42	104.6	104.2	105.9	103.9	98.6
耐用物品	Durable Goods	4.00	110.0	106.5	104.3	102.1	99.6
杂项物品	Miscellaneous Goods	3.32	93.0	94.2	95.5	96.9	100.8
交通	Transport	6.17	94.7	96.8	98.4	100.4	99.3
杂项服务②	Miscellaneous Services②	13.12	94.5	95.4	97.3	99.3	100.1
教育服务	Educational Services	4.21	96.6	97.1	95.5	97.9	100.4
资讯及通讯服务	Information and Communications Services	2.14	114.4	113.1	108.8	101.0	99.7
医疗服务	Medical Services	2.38	87.7	91.4	94.9	98.4	100.5
甲类消费价格指数	**Consumer Price Index (A)**						
总指数	**All Items**	**100.00**	**93.2**	**94.6**	**97.2**	**100.5**	**99.8**
食品	Food	32.71	86.7	88.4	91.4	96.5	100.5
外出用膳	Meals Bought away from Home	18.87	91.6	94.2	97.0	99.2	100.2
食品(不包括外出用膳)	Food(Excluding Meals Bought away from Home)	13.84	79.9	80.5	83.8	92.9	100.8
住屋①	Housing①	40.46	94.0	96.1	99.1	102.9	100.3
私人房屋租金	Private Housing Rent	33.43	91.5	93.2	95.8	98.9	99.9
公营房屋租金	Public Housing Rent	4.95	113.2	116.7	121.4	130.1	102.7
电力、燃气及水	Electricity, Gas and Water	3.85	121.7	120.7	127.1	120.1	89.6
烟酒	Alcoholic Drinks and Tobacco	0.76	95.8	96.8	98.2	99.7	100.2
衣履	Clothing and Footwear	1.78	104.4	103.8	105.5	103.4	98.9
耐用物品	Durable Goods	3.29	110.8	106.7	104.6	102.3	99.5

注：2019年10月起的消费价格指数是根据2019/20年住户开支统计调查所得的开支权数编制。较早的指数则是根据旧的开支权数而经过按比例换算与新基期的指数拼接。

①除“私人房屋租金”及“公营房屋租金”外，“住屋”类别还包括“管理费及其他住屋杂费”和“保养住所材料”。而丙类消费价格指数中的“住屋”类别并不包括“公营房屋租金”。

②“杂项服务”类别包括“教育服务”、“资讯及通讯服务”、“医疗服务”及其他杂项服务。

Notes: The CPIs from October 2014 onwards are compiled based on expenditure weights obtained from the 2014/15 Household Expenditure Survey. The CPIs for earlier periods are compiled based on old weights and have been re-scaled to the new base period for linking with the new index series.

①Apart from "Private Housing Rent" and "Public Housing Rent", the "Housing" section also includes "Management Fees and Other Housing Charges" and "Materials for House Maintenance". For CPI(C), the "Housing" section does not include "Public Housing Rent".

②"Miscellaneous Services" section includes "Educational Services", "Information and Communications Services", "Medical Services" and other miscellaneous services.

6-15 续表 continued

项　目	Item	权数	2016	2017	2018	2019	2020
杂项物品	Miscellaneous Goods	3.31	91.7	93.5	95.2	96.7	101.1
交通	Transport	4.52	96.4	97.7	99.0	101.0	98.9
杂项服务②	Miscellaneous Services②	9.32	97.6	98.2	99.4	99.9	100.0
教育服务	Educational Services	2.60	98.5	98.4	96.3	98.6	100.3
资讯及通讯服务	Information and Communications Services	2.75	114.4	113.2	108.9	101.2	99.6
医疗服务	Medical Services	1.74	87.6	91.4	95.2	98.5	100.5
乙类消费价格指数	**Consumer Price Index (B)**						
总指数	**All Items**	**100.00**	**93.1**	**94.4**	**96.6**	**99.2**	**99.8**
食品	Food	26.76	88.3	90.2	93.1	97.4	100.3
外出用膳	Meals Bought away from Home	17.27	92.1	94.6	97.3	99.4	100.1
食品(不包括外出用膳)	Food(Excluding Meals Bought away from Home)	9.49	81.2	82.0	85.4	93.5	100.8
住屋①	Housing①	40.77	91.8	93.6	95.9	99.1	100.0
私人房屋租金	Private Housing Rent	37.22	92.1	93.7	95.8	98.9	99.9
公营房屋租金	Public Housing Rent	0.55	113.1	116.5	121.3	129.8	102.3
电力、燃气及水	Electricity, Gas and Water	2.57	117.3	114.9	120.3	114.8	92.7
烟酒	Alcoholic Drinks and Tobacco	0.41	97.5	97.7	98.8	99.8	100.3
衣履	Clothing and Footwear	2.51	104.3	103.8	105.5	103.8	98.5
耐用物品	Durable Goods	3.94	110.4	106.8	104.4	102.1	99.6
杂项物品	Miscellaneous Goods	3.48	93.2	94.1	95.2	96.8	100.7
交通	Transport	6.38	94.9	97.1	98.6	100.6	99.3
杂项服务②	Miscellaneous Services②	13.18	94.8	95.4	97.3	99.3	100.1
教育服务	Educational Services	4.29	97.0	97.4	95.4	97.9	100.4
资讯及通讯服务	Information and Communications Services	2.08	114.8	113.4	109.0	101.0	99.7
医疗服务	Medical Services	2.23	88.3	91.7	95.1	98.5	100.5
丙类消费价格指数	**Consumer Price Index (C)**						
总指数	**All Items**	**100.00**	**93.1**	**94.6**	**96.7**	**99.1**	**99.9**
食品	Food	21.89	88.8	90.9	94.1	97.9	100.3
外出用膳	Meals Bought away from Home	14.55	92.5	94.9	97.5	99.6	100.0
食品(不包括外出用膳)	Food(Excluding Meals Bought away from Home)	7.34	82.0	83.6	87.9	94.7	100.8
住屋①	Housing①	39.24	92.2	93.9	95.7	98.7	100.0
私人房屋租金	Private Housing Rent	35.44	92.8	94.4	96.0	98.9	100.0
电力、燃气及水	Electricity, Gas and Water	1.92	112.7	109.2	114.0	110.4	94.5
烟酒	Alcoholic Drinks and Tobacco	0.27	97.0	97.2	98.9	99.9	100.3
衣履	Clothing and Footwear	3.08	105.1	104.8	106.5	104.3	98.6
耐用物品	Durable Goods	4.97	108.9	105.9	103.9	102.1	99.7
杂项物品	Miscellaneous Goods	3.10	93.8	94.9	96.0	97.3	100.8
交通	Transport	7.89	93.2	95.9	97.6	99.9	99.7
杂项服务②	Miscellaneous Services②	17.64	92.6	93.7	96.2	98.9	100.2
教育服务	Educational Services	6.05	94.9	96.1	95.0	97.5	100.4
资讯及通讯服务	Information and Communications Services	1.50	113.7	112.2	108.2	100.5	99.8
医疗服务	Medical Services	3.35	87.0	91.1	94.6	98.3	100.6

三、澳门特别行政区人口和就业统计数据

III.Population and Employment Data of Macao Special Administrative Region

6-16 人口主要指标
Main Demographic Indicator

项目	Item	2015	2016	2017	2018	2019	2020
年中人口（万人）	Mid-year Population (10 000 persons)	64.3	65.3	64.8	65.9	67.2	68.5
出生率（‰）	Crude Birth Rate (‰)	11.0	11.0	10.1	9.0	8.9	8.1
死亡率（‰）	Crude Death Rate (‰)	3.1	3.4	3.3	3.1	3.4	3.3
婴儿死亡率（‰）	Infant Mortality Rate (‰)	1.6	1.7	2.3	3.4	1.5	2.2
自然增长率（‰）	Natural Growth Rate (‰)	7.9	7.5	6.8	5.9	5.5	4.8
总和生育率	Total Fertility Rate	1.1	1.1	1.0	0.9	0.9	0.9
登记结婚（宗）	Registered Marriages (case)	3719	3891	3883	3842	3724	2754
离婚（宗）	Registered Divorces (case)	1168	1245	1479	1544	1435	1319
项目	Item	2012-2015	2013-2016	2014-2017	2015-2018	2016-2019	2017-2020
出生时平均预期寿命(岁)	Life Expectancy at Birth (years)	83.2	83.3	83.4	83.7	83.8	84.1
男	Male	79.9	80.2	80.3	80.6	80.8	81.1
女	Female	86.3	86.4	86.4	86.6	86.7	86.9

6-17 经济活动人口及失业状况
Labour Force and Unemployment

项目	Item	2015	2016	2017	2018	2019	2020
劳动人口（万人）	Labour Force (10 000 persons)	40.4	39.7	38.7	39.2	39.5	40.5
男	Male	21.3	20.6	19.3	19.2	19.3	19.9
女	Female	19.1	19.1	19.4	20.1	20.2	20.7
就业人口（万人）	Employed Population (10 000 persons)	39.7	39.0	38.0	38.5	38.8	39.5
失业人口（万人）	Unemployed Population (10 000 persons)	0.7	0.8	0.8	0.7	0.7	1.0
失业率（%）	Unemployment Rate (%)	1.8	1.9	2.0	1.8	1.7	2.5

6-18 按行业划分的就业人口
Employed Population by Industry

单位：万人 (10 000 persons)

行业	Industry	2015	2016	2017	2018	2019	2020
总数	**Total**	**39.65**	**38.97**	**37.98**	**38.54**	**38.78**	**39.51**
制造业	Manufacturing	0.69	0.79	0.65	0.64	0.63	0.64
水电及气体生产供应业	Electricity, Gas & Water Supply	0.12	0.12	0.11	0.11	0.09	0.12
建筑业	Construction	5.48	4.44	3.27	3.11	3.05	3.76
批发及零售业	Wholesale & Retail Trades	4.50	4.41	4.58	4.37	4.16	4.62
酒店及饮食业	Hotels, Restaurants & Similar Activities	5.50	5.72	5.46	5.61	5.61	5.44
运输、仓储及通信业	Transport, Storage & Communications	1.75	1.93	1.91	1.92	1.98	1.80
金融业	Financial Intermediation	1.08	1.04	1.13	1.08	1.21	1.28
不动产及工商服务业	Real Estate & Business Activities	2.98	3.04	3.02	3.19	3.48	3.56
公共行政及社保事务	Public Administration & Social Security	2.94	2.83	2.87	2.98	2.79	2.74
教育	Education	1.66	1.59	1.70	1.75	1.73	1.82
医疗卫生及社会福利	Health & Social Welfare	1.13	1.21	1.29	1.24	1.26	1.35
文娱博彩及其他服务业	Recreational, Cultural, Gaming & Other Services	9.42	9.27	9.23	9.64	9.70	9.13
家务工作	Domestic Work	2.36	2.53	2.68	2.85	3.03	3.15
其他及不详	Others and Unknown	0.05	0.05	0.06	0.06	0.08	0.10

6-19 按行业划分的月工作收入中位数
Median Monthly Employment Earnings by Industry

单位：澳门元 (MOP)

行业	Industry	2015	2016	2017	2018	2019	2020
总数	**Total**	**15000**	**15000**	**15000**	**16000**	**17000**	**15000**
制造业	Manufacturing	10300	11300	12000	11500	10800	11000
水电及气体生产供应业	Electricity, Gas & Water Supply	26000	23000	29000	30000	20500	22000
建筑业	Construction	13000	15000	15000	15000	17000	15000
批发及零售业	Wholesale & Retail Trade	12000	12000	13000	13000	14000	12000
酒店及饮食业	Hotels, Restaurants & Similar Activities	10000	10000	10000	11000	12000	11000
运输、仓储及通信业	Transport, Storage & Communications	14000	14000	15300	16000	16000	15000
金融业	Financial Intermediation	18000	20000	20000	20000	21000	22000
不动产及工商服务业	Real Estate & Business Activities	9500	10000	10000	10000	11000	10000
公共行政及社保事务	Public Administration & Social Security	34800	35000	37400	39500	40300	43000
教育	Education	22000	22000	25000	25000	28000	25500
医疗卫生及社会福利	Health & Social Welfare	20000	20500	21000	24000	22100	23300
文娱博彩及其他服务业	Recreational, Cultural, Gaming & Other Services	18000	19000	19000	20000	20000	19300
家务工作	Domestic Work	3800	4000	4000	4000	4200	4400

6-20 消费物价指数
Consumer Price Index

2018年4月至2019年3月=100 (04/2018-03/2019=100)

项　目	Items	权数 Weight	2015	2016	2017	2018	2019	2020
综合消费价格指数	**Composite Consumer Price Index**							
总指数	**Global Index**	**100.00**	**92.80**	**95.00**	**96.16**	**99.05**	**101.78**	**102.60**
食品及非酒精饮料	Food and Non-alcoholic Beverages	27.94	92.17	94.82	96.28	98.94	102.71	106.17
烟酒	Alcoholic Beverages and Tobacco	0.60	79.81	97.15	100.06	99.97	99.53	99.23
服装、鞋	Clothing and Footwear	2.95	95.79	93.56	94.51	100.72	100.66	94.01
住房及燃料	Housing and Fuels	33.75	97.99	98.59	97.82	99.92	101.68	102.40
家居设备及用品	Household Goods and Furnishings	4.16	92.00	94.34	96.35	99.03	101.27	102.55
医疗	Health	2.82	86.94	90.53	94.53	99.08	102.55	106.67
交通	Transport	7.84	83.08	88.89	92.23	97.14	101.86	100.73
通讯	Communications	3.10	114.66	113.64	108.32	99.14	97.50	87.15
康乐及文化	Recreation and Culture	5.18	97.17	97.67	98.88	101.40	102.35	97.36
教育	Education	2.24	78.81	85.43	90.83	95.15	100.53	104.09
其他商品及服务	Miscellaneous Goods and Services	9.42	93.47	94.43	95.85	99.11	101.72	103.63
甲类消费价格指数	**Consumer Price Index (A)**							
总指数	**Global Index**	**100.00**	**92.94**	**95.08**	**96.22**	**99.13**	**101.79**	**102.71**
食品及非酒精饮料	Food and Non-alcoholic Beverages	28.68	92.28	94.95	96.40	99.07	102.89	106.45
烟酒	Alcoholic Beverages and Tobacco	0.62	78.64	96.95	99.99	100.04	99.64	99.35
服装、鞋	Clothing and Footwear	2.41	96.23	93.88	94.87	101.09	101.04	94.28
住房及燃料	Housing and Fuels	38.37	98.00	98.58	97.81	99.91	101.67	102.37
家居设备及用品	Household Goods and Furnishings	3.21	91.92	94.22	96.19	98.87	101.13	102.28
医疗	Health	2.72	86.90	90.54	94.66	99.27	102.75	107.14
交通	Transport	6.46	82.63	88.22	91.68	97.04	101.38	100.30
通讯	Communications	3.41	114.70	113.67	108.35	99.32	97.68	87.38
康乐及文化	Recreation and Culture	4.52	96.89	97.35	98.60	101.11	102.17	97.68
教育	Education	1.89	78.37	84.77	90.04	94.25	99.46	102.75
其他商品及服务	Miscellaneous Goods and Services	7.70	93.55	94.62	96.19	99.51	101.97	103.79
乙类消费价格指数	**Consumer Price Index (B)**							
总指数	**Global Index**	**100.00**	**91.63**	**94.37**	**95.71**	**98.48**	**101.77**	**102.45**
食品及非酒精饮料	Food and Non-alcoholic Beverages	26.94	92.70	95.17	96.72	99.31	102.72	105.76
烟酒	Alcoholic Beverages and Tobacco	0.56	91.64	100.11	101.85	100.46	99.58	99.03
服装、鞋	Clothing and Footwear	3.67	95.01	93.56	94.31	100.56	100.32	93.77
住房及燃料	Housing and Fuels	27.55	97.73	98.61	97.89	99.96	101.69	102.46
家居设备及用品	Household Goods and Furnishings	5.43	91.81	94.42	96.71	99.35	101.42	102.77
医疗	Health	2.96	88.49	91.86	94.96	98.90	102.30	106.09
交通	Transport	9.70	83.96	90.61	93.42	96.47	102.67	101.11
通讯	Communications	2.69	116.69	115.62	110.29	98.98	97.25	86.75
康乐及文化	Recreation and Culture	6.06	97.51	98.43	99.39	101.78	102.39	97.04
教育	Education	2.70	74.70	82.82	89.08	94.12	100.77	105.34
其他商品及服务	Miscellaneous Goods and Services	11.73	93.25	93.58	94.13	97.11	100.54	103.48

四、台湾地区人口和就业统计数据

IV.Population and Employment Data of Taiwan

6-21 面积和人口主要指标
Main Indicators of Area and Population

项 目	Item	2015	2016	2017	2018	2019	2020
土地面积（万平方公里）	Area (10 000 sq.km)	3.6	3.6	3.6	3.6	3.6	3.6
户籍登记人口数（万人）	Year-end Population (10 000 persons)	2349.2	2354.0	2357.1	2358.9	2360.3	2356.1
男	Male	1171.2	1171.9	1172.0	1171.3	1170.5	1167.4
女	Female	1178.0	1182.1	1185.2	1187.6	1189.8	1188.7
粗出生率 (‰)	Crude Birth Rate (‰)	9.10	8.86	8.23	7.70	7.53	7.01
粗死亡率 (‰)	Crude Death Rate (‰)	6.98	7.33	7.27	7.33	7.47	7.34
人口自然增长率 (‰)	Natural Population Growth Rate (‰)	2.12	1.53	0.96	0.37	0.06	-0.34
一般生育率 (‰)	Fertility Rate (‰)	35	34	33	31		28
结婚率 (对/千人)	Marriage Rate (couple/1000 persons)	6.58	6.29	5.86	5.74	5.70	5.16
离婚率 (对/千人)	Divorce Rate (couple/1000 persons)	2.28	2.29	2.31	2.31	2.31	2.19
期望寿命 (岁)	Life Expectancy at Birth (years)						
男	Male	77.01	76.81	77.28	77.55	77.69	78.11
女	Female	83.62	83.42	83.70	84.05	84.23	84.75
人口的年龄分布 (%)	Age-specific Distribution (%)						
0-14岁	0-14	13.57	13.35	13.12	12.92	12.75	12.58
15-64岁	15-64	73.92	73.46	73.02	72.52	71.96	71.35
65岁及以上	65 and Over	12.51	13.20	13.86	14.56	15.28	16.07
性别比 (女=100)	Sex Ratio (female=100)	99.42	99.14	98.89	98.63	98.38	98.20
人口密度(人/平方公里)	Population Density (persons/sq.km)	649.0	650.3	651.2	651.7	652.1	650.9

资源来源：台湾统计网站（以下各表同）。
Source: Taiwan Statistics Website. The same applies in the following tables.

6-22 劳动力和就业状况
Labour Force and Employment

项 目	Item	2015	2016	2017	2018	2019	2020
劳动力总计 （万人）	Labour Force (10 000 persons)	1163.8	1172.7	1179.5	1187.4	1194.6	1196.4
男	Male	649.7	654.1	656.8	660.2	663.1	663.8
女	Female	514.1	518.6	522.7	527.2	531.5	532.6
就业人数 （万人）	Employment (10 000 persons)	1119.8	1126.7	1135.2	1143.4	1150.0	1150.4
男	Male	623.4	626.7	630.5	634.6	637.6	637.8
女	Female	496.4	500.0	504.7	508.9	512.4	512.6
就业者行业构成 (%)	Distribution of Employment by Industry(%)	100.0	100.0	100.0	100.0	100.0	100.0
农、林、渔、牧业	Agriculture, Forestry, Fishery and Animal Husbandry	5.0	4.9	4.9	4.9	4.9	4.8
工业	Industry	36.0	35.9	35.8	35.7	35.6	35.4
矿业及土石采取业	Mining and Quarrying	0.04	0.04	0.04	0.03	0.03	0.03
制造业	Manufacturing	27.0	26.9	26.8	26.8	26.7	26.4
电力及燃气供应业	Electricity, Gas	0.3	0.3	0.3	0.3	0.3	0.3
用水供应及污染整治业	Water Supply and Pollution Management	0.7	0.7	0.7	0.7	0.7	0.7
建筑业	Construction	8.0	8.0	7.9	7.9	7.9	8.0
服务业	Services	59.0	59.2	59.3	59.4	59.6	59.8
批发及零售业	Wholesale and Retail Trades	16.4	16.4	16.5	16.6	16.7	16.5
运输及仓储业	Transport, Storage, Communications	3.9	3.9	3.9	3.9	3.9	4.0
金融及保险业	Finance, Insurance	3.8	3.8	3.8	3.8	3.8	3.8
咨讯及通讯传播	Information and Communication	2.2	2.2	2.2	2.3	2.3	2.3
住宿及餐饮业	Hotels and Restaurants	7.3	7.3	7.3	7.3	7.4	7.4
教育服务业	Education	5.8	5.8	5.7	5.7	5.7	5.7
公共行政	Public Administration	3.3	3.3	3.3	3.2	3.2	3.3
失业人数 （万人）	Unemployment (10 000 persons)	44.0	46.0	44.3	44.0	44.6	46.0
失业率 (%)	Unemployment Rate (%)	3.78	3.92	3.76	3.71	3.73	3.85

6-23 居民消费价格分类指数
Consumer Price Indices

2016年=100 (2016=100)

年 份 Year	总指数 General Index	食品 Food	服装 Clothing	居住 Housing	交通&通讯 Transportation & Communications	医药保健 Medicines and Medical Care	教育娱乐 Education and Entertainment	杂项 Miscellaneous
2010	93.8	82.4	94.1	97.6	106.2	94.6	98.5	93.4
2011	95.2	84.2	96.8	98.5	107.7	96.5	99.0	94.5
2012	97.0	87.7	99.3	99.6	108.2	97.2	99.7	96.6
2013	97.8	88.8	99.1	100.5	108.7	98.2	100.0	97.1
2014	98.9	92.2	100.4	101.4	107.4	98.9	99.9	98.4
2015	98.6	95.0	99.8	100.2	101.1	99.1	99.9	98.6
2016	100.0	100.0	100.0	100.0	100.0	100.0	100.0	100.0
2017	100.6	99.6	99.8	100.9	101.8	101.7	100.3	101.9
2018	102.0	100.6	100.1	101.8	104.1	102.8	100.5	106.7
2019	102.6	102.5	99.3	102.4	102.6	103.7	101.3	107.4
2020	102.3	103.2	100.5	102.7	98.6	104.5	100.3	108.4

第七部分

Chapter Seven

2020 年人口普查和劳动力调查制度说明及主要指标解释

Explanatory Notes on Main Statistical Indicators

第七次全国人口普查方案

第一部分　总说明

根据《中华人民共和国统计法》《中华人民共和国统计法实施条例》《全国人口普查条例》和《国务院关于开展第七次全国人口普查的通知》，制定本方案。

一、普查目的

全面查清我国人口数量、结构、分布、城乡住房等方面情况，为完善人口发展战略和政策体系，促进人口长期均衡发展，科学制定国民经济和社会发展规划，推动经济高质量发展，开启全面建设社会主义现代化国家新征程，向第二个百年奋斗目标进军，提供科学准确的统计信息支持。

二、普查时点

普查的标准时点是2020年11月1日零时。

三、普查对象

普查对象是指普查标准时点在中华人民共和国境内的自然人以及在中华人民共和国境外但未定居的中国公民，不包括在中华人民共和国境内短期停留的境外人员。

四、普查内容和普查表

普查登记的主要内容包括：姓名、公民身份号码、性别、年龄、民族、受教育程度、行业、职业、迁移流动、婚姻生育、死亡、住房情况等。

根据不同的普查对象和普查内容，具体分为四种普查表。

（一）第七次全国人口普查短表

普查短表包括反映人口基本状况的项目，由全部住户（不包括港澳台居民和外籍人员）填报。

（二）第七次全国人口普查长表

普查长表包括所有短表项目和人口的经济活动、婚姻生育和住房等情况的项目，在全部住户中抽取10%的户（不包括港澳台居民和外籍人员）填报。

（三）第七次全国人口普查港澳台居民和外籍人员普查表

港澳台居民和外籍人员普查表包括反映人口基本状况的项目以及入境目的、居住时间、身份或国籍、就业情况等项目，由在境内居住的港澳台居民和外籍人员填报。

（四）第七次全国人口普查死亡人口调查表

死亡人口调查表包括死亡人口的基本信息，由2019年11月1日至2020年10月31日期间有死亡人口的户填报。

五、普查方法

普查采用全面调查的方法，以户为单位进行登记。

普查采用按现住地登记的原则，每个人必须在现住地进行登记。普查对象不在户口登记地居住的，户口登记地要登记相应信息。

普查登记采用普查员入户询问、当场填报，或由普查对象自主填报等方式进行。

普查数据采集原则上采用电子化的方式。采取普查员使用电子采集设备（PAD或智能手机）登记普查对象信息并联网实时上报，或由普查对象通过互联网自主填报等方式进行。

普查员应按照工作要求，在户口整顿基础上对所负责普查小区进行全面摸底，掌握普查小区内的人口和居住情况，编制《户主姓名底册》，根据《户主姓名底册》进行入户登记工作，并参考部门行政记录等资料进行比对复查，确保普查登记真实准确、不重不漏。

六、普查数据处理

各级普查机构负责普查数据处理。国务院人口普查办公室统一编制数据采集、审核、编辑、汇总程序。

国务院人口普查办公室集中部署数据采集处理环境。各级普查机构应保障必要的数据处理办公环境和网络条件，采取必要的安全措施，确保数据处理工作安全、顺利地进行。

七、普查组织实施

（一）全国统一领导

国务院第七次全国人口普查领导小组负责普查组织实施中重大问题的研究和决策。普查领导小组办公室设在国家统计局，具体负责普查的组织实施。

（二）部门分工协作

领导小组各成员单位要按照职能分工，各负其责、通力协作、密切配合，共同做好普查工作。对普查工作中遇到的困难和问题，要及时采取措施予以解决。

（三）地方分级负责

地方各级人民政府设立相应的普查领导小组及其办公室，领导和组织实施本区域内的普查工作。村民委员会和居民委员会设立人口普查小组，协助街道办事处和乡镇政府动员和组织社会力量，做好本区域内的普查工作。

普查指导员和普查员可以从国家机关、社会团体、企业事业单位借调，也可以从村民委员会、居民委员会或者社会招聘。借调和招聘工作由县级人民政府负责。

（四）各方共同参与

国家机关、社会团体、企业事业单位应当按照《中华人民共和国统计法》《中华人民共和国统计法实施条例》和《全国人口普查条例》的规定，参与并配合普查工作。

八、普查质量控制

普查实行严格的质量控制制度，建立健全普查数据质量追溯和问责机制，确保普查数据可核查、可追溯、可问责。国务院人口普查办公室统一领导、统筹协调普查全过程质量控制的有关工作。地方各级普查机构主要负责人对本行政区域普查数据质量负总责，确保普查数据真实、准确、完整、及时。各级普查办公室必须严格执行各阶段工作要求，保证各阶段工作质量达到规定标准，确保普查工作质量与数据质量合格达标。

九、普查宣传

各级宣传部门和普查机构应制定宣传工作方案，深入开展普查宣传。

各级宣传部门应组织协调新闻媒体及有关部门，通过报刊、广播、电视、互联网、手机和户外广告等多种渠道，充分利用微博、微信、短视频等新媒体传播手段，宣传普查的重大意义、政策规定和工作要求，积极营造良好的普查氛围。

各级普查机构要组织开展形式多样的宣传活动，动员社会各界支持、参与普查。

十、普查法规与纪律要求

坚持依法普查，普查工作要严格按照《中华人民共和国统计法》《中华人民共和国统计法实施条例》《全国人口普查条例》《国务院关于开展第七次全国人口普查的通知》及相关规定组织开展。

普查对象应当依法履行普查义务，如实提供普查信息，不得虚报、瞒报、拒报。拒绝提供普查所需的资料，或者提供不真实、不完整的普查资料的，由县级以上人民政府统计机构责令改正，予以批评教育，情节严重的依法严肃处理。普查取得的数据，严格限定用于普查目的，不得作为任何部门和单位对各级行政管理工作实施考核、奖惩的依据。普查中获得的能够识别或者推断单个普查对象身份的资料，任何单位和个人不得对外提供、泄露，不得作为对普查对象实施处罚等具体行政行为的依据，不得用于普查以外的目的。各级普查机构及其工作人员，必须严格履行保密义务。

十一、普查主要工作阶段

普查工作分三个阶段进行：

一是准备阶段（2019年10月—2020年10月）。这一阶段的主要工作是：组建各级普查机构，制定普查方案和工作计划，进行普查试点，落实普查经费和物资，准备数据采集处理环境，开展普查宣传，选聘培训普查指导员和普查员，普查区域划分及绘图，进行户口整顿，开展摸底等。

二是普查登记阶段（2020年11月—12月）。这一阶段的主要工作是：普查员入户登记，进行比对复查，开展事后质量抽查等。

三是数据汇总和发布阶段（2020年12月—2022年12月）。这一阶段的主要工作是：数据处理、汇总、评估，发布主要数据公报，普查资料开发利用等。

十二、其他

（一）香港特别行政区、澳门特别行政区的人口数，按照香港特别行政区政府、澳门特别行政区政府公布的资料计算。

台湾地区的人口数，按照台湾地区有关主管部门公布的资料计算。

（二）因交通极为不便等特殊因素，需采用其他登记时间和方法的地区，须报请国务院人口普查办公室批准。

（三）对认真执行本方案，忠于职守，坚持原则，在普查工作中做出显著成绩的单位和个人，按照国家有关规定给予表彰奖励。

（四）本方案由国务院人口普查办公室负责解释。

第二部分　调查表式

第七次全国人口普查短表

经国务院批准进行第七次全国人口普查
人口普查的标准时点为 2020 年 11 月 1 日零时
人口普查的原始资料不向任何单位和个人提供，
仅供汇总使用
公民应履行如实申报普查项目的义务

表　号：R 6 0 1 表
制定机关：国 家 统 计 局
国务院人口普查办公室
批准文号：国发（2019）24 号
有效期至：2 0 2 1 年 3 月

地址：_____省（区、市）_____市（地、州、盟）_____县（市、区、旗）_____乡（镇、街道）_____普查区_____普查小区_____户编号

一、住户项目

H1. 户别

1. 家庭户
2. 集体户

H2. 本户应登记人数

2020 年 10 月 31 日晚居住本户的人数_____人

户口在本户，2020 年 10 月 31 日晚未住本户的人数_____人

H3. 本户 2019 年 11 月 1 日至 2020 年 10 月 31 日期间的出生人口

男_____人 女_____人

H4. 本户 2019 年 11 月 1 日至 2020 年 10 月 31 日期间的死亡人口

男_____人 女_____人

H5. 住所类型

1. 普通住宅
2. 集体住所
3. 工作地住所
4. 其他住房
5. 无住房

（选择 2—5 的，跳至个人项目。）

H6. 本户现住房建筑面积

_____平方米

H7. 本户现住房间数

_____间

二、个人项目

每个人都填报的项目

D1. 姓名

____

D2. 与户主关系

0. 户主

1. 配偶

2. 子女

3. 父母

4. 岳父母或公婆

5. 祖父母

6. 媳婿

7. 孙子女

8. 兄弟姐妹

9. 其他

D3. 公民身份号码

□□□□□□□□□□□□□□□□□□

D4. 性别

1. 男

2. 女

D5. 出生年月

出生于：________年________月

D6. 民族

________族

D7. 普查时点（2020年11月1日零时）居住地

1. 本普查小区

2. 本村（居）委会其他普查小区

3. 本乡（镇、街道）其他村（居）委会

4. 本县（市、区、旗）其他乡（镇、街道）

5. 其他县（市、区、旗），请在下面填写地址

________省（区、市）

________市（地、州、盟）

________县（市、区、旗）

6. 香港特别行政区、澳门特别行政区、台湾地区

7. 国外

D8. 户口登记地

1. 本村（居）委会
2. 本乡（镇、街道）其他村（居）委会
3. 本县（市、区、旗）其他乡（镇、街道）
4. 其他县（市、区、旗），请在下面填写地址

_______省（区、市）

_______市（地、州、盟）

_______县（市、区、旗）

5. 户口待定→D11

D9. 离开户口登记地时间

1. 没有离开户口登记地→D11
2. 不满半年
3. 半年以上，不满一年
4. 一年以上，不满二年
5. 二年以上，不满三年
6. 三年以上，不满四年
7. 四年以上，不满五年
8. 五年以上，不满十年
9. 十年以上

D10. 离开户口登记地原因

0. 工作就业
1. 学习培训
2. 随同离开/投亲靠友
3. 拆迁/搬家
4. 寄挂户口
5. 婚姻嫁娶
6. 照料孙子女
7. 为子女就学
8. 养老/康养
9. 其他

3 周岁及以上（2017 年 10 月 31 日以前出生）的人填报的项目

D11. 受教育程度

1. 未上过学
2. 学前教育
3. 小学

4. 初中

5. 高中

6. 大学专科

7. 大学本科

8. 硕士研究生

9. 博士研究生

15周岁及以上（2005年10月31日以前出生）的人填报的项目

D12. 是否识字

1. 是

2. 否

第七次全国人口普查长表

经国务院批准进行第七次全国人口普查
人口普查的标准时点为 2020 年 11 月 1 日零时
人口普查的原始资料不向任何单位和个人提供，
仅供汇总使用
公民应履行如实申报普查项目的义务

表　　号：R　6　0　2　表
制定机关：国　家　统　计　局
　　　　　国务院人口普查办公室
批准文号：国 发（2019）24 号
有效期至：2 0 2 1　年　3　月

地址：_____省（区、市）_____市（地、州、盟）_____县（市、区、旗）_____乡（镇、街道）_____普查区_____普查小区_____户编号

一、住户项目

H1. 户别

1. 家庭户
2. 集体户

H2. 本户应登记人数

2020 年 10 月 31 日晚居住本户的人数_____人

户口在本户，2020 年 10 月 31 日晚未住本户的人数_____人

H3. 本户 2019 年 11 月 1 日至 2020 年 10 月 31 日期间的出生人口

男_____人　女_____人

H4. 本户 2019 年 11 月 1 日至 2020 年 10 月 31 日期间的死亡人口

男_____人　女_____人

H5. 住所类型

1. 普通住宅
2. 集体住所
3. 工作地住所
4. 其他住房
5. 无住房

（选择 2—5 的，跳至个人项目。）

H6. 本户现住房建筑面积

_____平方米

H7. 本户现住房间数

_____间

H8. 住房所在建筑的总层数

1. 平房

2. 多层（7层及以下）

3. 高层（8—33层）

4. 超高层（34层及以上）

H9. 承重类型

1. 钢及钢筋混凝土结构

2. 混合结构

3. 砖木结构

4. 竹草土坯结构

5. 其他结构

H10. 住房建成年代

1. 1949年以前

2. 1949—1959年

3. 1960—1969年

4. 1970—1979年

5. 1980—1989年

6. 1990—1999年

7. 2000—2009年

8. 2010—2014年

9. 2015年以后

H11. 住房所在建筑有无电梯

1. 有

2. 无

H12. 主要炊事燃料

1. 燃气

2. 电

3. 煤炭

4. 柴草

5. 其他

H13. 住房内有无管道自来水

1. 有

2. 无

H14. 住房内有无厨房

1. 独立使用

2. 与其他户合用

3. 无

H15. 住房内有无厕所

1. 水冲式卫生厕所
2. 水冲式非卫生厕所
3. 卫生旱厕
4. 普通旱厕
5. 无

H16. 住房内有无洗澡设施

1. 统一供热水
2. 家庭自装热水器
3. 其他
4. 无

H17. 住房来源

1. 租赁廉租房/公租房
2. 租赁其他住房
3. 购买新建商品房
4. 购买二手房
5. 购买原公有住房
6. 购买经济适用房/两限房
7. 自建住房
8. 继承或赠予
9. 其他

（选择 3—9 的，跳至 H19。）

H18. 月租房费用

0. 200 元以下
1. 200—499 元
2. 500—999 元
3. 1000—1999 元
4. 2000—2999 元
5. 3000—3999 元
6. 4000—5999 元
7. 6000—7999 元
8. 8000—9999 元
9. 10000 元以上

H19. 拥有全部家用汽车的总价

1. 不满 10 万元
2. 10 万元以上，不满 20 万元

3. 20 万元以上，不满 30 万元

4. 30 万元以上，不满 50 万元

5. 50 万元以上，不满 100 万元

6. 100 万元以上

7. 没有汽车

二、个人项目

每个人都填报的项目

C1. 姓名

____

C2. 与户主关系

0. 户主

1. 配偶

2. 子女

3. 父母

4. 岳父母或公婆

5. 祖父母

6. 媳婿

7. 孙子女

8. 兄弟姐妹

9. 其他

C3. 公民身份号码

□□□□□□□□□□□□□□□□□□

C4. 性别

1. 男

2. 女

C5. 出生年月

出生于：________年________月

C6. 民族

________族

C7. 普查时点（2020 年 11 月 1 日零时）居住地

1. 本普查小区

2. 本村（居）委会其他普查小区

3. 本乡（镇、街道）其他村（居）委会

4. 本县（市、区、旗）其他乡（镇、街道）

5. 其他县（市、区、旗），请在下面填写地址

_______省（区、市）

_______市（地、州、盟）

_______县（市、区、旗）

6. 香港特别行政区、澳门特别行政区、台湾地区

7. 国外

C8. 户口登记地

1. 本村（居）委会

2. 本乡（镇、街道）其他村（居）委会

3. 本县（市、区、旗）其他乡（镇、街道）

4. 其他县（市、区、旗），请在下面填写地址

_______省（区、市）

_______市（地、州、盟）

_______县（市、区、旗）

5. 户口待定→C12

C9. 离开户口登记地时间

1. 没有离开户口登记地→C12

2. 不满半年

3. 半年以上，不满一年

4. 一年以上，不满二年

5. 二年以上，不满三年

6. 三年以上，不满四年

7. 四年以上，不满五年

8. 五年以上，不满十年

9. 十年以上

C10. 离开户口登记地原因

0. 工作就业

1. 学习培训

2. 随同离开/投亲靠友

3. 拆迁/搬家

4. 寄挂户口

5. 婚姻嫁娶

6. 照料孙子女

7. 为子女就学

8. 养老/康养

9. 其他

C11. 户口登记地类型

1. 乡

2. 镇的村委会

3. 镇的居委会

4. 街道

C12. 是否有农村土地承包经营权

1. 有

2. 无

C13. 出生地

1. 本县（市、区、旗）

2. 本省其他县（市、区、旗）

3. 省外：______省（区、市）

5周岁及以上（2015年10月31日以前出生）的人填报的项目

C14. 五年前常住地

2015年11月1日常住地：

1. 本县（市、区、旗）

2. 其他地区，请在下面填写地址

_____省（区、市）

_____市（地、州、盟）

_____县（市、区、旗）

3周岁及以上（2017年10月31日以前出生）的人填报的项目

C15. 受教育程度

1. 未上过学→C17

2. 学前教育→C17

3. 小学

4. 初中

5. 高中

6. 大学专科

7. 大学本科

8. 硕士研究生

9. 博士研究生

C16. 学业完成情况

1. 在校

2. 毕业

3. 肄业

4. 辍学

5. 其他

15 周岁及以上（2005 年 10 月 31 日以前出生）的人填报的项目

C17. 是否识字

1. 是

2. 否

C18. 工作情况

10 月 25—31 日是否为取得收入而工作了一小时以上（包括临时工、依托互联网平台灵活就业、家庭经营无酬帮工等）

1. 是，上周工作时间_______小时

2. 在职休假、在职学习培训、临时停工（保留工资）

3. 未做任何工作→C22

C19. 工作单位或生产经营活动所属类型

1. 企业、事业、机关或社会团体等法人单位

2. 个体经营户

3. 经营农村家庭承包地（家庭农林牧渔生产经营活动）

4. 自由职业/灵活就业

C20. 行业

单位详细名称：____

主要产品或主要业务：____

C21. 职业

本人从事的具体工作：____→C23

C22. 未工作原因

1. 在校学习

2. 离退休

3. 料理家务

4. 丧失工作能力

5. 其他

C23. 主要生活来源

1. 劳动收入

2. 离退休金/养老金

3. 最低生活保障金

4. 失业保险金

5. 财产性收入

6. 家庭其他成员供养

7. 其他

C24. 婚姻状况

1. 未婚→C28

2. 有配偶

3. 离婚

4. 丧偶

C25. 初婚年月

_______年_______月

15至64周岁（1955年11月1日—2005年10月31日出生）的妇女填报的项目

C26. 生育子女数

1. 未生育→C28

2. 有生育（请填报生育的子女数）

生过几个孩子：

男_______人

女_______人

其中现在存活几个孩子：

男_______人

女_______人

15至50周岁（1969年11月1日—2005年10月31日出生）的妇女填报的项目

C27. 过去一年（2019年11月1日—2020年10月31日）的生育状况

1. 一年内未生育（结束）

2. 一年内有生育（请填报生育时间和孩子性别）

生育时间：

____月

婴儿性别：

1. 男

2. 女

一年内生育两个以上孩子的，请填报第二个孩子的状况。

生育时间：

____月

婴儿性别：

1. 男

2. 女

60周岁及以上（1960年10月31日以前出生）的人填报的项目

C28. 居住状况

1. 与配偶和子女同住

2. 与配偶同住

3. 与子女同住
4. 独居（有保姆）
5. 独居（无保姆）
6. 养老机构
7. 其他

C29. 身体健康状况

1. 健康
2. 基本健康
3. 不健康，但生活能自理
4. 不健康，生活不能自理

第七次全国人口普查港澳台居民和外籍人员普查表

The Seventh National Population Census Form for Residents from Hong Kong, Macao, Taiwan and from Foreign Countries

中国政府决定进行第七次全国人口普查
人口普查标准时点为2020年11月1日零时
我们将对您在普查表中填写的信息给予
保密，敬请合作。

The Government of China has decided to conduct the 7th National Population Census, with zero hour on 1 November 2020 as the reference time.
Information provided will be kept confidential.
Your cooperation is highly appreciated.

表　　　号：R603表
制 定 机 关：国家统计局
　　　　　　国务院人口普查办公室
批 准 文 号：国发（2019）24号
有 效 期 至：2021年3月
Form number: R603
Form issued by: National Bureau of Statistics
Office of the State Council for the Seventh National Population Census
Approval number: （2019）24
Valid until: March 2021

地址 Address：

_____省（区、市）Province

_____市（地、州、盟）City (prefecture)

_____县（市、区、旗）County (city, district)

_____乡（镇、街道）Town (township, street)

_____普查区 Enumeration area (village/community committee)

_____普查小区 Enumeration block

_____户编号 Household number

一、住户项目

Household Information

F1. 户别

Type of household

1. 家庭户 Family household
2. 集体户 Collective household

F2. 住所类型

Type of dwelling

1. 普通住宅 Conventional dwellings
2. 集体住所 Collective living quarters
3. 工作地住所 Living in work places
4. 其他住房 Other dwellings

5. 无住房 With no dwellings

（选择 2—5 的，跳至个人项目。）

(If the answer is 2-5, then skip to 'Individual Information'.)

F3. 本户现住房建筑面积

Floor space for this household

_____平方米 m2

F4. 本户现住房间数

Number of rooms for this household

_____间 rooms

二、个人项目

Individual Information

R1. 姓名

Full name

____

R2. 与户主关系

Relationship with head of household

0. 户主 Head of household
1. 配偶 Spouse
2. 子女 Son or daughter
3. 父母 Parent
4. 岳父母或公婆 Parent-in-law
5. 祖父母 Grandparent
6. 媳婿 Son-in-law or daughter-in-law
7. 孙子女 Grandchild
8. 兄弟姐妹 Brother or sister
9. 其他 Other relationship

R3. 性别

Sex

1. 男 Male
2. 女 Female

R4. 出生年月

Date of birth

出生于 Born in：_______年 year_______月 month

R5. 来内地（大陆）或来华目的

Purpose for stay in the mainland of China

1. 商务 Business
2. 就业 Work
3. 学习 Study
4. 定居 Residence
5. 探亲 Visiting relatives
6. 其他 Others

R6. 已在内地（大陆）或在华居住时间

Duration of stay in the mainland of China

1. 不满三个月 Less than 3 months
2. 三个月以上，不满半年 3 months to less than 6 months
3. 半年以上，不满一年 6 months to less than 12 months
4. 一年以上，不满二年 1 year to less than 2 years
5. 二年以上，不满五年 2 years to less than 5 years
6. 五年以上 5 years or more

R7. 受教育程度

3周岁及以上（2017年10月31日以前出生）的人填报

Educational attainment

For persons aged 3 and over（Born before 31st Oct. 2017）

1. 未上过学 No schooling
2. 学前教育 Pre-primary education
3. 小学 Primary education
4. 初中 Junior secondary education
5. 高中 Senior secondary education
6. 大学专科 College
7. 大学本科 University
8. 硕士研究生 Master
9. 博士研究生 Doctor

R8. 身份或国籍

Citizenship

1. 香港特别行政区居民 Hong Kong SAR resident
2. 澳门特别行政区居民 Macao SAR resident
3. 台湾地区居民 Taiwan resident
4. 外国人 Foreigner：国籍 Country_______（结束）(End)

15 周岁及以上（2005 年 10 月 31 日以前出生）港澳台居民填报的项目

For persons aged 15 and over (Born before 31st Oct. 2005) from Hong Kong, Macao and Taiwan

R9. 工作情况

10 月 25—31 日是否为取得收入而工作了一小时以上

1. 是
2. 在职休假、在职学习培训、临时停工（保留工资）
3. 未做任何工作→R12

R10. 行业

1. 农、林、牧、渔业
2. 采矿业
3. 制造业
4. 电力、热力、燃气及水生产和供应业
5. 建筑业
6. 批发和零售业
7. 交通运输、仓储和邮政业
8. 住宿和餐饮业
9. 信息传输、软件和信息技术服务业
10. 金融业
11. 房地产业
12. 租赁和商务服务业
13. 科学研究和技术服务业
14. 水利、环境和公共设施管理业
15. 居民服务、修理和其他服务业
16. 教育
17. 卫生和社会工作
18. 文化、体育和娱乐业
19. 公共管理、社会保障和社会组织
20. 国际组织

R11. 职业

1. 党的机关、国家机关、群众团体和社会组织、企事业单位负责人
2. 专业技术人员
3. 办事人员和有关人员
4. 社会生产服务和生活服务人员
5. 农、林、牧、渔业生产及辅助人员
6. 生产制造及有关人员
7. 不便分类的其他从业人员

R12. 婚姻状况

1. 未婚

2. 有配偶

3. 离婚

4. 丧偶

第七次全国人口普查死亡人口调查表

（2019 年 11 月 1 日至 2020 年 10 月 31 日死亡的人口登记）

经国务院批准进行第七次全国人口普查
人口普查的标准时点为 2020 年 11 月 1 日零时
人口普查的原始资料不向任何单位和个人提供，
仅供汇总使用
公民应履行如实申报普查项目的义务

表　　号：R 6 0 4 表
制定机关：国家统计局
　　　　　国务院人口普查办公室
批准文号：国发〔2019〕24 号
有效期至：2021 年 3 月

地址：_____省（区、市）_____市（地、州、盟）_____县（市、区、旗）_____乡（镇、街道）_____普查区_____普查小区_____户编号

每个死亡人口都登记的项目

S1. 姓名

____

S2. 公民身份号码

□□□□□□□□□□□□□□□□□□

S3. 性别

1. 男
2. 女

S4. 出生年月

出生于：_______年_______月

S5. 死亡时间

死亡于：_______月

S6. 民族

_______族

死亡时满 3 周岁的人登记的项目

S7. 受教育程度

1. 未上过学
2. 学前教育
3. 小学
4. 初中
5. 高中
6. 大学专科
7. 大学本科

8. 硕士研究生

9. 博士研究生

死亡时满15周岁的人登记的项目

S8. 婚姻状况

1. 未婚

2. 有配偶

3. 离婚

4. 丧偶

第三部分　普查表填写说明

一、普查表的种类

第七次全国人口普查表分为《第七次全国人口普查短表》《第七次全国人口普查长表》《第七次全国人口普查港澳台居民和外籍人员普查表》和《第七次全国人口普查死亡人口调查表》四种表。

二、标准时点

第七次全国人口普查的标准时点为 2020 年 11 月 1 日零时。

普查员在掌握普查标准时点时，应注意以下两点：

（一）2020 年 11 月 1 日零时以后出生的人不登记；2020 年 11 月 1 日零时以后死亡的人仍要在普查短表中登记。

（二）2020 年 11 月 1 日零时以后居住地发生变化的人，仍在原居住地登记。

三、普查对象

普查对象是指普查标准时点在中华人民共和国境内的自然人以及在中华人民共和国境外但未定居的中国公民，不包括在中华人民共和国境内短期停留的境外人员。

（一）普查短表和普查长表的普查对象具体是指 2020 年 10 月 31 日晚住本普查小区的人，以及户口登记在本普查小区但 2020 年 10 月 31 日晚未住本普查小区的人。

1.2020 年 10 月 31 日晚住本普查小区的人，无论其户口登记在何处。

2.户口登记在本普查小区，但 2020 年 10 月 31 日晚未住本普查小区的人，无论其外出时间长短、外出原因如何。

（二）港澳台居民和外籍人员普查表的普查对象具体是指 2020 年 10 月 31 日晚住本普查小区的港澳台居民和外籍人员。

（三）死亡人口调查表的登记对象具体是指 2019 年 11 月 1 日至 2020 年 10 月 31 日期间本普查小区的死亡人口。

四、登记原则

人口普查采用按现住地登记的原则，每个人必须在现住地进行登记。普查对象不在户口登记地居住的，户口登记地要登记相应信息。

人口普查以户为单位进行登记，户分为家庭户和集体户。集体户以一个住房单元为一户进行普查登记。

为便于理解登记对象，并考虑到普查中可能遇到的特殊情况，普查员在入户登记时可采取以下方式询问住户：

应在您家普查登记的人包括：

•2020 年 10 月 31 日晚住在您家里的人。

•经常居住在您家，由于临时出差、探亲、旅游或值夜班等原因，2020 年 10 月 31 日晚未住在您家的人（视为 2020 年 10 月 31 日晚住在您家）。

•幼儿园全托孩子，小学、初中住校生（视为 2020 年 10 月 31 日晚住在您家）。

•户口登记在现住房地址的其他人。

不包括：

•现役军人和武警。

•由于临时出差、探亲、旅游等原因，2020 年 10 月 31 日晚暂住在您家的人。

•2020 年 11 月 1 日零时以后出生的人。

五、普查项目

（一）普查短表

按户填报的项目有：户别、本户应登记人数、本户 2019 年 11 月 1 日至 2020 年 10 月 31 日期间的出生人口、本户 2019 年 11 月 1 日至 2020 年 10 月 31 日期间的死亡人口、住所类型、本户现住房建筑面积、本户现住房间数。

按人填报的项目有：姓名、与户主关系、公民身份号码、性别、出生年月、民族、普查时点（2020 年 11 月 1 日零时）居住地、户口登记地、离开户口登记地时间、离开户口登记地原因、受教育程度、是否识字。

（二）普查长表

按户填报的项目有：户别、本户应登记人数、本户 2019 年 11 月 1 日至 2020 年 10 月 31 日期间的出生人口、本户 2019 年 11 月 1 日至 2020 年 10 月 31 日期间的死亡人口、住所类型、本户现住房建筑面积、本户现住房间数、住房所在建筑的总层数、承重类型、住房建成年代、住房所在建筑有无电梯、主要炊事燃料、住房内有无管道自来水、住房内有无厨房、住房内有无厕所、住房内有无洗澡设施、住房来源、月租房费用、拥有全部家用汽车的总价。

按人填报的项目有：姓名、与户主关系、公民身份号码、性别、出生年月、民族、普查时点（2020 年 11 月 1 日零时）居住地、户口登记地、离开户口登记地时间、离开户口登记地原因、户口登记地类型、是否有农村土地承包经营权、出生地、五年前常住地、受教育程度、学业完成情况、是否识字、工作情况、经常工作单位或生产经营活动所属类型、行业、职业、未工作原因、主要生活来源、婚姻状况、初婚年月、生育子女数、过去一年（2019 年 11 月 1 日—2020 年 10 月 31 日）的生育状况、居住状况、身体健康状况。

（三）港澳台居民和外籍人员普查表

按户填报的项目有：户别、住所类型、本户现住房建筑面积、本户现住房间数。

按人填报的项目有：姓名、与户主关系、性别、出生年月、来内地（大陆）或来华目的、已在内地（大陆）或在华居住时间、受教育程度、身份或国籍、工作情况、行业、职业、婚姻状况。

（四）死亡人口调查表

填报的项目有：姓名、公民身份号码、性别、出生年月、死亡时间、民族、受教育程度、婚姻状况。

六、普查表的填写方法

（一）普查表以户为单位进行登记。普查短表、死亡人口调查表采用普查员入户询问、当场填报，或由普查对象通过互联网自主填报等方式进行。普查长表、港澳台居民和外籍人员普查表采用普查指导员和普查员入户询问、当场填报的登记方式。

（二）普查小区中的每一户有且只有一个户编号，为“001”开始的 3 位顺序码，在《户主姓名底册》编制完成后自动生成，普查表上的户编号与其一致，不可修改。

（三）普查表的填写顺序：先填写住户项目，再逐人填写个人项目。

普查员填写普查短表时，填写按人登记的项目时，表内第一人应填户主，然后依次填户主的配偶和其他关系的人。全户死亡的户，只填写“H4.本户 2019 年 11 月 1 日至 2020 年 10 月 31 日期间的死亡人口”，其他住户项目和个人项目均不再登记。

普查员填写普查长表时，与普查短表相同的项目直接代入短表信息，经向普查对象核实确认后，再填报其他项目。

（四）普查表每户最多可以填写 20 人。对于超过 20 人的大集体户，可酌情分成若干集体户填写。

（五）有标准选项的项目，根据实际情况选填，并且每个问题只能选择一个标准选项。民族、普查时点（2020 年 11 月 1 日零时）居住地、户口登记地、出生地、五年前常住地等项目可根据列表栏进行选择。没有标准选项的项目，用文字或阿拉伯数字据情填报。

（六）如果填写错误或发生逻辑关系异常，数据采集程序会给出审核提示。审核类型分为强制性审核和确认性审核，若为强制性审核错误，必须根据提示信息对错误项目进行修改；若为确认性审核提示，应根据提示信息对异常项目进行核实，确认无误后，继续进行填报。

（七）普查员每填完一户，应即刻进行审核，将通过审核的信息向申报人当面宣读，核对无误后，由申报人签字确认。

第四部分　指标解释

一、普查短表

（一）住户项目

H1. 户别——按家庭户、集体户的类别填报。

1.家庭户：以家庭成员关系为主，居住一处共同生活的人口，作为一个家庭户。单身居住独自生活的，也作为一个家庭户。

2.集体户：相互之间没有家庭成员关系，集体居住共同生活的人口作为一个集体户。

H2. 本户应登记人数——包括两个部分。一部分是 2020 年 10 月 31 日晚居住本户的人数，既包括户口在本户、2020 年 10 月 31 日晚居住本户的人数，也包括户口不在本户、2020 年 10 月 31 日晚居住本户的人数，填写 H2 的第一项；另一部分是户口在本户，2020 年 10 月 31 日晚未居住本户的人数，填写 H2 的第二项。

H3. 本户 2019 年 11 月 1 日至 2020 年 10 月 31 日期间的出生人口——填写本户在 2019 年 11 月 1 日至 2020 年 10 月 31 日期间出生的人数。分别填写男、女的合计数。若本户在此期间没有出生人口，请填写“0”。

H4. 本户 2019 年 11 月 1 日至 2020 年 10 月 31 日期间的死亡人口——填写本户在 2019 年 11 月 1 日至 2020 年 10 月 31 日期间死亡的人数。分别填写男、女的合计数。若本户在此期间没有死亡人口，请填写“0”。

填写 H3、H4 时应注意：

不要漏掉出生时有某种生命现象（如在胎儿脱离母体时，有呼吸或心跳，脐带搏动、随意肌收缩等）不久即死亡的婴儿，既要填写出生人数，也要填写死亡人数。

H5. 住所类型——按居住的住所类型填报。

1.普通住宅：指人工建造的，有墙、顶、门、窗等结构，具有独立入口，专门供人居住的房屋或场所。如单元房、平房、四合院、独栋别墅、筒子楼、窑洞等传统意义上的住宅。

2.集体住所：指学生宿舍、职工宿舍、工棚、养老院、福利院、宗教场所等。

3.工作地住所：指居住在办公楼、发廊、商铺、餐馆等工作场所。

4.其他住房：指居住在上述场所以外的其他房屋或场所。

5.无住房：指本户没有住房，居无定所（如流动人口中那些睡在桥下、公园、车站或睡在运载货物、商品车辆上的人等）。

H6. 本户现住房建筑面积——本户现住房的建筑面积以房屋所有权证（不动产权证）或租赁凭证上的相关信息为准。

若只知道使用面积的，可用使用面积乘以 1.33，换算成建筑面积。填写本项目时应注意：

1.在租借房屋居住的户，按租借住房的实际情况填写其住房建筑面积。

2.合住在同一所住房里的住户，其建筑面积为各户所独立使用的房间面积加上公共使用面积（包括厨房、厕所、门厅、阳台等）的分摊部分：两户合住的，各按二分之一计算；三户合住的，各按三分之一计算，依此类推。

3.建筑面积应填写整数，不为整数时四舍五入获得。

H7. 本户现住房间数——指除厨房、厕所、过道和厅以外的所有自然间数（包括扩建的房间）。填写本项目时应注意：

1.在租借房屋居住的户，按租借住房的实际居住情况填写其住房间数。

2.合住同一所住房的，在填写住房间数时，填写其独立使用的房间数。

（二）个人项目

D1. 姓名——填写被登记人的正式姓名。没有正式姓名的可填小名或某某氏，但不能填笔名、代号等。婴儿未起名的，可填“未取名”。

D2. 与户主关系——指被登记人与本户户主的关系。申报人不是户主的，不要将被登记人与申报人的关系错填为与户主的关系。

0.户主：按家庭日常生活习惯确定户主。

1.配偶：指户主的妻子或丈夫。

2.子女：指户主的子女。

3.父母：指户主的父母或继父母、养父母。

4.岳父母或公婆：指户主配偶的父母或继父母、养父母。

5.祖父母：指户主或配偶的祖父母、外祖父母、曾祖父母、外曾祖父母。

6.媳婿：指户主子女的配偶。

7.孙子女：指户主的孙子女、外孙子女、孙媳婿、外孙媳婿、重孙子女、重孙媳婿、重外孙子女、重外孙媳婿。

8.兄弟姐妹：指户主及其配偶的兄弟姐妹以及他们的配偶。

9.其他：指以上九种人以外的成员。

在登记家庭户时，户主应登记为第一人，选填“0.户主”。如果户主的配偶也在本户登记，应登记为第二人，选填“1.配偶”，然后再登记该户的其他成员；如果户主没有配偶，或户主配偶不在本户登记，第二人登记本户其他成员。

在登记集体户时，任选一人登记为户主，选填“0.户主”，本户其他成员与户主关系一律登记为其他，选填“9.其他”。

D3. 公民身份号码——指 18 位公民身份号码。无公民身份号码的填写 18 位 0。

D4. 性别——指被登记人的性别。

D5. 出生年月——指被登记人的出生年、月。

出生年月按公历填写，只知道农历的，要换算成公历。按照一般的规律，农历的月份与公历的月份相差一个月左右，换算时农历的月份加 1 即可作为公历的月份，但要注意农历的 12 月应当是公历下一年的 1 月。

D6. 民族——指被登记人的民族。

外国人加入中国籍，其民族和我国的某一民族相同的，就选填某一民族；没有相同民族的，按外国人加入中国籍填写，选填“入籍”。

D7. 普查时点（2020 年 11 月 1 日零时）居住地——指被登记人在普查标准时点居住的地址。

1.本普查小区：指普查时点居住在本普查小区的人。如果本户在本普查小区拥有一套以上的住房，可确定其中一处进行登记。

2.本村（居）委会其他普查小区：指户口登记地在本普查小区，普查时点居住在本村（居）委会其他普查小区的人。

3.本乡（镇、街道）其他村（居）委会：指户口登记地在本普查小区，普查时点居住在本乡（镇、街道）其他村（居）委会的人。

4.本县（市、区、旗）其他乡（镇、街道）：指户口登记地在本普查小区，普查时点居住在本县（市、区、旗）的其他乡（镇、街道）的人。

5.其他县（市、区、旗）：指户口登记地在本普查小区，普查时点居住在本县（市、区、旗）以外地区的人。填报本选项的人还需选填普查时点居住地所在省（区、市）、市（地、州、盟）、县（市、区、旗）的具体名称。

6.香港特别行政区、澳门特别行政区、台湾地区：指户口登记地在本户，普查时点居住在香港特别行政区、澳门特别行政区、台湾地区的人。

7.国外：指户口登记地在本户，普查时点居住在国外的人。

D8. **户口登记地**——指被登记人的居民户口薄上的地址。

1.本村（居）委会：指户口登记地在本村（居）委会的人。

2.本乡（镇、街道）其他村（居）委会：指普查时点居住本普查小区，户口登记地在本乡（镇、街道）其他村（居）委会的人。

3.本县（市、区、旗）其他乡（镇、街道）：指普查时点居住本普查小区，户口登记地在本县（市、区、旗）的其他乡（镇、街道）的人。

4.其他县（市、区、旗）：指普查时点居住本普查小区，户口登记地在本县（市、区、旗）以外地区的人。填报本选项的人还需填写户口登记地所在省（区、市）、市（地、州、盟）、县（市、区、旗）的具体名称。

5.户口待定：指普查时点居住本普查小区，在任何地方都没有登记户口的人。包括手持户口迁移证、出生证、退伍证等情况。

D9. **离开户口登记地时间**——指到普查标准时点为止，被登记人离开户口登记地（居住地与户口登记地不一致）的时间。

没有离开户口登记地是指户口登记地在本村（居）委会，普查标准时点居住在本普查小区或本村（居）委会其他普查小区。

若常年外出的人由于农忙、节假日等原因偶尔回家的，或回家后因疫情原因推迟外出的，还应该从第一次离开户口登记地的时间开始计算。

D10. **离开户口登记地原因**——指被登记人离开户口登记地（居住地与户口登记地不一致）的原因。

0.工作就业：指十五周岁及以上因务工经商、工作招聘、调动等原因离开户口登记地的人。

1.学习培训：指六周岁及以上因考入各级各类学校或参加各种学习班、培训班而离开户口登记地的人。

2.随同离开/投亲靠友：指因跟随亲属、投亲靠友而离开户口登记地的人。

3.拆迁/搬家：指因房屋拆迁、改造或者搬家而离开户口登记地的人。

4.寄挂户口：指户口落在集体户或没有在户口登记地居住过、只落户口的人。

5.婚姻嫁娶：指十五周岁及以上因结婚而离开户口登记地的人。

6.照料孙子女：指为照料孙子女而离开户口登记地的人。

7.为子女就学：指为子女就学而离开户口登记地的人。

8.养老/康养：指因旅游（度假）养老/康养、候鸟式养老/康养、回籍贯地养老/康养、居住在养老院而离开户口登记地的人，不包括跟随子女养老。

9.其他：指上述几种以外的原因。

凡具有两种以上原因的，按其主要的原因选填一个标准选项。

D11. 受教育程度——指按照国家教育体制，被登记人接受教育的情况。通过自学或成人学历教育经国家统一考试合格的，分别归入相应的受教育程度。

1.未上过学：指从未接受过各级各类学校教育。包括参加过各种扫盲班或成人识字班学习，且以后再没有接受过各级各类学校教育的人。

2.学前教育：指仅接受过或正在接受专门学前教育机构教育，即在幼儿园或附设幼儿班接受保育和教育。

3.小学：指接受的最高一级教育为小学，无论其是否在校、毕业、肄业或辍学。

4.初中：指接受的最高一级教育为初中，无论其是否在校、毕业、肄业或辍学。

5.高中：指接受的最高一级教育为普通高中、成人高中和中等职业学校，无论其是否在校、毕业、肄业或辍学。

6.大学专科：指接受的最高一级教育为大学专科。在普通高等学校学习大学专科的，无论其是否在校、毕业、肄业或辍学，都填报此项。

凡国家授权承认学历的开放大学、广播电视大学、职工大学等成人高校和普通高等学校举办的函授大学、夜大学和其他形式的大学，按教育部颁布的大学专科教学大纲进行授课的，其毕业生选填此项；其肄业生、在校生按原有受教育程度填报。含成人专科和网络专科。

通过自学，经国家统一举办的自学考试合格，并取得大学专科毕业证书的，也选填此项。

7.大学本科：指接受的最高一级教育为大学本科。在普通高等学校学习大学本科的，无论其是否在校、毕业、肄业或辍学，都填报此项。

凡国家授权承认学历的开放大学、广播电视大学、职工大学等成人高校和普通高等学校举办的函授大学、夜大学和其他形式的大学，按教育部颁布的大学本科教学大纲进行授课的，其毕业生选填此项；其肄业生、在校生按原有受教育程度填报。含成人本科和网络本科。

通过自学和进修大学课程，经考试合格，并取得大学本科毕业证书的，也选填此项。

8.硕士研究生：指接受的最高一级教育为硕士研究生，无论其是否在校、毕业、肄业或辍学。含 2016 年 12 月 1 日以后录取的非全日制硕士研究生。

在职接受硕士研究生教育的，其毕业生选填此项；肄业生和在校生按原有受教育程度填报。

9.博士研究生：指接受的最高一级教育为博士研究生，无论其是否在校、毕业、肄业或辍学。含 2016 年 12 月 1 日以后录取的非全日制博士研究生。

在职接受博士研究生教育的，其毕业生选填此项；肄业生和在校生按原有受教育程度填报。

凡是没有按教育部的教学大纲培养或只学单科的人，不能填报“大学专科”“大学本科”“硕士研究生”或“博士研究生”，一律按原有受教育程度填报。

D12. 是否识字：指被登记人是否达到国家规定的脱盲标准（城镇居民和企、事业单位职工识字2000个，农村居民识字1500个）。登记时可询问，日常生活中是否能读懂简单的书信或书写简短的句子。如果能阅读通俗书报、能写便条就认为具有识字能力。

二、普查长表

（一）住户项目

H1. 户别——与短表H1相同。

H2. 本户应登记人数——与短表H2相同。

H3. 本户2019年11月1日至2020年10月31日期间的出生人口——与短表H3相同。

H4. 本户2019年11月1日至2020年10月31日期间的死亡人口——与短表H4相同。

H5. 住所类型——与短表H5相同。

H6. 本户现住房建筑面积——与短表H6相同。

H7. 本户现住房间数——与短表H7相同。

H8. 住房所在建筑的总层数——层数是指建筑物的自然层数，一般按室内地坪以上计算。

采光窗在室外地坪以上的半地下室，其室内层高在2.20m以上（不含2.20m）的，计算自然层数；假层、附层（夹层）、插层、阁楼（暗楼）、装饰性塔楼，以及突出屋面的楼梯间、水箱间不计层数。

其中，平房是指只有一层的房子。

H9. 承重类型——指在房屋建筑中，由各种构件（屋架、梁、板、柱等）组成的能够承受各种作用的体系。

1.钢及钢筋混凝土结构：指承重的主要构件是用钢及钢筋混凝土建造的。它包括"钢结构""钢、钢筋混凝土"和"钢筋混凝土"三种结构类型。

钢结构：承重的主要构件是钢材料建成的，包括悬索结构。

钢、钢筋混凝土结构：承重的主要构件是用钢、钢筋混凝土建造的。如一幢房屋一部分梁柱采用钢、钢筋混凝土构架建成。

钢筋混凝土结构：承重的主要构件是用钢筋混凝土建造的。包括薄壳结构、大模板现浇结构及使用滑模、升板等建造的钢筋混凝土结构的建筑物。

2.混合结构：指承重的主要构件是用钢筋混凝土和砖木建造的。如一幢房屋的梁是用钢筋混凝土制成，以砖墙为承重墙，或者梁是用木材建造，柱是用钢筋混凝土建造。

3.砖木结构：指承重的主要构件是用砖、木材建造的。如一幢房屋是木制房架、砖墙、木柱建成的。

4.竹草土坯结构：指承重的主要构件是用竹、草、土坯等建造的。如竹楼、土窑洞等。

5.其他结构：指不属于上述类型的结构。

H10. 住房建成年代——指本户住房所属建筑物的建成年份。

本户住房所属建筑物翻修过的，按翻修时的年份选填。经过改建的，如改建面积大于原面积的，按改建时的年份选填；如改建面积小于原面积的，按原建成年份选填。

H11. 住房所在建筑有无电梯——指本户住房所属建筑物内部、外部是否安装电梯。

H12. 主要炊事燃料——指本户用于炊事的主要燃料。

如果本户用于炊事的燃料有两种以上，选填主要的一种。

H13. 住房内有无管道自来水——指本户住房内是否有经过公用设施净化处理的管道输送水。

在院子里自己打的机井不能算作有自来水。

H14. 住房内有无厨房——指本户住房内是否有专供做饭使用的房间，无论是否装有上下水道及固定灶具。

在公用过道、客堂等处烧饭的和在庭院、路边搭建的、临时简陋设施中做饭的都不算有厨房。

H15. 住房内有无厕所——指本户住房内是否有厕所。

1.水冲式卫生厕所：指有上下水系统，或厕间有备水桶（瓢冲），坐便或蹲便器有水封或无水封的厕所，且粪便及污水冲入到下水道、化粪池和厕坑，无蝇，不会造成环境污染。

2.水冲式非卫生厕所：指虽然是水冲式厕所，但是粪便被冲到开放的水渠、沟塘等开放水体或者不确定冲到何处，会污染环境。

3.卫生旱厕：指有固定盖板的厕所，粪便基本无暴露，保持无蝇。比如通风改良厕所、堆肥厕所、双坑交替厕所、粪尿分集厕所、阁楼厕所、深坑防冻厕所等。

4.普通旱厕：包括无盖板的敞开式旱厕，有或无防渗处理。通常粪便暴露、有蛆蝇。

5.无：指没有厕所。

H16. 住房内有无洗澡设施——指住房内是否有固定浴缸（浴盆）或淋浴龙头等能使用的洗浴设施。

1.统一供热水：指本户洗浴用热水由社区、物业管理部门或其他公共设施统一供应。

2.家庭自装热水器：指本户洗浴用热水是由自己安装的各种热水器，如电热水器、燃气（罐装、管道）热水器等。

3.其他：指上述两种以外的洗浴设施。

4.无：指住房内没有洗浴设施。

H17. 住房来源——指本户获取现住房的方式。

1.租赁廉租房/公租房：指向政府相关部门申请并租住廉租房、公租房。

2.租赁其他住房：指通过私人、单位或房屋中介等渠道租住住房。

3.购买新建商品房：指按市场价购买的新建商品房。

4.购买二手房：指购买那些进入房屋市场进行交易，第二次及以上进行产权登记的住房，包括二手商品房、允许上市交易的已售公房、经济适用房等。

5.购买原公有住房：指个人以成本价或优惠价购买的、原作为福利分配给本单位职工的住房。

6.购买经济适用房/两限房：指向政府相关部门申请并购买经济适用房、两限房。

7.自建住房：指个人建造的住房，其产权属于个人所有。

8.继承或赠予：指从亲属处继承而来或者受他人赠予而获取住房。

9.其他：指上述几种住房来源以外的情况。

H18. 月租房费用——指最近用于交纳房租的单月金额，不包括水电费、物业费、取暖费等附加费用。月租房费用不为整数时，按四舍五入计算。

若多人合租作一户登记时，则需将每人月租费加总计算。

H19. 拥有全部家用汽车的总价——是指住户拥有的全部供家庭生活使用的汽车价格之和。

汽车价格按汽车实际购买价格（含税）的方式计算。

若住户有多辆家用汽车，则按全部家用汽车的价格总和选填。

（二）个人项目

C1. 姓名——与短表D1相同。

C2. 与户主关系——与短表D2相同。

C3. 公民身份号码——与短表D3相同。

C4. 性别——与短表D4相同。

C5. 出生年月——与短表D5相同。

C6. 民族——与短表D6相同。

C7. 普查时点（2020年11月1日零时）居住地——与短表D7相同。

C8. 户口登记地——与短表D8相同。

C9. 离开户口登记地时间——与短表D9相同。

C10. 离开户口登记地原因——与短表D10相同。

C11. 户口登记地类型——指离开户口登记地（居住地与户口登记地不一致）时的户口登记地类型。

若离开时户口登记地的类型是“乡”，而现在已改成“镇”，应选填“1.乡”，不要填报“2.镇的村委会”或“3.镇的居委会”。

C12. 是否有农村土地承包经营权——指被登记人户口所在的户是否有农村土地承包经营权。

户口所在的户应以被登记人的户口簿为准。拥有农村土地承包经营权是指被登记人户口登记地在农村地区或以前的农村地区，目前户口所在的户与集体经济组织签订了农村土地承包合同。

拥有农村土地承包经营权的户，目前可能实际经营承包地，也可能因各种原因不再经营承包地，包括以转包、出租、入股、托管等方式流转所承包土地经营权。

C13. 出生地——指被登记人的出生地点。

1.本县（市、区、旗）：指出生在本县、县级市、区、旗。

2.本省其他县（市、区、旗）：指出生在本省的其他县、县级市、区、旗。

3.省外：指出生在本省（区、市）以外其他地区，并选填出生地所在省（区、市）的名称。在港、澳、台或国外出生的，根据实际情况选填 “香港特别行政区”“澳门特别行政区”“台湾地区”或“国外”。

C14. 五年前常住地——指被登记人在普查标准时点的五年前，即2015年11月1日零时的常住地。

五年前居住在本县（市、区、旗）以外其他地区的人，还需选填五年前常住地的地址。

五年前居住在港、澳、台或国外的，根据实际情况选填“香港特别行政区”“澳门特别行政区”“台湾地区”或“国外”。

C15. 受教育程度——与短表D11项相同。

C16. 学业完成情况——指受教育程度为小学及以上的人完成学业的情况。

1.在校：正在接受各级各类学校教育并有学籍。

2.毕业：已修完全部课程，并经过考试鉴定合格。

3.肄业：修完全部课程，但考试不及格或因种种原因未取得毕业资格。

4.辍学：未能修完所规定的全部课程，中途退学。

5.其他：私塾、自学等其他方式。

C17. 是否识字——与短表 D12 项相同。

C18. 工作情况——指被登记人在 10 月 25—31 日期间，即普查标准时点前一周，是否为取得收入而工作了 1 小时以上，包括临时工、互联网灵活就业、家庭经营无酬帮工。

工作是指为获取工资、实物报酬或经营收入而从事的各种生产、经营或服务性活动，其目的是为了取得收入，无论实际是否取得。不包括义务劳动和公益性劳动。

1.是：指在 10 月 25—31 日期间，为取得收入而干过固定的、临时的或兼职的工作，并且工作时间超过 1 小时。在校学生利用课余或假期以及退休人员为取得收入而从事了工作，也选填此项。

家庭成员在自家或亲属经营的公司、企业、商铺或网店工作，即使本人没有劳动报酬，也选填此项。

选填“1.是”的人，还需填写工作时间。工作时间按在 10 月 25—31 日期间实际的工作时间填写，而不是按国家或企业规定的制度工作时间填写。

计算工作时间，要注意把握以下几种情况：

（1）从事一种以上有收入工作的，几项工作时间相加计算。

（2）在规定的工作时间以外加班工作的，加班时间一并计算在内。

（3）农村既干家务又从事农业或其他有收入工作的人，家务劳动时间除外。

2.在职休假、在职学习培训、临时停工（保留工资）：

在职休假是指在 10 月 25—31 日期间，因各种休假或请假临时未工作，包括公休假、年休假、空勤人员、船员、火车乘务人员的轮休假、病假、工伤假、产假、事假、探亲假、婚丧假等。个人档案、人事关系已在某单位，但因各种原因尚未到新单位报到上班，如军人转业或工作调动等，也视为休假。

在职学习培训是指有工作单位，在 10 月 25—31 日期间参加脱产学习或培训。

临时停工（保留工资）是指在 10 月 25—31 日期间，由于机械或电力故障、原料或燃料短缺、天气或其他灾害等原因导致的暂时未工作，但仍可以有工资收入。

打零工、计件工等临时就业或灵活就业的人，因为上述原因停工并且没有收入，不填此项，应填“3.未做任何工作”。

3.未做任何工作：指在 10 月 25—31 日期间，没有工作单位，也未从事过任何可以有收入的工作。

对于下岗、内退人员，如果未与原单位解除劳动合同，仍有工资性收入的，选填“2.在职休假、在职学习培训、临时停工”；如果没有工资性收入，选填“3.未做任何工作”。对于承包土地的农民，在 10 月 25—31 日期间，如果干农活或其他有收入的工作超过 1 小时，选填“1.是”；如果外出打工，未从事任何工作，选填“3.未做任何工作”；如果正处于农业生产季节，没有外出打工，期间临时没有干农活，选填“2.在职休假、在职学习培训、临时停工”。

对于从事季节性生产经营的人，如果生产经营仍在进行中，只是在 10 月 25—31 日期间没有工作，选填“2.在职休假、在职学习培训、临时停工”；如果正处于季节性歇业，选填“3.未做任何工作”。

C19. 工作单位或生产经营活动所属类型——指普查标准时点前一周的主要工作单位或生产经营活动类型。

1.企业、事业、机关或社会团体等法人单位：法人单位指依法成立，有自己的名称、组织机构和场所，能够独立承担民事责任，独立拥有和使用（或授权使用）资产承担负债，有权与其他单位签订合同，会计上独立核算，能够编制资产负债表的单位。包括企业、事业、机关、社会团体、民办非企业单位、基金会、居委会、村委会、农民专业合作社、农村集体经济组织和其他组织机构。

2.个体经营户：指资产归个人所有，以个体劳动为基础，劳动成果归劳动者个人占有和支配的一种经济组织。既包括在各级工商行政管理机关登记注册、领取《营业执照》的个体工商户，也包括没有领取《营业执照》，但实际从事个体经营活动的人。

3.经营农村家庭承包地（家庭农林牧渔生产经营活动）：指在自家承包的耕地、林地、草地、池塘以及其他合法用于农业的土地上，从事农林牧渔业生产经营活动，也包括家庭在转包和租用他人农业用地上从事农林牧渔业生产经营活动，所从事的农业生产活动以自营劳动为主，不雇佣长期雇工，但可能雇佣临时短工。

农业生产季节在承包土地上从事农业生产，但上周未做任何工作的人，也选填此项。

普查标准时点前一周未在自家承包土地上工作而从事其他生产经营活动的人，或外出务工经商的人不填此项，选填上周实际工作单位或生产经营活动。

4.自由职业/灵活就业：指除个体经营户以外的自雇就业或自主型的个体就业。包括律师、自由撰稿人、歌手、模特等自主就业人员，也包括家庭自雇家政服务、街头小贩、其他类型打零工的临时就业人员，还包括依赖平台承接工作任务、不隶属于任何雇主的劳动者。

C20.行业——指普查标准时点前一周主要工作所在单位的生产经营活动。如果前一周从事两项不同工作，按工作时间长短确定主要工作；如果工作时间相同，再按报酬高低确定主要工作。

行业是按照经济活动的同一性进行分类的，不是按其所属的行政管理系统来分的。产业活动单位是划分行业的分类标准。产业活动单位是指：（1）具有一个场所、从事一种或主要从事一种经济活动；（2）单独组织生产、经营或业务活动；（3）掌握收入和支出的会计核算资料。

填写行业时要注意以下情况：

有工作单位的，既要填写单位名称，也要填写单位的主要产品或从事的主要业务。单位名称要具体到分厂、分公司或营业部，即产业活动单位，不能笼统地只填写总厂名称。最重要的是单位的主要产品或主要业务要详细填写，要用动宾词组表达，如“生产服装”或“销售服装”，不能简写为“服装”。保密单位，填写其公开使用的名称和公开的主要产品或主要业务。

没有工作单位的，只填写主要产品或主要业务，如“送外卖”“当滴滴司机”。务农人员不能笼统地填写“农业”，要根据其具体的农业生产活动或农户具体从事的主要业务填写。如“种粮食”“养猪”等。

C21.职业——指普查标准时点前一周主要工作具体是干什么。如果前一周从事两项不同工作，按工作时间长短确定主要工作；如果工作时间相同，再按报酬高低确定主要工作。

职业分类是以工作性质的同一性为基本原则。所谓“同一性”，是指不论其所在工作单位是什么经济类型，不论用工形式是固定工还是临时工，也不论其隶属于哪个行业，凡是从事同一性质工作的人都划分为同一类。

填写职业时应注意以下情况：

填写职业要具体、详细。不能笼统地写“工人”“农民”“公务员”“工程师”等，而应具体填写其实际工作种类，如“铸轧工”“捕鱼”“统计人员”“通信工程技术员”等。具有专业技术职称的行政领导人员，应按行政领导职务填写其职业；同时担任两个以上职务的领导干部，应按主要职务填写其职业。工种尚未确定，暂时又无具体工作岗位的，要填写“工种未定”。

C22. 未工作原因——指被登记人在普查标准时点前一周没有工作的主要原因。

1.在校学习：指在各级各类学校学习，并有正式学籍的人员。不包括有工作单位，脱产学习的人员。

2.离退休：指已办理离休、退休手续，定期领取离退休生活费，且未从事任何有收入劳动的人。

3.料理家务：指主要在自己家里从事家务劳动，且没有劳动收入的人。离、退休人员从事家务劳动的，选填"2.离退休"。为自家经营的摊位、商店、门市部、工厂工作的人，农村中既料理家务又务农或从事家庭副业的人，在别人家干家务活的临时工或小时工，均属于有工作的人，不选填此项。

4.丧失工作能力：指经专门机构鉴定或虽未鉴定但本人或其法定监护人认为，其因生理或心理疾患已丧失了从事劳动的能力。包括年老体弱生活不能自理的人员，但不包括离休、退休人员，这些人不论是身体残疾还是年老体弱生活不能自理，均选填"2.离退休"。

5.其他：指上述几种以外的原因。

C23. 主要生活来源——指被登记人主要依靠什么生活。

如果被登记人同时有几种生活来源，选填其认为最主要的一项。

1.劳动收入：指主要依靠劳动报酬、经营利润或家庭收益（包括现金和实物收入）生活。

2.离退休金/养老金：指办理了离休、退休或退职手续，主要依靠从原工作单位或社会保险经办机构领取的离退休金（包括退职费）生活。

3.最低生活保障金：指建立最低生活保障制度的地区，家庭人均收入低于当地规定的最低生活保障线，主要依靠从政府有关部门或集体领取最低生活保障金生活，以及依靠民政部门发放的烈军属、五保户、残疾人等的生活抚恤金生活。

4.失业保险金：指失业保险经办机构依法支付给符合条件的失业人员的基本生活费用，是对失业人员在失业期间失去工资收入的一种临时补偿。

5.财产性收入：指以资金储蓄、借贷入股以及财产运营、房屋租赁等所取得的利息、股息、红利、租金等收入。

6.家庭其他成员供养：指主要依靠家庭其他成员或亲属的供养和资助生活。

7.其他：指上述几种以外的情况。

C24. 婚姻状况——指被登记人在普查标准时点的实际婚姻状况。

1.未婚：指从未结过婚。

2.有配偶：指有配偶，处于婚姻中。

3.离婚：指曾经结过婚，但已办理了离婚手续且没有再婚，或正在办理离婚手续。

4.丧偶：指配偶已去世，且没有再婚。

人口普查的婚姻是指事实婚姻，不是单指法律意义上的婚姻，对不到法定结婚年龄，或未办理结婚手续而同居、实际结婚的人，应根据其在普查标准时点的实际情况，按照被登记人的申报选填。

C25. 初婚年月——指被登记人第一次结婚时的年、月。

C26. 生育子女数——指截止到普查标准时点，15 至 64 周岁妇女的生育状况。

1.未生育：指被登记妇女没有生育过子女。

2.有生育：指被登记妇女生育过子女，需分别填写生过和存活的子女数。

生过几个孩子：指生育的活产男孩和女孩数，包括产后不久就死亡的婴儿。胎儿脱离母体时（不管孕期长短），凡有过呼吸或心跳、脐带搏动、随意肌收缩等生命现象的，都视为“活产”。这里所说的“子女”是指该妇女的亲生子女，不包括丈夫前妻的子女和领养的子女，但鉴于有些家庭不愿公开领养关系，可尊重申报人的意愿，按亲生子女填报。

其中现在存活几个孩子：指活产子女中，仍然存活的男孩和女孩数，无论是否与父母一起居住。在普查标准时点前已死亡的孩子不包括在内。无存活子女的填写“0”。

C27. **过去一年（2019年11月1日—2020年10月31日）的生育状况**——指普查标准时点前12个月内，15至50周岁被登记妇女的生育状况。

1.一年内未生育：指过去一年内没有生育过子女。

2.一年内有生育：指过去一年内生育过子女，需选填生育时间和孩子性别。

一年内生育两个以上孩子的，包括两次生育或生育多胞胎，还需填报第二个孩子的状况，第三个或以上的孩子不用填报。

C28. **居住状况**——指普查标准时点前一个月，60周岁及以上被登记人的主要居住状况。

1.与配偶和子女同住：指与配偶和子女住在一起。

2.与配偶同住：指子女不在身边，与配偶住在一起。

3.与子女同住：指配偶不在身边，与子女住在一起。

4.独居（有保姆）：指本户中只有老人和保姆。

5.独居（无保姆）：指独身一人居住。

6.养老机构：指在提供养老服务的场所，包括敬老院、老年公寓等居住的情况。凡在养老机构居住的老年人，不论与谁同住。

7.其他：指上述几种以外的状况。

C29. **身体健康状况**——指60周岁及以上被登记人根据自身健康状况，对普查标准时点前一个月能否保证正常生活做出的自我判断。

1.健康：指过去一个月健康状况良好，完全可以保证日常的生活。

2.基本健康：指过去一个月健康状况一般，可以保证日常的生活。

3.不健康，但生活能自理：指普查标准时点前一个月健康状况不是太好，但可以基本保证正常的生活。

4.不健康，生活不能自理：指普查标准时点前一个月健康状况较差，不能照顾自己日常的生活起居，如吃饭、穿衣、自行走动等。

三、港澳台居民和外籍人员普查表

（一）住户项目

F1. **户别**——与短表H1相同。

F2. **住所类型**——与短表H5相同。

F3. **本户现住房建筑面积**——与短表H6相同。

F4. **本户现住房间数**——与短表H7相同。

（二）个人项目

R1. **姓名**——填写被登记人的正式姓名。婴儿未起名的，可填“未取名”。外籍人员的姓名最好用中文填写，也可以用其它文字填写。

R2. 与户主关系——与短表 D2 相同。

R3. 性别——与短表 D4 相同。

R4. 出生年月——与短表 D5 相同。

R5. 来内地（大陆）或来华目的——指被登记人来中华人民共和国境内居住的原因。

1.商务：指进行各种商务活动的人。

2.就业：指已有工作或正在寻找工作的人。

3.学习：指已经或准备在各类学校学习的人。

4.定居：指在中华人民共和国境内定居但没有工作或上学的人。包括在中华人民共和国境内工作人士的家属。

5.探亲：指探望亲戚或朋友的人。

6.其他：指上述以外的其他原因。

R6. 已在内地（大陆）或在华居住时间——指到普查标准时点为止，被登记人在中华人民共和国境内居住的时间。

R7. 受教育程度——指被登记人接受教育情况。按照被登记人的申报选填。

R8. 身份或国籍——指被登记人是香港特别行政区居民、澳门特别行政区居民还是台湾地区居民。如果是外国人，还应填写国籍。

R9. 工作情况——参照长表 C18。

R10. 行业——指被登记人的工作单位主要生产的产品或提供的服务类别，参照《国民经济行业分类（GB/T4754—2017）》，按标准选项据情选填。

R11. 职业——指被登记人所从事的工作类别，按标准选项据情选填。

1.党的机关、国家机关、群众团体和社会组织、企事业单位负责人：指在中国共产党机关，国家机关，民主党派和工商联，人民团体和群众团体、社会组织及其工作机构，基层群众自治组织，企业、事业单位中担任领导职务并具有决策、管理权的人员。

2.专业技术人员：指从事科学研究和专业技术工作的人员。

3.办事人员和有关人员：指在公共管理和社会组织机构中从事行政业务、行政事务、行政执法和仲裁、安全保卫、消防和应急救援等工作的人员。

4.社会生产服务和生活服务人员：指从事商品批发零售、交通运输、仓储、邮政和快递、信息传输、软件和信息技术、住宿和餐饮以及金融、房地产、租赁和商务技术辅助、生态保护、文化、体育和娱乐等社会生产服务与生活服务工作的人员。

5.农、林、牧、渔业生产及辅助人员：指从事农、林、牧、渔业生产活动及辅助生产的人员。

6.生产制造及有关人员：指从事产品生产及设备制造，矿产开采，工程施工和运输设备操作的人员及有关人员。

7.不便分类的其他从业人员。

R12. 婚姻状况——参照长表 C24。

四、死亡人口调查表

凡在普查短表户记录 H4 中，登记了 2019 年 11 月 1 日至 2020 年 10 月 31 日期间有死亡人口的户，还要登记死亡人口的具体情况。

S1. 姓名——与短表D1相同。

S2. 公民身份号码——与短表D3相同。

S3. 性别——与短表D4相同。

S4. 出生年月——与短表D5相同。

S5. 死亡时间——指死亡人口死亡时的月份。

S6. 民族——与短表D6相同。

S7. 受教育程度——与短表D11相同。

S8. 婚姻状况——与长表C24相同。

为保证死亡人口的登记质量，普查员在入户登记时应注意以下几点：

1.登记死亡人口时，一般以死亡前的常住地为登记地，而不以死亡发生时的地点（如医院等）为登记地。

2.本户常住人口中有死亡的，不论其与该户有无亲属关系，都应作为该户死亡人口予以登记。

3.对于无法确定死亡人口常住地，或登记时与死亡人口常住地联系不上的，如孤寡老人、流动人口等，一律在死亡发生地登记。

第五部分 普查业务流程

普查的业务流程主要包括：制定普查方案，普查区域划分及绘图，户口整顿，整理部门数据，普查指导员和普查员选聘及培训，普查摸底，普查登记复查，普查数据质量检查、审核与验收，普查事后质量抽查，行职业编码，普查数据汇总，普查数据评估与发布，普查资料开发与共享，普查总结等 14 个环节。

一、制定普查方案

1.制定《第七次全国人口普查方案（初稿）》。

2.制定《第七次全国人口普查方案（征求意见稿）》，征求专家、部门、各级统计机构及基层意见。

3.组织实施普查专项试点和综合试点。

4.制定普查各项具体工作实施细则。

5.《第七次全国人口普查方案》定稿。

二、普查区域划分及绘图

普查区域划分坚持地域原则，做到不重不漏、完整覆盖。普查区域包括省级（省、区、市）、市级（市、地、州、盟）、县级（县、市、区、旗）、乡级（乡、镇、街道）区域，以及普查区（居委会、村委会）和普查小区共六级。普查区及以上区域与同时期统计用行政区划一致，普查区按照完整地域原则划分成若干个普查小区。

1.国务院人口普查办公室统一准备相关基础地图资料，开发普查区域划分和地图绘制软件。普查机构开展相关培训。

2.省市县三级普查机构对辖区边界进行确认。县级普查机构以村级单位管辖的地域范围为基础组织划分普查区，标绘建筑物，采集建筑物相关信息。

3.县级普查机构组织实施普查小区划分。普查小区的规模原则上按一个普查员所能承担的工作量确定，一般控制在 80 户或 250 人左右。

4.普查员绘制普查小区图。

具体按照《普查区域划分、地址编码和地图绘制工作细则》组织实施。

三、户口整顿

在普查机构统一领导下，公安部门按照普查方案的要求进行户口整顿。户口整顿应当按照普查区域的范围，清理和掌握各地以普查区为单位的常住户口、暂住户口、人户分离人员、无户口人员和应销未销户口等情况。户口整顿资料提交同级普查机构，供普查登记时参考。

具体按照《第七次全国人口普查户口整顿工作方案》组织实施。

四、整理部门数据

普查期间，市、县级卫生健康、教育、民政、人社、医保、出入境管理等相关部门应向同级普查机构提供住院分娩、出生医学证明、在校学生、死亡、社保、境外人员等方面的行政登记个体资料。资料整理后，供普查登记时参考。

五、普查指导员和普查员选聘及培训

每个普查小区至少配备 1 名普查员，每个普查区至少配备 1 名普查指导员，较大的普查区每 4—5 个普查小区配备 1 名普查指导员。普查员负责普查的入户登记等工作，普查指导员负责安排、指导、督促和检查普查员的工作，也可以直接进行入户登记。

1.人员选聘。县级人民政府负责普查指导员和普查员选聘工作。普查指导员和普查员可以从党政机关、社会团体、企业事业单位借调，也可以从村民委员会、居民委员会或者社会招聘。普查指导员和普查员应当由具有初中以上文化水平、身体健康、经培训能够使用电子采集设备，工作认真负责、能够胜任普查工作的人员担任。

2.业务培训。县级普查机构统一组织对普查指导员、普查员进行业务培训，明确人员职权、职责和工作任务。担当培训的教员必须经过县级以上普查机构的培训，并通过考核。普查指导员和普查员经过培训、考核合格并签订保密协议后，由县级以上普查机构颁发全国统一的证件。

具体按照《普查指导员和普查员选聘、培训和管理工作细则》组织实施。

六、普查摸底

1.绘制普查小区图。普查员通过实地勘察，明确普查小区的地域范围，核实建筑物的用途、数量和分布情况，掌握每个建筑物内住房单元的数量。

2.普查告知。普查员在摸底过程中，要向负责区域内的所有住户发放《致住户的一封信》，开展人口普查宣传，询问住户希望选择哪种登记方式，告知入户登记的相关安排，提醒住户做好相应准备工作。对于选择参加互联网自主填报的住户，普查员应即时提供该住户使用的帐号信息，讲解填报流程和注意事项。

3.编制《户主姓名底册》。普查员使用电子采集设备对普查小区内的建筑物和住房单元逐一入户进行摸查，掌握人口和居住情况，并编制《户主姓名底册》。

4.上报摸底数据。普查员通过电子采集设备及时上报摸底数据，2020 年 10 月 31 日前完成全部数据上报。

具体按照《普查摸底工作细则》组织实施。

七、普查登记复查

普查的登记复查工作，分为短表登记、长表登记和比对复查，从 2020 年 11 月 1 日开始到 12 月 10 日结束。

1.短表登记。短表登记采用普查员入户询问、当场填报，或普查对象通过互联网自主填报的方式进行。

选择互联网自主填报的住户在获取帐号信息后即可进行填报，并应于 2020 年 11 月 5 日前完成普查表的填报和提交。对在规定时间内没有完成自主填报的住户，普查员将于 2020 年 11 月 6 日开始入户进行登记。有死亡人口的户同时填写死亡人口调查表。

短表登记期间，在境内居住的港澳台居民和外籍人员，在现住地由普查员进行登记，填写港澳台居民和外籍人员普查表。

普查指导员应做好登记的指导检查工作，组织普查员对采集完成的数据进行自查、互查、议查，督促普查员及时上报数据。各级普查办公室在短表数据上报期间要密切跟踪基层数据上报进度，并对数据进行随报随审，及时发现、核实数据差错。短表登记工作应于 2020 年 11 月 15 日前完成。

2.长表登记。短表登记完成后，国务院人口普查办公室统一进行普查长表抽样，在短表住户中抽取 10% 的户填报长表。长表登记采用普查指导员入户询问、当场填报的方式进行。长表登记工作应于 2020 年 11 月 30 日前完成。

3.比对复查。短表和长表登记结束后，国务院人口普查办公室依据部门行政记录等资料分别对普查短表、长表登记数据进行比对，并将比对结果反馈至各级普查办公室。基层普查办公室应当组织普查指导员、普查员按照比对结果进行查疑补漏，确保普查登记真实准确、不重不漏。比对复查工作应于 2020 年 12 月 10 日前完成。

4.其他人员的登记办法。

4.1 中国人民解放军现役军人、武警部队人员，以及军队管理的离退休人员，由军委机关相关业务部门统一进行普查、汇总。

军队和武警部队各类单位中服务的职工、文职人员、非现役公勤人员以及家属、保姆等，在军队和武警部队营院内居住的，由当地普查机构负责协调，军队和武警部队负责普查；不在军队和武警部队营院内居住的，由地方普查机构负责普查。

4.2 依法被判处徒刑的人员，由当地公安机关和监狱进行普查，填写指定格式的电子普查表，并移交所在地县级普查办公室。

具体按照《普查登记工作细则》和《比对复查工作细则》组织实施。

八、普查数据质量检查、审核与验收

1.现场检查。在普查各阶段，各级普查办公室应组织人员到现场检查、督导，梳理工作中存在的问题，收集、整理、分析工作质量情况。

2.数据审核。各级普查办公室通过行政记录比对和平台监管等方式对普查数据进行审核和分析，发现问题返回核实，据实修改。

3.数据验收。在普查摸底、登记复查、编码等环节实行质量验收。验收不合格的必须返工，直至达到规定的质量验收标准。

具体按照《普查质量控制工作细则》组织实施。

九、普查事后质量抽查

登记复查工作完成后，国务院人口普查办公室统一组织事后质量抽查。事后质量抽查结果只作为评价全国普查数据质量的依据。

具体按照《普查事后质量抽查工作细则》组织实施。

十、行职业编码

登记复查工作结束后，县级普查办公室负责组织普查长表的行业和职业编码工作。编码前应对编码人员进行严格培训。

具体按照《普查行职业编码工作细则》组织实施。

十一、普查数据汇总

1.主要数据汇总。各级普查办公室对普查登记的人口数量、分布和主要结构数据进行汇总，获得发布公报的数据。

2.全部数据汇总。各级普查办公室对全部数据进行汇总，获得人口、住户及居住等方面的详细结构信息。

十二、普查数据评估与发布

1.数据质量评估。通过对事后质量抽查结果的分析，评估普查基础数据质量。结合相关历史数据、部门行政记录，对主要人口指标和分地区数据进行比较分析，评估普查数据的真实性、一致性和准确性。

2.数据发布。按照有关规定，以公报的形式及时向社会发布普查主要成果。各省、自治区、直辖市的主要数据应于国家公报发布之后发布。

十三、普查资料开发与共享

1.建立人口数据库和人口地理信息系统。建立国家、省、市、县各级人口普查相关数据库，全面更新覆盖全部普查小区和建筑物的人口地理信息系统，充实和完善统计电子地理信息系统。

2.开展分析研究。各级普查机构应制定普查数据开发利用规划，充分动员社会各方面的研究力量，围绕各级党委政府和社会各界关心的热点问题，有重点、有步骤地对普查数据进行全面、系统、深入的分析研究。

3.编印普查资料。编辑出版国家以及小区域人口普查汇总资料，以及专题普查汇总资料。

4.资料整理。各级普查机构整理普查过程文件，编辑出版文件汇编、画册、报告选编和论文汇编等资料，对文件、资料、出版物进行整理归档等。

5.数据共享。根据普查数据结果和部门履行职责的需求，普查相关数据可以依法在有关部门之间共享。

十四、普查总结

1.编制报告书。国务院人口普查办公室和各省、自治区、直辖市人口普查办公室应编制普查报告书，分别向国务院和各省、自治区、直辖市人民政府报告工作。

2.组织进行技术业务总结。各级普查机构对普查工作进行技术业务总结，按要求上报上级普查机构。

3.总结表彰。各级普查机构按有关规定进行普查工作综合考评，开展普查表彰工作。

第六部分 普查主要工作时间安排

一、制定普查方案，2019 年 1 月至 2020 年 5 月。

二、普查区域划分及绘图，2019 年 6 月至 2020 年 10 月。

三、户口整顿，2019 年 10 月至 2020 年 9 月。

四、整理部门数据，2020 年 5—12 月。

五、普查指导员和普查员选聘及培训，2020 年 7—10 月。

六、普查摸底，2020 年 10 月。

七、普查登记复查，2020 年 11—12 月。

八、普查数据质量检查、审核与验收，2020 年 10 月至 2021 年 1 月。

九、普查事后质量抽查，2020 年 12 月。

十、行职业编码，2020 年 12 月。

十一、普查数据汇总，2020 年 12 月至 2021 年 12 月。

十二、普查数据评估与发布，2021 年 2—12 月。

十三、普查资料开发与共享，2021 年 5 月至 2022 年 12 月。

十四、普查总结，2021 年 1 月至 2022 年 12 月。

附录　第七次全国人口普查工作进度安排

工作项目	序号	工作内容	时间安排	2017						2018						2019						2020						2021						2022					
				1—2月	3—4月	5—6月	7—8月	9—10月	11—12月	1—2月	3—4月	5—6月	7—8月	9—10月	11—12月	1—2月	3—4月	5—6月	7—8月	9—10月	11—12月	1—2月	3—4月	5—6月	7—8月	9—10月	11—12月	1—2月	3—4月	5—6月	7—8月	9—10月	11—12月	1—2月	3—4月	5—6月	7—8月	9—10月	11—12月
一、建立各级普查机构	1	成立国务院第七次全国人口普查领导小组和办公室	2019.09 - 2019.10																																				
	2	成立省级人口普查领导小组和办公室	2019.10 - 2019.12																																				
	3	成立地级人口普查领导小组和办公室	2019.11 - 2020.02																																				
	4	成立县级人口普查领导小组和办公室	2019.12 - 2020.03																																				
	5	成立乡、镇、街道人口普查领导小组和办公室	2020.03 - 2020.05																																				
	6	设立村（居）委会人口普查小组	2020.06 - 2020.07																																				
	7	成立第七次全国人口普查专家咨询机构	2019.09 - 2019.11																																				
二、制定工作计划	8	国家制定第七次全国人口普查工作进度	2019.10 - 2020.01																																				
	9	各省制定人口普查工作进度	2019.12 - 2020.02																																				
	10	各省工作进度报国务院人口普查办公室	2020.02 - 2020.03																																				
	11	地、市制定人口普查工作进度	2020.02 - 2020.03																																				
	12	县、区制定人口普查工作进度	2020.03 - 2020.04																																				
三、制定普查方案及普查表	13	召开专家、部门、基层和统计系统座谈会征求意见	2018.06 - 2019.12																																				
	14	设计普查方案及普查表	2019.01 - 2019.06																																				
	15	修订普查方案及普查表	2019.07 - 2019.10																																				
	16	普查方案及普查表定稿	2019.11 - 2020.05																																				

（续一）

工作项目	序号	工作内容	时间安排	2017						2018						2019						2020						2021						2022					
				1—2月	3—4月	5—6月	7—8月	9—10月	11—12月	1—2月	3—4月	5—6月	7—8月	9—10月	11—12月	1—2月	3—4月	5—6月	7—8月	9—10月	11—12月	1—2月	3—4月	5—6月	7—8月	9—10月	11—12月	1—2月	3—4月	5—6月	7—8月	9—10月	11—12月	1—2月	3—4月	5—6月	7—8月	9—10月	11—12月
四、制定工作细则	17	制定普查表填写说明	2019.06-2020.05																																				
	18	制定区域划分、地址编码和绘图工作细则	2019.06-2020.05																																				
	19	制定普查员和指导员选聘、培训和管理工作细则	2019.06-2020.05																																				
	20	制定摸底工作细则	2019.06-2020.05																																				
	21	制定登记复查工作细则	2019.06-2020.05																																				
	22	制定行业、职业编码工作细则	2019.06-2020.05																																				
	23	制定质量控制工作细则	2019.06-2020.05																																				
	24	制定事后质量抽查工作细则	2019.06-2020.05																																				
五、试点	25	国家进行专项试点	2017.09-2019.12																																				
	26	国家进行综合试点	2020.04-2020.05																																				
	27	省级试点	2019. 04-2020. 07																																				
	28	地、县级试点	2020. 04-2020. 07																																				
六、工作部署	29	不定期召开各省人口普查办公室主任会议	2019.11-2021.12																																				
	30	召开国务院人口普查领导小组会议	2020.01																																				
	31	召开全国人口普查工作会议	2020.04-2020.06																																				
	32	各省召开人口普查工作会议	2020.05-2020.07																																				
	33	地（市）、县召开人口普查工作会议	2020.06-2020.08																																				

（续二）

工作项目	序号	工作内容	时间安排	2017						2018						2019						2020						2021						2022					
				1—2月	3—4月	5—6月	7—8月	9—10月	11—12月	1—2月	3—4月	5—6月	7—8月	9—10月	11—12月	1—2月	3—4月	5—6月	7—8月	9—10月	11—12月	1—2月	3—4月	5—6月	7—8月	9—10月	11—12月	1—2月	3—4月	5—6月	7—8月	9—10月	11—12月	1—2月	3—4月	5—6月	7—8月	9—10月	11—12月
七、普查区域划分及绘图	34	相关基础地图资料准备	2019.06-2020.05																																				
	35	开展全国区划变动专项管理	2020.07-2020.11																																				
	36	核定村级及以上区划名称、地址代码和村级城乡属性	2020.05-2020.06																																				
	37	核实修订普查区及以上各级区域边界	2020.06-2020.07																																				
	38	普查区建筑物标绘	2020.07-2020.08																																				
	39	划分普查小区、编制普查小区码	2020.07-2020.08																																				
	40	准备普查小区底图	2020.09-2020.10																																				
八、宣传动员	41	制订宣传工作规划	2019.06-2019.12																																				
	42	制料材传宣作	2020.11-2020.06																																				
	43	召开宣传工作会议	2020.06																																				
	44	开展人口普查宣传月活动	2020.10																																				
	45	国家领导人做电视动员	2020.10																																				
	46	组织开展普查登记阶段宣传工作	2020.11-2020.12																																				
九、户口整顿	47	制定户口整顿方案	2019.10-2020.05																																				
	48	全顿整口户面	2020.06-2020.09																																				
	49	户口整顿资料移交各级人口普查办公室	2020.09																																				

（续三）

工作项目	序号	工作内容	时间安排	2017						2018						2019						2020						2021						2022					
				1—2月	3—4月	5—6月	7—8月	9—10月	11—12月	1—2月	3—4月	5—6月	7—8月	9—10月	11—12月	1—2月	3—4月	5—6月	7—8月	9—10月	11—12月	1—2月	3—4月	5—6月	7—8月	9—10月	11—12月	1—2月	3—4月	5—6月	7—8月	9—10月	11—12月	1—2月	3—4月	5—6月	7—8月	9—10月	11—12月
十、整理部门数据	50	有关部门行政登记资料移交市、县人口普查机构	2020.05-2020.12																																				
	51	整理行政登记资料	2020. 06-2020. 12																																				
十一、数据处理准备工作	52	制定普查表逻辑审核规则	2019.06-2020.05																																				
	53	制定汇总表式	2020. 01-2020. 06																																				
	54	制定数据处理方案	2019. 06-2020. 05																																				
	55	准备与开发普查区划分与标绘系统	2019.06-2020.04																																				
	56	准备与开发数据采集报送系统	2019.06-2020.05																																				
	57	准备与开发数据处理系统	2019.06-2020.05																																				
	58	准备与开发调查管理系统	2019.06-2020.05																																				
	59	准备与开发资料开发系统	2020.06-2020.12																																				
	60	搭建数据处理环境	2020. 02-2020. 08																																				
	61	培训技术人员	2020. 05-2020. 10																																				
	62	下发程序	2020. 07-2020. 08																																				

（续四）

工作项目	序号	工作内容	时间安排	2017 1—2月	2017 3—4月	2017 5—6月	2017 7—8月	2017 9—10月	2017 11—12月	2018 1—2月	2018 3—4月	2018 5—6月	2018 7—8月	2018 9—10月	2018 11—12月	2019 1—2月	2019 3—4月	2019 5—6月	2019 7—8月	2019 9—10月	2019 11—12月	2020 1—2月	2020 3—4月	2020 5—6月	2020 7—8月	2020 9—10月	2020 11—12月	2021 1—2月	2021 3—4月	2021 5—6月	2021 7—8月	2021 9—10月	2021 11—12月	2022 1—2月	2022 3—4月	2022 5—6月	2022 7—8月	2022 9—10月	2022 11—12月
十二、经费及其物资准备	63	财政部门下达经费预算指标每年年初																																					
	64	各省落实所需电子采集设备及相关配件	2019.06-2020.05																																				
	65	国家和各省进行普查物资准备	2019.06-2020.05																																				
	66	印刷培训教材、文件和各种代码本	2020.01-2020.06																																				
	67	普查文件及普查用品发到县	2020.06-2020.07																																				
	68	普查文件及普查用品发到乡	2020.08-2020.09																																				
	69	普查用品发至普查员	2020.10																																				
十三、普查人员的选聘和培训	70	编写普查员培训教材	2019.12-2020.05																																				
	71	国家培训省级人口普查工作人员	2020.05-2020.06																																				
	72	省培训地厅级普查工作人员	2020.06-2020.07																																				
	73	地市培训县级普查工作人员	2020.07-2020.08																																				
	74	选聘普查指导员和普查员	2020.07-2020.08																																				
	75	县培训普查员	2020.09-2020.10																																				
十四、摸底	76	绘制普查小区图	2020.10.11-10.31																																				
	77	开展入户登记宣传	2020.10.11-10.31																																				
	78	编制、上报户主姓名底册	2020.10.11-10.31																																				

（续五）

工作项目	序号	工作内容	时间安排	2017						2018						2019						2020						2021						2022					
				1—2月	3—4月	5—6月	7—8月	9—10月	11—12月	1—2月	3—4月	5—6月	7—8月	9—10月	11—12月	1—2月	3—4月	5—6月	7—8月	9—10月	11—12月	1—2月	3—4月	5—6月	7—8月	9—10月	11—12月	1—2月	3—4月	5—6月	7—8月	9—10月	11—12月	1—2月	3—4月	5—6月	7—8月	9—10月	11—12月
十五、登记复查	79	短表登记、上报	2020. 11. 01-11. 15																																				
	80	长表抽样、登记、上报	2020.11.16-11.30																																				
	81	比对复查	2020. 11. 16-12. 10																																				
十六、质量抽查	82	事后质量抽查	2020. 12. 11-12. 20																																				
	83	质量抽查结果汇总	2020. 12. 21-12. 25																																				
十七、编码	84	县级集中培训编码员	2020. 12																																				
	85	长表行、职业编码	2020. 12																																				
十八、数据处理	86	审核、验收摸底数据	2020. 10. 16-10. 31																																				
	87	审核、验收短表数据	2020. 11																																				
	88	审核、验收长表数据	2020. 11-2020. 12																																				
	89	主要数据国家级汇总	2020. 12-2021. 03																																				
	90	主要数据省级以下汇总	2021.01-2021.05																																				
	91	全部数据汇总	2021. 05-2021. 12																																				
	92	人口数据库的研制和建立	2021.12-2022.05																																				

（续六）

工作项目	序号	工 作 内 容	时间安排	2017						2018						2019						2020						2021						2022					
				1—2月	3—4月	5—6月	7—8月	9—10月	11—12月	1—2月	3—4月	5—6月	7—8月	9—10月	11—12月	1—2月	3—4月	5—6月	7—8月	9—10月	11—12月	1—2月	3—4月	5—6月	7—8月	9—10月	11—12月	1—2月	3—4月	5—6月	7—8月	9—10月	11—12月	1—2月	3—4月	5—6月	7—8月	9—10月	11—12月
十九、公布普查数据	93	对普查主要数据进行评估	2021.02-2021.04																																				
	94	发表主要数据公报	2021.04																																				
	95	主要数据的印刷出版	2021.05-2021.08																																				
	96	人口普查年鉴的印刷出版	2021.11																																				
	97	人口普查专题资料的印刷出版	2021.12-2022.05																																				
二十、普查资料的开发利用和分析	98	建立人口地理信息系统	2021.05-2022.12																																				
	99	建立地、省、国家级数据库	2021.12-2022.05																																				
	100	普查课题招标	2021. 10-2021. 11																																				
	101	对普查数据进行分析研究	2021.10-2022.12																																				
	102	分析研究成果汇编出版	2022.01-2022.12																																				
二十一、工作总结	103	普查工作总结	2021. 01-2021. 06																																				
	104	国家总结表彰	2021. 08																																				
	105	普查方法的技术业务总结	2021.07-2021.12																																				
	106	数据处理工作总结	2022.01-2022.05																																				
	107	普查文件的归档	2022.01-2022.12																																				
	108	省、地、县普查机构开展总结、表彰	2021.01-2022.12																																				

全国月度劳动力调查制度

（2020 年定期统计报表）

一、总 说 明

（一）调查目的

为及时、准确地反映我国城乡劳动力资源、就业和失业人口的总量、结构和分布情况，为政府准确判断就业形势，制定和调整就业政策，改善宏观调控，加强就业服务提供依据，根据《国务院办公厅关于建立劳动力调查制度的通知》（国办发〔2004〕72号）的要求，制定全国月度劳动力调查方案。

（二）调查频率和范围

劳动力调查的频率为月度。

调查范围是抽中的我国大陆地区城镇和乡村地域。

（三）登记对象

劳动力调查以户为单位进行登记，既调查家庭户，也调查集体户。应在被抽中户中登记的人是：

1.调查时点居住在本户的人；

2.本户户籍人口中，已外出但不满半年的人。

（四）调查项目

劳动力调查项目分为住户信息、个人信息、工作情况和无工作情况4个模块。

1.住户信息模块

户编号、户别、调查时点居住在本户的人口数、本户户籍人口中外出但不满半年的人口数。

2.个人信息模块

姓名、与户主关系、性别、出生年月、户口登记地、住本户时间、户口所在家庭是否有农村土地承包权、婚姻状况、受教育程度、毕业时间。

3.工作情况模块

您在调查时点前一周：是否为取得收入而工作过1小时以上、是否有工作但未上班、有工作但未上班的主要原因、3个月内是否会返回原工作、是否帮助家人生产经营无报酬工作1小时以上、是否有兼职、总共工作时间、主要工作时间、当前主要工作已干了多长时间、主要工作如何得到的、工作单位或生产经营活动类型、就业身份类型、行业、职业、是否签订劳动合同、是否缴纳社保、是否有带薪休假、是否主要依靠中间商的订单进行生产或服务、谁决定订单产品或服务的价格、是否公司或个体经营的创建者、创建时间、创建单位从业人数、上月工作报酬、是否通过互联网承接业务、是否想为增加收入工作更长时间、如有机会工作更长时间能否在两周内开始工作。

4.无工作情况模块

是否具有劳动能力、近三个月是否找过工作、找工作主要方式、已找工作多长时间、不找工作的主要原因、如有合适的工作能否在两周内开始工作、暂时不能开始工作的主要原因、是否想工作、上一份工作结束时间、结束上一份工作的主要原因、上一份工作行业、上一份工作职业。

（五）调查时点

月度劳动力调查的标准时间为每月10日零时，入户登记时间为每月10日-16日。2020年10月份标准时间为15日零时，入户登记时间为15日-21日。

（六）抽样方法和样本量

具体详见本制度第四部分《抽样方案》。

（七）调查的组织实施

1.各级统计机构工作职责

国家统计局的职责。国家统计局人口和就业统计司负责全国劳动力调查方案的制定；负责各省村级样本单位和样本户的抽取工作；负责与数管中心共同完成数据采集PAD程序和数据处理平台的研制；负责调查阶段的数据质量控制；负责全国和各省调查数据的加权汇总；负责调查数据的发布和解读工作。

各调查总队的职责。各省（区、市）调查总队相关处室指导抽中样本点的市级县级统计机构完成样本点摸底、住户样本框的编制工作；负责市级县级统计机构人员的培训和调查业务指导；负责指导市级县级统计机构做好调查员的招聘、选调和培训工作；负责调查阶段的数据质量控制；负责调查数据的审核、上报；负责本省（区、市）调查失业率相关数据的发布解读工作。

地级和县级调查队以及未设国家调查队的抽中县（市、旗）统计局的职责。负责在城镇社区和村委会的协助下指导调查员入户登记；负责做好本地区调查员的招聘、选调和培训工作；负责本地区调查员的管理、监督工作；负责本地区抽中调查样本的管理、核实工作；负责本地区调查阶段的数据质量控制；负责本地区调查数据的审核、上报。

2.调查员的选聘、培训和管理

调查员的选聘。调查员主要从政府统计系统和基层组织人员中选调，也可从社会上招聘。调查员的数量，原则上一个社区（居委会、村委会）至少配备一名调查员。

调查员的培训和管理。各级统计机构要加强对调查员的培训，应尽可能减少培训层次，以提高培训效果。在培训过程中，除对调查项目和样本核实方法进行讲解外，还应注重加强对调查技巧的培训。调查员变动时，必须对新任调查员进行业务培训，不得由未经培训的人员承担调查任务。各级统计机构要加强对调查员工作的监督检查。

3.宣传工作

入户登记前，要在社区张贴由国家统计局统一印制的全国月度劳动力调查公告，并将《致调查户的一封信》发放至被调查户。

4.样本核实、入户登记和复查

入户登记前，相关统计机构要组织调查员对应调查的住户样本进行核实，如有变动应根据相关规则申请更换。入户登记时，要对被抽中的所有住户（居住单元）进行入户调查，对应在本户登记的人口不得漏登，对调查项目要仔细询问，认真核对，确保调查数据的质量。在调查登记结束后，要认真进行复查。

5.质量控制

为加强对调查过程的管理，国家统计局和各级统计机构都应建立电话核查和入户回访制度。每月选取一定比例的住户进行电话核查和入户回访。

6.行业、职业专项编码

入户登记完成后，市县级统计机构在劳动力调查数据直报平台上，对调查员填写的行业、职业信息进行专项编码。

7.资料报送

每月25日前，各调查总队要将本月调查数据评估情况，调查工作基本情况报人口和就业统计司。

8.调查表中劳动报酬数据的使用

本调查中的劳动报酬数据仅供国家统计局分析就业质量时内部使用，各级统计调查机构不得对外提供。

（八）数据采集、报送和数据处理

全国劳动力调查使用手持电子终端（PAD）进行样本管理、任务分配和数据采集，并由调查员利用PAD通过联网直报平台（简称：平台）将调查数据直接报送到国家统计局。上述各项工作在平台上的时间节点安排如下：

1.每月3日17：00前，国家统计局各调查总队信息技术应用处通过MDM将调查户清单推送至每一台PAD上。

2.每月9日17：00前，调查员完成核实、更换调查住户。

3.每月10-16日，调查员持PAD入户调查登记。

4.每月15-19日，在平台上进行调查数据的补录、行职业编码和审核，由市级或区县统计机构完成。区县、市级、省级自下而上进行逐级调查数据验收。

5.每月20-25日，国家统计局人口就业司在平台上进行调查数据验收、审核。

6.每月26-30日，国家统计局人口就业司进行数据评估和加权汇总。

如遇节假日调查时点调整，平台节点时间做相应变动，以人口和就业统计司通知为准。

PAD及平台使用方法详见《PAD使用手册》、《劳动力调查数据直报平台使用手册》。

二、调 查 表 式

全国月度劳动力调查表

全国月度劳动力调查主要目的是了解全国城乡人口的就业失业信息。根据《中华人民共和国统计法》的规定，公民有义务提供国家统计调查所需要的情况；调查人员对公民提供的信息负有保密义务。

表　　号：R 2 0 1 表
制定机关：国 家 统 计 局
文　　号：国统字（2019）101号
有效期至：2 0 2 1 年 1 月

本户登记的人：

调查时点居住在本户的人；

本户户籍人口中外出不满半年的人。

本户地址：________市________县（市、区）________乡（镇、街道）________社区居委会（村委会）
住户组________户编号________号

一、住户信息

1. 您家是：
   ①家庭户
   ②集体户
2. 您家在本月10日零时住了几个人？
   共_____人
   其中：男 ___人
   女 ___人
3. 您家户籍人口中在本月10日零时外出不满半年的有几个人？
   共_____人
   其中：男 ___人
   女 ___人

二、个人信息

1. 您的姓名是：________
2. 您与户主是什么关系？
   ①户主（本户登记的第一人填报户主）
   ②配偶
   ③子女、媳婿
   ④父母、岳父母、公婆
   ⑤祖父母
   ⑥孙子女
   ⑦兄弟姐妹
   ⑧其他关系
3. 您的性别是：
   ①男
   ②女
4. 您的出生年月是：
   ______年______月（______周岁）
   （年龄＜16 周岁，调查结束）
5. 您户口登记地在哪里？
   ①本乡（镇、街道），并住在本户 **→问题 7**
   ②本乡（镇、街道），离开本户不满半年 **→问题 7**
   ③本县（市、区）其他乡（镇、街道）
   ④本地市（包括直辖市）其他县（市、区）
   } **如果是设区市（包括直辖市）且选③④→问题 5.1**
   ⑤本省其他地（市）
   （根据本户住址，如果是直辖市，本选项置灰）
   ⑥外省
   ⑦户口待定 **→问题 7**
   5.1 您户口登记地在本市市辖区吗？
      a. 是
      b. 否
6. 您住本户多长时间了？
   ①半年以上
   ②不满半年，离开户口登记地半年以上
   ③不满半年，离开户口登记地不满半年
7. 您户口所在的家庭是否有农村土地承包权？
   ①有
   ②没有
8. 您的婚姻状况是：
   ①未婚
   ②有配偶
   ③离婚

④丧偶

9. 您的受教育程度是：

①未上过学
②小学
③初中
④普通高中
⑤中等职业教育

①②③④⑤→问题10

⑥高等职业教育
⑦大学专科
⑧大学本科
⑨研究生

9.1（如果问题9选⑥⑦⑧并且年龄为16到29岁，或问题9选⑨并且年龄为20到34岁，继续回答问题9.1；其他→问题10）

您的毕业时间是：

_____年_____月

三、工作情况

10. 您在本月3日-9日是否为取得报酬工作过1小时以上（包括打零工、兼职）？

①是→问题15
②否

11. 您在本月3日-9日是否有工作但没上班/干活？

①是
②否 →问题14

12. 您有工作但没上班/干活的主要原因是什么？

①请病假/事假（包括探亲、婚丧、工作交接等假）
②节假日/公休假休息
③休产假/陪产假
④在职学习培训

①②③④→问题15

⑤临时停工
⑥经济不景气放假
⑦发生劳动争议或劳务纠纷
⑧其他（请注明）

13. 从未上班算起，您3个月内是否会返回原工作？

①是 →问题15
②否
③不确定

②③→问题13.1

13.1 您未上班期间是否有工资收入？

a.是 →问题15
b.否

14. 您在本月3日-9日是否帮助家人/亲戚以营利为目的的生产经营，做过1小时以上没有报酬的工作？
①是 →问题16
②否 →问题29
15. 您在本月3日-9日有几份工作（包括兼职、在职未上班、无酬家庭帮工等）？
①1份
②2份及以上→问题15.1（如果问题12选①-④，或问题13选①，或问题13选②或③且问题13.1选①，→问题17）
15.1 您在本月3日-9日，总共工作了多少小时（所有工作都算，包括加班时间，扣除请假时间）？
______小时
16. （如果问题12选①-④，或问题13选①，或问题13选②或③且问题13.1选①，→问题17）
您的主要工作（通常指工作时间最长，或被调查者自己认定）在本月3日-9日工作了多少小时？
______小时
17. 您的主要工作已经干了多长时间？
①1个月以内
②1-12个月
③1-3年
④3年及以上
18. 您的这份工作是如何得到的？
①自己寻找（包括参加招考、自主创业）
②亲戚朋友介绍
③社区或政府安排
④参与家庭经营（包括经营承包地、个体经营）
⑤其他（请注明）
19. 您所在单位/个体经营户主要生产或经营活动是什么？
单位/个体经营户详细名称：__________
单位/个体经营户主要产品或服务：__________
20. 您具体做什么工作？
____
21. 您的工作单位或生产经营活动属于哪种类型？
①机关团体事业单位
②国有及国有控股企业
③集体企业
④私营企业
⑤外商、港澳台投资企业
⑥其他类型单位
⑦非农个体经营户
⑧经营农村家庭承包地/农林牧渔生产经营活动
⑨农民合作社/专业大户等新型农业经营主体
⑩自由职业/灵活就业
22. 您的就业身份属于以下哪种类型？（如果问题21选①-③，则默认为①，→问题23）
①雇员
②雇主（包括雇佣临时雇员）→问题25

③自营者 →问题24

④无酬家庭帮工 →问题27

23. 您是否与单位或雇主签订了劳动合同？

①是

23.1 签订了什么类型的劳动合同？

a. 无固定期限合同（包括非聘用制公务员）

b. 有固定期限合同

c. 以完成一定工作任务为期限的合同

23.2 单位或雇主是否给您缴纳社保（“五险一金”任何一种）？

a. 是

b. 否

23.3 您是否有带薪休假？

a. 是

b. 否

→问题26

②否

24. （如果问题21选①→问题26）

您是否主要依靠中间商的订单进行生产或服务（本人承接订单）？

①是

24.1 谁决定您的产品或服务价格？

a.中间商

b.与中间商协商价格

c.您本人

d.其他（请注明）

②否

25. （如果问题22选①雇员，→问题26；如果问题21选⑧，→问题27）

您是否是所在公司/个体经营的创建者（包括合伙创建者）？

①是

25.1 哪年创建的？

a. 1年内

b. 1-2年内

c. 2-3年内

d. 3年前 →问题26

25.2 目前有多少从业人员（包括本人、合伙人、雇员、无酬家庭帮工）？

______人

②否

26. 您上月工作报酬或经营净收入是多少（包括奖金、个人缴纳部分的社保、实物折价。工作不足一个月的，按合同、协议或相关规定填报）？

________ 元

27. 您是否有通过互联网承接的业务（本人承接业务）？

①是

②否→问题28

27.1 主要从事以下哪一类？

a. 承接生产订单（如实物生产、软件编程）

b. 商品交易（如微商、淘宝）

c. 金融服务（如互联网小额贷款、互联网保险代理）

d. 用车服务（如快车、专车、代驾）

e. 物流服务（如送外卖、快递、货运、跑腿、代办）

f. 生活服务（如餐饮、家政、家庭旅馆、农家乐）

g. 知识、技能、娱乐、广告等服务（如网络教育、医疗、咨询、网络编辑、网络维护）

h. 其他（请注明）

28. 您为增加收入是否想工作更长时间（包括加班、兼职、更换工作等）？

①想

28.1 如果有工作机会，能在 2 周内开始工作更长时间吗？

a. 能

b. 不能

②不想

（调查结束）

四、无工作情况

29. 您是否有劳动能力？

①是

②否（调查结束）

30. 您近 3 个月是否找过工作？

①是

30.1 您主要通过以下哪种方式找过工作？

a. 为自己经营做准备

b. 为找到工作参加培训、实习、招考

c. 委托亲戚朋友介绍

d. 查询招聘网站或广告

e. 直接联系雇主或单位

f. 联系就业服务机构

g. 参加招聘会

h. 其他（请注明）

→问题 31

②否

30.2 您是否已找到工作，并在未来三个月内会去上班？

a.是

b.否 →问题 32

31. 您从开始找工作已经多长时间了？

______月 →问题 33

32. 您不找工作的主要原因是什么？

①参加学习培训（含在校生）
②健康或身体原因
③认为找不到合适的
④有生活保障（有养老金、租金等收入）
⑤照顾家庭
⑥其他（请注明）

33. 如有非常适合的工作机会，您能在2周内开始工作吗？
①能 →问题34
②不能
33.1 为什么不能？
a.参加学习培训
b.健康或身体原因
c.照顾家庭
d.其他（请注明）

34. 您现在想工作吗？（问题30选①或问题30.2选a，则问题34默认选①，→问题35）
①想
②不想

35. 您上一份工作结束是什么时候？
①6个月及以内
②7-12个月
③1-2年内
④2-3年内
⑤3年前
⑥从没工作过（**调查结束**）

36. 您结束上一份工作的主要原因是什么？
①健康或身体原因
②退休
③辞职
④被解聘
⑤单位/个体经营户停产倒闭
⑥季节性歇业
⑦上一份工作任务完成（包括打零工）
⑧承包土地被征用或流转
⑨其他（请注明）

（如果问题30选①或问题30.2选a，且问题33选①，问题35选①-⑤，→问题37；否则，调查结束）

37. 您上一个工作单位主要生产或经营活动是什么？
单位/个体经营户详细名称：__________
单位/个体经营户主要产品或服务__________

38. 您上一个工作具体做什么？
____
（调查结束）

调查员（签字）：______

申报人（签字）：______　　　　　　申报人在本户人记录中的编码：______

本户电话：____________

填报日期：20　年　　月　　日

三、填写说明

（一）应在本户登记的人

应在本户登记的人是：调查时点居住在本户的人；本户户籍人口中已外出，但不满半年的人。

（二）调查的标准时间

调查的标准时间为：每月10日零时。

调查参考周为：调查时点前的7天，即每月3-9日。

如遇春节、"十一"等长假期，调查标准时间和调查参考周将做相应调整。

（三）指标解释及填写说明

住户信息

调查户包括家庭户和集体户。调查户的地址由国家统计局数管中心通过MDM每月直接推送至调查员的PAD。

户编号：每一住户组地址中按户的顺序给予的编号，PAD中户编号按规则自动生成。每一住户组中，每户对应一个户编号，且只对应一个户编号。如果登记时一个住址中有不止一户，其中一户按原编号填写，其他户续编在本组所有户的后面，点击PAD "增户"自动生成；首次登记时，要保证完成首次登记的样本数量，如果住址无人居住是空户，要向县级统计机构申请从备选样本中递补，PAD会按要求推送递补户及户编号；再次登记时，如果原有住户已搬走，新的住户未搬来，成为空房户，原有的户编号不使用，也不需要申请递补。

1.您家是：

①家庭户

是指以家庭成员关系为主的人口，或者还有其他人口，居住一处共同生活，作为一个家庭户。单身居住独自生活的也作为一个家庭户。居住生活在同一家庭户的人，不论有无户口，无论是登记在几个户口本上，都应该登记为一户。

②集体户

是指相互之间没有家庭成员关系，集体居住在同一房间的人，作为一个集体户。集体居住在机关、团体、学校、工厂、矿山、工地、农场、公司、商店、医院、托儿所、敬老院、寺院、教堂等单位的集体宿舍及其他住所共同居住的人口，每间住房作为一个集体户登记。从事各种流动作业而集体居住的人口，每间住房也作为集体户登记。

2.您家在本月10日零时住了几个人？

指调查时点居住在本户的人口，分别填写合计、男、女人数。

本户人口中因出差、旅游、探亲、夜班或生病住院等原因临时外出，调查时点未在家中居住的家庭成员，视为在家中居住，应在本户登记。

在外工作或学习，每周或每月返回家中居住的家庭成员，也应视为在家中居住，在本户登记。

3.您家户籍人口中在本月10日零时外出不满半年的有几个人？

指本户户籍人口中，调查时点未居住在本户，但离开本乡（镇、街道）不满半年的人口，分别填写合计、男、女人数。不包括已成家分户居住的人、挂靠本户户口的人。

个人信息

1.您的姓名是：

填写被登记人的正式姓名。

2.您与户主是什么关系？

指被登记人与本户户主的关系。根据申报人的回答据情圈填。申报人不是户主的，注意不要将被登记人与申报人的关系当作与户主的关系。

本项设有8个选项：

①户主。指按家庭日常生活习惯确定的户主。本户登记的第一人填报户主。

②配偶。指户主的妻子或丈夫。如果户主的配偶也在本户登记，应登记为第二人。

③子女、媳婿。指户主的子女、媳婿。

④父母、岳父母、公婆。指户主的父母或继父母、养父母，户主配偶的父母或继父母、养父母。

⑤祖父母。指户主或配偶的祖父母、外祖父母、曾祖父母、外曾祖父母。

⑥孙子女。指户主的孙子女、外孙子女、孙媳婿、外孙媳婿、重孙子女、重孙媳婿、重外孙子女、重外孙媳婿。

⑦兄弟姐妹。指户主及其配偶的兄弟姐妹以及他们的配偶。

⑧其他。指本户除以上7种人以外的成员。

集体户的第一人登记为户主，本户其他成员与户主关系一律登记为⑧其他。

3.您的性别是：

根据申报圈填。

①男

②女

4.您的出生年月是：

指被登记人的出生年月，用阿拉伯数字填写。

出生年月按公历填写，只知道农历的，要换算成公历。按照一般规律，农历的月份与公历的月份相差一个月左右，换算时农历月份加1即可作为公历月份，但要注意农历12月应当是公历下一年的1月。

出生年月可参考户口簿或居民身份证，不一致的，应认真核对。

如果被登记人不满16周岁，此人调查结束。

5.您户口登记地在哪里？

指被登记人的户籍所在地。

本项设有7个选项：

①本乡（镇、街道），并住在本户。指户口登记地在本乡、本镇或本街道，现在本户。圈填此选项的人，跳填问题7。

②本乡（镇、街道），离开本户不满半年。指户口登记地在本乡（镇、街道），离开本户不满半年。圈填此选项的人，跳填问题7。

③本县（市、区）其他乡（镇、街道）。指户口登记地在本县、本县级市、本市区的其他乡、镇、街道。

如果本户地址在设区的市，圈填此选项的人，要回答问题5.1。

④本地市（包括直辖市）其他县（市、区）。指户口登记地在本地级市（含直辖市）的其他县、县级市（区）。

如果本户地址在设区的市，圈填此选项的人，要回答问题5.1。

⑤本省其他地（市）。指户口登记地在本省（自治区）的其他地级市（地区）。

如果本户住址在直辖市，本选项PAD置灰不填。

⑥外省。指户口登记地在外省（自治区、直辖市）。

⑦户口待定。指在任何地方都没有登记户口的人。包括手持户口迁移证、出生证、退伍证、刑满释放证。圈填此选项的人，跳填问题7。

5.1您户口登记地在本市市辖区吗？

调查点位于设区市（包括直辖市），问题5选③④的人回答此项。

a.是。指户口登记地在所在市的市辖区范围内。

b.否。指户口登记地在所在市，但不在市辖区范围之内。

6.您住本户多长时间了？

指被登记人住本户的时间。

本项设有3个选项：

①半年以上。指户口不在本乡（镇、街道），住本户超过半年以上。

②不满半年，离开户口登记地半年以上。指户口不在本乡（镇、街道），住本户不满半年，但离开户口登记地半年以上。

③不满半年，离开户口登记地不满半年。指户口不在本乡（镇、街道），住本户不满半年，离开户口登记地也不到半年。

7.您户口所在的家庭是否有农村土地承包权？

农村承包土地是指农村集体所有或国家所有、依法由农民使用的土地，包括耕地、林地、草地以及其他依法用于农业的土地。土地承包人或其所在家庭对依法承包的上述土地拥有占有、使用和一定处分的权利。拥有土地承包权的人或家庭，目前可能实际经营承包地，也可能因各种原因不再经营承包地，而以转包、转让、出租、入股、托管等方式已出让了所承包土地的经营权。

本项设有2个选项：

①有。指本人户口登记地在农村地区或以前的农村地区，本人或所在家庭曾经是农业户口，目前本人户口所在的家庭拥有土地承包权。这里的家庭指本人户口所在的家庭，以户口本为标志。本人另立户口本的，则按本人情况填报。

关于国有农场的农用土地承包。国有农场与农村有很大区别，国营农场属于国有资产的一部分，国有农场农业职工是企业职工，执行企业职工养老等社保政策，在职时要按规定交纳社会保险金，农业职工承包土地有的也要按规定收取一定的土地承包费。因此，这里所说的农村土地承包权不包括国有农场。

②没有。指目前本人户口所在的家庭没有农村土地承包权。

8.您的婚姻状况是:

指被登记人在调查时点的婚姻状况。这里调查的是事实婚姻，不是法律意义上的婚姻。依照申报人的申报圈填。

本项设有4个选项：

①未婚。指从未结过婚。对于没有办理结婚登记手续而同居的，如果申报人拒绝申报已婚有配偶，可圈填“未婚”。

②有配偶。指已结婚且有配偶。

③离婚。指曾经结过婚，但在调查时点前已办理了离婚手续而且没有再结婚。

④丧偶。指结过婚，但配偶已经去世而且没有再结婚。

9.您的受教育程度是:

指根据教育体制，被登记人接受的最高学历教育。通过自学或成人学历教育，经国家统一考试合格的，分别归入相应的受教育程度。

本项设有9个选项：

①未上过学。指从未接受过国家或其他办学机构实施的各级各类学校教育。包括参加过各种扫盲班或成人识字班学习，但没再接受各级各类学校教育。

②小学。指接受的最高一级教育为小学，无论其是在校、毕业、肄业或辍学，均圈填此项。

③初中。指接受的最高一级教育为初中，无论其是在校、毕业、肄业或辍学。

④普通高中。指接受的最高一级教育为普通高中，无论其是在校、毕业、肄业或辍学。

⑤中等职业教育。指接受的最高一级教育为中等职业教育，无论其是在校、毕业、肄业或辍学。中等职业学校主要包括：中等专业学校、技工学校和职业中学等。

圈填上述①②③④⑤选项的人，跳填问题10。

⑥高等职业教育。指接受的最高一级教育为高等职业教育，无论其是在校、毕业、肄业或辍学。高等职业学校主要包括：高等职业技术学院、高等职业技术学校等。

⑦大学专科。指接受的最高一级教育为普通高等院校大学专科，无论其是在校、毕业、肄业或辍学。

凡国家承认学历的广播电视大学、职工大学、高等院校举办的函授大学、夜大学和其他形式的大学，按教育部颁布的大学专科教学大纲进行授课的，其毕业生圈填此项，但肄业生、在校生按原有受教育程度圈填。

通过自学，经国家统一举办的自学考试合格，并取得大学专科毕业证书的，也圈填此项，但尚未取得毕业证书的，按原有受教育程度圈填。

⑧大学本科。指接受的最高一级教育为普通高等院校大学本科，无论其是在校、毕业、肄业或辍学。

凡国家承认学历的广播电视大学、职工大学、高等院校举办的函授大学、夜大学和其他形式的大学，按教育部颁布的大学本科教学大纲进行授课的，其毕业生圈填此项；但肄业生、在校生按原有受教育程度圈填。

通过自学和进修大学课程，经考试合格，并取得大学本科毕业证书的，也圈填此项，但尚未取得毕业证书的，按原有受教育程度圈填。

⑨研究生。指接受的最高一级教育为硕士、博士研究生，无论其是在校、毕业、肄业或辍学，均圈填此项。

在职接受研究生教育的，其毕业生圈填此项；但肄业生、在校生按原有受教育程度圈填。

没有按教育部的教学大纲培训或只学单科的人，不能圈填“大学专科”、“大学本科”或“研究生”，按原有受教育程度圈填。

私塾教育按受教育程度圈填相应选项。

9.1您的毕业时间是:

如果问题9选⑥⑦⑧并且年龄为16到29岁的人，或问题9选⑨并且年龄为20到34岁的人，继续填写问题9.1毕业时间，其他人跳填问题10。

工作情况

10.您在本月3日-9日是否为取得报酬工作过1小时以上（包括打零工、兼职）？

这里所说的工作是指为获取工资、实物报酬或经营收入、利润而实际从事的各种生产、经营和服务性活动。只要是为了取得收入而工作，无论实际是否取得了收入，都应属于这里所说的工作。不以取得收入为目的的义务劳动、公益性劳动或强制性劳动，不属于这里所说的工作。

对于打零工和平时主要在家做家务但有时也干一些临时性工作的人，只要在调查时点前的一周中工作时间达到1小时，就算工作。

①是。指在调查时点前的一周中，本人为取得收入而干过固定的、临时的或兼职的工作，并且工作时间达到了1小时以上。为取得收入而从事了工作的在校学生和已退休人员，也圈填此项。圈填此选项的人，跳填问题15。

②否。指在调查时点前的一周中，本人没有从事过为取得收入的工作。

11.您在本月3日-9日是否有工作但没上班/干活?

①是。指有工作单位或工作岗位，并能够取得收入，但在调查时点前一周没去上班或干活。从事农业生产或其他季节性生产经营活动的人，如果仍有工作岗位或生产经营还在进行中，只是调查时点前一周临时没有工作或干活，也圈填此项。

②否。指没有上面①所指的情况。圈填此选项的人，跳填问题14。

12.您有工作但没上班/干活的主要原因是什么?

本项设有8个选项：

①请病假/事假（包括探亲、婚丧、工作交接等假）。指在调查时点前一周，因伤病、有事请假，休探亲假、婚丧假，或因工作交接等原因批准休假未工作。

②节假日/公休假休息。指在调查时点前一周，适逢节假日放假，或休年假、疗养假、轮休假等未工作。

③休产假/陪产假。指在调查时点前一周，休产假、陪产假未工作。

④在职学习培训。指有工作单位，在调查时点前一周正参加脱产学习或培训。

圈填上述①②③④选项的人，跳填问题15。

⑤临时停工。指在调查时点前一周，由于机械或电力故障、原料或燃料短缺、天气或其他原因临时放假或未工作。从事农业生产或其他季节性生产经营活动，如果保留工作岗位或生产经营还在进行中，只是

调查时点前一周临时没有工作或干活的人，圈填此项。

⑥经济不景气放假。指在调查时点前一周，由于经济或市场原因生产经营调整、停顿而放假未工作。

⑦发生劳动争议或劳务纠纷。指在调查时点前一周，由于本人与单位或经营者因发生劳动争议、劳务纠纷而未工作。

⑧其他（请注明）。指上述之外的其他原因，并写出具体原因。

13.从未上班算起，您3个月内是否会返回原工作？

①是。指离开工作岗位还不到3个月，且预计从离开算起3个月内能够返回原工作上班。圈填此选项的人，跳填问题15。

②否。指离开工作岗位已超过3个月，或预计从离开算起3个月内不能返回原工作上班。圈填此选项的人，回答问题13.1。

③不确定。指离开工作岗位还不到3个月，也无法确定3个月内能否返回原工作上班。圈填此选项的人，回答问题13.1。

13.1您未上班期间是否有工资收入？

a.是。指未上班期间仍有工资性收入，可能会低于正常工资水平，但该收入属于工资，而不是发放的生活费或临时补贴等。

b.否。指未上班期间没有任何收入，或仅领取生活费、补贴等。

14.您在本月3日-9日是否帮助家人/亲戚以营利为目的的生产经营，做过1小时以上没有报酬的工作？

①是。指在调查时点前一周，在本家庭成员或亲戚经营的公司、企业或生意中，从事没有报酬的生产或服务1小时以上的人，也就是无酬家庭帮工。这也是工作的一种，尽管家庭帮工本人没有劳动报酬，但其工作为家庭增加了收入。圈填此选项的人，跳填问题16。

②否。指没有上面①所指的情况。圈填此选项的人，跳填无工作情况问题29。

15.您在本月3日-9日有几份工作（包括兼职、在职未上班、无酬家庭帮工等）？

①1份。指在调查时点前一周，只有1份可以取得收入的工作或做无酬家庭帮工。

②2份及以上。指在调查时点前一周，有2份及以上可以取得收入的工作或做无酬家庭帮工。圈填此项的，继续填问题15.1。

15.1您在本月3日-9日总共工作了多少小时（所有工作都算，包括加班，扣除请假时间）？

本项由调查时点前一周实际工作过的人填报。如果问题12选①-④，或问题13选①，或问题13选②或③且问题13.1选①，跳填问题17。

_______小时。指调查时点前一周所有工作的实际工作小时数，不能笼统填写国家规定的制度工作时间，需减去请假时间。

从事不坐班制的教育、科研人员等，其工作时间不能少于每周40小时的制度工作时间。无酬家庭帮工的工作时间不属于家务劳动，应计算在内。农村人口中既干家务劳动又从事农业或其他工作的人，填写上一周的实际工作小时数，家务劳动时间除外。

16.您的主要工作（通常指工作时间最长，或被调查者自己认定）在本月3日-9日工作了多少小时？

本项由调查时点前一周实际工作过的人填报。如果问题12选①-④，或问题13选①，或问题13选②或③且问题13.1选①，跳填问题17。

______小时。指调查时点前一周主要工作的实际工作小时数。不能笼统填写国家规定的制度工作时间40小时，包括加班时间，扣除请假时间。主要工作指工作时间最长、或调查对象自己认定的那份工作。如果只有一份工作，该工作就是主要工作。

提示：17-26项询问被调查人主要工作的情况。

17.您的主要工作已经干了多长时间？

指拥有这份主要工作多长时间了。如果调查时点前一周不只一份工作，根据申报人的申报来确定哪份是主要工作。所以主要工作可能不是调查前一周工作1小时以上的那份工作，也可能是在职未上班的那份工作。

本项设有4个选项：

①1个月内。指距调查时点不到1个月。

②1-12个月。指距调查时点1-12个月，不到12个月。

③1-3年。指距调查时点1-3年，不到3年。

④3年及以上。指距调查时点3年及以上。

18.您的这份工作是如何得到的？

询问被登记人调查时点前一周的主要工作是通过什么方式得到的。

本项设有5个选项：

①自己寻找（包括参加招考、自主创业）。指目前这份工作是自己通过各种方式寻找、独立获得的，强调不是通过他人帮助而得到的。包括参加招聘会、网上投求职简历、参加招考、自主创业等。

②亲戚朋友介绍。指通过亲戚朋友推荐介绍得到的。

③社区或政府安排。指社区或当地有关部门主动上门给提供的。

④参与家庭经营（包括经营承包地、个体经营）。指从事或继承家庭产业和经营。包括经营自家承包地。

⑤其他（请注明）。填写除上以外的获得工作的方式或途径。

19.您所在单位/个体经营户主要生产或经营活动是什么？

指调查时点前一周主要工作所在单位的生产经营活动，亦即所从事的行业。

行业是按照经济活动的同一性进行分类的，不是按其所属的行政管理系统来分的。产业活动单位是划分行业的分类标准。产业活动单位是指：（1）具有一个场所、从事一种或主要从事一种经济活动；（2）单独组织生产、经营或业务活动；（3）掌握收入和支出的会计核算资料。

本项设有2个选项：

①单位/个体经营户详细名称：______________

②单位/个体经营户主要产品或服务：______________

填写行业时要注意以下情况：

有工作单位的，既要填写单位名称，也要填写单位的主要产品或从事的主要服务。单位名称要具体到分厂、分公司或营业部，即产业活动单位，不能笼统地只填写总厂名称。最重要的是单位的主要产品或主要服务要详细填写，要用动宾词组表达，如“生产服装”或“销售服装”，不能简写为“服装”。保密单位，填写其公开使用的名称和公开的主要产品或主要服务。

没有工作单位的，只填写主要产品或服务，如“送外卖”、“当滴滴司机”。务农人员不能笼统地填写“农业”，要根据其具体的农业生产活动或农户具体从事的主要业务填写。如种粮食、养猪等。

遇到申报人对本人或本户其他成员的行业不清楚时，不要急于登记，经询问查明后再填报。

20.您具体做什么工作？____________________

指调查时点前一周主要工作具体是干什么，亦即所从事的职业。

职业是按本人所从事的具体工作性质的同一性进行分类的。所谓“同一性”，是指不论其所在工作单位是什么经济类型，不论用工形式是固定工还是临时工，也不论其隶属于哪个行业，凡是从事同一性质工作的人都划分为同一类。

填写职业时应注意以下情况：

填写职业要具体、详细。不能笼统地写“工人”、“农民”“公务员”、“工程师”等，而应具体填写其实际工作种类，如“铸轧工”、“捕鱼”、“统计人员”、“通信工程技术员”等。具有中级以上技术职称的行政领导人员，应按行政领导职务填写其职业；同时担任两个以上职务的领导干部，应按主要职务填写其职业。工种尚未确定，暂时又无具体工作的，要填写“工种未定”。

遇到申报人对本人或本户其他成员的职业不清楚时，不要急于登记，经询问查明后再填写。

21.您的工作单位或生产经营活动属于哪种类型？

指调查时点前一周的主要工作单位或经营活动类型。有工作单位的按单位类型填写，无工作单位的按所从事的工作或经营活动类型选填。

本项共设10个选项：

①机关团体事业单位。机关包括国家权力机关、国家行政机关、国家监察机关、司法机关、政党机关、政协组织和其他机关法人；机关法人单位的本部，以及国家权力机关分支机构、国家行政机关分支或派出机构、监察机关分支机构、人民法院分支机构、人民检察院分支机构等。

团体是指社会团体，指中国公民自愿组成，为实现会员共同意愿，按照其章程开展活动的非营利性社会组织。包括①经各级民政部门核准登记，领取《社会团体法人登记证书》的各类社会团体；②由各级机构编制管理部门直接管理其机构编制的群众团体；③经国务院批准可以免于登记的社会团体。。如群众团体（各级工会、妇联、共青团等）、学术性团体（学会、研究会）、专业性团体（各类从事专业业务的促进会）、行业性团体（协会、商会）、联合性团体（联合会、联谊会、同学会、校友会）、基金会、宗教组织等。

事业单位是指国家为了社会公益目的，由国家机关举办或者其他组织利用国有资产举办的，从事教育、科技、文化、卫生、体育的社会服务组织。包括经机构编制部门批准成立和登记或备案，领取《事业单位法人证书》，取得法人资格的单位；事业法人单位的本部及分支机构或派出机构。

②国有及国有控股企业。指资产归国家所有或国有资产居控制地位的企业，包括国有企业、国有独资的有限责任公司、国有控股的股份有限公司、国有联营企业。

③集体企业。指资产归集体所有的企业。集体联营企业，股份合作企业属集体经济组织形式。

④私营企业。指资产归个人（或几个人）所有，以雇佣劳动为基础的企业。包括私营有限责任公司、私营股份有限公司、私营合伙企业和私营独资企业。

⑤外商、港澳台投资企业。指外商和港、澳、台商单独投资或与中方合资、合作经营的企业。

⑥其他类型单位。主要指民办非企业单位以及不包括在“①—⑤”项中的单位，如居委会、村委会等。

⑦非农个体经营户。指资产归个人所有，以个体劳动为基础，劳动成果归劳动者个人占有和支配的一

种经济组织。既包括在各级工商行政管理机关登记注册、领取《营业执照》的个体工商户，也包括没有领取《营业执照》，但实际从事个体经营活动的人。如果个体经营户从事的是农民合作社、专业大户等新型农业经营主体，则圈填⑨。

⑧经营农村家庭承包地/农林牧渔生产经营活动。指在自家承包的耕地、林地、草地、池塘以及其他依法用于农业的土地上，或者自己开垦的荒地上，从事农林牧渔业生产经营活动，也包括在转包和租用他人农业用地上从事农林牧渔业生产经营活动，所从事的农业生产活动以自营劳动为主，不雇佣长期雇工，但可能雇佣临时短工。

农业生产季节在承包土地上从事农业生产，但调查时点前一周未做任何工作的人，圈填此项。

调查时点前一周未在自家承包土地上工作而从事其他生产经营活动的人，或外出务工经商的人不填此项，选填调查时点前一周实际工作单位或生产经营活动。从事农业规模经营，并雇佣长期雇工的家庭或经济体，不填此项。受雇在他人承包的土地上从事农业生产的人，不填此项，据情况圈填相关选项。

⑨农民合作社/专业大户等新兴农业经营主体。

新兴农业经营主体主要包括农民合作社、专业大户、家庭农场、龙头企业、农业产业园、开展餐饮住宿、采摘、垂钓、农事体验的农户和单位，开展乡村旅游的村和农户等。

农民合作社指有合作社名称，符合《农民专业合作社法》中关于合作社性质、设立条件和程序、成员权利与义务、组织机构、财务管理等要求的名称为农民专业合作社的农民互助性经济组织，包括已在工商部门登记和虽未登记但符合上述要求的农民专业合作社，不包括以公司等名称登记注册的股份合作制企业、社区经济合作社、供销合作社、农村信用社等。

专业大户指从事某种农产品的专业化、集约化生产，种养规模明显大于传统农户或一般农户，需要雇佣家庭成员外的劳动力从事农业生产活动的经营主体。专业大户以当地行政主管部门所定标准进行认定。

家庭农场指以家庭成员为主要劳动力，从事农业规模化、集约化、商品化生产经营，并以农业为主要收入来源的新型农业经营主体。

龙头企业指以农产品生产、加工或流通为主业，通过各种利益联结机制与农户相联系，带动农户进入市场，使农产品生产、加工、销售有机结合、相互促进，在规模和经营指标上达到了规定标准，并经县级及县级以上农业产业化部门认定的农业产业化龙头企业。

农业产业园指现代农业在空间地域上的聚集区，是在具有一定资源、产业和区位等优势的农区内划定相对较大的地域范围优先发展现代农业。

开展餐饮住宿的农户和单位指以农业生产过程、农村风情风貌、农民居家生活、乡村民俗文化为基础，开展餐饮住宿经营活动的农户和单位。

开展采摘的农户和单位指以农作物收获为基础，开展农事体验活动的农户和单位。

开展垂钓的农户和单位指经营钓鱼等休闲娱乐活动的农户和单位。

开展农事体验的农户和单位指以农业生产过程为基础，吸引游人体验农业生产活动的农户和单位。

开展乡村旅游的村和农户指以乡村文化和农村景观等为基础，开展旅游经营活动的村和农户。

⑩自由职业/灵活就业。指在劳动时间、收入报酬、工作场所、保险福利、劳动关系等方面不同于企事业单位、个体经营户的传统主流就业方式，就业类型属于自雇或自主型的个体就业。包括自由职业者、律师、自由撰稿人、歌手、模特等自主就业人员，也包括家政服务、街头小贩、其他类型打零工的临时就业

人员。

22.您的就业身份属于以下哪种类型？

如果问题21选①-③，则默认选①，跳填问题23。

指被登记人主要工作的雇用、受雇或自雇状况。

本项设有4个选项：

①雇员。指为取得劳动报酬而为单位或雇主工作的人员。

②雇主（包括雇佣临时雇员）。指自负盈亏或与合伙人共负盈亏，具有生产经营决策权，其报酬直接取决于生产、经营利润的人员。雇主的基本特征是雇用其他人为自己工作并向被雇用人支付工资。圈填此选项的人，跳填问题25。

③自营者。指自负盈亏或与合伙人共负盈亏，具有生产经营决策权的人员。自营劳动者的特征是既不被雇也不雇用他人。如果有亲属帮忙但不支付工资，经营者本人仍属自营劳动者。圈填此选项的人，跳填问题24。

④无酬家庭帮工。指为家庭成员或亲属经营的公司、企业或生意工作，但无经营决策权，也不领取报酬的人员，也称无酬家庭帮工。圈填此选项的人，跳填问题27。

23.您是否与单位或雇主签订了劳动合同？

指雇员与用人单位或雇主就工作期限、劳动报酬、劳动保护、劳动条件、社会保险、福利待遇、劳动纪律、规章制度、劳动合同的变更、解除、终止、续订等内容而签订的书面契约。包括签订的集体劳动合同。

①是。指被登记人与用人单位或雇主签订了劳动合同。

23.1签订了什么类型的劳动合同？

指与用人单位或雇主签订的约定不同终止时间的劳动合同。

a.无固定期限合同（包括非聘用制公务员）。指用人单位与劳动者签订了无确定终止时间的劳动合同，也称为长期合同。没签合同的非聘用制公务员也圈填本项。

b.有固定期限合同。指用人单位与劳动者签订了约定合同终止时间的劳动合同。聘用制公务员按照实际情况填写。

c.以完成一定工作任务为期限的合同。指用人单位与劳动者签订了以某项工作的完成为期限的劳动合同。

23.2单位或雇主是否给您缴纳社保（“五险一金”任何一种）？

a.是。指单位或雇主根据劳动合同为被调查人缴纳相应的社会保险和福利。一般包括医疗保险、养老保险、失业保险、工伤保险、生育保险和住房公积金，也可能只缴纳其中一项或几项。

b.否。指单位或雇主不给被调查人缴纳任何社会保险和福利。

23.3您是否有带薪休假？

a.是。指被调查人根据劳动合同或工作协议每年可以享受带薪休假的工作待遇。不是指实际已完成的带薪休假。

b.否。指被调查人没有带薪休假的工作待遇。

圈填问题23.3的人，跳填问题26。

②否。指被登记人与用人单位或雇主没有签订劳动合同。

24.您是否主要依靠中间商的订单进行生产或服务（本人承接订单）？

本项由自营者和没签劳动合同的非机关团体事业单位的雇员填报。如果问题21选①直接跳填问题26，其他人继续填报。

中间商是指在生产者与消费者之间参与商品或服务交易业务，促使买卖行为发生和实现的、具有法人资格的经济组织或个人。它是连结生产（经营）者与消费者的中介环节。

①是。指被调查人直接接受中间商订单，并主要依靠订单进行相应的生产或服务。

24.1谁决定您的产品或服务价格？

a.中间商。指被调查人所提供产品或服务的价格完全由中间商来定价。

b.与中间商协商价格。指被调查人与中间商共同协商规定价格。

c.您本人。指被调查人有定价权，能够决定自己所提供的产品或服务价格。

d.其他（请注明）。指由上述以外的其他方定价，如按国家或法律规定等。

②否。指被调查人不是直接接受订单，并依靠订单进行生产或服务。

25.您是否是所在公司/个体经营的创建者（包括合伙创建者）？

本项由雇主、自营者填报。如果问题22选①雇员，跳填问题26。如果问题21选⑧经营承包地，跳填问题27。

①是。指被登记人是所在单位、公司或个体经营的初始创建人或合伙初始创建人。

25.1哪年创建的？

进一步询问初创时间。

a.1年内。从初创到调查时点不到1年。

b.1-2年内。从初创到调查时点1-2年，不到2年。

c.2-3年内。从初创到调查时点2-3年，不到3年。

d.3年前。从初创到调查时点已超过3年。回答此项的跳填问题26。

25.2目前有多少从业人员（包括本人、合伙人、雇员、无酬家庭帮工）？

________人

指所在单位、公司或个体经营目前所有的从业人员数，包括被登记人。

②否。指被登记人不是所在单位、公司或个体经营的初始创建人或合伙初始创建人。

26.您上月工作报酬或经营净收入是多少（包括奖金、个人缴纳的部分社保、实物折价。工作不足一个月的按合同、协议或相关规定填报）？

元

指在调查时点上一个日历月份，所从事的主要工作的劳动报酬，包括现金和实物，不包括财产性收入和转移性收入。雇员的劳动报酬包括工资、奖金、补贴和津贴等与工作相关的劳动报酬，也包括个人缴纳的公积金、社保等费用。雇主和自营者的劳动报酬是指其生产经营活动的净收入。经营农村家庭承包土地的人不填写收入。

劳动报酬要填写具体数目，最高为99999元。如果上月没有得到劳动报酬，可填写最近月份的劳动报酬；按年或不同周期获得劳动报酬的，应折算出月平均劳动报酬；刚开始工作尚未获得劳动报酬的，可填写合同、协议或预计的劳动报酬；实物报酬要折合成现金填报。

提示：27-28项由所有就业人员填报，包括主要工作和其他工作。

27.您是否有通过互联网承接的业务（本人承接业务）？

本项由所有就业人员填报，指被登记人的全部工作，包括主要工作和其他工作。

①是。指主要工作或其他工作的业务是直接通过互联网承接的。

②否。指主要工作或其他工作均不是直接通过互联网承接的。跳填问题28。

27.1主要从事以下哪一类？

问题27圈填①的人填写此项。

a.承接生产订单（如实物生产、软件编程）。指直接通过互联网获得生产订单，可以是工厂零件、家具、工艺品等实物生产订单，也可以是软件、音乐、约稿等非实物生产订单。

b.商品交易（如微商、淘宝）。指通过互联网平台进行的商品交易，包括在淘宝、微商、京东等大型互联网平台进行商品交易，也包括细分领域、本地化的互联网平台交易。

c.金融服务（如互联网小额贷款、互联网保险代理）。指所从事的金融服务直接通过互联网进行操作，包括股票、基金、证券、贷款、保险等方面的服务。

d.用车服务（如快车、专车、代驾）。指直接通过互联网平台接单，提供用车服务，如滴滴出行、易道、神州专车等。

e.物流服务（如送外卖、快递、货运、跑腿、代办）。指直接通过互联网承接物流方面的服务，如申通、圆通送快递，美团送外卖，替人跑腿代办业务等。

f.生活服务（如餐饮、家政、家庭旅馆、农家乐）。指主要通过互联网平台接单，提供一系列生活服务，如家政服务、餐饮服务、家庭旅馆、农家乐等。

g.知识、技能、娱乐、广告等服务（如网络教育、医疗、咨询、网络编辑、网络维护）。指主要通过互联网平台接单，提供知识/技能/娱乐/广告等服务，如通过互联网承接教育、咨询、医疗等服务，也包括进行网络维护、网络推广服务。

h.其他（请注明）。从事不属于以上任何一项的其他领域的工作，需要注明具体的业务类型和工作内容。

28.您为增加收入是否想工作更长时间（包括加班、兼职、更换工作等）？

本项由所有就业人员填报。

①想。指希望通过加班、兼职或另找工作增加工作时间来增加收入。

28.1如果有工作机会，能在2周内开始工作更长时间吗？

指如果有加班、兼职或其他更长时间的工作，是否能够在两周内开始工作。

a.能。指两周内可以做更长时间的工作。

b.不能。指两周内不能做更长时间的工作。

②不想。指不愿为提高收入而增加工作时间。

至此，有工作的人调查结束。

无工作情况

29.您是否有劳动能力？

①是。具有劳动能力，能够工作。

②否。没有劳动能力，不能工作。本人调查结束。

30.您近3个月是否找过工作？

询问被登记人近3个月找工作的情况。

①是。近3个月通过各种方式主动找过工作。

30.1您主要通过以下哪种方式找过工作？

询问找工作的方式，并圈填下列自认为最主要的一种方式。

a. 为自己经营做准备。指正在为自己开办公司或经营做准备，如经营策划、筹集资金、申请执照、寻找经营场所、招聘人员等。

b. 为找到工作参加培训、实习、招考。指为寻找到某项工作而参加相关培训、进行专门实习或准备招录考试。

c. 委托亲戚朋友介绍。指委托亲戚朋友介绍或推荐找工作，这种委托多是口头的。

d. 查询招聘网站或广告。指通过网络、电视、报刊等各种媒体或其他渠道发求职简历、应答招聘广告或查看招聘广告而寻找工作。

e. 直接联系雇主或单位。指直接找用人单位或雇主问询、自荐来寻找工作。

f. 联系就业服务机构。指在人力资源和社会保障部门、其他政府部门或私人开办的职业介绍机构登记找工作。

g. 参加招聘会。指参加各种形式的招聘会找工作。

h.其他（请注明）。除上述之外的其他找工作方式，请注明。

跳填问题31。

②否。近3个月没有找工作。

F30.2您是否已找到工作，并在未来三个月内会去上班？

a.是。之前找过工作，现在已经找到工作，该工作未来3个月内会开始，正在等待开始工作。

b.否。跳填问题32。

31.您从开始找工作已经多长时间了？

________月。跳填问题33。

如果以前从没工作过，从第一次找工作开始算起；以前工作过的人，从失去工作后，第一次开始找工作算起；如果找工作行为在失去工作前，从失去工作开始算起；学生从毕业后第一次找工作算起。

32.您不找工作的主要原因是什么？

询问不找工作的原因。

①参加学习培训（含在校生）。因正在学习培训而没有找工作。在校生、临时参加学习培训的人员圈填此项。

②健康或身体原因。因本人伤病或身体不适，无法找工作。

③认为找不到合适的。认为自己即使找也找不到合适的工作，因此最近3个月没有找工作。

④有生活保障（有养老金、租金等收入）。因经济宽裕、生活有保障，不需要找工作。

⑤照顾家庭。需要照顾家人、料理家务，无法找工作。

⑥其他（请注明）。除上述之外的其他原因，请注明。

33.如有非常适合的工作机会，您能在2周内开始工作吗？

这是一个对假设问题的回答。假定有一种工作在时间、地点、技能、兴趣、工作环境、劳动强度、收入、福利等各方面都可以满足期望，被登记人是否能在2周内去工作。比如，被登记人虽然需要照顾老人孩子，但是有一份既能照顾家人、又能完成的工作，或者有一份收入足够丰厚、能够雇用他人照顾家人的工作；虽然身体不太好，但是有一份身体条件可以承受的工作等。

①能。2周内能去做这份工作。跳填问题34。

②不能。2周内无法去做这份工作。

一般情况下，此项应圈填“能”，只有当被调查人确有无法脱身的事务，如刚生育小孩、正在治病等而不能工作等，才可圈填“不能”。

33.1为什么不能？

进一步询问为什么不能工作。

a.参加学习培训。因必须参加学习培训没有时间，两周内不能工作。

b.健康或身体原因。因伤病或身体不适，两周内实在无法工作。

c.照顾家庭。家中有人实在需要本人亲自照顾，不能从事任何工作。

d.其他（请注明）。除上述之外的原因，请注明。

34.您现在想工作吗？

如果问题30选①或问题30.2选a，则该项默认选①，跳填问题35。

根据本人目前的意愿填报。

①想。目前想工作。

②不想。目前不想工作。

35.您上一份工作结束是什么时候？

询问被登记人上一份工作结束的时间。

①6个月及以内。从上一份工作结束到调查时点不到6个月（包含6个月）。

②7-12个月。从上一份工作结束到调查时点7-12个月，不到1年。

③1-2年内。从上一份工作结束到调查时点1-2年，不到2年。

④2-3年内。从上一份工作结束到调查时点2-3年，不到3年。

⑤3年前。从上一份工作结束到调查时点已超过3年。

⑥从没工作过。以前从未工作过，填此项调查结束。

36.您结束上一份工作的主要原因是什么？

询问为什么结束上一份工作，圈填一个主要原因。

①健康或身体原因。指因为本人伤病、身体不适而结束上一份工作。包括生育小孩、调养身体等。

②退休。指因退休而结束上一份工作。

③辞职。指因各种原因而辞去上一份工作。

④被解聘。指因各种原因被解聘或辞退而失去上一份工作。

⑤单位/个体经营户停产倒闭。指所在单位或个体经营户由于各种原因停业、倒闭而停止或失去上一份工作。

⑥季节性歇业。因年度季节性原因停产、停业而失去上一份工作。

⑦上一份工作任务完成（包括打零工）。因上一份工作任务（包括打零工）完成而停止或失去工作。

⑧承包土地被征用或流转。因本人承包的农业用地或转包、租用他人承包的农业用地被征用或流转而失去工作。受雇在别人承包地上工作，因土地被征用、流转而失去工作的人不圈填此项，应根据具体情况圈填相应原因。

⑨其他（请注明）。因上述之外的其他原因而停止工作，填写具体原因。

如果问题30选①或问题30.2选a，且问题33选①，问题35选①-⑤，继续回答问题37；否则，调查结束。

37.您上一个工作单位主要生产或经营活动是什么？

问失业人口上一个工作所在单位的生产经营活动，亦即所从事的行业。

项目解释同问题19。

单位/个体经营户详细名称：____________________

单位/个体经营户主要产品或服务：____________________

38.您上一个工作具体做什么？

问上一个工作具体是干什么，亦即所从事的职业。

____

项目解释同问题20。

至此调查结束。

四、抽 样 方 案

全国月度劳动力调查在大陆地区所有的省、自治区、直辖市开展，包括其所辖的全部城镇与乡村地域。

（一）抽样目标

劳动力调查抽样目标为：一是满足失业率等主要劳动力指标数据国家级代表性的要求，同时对分省（区、市）分城乡也有较好代表性；二是统一抽样方法，优化样本分布，减轻基层调查负担；三是保证数据稳定，与历史数据衔接。

（二）抽样总体与抽样框

抽样总体为中华人民共和国大陆地区所有住户（不包括港澳台地区），不包括军营、监狱中的集体户。各省（区、市）为次总体。

使用更新后的第六次人口普查的居（村）委会名录库作为初级抽样框，抽中的居（村）委会内所有的住房单元作为次级抽样框。

每年对抽样框进行更新。对初级抽样框，清理、更新居（村）委会名录库；对次级抽样框，去除所抽居（村）委会地域内拆迁的住房单元，补充新增加的住房单元。

（三）抽样方法

1.抽样原则

劳动力调查采用分层、二阶段、与住房单元数多少成比例（PPS）抽样抽取居（村）委会，采用随机等距抽样的方法在居（村）委会抽取由连续4户组成的住户组，对抽中的住户组内的所有人员进行调查。

人口和就业统计司负责抽取居（村）委会和住房单元，各调查总队负责核查上报所抽中居（村）委会所辖地域已经或即将发生的拆迁等住房单元的变动情况。在抽中的居（村）委会样本中，各调查总队负责组织编制建筑物示意图、建筑物清单和住房单元底册。

2.抽取居（村）委会

在每个次总体内，按城乡分层，采用与住房单元数多少成比例（PPS）抽样抽取预定数量的居（村）委会。

3.抽取住房单元

摸清抽中居（村）委会的全部住房单元，按照要求编制建筑物清单和住房单元底册。将住房单元按照相邻原则编成4户一组的住户组，按照随机等距原则抽取住户组，确定抽中的住房单元。

每年要对居（村）委会地域内的住房单元进行清查，对建筑物清单和住房单元底册进行更新，去除拆迁的住房单元，补充新建的住房单元。按照每个住房单元入样概率不变原则，补充抽取（或减少）住房单元。

（四）样本量和样本轮换

1.样本量的确定

根据“在95%的把握程度下，全国城镇调查失业率的相对误差控制在3.5%左右，省级精度能基本满足需要”的抽样设计要求（经计算，变异系数CV要求约为1.8%），综合考虑抽样的设计效应、调查经费、调查力量配置等情况，确定各省（区、市）样本量。全国每月共调查约12万户（住房单元），每个居（村）委会每月调查16户，共涉及约7500个居（村）委会。

2.样本轮换

样本轮换采用2-10-2模式，即一个住户连续2个月接受调查，在接下来的10个月中不接受调查，然后再接受连续2个月的调查，之后退出样本（样本轮换表见附表）。样本轮换能达到如下目标：

（1）每个月都有1/4的样本接受第一次调查，1/4的样本接受第二次调查，1/4的样本接受第三次调查，1/4的样本接受第四次调查。

（2）月度之间样本有50%重复。

（3）年度之间相同月份样本有50%重复。

（五）加权方法

全国月度及各省（区、市）季度的调查失业率等主要指标数据，根据调查基础数据加权汇总得到。各级的最终汇总权数依据抽样设计权数和调查调整因子确定，由国家统计局人口和就业司统一计算。

附表　2020年1月—2021年12月样本轮换示意图

	26	A31	A41	A32	A42	A33	A43	A34	A44	A35	A45	A36	A46	B11	B21	B12	B22	B13	B23	B14	B24	B15	B25	B16	B26
	2	2											2	1											
2 月		3	3											2	1										
年 3 月			4	3											2	1									
2020 年 4 月				4	3											2	1								
2020 年 5 月					4	3											2	1							
2020 年 6 月						4	3											2	1						
2020 年 7 月							4	3											2	1					
2020 年 8 月								4	3											2	1				
2020 年 9 月									4	3											2	1			
2020 年 10 月										4	3											2	1		
2020 年 11 月											4	3											2	1	
2020 年 12 月												4	3											2	1
2021 年 1 月													4	3											2
2021 年 2 月														4	3										
2021 年 3 月															4	3									
2021 年 4 月																4	3								
2021 年 5 月																	4	3							
2021 年 6 月																		4	3						
2021 年 7 月																			4	3					
2021 年 8 月																				4	3				
2021 年 9 月																					4	3			
2021 年 10 月																						4	3		
2021 年 11 月																							4	3	
2021 年 12 月																								4	3

主要统计指标解释

人口数　指一定时点、一定地区范围内有生命的个人总和。年度统计的年末人口数指每年12月31日24时的人口数。年度统计的全国人口总数内未包括香港、澳门特别行政区和台湾省以及海外华侨人数。

城镇人口和乡村人口　城镇人口是指居住在城镇范围内的全部常住人口；乡村人口是除上述人口以外的全部人口。

出生率(又称粗出生率)　一定时期内(通常为一年)一定地区的出生人数与同期内平均人数(或期中人数)之比，用千分率表示。本资料中的出生率指年出生率，其计算公式为：

$$出生率=\frac{年出生人数}{年平均人口}\times 1000‰$$

式中：出生人数指活产婴儿，即胎儿脱离母体时(不管怀孕月数)，有过呼吸或其他生命现象。年平均人数指年初、年底人口数的平均数，也可用年中人口数代替。

死亡率(又称粗死亡率)　指在一定时期内(通常为一年)一定地区的死亡人数与同期内平均人数(或期中人数)之比，用千分率表示。本资料中的死亡率指年死亡率，其计算公式为：

$$死亡率=\frac{年死亡人数}{年平均人口}\times 1000‰$$

人口自然增长率　指在一定时期内(通常为一年)人口自然增加数(出生人数减死亡人数)与该时期内平均人数(或期中人数)之比，用千分率表示。计算公式为：

$$人口自然增长率=\frac{(本年出生人数-本年死亡人数)}{年平均人数}\times 1000‰$$

$$=人口出生率-人口死亡率$$

总抚养比　也称总负担系数。指人口总体中非劳动年龄人口数与劳动年龄人口数之比。通常用百分比表示。说明每100名劳动年龄人口大致要负担多少名非劳动年龄人口。用于从人口角度反映人口与经济发展的基本关系。计算公式为：

$$GDR=\frac{(P_{0-14}+P_{65+})}{P_{15-64}}\times 100\%$$

其中：GDR为总抚养比；

P_{0-14}为0-14岁少年儿童人口数；

P_{65+}为65岁及65岁以上的老年人口数；

P_{15-64}为15-64岁劳动年龄人口数。

老年人口抚养比　也称老年人口抚养系数。指某一人口中老年人口数与劳动年龄人口数之比。
百分比表示。用以表明每100名劳动年龄人口要负担多少名老年人。老年人口抚养比是从经济角度
老化社会后果的指标之一。计算公式为：

$$ODR = \frac{P_{65+}}{P_{15-64}} \times 100\%$$

其中：ODR为老年人口抚养比；

P_{65+}为65岁及65岁以上的老年人口数；

$P_{15\text{-}64}$为15-64岁的劳动年龄人口数。

少年儿童抚养比 也称少年儿童抚养系数。指某一人口中少年儿童人口数与劳动年龄人口数之比。通常用百分比表示。以反映每100名劳动年龄人口要负担多少名少年儿童。计算公式为：

$$CDR = \frac{P_{0-14}}{P_{15-64}} \times 100\%$$

其中： CDR为少年儿童抚养比；

$P_{0\text{-}14}$为0 ~ 14岁少年儿童人口数；

$P_{15\text{-}64}$为15 ~ 64岁劳动年龄人口数。

劳动力 指年满16周岁，有劳动能力，参加或要求参加社会经济活动的人员。包括就业人员和失业人员。

就业人员 指年满16周岁，为取得报酬或经营利润，在调查周内从事了1小时（含1小时）以上劳动的人员；或由于在职学习、休假等原因在调查周内暂时未工作的人员；或由于停工、单位不景气等原因临时未工作的人员。

失业人员 指年满16周岁，具有劳动能力并同时符合以下各项条件的人员：

（1）在调查周内未从事为取得劳动报酬或经营利润的劳动，也没有处于就业定义中的暂时未工作状态；

（2）在某一特定期间内采取了某种方式寻找工作；

（3）当前如有工作机会可以在一个特定期间内应聘就业或从事自营职业。

单位就业人员 指报告期末最后一日在本单位工作，并取得工资或其他形式劳动报酬的人员数。该指标为时点指标，不包括最后一日当天及以前已经与单位解除劳动合同关系的人员，是在岗职工、劳务派遣人员及其他就业人员之和。就业人员不包括：

(1)离开本单位仍保留劳动关系，并定期领取生活费的人员；

(2)在本单位实习的各类在校学生；

(3)本单位以劳务外包形式使用的人员，如：建筑业整建制使用的人员。

镇私营和个体就业人员 城镇私营就业人员指在工商管理部门注册登记，其经营地址设在县城关镇镇)以上的私营企业就业人员，包括私营企业投资者和雇工。城镇个体就业人员指在工商管理部门持有城镇户口或在城镇长期居住，经批准从事个体工商经营的就业人员，包括个体经营者和的家庭帮工和雇工。

单位工作且与本单位签订劳动合同，并由单位支付各项工资和社会保险、住房公积由于学习、病伤、产假等原因暂未工作仍由单位支付工资的人员。在岗职工还

动合同人员；

(3)编制外招用的人员，如临时人员；

(4)派往外单位工作，但工资仍由本单位发放的人员(如挂职锻炼、外派工作等情况)。

工资总额 指根据《关于工资总额组成的规定》(1990年1月1日国家统计局发布的一号令)进行修订，本单位在报告期内直接支付给本单位全部就业人员的劳动报酬总额。包括计时工资、计件工资、奖金、津贴和补贴、加班加点工资、特殊情况下支付的工资，是在岗职工工资总额、劳务派遣人员工资总额和其他从业人员工资总额之和。不论是计入成本的还是不计入成本的，不论是以货币形式支付的还是以实物形式支付的，均应列入工资总额的计算范围。

工资总额是税前工资，包括单位从个人工资中直接为其代扣或代缴的个人所得税，社会保险基金和住房公积金等个人缴纳部分，以及房费、水电费等。

平均工资 指本单位就业人员在报告期内平均每人所得的工资额。它表明一定时期工资收入的高低程度，是反映就业人员工资水平的主要指标。计算公式为:

$$\text{平均工资}=\frac{\text{报告期实际支付的全部就业人员工资总额}}{\text{报告期就业人员平均人数}}$$

平均工资指数 指报告期就业人员平均工资与基期就业人员平均工资的比率，是反映不同时期就业人员货币工资水平变动情况的相对数。计算公式为:

$$\text{平均工资指数}=\frac{\text{报告期就业人员平均工资}}{\text{基期就业人员平均工资}}\times 100\%$$

平均实际工资指数 就业人员平均实际工资指扣除物价变动因素后的就业人员平均工资。就业人员平均实际工资指数是反映实际工资变动情况的相对数，表明就业人员实际工资水平提高或降低的程度。计算公式为:

$$\text{平均实际工资指数}=\frac{\text{报告期就业人员平均工资指数}}{\text{报告期城镇居民消费价格指数}}\times 100\%$$

城镇登记失业人员 劳动年龄（年满16周岁（含）至依法享受基本养老保险待遇）内，有劳动能力，有就业要求，处于无业状态，并在公共就业和人才服务机构进行失业登记的城镇常住人员。

城镇登记失业率 指报告期末，登记失业人员期末实有人数占期末从业人员总数与登记失业人员期末实有人数之和的比重。

城镇调查失业率 指城镇失业人口占城镇就业人口与失业人口之和的百分比，根据全国月度劳动力调查数据计算。

Explanatory Notes on Main Statistical Indicators

Total Population refer to the total number of people alive at a certain point of time within a given area. The annual statistics on total population is taken at midnight, the 31st of December, not including residents in Hong Kong SAR, Macao SAR, Taiwan Province and overseas Chinese national residing abroad.

Urban Population and Rural Population Urban population refer to all people residing in cities and towns, while rural population refer to population other than urban population.

Birth Rate (or Crude Birth Rate) refers to the ratio of the number of births to the average population (or mid-period population) during a certain period of time (usually a year), expressed in per thousand. Birth rate in the yearbook refers to annual birth rate. The following formula is used:

$$\text{Birth Rate} = \frac{\text{Number of Births in the Year}}{\text{Annual Average Number of Population}} \times 1000‰$$

Where: Number of births refers to live births, i.e. when a baby has breathed or showed any vital phenomena regardless of the length of pregnancy.

Annual average number of population is the average of the number of population at the beginning of the year and that at the end of the year. Sometimes it is substituted by the mid-year population.

Death Rate (or Crude Death Rate) refers to the ratio of the number of deaths to the average population (or mid-period population) during a certain period of time (usually a year), expressed in per thousand. Death rate in the yearbook refers to annual death rate. The following formula is used:

$$\text{Death Rate} = \frac{\text{Number of Deaths in the Year}}{\text{Annual Average Number of Population}} \times 1000‰$$

Natural Growth Rate of Population refers to the ratio of natural increase in population (number of births minus number of deaths) in a certain period of time (usually a year) to the average population (or mid-period population) of the same period, expressed in ‰. The following formula is applied:

$$\text{Natural Growth Rate of Population} = \frac{(\text{Number of Births} - \text{Number of Deaths})}{\text{Annual Average Number of Population}} \times 1000‰$$

$$= \text{Birth Rate} - \text{Death Rate}$$

ss Dependency Ratio also called gross dependency coefficient, refers to the ratio of non-working-age the working-age population, express in percent. Describing in general the number of non-working-age very 100 people at working ages will take care of, this indicator reflects the basic relation between mic development from the demographic perspective. The gross dependency ratio is calculated la:

$$GDR = \frac{P_{0\text{-}14} + P_{65}}{P_{15-64}} \times 100\%$$

ency ratio,

ren aged 0-14,

on aged 65 and over,

population aged 15-64.

so called old dependency coefficient, refers to the ratio of the elderly population to the working-age population, express in percent. It describes the number of the elderly population that every 100 people at working ages will take care of. Old dependency ratio is one of the indicators reflecting the social implication of population aging from the economic perspective. The old dependency ratio is calculated with the following formula:

$$ODR = \frac{P_{65+}}{P_{15-64}} \times 100\%$$

Where: ODR is the old dependency ratio,

P_{65+} is the elderly population aged 65 and over,

$P_{15\text{-}64}$ is the working-age population aged 15-64.

Children Dependency Ratio also called children dependency coefficient, refers to the ratio of the children population to the working-age population, express in percent. It describes the number of children population that every 100 people at working ages will take care of. The children dependency ratio is calculated with the following formula:

$$CDR = \frac{P_{0-14}}{P_{15-64}} \times 100\%$$

Where: CDR is the children dependency ratio,

$P_{0\text{-}14}$ is the children population aged 0-14,

$P_{15\text{-}64}$ is the working-age population aged 15-64.

Labour Force refers to the population aged 16 and over who are capable of working, are participating in or willing to participate in economic activities, including employed persons and unemployed persons.

Employed Persons refer to persons, aged 16 and over, who performed some work for compensation or business gains for one hour or more during the reference period; or persons who do not work for the reasons of study or on holiday; or persons who are temporarily absent from a job for disorganization or suspension of work, recession, etc.

Unemployed Persons refer to persons, aged 16 and over, be able to work who

(1) neither perform some work for compensation or business gains during the reference period, nor are temporarily absent from a job in the employment definition.

(2) have looked for a job within a specific period of time.

(3) are available for work within a specific period of time.

Persons Employed in Various Units refer to the total number of employees who work at his unit and obtain wages or other forms of payment at the end of the reporting period. This indicator is a kind of time point index and it equals to the sum of the number of employed staff and workers, labor dispatch personnel and other employed persons. Employed persons do not include:

1) persons who have left their working units while keeping their labour contract (employment relation) unchanged and receiving regular alimony;

2) all kinds of enrolled students who do internship in various units;

3) persons employed due to labor outsourcing, for example, persons employed in the organizational system of construction industry.

Persons Employed in Private Enterprises and Self-Employed Individuals in Urban Areas Pers employed in private enterprises refer to the persons employed in the private enterprises which have been registe the departments of industrial and commercial administration for which the business operation are situated at a town (i.e. a town where the county government is located), or at urban areas with administrative hierarchy hi a county town. The self-employed individuals in urban areas refer to persons who hold the certificates of r urban areas or have resided in the urban areas for a long time and have been registered at the departments and commercial administration and approved to be engaged in individual industrial or commercial busi self-employed persons as well as helpers and hired laborers who work in individual households.

Employed Staff and Workers refer to persons who signed labor contracts with working units and working units would pay wages, social insurance and housing funds for them. Persons who have their work posts but are temporarily absent from work for reasons of study or on sick, injury or maternal leave and still receive wages from their working units are also included. Employed staff and workers also include:

1)Persons who should have signed the labor contracts but not;

2)Employees on probation;

3)Employees beyond the staffing quota, for example, temporary employees;

4)Employees who are sent to other working units but still obtain wages from their original units (situations like on-the-job placement, expatriated assignment, etc.)

Total Wage Bill It is revised according to the "Provision of Composition of Total Wages" (Order No.1 by National Bureau of Statistics on January, 1st, ,1990), total wage bill refers to the total remuneration payment to all employed persons in various units during the reporting period, including hourly-paid wages, piece-rate wages, bonuses, allowance and subsidies, overtime wages and wages paid under special circumstances. It equals to the sum of total wages of employed staff and workers, dispatch labors and other employed persons, whether or not included in cost, whether or not paid in money or in kind, shall be included in the calculation of total wage.

Total wage bill is pre-tax wages, including personal income tax, social insurance and housing funding paid or withheld by employee's units, room charges, utility bills, etc.

Average Wage refers to the average per capita wage during a certain period of time for employed persons. It shows the general level of wage income during a certain period of time, one major indicator to reflect the wage level. It is calculated as follows:

$$\text{Average Wage} = \frac{\begin{array}{c}\text{Total Wage Bill of Employed}\\ \text{Persons at Reference Time}\end{array}}{\begin{array}{c}\text{Average Number of Persons}\\ \text{Employed at Reference Time}\end{array}}$$

Average Wage Indices refers to the ratio of average wage of employed persons the reference period to that at the base period, which reflects the change of wage of employed persons at the different period. It is calculated as follows:

$$\text{Average Wage Indices} = \frac{\begin{array}{c}\text{Average Wage of Employed}\\ \text{Persons at Reference Time}\end{array}}{\begin{array}{c}\text{Average Wage of Persons}\\ \text{Employed at Base Period}\end{array}} \times 100\%$$

Average Real Wage Indices average real wage of employed persons refers to the average wage of employed persons after removing the effects of the price changes and average real wage indices of employed ...ons refers to the change of real wage, which reflects the relative increasing or decreasing level of real wage of ...d persons ,which is calculated as follows:

$$\text{Average Real Wage Indices} = \frac{\begin{array}{c}\text{Average Wage Indices of Employed}\\ \text{Persons at the Reference Time}\end{array}}{\begin{array}{c}\text{Urban consumer Price}\\ \text{Indices at Reference Time}\end{array}} \times 100\%$$

...**sons in Urban Areas** refer to the persons residing in urban areas at certain ...of enjoying primary endowment insurance benefits according to the law), ...d willing to work, and have been registered at the Public employment ...).

...**n Urban Areas** refers to the ratio of the actual number of registered ... period to the sum of the total number of employees at the end of the period ... unemployed persons at the end of the period.

Surveyed Urban Unemployment Rate refers to the ratio of the number of the unemployed persons in urban areas to the sum of the number of the employed persons and the unemployed persons in urban areas, calculated on the basis of the Labour Force Survey.